KIEL
LEXIKON

KIEL LEXIKON

Hrsg. von Doris Tillmann
und Johannes Rosenplänter

unter Mitwirkung von
Hans-F. Rothert und Nils Hansen

Wachholtz

Konzept:
Doris Tillmann, Johannes Rosenplänter

Redaktion:
Doris Tillmann, Johannes Rosenplänter, Nils Hansen,
Hans-F. Rothert, Sandra Scherreiks, Katrin Seiler-Kroll

Umschlagsabbildungen:
Matrosen am 10. November 1918 (Stadtarchiv Kiel),
Regatta der Starboote zur Kieler Woche (Uwe Paesler),
Norwegenfähre im Kieler Hafen (Stadtarchiv Kiel, Ulrich Dagge),
Porträt Max Planck (Stadtarchiv Kiel),
Hauptbahnhof, Postkarte um 1910 (Stadtarchiv Kiel)

ISBN 978-3-529-02556-3

www.wachholtz.de

Nach mehr als dreijähriger Arbeit legt das Stadtarchiv Kiel ein Kiel-Lexikon vor: 862 Artikel bieten einen umfassenden Überblick über die Geschichte, Topografie und Architektur der Fördestadt. Ereignisse, Gebäude, Personen, Institutionen, Schiffe, Stadtteile, Vereine oder Unternehmen werden in kurzen Beiträgen dargestellt. Entstanden ist ein historisch ausgerichtetes Nachschlagewerk auf wissenschaftlicher Basis, das sich gleichwohl an ein breites Publikum wendet. Die Gesamtanlage des Werks geht auf ein vierköpfiges Redaktionsteam zurück, dem neben den Herausgebern Herr Dr. Hans-F. Rothert und Herr Dr. Nils Hansen angehörten. Ihnen gilt unser herzlicher Dank für die engagierte Mitarbeit an der wissenschaftlichen und redaktionellen Betreuung des Projekts. Das Redaktionsteam hat in intensiven Diskussionen die Auswahl der Schlagworte getroffen und ihre Gewichtung festgelegt. Der Schwerpunkt des Lexikons liegt auf der jüngeren, auch für die Gegenwart prägenden Stadtgeschichte. Gezielt wurden Schlagworte aus dem maritimen Bereich aufgenommen, die die Bedeutung der Wasserlage für die Stadt herausstreichen. Eine Vielzahl von Firmen wurde ins Lexikon aufgenommen, um der Kieler Wirtschaftsgeschichte gerecht zu werden. Ein Hauptgewicht liegt aber bei den 224 Kurzbiografien von Persönlichkeiten aus Politik, Wissenschaft, Kultur, Wirtschaft oder Sport. Hier zeigt sich besonders die Bedeutung der Christian-Albrechts-Universität, die seit nahezu 350 Jahren Forscherpersönlichkeiten aus allen Wissenschaftsbereichen an die Förde lockt. Es fanden auch Personen Aufnahme, deren Lebenswerk kritisch zu bewerten ist, insbesondere lokale Vertreter des NS-Regimes.

Die Erstellung der Artikel lag bei 89 Fachautorinnen und -autoren, die sie inhaltlich verantworten. Ihnen gilt unser herzlicher Dank für ihre Bereitschaft, sich auf ein Projekt einzulassen, das den Mut erforderte, Zusammenhänge vereinfacht und im Überblick darzustellen, ohne wissenschaftliche Standards aufzugeben. Wir danken allen, die mit der Überlassung von Bildern zur reichhaltigen Illustration des Buches beigetragen haben, insbesondere Herrn Dr. Jens Ahlers für die Bereitstellung von umfangreichen Bildbeständen aus der Schleswig-Holsteinischen Landesbibliothek. Dem Stadtvermessungsamt, Herrn Gerhard Koller und Herrn Heiko Weber, verdanken wir die Erstellung der Marginalkarten und der Eingemeindungskarte. Große Teile der redaktionellen Bearbeitung lagen in den Händen von Frau Dr. Sandra Scherreiks; ihr danken wir ebenso wie Frau Katrin Seiler-Kroll für weitere Redaktionsarbeit und die engagierte Hilfe bei der Bildredaktion. Unser Dank gilt auch der Kieler Ratsversammlung für die Förderung des Projektes mit Sondermitteln und den Stiftungen der Fördesparkasse für die finanzielle Unterstützung sowie der Gesellschaft für Volkskunde in Schleswig-Holstein und der Gesellschaft für Kieler Stadtgeschichte für die Mithilfe. Wir danken Frau Gabriele Wachholtz für die Aufnahme des Buches in ihr Verlagsprogramm und dem Team vom Wachholtz Verlag für die gute Zusammenarbeit.

Landes-
hauptstadt Kiel

Doris Tillmann
Johannes Rosenplänter

Sortierung: Das Kiel-Lexikon ist alphabetisch sortiert. Die Umlaute ä, ö und ü werden behandelt wie ae, oe und ue.

Verweise: Ein Pfeil verweist innerhalb der Artikel auf weitere Einträge.

Abkürzungen: Die Stichworte werden innerhalb des jeweiligen Artikels mit dem Anfangsbuchstaben abgekürzt, auch wenn das Stichwort aus mehreren Worten besteht. Weitere Abkürzungen sind dem Abkürzungsverzeichnis zu entnehmen. Die Abkürzungen werden nicht dekliniert. Einzige Ausnahme ist die Ortsbezeichnung Kiel, die der besseren Lesbarkeit halber mit Endungen versehen wurde.
Der Kürze halber wurden bei der Bezeichnung von Personengruppen allein maskuline Formen verwandt.

Literaturangaben: Die Literaturangaben verweisen auf jüngere und weiterführende Literatur. Sie sind so kurz wie möglich gehalten und folgen einem Abkürzungsschema. Einzelne häufig zitierte Werke und Reihen sind ins Abkürzungsverzeichnis aufgenommen.

Kürzel des Verfassers: Am Ende der Artikel steht das Kürzel des Verfassers. Die Auflösung der Kürzel findet sich im Autorenverzeichnis.

Biografische Artikel: Die Biografien beschränken sich auf verstorbene Persönlichkeiten. Sie sind bewusst kurz gehalten, da mit dem Biographischen Lexikon für Schleswig-Holstein und Lübeck bzw. mit der daraus entstandenen Publikation Kieler Lebensläufe zwei umfangreiche biografische Nachschlagewerke greifbar sind.

Quellen: Neben den biografischen Nachschlagewerken wurde eine kleine Zahl von Handbüchern und Nachschlagewerken regelmäßig zu Rate gezogen:

Geschichte der Stadt Kiel, hg. von Jürgen Jensen und Peter Wulf, Neumünster 1991.

Denkmaltopografie Bundesrepublik Deutschland. Kulturdenkmale in Schleswig-Holstein, hg. vom Landesamt für Denkmalpflege Schleswig-Holstein, Bd. 1: Landeshauptstadt Kiel, hg. in Verbindung mit der Gesellschaft für Kieler Stadtgeschichte, bearbeitet von Lutz Wilde, Neumünster 1995.

Kieler Lebensläufe aus sechs Jahrhunderten, hg. von Hans-F. Rothert (Sonderveröffentlichungen der Gesellschaft für Kieler Stadtgeschichte 55), Neumünster 2006.

Hans-G. Hielscher, Kieler Straßenlexikon, 3. Auflage, Kiel 2008.

Zahlreiche Artikel basieren auf der Zeitungsausschnittsammlung im Stadtarchiv Kiel.
Statistische Daten sind vielfach den statistischen Veröffentlichungsreihen der Stadt Kiel entnommen.

Aalregatta Die A. gehört zu den ältesten Segelregatten in Dtld. und führte traditionell in zwei Tagesetappen von K. nach Eckernförde und zurück. Die erste Wettfahrt auf dieser Strecke fand 1893 statt, von 1906 bis 2005 bildete sie die Eröffnungsregatta der →Kieler Woche. Seit 2006 ist sie wieder eine eigenständige Veranstaltung, wobei der Segelclub Eckernförde die Organisation vom →Kieler Yacht-Club zusammen mit dem Schilkseer Yacht-Club übernommen hat. Die A. wird jetzt zu Pfingsten durchgeführt und besteht aus der Fahrt von K. nach Eckernförde am ersten und kürzeren Regatten in der Eckernförder Bucht am zweiten Tag. Im Jahr 2009 nahmen 110 Schiffe daran teil. Ihren Namen hat die A. daher, dass die Segelmannschaften bei ihrer Ankunft in Eckernförde einen geräucherten Aal erhalten. Ha

Abfallwirtschaft War die Abfallbeseitigung im MA ungeregelt, legte eine →Bursprake 1563 erstmals fest, dass jeder →Bürger die Straße vor seiner Tür selbst kehren und den Kehricht auf den Wall fahren sollte. Mit dieser Verordnung war den katastrophalen hygienischen Verhältnissen in der fnz. Stadt aber nicht beizukommen. Seit 1760 wurde die Straßenreinigung meistbietend verpachtet, wobei der Pächter den Abfall als Rohstoff, etwa als Dünger, vermarkten musste, im 19. Jh. wurden Unternehmer mit der Reinigung beauftragt. Besserung brachte erst die Gründung der Straßenreinigungsanstalt 1892, die ihre Aufgaben mit zunächst 70, 1905 bereits mit 103 Bediensteten bestritt. Ihr Betriebshof befand sich bis 1996 an der Ecke Gutenbergstr./Eckernförder Str. Sie hatte zunächst die Straßenreinigung sicherzustellen, die in der →Altstadt und auf den Hauptverkehrsstraßen sechsmal wöchentlich erfolgte. Dann sorgte sie für die Müllabfuhr: Als eine der ersten Städte Dtld. verwendete K. seit 1906 verschließbare Mülltonnen aus Metall, die die vielfältigen Müllgefäße der Haushalte ersetzten. Auch die Abfuhr der Fäkalien in sog. →Goldeimern, die Reinigung der öffentlichen Toiletten und die Tierkörperbeseitigung (Abdeckerei) gehörten zur Aufgabe der Anstalt. Eine Herausforderung stellte stets der Verbleib des Abfalls dar: Angesichts unzureichender Deponien wurde bereits 1906 eine →Müllverbrennungsanlage in Betrieb genommen. Seit 1901 konnten in einer sog. Poudrettefabrik am Grasweg Fäkalien durch Behandlung mit Schwefelsäure zu Dünger verarbeitet werden. Sie stellte 1919 den Betrieb ein. 1925 kam der erste motorisierte Müllwagen zum Einsatz, bis 1927 die ersten beiden Kehrmaschinen. Die Wirtschaftswunderzeit führte zu einem rasanten Anwachsen der Müllberge: Fachgerechte Entsorgung wurde zu einem drängenden Erfordernis für Gesundheit und Umwelt. Spätestens mit dem städtischen A.konzept von 1990 rückten die Abfallvermeidung und Abfallverwertung in den Mittelpunkt der Aufgaben der städtischen A. Ab 1991 ging die Stadt mit der Einführung der blauen Papiertonne zum Prinzip der Mülltrennung über. 1992 kam die braune Bioabfalltonne und 1993 die gelbe Tonne für Verpackungsmaterial hinzu.

Lit.: E. Spanehl, 1892–1992. Die K.er A. im Wandel der Zeit, K. 1992. Ro

Müllwagen des Abfallwirtschaftsbetriebs

Adam, Karl Hermann (geb. 25.10.1867 Putschlau/Niederschlesien, gest. 9.9.1929 K.), war gelernter Schmied und arbeitete seit 1897 bei den →Howaldtswerken und den anderen K.er Werften. Sein eigentliches Engagement galt lebenslang der Tätigkeit für die →Arbeiterbewegung: 1899 gründete A. mit anderen den K.er →Konsumverein, den er nach 1901 leitete und ausbaute; später arbeitete er in überregionalen und internationalen genossenschaftlichen Gremien mit. Er stand an der Spitze des K.er Gewerkschaftskartells, des Aufsichtsrats

Karl Hermann Adam

des →Gewerkschaftshauses und der Pressekommission der →Schleswig-Holsteinischen Volkszeitung. 1910 wurde A. Stadtverordneter und 1919 unbesoldeter Stadtrat. Von 1920 bis zu seinem Tod gehörte er außerdem dem sh. Provinziallandtag und dem Provinzialausschuss an.

Lit.: Lebensläufe, 11, 344. Rt

Adel In den adeligen Familien Schleswigs und Holsteins erwuchsen der Stadt K. in der FNZ mächtige Nachbarn, die bedeutenden Einfluss auf die Entwicklung der Stadt gewannen. K. lag inmitten der großen adeligen Herrschaften Ostholsteins und des Dänischen Wohlds, die seit dem 16. Jh. mit der Entwicklung der Gutswirtschaft ausgezeichnete wirtschaftliche Perspektiven entwickelten. Schon im 15. Jh. erwarben Adelige Grundstücke in der Stadt; 1631 waren 77 Häuser in adeliger Hand. Z.T. wurden sie von Witwen oder unverheirateten Töchtern genutzt, z.T. dienten sie auch nur dem zeitweiligen Aufenthalt ihrer Besitzer in K. Die großen A.häuser wie der →Buchwaldsche Hof, der →Warleberger Hof, das Blomesche Freihaus oder die →Bischofspforte bestimmten das Stadtbild. Der A. integrierte sich nicht in die Stadt, verband sich nicht etwa mit den führenden Bürgerfamilien, sondern blieb ein Fremdkörper, der Konflikte in die Stadt brachte. V. a. weigerte sich der A., zu den städtischen →Steuern und Kontributionen beizutragen: Teilweise waren die adeligen Häuser als sog. Freihäuser tatsächlich von Steuerlasten befreit, z.T. versuchten die Adeligen auch nur die Steuerfreiheit gewohnheitsrechtlich durchzusetzen. Zudem unterstand der A. nicht dem städtischen Gericht; sein Gerichtsstand war das Landgericht, dem der Landesherr vorstand. Hatte sich ein Adeliger etwas zuschulden kommen lassen, konnte er daher nicht vor dem städtischen Gericht belangt werden. Und zahllos sind die Berichte über Exzesse und Übergriffe von Adeligen in der Stadt, von denen besonders die Chronik von Bgm. Asmus →Bremer ein sprechendes Bild gibt. Zugleich gab der wohlhabende A. der städtischen Wirtschaft und Kultur die entscheidenden Impulse. Der A. fragte in der Stadt höherwertige Waren und Dienstleistungen nach und verschaffte manchem Kaufmann und Handwerker seinen Lebensunterhalt. Der K.er →Umschlag wurde von Adeligen initiiert, entstanden aus dem Bedürfnis, Gewinne anzulegen und umzusetzen. Schließlich prägte das adelige Repräsentationsbedürfnis die K.er Kultur: Die A.häuser waren standesgemäß durch Kunsterzeugnisse ausgestattet; die →Nikolai- und Heiligengeistkirche mit ihren Grabkapellen, Epitaphien und Altären waren Orte adeliger Gedenkkultur. Erst mit den Wachstumsimpulsen der dänischen Zeit (→Dänischer Gesamtstaat) und dem Ende der Gutswirtschaft gewann in K. das Bürgertum an Durchsetzungskraft.

Lit.: Geschichte K., 46–50, 133–135. Ro

Eduard Adler

Adler, Eduard (geb. 20.4.1861 Berlin, gest. vermutlich 1940 Berlin), studierte in Berlin, um Pädagoge, dann um Journalist zu werden. 1884 brach er das Studium aus finanziellen Gründen ab. Bis 1894 war er Redakteur freisinniger Zeitungen in verschiedenen Städten. A. trat 1894 in die SPD ein und wurde später Redakteur sozialdemokratischer Zeitungen, u.a. 1900–18 leitender Redakteur der →Schleswig-Holsteinischen Volkszeitung in K. Er galt als einer der führenden SPD-Politiker in SH und war Mitglied des Landesvorstandes, 1904–19 K.er Stadtverordneter und Fraktionsvorsitzender, während der →Revolution 1918 Beigeordneter des Oberbgm., dann des Regierungspräsidenten in Schleswig. Er setzte sich u.a. für das allgemeine Wahlrecht und die Selbstbestimmung Nordschleswigs ein, engagierte sich in der Jugendarbeit und schloss in mühevoller Arbeit die Arbeiterturnvereine K.s zur →Freien Turnerschaft zusammen. 1920 bis zu seinem Ruhestand 1926 war Adler Landrat des Landkreises Eckernförde.

Lit.: Lebensläufe, S. 12 f. Ge

Adolf IV.

Adolf IV. (geb. vor 1205, gest. 8.7.1261 K.), Gf. von Holstein, Stormarn und Wagrien, war Sohn Gf. Adolfs III. (gest. 1225) und wuchs nach der Verdrängung seines Vaters aus der Gft. Holstein-Stormarn 1202 im Exil auf. A. kehrte 1224 nach Nordelbingen zurück und gewann die Gft. wieder. Mit dem in einem Bündnis mit norddt. Städten und Territorialmächten errungenen Sieg bei Bornhöved über den dänischen Kg. Waldemar II. 1227 konnte er den Besitz seines Territoriums nachhaltig sichern. Seine weitere politische Tätigkeit ist durch die Konsolidierung seiner Herrschaft in Holstein, Stormarn und Wagrien gekennzeichnet, bei der er sich v.a. einer Reihe von Stadtgründungen bediente, um Stützpunkte zu gewinnen: Die Gründung K.s 1242 geht auf A. zurück (→Stadtgründung). Er zog sich als Ordensbruder 1239 in das Franziskanerkloster in Hmbg., 1245 in das von ihm gestiftete K.er →Franziskanerkloster zurück, wo er auch beerdigt wurde.

Lit.: D. Kraack, Die frühen Schauenburger als Gff. von Holstein und Stormarn (12.–14. Jh.), in: Die Fürsten des Landes, Nms. 2008, 38–40. LS

Adolfplatz Der nach Gf. →Adolf IV. benannte Platz bildet den Mittelpunkt der von F. W. Schweitzer 1882–83 geplanten nördlichen Stadterweiterung im Schnittpunkt von Adolf- und Wilhelmshavener Str. bzw. Düppelstr. Alle Straßen bilden ein Raster gleichförmiger Baublöcke und haben die Breite von 14,30m. In den ersten Plänen war der A. zunächst nicht vorgesehen; die Festlegung der Fluchtlinien erfolgte erst 1891, die Realisierung 1893. Der Platz ist

Adolfplatz, Postkarte, um 1905

in Form eines diagonal zum orthogonalen Straßenraster angeordneten Kreuzungsplatzes angelegt. Die Mitte bildet ein von den umgebenden Straßen abgesetzter, eingefriedeter Gartenplatz, der von historistischen und modernen Gebäuden gerahmt wird. In der Nord-Süd-gerichteten Achse bildet der Platz zusammen mit dem Blücherplatz ein eindrucksvolles Ensemble gründerzeitlichen Städtebaus.

Lit.: V. Stoy, K. auf dem Weg zur Großstadt, K. 2003. Me

Adolfplatz

Ämter →Handwerk

Afrikaviertel Das A. in →Neumühlen-→Dietrichsdorf verdankt seine Bezeichnung den zugehörigen Straßen, die nach dt. Afrika-Kolonisatoren aus der Zeit vor dem 1. →Weltkrieg benannt sind, und entstand als Wohnsiedlung für Arbeiter der Howaldtswerke (→HDW) von 1938 bis 1942–45. Die Pläne stammen von Herbert →Jensen und einer Architektengruppe unter Leitung von Ernst →Prinz; Bauherr war die K.er

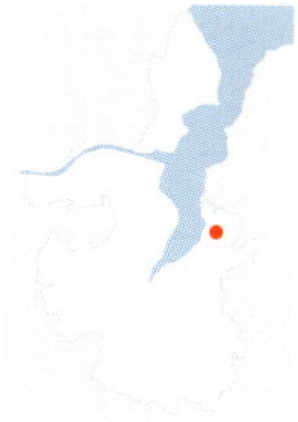

Afrikaviertel

Afrikaviertel, Ansicht Innenhof, um 1945

Werkswohnungen GmbH. Die zwei- bis fünfgeschossigen Gebäude bilden halboffene Blöcke und sind durchgehend backsteinsichtig mit historisierenden Elementen gestaltet. Der wehrhafte Charakter der Bebauung wird durch die Ausbildung einer hangseitigen „Stadtmauer" mit zweigeschossigen Kleinwohnungshäusern und einer polygonalen Bastion betont. Bepflanzung und Skulpturen u.a. von Alwin →Blaue mildern die Strenge der Architektur.

Lit.: Mehlhorn Me

Ahlmann, Hans Wilhelm (geb. 13.7.1817 Gravenstein, gest. 15.9.1910 K.), machte nach dem Schulbesuch eine Kaufmannslehre in K. und Hmbg. Nach dem Abitur am Johanneum in Hmbg. studierte er seit dem Wintersemester 1842/43 Staatswissenschaften in Berlin, wechselte dann nach Tübingen und promovierte dort mit einer Arbeit zur

Wilhelm Ahlmann

Gewerbegesetzgebung. 1846–47 habilitierte er sich in K. und begann hier 1847 seine Lehrtätigkeit. Im März 1848 kam dann die Wendung zur Politik: A. bekleidete Ämter in der sh. Regierung und organisierte verantwortlich ein eigenes sh. Postwesen. Nach dem Scheitern der sh. Bewegung war unter dänischer Herrschaft eine Rückkehr an die Univ. unmöglich. Auf der Grundlage seiner kaufmännischen Kenntnisse gründete er im November 1852 ein Bankgeschäft in K., da es ein solches in der Stadt noch nicht gab und alle Bankgeschäfte des K.er →Handels und Gewerbes über Hmbg. abgewickelt werden mussten. Mit dem →Bankhaus Ahlmann hatte er alsbald sehr großen Erfolg; Wechsel- und Wertpapiergeschäfte, Sortenwechsel, Devisenbeschaffung, Hypothekenvermittlung und der allgemeine Zahlungsverkehr wurden durch die Bank v.a. für K., aber auch für sh. Kunden vorgenommen. Nach dem Krieg gegen Dänemark 1864 setzte sich A. für ein selbstständiges SH unter der Herrschaft des Hauses Augustenburg ein. Zur Verbreitung dieser Idee gründete er im Juni 1864 die →Kieler Zeitung, deren Kurs er maßgeblich bestimmte. Nach der Eingliederung SH in Pr. 1867 fand er sich mit der pr. Herrschaft ab, bewahrte aber den Augustenburgern seine Anhänglichkeit. Der Aufstieg K.s zur Marinestadt des Reiches und die damit verbundenen finanziellen Anforderungen wurden v.a. vom Bankhaus A. erfüllt. A. war stets auch für das Gemeinwohl tätig: In Politik, Kirche und sozialen Organisationen, in Volksbildung und Kunst- und Gesch.-förderung entfaltete er eine rege Tätigkeit, vielfach in leitender Position. Im Jahre 1894 schied A. aus dem aktiven Geschäft der Bank aus. Er wurde auf dem K.er →Südfriedhof beigesetzt.

Lit.: H. Hagenah, Wilhelm A., K. 1930. Wu

Christoph Ahrens

Ahrens, Heinrich Christoph (geb. 3.9.1815 Wismar, gest. 26.5.1900 K.), war der Sohn eines Kapitäns und absolvierte eine kaufmännische Lehre bei der K.er Reederei Johann →Schweffel, für die er auch weiterhin arbeitete. 1854 übernahm er das Geschäft und führte es unter eigenem Namen weiter. Ende der 1850er Jahre besaß er elf Frachtsegler und war damit der größte Reeder in K. Er betrieb vorwiegend Holzhandel mit Skandinavien und im übrigen Ostseeraum, schickte seine Schiffe aber auch nach Fernost. 1865 ließ er sich das erste Dampfschiff bei der Maschinenwerkstatt „Schweffel & Howaldt" bauen, die →„Vorwärts". Sie war das erste in SH gebaute Eisenschiff und stand mit der Baunummer 1 am Beginn der großen Schiffbautradition der Howaldtswerke (→HDW). Nach A. Tod blieb der Betrieb zunächst weiter als Reederei, später als Holzhandlung und Holzbearbeitungsfirma in Familienhand.

Lit.: F. Brustat-Naval, Zwischen Ostsee und Ostasien, Herford 1973, 20–23, 25 f. Ti

Alder, Kurt → Nobelpreisträger

„Alexander von Humboldt" Die besonders aus der Bierwerbung bekannte, in Bremerhaven beheimatete Dreimastbark „A." war bis 1986 ein Feuerschiff. Sie wurde 1906 bei AG Weser als 63m langer und 8m breiter Gaffelschoner mit Dampfmaschine und Feuerturm gebaut und war zunächst als Reserve-Feuerschiff „Reserve (Sonderburg)" in der Ostsee im Einsatz, seit 1920 hieß das Feuerschiff „Reserve Holtenau" und hatte Leuchtturm-Funktion für den →Nord-Ostsee-Kanal. 1945 folgte die Umbenennung in „K." 1967 wurde es durch einen Leuchtturm in der K.er →Förde ersetzt. Die „K." lag nun meist auf der Position Weser in der Nordsee. Sie erlitt bis 1986, als sie beinahe versenkt wurde, wohl die meisten Rammstöße in der Gesch. der dt. Feuerschiffe. 1988 stellte man sie außer Dienst. Ihr gelber Feuerturm steht seither neben dem K.er Schifffahrtsmuseum (→Stadt- und Schiffahrtsmuseum). Die Dt. Stiftung Sail Training baute sie zum Segler mit 1.010m² Segelfläche um, plant aber den Ersatz des Schiffs durch einen Neubau.

Lit.: E. Wiese, Feuerschiffe, Königswinter 2000. Ki

Allhusen, Carl Georg (geb. 1.7.1798 K., gest. 11.1.1866 K.), war seit 1819 als Kaufmann in England, den USA, Frankreich und Hmbg. tätig. Die Revolution des Jahres 1848 bewog ihn, sich intensiv mit den

Feuerschiff „Kiel", Robert Schmidt-Hamburg, 1936

gesellschaftlichen Auswirkungen der Industrialisierung zu beschäftigen, wobei ihn v.a. die Schriften französischer und englischer Sozialreformer inspirierten. Er prangerte die sozialen Missstände an, forderte weitgehende friedliche Reformen und eine soziale Republik, verabscheute Nationalismus und Krieg und setzte auf die Macht einer aufgeklärten Arbeiterschaft. In K., wo er seit 1849 lebte, gründete A. einen Verlag, um in unermüdlichem Eifer seine zahllosen Schriften zu vertreiben. Seit 1850 als Sozialist von der Polizei überwacht, 1852 mit Publikationsverbot belegt, 1854 ausgewiesen und 1859 in Hmbg. inhaftiert, konnte A. sich schließlich in →Gaarden niederlassen.

Lit.: SHBL 12 (2006), 13–17. Rt

Alpenverein Sektion Kiel In der Etablierungsphase des 1869 gegründeten Dt. Alpenvereins initiierten der Chemieprof. Theodor →Curtius und der Medizinprof. Georg Hoppe-Seyler 1893 seine damals nördlichste Sektion in K. Mit Kursen, Vorträgen, Veröffentlichungen, dem Aufbau einer Bibliothek und Bergreisen wurde seither die lokale Wander-, Bergsport- und Alpenbegeisterung gefördert. 1931 konnten mit dem K.er Weg und dem Hoppe-Seyler-Weg zwei teils seilversicherte Höhenwege in der Verwallgruppe (Vorarlberg/Tirol) eingeweiht werden. Die bei den Bauarbeiten der Wege und der Niederelbehütte der Niederelbe-Sektion entstandene Arbeitshütte wird seit 1952 als K.er Wetterhütte von der K.er Sektion betreut. Die kleine Schutzhütte ist unbewirtschaftet, liegt auf 2.809m Höhe und bietet einen guten Blick über die Ötztaler Alpen.

Lit.: Dt. A. (Hg.), 100 Jahre Sektion K. des Dt. Alpenvereins, K. 1993. Ki

Alte Ratsapotheke Die A. ist die älteste Apotheke in K. Nach ihrer Gründung 1607 am →Alten Markt bezog die A. ab 1611 einen Neubau in der →Holstenstraße 5. Neben Arzneien wurden auch Alkohol und Gewürze vertrieben. Im 17. und 18.

Alte Ratsapotheke in der Holstenstraße um 1868

Alt-Ellerbek, Ernst Wolperding, 1868/69

Jh. war die A. u.a. im Besitz des späteren Bgm. Johann Kasper Adolphi sowie Konrad Christianis und dessen Sohn. Nach Bombenangriffen im 2. →Weltkrieg wurde die A. nahezu vollständig zerstört. Der →Wiederaufbau erfolgte unter Pharmazierat Walter Ipsen, in der A. seit 1936 tätig. Seither ist die A. am Standort Holstenstr. 42/44 zu finden. Nach einer Verpachtungszeit übernahm 1987 Frauke Ipsen-Steinweg die A., die 2006–07 grundlegend modernisiert wurde. Oh

Alt-Ellerbek A. bezeichnet den von der Fischereiwirtschaft geprägten Siedlungskern des Dorfes →Ellerbek am „Hohen Ufer“ an der Ostküste der →Förde. Das Dorf entstand Mitte des 13. Jh. zusammen mit einer Fährstation, die den Handelsweg aus der Probstei mit der Stadt K. verband. Hier wurde eine Küstenfischerei zur Versorgung der städtischen Bevölkerung betrieben, deren wichtigste Erzeugnisse die →Kieler Sprotten waren. Aus der romantischen Geisteshaltung heraus und mit der zunehmenden Verstädterung bzw. →Industrialisierung K.s erfolgte seit Mitte des 19. Jh. eine Verklärung und Idealisierung des ursprünglichen Fischerlebens; speziell A. galt als Hort von Tradition und unberührter Natürlichkeit. Das auch als Ausflugsort beliebte Dorf wurde zum Motiv vieler Landschaftsmaler. Die Fischersiedlung wich seit 1868 schrittweise der Expansion der →Kaiserlichen Werft. 1904 erfolgte der Abbruch der hist. Katen am „Hohen Ufer“ und die Fischerfamilien zogen nach →Wellingdorf. Die Umsiedlung der Fischer gab in den Folgejahren der A. Traditionspflege erheblichen Vorschub. Eines der abgebrochenen Häuser wurde nach →Gaarden transloziert und dort als „A. Fischerhaus“ museal eingerichtet. Die vor der Kriegszerstörung gerettete Museumssammlung dieses Hauses gehört heute zum Bestand des K.er →Stadt- und Schifffahrtsmuseums.

Lit.: D. Tillmann, A., Husum 2004. Ti

Alter Markt Der ma. Marktplatz war als freie Fläche aus dem Straßengitter ausgesondert, der Verkehrsfluss von der →Holstenstraße zur →Dänischen Straße diagonal über den rhomboid verzogenen Platz geführt. Südöstlich erstreckte sich der Kirchhof mit der Stadtkirche St. Nikolai (→Nikolaikirche), aus der nordöstlichen Ecke führte die Schlossstr. zur gräflichen Burg bzw. zum →Schloss. Der Markt war auch Standort des ab 1266 nachweisbaren →Rathauses. Die Form des Marktplatzes hat sich bis heute

Alter Markt, Postkarte, Ansicht vor 1870

erhalten, während der Gebäudebestand laufend Veränderungen unterlag. Einen erheblichen Eingriff bewirkten Mitte des 17. Jh. die sog. →Persianischen Häuser, zunächst als Packhäuser gebaut, später zu Wohnzwecken genutzt, die eine städtebaulich reizvolle Trennung von Kirchhof und Marktplatz bewirkten, zugleich aber den Zusammenhang von Holstenstr. und Schlossstr. störten. Die Bürgerhäuser wurden am Ende des 19. Jh. durch gründerzeitliche Wohn- und Geschäftshäuser ersetzt. Nach dem 2. →Weltkrieg erfolgte der Wiederaufbau unter Verzicht auf Rathaus und Persianische Häuser auf dem alten Kataster, wodurch sich aber die Maßverhältnisse von Gebäuden und Platz sowie die Größe des Platzes zusammen mit dem ehemaligen Kirchhof veränderten. Das gab 1972 Anlass für eine völlige Neugestaltung nach Plänen von Wilhelm →Neveling. Das Konzept zitierte mit dem Bau von Pavillons zwar die hist. Situation, löste den Platz aber durch die Tieferlegung aus dem räumlichen Zusammenhang mit dem Straßennetz. Neuerdings gibt es gegensätzliche Überlegungen, die Neugestaltung zurückzunehmen oder diese unter Denkmalschutz zu stellen.

Lit.: Mehlhorn; V. Stoy, K. auf dem Weg zur Großstadt, K. 2003. Me

Altona-Kieler-Eisenbahngesellschaft
Die A. war ein privates Eisenbahnunternehmen unter Beteiligung der Stadt K. Bereits 1832 veröffentlichte das K.er Wochenblatt einen Ideenwettbewerb für eine Eisenbahnverbindung zwischen Nord- und Ostsee. Komitees in K. und Altona setzten sich später für die Realisierung zwischen den beiden Hafenstädten ein. Am 16.6.1842 erfolgte die Gründung der A. und nach kurzer Bauzeit konnte am 18.9.1844 die feierliche Eröffnung durch den dänischen Kg. Christian

Altona-Kieler-Eisenbahn, Medaille von Frederik Alsing, 1844

VIII. begangen werden. Von K. aus ging es relativ steil am →Vieburger Gehölz vorbei. Schwierige Baugrundverhältnisse (Moor) gab es bei →Poppenbrügge und →Meimersdorf. Ab Nms. bis Altona verlief die Strecke durch ebenes Gelände. 1884 wurde das Unternehmen verstaatlicht und kam zur Kg.lichen Eisenbahndirektion Altona. Ka

Altstadt Gf. →Adolf IV. von Schauenburg begann bereits um 1233 mit der Bebauung der natürlichen runden Halbinsel am westlichen Ufer der Innenförde. Typisch für die damalige Zeit wurde um den Marktplatz im Zentrum ein planmäßiges Doppelstraßenkreuz angelegt und Platz für die →Nikolaikirche abgeteilt. Eine Ringmauer schützte die im Durchmesser etwa 500m große A.-Halbinsel bis in das 16. Jh. Den Landzugang im Norden sicherte die Burg, den Zugang im Süden eine Holzbrücke auf Höhe der heutigen →Holstenbrücke. Bis in die 2. Hälfte des 19. Jh. blieb die Bebauung der A. weitgehend unverändert und wurde von verwinkelten Fachwerkhäusern, Speichern, großbürgerlichen Giebelhäusern und prächtigen Adelsresidenzen geprägt. Mit dem Aufstieg K.s zum pr. Kriegshafen 1865 begann ein explosionsartiges Bevölkerungswachstum und die ma. und fnz. Bebauung der A. wurde weitgehend abgerissen, um Platz für breitere Straßen und neue Geschäfts-, Büro- und Warenhäuser zu schaffen. Die neuen Gebäude dienten jetzt weniger Wohnzwecken als Funktionsbauten einer modernen City und die A. verlor zwischen 1890 und 1910 über 40% der Wohnbevölkerung. Die Verbreiterung der →Dänischen Straße in den Jahren 1892 bis 1909 überstand der →Warleberger Hof, das heutige Stadtmuseum, als einziges hist. Gebäude, wenngleich seine Fassade um etwa 5m zurückverlegt wurde. Bereits in den 50 Jahren vor dem 2. →Weltkrieg musste der Großteil der alten Bauten der Modernisierung der A. weichen. Von den verbliebenen Gebäuden wurden die meisten in den Bombenangriffen des 2. WK zerstört und nicht wieder aufgebaut. Der Wiederaufbau K.s - auch der A. - nach dem 2. WK stand ganz im Zeichen einer modernen, verkehrsgerechten Stadtplanung und der Umwandlung der Dänischen Str. und der →Holstenstraße in eine autofreie →Fußgängerzone. Von der hist. A.bebauung sind heute nur noch Teile der Nikolaikirche, des Klosters und des alten →Rathauses am Marktplatz sowie der Warleberger Hof und der →Rantzaubau des →Schlosses erhalten.

Lit.: Geschichte K. Ra

Die **Amnestierten** 1947 gründeten Studenten der K.er Univ. das „Literarische Kabarett", das sie nach erfolgreichem Start 1947 in der Seeburg A. nannten. Jan Siefke Kunstreich, Leiter der Truppe, entwarf auch das Logo. Bei der Ankündigung ihres politisch satirischen Programms kam es anfangs zu Konflikten mit dem britischen Theater-

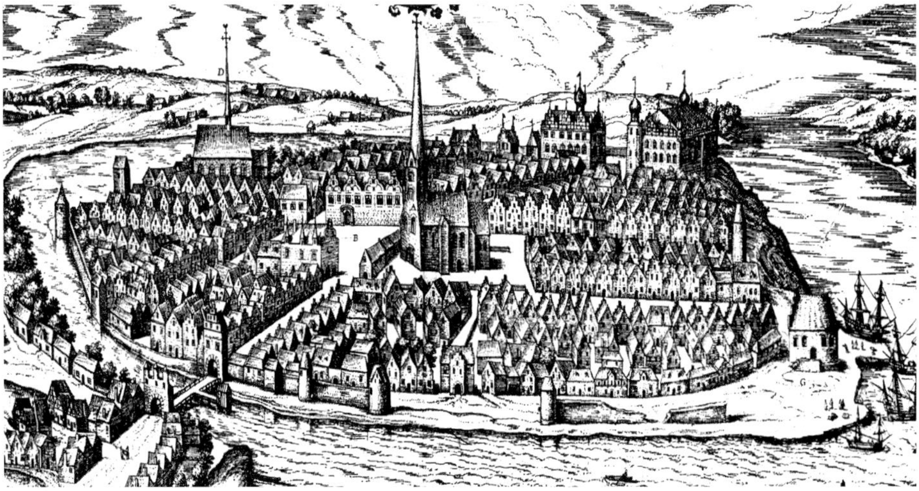

Altstadt, Stich von Braun und Hogenberg, 1588

offizier und dem K.er Oberbgm. Seit der Einladung von Andreas →Gayk zur →Kieler Woche 1948 wurden A. zur festen Größe im Kulturleben der Nachkriegszeit. Der Erfolg führte sie zu mehrwöchigen Gastspielen u.a. in die damaligen Hochburgen des Kabaretts Düsseldorf, München, Stuttgart und nach Stockholm, Kopenhagen, London und Cambridge. Als die Mitglieder 1953 an die Univ. zurückkehrten, um ihr Studium abzuschließen, löste sich das Studentenkabarett auf.

Lit.: J. S. Kunstreich, A., in: Erinnerungen der K.er Kriegsgeneration 1930/1960, Husum 2003, 209–214.
SR

Gebrüder **Andersen** Die Firma Gebrüder A. wurde 1870 als Eisenwarenhandlung in der →Holstenstraße in K. gegründet. 1907 errichtete man eine Konstruktionswerkstatt im heutigen Stadtteil →Hassee. Während der ns. Herrschaft wandte man sich auch dem Bau von Flugzeugleitwerken zu, daraus entstand 1935 die „K.er Leichtbau GmbH", die nach Übernahme durch den Sachsenberg-Konzern den Namen „Land- und See-Leichtbau GmbH" erhielt. Im Zweigwerk K. wurden ab 1936 Tragflächen für das Jagdflugzeug Messerschmitt Bf 109 und Leitwerke für das Bombenflugzeug Heinkel He 111 gebaut. Nach dem Krieg wurde die „Land- und See-Leichtbau GmbH" liquidiert und die Werkhallen von anderen Firmen genutzt. Die Eisenwarenhandlung bestand bis 1952 weiter.
Eb

Anna Petrowna (geb. 7.2.1708 Moskau, gest. 15.5.1728 K.), war Tochter des russischen Zaren Peter I. und seiner Gattin, Zarin Katharina I. Sie heiratete 1725 auf Wunsch ihres Vaters, der seinen machtpolitischen Ambitionen im Ostseeraum dadurch größeren Nachdruck verleihen wollte, den holsteinischen Hz. →Karl Friedrich, der seinerseits auf russische Unterstützung im Konflikt SH-Gottorfs mit Dänemark hoffte. Für kurze Zeit ließ sich die russische Außenpolitik für holsteinische Interessen instrumentalisieren. Nach einem Thronwechsel (1727) musste sich A. mit ihrem Gatten in dessen Residenzstadt K. begeben. Dort gebar sie im Februar 1728 einen Sohn, Karl Peter Ulrich, den späteren Zaren →Peter III. A. verstarb nur wenige Monate später. Zum Andenken an seine verstorbene Frau stiftete Karl Friedrich 1735 den Annenorden.

Anna Petrowna

Lit.: D. Lohmeier (Hg.), K., Eutin, St. Petersburg, Nms. 1987.
Hü

Anschargelände →Marinelazarette, →Krankenhäuser

Anschütz & Co Der Münchner Dr. Hermann →Anschütz-Kaempfe (1872–1931) arbeitete an der Entwicklung eines →Kreiselkompasses als Ersatz für den Magnetkompass. Die Kaiserliche →Marine zeigte sich an dieser Erfindung interessiert. Daher richtete Anschütz in K. in der Dammstr. eine Werkstatt ein und gründete 1905 die Firma A. Dipl.-Ing. Maximilian Schuler (1882–1972), ein Vetter von Anschütz, trat 1906 in die Firma ein und arbeitete zusammen mit Anschütz an der Weiterentwicklung des Kreiselkompasses. 1908 stellte Anschütz den ersten bordtauglichen Kreiselkompass vor. Aufträge der Marine und der zivilen Schifffahrt aus dem In- und Ausland machten den Bau einer eigenen Fabrik notwendig, die 1909 an der Schwentinemündung in →Neumühlen-→Dietrichsdorf entstand. 1914 schied Anschütz als persönlich haftender Gesellschafter aus der Firma aus. Seinen Mehrheitsanteil übertrug er 1930 der Carl-Zeiss-Stiftung. Die beiden WK und das starke Auslandsgeschäft führten zu einer Ausdehnung des Unternehmens, das neben Kreiselkompassen auch Schiffsnavigations- und Steueranlagen herstellte. Der große Bedarf an Luftfahrtgeräten führte zur Ausgliederung dieses Produktionszweiges in die Feinmechanischen Werkstätten nach Neumühlen. Im 2. →Weltkrieg wurden Tochterbetriebe in Mittel- und Norddtld. angeschlossen. Im Bombenkrieg wurde das Anschütz-Werk zerstört, der Rest 1945 der Militärregierung unterstellt. Nach der Aufhebung der Vermögenssperre 1950 begann A. wieder mit der Produktion. 1952 wurde der Grundstein für eine neue Fabrik in der →Wik in der Nähe des Zeiss-Ikon-Werkes gelegt, das ebenfalls zur Zeiss-Gruppe

Hermann Anschütz-Kaempfe

Anschütz & Co., Zeitungsanzeige (Illustrierte Zeitung), 1918

gehörte und feinmechanisch-optische Geräte und Kinoprojektoren herstellte. 1976 übernahm A. die Zeiss-Ikon AG mit deren Produktion und Personal. Als die angeschlagene Zeiss-Gruppe sich 1994 neu orientierte, erwarb zum 1.1.1995 die Raytheon Company die Firma A., die seitdem den Namen Raytheon Anschütz trägt und führend in der Herstellung nautischer Geräte ist.

Lit.: A. GmbH 1905–1955, das älteste Kreiselkompasswerk der Welt, K. 1955. Ge

Wilhelm Anschütz

Anschütz, Alfred Wilhelm (geb. 24.9.1870 Halle / Saale, gest. 15.8.1954 K.), studierte Medizin in Tübingen und Marburg, wurde 1896 zum Dr. med. promoviert und startete seine chirurgische Karriere 1897 an der Univ.-Klinik Breslau. 1906 wurde A. Prof., im Sommersemester 1907 stellvertretender Ordinarius für Chirurgie in Marburg. Ende 1907 folgte der Ruf nach K. als ordentlicher Prof. und Direktor der Chirurgischen Univ.-Klinik. Am 1. →Weltkrieg nahm er von 1914–16 als beratender Chirurg und Oberstabsarzt teil. 1921 gründete A. die sh. Studentenhilfe und leitete sie bis 1933; aus ihr ging später das →Studentenwerk hervor. A. wurde 1938 emeritiert, 1950 Ehrensenator der →Christian-Albrechts-Universität und →Ehrenbürger der Stadt K.

Lit.: SHBL 1 (1970), 42 f. Pe

Anschütz-Kaempfe, Hermann Josef Franz Hubertus (geb. 3.10.1872 Zweibrücken, gest. 6.5.1931 München), begann ein Medizinstudium und promovierte dann in Kunstgesch. Er schloss sich einigen Polarexpeditionen an und plante, den Nordpol mit einem U-Boot zu unterqueren. A. begann 1902 Versuche mit Kreiseln als Ersatz für den Magnetkompass: In einem eisernen Schiff ist der Magnetkompass unbrauchbar, in Polnähe versagt er ganz. 1904 entwickelte A. den ersten →Kreiselkompass. 1905 gründete A. in K. in der Dammstr. die später weltberühmte Firma →Anschütz & Co. Albert Einstein leistete A. Hilfe in einem Patentprozess und bei der Verbesserung des Kreiselkompasses und wurde ein enger Freund von A. Dieser entwickelte außerdem verschiedene andere Geräte, die auf dem Kreiselprinzip beruhen, u.a. den Koppeltisch für die Schifffahrt, den künstlichen Horizont für Flugzeuge, das Selbststeuer, den Kurskreisel für die Luftfahrt.

Lit.: D. Lohmeier (Hg.), Einstein, A. und der K.er Kreiselkompass, K. 2005. Ge

Apel, Georg Christian (geb. 23.11.1775 Tröchtelborn bei Erfurt, gest. 31.8.1841 Preetz), kam 1804 als Organist an die →Nikolaikirche nach K. 1810 wurde er zum Kantor dort ernannt und übernahm zugleich den Singunterricht in der Stadtschule. 1817 erschien sein „Vollständiges Choral-Melodienbuch zu dem sh. Gesangbuch" (2. Aufl. 1830) als Bemühung zur Verbesserung des kirchlichen Gesanges. 1832 folgte dem das „Vollständige Choralbuch zum sh. Gesangbuche", das bis 1884 in SH in Gebrauch blieb. Von seinen Kompositionen ist nur noch weniges erhalten. 1818 wurde er zum Univ.-Musikdirektor ernannt, auch seiner Bemühungen um das städtische K.er Musikleben wegen. Seit 1807 unterhielt er eine der bedeutendsten Musikalienleihbibliotheken im Norden, betrieb Noten- und Instrumentenhandel. Als Orgelspieler und Sänger zur Gitarre war er auch auf Kunstreisen im Ostseeraum unterwegs. A. war die bedeutendste Persönlichkeit im K.er Musikleben der 1. Hälfte des 19. Jh.

Lit.: U. Schwab, Georg Christian A., in: The Circulation of Music in Europe 1600–1900, Berlin 2008, 47–64. Sw

Aquarium Das A. am Leibniz-Institut für Meereswissenschaften (IFM-GEOMAR) wurde 1972 eröffnet und in den Jahren 2006–08 grundlegend umgebaut. Seitdem verfügt es über 15 Schaubecken mit bis zu 15.000 Litern Inhalt. Darin zeigt das A. die Vielfalt der Bewohner von Nord- und Ostsee, darunter Tierarten wie Stichling, Scholle, Hummer, Katzenhai und Dorsch. Eine große Attraktion sind hunderte Heringe, die in einem dichten Schwarm durch das Wasser ziehen. Darüber hinaus gibt das A. einen Einblick in die Welt tropischer Korallenriffe. Eine Besonderheit ist, dass alle Tiere in ihrem natürlichen Lebensraum gezeigt werden. Gleichzeitig dient das A. der internationalen →Meeresforschung, u.a. mit der fachgerechten Haltung spezieller Lebewesen oder der Bereitstellung von Meerwasser für Versuchsreihen. Gru

Aquarium, Heringsbecken

Arbeiter- und Soldatenrat Basierend auf der u.a. durch die russischen Revolutionen von 1905 und 1917 geprägten Räteidee, die auf eine direkte Demokratie, eine Herrschaftsausübung ausgehend von der Ebene der Wohn- und Betriebseinheiten bis hin zur gesamtstaatlichen Ebene abzielt, bildeten sich in Dtld. während der →Novemberrevolution 1918 A. Ausgangspunkt der dt. Rätebewegung war K., wo im Zuge des Matrosenaufstands (→Revolution 1918) und des Generalstreiks der Arbeiterschaft in der Nacht des 4./5.11.1918 der erste dt. A. entstand. Unter Einfluss des bereits als Streikführer bekannten Werftarbeiters Karl →Artelt bildete sich am Abend des 4.11. ein Soldatenrat, dessen Vorsitz am 5.11. der zwecks Beruhigung der Lage aus Berlin entsandte MSPD-Politiker Gustav Noske als Zivilperson übernahm. Das vorläufige Programm des Soldatenrats, die K.er 14 Punkte, beinhaltete kaum politische, sondern hauptsächlich innermilitärische Forderungen. Am Morgen des 5.11. bildete sich, wohl unter Mitwirken des USPD-Vorsitzenden Lothar →Popp, ein Arbeiterrat, dessen Vorsitz der Vorsitzende des K.er Gewerkschaftskartells Gustav Garbe übernahm. Die Räte waren im Gegensatz zu anderen dt. Räten formal und inhaltlich getrennt, ohne gemeinsame Dachorganisation. Der Soldatenrat war für militärische, der Arbeiterrat für zivile Fragen zuständig, die Lebensmittelversorgung regelte man gemeinsam. Wichtigen Behörden der K.er →Stadtverwaltung wurden Mitglieder des Arbeiterrats zur Kontrolle beigeordnet, einzig das auf Grund der katastrophalen Versorgungslage zentrale Ernährungsamt wurde ganz übernommen. Die regionale Bedeutung des K.er Arbeiterrats zeigte sich in der Proklamation einer provisorischen Regierung für SH am 7.11. und der Ausdehnung des Beigeordnetensystems auf die obersten Organe der Provinz. Während der Soldatenrat wegen innerer Uneinigkeit, hoher personeller Fluktuation, dem Fehlen realistischer politischer Ziele, aber auch der zügigen Demobilisierung schnell an Bedeutung verlor, war der Arbeiterrat in seiner Organisation geschlossener, in seinen Forderungen realistischer. Hatte die Nichtberücksichtigung der Räte in der Weimarer Verfassung bereits deren Ende eingeläutet, so brachte die Bildung einer vorläufigen Reichsmarine im Juni 1919 den Befehl zur Auflösung der Soldatenräte, der K.er Arbeiterrat existierte noch bis September, als Oberbgm. Paul →Lindemann die Kontrolle der Verwaltung durch den Arbeiterrat für entbehrlich erklärte und die Zahlungen an diesen einstellte.

Lit.: D. Dähnhardt, Revolution in K., Nms. 1978. Fi

Arbeiterbauverein Ellerbek e.G →Wohnungsbaugenossenschaft Kiel-Ost eG

Arbeiter-Bauvereine →Baugenossenschaften

Arbeiterbewegung Die A. bezeichnet die im Zuge der →Industrialisierung im 19. Jh. und des mit ihr einhergehenden wachsenden Verelendungsprozesses breiter Bevölkerungsschichten entstandenen politischen, gewerkschaftlichen und gesellschaftlichen Zusammenschlüsse abhängiger Lohnarbeiter, insbesondere der Industriearbeiterschaft, mit dem Ziel der Verbesserung ihrer Arbeits- und Lebensbedingungen sowie ihrer politischen und gesellschaftlichen Emanzipation. Nach der Wende zum 20. Jh. umfasste die A. Angebote für alle Lebensbereiche und Altersgruppen. Sie trug maßgeblich zur Entwicklung des Klassenbewusstseins der Arbeiterschicht bei, die nun eine Gegengesellschaft zur bürgerlichen repräsentierte, sich aber auch nach unten, gegenüber dem „Lumpenproletariat", zu dem beispielsweise die Wanderarbeiter zählten, scharf abgrenzte. Auch soll demonstrative Einheit nach außen nicht über innere Spannungen hinwegtäuschen, die durch soziale Differenzierungen und Lohnunterschiede in einzelnen Branchen sowie zwischen gelernten und ungelernten Arbeitern entstanden. Ideologisch-weltanschaulich stand die dt. A. seit der Revolution 1848 dem Sozialismus nahe, wurde aber auch von der christlichen Soziallehre beeinflusst; parteipolitisch wurde sie von der Sozialdemokratie, später auch von der kommunistischen Bewegung getragen. In K. entstanden im Zuge der Revolution 1848 erste Arbeitervereine, auch kam es im Mai 1844 zu einem Streik von Eisenbahnarbeitern, der jedoch zunächst eine Randerscheinung blieb. Entfalten konnte sich die K.er A. erst in pr. Zeit und verstärkt nach der Reichsgründung 1871. Mit K.s Ernennung zum →Reichskriegshafen setzte ein Industrialisierungsschub ein, der K. innerhalb kurzer Zeit zu einer Großstadt mit hohem Arbeiteranteil machte. 1907 waren 72,2% der K.er Erwerbstätigen der Arbeiterschaft zuzurechnen, gegenüber durchschnittlich 52,1% im Dt. Reich. Sie bildeten die Basis für die Entwicklung von Sozialdemokratie, →Gewerkschaften und einer Vielzahl gesellschaftlicher Vereine und Hilfsorganisationen, die sich unter dem Begriff A. subsumieren lassen. Die politische Agitation erfolgte zunächst von Hmbg., dem nordwestdt. Zentrum der Sozialdemokratie, aus, das bis 1905 einen Agitationsbezirk mit SH bildete. 1865, nur zwei Jahre nach der Gründung des Allgemeinen Dt. Arbeitervereins (ADAV) durch Ferdinand Lassalle in Leipzig, entstand in K. ein örtlicher Ableger, der 1869 bereits 200 Mitglieder hatte. Die 1869 durch Liebknecht und Bebel in Eisenach gegründete, marxistisch ausgerichtete Sozialdemokratische Arbeiterpartei (SDAP) hingegen fand in K. kaum Anhänger. Nach dem Zusammenschluss von ADAV und SDAP zur Sozialistischen Arbeiterpartei Dtld. (SAPD) 1875 konnte die Sozialdemokratie weiter Fuß fassen. Zwar war die Teilnahme an den K.er Stadtverordnetenwahlen 1877 und 1889 erfolglos, nur ein Jahr später jedoch konnten sich die Sozialdemokraten Stephan →Heinzel und Friedrich Brodthuhn überraschend gegen die angesehenen bürgerlichen Kandidaten, den Kaufmann und Reeder August →Sartori und den Gewerbeschuldirektor Friedrich Ahrens, durchsetzen. Das Sozialistengesetz verbot 1878–90 die sozialdemokratische Parteiorganisation und -presse, die politische Arbeit wurde jedoch in scheinbar unpolitischen Ersatzorganisationen wie dem K.er Gesangverein „Teutonia" oder dem geselligen Verein „Frohsinn" in →Gaarden fortgesetzt. Organisationsstrukturen und persönliche Kontakte konnten nicht zerschlagen werden, weshalb 1890 der zügige →Wiederaufbau als Sozialdemokratische Partei Dtld. (SPD) gelang. Wegen Wahlrechtsveränderungen wie der Erhöhung des Wahlzensus und der Veränderung der Wahlkreiseinteilung verzichtete die SPD zwischen 1892 und 1902 auf die Teilnahme an den K.er Kommunalwahlen. Bereits 1904 erreichte sie 43% bei den Stadtverordnetenwahlen gegenüber 55,6% des bürgerlichen Lagers, 1907 war das Verhältnis ausgeglichen, 1908 lag die SPD erstmals vorne. Ab 1910 wurden die Stadtverordnetenwahlen von der SPD gewonnen, sodass sie ab 1912–14 50% der Stadtverordneten stellte. Die Burgfriedenspolitik des 1. →Weltkriegs führte 1917 zur Abspaltung der USPD, die jedoch in K. nur wenige Anhänger fand. Bereits mit Kriegsbeginn auftretende Mängel in der Ernährungswirtschaft führten seit Frühjahr 1916 insbesondere auf den Werften zu Streiks und tumultartigen Übergriffen auf Lagerhallen und Verkaufsstellen. Ging es zunächst um eine bessere Lebensmittelversorgung, wurden bald auch politische Forderungen nach Frieden und Freiheit laut. Allgemeine Unzufriedenheit der Arbeiterschaft mit der wirtschaftlichen und politischen Lage, aber auch die russische Oktoberrevolution wiesen den Weg in die von K. ausgehende →Revolution 1918 und zur Gründung der Kommunistischen Partei Dtld. (KPD) 1918/19. Während der →Weimarer Republik, deren wirtschaftliche Krisen immer wieder schwere Arbeitskämpfe provozierten, blieb die seit 1922 wieder vereinte SPD eine Arbeiterpartei. Bis 1930 war sie stärkste politische Kraft in K. In der Zeit des →Nationalsozialismus verboten, wurde sie 1945 wieder gegründet, verlor jedoch den Charakter einer reinen Arbeiterpartei. Vertrat die Sozialdemokratie die politischen Belange der Arbeiter, so traten die seit Ende der 60er Jahre des 19. Jh. im →Schiffbau entstehenden Gewerkschaften für die Verbesserung der Arbeitsbedingungen ein. Sie bildeten den Gegenpart zu den gegen Ende des 19. Jh. entstehenden Arbeitgeberverbänden. Die dritte Komponente der A. waren die zahlreichen Sozial- und Freizeiteinrichtungen, die es den Arbeitern und ihren Familien erlaubten, ihren Alltag fast ausschließlich mit ihresgleichen zu verbringen. Dieses gesellschaftliche Netz hatte seine Blütezeit während der Weimarer Republik. 1894 wurde die K.er Volksbühne (→Theater) als dritte dt. Volksbühne gegründet. Sie bot neben verbilligten Theateraufführungen für Mitglieder auch Konzerte sowie Vortrags- und Rezitationsabende an. Die aufgeführten Stücke behandelten aktuelle Themen, die an anderen Theatern tabuisiert wurden. Auch der SPD-Verein für Werftarbeiter veranstaltete Theateraufführungen, ab 1907 richtete das →Stadttheater besondere Volksvorstellungen ein. Die K.er Arbeiterschaft vergnügte sich auch in →Gesangvereinen, dem Schachverein, beim Touristenverband „Naturfreunde" oder beim Sport. Seit Ende des 19. Jh. entstanden Arbeitersportvereine (→Turnvereine) wie der „Arbeiter-Turnverein Vorwärts" (1893/94), der Arbeiter Radfahrerverein „Solidarität", der über ein genossenschaftlich organisiertes Fahrradhaus am →Exerzierplatz verfügte, oder die Athletenvereine „Holsatia" und „Atlas". Turnen, Radfahren, Boxen und Gewichtheben galten als typische Arbeitersportarten. Ein besonderer Fokus lag auf der Einbindung der Jugend. Hierfür sorgten zunächst die Jugendgruppen der Arbeiterbildungsvereine. 1908 entstand die „Zentralstelle für die arbeitende Jugend Dtld.", deren offizielles Organ die „Arbeiterjugend" war. Nach der Revolution 1918 bildeten sich Organisationen für alle Altersgruppen wie die „Jungsozialisten", die „Sozialistische Arbeiterjugend" (SAJ) und die „Falken" für die Jüngsten. Sie boten Freizeitgestaltung im Geiste des Sozialismus, aber ohne den Zwang zur Parteimitgliedschaft. Eine völlig neue Form der demokratischen Erziehung brachte die von Andreas →Gayk und Kurt Löwenstein in K.

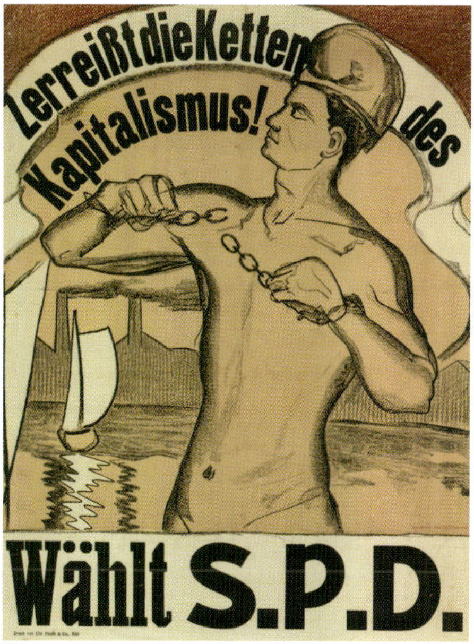

Arbeiterbewegung, Kieler Wahlplakat, 1919

etablierte „Kinderfreundebewegung", die darauf basierte, dass Kinder in selbstverantwortlich organisierten Gemeinschaften Solidarität und Demokratie übten. Ihren Höhepunkt fand diese Bewegung 1927 in der →Kinderrepublik →Seekamp. Auch die Frauen verfügten seit 1893 über einen „Bildungsverein der Frauen und Mädchen K.s", obwohl sich gerade in K. eine konsequente Gleichstellung als schwierig erwies, da die Berufsstruktur der Stadt kaum Möglichkeiten der Berufstätigkeit für Frauen bot. Die A. organisierte neben der Freizeit auch die Selbsthilfe. Bereits im 19. Jh. und verstärkt nach der Jh.wende entstand ein Netz unterstützender Organisationen wie Kranken- und Sterbekassen, Konsum- und Wohnungsbaugenossenschaften, Arbeiterbausparvereine sowie die →Arbeiterwohlfahrt. Alle Arbeiterorganisationen hatten den Ruf, der Sozialdemokratie nahe zu stehen und die Arbeiter aufzuwiegeln, weshalb sie bis 1918 und insbesondere während des Sozialistengesetzes von staatlicher Seite immer wieder behindert wurden. Während des NS wurden sämtliche Organisationen aufgelöst bzw. gleichgeschaltet. Nach dem 2. →Weltkrieg konnten viele alte Vereine wiederbelebt werden, verloren jedoch ihren Charakter als reine Arbeiterorganisationen. Mit der allgemeinen Verbesserung der Arbeits- und Lebensbedingungen und dem wachsenden Wohlstand breiter Bevölkerungsschichten verlor die A. an Bedeutung. Der sh. →Metallarbeiterstreik von 1956, in dem die Lohnfortzahlung im Krankheitsfall erkämpft wurde, war der letzte Höhepunkt der K.er A.

Lit.: R. Paetau, Konfrontation oder Kooperation, Nms. 1988. Fi

Arbeiterwohlfahrt (AWO) Die aus der →Arbeiterbewegung hervorgegangene, 1919 als Arbeitsgemeinschaft innerhalb der SPD gegründete AWO ist heute ein in Landes-, Bezirks-, Kreis- und Ortsverbände gegliederter Verband der freien Wohlfahrtspflege mit Sitz in Berlin. Sie widmete sich zunächst als Selbsthilfeorganisation der Arbeiterschaft der Kinder-, Jugend- und Gesundheitsfürsorge sowie der materiellen Versorgung der Arbeiterfamilien insbesondere in Phasen

Strandfahrt der Arbeiterwohlfahrt, 1947

gewerkschaftlicher Arbeitskämpfe. Während des →Nationalsozialismus in der NS-Volksführsorge gleichgeschaltet, kümmerte sie sich ab 1945 um die Grundversorgung insbesondere der Kinder (Schulspeisung) sowie der →Flüchtlinge und Vertriebenen. Mit dem in den 50er Jahren einsetzenden Wirtschaftsaufschwung verlagerten sich die Schwerpunkte und Zielgruppen der AWO. Die Förderung sozial benachteiligter Gesellschaftsgruppen und der Pflegebereich sind ihre heutigen Hauptaufgaben. Seit 1959 ist sie auch in der Entwicklungshilfe tätig. Die K.er AWO wurde 1920 auf Initiative von Tomasine →Jensen gegründet und hatte ihr Büro zunächst im →Gewerkschaftshaus. Zu den Meilensteilen ihrer Arbeit zählen die Beteiligung an dem reformpädagogischen Projekt →Kinderrepublik →Seekamp, Kinder-Strandfahrten nach Falckenstein und das dort seit den 60er Jahren entstandene Feriendorf, das 1976 eröffnete Bürger- und Kulturzentrum →Räucherei sowie der 1980 gegründete Kinder- und Jugendbauernhof →Mettenhof.

Lit.: R. Fischer, D. Hansen, EinBlick. Die AWO, Kreisverband K. 1945 bis 2005, K. 2005. Fi

Arbeitsamt am Wilhelmplatz Das A. wurde 1928/29 von Willy →Hahn (1887–1930) und Rudolf →Schroeder (1897–1965) gebaut. Das dreigeschossige Haus aus rotem und gelbem Klinker und Laubengängen zwischen den halbrunden, z.T. verglasten Treppenhäusern wurde im Stil des Neuen Bauens errichtet. Die moderne Architektur war ganz der Organisation der Arbeitsabläufe in dem Haus untergeordnet. Bisher war die städtische Arbeitsvermittlung

Arbeitsamt am Wilhelmplatz, um1930

im →Buchwaldschen Hof in der →Dänischen Straße untergebracht gewesen. Wegen der hohen Arbeitslosigkeit während der →Weimarer Republik und neuer Aufgaben der Arbeitsämter war das Haus in der Dänischen Str. dem Besucherandrang nicht mehr gewachsen, daher der Neubau am →Wilhelmplatz. 1989 zog das A. an die →Hörn. Das ehemalige A., das unter Denkmalschutz steht, dient heute der Sozialverwaltung.

Lit.: M. Freudenberg, I. Klatt, Vom Buchwaldtschen Hof über den Wilhelmplatz an die Hörn, in: Die Heimat 96 (1989). Ge

Arbeitserziehungslager Nordmark Das A. war eine Haftstätte der sh. →Gestapo am südwestlichen Stadtrand K.s, in direkter Nähe zum →Russee an der Rendsburger Landstr. Dt. Zivilarbeiter und Häftlinge der nahe gelegenen Polizeibaracke Drachensee begannen mit dem Bau im Juni 1944, am 4.5.1945 wurde das Lager durch britische Truppen befreit. Schätzungen zufolge waren etwa 5.000 Menschen im A. inhaftiert, mindestens 578 kamen dort ums Leben. Fritz Schmidt, Leiter der Gestapo, gilt als Verantwortlicher für die Errichtung des Lagers, Kommandant war Johannes Post, sein Stellvertreter Otto Baumann. Zwei Drittel der Häftlinge waren Zwangsarbeiter aus der Sowjetunion oder Polen, nur wenige kamen aus Dtld. Das A. bestand aus mehr als 20 Gebäuden, ein unterirdischer Arrestbunker mit 48 Einzelzellen wurde als besonders inhuman beschrieben. In ungeheizten Baracken lebten bis zu 200 Insassen unter schwierigen hygienischen Verhältnissen. Die Häftlinge wurden zum weiteren Auf- und Ausbau des Lagers, im Bunkerbau, zur →Trümmerräumung oder zur →Zwangsarbeit eingesetzt. Wer sich Befehlen widersetzte, wurde durch die SS misshandelt oder erschossen. Mit dem Ende des 2. →Weltkriegs flohen die Wachmannschaften und ließen das Lager zurück. Nutzten die Briten das Lager zunächst als Unterkunft für sog. →Displaced Persons, wurden ab Herbst 1948 auf dem Gelände →Flüchtlinge und Vertriebene untergebracht. Anf. der 1960er Jahre wurden die Baracken abgerissen, Sportanlagen gebaut und Gewerbeflächen angelegt. Nachdem die Gesch. des A. lange Zeit nur unzureichend aufgearbeitet war, wurde im Juni 1971 ein erster Gedenkstein zur Erinnerung an das A. aufgestellt, ein zweiter Stein folgte 1985. Im Herbst 1982 wurden die Grundmauern des ehemaligen Gästehauses der SS durch den →Arbeitskreis Asche-Prozess freigelegt. Seit 2003 besteht auf Initiative des →Arbeitskreises zur Erforschung des NS in SH der Gedenkort A., an dem mit einem weiteren Stein und Schautafeln an die Haftstätte erinnert wird.

Lit.: D. Korte, „Erziehung" ins Massengrab, K. 1991. Oh

Arbeitserziehungslager Nordmark, 1945

Arbeitskreis Asche-Prozeß (AKAP) 1980 fand in K. ein Gerichtsverfahren gegen den ehemaligen SS-Obersturmführer Kurt Asche statt. Dieser war von 1941–43 als „Judenreferent" im besetzten Belgien für die Deportationen zuständig gewesen und wurde 1981 zu sieben Jahren Freiheitsstrafe verurteilt. Der AKAP begleitete das Verfahren mit kritischen Veranstaltungen zum →Nationalsozialismus und wandte sich ab 1982 verstärkt der bildungspolitischen Arbeit zu. Seitdem organisierte er Stadtführungen zum NS in K. und publizierte dazu Materialien. 2002–03 war er zusammen mit dem →Arbeitskreis zur Erforschung des NS in SH für die Konzeption des Gedenkortes →Arbeitserziehungslager Nordmark verantwortlich.

Lit.: AKAP (Hg.), Antifaschistische Stadtführungen, K. 1998. Om

Arbeitskreis zur Erforschung des Nationalsozialismus in Schleswig-Holstein (AKENS) 1983 gründete sich in K. der AKENS als kritische Reaktion auf die damalige Rezeption zur NS-Gesch. in SH. Sein erster Sprecher, Detlef Korte (1956–95), widmete sich der Erforschung des →Arbeitserziehungslagers Nordmark. Dem Engagement des AKENS war es zu verdanken, dass durch Veranstaltungen, Rundgänge und Publikationen die Gesch. des NS öffentlich bekannter wurde. Er engagierte sich für ein univ.unabhängiges Forschungsinstitut, ein progressives Landesarchivgesetz und publiziert die Informationen zur sh. Zeitgesch. Om

Arbeitsverwaltung Die heutige staatliche A. mit ihren zentralen Aufgaben der Arbeitsvermittlung und der Leistungsverwaltung bei Arbeitslosigkeit bildete sich zu Beginn des 20. Jh. heraus. Als Vorläufer können gemeinnützige Vereinigungen der Aufklärungszeit gelten, die den Armen durch Vermittlung von Arbeit ein Auskommen sichern wollten. In K. richtete die →Gesellschaft freiwilliger Armenfreunde 1793 eine Arbeitsanstalt ein, in der Bedürftige Textilarbeiten verrichten und unter strenger Kontrolle ins Arbeitsleben zurückgeführt werden sollten. Die Gesellschaft gründete 1895 auch den ersten Arbeitsnachweis in K., eine Arbeitsvermittlungsstelle, die in der →Herberge zur Heimat angesiedelt war. Erst aufgrund des Arbeitskräftebedarfs der Kriegswirtschaft im 1. →Weltkrieg wurde die Arbeitsvermittlung verstaatlicht. Zum 1.4.1918 übernahm die Stadt den Allgemeinen Arbeitsnachweis in staatlichem Auftrag. Mit der Demobilmachung und den wirtschaftlichen Schwierigkeiten der 1920er Jahre stand die A. vor der Herausforderung der Massenarbeitslosigkeit. Zum 1.10.1927 wurde die Arbeitslosenversicherung und zugleich eine zentrale staatliche A. eingeführt. So entstand der Arbeitsamtsbezirk K., der dem Landesarbeitsamt Nordmark in Hmbg. unterstand. Für das neue K.er →Arbeitsamt wurde 1930 der architektonisch bedeutende Zweckbau auf dem →Wilhelmplatz fertig gestellt. Die Nationalsozialisten bekämpften die Arbeitslosigkeit zunächst durch Arbeitsbeschaffungsmaßnahmen, dann durch Investitionen in die Rüstungsindustrie. Die A. organisierte auch den Einsatz von Zwangsarbeitern im 2. WK. 1943 war ein neues Landesarbeitsamt SH mit Sitz in K. geschaffen worden, das nach dem Krieg fortbestand und 1952 der neu geschaffenen Bundesanstalt für Arbeit unterstellt wurde. Seit 1964 ist es auch für Hmbg., seit 1992 auch für Mecklenburg-Vorpommern zuständig, zunächst unter dem Namen Landesarbeitsamt Nord, heute Regionaldirektion Nord. Das K.er Arbeitsamt, heute Agentur für Arbeit K., bezog 1989 einen großzügigen Neubau auf dem ehemaligen →Schlachthofgelände südlich der →Hörn.

Lit.: I. Klatt, Arbeit statt Almosen, K. 1991. Ro

Arbeitsamt am Wilhelmplatz, Großraumbüro, 1930

Archäologie →Stadtarchäologie

Architektur K. verfügt über bedeutende Bauten aus allen architekturgeschichtlich relevanten Stilepochen der letzten hundert Jahre. Ihre Anzahl und Verteilung im städtischen Raum erlaubt Rückschlüsse auf den jeweiligen Stand der A.- und Städtebaudiskussion in einer Stadt in geografischer Randlage. Die ausgewählten Beispiele versinnbildlichen zugleich exemplarisch das rapide Wachstum der Großstadt bis 1914, die Reformbestrebungen im Wohnungsbau der 1920er Jahre, den ideologisch geprägten Siedlungsbau während des →Nationalsozialismus, den modernistischen →Wiederaufbau des im 2. →Weltkrieg gravierend zerstörten Zentrums sowie die in jüngerer Zeit erkennbare Hinwendung zu überregionalen A.strömungen. Das K.er →Rathaus von Hermann Billing (fertig gestellt 1911) ist der Schlüsselbau für das neue Selbstverständnis der jungen Großstadt und Zeugnis des Übergangs vom Jugendstil zur Reforma. um 1910, die den Eklektizismus der Jh.wende abgestreift hat. In kleinerem Maßstab gilt dies auch für die Villa am Niemannsweg 127 von Richard Riemerschmid (1905). Das ehemalige Postgebäude an der Rendsburger Landstr. 29 von Ernst →Prinz (1907) ist dagegen ein ausgereiftes Beispiel für den Jugendstil süddt. Prägung. Ebenfalls von Prinz und aus demselben Jahr stammt der „Damperhof" am Knooper Weg 51, ein großes Mietshaus mit neobarocker Anmutung. Es führt einen neuen Qualitätsmaßstab für diesen trotz seiner äußerlichen Vielfalt im Kern standardisierten Haustyp ein und markiert die Abkehr vom Historismus der Gründerzeit, der bis heute ganze Straßenzüge v.a. in den Wohnquartieren nördlich der →Altstadt prägt. Um 1910 erlebte in SH die von fast allen namhaften Architekten vertretene Heimatschutza. ihre erste Blüte, mit deren Hilfe das Niveau des Bauens in der Provinz durch Rückverweise auf regionale Bautraditionen verbessert werden sollte. Nach 1918 wurde dieser Impuls wieder aufgegriffen und führte zu Ergebnissen wie den romantisierenden, im Rahmen von Stadtsanierungen und Straßendurchbrüchen gebauten Wohnhäusern am Schülperbaum 2–14 und 9–11 von Ernst Prinz, Heinrich Hansen und Heinrich Stav (1922) sowie am →Ziegelteich 16–21 von Willy →Hahn vom Hochbau- und Siedlungsamt (1926), ausgestattet jeweils mit figurativem Schmuck aus der Werkstatt der →Kieler Kunstkeramik. Aber auch die Moderne fasst nun mit einem Verwaltungs-

Haus Damperhof, Ansicht vom Knooper Weg (1907)

gebäude mit turmartigem, siebengeschossigen Bauteil am →Sophienblatt 13–17 von Heinrich Hansen (1929) zögerlich Fuß, deutlicher akzentuiert mit der ehemaligen Pädagogischen Akademie (1932) von Kurt Feyerabend an der Fröbelstr. 15–17, und schließlich besonders markant und formal wie organisatorisch radikal versachlicht mit dem ehemaligen →Arbeitsamt (1930) von Willy Hahn und Rudolf →Schroeder an der Stephan-Heinzel-Str. 2, nachträglich durch Schroeder um ein Geschoss aufgestockt und später innen leider stark verändert. Auch während des NS entstand moderne A., und zwar v.a. im Industriebau. Ein Beispiel hierfür sind die ehemaligen →Electroacustic-Werke von Guido Widmann (1937) am →Westring 425. Das Schwimmbad am Lessingplatz (→Lessinghalle, 1935) von Rudolf Schroeder mit einer großflächig verglasten

Wohnbebauung am Ziegelteich (1926)

Landwirtschaftsministerium am Düsternbrooker Weg (1956)

Schwimmhalle ist strukturell ebenfalls ein moderner, funktionaler Bau. Eine Fortsetzung der Reforma. der Weimarer Zeit findet sich in der großen, aufgelockerten Gartenstadt →Elmschenhagen-Nord (1940) von Paul und Hermann Frank. Städtisch und hoch verdichtet ist dagegen die bis weit in die Kriegszeit hinein entstandene Wohnbebauung des →Afrikaviertels in →Neumühlen-→Dietrichsdorf nach Plänen einer Architektenarbeitsgemeinschaft unter Leitung von Ernst Prinz. Typisch für die Herrschafts- und Repräsentationsbauten der NS-Zeit ist dagegen das kaum veränderte Gebäude des ehemaligen Luftkreiskommandos VI (1935) am Niemannsweg 220 vom Marinestandortbauamt mit seiner zur →Förde gerichteten Schaufront. Der Wiederaufbau v.a. des im 2. WK stark zerstörten Zentrums wurde zu einem auch überregional beachteten Experimentierfeld für moderne A. und partiell auch für einen neuen, aufgelockerten Städtebau. An der →Holtenauer Straße 19–39 und 20–46 entstanden kammartig gereihte, durchlässige Zeilenbauten anstelle der untergegangenen, geschlossenen Blockstruktur. Herausragende Neubauten sind das elegante Hochhaus der ehemaligen →Landesbank (1954) am Martensdamm 4 von einer Architektengemeinschaft unter Leitung von Bernhard Hermkes, das →Raiffeisenhaus am Bahnhofplatz (1953) mit Rasterfassade, großer Eingangshalle und Flugdach von Otto Christophersen, Karl Frehse und Kurt Klingemann, das von skandinavischer Formreduktion inspirierte Landwirtschaftsministerium am Düsternbrooker Weg 104–108 von Ernst Zinsser (1956) und das Astor-Hochhaus am Holstenplatz von Ferdinand Streb (1960), ein schmaler, längsrechteckiger Bau mit vorgehängter Stahl-Glas-Fassade, der auf zwei breiteren Sockelgeschossen mit Läden ruht. Wichtige Beispiele für jene in den 1950er Jahren auch aus grundsätzlichen Überlegungen heraus entwickelte, aber nur selten anzutreffende schöpferische Rekonstruktion teilzerstörter Bauten sind die →Nikolaikirche am Markt mit dem betont schlichten neuen Innenraum von Gerhard Langmaack (1953) und die Innengestaltung des →Stadttheaters am Rathausplatz (1953) von Werner Kallmorgen mit kleinem, wertvoll anmutenden Foyer und einem lichten Zuschauerraum mit schwungvollen Rängen. Eine K.er Besonderheit stellen die architektonisch wie pädagogisch wegweisenden, von Rudolf Schroeder entwickelten →Pavillonschulen mit ihren Unterrichtsgärten dar, beispielhaft vertreten durch die Goetheschule (1950) an der Hansastr. Der 1965 abgeschlossene, selbstbewusst moderne Neuaufbau des →Schlosses am Wall 74 durch Herbert Sprotte und Peter Neve als Kulturzentrum mit angeschlossener Konzerthalle markiert das Ende der Aufbaujahre nach dem Krieg. Unter den Neubauten der an den Westrand der Stadt verlegten Univ. stehen drei Solitäre deutlich über dem gestalterischen Durchschnitt ihrer Zeit: die Univ.kirche (1965) am Westring 385, eine verglaste Stahlkonstruktion von Ernst Weidling, Herbert Weidling und Erhard Kettner, das benachbarte Auditorium Maximum (1969) von Wilhelm →Neveling mit einer bewegten Innenraumlandschaft und das in die Landschaft hineinkomponierte Sportforum (1976) an der Olshausenstr. 40–49 von Klaus Nickels, Meinhard von Gerkan und Volkwin Marg. Einen seltenen skulpturalen Akzent in einem gründerzeitlichen Stadtteil setzt das St. Lukas-Gemeindezentrum an der Holtenauer Str. 327 von Hans Jungjohann und Diethelm Hoffmann (1981). Gemeinsam mit Horst Krug entwarfen sie auch den rückwärtigen Erweiterungsbau der →Kunsthalle (1986) am Düsternbrooker Weg 1, der sich durch seine moderne Formensprache vom Altbau aus dem Jahre 1909 zwar abgrenzt, mit ihm

Fördetower an der Gablenzstraße (1999)

zusammen aber eine räumliche Einheit bildet. Einige Beispiele der jüngsten Zeit zeigen stellvertretend den hohen Stand der Baukultur an besonderen Orten der Stadt. Der Umbau der Stadtsparkasse (1996) am Lorentzendamm 28–32 durch Bothe Richter Teherani bereichert das Gefüge heterogener Altbauten um einen gläsernen Kubus unter beschwingter Dachlandschaft. Auch die Dreifeld-Klappbrücke über die Hörn (→Hörnbrücke 1997) ist eine optisch sehr leichte, zugleich aber technisch komplexe Konstruktion der Architekten von Gerkan, Marg und Partner und der Ingenieure Schlaich Bergermann und Partner. Der Fördetower von Manfred Nagel (1999) an der Gablenzstr. 9 ist das interessanteste kleine Hochhaus der Stadt. Auch das kubische Wohnhaus in der Lornsenstr. 2b (2002) der Architekten Scheuring und Partner entwickelt seine architektonische Aussage und Orientierung zum Licht aus seiner außergewöhnlichen Lage auf einem extrem schmalen Grundstück. Pax Brüning Architekten lagerten dem aus der Kaiserzeit stammenden Landtagsgebäude am Düsternbrooker Weg 70 an seiner Fördefront den neuen Plenarsaal (2003) als einen gläsernen Pavillon vor und schufen damit ein Musterbeispiel für anspruchsvolles Bauen in der und für die Demokratie. Entlang des Westufers der Innenförde finden sich weitere Beispiele einer vergleichbar hohen Gestaltungsqualität: das Seehafengebäude (2005) am Bollhörnkai 1 von Manfred Nagel, das einen niedrigeren Altbau überformt, die neue Halle des →Hauptbahnhofs (2006) mit einer ungewöhnlichen, raumbildenden Tragstruktur von Gössler Kreienbaum Architekten sowie die schmale, parallelogrammartig geschnittene, transparente Hochhausscheibe des Passagierterminals am Schwedenkai (2010) von KSP Engel und Zimmermann Architekten.

Lit.: U. Höhns, K. Seiler-Kroll, Das moderne K., Heide 2008; U. Höhns, Moderne A. in SH 1920–1937, Schleswig 2001. Hö

Archive →Nordelbisches Kirchenarchiv, →Staatsarchiv, →Stadtarchiv

Armenfürsorge Im MA war das Heiligengeistspital Versorgungsanstalt für Bedürftige in K. Daneben beteiligten sich →Gilden und Bruderschaften an der A. Nach der →Reformation ging diese an die Stadt über, die zur Finanzierung eine „gemeine Kiste“ und 1555 im Klosterkirchhof das Neugasthaus als Armenanstalt einrichtete. Diesen Zweck erfüllten auch das St. Annen- und Erasmuskloster und das →St. Jürgenkloster. Erst 1809 wurden diese Einrichtungen zum →Stadtkloster zusammengeführt. 1776 entstand das →Muhlius'sche Waisenhaus. Seit 1776 gab es ein Armendirektorium, das Bedürftige aus den Mitteln einer seit 1772 festgesetzten Armensteuer unterstützte, ohne dadurch die sozialen Probleme in der Stadt lösen zu können. Erst die 1792 gegründete →Gesellschaft freiwilliger Armenfreunde reformierte die A. erfolgreich. 1830 ließ die Stadt Armengärten auf ihrem Grund und Boden anlegen und an Bedürftige verpachten. 1871 übernahm sie die A. auf der Grundlage des reichseinheitlichen „Gesetzes über den Unterstützungswohnsitz“. In der geschlossenen Armenpflege wurden Arme in städtischen Armenhäusern untergebracht, in der offenen mit Geld- und Naturalleistungen versorgt. Im 1. Weltkrieg trat neben die kommunale A. die Kriegsfürsorge des Reiches mit der Stadt als durchführender Instanz. Die Kosten wurden auf Reich, Länder und Gemeinden verteilt. Bedürftige hatten nun einen Rechtsanspruch auf Unterstützung. In der →Weimarer Republik wurde aus der städtischen Armenkommission das Wohlfahrtsamt, das für Kriegsbeschädigte und Hinterbliebene, Kriegsheimkehrer, Inflationsopfer, Erwerbslose usw. zuständig war. Während des →Nationalsozialismus trat an die Stelle des Wohlfahrts- das Sozialamt, das zusammen mit NS-Volkswohlfahrt und Winterhilfswerk v.a. „erbgesunde" Bedürftige versorgte. Nach dem 2. WK versuchten auch freie Wohlfahrtseinrichtungen, die Not der Bevölkerung zu lindern. Mit dem Ausbau des Sozialstaates in der Bundesrepublik übernahm das Sozialamt alle Fürsorgeaufgaben.

Lit.: K. D. Sievers, K. Stukenbrock, „Christliches Wohlwollen und braver Bürgersinn", Nms. 1993. Si

Karl Artelt

Arsenal Mit der Verlegung der pr. →Marinestation der Ostsee nach K. 1865 wurden auch Einrichtungen für die Wartung und Reparatur der Schiffe benötigt. Ein erstes Marinedepot entstand im August 1865 an der Stelle des heutigen →Landeshauses. 1867 fiel die Entscheidung für die Einrichtung eines Marineetablissements auf dem K.er Ostufer. Die 1868 bei →Ellerbek entstandene Königliche Werft sollte die Basis der späteren stetig wachsenden →Kaiserlichen Werft bilden. Für das →Flottenbauprogramm mussten neue Werftkapazitäten geschaffen werden und die Werft wurde 1904 nach Abriss des Fischerdorfs Ellerbek nach Norden vergrößert. So entstanden Nord- und Südwerft, die über eine →Schwebefähre über der Einfahrt in den Werfthafen miteinander verbunden waren. Nach Ende des 1. →Weltkriegs und dem Verbot des Kriegsschiffbaus wurde der nördliche Teil der Werft in das Marinea. K. der neuen Reichsmarine umgewandelt, der südliche Teil bildete den neuen Schiffbaubetrieb der →Deutschen Werke K. AG. Mit Gründung der Kriegsmarine 1935 wurde das A. zum „Kriegsmarinea.", das im April 1939 nach Kauf der Howaldtswerke (→HDW) an der →Schwentine zur „Kriegsmarinewerft" vergrößert wurde. Bei Kriegsende war das Gelände größtenteils zerstört. Mit Aufstellung der Bundesmarine 1956 mussten erneut Kapazitäten zur Wartung der schwimmenden Einheiten geschaffen werden. Nach Einrichtung eines provisorischen A. in der →Wik, wurde das Marinea. K. ab 1957 an seinem alten Standort auf dem Ostufer wieder aufgebaut. Heute untersteht das Marinea. K. dem Bundesamt für Wehrtechnik und Beschaffung (BWB) in Koblenz. Zu seinen Aufgaben gehören Sofortinstandsetzungen sowie planmäßige Erhaltungsmaßnahmen an den Schiffen, Booten und Landanlagen der Dt. Marine.

Lit.: C. Brix (Hg.), 50 Jahre Marinea., Wilhelmshaven 2007. He

Artelt, Karl (geb. 31.12.1890 Magdeburg, gest. 28.9.1981 Halle/Saale). Der gelernte Maschinenschlosser war führend an der Organisation des Matrosenaufstands (→Revolution 1918) beteiligt. Bei Kriegsausbruch war er an die →Germaniawerft abkommandiert; hier agitierte er für die USPD, wurde als Mitglied der Streikleitung 1917 zu sechs Monaten Haft verurteilt und anschließend nach Flandern abkommandiert. 1918 zurück in K. bei der I. Torpedo-Division in der →Wik, wurde A. in den ersten Tagen des Matrosenaufstands zur treibenden Kraft. Bereits am 2.11. proklamierte er als Redner die „Niederkämpfung des Militarismus und die Beseitigung der herrschenden Klassen", auf seine Anregung wurde erstmals die Abdankung des Kaiserhauses gefordert. A. bestimmte damit die Programmatik der Revolutionstage. Nach wenigen Tagen entglitt ihm die Meinungsführerschaft; zwar wurde er noch am 10.12.1918 Vorsitzender des →Arbeiterrats, doch verließ er K. schon im Januar. In Magdeburg war er Gründungsmitglied der KPD, zog sich aber gegen Ende der 1920er Jahre aus der Politik zurück. Bis 1945 arbeitete er als Kaufmann in Nebra und war später 1. Sekretär der SED-Kreisleitung Querfurt.

Lit.: D. Dähnhardt, Revolution in K., Nms. 1978. Ro

Asmussen, Hans Christian (geb. 21.8.1898 Flensburg, gest. 30.12.1968 Speyer), studierte Theologie in Tübingen und K. Als Pastor in Altona wurde er 1932 mit den heftigen Auseinandersetzungen zwischen der Arbeiterschaft und der SA konfrontiert, die im sog. Altonaer Blutsonntag vom 17.7.1932 kulminierten. Zusammen mit anderen Pastoren verfasste A. das sog. Altonaer Bekenntnis vom 11.1.1933, welches ihn in scharfen Gegensatz zu den Machthabern brachte. Er wurde 1934 pensioniert und während des 2. →Weltkriegs mehrfach inhaftiert. Nach Kriegsende wirkte er maßgeblich bei der Abfassung der „Stuttgarter Schulderklärung" vom 18./19.10.1945 mit, in welcher die ev. Kirche in Dtld. (EKD) Mitverantwortung für die Geschehnisse der Zeit des Nationalsozialismus übernahm. Von 1949 bis zu seinem vorzeitigen Ruhestand 1955 war er als Propst in K. tätig, wo er auf dem →Eichhoffriedhof beerdigt wurde.

Lit.: Lebensläufe, 22–25, 346 f. Gn

Auslandsgesellschaften A. wollen als gemeinnützige Organisationen zur Völkerverständigung beitragen und fördern besonders Beziehungen auf den Gebieten der Politik, Wissenschaft, Kultur, Sport und Wirtschaft. In K. sind 63 A. unterschiedlicher Größe und Bedeutung Mitglied in der Arbeitsgemeinschaft K.er A. (AKA) e.V. Die AKA wurde 1974 von dem Vorsitzenden der Europa Union Volker Wolfsteller und dem ehemaligen Auslandsdezernenten Peter Fuhrmann gegründet. Zweck des Vereins ist die Förderung internationaler Gesinnung, der kulturellen Toleranz und des Völkerverständigungsgedankens. So unterstützen die A. die →Städtepartnerschaften der Stadt K. Viele A. beteiligen sich an den Interkulturellen Wochen und dem AKA-Sommerfest. Eb

Auszeichnungen Als höchste Auszeichnung der Stadt gilt die Ehrenbürgerwürde, (→Ehrenbürger) die seit 1841 21 Persönlichkeiten verliehen wurde. Seit 1952 verleiht die Stadt jährlich zur →Kieler Woche den Kulturpreis, 1961 wurde erstmals ein Preis zur Förderung der Wissenschaft ausgeschrieben. Seit 2001 vergibt die Stadt in jährlichem Wechsel den →Kultur- und Wissenschaftspreis. 1970 ehrte die Stadt erstmals 15 →Bürger mit der Andreas-Gayk-Medaille für besondere Verdienste um die Stadt. Laut Satzung sollen nicht mehr als 30 lebende Persönlichkeiten die Medaille tragen. Alle zwei Jahre werden seit 1985 Nachwuchskünstler unter 35 Jahren mit dem Gottfried-Brockmann-Preis geehrt, ihre Werke in einer Sonderausstellung der →Stadtgalerie gezeigt. Jüngster von der Stadt ausgelobter Preis ist der mit 2.000 € dotierte Kulturpreis für Schülerinnen und Schüler, der Schülergruppen seit 2006 zu besonderen Leistungen in den Sparten →Theater, Tanz, Musik, Literatur, Gesch., bildende Kunst oder Film anregen will. Ro

Autobahn 215 vor der Freigabe, 1972

Autobahn Im Zuge des Ausbaus eines Netzes vierspuriger A. in Dtld. begann 1968 der Bau der A 7 von Hmbg. nach Flensburg. 1972 erhielt K. pünktlich zu den →olympischen Segelwettbewerben mit dem Abzweig A 215 als letzte dt. →Landeshauptstadt einen eigenen A.anschluss, doch erst mit der Fertigstellung des Elbtunnels 1975 war die Stadt mit dem bundesdt. Fernstraßennetz verbunden. 1989 wurde die A 210 von K. nach Rendsburg freigegeben, die zugleich den Anschluss an die A 7 nach Norden öffnete. Der Ausbau der B 404 zur A 21 von K. nach Bad Oldesloe ist auf einer Strecke bis Stolpe vorangeschritten und könnte als Ostumgehung Hmbg. bis Lüneburg weitergeführt werden. Ro

Autokraft (AK) Die AK ist als 100-prozentige Tochtergesellschaft der DB Regio das größte Busunternehmen in SH. Sie wird im Regionalbusverkehr und z.T. im städtischen →Öffentlichen Personennahverkehr eingesetzt und ist in der Schülerbeförderung aktiv. Im Juli 1945 wurde die AK in K. durch Kurt Löwenthal gegründet. Sie fuhr zunächst zwischen K. und →Schilksee und nahm wenig später den Überlandverkehr in Ostholstein auf. 1951 erwarb die Dt. Bundesbahn die AK, die in der Folge expandieren und ihr Streckennetz vergrößern konnte. Bedingt durch die Neuordnung der Bundesbusdienste wurden bis 1983 die Buslinien der Dt. Bundesbahn und der Bundespost komplett in die AK integriert. Im selben Jahr fand die Einweihung des Betriebshofs in →Wellsee statt, 2000 bezogen RegionalBahn und AK ein gemeinsames Bürogebäude in K. Oh

Bäckerei, 1954

AWO →Arbeiterwohlfahrt

Bäckereien Bäcker sind im ältesten K.er Stadtbuch 1264–89 erwähnt. 1472 wird erstmals ein Bäckeramt genannt. Backwaren durften nur in den Brotschrangen verkauft werden, Verkaufsständen auf dem Markt. In der FNZ ist nur noch ein Amt der Weißbäcker belegt, die allein ein Recht zum Verkauf von Brot hatten, während die nicht zünftig organisierten Grobbäcker nur den von ihren Kunden bereits vorbereiteten Brotteig in ihren Öfen abbacken durften. Erst die Einführung der Gewerbefreiheit 1869 und die Technisierung der Brotherstellung gaben den Impuls zur Gründung von Großb., die besonders als Marinelieferanten arbeiteten. So baute Ernst Lorenz Flügge den 1833 gegründeten Betrieb seines Vaters zu einer Brotfabrik in der Waisenhofstr. aus, sein Schwiegersohn Wilhelm Nehlsen verlegte die Fabrik 1909 in die Nähe der →Kasernen in der →Wik und errichtete die Gebäude an der Adalbertstr. Johannes Steffens richtete eine große Brotfabrik in der →Holstenstraße 63 ein und belieferte allein 22 eigene Filialgeschäfte in der Stadt. 1925 übernahm Hermann Lembcke den väterlichen Betrieb und baute die Brotfabrik Lembcke am →Westring auf, die in den 1960er Jahren bis zu 400 Mitarbeiter beschäftigte. In Konkurrenz zu den Familienunternehmen trat seit 1889 die Vereinsbäckerei →Gaarden, die aus der Arbeiterschaft heraus gegründet und genossenschaftlich organisiert war. Zunächst mietete sie zwei Backstuben in →Wellingdorf, konnte aber schon 1901 den Betrieb in der Alten Lüb. Chaussee beziehen. Die K.er Brotfabriken stellten alle in den 1970er Jahren den Betrieb ein, doch auch kleinere B. hielten dem Verdrängungswettbewerb nicht stand. Bekanntestes Beispiel ist die Stadtbäckerei Lange, gegründet bereits 1816 durch Hans-Christian Lange. Das Traditionshaus am →Alten Markt gab 2001 den Betrieb auf. Heute bestimmen mittelständische Backunternehmen mit ihrem Filialnetz das Stadtbild.

Lit.: Die K.er Bäckerinnung, K. 1992. Ro

Vereinsbäckerei Gaarden, 1950

Bärwirth-Hardekopf, Anita (geb. 30.8.1918 K., gest. 13.7.1994 Buenos Aires), reiste als jüngstes Mitglied der Dt. Nationalmannschaft zu den Olympischen Sommerspielen 1936 nach Berlin. Zusammen mit Käthe →Schmidt-Sohnemann errang sie die Goldmedaille im Mannschaftsachtkampf der Turnerinnen. Im Wettbewerb mussten zwei Gruppen- und jeweils drei Einzelübungen in Pflicht und Kür absolviert werden. Sechs Damen eines Teams kamen in die Wertung. Geturnt wurde auf der Dietrich-Eckart-Freiluftbühne vor der imposanten Kulisse von 30.000 Zuschauern. Nach 1938 lebte B. in Argentinien, heiratete dort und bekam zwei Töchter, von denen sich eine als Kunst- und Turmspringerin für die Olympischen Sommerspiele 1960 in Rom qualifizierte. We

Baggesen, Jens Immanuel (geb. 15.2.1764 Korsør, gest. 3.10.1826 Hmbg.), war einer der bedeutendsten Dichter dt. und dänischer Sprache im →Dänischen Gesamtstaat des späten 18. Jh. Sein Leben zeichnete sich durch Unstetigkeit und zahlreiche Reisen aus, die ihm den Beinamen „das Chamäleon" einbrachten. Mit K. verbanden ihn Besuche in den Jahren 1787, 1789 und 1795. Seine erste Frau Sophie von Haller verstarb 1797 in K. Der dänische Kg. verschaffte B. 1811 die Stelle eines Lektors für dänische Sprache und Literatur an der →Christian-Albrechts-Universität, die er bis 1814 wahrnahm. Verschuldet verstarb B. 1826 auf der Rückreise aus der Schweiz und wurde in K. neben seiner ersten Frau beerdigt. Das Grab liegt heute auf dem →Eichhoffriedhof. B. verewigte K. literarisch in seinem Reisebuch „Labyrinthen" als ein Zentrum des humanitären Geistes im Gesamtstaat.

Lit.: H. Detering, Andersen und andere, Heide 2005. Sl

Jens Baggesen

Bahide-Arslan-Platz Der B. liegt im Stadtteil →Gaarden an der Einmündung der Wikingerstr. in die Kaiserstr. Er erinnert an eines der Opfer des Brandanschlags, den Neonazis am 23.11.1992 in Mölln auf zwei Häuser verübten, in denen türkische Familien lebten. Die 51-jährige Bahide Arslan kam zusammen mit ihrer zehnjährigen Enkelin und ihrer 14 Jahre alten Nichte in den Flammen um. Zu ihrem Gedenken wurden in mehreren deutschen Städten Straßen nach ihr benannt. Ha

Bahnhof →Hauptbahnhof

Balemann, Georg Ludwig (geb. 11.1.1787 Reinfeld, gest. 31.1.1866 Rendsburg), studierte in K. und Göttingen Rechtswissenschaft. Nach dem Examen 1809 erhielt er die Zulassung als Advokat in K. Politisch war er ein gemäßigter Liberaler. In diesem Sinne wirkte er, als es 1830 um eine Petition für eine Reform der Verwaltung und eine gemeinsame Repräsentativverfassung beider Hztt. ging. Seit 1835 wurde er wiederholt als K.er Abgeordneter in die holsteinische Ständeversammlung gewählt, deren Präsident er zeitweilig war. Er setzte sich entschieden für die Landesrechte der Hztt. gegen die dänische Regierung ein, war aber gegen radikale Maßnahmen und hielt sich daher während der →Schleswig-Holsteinischen Erhebung zurück. Er war Vorsitzender des Ausschusses für den Entwurf eines Staatsgrundgesetzes für SH, das am 15.9.1848 von der Landesversammlung beschlossen wurde. 1844–52 war er K.er →Bürgermeister. Hoch verschuldet wurde er 1855 wegen Veruntreuung von Geldern zu sechs Jahren Festungsarrest in Rendsburg verurteilt.

Lit.: Lebensläufe, 26–28, 347. Ge

Georg Ludwig Balemann

Ball Pompös →MAX

Ballhaus 1665 erhielt Detleff Fischer angesichts der Univ.gründung das Privileg, auf seine Rechnung ein B. für die sportliche Ertüchtigung der Studenten zu errichten. Hier sollten die Studenten einem Ballspiel über Netze nachgehen. Fischer erbaute das rechtlich der Stadt entzogene B. in der Schuhmacherstr. Als die Einnahmen nicht ausreichten, erhielt er das Privileg, die Sporthalle auch an wandernde Theatertruppen zu vermieten und geriet dadurch in Konflikt mit dem Rat, der seine Einkünfte aus dem →Tanzsaal schwinden sah. Die tatkräftige Besitzerin Maria Brigitta Hagedorn baute das B. 1764 in K.s erstes Opern- und Komödientheater um, in dem auch ein Sportsaal noch vorhanden war. 1841 wurde das B. abgetragen und an gleicher Stelle das erste K.er →Stadttheater eröffnet.

Lit.: W. von Gersdorff, Gesch. des Theaters in K. unter den Hzz. zu Holstein-Gottorp bis 1773, in: MKStG 27/28 (1911). Ro

Baltische Mühlengesellschaft AG →Holsatiamühle

Banken hat es in K. bis Anf. des 19. Jh. nicht gegeben. Der K.er →Umschlag, der vom 15. bis Ende des 19. Jh. abgehalten wurde, war ein reiner Kreditmarkt unter Privaten und kann nur sehr eingeschränkt als eine Banktätigkeit bezeichnet werden. Bankmäßige Geldgeschäfte mussten in Hmbg. oder Altona getätigt werden. 1796 wurde in K. die erste →Sparkasse von der →Gesellschaft

Kundenhalle der Vereinsbank, um 1960

freiwilliger Armenfreunde in aufklärerischer Absicht gegründet, die seit 1799 auch als Leihkasse tätig war. Sie nahm allerdings nur kleinere Beträge der unteren sozialen Schichten an und verlieh auch nur kleinere Beträge an Angehörige eben dieser Schichten in Notzeiten. Im eingeschränkten Sinn könnte man dies allerdings schon als erste Banktätigkeit bezeichnen. Im Jahre 1852 gründete Wilhelm →Ahlmann in K. die erste Privatbank, die in allen Bereichen des Geld- und Bankgeschäfts tätig war und bald eine bedeutende Stellung erreichte (→Bankhaus Ahlmann). Mit der Eingliederung SH in Pr. und dem folgenden wirtschaftlichen Aufstieg K.s durch die →Marine nahm auch die Zahl der B. in K. zu. 1865 wurde von Hmbg. aus die Vereinsbank K. gegründet, von Husum aus nahm die Filiale K. der SH Bank ihre Tätigkeit auf, und auch zwei Aktienb. wurden gegründet: die K. Bank (1872) und die Kreditbank K. (1899). Durch die wirtschaftliche Entwicklung in K., die v.a. auf die Werft- und Zulieferindustrie ausgerichtet war, gerieten allerdings das →Handwerk, das kleine Gewerbe und auch die →Landwirtschaft in eine schwierige finanzielle Lage. Der Ausweg war das Genossenschaftswesen, die gemeinschaftliche Hilfe zur Selbsthilfe. So wurde 1897 die Handwerkerbank K. gegründet (seit 1940 →Kieler Volksbank) und 1895 entstand als Zentralkasse der landwirtschaftlichen Genossenschaften die Landesgenossenschaftsbank mit Sitz in K. Als Hypothekenbank der Landwirtschaft war auch die Landschaftliche Bank der Provinz SH, ebenfalls mit Sitz in K., tätig. Im Jahre 1905 errichte die erste der dt. Großb., die Commerz- und Disconto-Bank, eine Geschäftsstelle in K. Während des 1. →Weltkriegs wurde als Zentralstelle für den öffentlichen Kredit dann die Landesbank errichtet, während die Sparkassen für ihren Zahlungsverkehr 1916 eine Girozentrale begründeten. Der 1. WK und die nachfolgende Inflation bedeuteten für alle B. und Sparkassen eine schwierige Zeit, da jegliches Geldvermögen vernichtet wurde. Erst in den Jahren 1924–29 gab es einen kurzfristigen Wiederaufstieg, der dann durch die Weltwirtschaftskrise 1929 bis 1933–34 erneut beendet wurde. Die NS-Zeit war bestimmt durch starke staatliche Einwirkungen auch auf das sh. Bankwesen, bis dann nach 1945 und v.a. nach der Währungsreform 1948 ein Neuanf. gemacht werden konnte. Die Landesbank – seit 1940 mit der Girozentrale zusammengeschlossen – fungierte weiterhin als Zentralinstitut der sh. Sparkassen, entwickelte aber selbst eine ausgedehnte eigene Banktätigkeit. Weiterhin bestanden in K. Filialen der Vereinsbank Hmbg. und der SH Westbank, die später fusionierten. Seit den fünfziger Jahren errichtete dann die Dresdner Bank eine Filiale in K., und seit 1967 übernahm die Dt. Bank in mehreren Schritten das Bankhaus Ahlmann. Auch die genossenschaftlichen Bankinstitute, die K.er Volksbank und die Landesgenossenschaftsbank, sowie die Landschaftliche Bank (später: Bank Company Nord) und – von der Seite der →Gewerkschaften – die Bank für Gemeinwirtschaft (später: SEB Bank) behaupteten sich als Bankinstitute. Alle diese Banken waren – mit unterschiedlicher Kundenausrichtung – als Vollb. tätig.

Lit.: K. Gutowski, 50 Jahre Landesbank und Girozentrale SH, K. 1967; H. G. Kaack, 75 Jahre Landesgenossenschaftsbank, K. 1970; K. Schellenberg, 100 Jahre Filiale K. der Vereinsbank, K. 1965. Wu

Bankhaus Ahlmann 1852 gründete Wilhelm →Ahlmann (1817–1910) in K. die erste Privatbank in SH. Bisher hatten größere Firmen ihre Bankgeschäfte in Hmbg. oder Altona getätigt. Der wichtigste Zweig des B. war wegen der verschiedenen Währungen das Geldwechselgeschäft zum K.er →Umschlag, daneben die Hypothekenver-

Bankhaus Ahlmann

mittlung. Später kamen das Wertpapier- und das Kreditgeschäft hinzu. Von 1873–1917 war die Bank gewissermaßen Landesbank der Provinz SH. 1927 zog sie in ihr neues Gebäude am →Kleinen Kiel. 1941 gehörte das B. zu den 30 größten Privatbanken Dtld. und 1952 zu den größeren der noch bestehenden privaten Geldhäuser. 1957 trat die Dt. Bank in die offene Handelsgesellschaft Wilh. Ahlmann ein. 1967 wurde sie in eine Filiale der Dt. Bank umgewandelt und trägt seit 1974 den Namen Dt. Bank Filiale K.

Lit.: M. Pohl, M. L. Müller, Das B. und die Dt. Bank in K. 1852–2002, Frankfurt/Main 2002. Ge

Bardenhewer Die K.er Firma Ferdinand B. wurde 1913 von dem Braumeister und ehemaligen Brauereidirektor Ferdinand B. als Zulieferbetrieb für die vielen kleinen damals noch in SH vorhandenen Brauereien gegründet. Unter Fritz B. nahm die Firma neben dem Vertrieb von Brauereibedarf auch den Verkauf von Flaschen an →Brauereien, Limonadenfabriken und Meiereien auf. Dieses Angebot wurde nach dem 2. →Weltkrieg um Glas, Porzellan und Haushaltwaren erweitert und die Firma belieferte zusätzlich Apotheken und Labore mit Glasprodukten. Nach Stationen am Königsweg und in der Lerchenstr. ist das traditionsreiche K.er Familienunternehmen seit 1974 im Holzkoppelweg ansässig und beliefert als Glasgroßhändler den gesamten norddt. Raum.

Lit.: Bier und Brauereien in K., K. 1988. He

Kaffeedose Bartels-Langness, um 1926

Bartels-Langness Die in K. ansässige B. GmbH & Co. KG (Bela) gehört zu den 15 größten Lebensmittelhändlern in Dtld. Zur Unternehmensgruppe gehören u.a. Famila Warenhäuser, Markant Supermärkte, der Bäckereigroßhandel Backring Nord, die

Langness-Speicher im Bau, 1925

Großbäckerei Steiskal, das Weinimporthaus P. Schneekloth Söhne GmbH und die Filialkette Futterhaus. Gegründet wurde das Unternehmen 1892 von Bäckermeister Hermann D. Langness. Sein Sohn Hermann Langness (1892–1964) gründete 1928 mit Paul Bartels die B. AG und baute sie zum Großhandelskonzern aus. Die Bartels-Familie schied 1944 aus dem Unternehmen aus. 1950 kam das älteste Unternehmen im Verbund hinzu, das 1816 gegründete Weinimporthaus P. Schneekloth Söhne. Unter Fritz Langness (1924–2007) beteiligte sich die Unternehmensgruppe 1973 an der Citti Handelsgesellschaft und eröffnete 1974 das erste Famila SB-Warenhaus in Eutin. B. gehört heute zu den größten Arbeitgebern in SH. Eb

Wilhelm Bauer

Bauer, Wilhelm (geb. 23.12.1822 Dillingen/Donau, gest. 20.6.1875 München), gelangte als gelernter Drechsler, Korporal der königlich bayerischen Armee sowie Angehöriger des Bundeskontingents nach Schleswig und entwickelte dort die Idee eines Tauchbootes zur Verbringung von Sprengladungen unter Wasser. 1850 wechselte er als Unteroffizier in die sh. Armee über. Nach seinen Vorgaben wurde noch im gleichen Jahr der →Brandtaucher gefertigt und erprobt. B. war der Pionier des dt. U-Bootbaus. Im März 1851 nahm B. seinen Abschied und ging zunächst nach München. 1855 baute er in St. Petersburg als Weiterentwicklung das Tauchboot „Morskoj Chert" und ersann in der Folgezeit eine breite Palette maritimer Erfindungen. 1858 verließ B., der als sehr streitbar galt, Russland. 1861 glückte ihm die Hebung eines im Bodensee gesunkenen bayerischen Raddampfers.

Lit.: K. Herold, Der K.er Brandtaucher, Bonn 1993, 36–99. Os

Baugenossenschaften Der Gedanke genossenschaftlicher Selbsthilfe auf dem Bausektor war in Dtld. erstmals 1848 von Victor Aimé Huber (1800–1869) in Berlin verwirklicht worden. In SH entstand auf Anregung von Peter Christian →Hansen (1853–1935) 1878 in Flensburg ein Bauverein nach Kopenhagener Vorbild. Hansen war auch in K. der Initiator zweier Bauvereine, die bald als Musterbeispiele staatlich subventionierter Wohnungsfürsorge vor dem 1. →Weltkrieg galten: der „Arbeiterbauverein für Garden, K. und Umgebung" von 1889 (seit 1901 „Arbeiterbauverein →Ellerbek") und der „K.er Bau- und Sparverein" von 1900. Der „Arbeiterbauverein Ellerbek" errichtete bis 1914 943 zweigeschossige Doppelhäuser mit je drei Wohnräumen und Küche auf 33 bis 67m² sowie im Anbau mit Waschküche, Stall und Abort. Dazu gehörte ein Gemüsegarten von 350 bis 400m². Die Häuser wurden an die Mitglieder verlost. Die Finanzierung erfolgte im Wesentlichen durch Mittel aus der öffentlichen Hand. Bereits 1894 erhielten die Gebäude Anschluss an die →Kanalisation, 1899 an die Koch- und Leuchtgas-, 1905 an die zentrale →Wasser- und 1912 an die →Elektrizitätsversorgung. 1904 wurde die Siedlung von Kaiser Wilhelm II. und Kg. Eduard VII. von England besichtigt. Der „K.er Bau- und Sparverein" stellte bis 1904 164 Wohnungen her mit je zwei Zimmern und Küche sowie Speisekammer, Spülklosett und Balkon auf 45m² Fläche. Ferner gehörten zu jeder Wohnung ein Kohlen- und ein Vorratskeller und z.T. eine Dachkammer. Die Miete betrug 265 Mark jährlich, und die Mieter waren vor

Arbeiterbauverein Ellerbek, Häuser in der Franziusallee, um 1930

willkürlicher Kündigung geschützt. Als Gemeinschaftseinrichtungen standen mehrere Baderäume mit Brausebädern, ein Lesezimmer und eine Leichenkammer zur Verfügung. Innerhalb des südlichen geschlossenen Baublocks befand sich ein „Spielgarten" für Kinder. Die Hoffnung bürgerlicher Kreise, die Arbeiterschaft durch gezielte Wohnungsfürsorge in die bürgerliche Gesellschaft zu integrieren, erfüllte sich nicht. Die Mitglieder der beiden Bauvereine wählten weiterhin überwiegend die Sozialdemokratische Partei.

Lit.: N. Hansen, „Über zwei Zimmer und Küche sind wir ... nie hinausgekommen", in: Geschichte und Kultur 8, Nms. 1999. Si

Baugewerbe Aufgrund der enormen Aufbauleistungen sowohl zur Kaiserzeit als auch nach dem 2. →Weltkrieg war das B. für die K.er Wirtschaft von herausragender Bedeutung. Das Bevölkerungswachstum und der Ausbau der städtischen Infrastruktur seit den 1870er Jahren machte aus Maurermeistern Bauunternehmer. Kreditfinanziert kauften sie städtische Grundstücke an und errichteten darauf Mietshäuser, die gewinnbringend abgesetzt wurden. Auch zahlreiche Großaufträge für die Stadt und die →Marine fielen an. Während 1901 51 Bauunternehmer in K. arbeiteten, waren es 1914 bereits 107. 1907 arbeiteten 9.900 Menschen in K. im B., das damit kaum weniger Menschen Arbeit bot als die Werftindustrie. Typische Vertreter der Bauunternehmer waren z. B. Heinrich Nikolaus Popp, dessen großzügige Wohnhäuser die obere →Holtenauer Straße prägen, oder Friedrich Helbig, der seine bis heute bestehende Baufirma 1878 in →Gaarden gründete und sich besonders mit Aufträgen für die Marine etablierte. Weitere große K.er Bauunternehmen gehen bis in die Gründerzeit zurück, wie Johann Duwe, gegründet 1906, oder das bis heute bestehende Unternehmen Christian Flenker, gegründet 1898, in das 1973 auch das bedeutende, 1892 gegründete Unternehmen Carl Imhoff integriert wurde. 1938 gründete Heinrich Karstens seinen ursprünglich auf Tiefbau spezialisierten Betrieb. In der Nachkriegszeit entfachte der →Wiederaufbau der zerstörten Stadt die örtliche Baukonjunktur. Seit den 1970er Jahren kommt es wiederholt zu Krisen im B., die mit einer Konzentration der Unternehmen und Arbeitsplatzabbau einhergehen. Auch K. erlebte spektakuläre Pleiten, wie den Konkurs des Wasserbauunternehmens →Steffen Sohst 1966 oder des Bauunnternehmens Solterbeck 1994, das zuvor in nur fünf Jahren zum größten Bauunternehmen SH geworden war. Ro

Wiederaufbau am Kleinen Kuhberg, um 1950

Otto Baumgarten

Baumgarten, Otto (geb. 29.1.1858 München, gest. 21.3.1934 K.), war ein Sohn des Reformationshistorikers Hermann B. und studierte Theologie in Straßburg, Göttingen und Halle, wo er sich 1888 habilitierte. Als Mitglied der dt. Friedenskommission nach dem 1. →Weltkrieg war er hauptsächlich mit Fragen der dt. Mission in den ehemaligen Kolonialgebieten befasst. Von 1894 bis 1926 war er als Prof. für Praktische Theologie und als Univ.-Prediger in K. tätig. B. galt als einer der führenden Vertreter der theologischen Linken und trat u.a. für den Kulturprotestantismus, die Gewissensfreiheit in der ev. Kirche und eine Reform des Religionsunterrichtes an den Schulen ein. Gegen Ende seines Lebens wandte er sich gegen den aufkommenden Antisemitismus und geriet in Konflikt mit ns. Studentenorganisationen.

Lit.: H. v. Bassi, Otto B., Frankfurt/Main u.a. 1988.

Gn

Beamtenlaufbahn Der Fußweg zwischen Lorentzendamm und Gartenstr. stellte die kürzeste Verbindung zwischen dem Polizeipräsidium und dem →Rathaus her und erhielt daher im Volksmund die Bezeichnung B., die seit Januar 1961 auch amtlich ist.

Eb

Alexander Behm

Behm, Alexander Karl Friedrich Franz (geb. 11.11.1880 Sternberg, gest. 22.1.1952 Tarp). Bereits während seines Physikstudiums an der TH Karlsruhe beschäftigte sich B. intensiv mit akustischen Phänomenen und meldete einen „Sonometer" zur Bestimmung von Schallstärken zum Patent an. Unter dem Eindruck der „Titanic"-Katastrophe im April 1912 entwickelte er ein elektroakustisches Sende- und Empfangsgerät, das sog. Behm- oder Echolot, mit dem sich Hindernisse orten und Entfernungen messen ließen. Noch im Unglücksjahr verlegte er seinen Wohnsitz nach K., um hier die praktische Erprobung seines Geräts vorzunehmen. Eine Anstellung fand er bei der Firma →Anschütz & Co., bevor er 1920 den Schritt in die Selbstständigkeit wagte. Nachdem das Gerät in zahlreichen Versuchen seine Genauigkeit bewiesen hatte, wurden alle Schiffe mit dem Echolot ausgerüstet. Für seine Verdienste verlieh die Medizinische Fakultät der →Christian-Albrechts-Universität B. im Jahre 1928 die Ehrendoktorwürde. Die Stadt erinnert an ihn mit einer Gedenktafel an seinem Wohnhaus Hardenbergstr. 31.

We

Behn, Wilhelm Friedrich Georg (geb. 25.12.1808 K., gest. 14.5.1878 Dresden), studierte Medizin seit 1828 in Göttingen und seit 1831 in K. Nach Examen und Promotion 1832 hospitierte er bei Johannes Müller in Berlin und wurde 1833 Privatdozent in K. Nach Rückkehr von einer Studienreise nach Paris wurde er 1836 kommissarischer Leiter des Naturhist. Museums der →Christian-Albrechts-Universität, 1837 außerordentlicher Prof. der Anatomie und Direktor des Anatomischen Theaters. 1839 richtete B. das erste K.er Anatomische Institut im →Warleberger Hof ein. Dort fand auch das Naturhist. Museum Platz. Von 1845–48 nahm er an der Weltumsegelung der dänischen Korvette „Galathea" teil und wurde anschließend ordentlicher Prof. der Anatomie und Zoologie. Sechsmal war B. Dekan und 1865–66 Rektor. Nach der Annexion SH durch Pr. ging er 1867 auf eigenen Wunsch in den Ruhestand. 1869 wurde er zum Präsidenten der kaiserlichen Akademie der Naturforscher Leopoldina gewählt und zog nach Dresden.

Lit.: I. Irmler, Leben und Werk des Anatomen, Zoologen und Physiologen Wilhelm Friedrich Georg B. (1808–1878), Med. Diss. K. 1983.

Pe

Behrens, Walter Ernst Hartwig (geb. 19.4.1889 Hmbg., gest. 12.11.1977 Friedrichstadt), Großhandelskaufmann mit bürgerlichen Wurzeln, trat erst 1931 der NSDAP bei, stieg 1932 zum Kreisleiter auf und dirigierte die Machtübernahme der NSDAP im K.er →Rathaus am 12.3.1933. 1937 übergab B. Otto →Ziegenbein das Amt als Kreisleiter, gestaltete aber als hoher NSDAP-Funktionär und Oberbgm. (1933–45) maßgeblich Politik und Alltag in K. nach ns. Grundsätzen. Nach Verhaftung durch britische Truppen, fast dreijähriger Internierung und folgender Entnazifizierung lebte B. unbehelligt in K.

als Kaufmann, versehen mit einer Pension als ehemaliger Oberbgm.

Lit.: S. Lehmann, Kreisleiter und Parteiorganisation der NSDAP in K., in: MKStG 84 (2008), 115–152. Le

Bellevue Auf der markanten Anhöhe oberhalb des Düsternbrooker Fördeufers befand sich gegen Ende des 18. Jh. ein Bauernhaus, genannt „Krusenhaus", das nach Anlegung der Fruchtbaumschule bis 1792 von Christian Cay Lorenz →Hirschfeld und bis 1827 von Johann Jacob Paul →Moldenhauer bewohnt wurde. 1846 richtete der Besitzer der Baumschule, Gärtner Christian Eckardt, eine Sommerwirtschaft ein. Die malerisch gelegene Gastwirtschaft, die nach einem Brand 1849 zum Logierhaus umgebaut wurde, erfreute sich wegen der Aussicht großer Beliebtheit. Die Bezeichnung B. hatte der Volksmund schon in der ersten Hälfte des 19. Jh. geprägt, doch erst Eckardts Schwiegersohn Johann Christian Abel führte die Wirtschaft unter diesem Namen. Abel erbaute 1869 ein repräsentatives Hotel, schon 1853 lassen sich für die Gäste die ersten Badekarren nachweisen. 1905 kaufte die Stadt das Anwesen, errichtete 1906 einen Aussichtspavillon und erweiterte das Hotel 1907 auf 63 Zimmer. Im 1. →Weltkrieg diente es als Hilfslazarett, von 1922–27 als

Bellevue, Hermann Wehrmann, um 1934

Studentenwohnheim. Nach Teilzerstörung im 2. WK wurde ein Teil des Hotels 1952 als →Jugendherberge wieder eröffnet. 1962 geschlossen und 1963 ausgebrannt, wurde es ein Jahr später abgerissen. Nur das darunter

Hotel Bellevue, Postkarte, um 1910

gelegene Terrassenrestaurant von 1957 blieb erhalten. Zu den →olympischen Segelwettbewerben 1972 entstand hier in Rekordbauzeit das sechsgeschossige Maritim-Hotel mit angeschlossener Appartement-Anlage. Ro

Bergstraße Die B. wurde im Rahmen der Bebauung der Damperhofländereien angelegt und 1872 bis zur →Holtenauer Straße erweitert. 1869–70 entstand hier die wuchtige Privatkaserne für das 85. Infanterieregiment, deren Bau durch Aktienverkauf finanziert wurde. Heute bestimmen das Sparkassengebäude (1909–10, erweitert 1936) und die Gebäude der →Industrie- und Handelskammer zu K. (1955/2004) die Ansicht der B. 1972 wurde mit dem „Ex 2000“ die erste Diskothek in der B. eröffnet, die seitdem als Diskothekenmeile bekannt ist. Eb

Berliner Platz Der Platz besetzt einen der stadttopografisch interessantesten Orte der Stadt und musste immer wieder Veränderungen hinnehmen (Holstentor, →Holstenbrücke, →Kleiner Kiel, →Reichshallen, →Bootshafen). Die heutige Form ist das Ergebnis der Neuordnung der Verkehrsverhältnisse nach dem 2. →Weltkrieg, die leistungsfähige Verbindungen von der Andreas-Gayk-Str. zum Wall bzw. zur →Holtenauer Straße erforderte und den Platz ab 1951 zum Verkehrsknotenpunkt machte. Davon abgeleitet ist der ursprüngliche Name „Runder Platz“, der 1955 zu Gunsten des heutigen aufgegeben wurde. Die Öffnung des Platzes zur →Förde ist charakteristisch für das Planungsziel der 1950er Jahre, die Stadt im Sinne einer Stadtlandschaft aufzulockern. Die karge, hochwertige →Architektur (u.a. ehemaliges Kaufhaus →Weipert von Otto →Schnittger und Erwin Belani, 1950) ist nur noch fragmentarisch erlebbar.

Lit.: U. Höhns, K. Seiler-Kroll, Das moderne K., Heide 2008. Me

Berliner Platz, um 1960

Besatzungsmacht →Britische Besatzung

Bethlehemkirche

Bethlehemkirche Die B. in →Friedrichsort wurde 1875 als Garnisonskirche auf der Westseite der neu angelegten Möhrkestr. erbaut. Zunächst in Fachwerkbauweise als Provisorium gedacht, wurde sie ab 1909 mehrfach renoviert und blieb von einer Reihe holzverschalter Bauten, darunter die Garnisonsschule, als einziger erhalten. Die 1947 gegründete B.gemeinde nutzte die kleine Kirche bis 1999. Seitdem ist der Saalbau mit eingerücktem Rechteckchor, den Bildhauer Ulrich Beier aus Hmbg. 1963–67 neu ausstattete, im Eigentum des gemeinnützigen Vereins „B. e.V“, der hier neben Gottesdiensten auch kulturelle Veranstaltungen durchführt. Der Eingang auf der nachträglich verbretterten Giebelseite wird durch eine Uhr und den offenen Dachreiter mit Glocke betont. Durch einen zweigeschossigen Vorbau gelangt der Besucher in den hell belichteten Kirchenraum, den das offene Gesprenge des Dachstuhls bestimmt. Gehören Kanzel, Gestühl und Orgelempore zur bauzeitlichen Ausstattung, so wurde das Ölgemälde des Abendmahls von 1714 aus der ehemaligen Kapelle des Kommandantenhauses übernommen.

Lit.: K.-B. Hasselmann (Hg.), Kirche in K., Nms. 1991, 85–89. Jo

Bevölkerungsentwicklung Gesicherte Zahlen über die Einwohnerzahl K.s lassen sich im vorstatistischen Zeitalter nicht gewinnen. Vor der ersten Volkszählung von 1781 beruhen alle Bevölkerungszahlen auf Schätzungen; ma. und fnz. Quellen bieten immerhin Hinweise auf die Anzahl der Haushalte, wenn auch nicht der Einwohner. Aufgrund von Steuerlisten (Schossregister) lässt sich die Bevölkerung im 15. Jh. auf maximal 2.500 Einwohner schätzen. Im 13. und 14. Jh. dürfte die Einwohnerzahl bei etwa 1.800 Personen gelegen haben, in der Zeit nach der →Pest vielleicht sogar noch darunter. K. war also von der Bevölkerungszahl her, selbst für ma. Verhältnisse, eher eine Klein- als eine Mittelstadt und blieb es auch noch im 16. Jh.: Ein Kataster von 1565 erfasst gerade 379 Wohneinheiten, davon 347 Häuser; daraus ergibt sich eine Einwohnerzahl von nur 1.500 bis 1.900 Personen. Das langsame Bevölkerungswachstum der FNZ zeigte sich in K. an der wachsenden Vorstadt, um 1682 lassen sich etwa 3.310 Einwohner veranschlagen, darunter rund 230 Univ.angehörige. In dänischer Zeit liegt erstmals mit der 1781 in K. durchgeführten Volkszählung eine gesicherte Einwohnerzahl vor: Damals waren 5.557 Personen in K. ansässig. Erst die wirtschaftlichen Entwicklungsperspektiven im →dänischen Gesamtstaat ermöglichten ein kontinuierliches, wenn auch nicht rasantes Anwachsen der Bevölkerung, das durch die Volkszählungen von 1803, 1825 und regelmäßig seit 1835 gut dokumentiert ist. K.s Entwicklung zu einer mittleren Gewerbe-, Hafen- und Univ.stadt wurde erschüttert durch die Ansiedlung der →Marine 1865 und der nachfolgenden Werftindustrie. Das nun folgende rasante Bevölkerungswachstum ist exzeptionell: In den 50 Jahren zwischen 1867 und 1917 verzehnfachte sich die Bevölkerung K.s. Einen besonderen Schwerpunkt bildeten die Jahre zwischen 1900–10; in diesen Jahren wuchs die Bevölkerung absolut um 103.650 Einwohner. Diese Zahlen gehen nicht nur auf die →Eingemeindungen besonders der Jahre 1901 und 1910 zurück, sondern auch auf das massive Wachstum der eingemeindeten Ortschaften: →Gaarden Ost von 867 (1867) Einwohnern auf 13.847 im

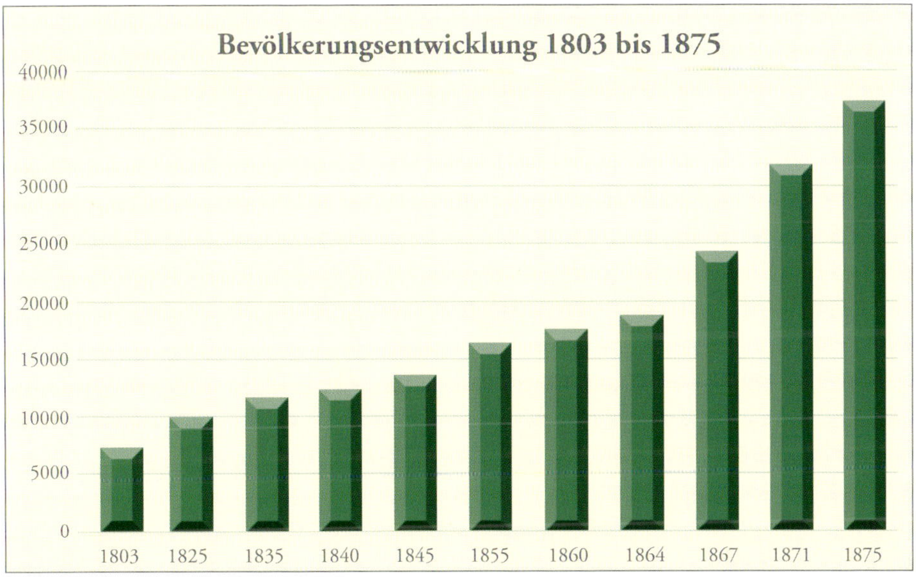

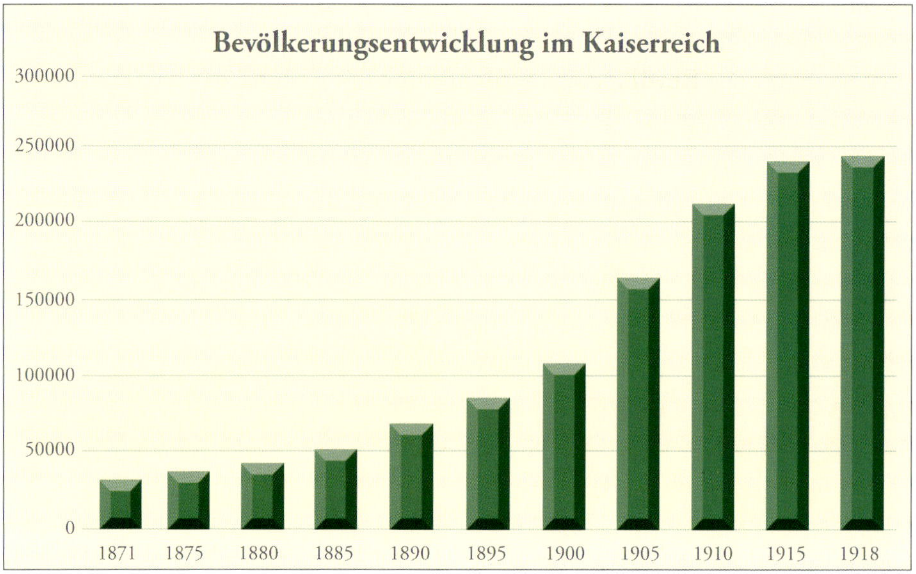

Jahr 1900, Gaarden Süd von 512 (1867) auf 2.352 (1905), →Hassee von 378 (1867) auf 4.700 (1905), →Ellerbek von 739 (1867) auf 7.847 (1905), →Wellingdorf von 415 (1867) auf 3.466 (1905), →Neumühlen und →Dietrichsdorf von 729 (1867) auf 7.688 (1919) und →Pries und →Friedrichsort zusammen von 1.258 (1871) auf 5.415 (1919). Das gesamte Ausmaß des Wachstums wird somit nur in der Betrachtung der B. auf der Grundlage des heutigen Stadtgebiets deutlich. Auf dem heutigen Stadtgebiet lebten 1871 etwa 43.700 Personen, 1910 waren es 232.250 Personen, bis 1918 dürfte die Zahl auf über 260.000 angestiegen sein, eine Versechsfachung gegenüber 1871. Das Wachstum war einem massiven Zuzug von außen zu verdanken, v.a. aus SH selbst und aus anderen pr. Provinzen. K. war Wohnsitz von Marineangehörigen und zog Arbeitskräfte für →Schiffbau und →Baugewerbe an. Daher zeigt die Alterspyramide ein Übergewicht der männlichen Bevölkerung in arbeitsfähigem Alter, der Anteil der Frauen und Kinder war unterdurchschnittlich. Für die Zugezogenen war die Stadt oft nur eine Zwischenstation, die Fluktuation war hoch. Nach Kriegsende brachen die Erwerbsquellen in der Rüstungsindustrie und Marine ein und viele Arbeitskräfte verließen die Stadt; K. verlor rund 40.000 Einwohner binnen zwei Jahren. Die Alters- und Geschlechtsverteilung weist einen deutlichen Frauenüberschuss aus. Erst mit der Aufrüstung der dreißiger Jahre und der Kriegskonjunktur wuchs die Bevölkerung wieder an und erreichte 1942 mit 306.452 ihren Höchststand. Durch Evakuierungen und Abwanderungen infolge des 1941–42 massiv einsetzenden →Luftkriegs sank die Bevölkerungszahl rapide auf unter 200.000 im Jahr 1945. Die stark zerstörte Stadt konnte nun weder den vermehrt einströmenden →Flüchtlingen eine angemessene Unterkunft bieten noch den Evakuierten eine Rückkehr ermöglichen. Dennoch stieg die Einwohnerzahl bis 1962 auf über 270.000. Nach einer Phase der Stagnation bis 1970 sank die Bevölkerung bis zum Jahr 2000 auf unter 230.000 Einwohner und erholt sich seither nur langsam. Dabei war in den neu eingemeindeten Ortschaften durch umfangreiche Bauprogramme die Bevölkerung deutlich angestiegen: in →Suchsdorf von 1.633 (1956) auf 7.195 (1980) Einwohner, in →Schilksee von 1.220 (1956) auf 5.797 (1980), besonders aber in →Mettenhof, wo ein ganz neuer Stadtteil entstand, von 605 (1963) auf 19.445 (1980). Dennoch zogen viele K.er in Umlandgemeinden, die große Neubausiedlungen auswiesen und ein preisgünstiges Wohnen im Grünen versprachen, wie Alten-

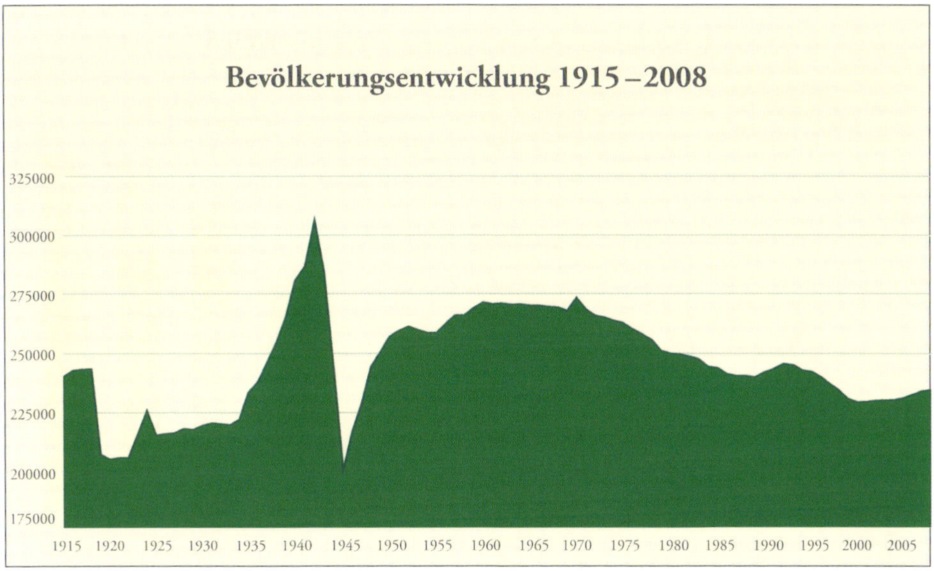

holz, Raisdorf, Molfsee, Klausdorf, Flintbek oder Gettorf. Auch der gleichzeitige Zuzug von ausländischen Arbeitskräften und ihren Familien konnte die Bevölkerungsabwanderung ins Umland nicht aufwiegen. Erst in den letzten Jahren konnte der Trend sich wieder umkehren: Durch steigende Energiekosten wird das Wohnen in der Stadt wieder attraktiver. Die letzten unbebauten Landreserven der Stadt wurden als Neubaugebiete ausgewiesen, in Suchsdorf („An der Au") und in →Meimersdorf („Gartenstadt"). Das 1970 eingemeindete Amt →Moorsee mit der Gemeinde Meimersdorf ist damit von 7.500 Einwohnern auf 16.623 (2007) angewachsen. Auch der demografische Wandel, die zunehmende Alterung der Gesellschaft, wirkt auf einen Zug in die Stadt mit ihrer starken Infrastruktur hin.

Lit.: Geschichte K. Ro

Bibliotheken →Landesbibliothek, →Stadtbücherei, →Universitätsbibliothek, →ZBW - Deutsche Zentralbibliothek für Wirtschaftswissenschaften, Leibniz Informationszentrum Wirtschaft

Bischofspforte Das bedeutende, von städtischen Steuern befreite Adelspalais in der →Dänischen Straße 5 verfügte ähnlich wie der →Buchwaldsche Hof über einen markanten Doppelgiebel in Renaissanceformen mit der Inschrift: „1618 Peter Margareta Rantzow". Sollte 1618 das Jahr der Errichtung sein, so ist Margareta (gest. 1629), Witwe Peter Rantzaus (1535 –1602), als Erbauerin anzusehen. Bis 1642 war das Haus im Besitz des Fürstbf. von Lüb. Johann August (1606 –55) aus dem Gottorfer Hz.shaus; nach ihm wurde das Gebäude als „B.", nach seinem Sohn Johann August (1647–86) auch als „Hz.-Hans-August-Haus" bezeichnet. 1723 kaufte die Stadt das Gebäude und veräußerte es unter Verlust aller Freiheiten weiter. 1893 fiel das stattliche Palais dem Ausbau der →Dänischen Straße zum Opfer.

Lit.: F. Volbehr, Beiträge zur Topographie der Stadt K. in den letzten drei Jh., in: MKStG 3, 4 (1881), 159–160. Ro

Bismarckdenkmal Zum 80. Geburtstag des Reichskanzlers 1895 reihte sich die Stadt K. in den Chor der Gratulanten ein, indem sie – wie an vielen Orten – dem Fürsten Bismarck als Zeichen der Dankbarkeit für die Reichseinigung ein Denkmal zu setzen beabsichtigte. Da für den ursprünglich geplanten Denkmalturm in →Düsternbrook das Geld nicht reichte, beauftragte man den Bildhauer Harro Magnussen mit dem Entwurf zu einem Standbild in der Grünanlage

Bismarck-denkmal

zwischen der damaligen →Gelehrtenschule und dem →Neumarkt (heute Rathausplatz). Überlebensgroß, barhäuptig und breitbeinig steht der bronzene Kanzler seit 1897 auf dem hohen Granitsockel. Die realistische Darstellung zeigt ihn im Interimsrock in der Pose des Redners. Sein markanter Kopf drückt Standhaftigkeit und Willensstärke aus. „Bismarck" lautet die lapidare Inschrift auf dem Sockel, dessen vier Bronzereliefs im 2. →Weltkrieg verloren gingen. Sie zeigten jeweils eine Doppeleiche, das Symbol für die Einheit der Hztt., deren Vollendung in der Reichseinigungspolitik Bismarcks gesehen werden sollte.

Lit.: U. Albrecht, Das K.er B. und sein Schöpfer Harro Magnussen, in: R. Jaworski, W. Molik (Hg.), Denkmäler in K. und Posen, K. 2002, 93–106. Km

Blaschke, Georg Paul (geb. 20.1.1876 Glatz, 5.5.1929 K.), war als aktiver Spieler und Funktionär maßgeblich an der Etablierung des Fußballspiels in K. und Norddtld. beteiligt. Mit einigen Gleichgesinnten hob B. den 1. K.er Fußballverein von 1900 aus der Taufe, einen Vorläufer von →Holstein K. Als Initiator des Verbandes K.er Ballspielvereine und Gründungsmitglied des Norddt. Fußballverbandes wurde er 1910 zunächst zum Schriftführer, dann zum Geschäftsführer des Dt. Fußballbundes berufen. Von K. aus lenkte er über viele Jahre die Geschicke des streng nationalistisch und militaristisch ausgerichteten Spitzenverbandes, der den Ausbruch des 1. →Weltkrieg euphorisch begrüßte. Seit 1924 engagierte sich B. als ehrenamtlicher Stadtrat für die Belange der Jugendpflege und in sämtlichen Sportfragen. Noch zu Lebzeiten (1928) wurde der Spielplatz an der Werftstr. zu seinen Ehren in B.platz umbenannt. We

Blaue, Alwin (geb. 6.9.1896 Hmbg., gest. 28.11.1958 K.), absolvierte 1912–16 eine Lehre als Holzbildhauer in Hmbg. und belegte zeitgleich Kurse an der Kunstgewerbeschule. Nach Wanderschaft setzte er das Studium in Hmbg. bis 1925 fort, danach an der Kunstakademie in Berlin. Seit 1927 war B. künstlerischer Mitarbeiter bei Villeroy Boch in Lüb., seit 1929 für die →Kieler Kunstkeramik tätig. Zu seinen ersten Aufträgen im öffentlichen Raum gehörte das mit Hermann Suhr realisierte →Seesoldaten-Ehrenmal (1927–31). 1935 entwarf er in Verbindung mit Rudolf →Schroeder die Gedenkstätte der Kriegstoten des 1. →Welt-

Alwin Blaue bei der Arbeit an seiner Skulptur „Schäfer", Friedrich-Junge Schule, um1953

kriegs, wozu der sog. →Marientempel mit einer Weihe- und Namenshalle versehen wurde, deren keramische Wanddekoration B. beisteuerte. Im gleichen Jahr lieferte er für das Offiziershaus des Marinefliegergeschwaders in →Holtenau Elemente der plastischen und malerischen Innen- und Außendekoration. Mit Schroeder arbeitete B. auch nach dem 2. WK eng zusammen, indem er vorzugsweise für dessen Schulneubauten vollplastische Arbeiten lieferte. Ebenso zeittypische wie zeitlose Kinder- und Tierfiguren waren es nun, deren auf das Wesentliche konzentrierte, blockhaft geschlossene Form stets im Gegenständlichen bleibt. Bemerkenswerte Innenraumdekorationen von B. finden sich im Hauptkorridor des →Rathauses („Bürger bauen eine neue Stadt", mit Fritz During, 1957) sowie im Treppenhaus der ehemaligen Landeszentralbank (1949/50).

Lit.: S. Schollmeyer, Der Bildhauer, Kunsthandwerker und Graphiker Alwin B. (1896–1958), Berlin 2005. Al

Blindenanstalt Im Mai 1862 wurde die B. in K. als erste Institution für blinde Menschen in den Hztt. vom Holsteinischen Blindenverein gegründet. Die Schüler lernten neben den schulischen Fächern auch Stricken, Häkeln, Korb- und Mattenflechten sowie Bürstenbindearbeit. 1875 übernahm die Provinz SH die Anstalt und ließ das endgültige Gebäude am Königsweg 80 errichten. Leiter der Anstalt wurde Wilhelm Ferchen (1833–1906), dessen Ziel es war, den Blinden die spätere Erwerbsfähigkeit zu ermöglichen. In seiner Amtszeit führte er wichtige Reformen durch: 1883 Errichtung eines Blindenheims für Mädchen, 1896 Gründung des Altersblindenheims. Die Provinzial-B., ab 1940 Landes-B., wurde im April 1941 aufgelöst. Das Altersblindenheim blieb bis 1977 bestehen, die Gebäude wurden 1979 abgerissen.

Lit.: G. Kühn, Die Provinzial-B. in K., K. 1912. Vin

Blücherplatz →Stübbenplan

Blume, Friedrich Hermann (geb. 5.1.1893 Schlüchtern, gest. 22.11.1975 Schlüchtern), zählte zu den international renommiertesten Musikwissenschaftlern des 20. Jh.; er lehrte von 1933–58 an der →Christian-Albrechts-Universität. Nach dem Studium in München, Leipzig und Berlin 1911–14 und Kriegsteilnahme, promovierte er 1921 in Leipzig und wurde zunächst dort, dann in Berlin Assistent bei Hermann Abert. Hier begann er mit der Gesamtausgabe der Werke von Michael Praetorius; in K. betreute er verschiedene Fachzs. und Reihen und gab u.a. die 14-bändige Musikenzyklopädie „Die Musik in Geschichte und Gegenwart" (MGG) heraus. B. wurde 1947 Gründungspräsident der „Gesellschaft für Musikforschung" und wirkte in internationalen Gremien und Projekten mit. In Forschung und Lehre vertrat B. das gesamte Spektrum der Musikwissenschaft, mit Schwerpunkten auf der Musik des 16. Jh., der Wiener Klassik und der ev. Kirchenmusik.

Lit.: Lebensläufe, 29–31, 347 f. Ro

Blunck, Therese Friederike Helene (geb. 9.6.1875 Schipphorsterwohld/Gut Bothkamp, gest. 16.6.1942 K.), gilt als Wegbereiterin der sh. Fürsorgearbeit für sittlich gefährdete Mädchen und Frauen. In selbstloser, unbürokratischer Weise widmete sie sich dem Schicksal und Leid bedürftiger Frauen und Mädchen. Bereits 1908 gründete sie den Verein K.er Mädchenheim e.V. Sie legte damit den Grundstein für künftige diakonische Fürsorgeeinrichtungen. Mit außergewöhnlichem Engagement und Mut gelang es ihr, 1916 in der Gartenstr. ein eigenes Mädchenheim zu eröffnen. Allein durch Spenden und ehrenamtliches Engagement konnte die Einrichtung ausgebaut und erweitert werden, so dass bereits 1930 über 100 Betten zur Verfügung standen. Therese B. ungewöhnliches und unabhängiges Handeln wurde von städtischen Behörden, besonders in der ns. Zeit, argwöhnisch betrachtet, die Notwendigkeit ihrer Arbeit musste jedoch anerkannt werden.

Lit.: Lebensläufe, 32 f., 348; N. Schultheiß, Geht nicht gibt's nicht, K. 2007, 10–12. Sh

Therese Blunck

Friedrich Blume

Bockendahl, Johannes Adolf Ludwig (geb. 7.11.1826 Altona, gest. 16.10.1902 K.) wuchs in bescheidenen Verhältnissen auf und studierte seit 1846 in K., Heidelberg

und Würzburg Medizin, war während der →schleswig-holsteinischen Erhebung Lazarettarzt, habilitierte sich 1861 in K. für Innere Medizin und war dort seit 1867 außerordentlicher Prof. für gerichtliche Medizin. 1865 wurde er Medizinal-Inspektor für Holstein, 1870–97 Regierungs- und Medizinal-Rat bei der Regierung in Schleswig, 1880 Mitglied im Reichsgesundheitsamt, 1887 geheimer Medizinalrat. 1865 gehörte er zu den Gründern des Vereins sh. Ärzte und war seit 1888 Mitglied in der sh. Ärztekammer. Seine überregionalen Verdienste lagen in der Verbesserung des Gesundheitswesens und in der Fortbildung und Interessenvertretung der Ärzteschaft in den Hztt. Vorbildlich für Pr. wurden seine „Generalberichte über das öffentliche Gesundheitswesen der Provinz SH".

Lit.: SHBL 2 (1971), 62–64. Si

Bohn & Kähler, Werbeplakat, um 1925

Bohn & Kähler Die Gießerei, Maschinen- und Metallwarenfabrik B. wurde 1897 von Friedrich Bohn und August Kähler als Nachfolger der schon seit 1870 bestehenden Gießerei Friedrich Petersen gegründet. Besonders aktiv war die Firma im Schiffsmotorenbau und als Lieferant für die →Marine (Torpedos, Seeminen), sie produzierte aber neben einer breiten Palette von Gusswaren z.B. auch Straßenbaumaschinen. 1956 wurde B. von der Buckau R. Wolf AG übernommen. Noch 1967 hatte der Betrieb rund 700 Beschäftigte, verlor aber in den folgenden Jahren an Bedeutung. Seit 1981 gehörte er zur Ahlmann GmbH Rendsburg und ging 1995 in der zu diesem Unternehmen gehörenden Carlshütte Gießerei GmbH auf. Damit verschwand der Name, aber ein Erinnerungsstück ist erhalten geblieben: Die Gebäudefront der 1915/16 in der Deliusstr. in K. errichteten Gießerei ist in die Fassade des heute dort stehenden Amtsgerichts übernommen worden. Ha

Waldemar Bonsels

Bonsels, Jakob Ernst Waldemar (geb. 21.2.1880 Ahrensburg, gest. 31.7.1952 Ambach/Starnberger See). Das Erstlingswerk „Château Corbeau" des 15-jährigen B. entstand in K., wohin seine Familie 1891 gezogen war. Von den Naturbeobachtungen der K.er Zeit schwärmte B. später in dem Buch „Tage der Kindheit". Gleichwohl war die Enge der bürgerlich-traditionellen Erziehung im Elternhause und im K.er Gymnasium für den 17-Jährigen Anlass, in die weite Welt zu flüchten. Nach seiner Lehre als Missionskaufmann 1903/04 unternahm B. eine Reise nach Indien und gründete 1904 in München einen Verlag, der eigene Werke, aber auch Werke zeitgenössischer Freunde, z.B. Heinrich Manns, veröffentlichte. In dieser Zeit entstanden die Kinderbücher „Die Biene Maja und ihre Abenteuer" (1912) und „Himmelsvolk" (1915). Der phantastische Realist B. verstand es, die jüngsten Leser lehrreich über märchenhafte Darstellungen aus der elfenartigen Fauna- und Florawelt in seinen Bann zu ziehen: Die kleine Pädagogin Biene Maja und ihr Freund Willy bescherten B. einen Welterfolg. Nach einer Zeit als Kriegsberichterstatter ließ er sich in Ambach nieder. Er war besonders produktiv in der Reiseberichterstattung sowie der Verarbeitung weltanschaulicher, religiös gefärbter und naturmystischer Stoffe. In der Zeit des →Nationalsozialismus standen mit Ausnahme von „Biene Maja", „Himmelsvolk" und „Indienfahrt" seine Werke auf der Bücherverbrennungsliste. Um die Förderung seines Werks bemüht sich seit 1977 die Waldemar-B.-Stiftung.

Lit.: J. Schwalm, Eine Reise um das Herz, Bad Schwartau 2006. Kü

Bootshafen Der B. bildet zusammen mit den Gewässerflächen des →Kleinen Kiels das Überbleibsel eines Fördearmes, der ursprünglich die K.er →Altstadt umschloss. 1843 entstand durch die Aufschüttung des

→Eisenbahndamms ein abgeschlossenes Hafenbecken, dessen Einfahrt nur kleinere Boote passieren konnten. Es diente ihnen fortan als Anlegeplatz und sicheres Winterlager. Die noch verbliebene freie Wasserfläche vor dem B. zum →Hafen hin wurde zur Gewinnung weiterer Kaiflächen 1905 teilweise und 1970 schließlich vollflächig zugeschüttet. In den 1980er Jahren entstand durch weitere Vorschuhungen der neue Bollhörnkai vor dem B. Boote konnten das Hafenbecken nicht mehr erreichen. Der ursprgl. Charakter eines Armes der K.er →Förde ging im Stadtbild verloren. Die Sanierung 2004 konnte den B. zur innerstädtischen Erholungs- und Flaniermeile aufwerten. Gestalterische Akzente erinnern an die frühere Funktion.

Lit.: K. Ziemann, Die Gesch. des K.er Handelshafens, Nms. 1991. Bri

Botanischer Garten Bei der Gründung der →Christian-Albrechts-Universität 1665 wurde bei der Berufung von Johann Daniel →Major auch die Anlage eines „hortus botanicus“ ausgehandelt. Allerdings dauerte es noch vier Jahre, bis Major 1669 die ersten Pflanzen setzen konnte. Für den B. hatte der Hz. ein Viertel des →Schlossgartens zur Verfügung gestellt. Major hatte mehr als die Anpflanzung von Arzneikräutern im Sinn. U.a. aus dem Neuwerkgarten in Gottorf besorgte er sich exotische Gewächse. Der Garten war zumindest zeitweilig auch der Öffentlichkeit zugänglich. 1727 wurde der zweite Standort des B. bezogen: An den Univ.gebäuden im Kloster in der Falckstr. wurden für den Unterricht der Ärzte und Apotheker Heilpflanzen gezogen. Unabhängig davon bestand ein Pfarrgarten, in dem weitere Pflanzenarten zu studieren waren. Georg Heinrich →Weber legte ab 1802 am Akademischen Krankenhaus in der Prüne, das er als Privatklinik erbauen ließ, einen neuen, landschaftlich gestalteten B. an. Systematische Abteilungen, Baumquartiere, Spazierwege, Blumenzwiebelbeete und v.a. die Errichtung mehrerer Gewächshäuser machen die Bedeutung als B. deutlich. Weber kultivierte unter Glas v.a. Sukkulente aus Südafrika. Mit der Errichtung der neuen

Bootshafen, Hermann Wehrmann, um 1950

Univ.gebäude am Schlossgarten war die Entfernung zum B. zu groß geworden. Unter August Wilhelm Eichler begannen die Planungen für einen „Neuen B.“ und wurden unter Adolf →Engler schließlich umgesetzt. So erhielten K. und seine Univ. den ersten nach pflanzengeografischen Gesichtspunkten angelegten B. überhaupt. Als Standort wurde der Garten des Fabrikanten Abraham Christian Brauer am Schwanenweg gewählt. Ab 1873 wurde der Garten umgeformt, wobei Engler in seinen Planungen alte Gehölzgruppen in seine pflanzengeografischen Abteilungen integrierte. Johannes Reinke ließ an Stelle eines alten hölzernen Gartenhäuschens 1891 auf dem Hügel einen spätromantischen Aussichtspavillon errichten. Reinke stellte dort erstmals in einem B. Algen-Aquarien auf, in denen er die Algen der →Kieler Bucht zeigte. Der Pavillon konnte 1994 vollständig saniert werden; ihn krönt eine filigrane Eisenkonstruktion mit

Alter Botanischer Garten, um 1890

Botanischer Garten, Gewächshäuser

einem zentralen Abschluss aus Lotosblüten. Ab 1975 wurde am neu zu errichtenden Biologiezentrum der CAU wiederum ein „Neuer B." errichtet. Auf dem Ackerland des →„Kieler Hofes" wurden Freigelände und Gewächshausanlagen auf rund acht Hektar geplant. Ordinarius der Botanik war Wilhelm Halbsguth (1912–88), der gemeinsam mit dem Gartenarchitekten Wilhelm Fenne und dem damaligen technischen Leiter des B., Klaus Hesselbarth, die Verwirklichung vorantrieb. Herbert Straka (1920–2009) oblag die fachliche Aufsicht. 1978 waren die letzten Pflanzen vermehrt, umgezogen und ausgepflanzt; die alten Gewächshäuser im nunmehr „Alten B." wurden noch betrieben, ehe der Bau der neuen Schaugewächshausanlage abgeschlossen war. Am 6.6.1985 wurde der jetzt fünfte Standort des B. der Öffentlichkeit zugänglich gemacht. Dort sind derzeit rund 14.000 Pflanzenarten von allen Kontinenten und aus allen Klimazonen in Kultur, die alljährlich über 120.000 Besucher anziehen. Ni

Joachim Dietrich Brandis

Brandis, Joachim Dietrich (geb. 18.3.1762 Hildesheim, gest. 29.4.1845 Kopenhagen). Nach dem Medizinstudium in Göttingen promovierte B. 1786 und begann seine Karriere ab 1787 als praktischer Arzt, Hz.lich-Braunschweig-Lüneburgischer Hofrat und Stadtphysikus in Hildesheim, Holzminden und Braunschweig. 1803 erhielt B. eine Professur für Pathologie und Therapie in K., verbunden mit dem Titel Archiater. Er gründete mit anderen 1804 das sh. Sanitäts-Kollegium, leitete es später als Direktor und trug maßgeblich zur Ausarbeitung der Medizinalgesetzgebung bei. Seiner Initiative verdankt K. 1807 auch die Gründung des zweiten Stadtkrankenhauses in der Haßstr. Aufgrund besonderer ärztlicher Erfolge ernannte ihn Kg. Friedrich VI. 1809 zum Ritter des Dannebrog-Ordens und berief ihn im selben Jahr nach Kopenhagen. Dort wurde B. 1810 Leibarzt der dänischen Kg.in Marie, 1811 Etatsrat, 1812/14 Prof. der Univ. Kopenhagen, 1819 Mitglied der Kg.lich Dänischen Gesellschaft der Wissenschaften und 1821 Mitglied des Direktoriums des Friedrichs-Hospital in Kopenhagen.

Lit.: Lebensläufe, 35–37, 348. Pe

Brandtaucher Überlegungen und Experimente zu Unterwasserfahrzeugen wurden bereits in der FNZ verschiedentlich angestellt und durchgeführt. Während der →schleswig-holsteinischen Erhebung 1849 entwickelte der bayerische Korporal Wilhelm →Bauer (1822–75) die Idee eines Tauchbootes, um möglichst unerkannt Sprengladungen unter Wasser an gegnerischen Objekten anzubringen. Bauer trat 1850 in sh. Dienste über und betrieb sein Projekt weiter. Nach dessen Prüfung durch eine Kommission sollte vermutlich zunächst die Carlshütte in Rendsburg das Boot bauen, doch wurde die Ausführung an →Schweffel & Howaldt in K. übertragen. Das durch private Spenden und einer staatlichen Beihilfe finanzierte eiserne Tauchboot (Länge über alles 9,35m) wurde am 18.12.1850 zu Wasser gelassen, eine Probefahrt wurde angeblich noch am gleichen Tag unternommen. Der Antrieb erfolgte über zwei mit Menschenkraft bewegte Tritträder über eine Propellerwelle auf eine Schiffsschraube. Ein verschiebbares Ballastgewicht, ein Flutventil und zwei Pumpen vervollständigten die Ausrüstung. Anfang Januar 1851 sank das Boot, wurde aber 16 Tage später gehoben. Trotz des mittlerweile eingetretenen allgemeinen Waffenstillstands unternahm Bauer mit zwei Beglei-

Brandtaucher, Zeitschriften-illustration (Illustrierte Zeitung), 8. März 1851

tern am 1.2.1851 einen Tauchversuch, bei dem der B. sank, doch konnten sich alle drei Insassen schließlich an die Oberfläche retten. Im Juli 1887 wurde der B. gehoben und gelangte schließlich in das Museum für Meereskunde in Berlin. 1963–65 restaurierte und teilrekonstruierte die Neptunwerft in Rostock das Boot, das über eine Zwischenstation in Potsdam in das Militärhist. Museum in Dresden gelangte, wo es sich noch heute befindet. Von 1999–2002 war der B. als Leihgabe im K.er →Stadt- und Schifffahrtsmuseum zu sehen.

Lit.: K. Herold, Der K.er B, Bonn 1993. Os

Brauerei zur Eiche 1871 wurde die B. unter dem Namen „Dampfbierbrauerei Zur Eiche Leptien & Co." an der Prüne eröffnet. 1873 erwarb Dietrich Ebers die Brauerei und verkaufte sie 1879 weiter an Heinrich Christian Schwensen und Jacob Max Hans Fehrs. Durch laufende Erweiterungen der Betriebsgebäude und Modernisierung der Brauereitechnik behauptete sich die B. am umkämpften Markt. 1918 übernahm sie die K.er Aktien-Brauerei, ab 1928 produzierte sie auch Mineralwasser und Limonade. 1971 wurde die B. von der Berliner Kindl Brauerei übernommen, die bis 1979 am K.er Standort Bier brauen ließ, schließlich nur noch eine Abfüllanlage unterhielt und die Brauerei 1981 endgültig schloss. Bis zur Abwicklung der B. waren die Brauereipferde als Werbeträger im Stadtbild präsent. Ro

Brauereien Im MA und der FNZ war Bier ein Grundnahrungsmittel für weite Teile der Bevölkerung. Allerdings war das obergärige Bier mit nur ca. 1% Alkohol deutlich schwächer als heutiges Bier und wurde deshalb auch von Kindern getrunken. Mit der →Stadtgründung hielt zugleich das Brauereiwesen im 13. Jh. Einzug in K. Im Gegensatz zu den großen bierexportierenden Städten Lüb., Wismar und Hmbg. wurde in K. allerdings lange Zeit nur für den Eigenbedarf gebraut. Im Jahr 1445 gab es in K. 36 Brauhäuser, die das alleinige Recht hatten, zu mälzen, zu brauen und Bier innerhalb und außerhalb der Stadt zu verkaufen. Trotzdem war das Bierbrauen auch für viele Handwerker noch ein lukrativer Nebenerwerb und mancher →Bürger braute im Keller sein eigenes Bier. So kam es immer wieder zu Streitigkeiten zwischen den hauptamtlichen Bierbrauern und den Selbstversorgern. Bis zur Mitte des 19. Jh. änderte sich an dieser Situation wenig. Das K.er Adressbuch von 1832 führt 32 Brauhäuser auf. Mit der schnellen Bevölkerungszunahme K.s nach 1867 stieg der Bierbedarf stark an und die →Industrialisierung veränderte die Bierproduktion nachhaltig. Der Einsatz von Dampfmaschinen und die künstliche Kühlung ermöglichten die Herstellung großer Biermengen zu jeder Jahreszeit und die industriellen Brauereien verdrängten die Nebenerwerbsbrauer vom Markt. Es kam zu einem Konzentrationsprozess der K.er Brauhäuser, d.h. ihre Zahl sank und die verbleibenden B. stießen immer größere Mengen aus, mittlerweile auch für den Export. 1914 gab es in K. nur noch zwölf B.: die

Brauerei zur Eiche, Fuhrwerk, Kieler Kunst-Keramik, 2. Hälfte 1920er Jahre

Holstenbrauerei, um 1975

→Brauerei „Zur Eiche“ in der Prüne 17/19; Dornbrauerei K.-→Hassee; Brauerei Hans Horn in der Lindenstr. 10; Kaiserbrauerei AG in der Hmbg. Chaussee 212/214; K.er-Actien-Brauerei-Gesellschaft im Königsweg 76/78; A. Schifferer AG am Walkerdamm

Asmus Bremer, Plastik, 1982

11; Schloßbrauerei AG in der →Holtenauer Str. 121; Sternbrauerei AG in der Werftstr. 287; Hansa Brauerei in der Hansastr. 46; Holsteinisches Brauhaus in der Hansastr. 48; K.er Brauhaus Jacobsen und Co. im Knooper Weg 141/143 und die Germania Brauerei GmbH am →Sophienblatt 60. In den wirtschaftlich schwierigen Zeiten nach dem 1. →Weltkrieg setzte sich der Konzentrationsprozess fort. 1920 entstand die Schloss-Schifferer Brauerei AG in der Holtenauer Str., die 1926 von der →Holsten-Brauerei AG Hmbg.-Altona übernommen wurde. Neben der Holstenbrauerei braute Ende der 1920er Jahre nur noch die Brauerei „Eiche“ in K., die sich im 1. WK mit der K.er-Actien-Brauerei zusammengeschlossen hatte und die Kontingente der Germania-, Horn- und Sternbrauerei erworben hatte. Der bis heute anhaltende Wettbewerbsdruck und der Zwang, immer kostengünstigere Großmengen zu produzieren, führten 1979 zur Schließung der „Eiche“ als K.s letzter privater Brauerei. 1994 schloss die Holsten-Brauerei ihren Betrieb in der Holtenauer Str., die Gebäude wurden abgerissen und auf dem ehemaligen Brauereigelände das „Brauereiviertel“ gebaut. Heute wird in K. – abgesehen von der Gaststätte „K.er Brauerei“ am →Alten Markt – kein Bier mehr gebraut. Mit dem Niedergang der B. im 20. Jh. verschwanden auch die Stallungen und die prunkvoll geschmückten Pferdegespanne der einzelnen B., die bis in die zweite Hälfte des 20. Jh. ein fester Bestandteil des K.er Stadtbildes waren.

Lit.: F. Bardenhewer GmbH u. Co. (Hg.), Bier und B. in K., K. 1988, 3–15. Ra

Bremer, Asmus (geb. vor 1652 K., gest. 31.7.1720 K.). Der Sohn eines K.er Kaufmanns studierte ab 1670 die Rechte an der →Christian-Albrechts-Universität und ließ sich dann als Advokat nieder. Seit 1688 Ratsherr, war B. als Richter am Niedergericht, als Kämmerer und in der Stiftungsverwaltung tätig und wurde 1702 zu einem von zwei →Bürgermeistern gewählt. Nach der kurzzeitigen Absetzung des Rates durch den Landesherrn 1711 amtierte er seit 1713 als alleiniger Bgm. Als tatkräftiger Verwaltungsjurist regelte er die Finanzen verschiedener Stiftungen und sorgte für die Ordnung des →Stadtarchivs, für das er selbst einen Registranten anlegte. Aus diesen Aktenstudien entstand sein bekanntestes Werk, die Asmus-Bremer-Chronik. Sie stellt mehr als 700 in K. vorgefallene Unglücke und Verbrechen von 1432 bis 1717 in Aktenauszügen zusammen und enthält zahlreiche Urkundenabschriften. Seit 1975 ist B. v.a. als Maskottchen des Volksfestes K.er →Umschlag bekannt. Seit demselben Jahr trägt seinen Namen auch ein innerstädtischer Platz, für den Frauke Wehberg 1982 einen bronzenen Asmus B. schuf.

Lit.: M. Stern (Hg.), Chronicon Kiliense tragicum-curiosum 1432–1717, K. 1916. Ro

Britische Besatzung Nachdem am 4.5.1945 erste britische Soldaten mit Oberbgm. Walter →Behrens über die Übergabe der Stadt verhandelt hatten, sicherten einen Tag später Spezialeinheiten (T-Force der 2. britischen Armee, 30. Assault Unit der Marine) wichtige militärische, wissenschaftliche und strategische Ziele. Eine erste Übereinkunft für alle dt. See- und Landstreitkräfte in SH und Dänemark konnte schon am 5.5.1945 getroffen und der K.er →Hafen übernommen werden. Die 46. Highland Infantry Brigade besetzte ab dem 7.5.1945 das gesamte Stadtgebiet. Am gleichen Tag übernahm der höchste Repräsentant der britischen Marine in SH, Konteradmiral Baillie-Grohmann, die Ostseeflotte. Neue Herausforderungen mussten angenommen werden, mit denen man während der Planung („Operation Eclipse") nicht hatte rechnen können, wie die Anlandung von Zehntausenden von Soldaten und →Flüchtlingen aus dem Osten. Für die K. Brigade Area übernahm Brigadier Matthews von der Royal Artillery des VIII. Korps am 12.5.1945 das Kommando, dem etwa 10.000 Soldaten unterstanden. Die Hauptaufgaben der Besatzungstruppen lagen in der Gewährleistung der militärischen Sicherheit, der Entwaffnung und Bewachung dt. Truppen, der Zerstörung von Kriegsgerät, der Suche und Verhaftung von Partei- und SS-Funktionären, der Unterbringung der Flüchtlinge und Betreuung der ehemaligen Zwangsarbeiter. Getrennt von den Besatzungstruppen etablierte sich die Militärregierung. K. bildete das 909. Detachment unter der Leitung von Oberst Muirhead mit Sitz im ehemaligen →Gestapo-Hauptquartier/Düppelstr. und gehörte zur 312. Provinzial-Militärregierung (ehemalige Provinz SH). Mitte Mai 1945 wurde Rechtsanwalt Max →Emcke als K.er Oberbgm. eingesetzt, und die einzelnen britischen Fachabteilungen begannen, die entsprechenden Verwaltungseinheiten im →Rathaus zu kontrollieren.

Lit.: R. Dopheide, K., Mai 1945, K. 2007. Do

British Kiel Yacht Club (BKYC) Im Sommer 1945 gründeten britische Besatzungsoffiziere den BKYC. Sie beschlagnahmten das Clubhaus des →Kieler Yachtclubs sowie in K. und Umgebung vorhandene Yachten und Marinekutter, um ihren Soldaten und deren Familien das Segeln zu ermöglichen. 1945 und 1946 veranstaltete der BKYC die „K. Week" als Segel- und vielseitiges Sportereignis, an dem Dt. aber nicht teilnehmen durften. Neben dem BKYC existierten für die Mannschaftsdienstgrade der Royal Artillery Yacht Club und der Victory Sailing Club. Seit 1950 hat der BKYC sein Gelände an der Stickenhörn in →Pries. Im K. Training Center (KTC) nutzen mehr als 1.500 britische Soldaten jährlich die Möglichkeit zum Segeln, zum Powerbootfahren und zum Tauchen. Der BKYC pflegt intensive Beziehungen zur Stadt. Do

British Kiel Yacht Club, 1946

Gottfried Brockmann

Brockmann, Gottfried (geb. 19.11.1903 Köln, gest. 9.7.1983 K.), Sohn eines Kunstmalers, begann nach Abbruch der Schule 1919 mit einer Architekturlehre und einer Ausbildung als Dekorationsmaler. B. schloss sich schon zu dieser Zeit einer Kölner Malergruppe an, die seit 1929 unter der Bezeichnung „Kölner Progressive" bekannt wurde. Bereits 1926 ging B. jedoch nach Düsseldorf, wo er an der Kunstakademie ein Studium begann. Beeinflusst von der Neuen Sachlichkeit, zeigen seine surreal erscheinenden, stets im Gegenständlichen verbleibenden Figurenkompositionen und Stillleben doch eine eigene Stilauffassung. Die ns. Machtergreifung vereitelte eine Karriere an der Akademie: B. trat der KPD bei, widersetzte sich der Gleichschaltung der „Rheinischen Sezession" und musste in Berlin untertauchen. Hier arbeitete er mit Andreas →Gayk zusammen, der ihn 1952 als Kulturreferent nach K. holte. 1955 wechselte B. an die Muthesiuswerkschule, wo er 1975 zum Prof. ernannt wurde. Ro

Anne Brodersen

Brodersen, Anne (geb. 16.2.1903 K., gest. 18.7.1971 K.), hat die Entwicklung der K.er Sozial- und Frauengesch. der Nachkriegszeit entscheidend geprägt. Ihrer Initiative waren fortschrittliche Sozialmaßnahmen zu verdanken, wie der Ausbau des Alten- und Pflegeheimnetzes sowie die Neuordnung des Hebammenwesens in SH. Die gleichberechtigte Beteiligung von Frauen am gesellschaftlichen und politischen Leben war ihr Hauptanliegen. Den Nationalsozialismus überlebte sie in Berlin, wo sie mit Andreas →Gayk und Karl →Rickers die SPD-Untergrundzeitschrift „Der Weckruf" herausgab und bis 1948 die SPD-Frauengruppe in Berlin-Köpenick leitete. Nach ihrer Rückkehr gestaltete sie maßgeblich die sozialdemokratische Frauenarbeit in SH. 1950–71 war sie zweite Vorsitzende des Landesfrauenrates, 1951–63 Mitglied der K.er →Ratsversammlung und 1954–68 Abgeordnete des sh. →Landtages.

Lit.: N. Schultheiß, Geht nicht gibt´s nicht, K. 2007, 68–70. Sh

Adolf Brütt

Brütt, Adolf Carl Johannes (geb. 10.5.1855 Husum, gest. 6.11.1939 Bad Berka/Thüringen), absolvierte in K. eine Steinmetzlehre bei Adolf Müllenhoff (1831–93), studierte 1875–78 an der Berliner Kunstakademie und richtete 1884 in Berlin ein eigenes Atelier ein. Für sein Hauptwerk der Frühzeit, die Bronzegruppe „Gerettet", erhielt B. 1887 die Goldmedaille der kg.lichen Akademie der Künste in Berlin. Das Original steht in Flensburg, am Möltenorter Strand befindet sich ein neuer Guss. Viele andere Aufträge führte er in SH aus, so u.a. in K. das Denkmal Kaiser Wilhelms I. (1895–96) und den „Schwertträger" (1912), in Husum das Denkmal Theodor Storms (1889) sowie in Tönning das Denkmal für Friedrich von →Esmarch (1904). B. wirkte an zahlreichen Bauten in Berlin mit, wohin er nach fünf Jahren als Leiter der Bildhauerschule in Weimar 1910 zurückkehrte. 1923 zog er nach Bad Berka.

Lit.: C. Steckner, Der Bildhauer Adolf B., Heide 1989. Ja

Brunswik Direkt nördlich vor den Toren der Stadt zog sich das Dorf B. hin. Die B. wird 1350 erstmals erwähnt. Mit einiger Wahrscheinlichkeit ist sie aber identisch mit dem Dorf Uppande, das 1242 in der K.er Stadtrechtsverleihung genannt wird, weil es ausdrücklich nicht zum Stadtgebiet gehören sollte. Die B., die zumeist als Flecken bezeichnet wurde, gehörte zum Amt K. und unterstand damit nicht der städtischen Verwaltung oder Rechtsprechung. 1765 gab es dort sechs Hufen und sechs Halbhufen aber eine große Zahl von Kätnern und Insten, die wenig oder gar kein Land bewirtschafteten. Das B. Feld erstreckte sich bis zur Wiker Scheide und umfasste auch das Düvelsbeker und das →Düsternbrooker Gehölz. Es dominierte zwar die Landwirtschaft, doch kam es gerade wegen der dort ansässigen Landhandwerker immer wieder zu Konflikten mit der Stadt, die ihre Handwerker gegen Konkurrenz schützen wollte. In der ersten Hälfte des 19. Jh. wurde die B. v.a. durch den Zuzug von Beamten, Prof. und Kaufleuten zum gehobenen Wohnviertel. Hatten bereits 1804 erste Eingemeindungsverhandlungen stattgefunden, wurde die B. zum 1.4.1869 nach Zustimmung einer

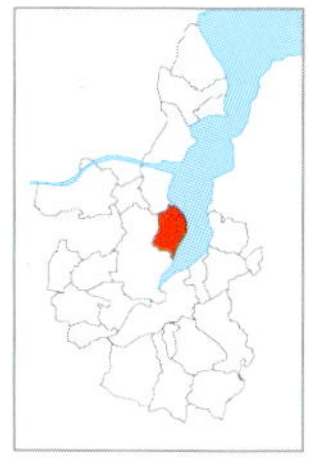

Brunswik

Brunswik, um 1860

Bürgerversammlung und der Gemeindevertretung als erste Umlandgemeinde zum K.er Stadtteil. Danach setzte eine rasante Bebauung der B. Feldmark ein; entlang der →Holtenauer Straße bis zum →Blücherplatz entstanden großzügige Wohn- und Geschäftsbauten, in →Düsternbrook ein ausgedehntes Villenviertel. Zum Fördeufer entstand ein Univ.viertel. Waren schon 1862 die Neubauten der akademischen Heilanstalten bezogen worden, errichtete man in rascher Folge das Univ.gebäude am →Schlossgarten, die →Universitätsbibliothek und Institutsgebäude. An der Feld- und der Karlstr. entstand seit 1869 ein regelrechtes Marineviertel mit →Kasernen, Lazarett, Gerichts- und Arrestgebäude, Bekleidungsmagazin und →Marinestationsgebäude. Neues Wahrzeichen des Stadtteils wurde die →Pauluskirche. Flächenhafte Zerstörungen im 2. →Weltkrieg trafen besonders die untere Holtenauer und die B. Str. sowie die Univ.- und Marinebauten, während die kaiserzeitliche Bebauung in →Düsternbrook und um den Blücherplatz vielfach erhalten ist.

Lit.: M. Leisner, Der Flecken Brunswik, in: MKStG 58 (1969), 77–108. Ro

Brunswiker Straße, Postkarte, um 1905

Buchwaldscher Hof Der B. war das stattlichste und größte der adligen Freihäuser in K., deren Besitzer keine →Steuern zu zahlen brauchten und nicht der städtischen Gerichtsbarkeit unterlagen. Das Doppelhaus mit Zwillingsgiebeln wurde vom Oberhofmeister, Rat und Amtmann von Bordesholm, K. und Fehmarn, Egidius von der Lancken, 1621 erbaut. Das Haus erhielt den Namen Schmoeler Hof, als es Heinrich Rantzau zu Schmoel und Hohenfelde 1634 erwarb. B. hieß das Gebäude seit 1787, als es in den Besitz Kaspar von Buchwalds auf Seedorf überging. In dem Haus wohnte im Dezember 1813/Januar 1814 der schwedische Kronprinz Bernadotte. In dieser Zeit wurde in dem Adelshof der →Kieler Frieden geschlossen. 1829 verkauften die Buchwalds das Haus an die Stadt, die es seit 1831 als →Schule nutzte. Das Gebäude wurde 1944 durch Bomben so stark beschädigt, dass es 1955–56 abgetragen werden musste. An der Stelle entstand das →Nordelbische Kirchenamt. Ge

Buchwaldscher Hof, um 1860

„Buckau" 1852/53 hatte der Physiker Heinrich Gustav Magnus (1802–70) den nach ihm benannten Effekt herausgefunden, der besagte, dass ein von Luft angeströmter rotierender Zylinder seitlich wirkende Kräfte freisetzt. Hieraus entwickelte der Strömungstechniker Anton Flettner (1885–1961) 1923 einen Schiffsantrieb aus rotierenden Walzen. 1924 wurde der 1920 bei der →Germaniawerft in K. erbaute Dreimasttoppsegelschoner „B." mit zwei von Elektromotoren betriebenen Rotoren ausgerüstet, auf Demonstrationsfahrt geschickt und 1926 in „Baden-Baden" umbenannt. 1927 erfolgte ein Verkauf mit Weiterver-

„Buckau", Postkarte, 1923

wendung als konventioneller Motorsegler bis zum Untergang 1931 vor Kolumbien. Ebenfalls kein durchschlagender Erfolg war einem weiteren Versuchsschiff („Barbara", 1926 bei der AG Weser in Bremen erbaut, drei Rotoren) vergönnt.

Lit.: C. D. Wagner, Die Segelmaschine, Hmbg. 1991. Os

Buddenbrock-Hettersdorff, Wolfgang Freiherr von (geb. 25.3.1884 Bischdorf/ Schlesien, gest. 11.4.1964 Mainz). Nach Promotion (1910) und Habilitation (1914) in Heidelberg wurde B. 1923 als ordentlicher Prof. für Zoologie und Direktor des Zoologischen Instituts und Museums nach K. berufen. Hier verfasste er sein Hauptwerk, den „Grundriss der vergleichenden Physiologie" (1924–25), mit dem er zum Begründer der neueren vergleichenden Physiologie avancierte. Obwohl B. mehrmals Rufe an andere Univ. ablehnte, wurde er – trotz seiner Zustimmung zu den neuen Machthabern am 3.3.1933 im „Völkischen Beobachter" – 1936 gezwungen, nach Halle zu wechseln, weil er in Opposition zu Gauleiter Hinrich →Lohse geraten war. Seit 1942 Prof. in Wien, erfüllte sich sein Wunsch nach Rückkehr nach K. nicht. Seit 1964 lehrte B. in Mainz, 1949 erhielt er die Univ.-Medaille der →Christian-Albrechts-Universität.

Lit.: R. Uhlig, Vertriebene Wissenschaftler der CAU nach 1933, Frankfurt/Main 1991, 85 f. Mi

Bücherverbrennung 10.5.1933 Sorgfältig von der NSDAP inszeniert, fand in K. am 10.5.1933 wie in allen Haupt- und Univ. städten eine B. statt. Eingeleitet durch die Veröffentlichung der „12 Thesen wider den undt. Geist" im April 1933, bildete sich auch in K. ein „Kampfausschuss wider den undt. Geist", dem neben Prof. und Studenten der →Christian-Albrechts-Universität auch NS-Oberbgm. →Behrens angehörte. Als „undeutsch" galten den Nationalsozialisten pazifistische, linke Literatur und v.a. die Werke jüd. Autoren. 2.000 Bücher wurden aus den K.er →Bibliotheken entfernt. Nach einer Kundgebung in der Univ. mit Ansprachen des Studentenschaftsvorsitzenden P. Schmidt und des Philosophieprof. F. Weinhandl zog man am Abend des 10. Mai in einem Fackelzug zum →Wilhelmplatz, wo die Bücher dem Feuer mit sog. Feuersprüchen übergeben wurden. Do

Bündnis 90 / Die Grünen →Parteien, →Wahlen

Familie **Bünsow** Betrachtet man K.er Ortsansichten aus dem 18. oder 19. Jh., so stößt man schnell auf den Namen B., einer Familie, deren Angehörige drei Generationen lang in K. als Maler und Zeichner wirkten. Die Familie stammt aus Pommern und gelangte über Lüb., Hmbg. und Heide nach K., wo Christian Friedrich Joachim B. (1745–1824) sich mit Ansichten K.s und seiner Umgebung einen Namen machte. Diesem Vorbild folgte sein Sohn Ludwig Johann Christian B. (1780–1856), der bei ihm gelernt und ihm assistiert hatte. Wie jener gab er Zeichenunterricht in den Bürgerfamilien; außerdem war er seit 1813 als Zeichenlehrer an der Stadtschule tätig. Der jüngere Bruder, Joachim Johann Friedrich B. (1789–1873), widmete sich v.a. der Porträtmalerei. Dessen Sohn, Joachim B. (1821–1910), studierte ebenfalls an der Akademie in Kopenhagen, unternahm Rei-

Christian Friedrich Joachim Bünsow, Kiel von Norden, um 1800

sen nach Schweden und Norwegen, hielt sich 1850 in Dresden und von 1853 bis 1858 in Rom auf. Die idealisierenden Bilder der römischen Landschaft sind für ihn typisch und wirkten auch in der Malerei seiner K.er Jahre nach.

Lit.: Lebensläufe, 41–43, 349 f. Rt

Bürger Bis 1867 bildeten die Einwohner in K. wie in anderen Städten keine einheitliche Körperschaft. Nur ein Teil der Einwohner konnte das B.recht erlangen, ohne das der Nahrungserwerb in →Handel und Gewerbe und politische Partizipation nicht möglich waren. Voraussetzung für den Erwerb des B.rechts war die Führung eines eigenen Hausstands, was in älterer Zeit mit dem Erwerb eines Hauses verbunden war. Im 19. Jh. musste das B.recht erwerben, wer „b.licher Nahrung" nachgehen wollte, also sein Auskommen in Handel oder Gewerbe suchte. Das B.recht war Voraussetzung für die Bekleidung städtischer Ämter, es ermöglichte die Nutzung der städtischen Weide und eröffnete den B.witwen und -töchtern ein Anrecht auf eine Stelle in den vier städtischen Klöstern. Zu den Pflichten gehörte u.a. das Herumgehen mit dem Klingelbeutel und der Wachdienst, der bald durch eine Geldzahlung abgelöst werden konnte. Besonders aber hatten die B. die Stadtsteuer, den Schoss, aufzubringen (→Steuern). Über die Verleihung des B.rechts entschied der Rat, der die Neub. in einem B.buch verzeichnete. Neub. hatten einen B.eid zu leisten und das B.geld zu entrichten. Erst seit 1775 hatten →Katholiken Zugang zum B.recht, erst 1850 ist der erste jüd. B. verzeichnet. Frauen konnten das B.recht nicht erwerben, doch durften Witwen von B. die b.lichen Rechte und Pflichten ausfüllen. In K. konnten besonders viele Einwohner kein B.recht erlangen, insbesondere Adelige, Univ.angestellte und Angehörige der Garnison.

Lit.: J. Grönhoff (Hg.), K.er B.buch, K. 1958. Ro

Bürgermeister In K. trägt der Leiter der Stadtverwaltung den Titel Oberbgm. Der erste Stadtrat und Stellvertreter des Oberbgm. wird als Bgm. bezeichnet. Der Titel Oberbgm. war ursprünglich ein Ehrentitel,

Bürgerbuch aus dem Jahr 1600

der in K. zum ersten Mal 1875 an Heinrich →Mölling zu seinem 50. Geburtstag verliehen wurde. Sein Nachfolger Paul →Fuß erhielt 1890 den Titel Oberbgm., Paul →Lindemann trug den Titel ab 1912 erstmals als offizielle Amtsbezeichnung. Emil →Lueken war 1920 der erste direkt gewählte Oberbgm. K.s. Er wurde 1933 von den Nationalsozialisten zwangspensioniert. Nach dem 2. →Weltkrieg wurde der Oberbgm. vom →Magistrat gewählt. Andreas →Gayk war der erste hauptamtliche Oberbgm. nach dem Krieg. Nach der Abwahl von Oberbgm. Otto Kelling 1996 übernahm Karl-Heinz Zimmer kommissarisch die Leitung. In seiner Amtszeit wurde der Magistrat aufgelöst. Sein Nachfolger Norbert Gansel war der erste direkt gewählte Oberbgm. nach dem 2. WK. Der Oberbgm. wird auf sechs Jahre gewählt und leitet die Verwaltung der Stadt in eigener Zuständigkeit nach den Zielen und Grund-

Kieler Oberbürgermeister seit 1867

Name	Lebensdaten	Amtszeit
Heinrich →Mölling	* 27.08.1825 + 10.04.1888	20,9.1867–10.4.1888 1875 Verleihung des Ehrentitels „Oberbürgermeister“
Paul →Fuß	* 29.06.1844 + 01.07.1915	01.12.1888 – 03.12.1912
Paul →Lindemann	* ca. 1871 + 15.05.1924	03.12.1912 – 15.10.1919
Emil →Lueken	* 20.03.1879 + 20.03.1961	10.04.1920 – 11.03.1933 von den Nationalsozialisten entlassen
Walter →Behrens	* 19.04.1889 + 12.11.1977	11.03.1933 – 14.05.1945 gewählt am 28.04.1933
Max →Ehmke	* 22.07.1882 + 08.11.1982	15.05.1945 – 15.02.1946
Otto →Tschadek	* 03.10.1909 + 04.002.1969	16.02.1946 – 11.03.1946 kommissarisch
Willi →Koch	* 23.09.1903 + 19.06.1968	11.03.1946 – 18.10.1946
Andreas →Gayk	* 11.10.1893 + 01.10.1954	11.03.1946 – 01.10.1954 seit 20.04.1950 hauptamtlich
Hans →Müthling	* 08.07.1901 + 05.02.1976	20.01.1955 – 31.10.1965
Günter Bantzer	* 01.09.1921	01.11.1965 – 31.10.1980
Karl-Heinz Luckhardt	* 03.05.1932	01.11.1980 – 31.10.1992
Otto Kelling	* 12.01.1949	01.11.1992 – 05.12.1996
Karl-Heinz Zimmer	* 01.01.1937	05.12.1996 – 16.06.1997 kommissarisch
Norbert Gansel	* 05.08.1940	17.06.1997 – 16.06.2003
Angelika Volquartz	* 02.09.1946	17.06.2003 – 16.06.2009
Torsten Albig	* 25.05.1963	seit 17.06.2009

sätzen der →Ratsversammlung und im Rahmen der von ihr bereitgestellten Mittel. Zu den Aufgaben gehören insbesondere die Ausführung der Gesetze, die Vorbereitung der Beschlüsse der Ratsversammlung und der Ausschüsse und sämtliche Personalentscheidungen im Rahmen des von der Ratsversammlung beschlossenen Stellenplanes. Eb

Bürgerstiftung Die B. K. ist eine unabhängige, autonom handelnde, gemeinnützige und mildtätige Stiftung von →Bürgern, die vom ehemaligen Oberbgm. Norbert Gansel initiiert wurde und am 13.6.2001 ihre Arbeit aufnahm. Die B. engagiert sich für K. und das K.er Umland, um insbesondere Projekte aus den Bereichen Kultur, Wissenschaft und Bildung sowie des Denkmal- und Landschaftsschutzes zu fördern. Eb

Bürgerworthalter Ein B. ist erstmals 1586 überliefert, als Hinrich Töke vom Rat eingesetzt wurde. Sein Eid bestimmte, dass der B. wichtige Angelegenheiten der Bürgerschaft dem Rat vorbringen und keinen Unfrieden säen sollte. Der B. trat somit gegenüber der Herrschaft des Rats als Sprecher der Bürgerschaft auf, über deren Verfassung bis zu diesem Zeitpunkt nichts bekannt ist. Als Worthalter wurden die Vorsteher der →Sechzehn Männer und seit 1750 auch der Zweiunddreißig Männer bezeichnet. Von 1851–69 trugen den Titel B. als Vorsteher des Stadtverordnetenkollegiums: 1851–59 Johann →Schweffel (Kaufmann, 1796–1865), 1860 Ernst Flügge (Bäckermeister, 1807–82), 1861–62 Theodor Heinrich Wilhelm →Lehmann, 1862–92 Johann Christian Martin Kruse (Kaufmann, 1818–98). Ab 1869 lautete der Titel Stadtverordnetenvorsteher, seit 1950 →Stadtpräsident. Ro

Büttelei Die B. lag seit dem 16. Jh. neben dem Haßtor im Haßturm bzw. den darum herum errichteten Anbauten. Der eigentliche Turm beherbergte neben einer Folterkammer mehrere Gefängniszellen, die teils für Zwecke der Untersuchungshaft, teils für solche der Strafhaft dienten, und in den Anbauten befand sich die Wohnung des Büttels oder →Scharfrichters. Nach Abschaffung der Folter im Jahre 1770 wurde die B. noch bis Anf. des 19. Jh. weiterhin als Gefängnis benutzt sowie von Nachfahren der letzten K.er Scharfrichterfamilie bewohnt. Später befanden sich dort nacheinander die Wohnung eines Ratsdieners, ein Cholerahospital, ein Krankenhaus für Blatternkranke sowie eine Kaserne. Der Abbruch der Gebäude erfolgte dann 1855 und das Grundstück wurde an den Lederhändler Vollbehr verkauft.

Lit.: W. Wendrich, Die alte K.er Stadtmauer, in: MKStG 47 (1955), 25, 59–63. Kra

Bundesanstalt für Milchforschung Hatte bereits seit 1871 in K. eine landwirtschaftliche Versuchsstation bestanden, beschloss der sh. Landwirtschaftliche Generalverein 1875, hier auch eine milchwirtschaftliche Abteilung einzurichten, um die sh. Meiereiwirtschaft international konkurrenzfähig zu halten. 1877 wurde die Versuchsstation mit Meierei- und Stallgebäude an der Prüne eingeweiht. Der Aufstieg der K.er Milchforschung zu internationaler Geltung ist v.a. mit dem Namen Hermann Weigmanns (1856–1950) verbunden, der 1889 die neu

Bundesanstalt für Milchforschung

gegründete bakteriologische Abteilung übernahm und von 1892 bis 1923 das Institut leitete. 1922 zur pr. Versuchs- und Forschungsanstalt für Milchwirtschaft ausgebaut, ging das Institut 1950 auf den Bund über, seit 1966 bezeichnet als B. 1976–80 wurde das dominierende 14-geschossige Hochhaus am Schützenwall nach Entwurf von Otto Christophersen errichtet. Zum 1.1.2008 wurden alle Bundesforschungsanstalten im Bereich Lebensmittel und Ernährung zum Max-Rubner-Institut zusammengefasst. In K. sind nun die Institute Mikrobiologie und Biotechnologie sowie Sicherheit und Qualität bei Milch und Fisch angesiedelt.

Lit.: 125 Jahre Milchforschung am Standort K., K. 2002. Ro

Bunker K. war im 2. →Weltkrieg als Marinestützpunkt und Standort wichtiger Rüstungsbetriebe ein bedeutendes strategisches Ziel der alliierten Luftkriegsführung. Die Stadt erlebte während des Krieges 633 Fliegeralarme, davon 90 Angriffe mit Bombenabwurf (→Luftkrieg). Zum Schutz der Bevölkerung standen anfangs nur notdürftig mit Balken abgestützte Kellerräume zur Verfügung. Die ersten festen Luftschutzbauten waren der Hochb. an der Werftstraße und der Tiefb. am →Rathaus. Im August 1940 wurde schließlich ein reichsweites Programm zum Bau fester Luftschutzanlagen erlassen. Vorrang hatten „Luftschutzorte I. Ordnung“: Städte mit über 100.000 Einwohnern, die aufgrund ihrer geografischen Lage und ihrer wichtigen Rüstungs- und Militäranlagen besonders von Luftangriffen bedroht waren. Zu diesen Städten zählte auch K. Bei Ende des Krieges verfügte die Stadt über 122 feste Luftschutzanlagen mit ca. 60.000 Plätzen bei einer Bevölkerungszahl von etwa 270.000 Einwohnern im Jahr 1939. Der größte Tiefb. war der B. unter dem →Bahnhof für 1.250 Personen, der größte Hochb. für 1.600 Personen stand im Achterkamp. Weitere Luftschutzanlagen entstanden auf den Werften und in den wichtigsten K.er Rüstungsbetrieben. Auch die →Marine errichtete B. zum Schutz ihrer Soldaten, darunter den Lazarettb. in K.-→Hassee und den Flandernb. In dem 1943 fertig gestellten →U-Bootbunker „Kilian“ wurden die auf K.er Werften gebauten U-Boote ausgerüstet und im U-Bootb. „Konrad“ auf dem Gelände der →Deutschen Werke baute die →Germaniawerft das Klein-U-Boot „Seehund“. Die Schleusentore des Kanals waren ebenfalls durch B. vor Bomben geschützt. Von den Alliierten nach Kriegsende gesprengt oder unbrauchbar gemacht, wurden fünfzehn ehemalige Luftschutzb. während des Kalten Krieges wieder für den Zivilschutz hergerichtet. Zusätzlich entstanden neuere, atombombensichere Anlagen unter dem K.er →Schloss und unter der Landesbank.

Lit.: I. Kroll, B. und Stollen in K., Marburg 2007. He

Dearmierter Bunker im Schützenpark, um 1950

Burmester, Georg Ernst Julius (geb. 4.12.1864 Barmen, gest. 30.6.1936 Möltenort), studierte zunächst an der Düsseldorfer Kunstakademie, 1883 wurde er Atelierschüler von Georg Schönleber in Karlsruhe. Seit 1890 arbeitete B. in K. im Künstlerkreis um Hans →Olde und Fritz →Stoltenberg. Mit ihnen gemeinsam gründete er 1894 die sh. Kunstgenossenschaft, deren Vorsitzender er 1900 wurde. Von 1912–30 lehrte er an der Kasseler Kunstakademie. 1930 kehrte B. zurück in sein Haus in Möltenort an der K.er →Förde, die zeitlebens das Hauptmotiv seiner Malerei war. Mit den direkt in der Natur entstandenen Bildern ist B. zum Mitgestalter und Wegbereiter der Freilichtmalerei in SH geworden.

Lit.: T. Wolf-Timm, Georg B. und sein Kreis, Nms. 2004. WT

Georg Burmester, Küstenlandschaft, 1894

Bursprake Die B. (Bewohnerversammlung) ist ursprünglich die Versammlung der Haushaltsvorstände der Stadt zu gemeinsamer Beratung kommunaler Angelegenheiten, wird aber im Spätmittelalter mehr und mehr zu einer jährlich wiederkehrenden Belehrung der →Bürger und Einwohner der Stadt über die das Gemeinschaftsleben regelnden Normen. Infolgedessen werden die vom Rat der versammelten Bewohnerschaft verlesenen Regeln als B. bezeichnet. Die K.er B. wurden bis 1682 gehalten.

Lit.: H. Sievert, Die K.er B., K. 1953. LS

Busch, Friedrich Wilhelm Ernst (geb. 22.1.1900 K., gest. 8.6.1980 Berlin), wuchs als Sohn eines Maurers auf, besuchte die Volksschule, arbeitete als Schlosser auf der →Germaniawerft und war in der sozialistischen Arbeiterjugend aktiv. Am K.er →Stadttheater begann seine Schauspielerlaufbahn (1921–24), die ihn 1927 auf die Bühnen und zum Film nach Berlin führte. Als Interpret von Arbeiter- und Kampfliedern wurde er zum „Barrikaden-Tauber" mit Kultstatus. 1935 ging B. ins Exil nach Moskau; 1937–38 nahm er am spanischen Bürgerkrieg teil. Im 2. →Weltkrieg wurde er in Frankreich interniert, 1944 in Berlin wegen Hochverrats verurteilt. Nach 1945 wurde er zur politischen Ikone und zum Aushängeschild der DDR, ungeachtet jahrelanger Differenzen mit der Partei. Mitte der 1960er Jahre nahm seine Popularität in der Sowjetunion wie im Westen zu. B. verabschiedete sich als gefeierter Star von der Theaterbühne, trat weiter als Sänger auf und veröffentlichte seine Lieder in Alben zu einer Jh.chronik.

Lit.: J. Voit, Er rührte an den Schlaf der Welt, Berlin 2010. SR

„Bussard" Der gut 40m lange und 8m breite Tonnenleger „B." wurde 1905–06 auf der Meyer Werft, Papenburg, für die Kg.liche Wasserbau-Inspektion Flensburg gebaut. Er war mit 14 Mann Besatzung für die Betreuung der Seezeichen von der K.er bis zur Flensburger →Förde zuständig. In den 1960er Jahren wurde er als Start- und Zielschiff der →Kieler-Woche-Regatten ein Wahrzeichen der K.er Förde. Als eines der letzten kohlebefeuerten und dampfbetriebenen Seeschiffe der Bundesrepublik wurde die „B." 1979 außer Dienst gestellt und kam als Museumsschiff an die Brücke des K.er Schifffahrtsmuseums (→Stadt- und

„Bussard“

Schifffahrtsmuseum). In den letzten Jahren ermöglicht der Verein Dampfer B. e.V. den Betrieb des hist. Arbeitsschiffes. Seit Sommer 2007 gibt es auf der denkmalgeschützten „B.“ Ausflugsfahrten. Ki

Prospekt der Langelandlinie, um 1989

Butterfahrten B. sind zollfreie Einkaufsfahrten auf der Nord- und Ostsee. Bis 1999 war es möglich, mit Ausflugsschiffen die dt. Zollgrenze auf See zu passieren, um in den Geschäften an Bord bestimmte Waren preiswerter einzukaufen. Dazu gehörte v.a. die in Dänemark günstige Butter, von der diese Unternehmungen den Namen erhielten. Daneben wurden v.a. der hoch besteuerte Tabak, Spirituosen und Parfüm gern gekauft. Um ins „Zollausland“ zu gelangen, musste das Schiff lediglich im nächsten dänischen Hafen ein Tau um einen Poller legen. Daher waren die Fahrten nicht mit Landaufenthalten verbunden, denn es ging lediglich um die Einkaufsmöglichkeit. Die B. von K. aus gingen v.a. zu den dänischen Inseln Ærø und Langeland. Am 1.7.1999 wurden diese Fahrten mit zollfreiem Warenverkauf in der EU verboten. Infolgedessen mussten die →Reedereien etliche Schiffsverbindungen aufgeben; auch →Fährlinien ins Ausland, die ebenso von den zollfreien Einkaufsmöglichkeiten profitiert hatten, wurden eingestellt, weil sie ohne den Warenumschlag an Bord nicht mehr rentabel waren.

Lit.: K. Szadowski, „Und die Wellen, die kennen wir ja schon beim Namen“, Frankfurt/M. 2000. Ti

„Caledonia“ Die „C.“ war das erste seetaugliche Dampfschiff in Europa. Sie wurde 1815–16 bei der Werft J. Wood in Glasgow mit einem hölzernen Rumpf von 19,2m Länge gebaut. Im Jahr 1817 rüstete James Watt jr. die „C.“ technisch auf und überquerte damit den Kanal. Er fuhr von Rotterdam aus rheinaufwärts bis nach Koblenz und verschaffte mit dieser Reise der Dampfschifffahrt in Europa den entscheidenden Durchbruch. 1819 übernahm der Kopenhagener Reeder L. N. Hvind das Schiff und setzte es auf der Linie K. – Kopenhagen ein. Damit entstand die erste fahrplanmäßige Dampfschiffverbindung für Passagiere und Fracht (Paquetfahrt) nach der dänischen Hauptstadt. Die für die damalige Zeit äußerst komfortable Überfahrt mit Zwischenstation in Moen und Falster dauerte 30 Stunden und wurde einmal wöchentlich angeboten. Ab 1830 wurde die „C.“ durch die größeren Dampfer „Frederik VI.“, „Loven“ und

„Caledonia", Zeitschriften-illustration (Illustreret Tidende),1878

„Christian VIII." abgelöst. Sie ersetzten endgültig die vordem zwischen K. und Kopenhagen verkehrenden Segel-Paquetboote und begründeten K.s Rolle als Transithafen nach Skandinavien.

Lit.: J. Meyer, K.er Schiffschronik, Bremen 1999. Ti

Campus →Christian-Albrechts-Universität, →Architektur

Fritz Castagne Am 8.12.1800 gründete Johann Friedrich Castagne in K. seine Buchbinderfirma. Seitdem er 1802 zum Univ.-buchbindermeister ernannt wurde, führt der jeweilige Inhaber der Firma diesen Titel. Mit dem Titel waren Zollfreiheit für die benötigten Werkstoffe und Befreiung von Einquartierung und Kontribution verbunden. Der Titel „Univ.buchbinder" wurde auch nach dem Erlöschen der Rechte weiterhin verliehen. F. verlegte 1877 das Geschäft in die →Dänische Straße. 1996 wurde der Ladenverkauf eingestellt und dafür die Buchbinderei durch eine Buch-Restaurationswerkstatt in der Faulstr. ergänzt.

Lit.: Die Univ.-Buchbinderfamilie C. und ihre Zeit, K. 1975. Eb

Chaussee Kiel-Altona Die unter Frederik VI. projektierte und 1832 eingeweihte Chaussee zwischen K. und Altona, den damals größten Städten der Hztt., war die erste nach ingenieurmäßiger Planung angelegte Kunststraße des Landes. Neben dem →Eiderkanal und der Eisenbahnlinie K. - Altona zählte sie zu den größten Infrastrukturmaßnahmen in SH während der Zeit des →Dänischen Gesamtstaats, die der Förderung der Volkswirtschaft dienen sollten. Die C. war im sog. Makadamverfahren mit Schotter, Kies und Lehm befestigt und mit einem zweistreifigen Fahrweg jeweils für Sommer und Winter sowie Entwässerungseinrichtungen versehen. Meilensteine gaben die Entfernungen zu den jeweiligen Zielorten an. Die rund 92km lange C. verlief von K. über Nms., Bad Bramstedt und Quickborn nach Altona. Die Fahrtzeit für

Chaussee Kiel-Altona, Rondeel, 1832

Kollegiengebäude am Schlossgarten, um 1900

ein Gespann mit vier Pferden betrug zehn Stunden. Der alten Trasse folgen heute die modernen Straßen B 4 sowie im Norden die L 318 bzw. L 319. Ti

Herzog Christian Albrecht

Christian Albrecht (geb. 3.2.1641 Gottorf, gest. 27.12.1694 Gottorf), fünfter Sohn Hz. Friedrichs III. von SH-Gottorf und Maria Elisabeths von Sachsen, wuchs am Gottorfer Hof auf. 1655 wurde er Fürstbf. von Lüb. und folgte 1659 seinem Vater als Hz. nach. Dessen Plan für eine Univ. in K. setzte C. 1665 um und gründete die nach ihm benannte →Christian-Albrechts-Universität. Als Gottorfer Hz. lavierte er zwischen den rivalisierenden Mächten Dänemark und Schweden. Trotz seiner Heirat mit der dänischen Prinzessin Friederike Amalie scheiterte der Ausgleich mit dem dänischen Kg., und C. musste sich mehrfach mit seinem Hof vor Christian V. nach Hmbg. in Sicherheit bringen. Zudem hatte er große finanzielle Schwierigkeiten, und der dänische Kg. besetzte mehrfach die hz.lichen Ländereien, so 1676 den Gottorfer Anteil an Schleswig. Die langwierigen Verhandlungen um Rückgabe führten erst im Altonaer Vergleich zum Erfolg, so dass der Hz. 1689 seinen Besitz wieder erhielt und nach Gottorf zurückkehren konnte.

Lit.: SHBL 12 (2006), 71-79. Ra

Christian-Albrechts-Universität (CAU) (auch „Academia Holsatorum Chiloniensis") Die 1665 von Hz. →Christian Albrecht in K. gegründete Hochschule ist die einzige Volluniv. des Landes SH. Mit ca. 22.800 (2010) Studierenden zählt die CAU zu den größeren Univ. Dtld. Neben acht Fakultäten (Theologie, Rechtswissenschaften, Wirtschafts- und Sozialwissenschaften, Medizin, Philosophie, Mathematik-Naturwissenschaften, Agrar- und Ernährungswissenschaften sowie Technik) verfügt die CAU über gemeinsame zentrale Einrichtungen wie die →Universitätsbibliothek mit einem Bestand von ca. zwei Mio. Büchern und z.Zt. elf angeschlossenen Forschungs- und Studienzentren. Die Univ.kliniken und das Leibniz-Institut für Meereswissenschaften bilden z.T. von der CAU weitgehend selbständige, in Forschung und Lehre aber mit ihr verflochtene Einrichtungen. Im Zuge der Exzellenzinitiative von Bund und Ländern wurden der CAU 2006 und 2007 die Exzellenzcluster „Ozean der Zukunft" und „Entzündung an Grenzflächen" bewilligt. Die Studierenden können unter 103 seit 2007–08 nach dem Bachelor-/Mastersystem aufgebauten Studiengängen wählen. Erste Planungen zur Errichtung einer Univ. in SH reichten bis ins 16. Jh. zurück. Aber erst ein kaiserliches Privileg für Hz. Friedrich III. von Gottorf aus dem Jahre 1652 legte den rechtlichen Grundstein. Kriege verhinderten die Gründung bis 1665, als Friedrichs Sohn Hz. Christian Albrecht mit tätiger Hilfe des Kanzlers Johann Adolph Kielmann zu Kielmannsegg die CAU am 5. Oktober feierlich in K. gründen konnte. Die anfänglich 17 Prof. und 162 Studierenden stellten für K. eine wirtschaftliche Bereicherung dar. Allerdings kam es auch immer wieder zu Konflikten mit dem K.er →Magistrat, denn die CAU stellte bis 1867 eine autonome Institution mit vielen Privilegien und eigener Gerichtsbarkeit dar. Im späten 18. Jh. war die CAU unter der Herrschaft der letzten Gottorfer Hzz. stark verfallen, es gab kaum noch Studierende. Mit dem →Vertrag von Zarskoje Selo 1773 wurde die CAU eine Univ. des →Dänischen Gesamtstaates. Sie wurde zum Zentrum der Pastoren-, Beamten- und Medizinerausbildung für SH ausgebaut, indem man bereits 1768 die „Bienniumsregel" einführte. Danach mussten Bewerber für staatliche Stellen in SH mindestens zwei Jahre in K. studiert haben. Ab 1815 wurde die CAU zunehmend zu einem politischem Zentrum für Prof. und Studierende, die den Anschluss SH an einen dt. Einheitsstaat sowie die Einführung einer liberalen Verfassung forderten. Insbesondere der Historiker Friedrich Christoph →Dahlmann und der Jurist Nikolaus →Falck entwickelten an der CAU die hist.-rechtliche Begründung für die staatsrechtliche Zusammengehörigkeit SH. Aus dieser Tradition heraus nahmen viele Studierende der CAU an der →Schleswig-Holsteinischen Erhebung von 1848/51 teil, weshalb die CAU nach Rückkehr SH zum Gesamtstaat 1852 dänischer politischer Kontrolle ausgesetzt war. Nach der Einverleibung SH in das Kg.reich Pr. 1867 war die CAU nur noch eine kleinere Provinzuniv. unter vielen, alte Privilegien und Sonderrechte schaffte man ab. Mit dem Ausbau K.s zum →Reichskriegshafen nahmen zwar auch die Studentenzahlen zu, K.s Charakter als Univ.stadt ging jedoch angesichts der Dominanz von →Marine und Werften weitgehend verloren. Dennoch brachte die Univ. auch in der pr.-dt. Zeit bis 1933 eine Vielzahl herausragender Wissenschaftler hervor. Zu nennen sind u.a. der Physiker und Nobelpreisträger Max →Planck, der Neurologe Hans-Gerhard →Creutzfeld, der Physiker Hans →Geiger, die Chemiker und Nobelpreisträger Otto Fritz →Meyerhof und Eduard Buchner, der Meeresbiologe Viktor →Hensen und der Jurist Gustav →Radbruch. Bereits 1927 war der ns. Studentenbund bei Studierendenwahlen zu einer starken Kraft an der CAU geworden, obwohl die Mehrzahl der konservativen Dozenten zu diesem Zeitpunkt nicht dem ns. Spektrum zuzurechnen war. Demokratische Positionen vertraten aber ebenso wenige, nur einzelne, jedoch namhafte Wissenschaftler wie Otto →Baumgarten, Ferdinand →Tönnies, Walther →Schücking, Bernhard →Harms und Hermann Kantorowicz bildeten eine Ausnahme. Die Nazifizierung ging somit wesentlich vom ns. Studentenbund aus, der durch stillschweigendes Einverständnis der Mehrheit ungehindert wirken konnte. Spätestens seit 1933 ging man dann offen gegen oppositionelle und v.a. jüd. Dozenten und Studenten vor und erreichte bis 1937

Campus der Universität, 1972

die Entlassung zahlreicher Wissenschaftler. Als „K.er Schule" wurde u.a. die Juristische Fakultät zur Wegbereiterin einer ns. Rechtswissenschaft, aber auch die medizinische und die philosophische Fakultät wirkten in einzelnen Fachrichtungen im Sinne des →Nationalsozialismus. Der Krieg führte zu einem eingeschränkten Univ.-betrieb (Studierendenzahl 1940: 400, davon 260 „kriegswichtige" Medizinstudierende) und angesichts der schweren Bombenschäden zur Auslagerung. Bei Kriegsende waren fast sämtliche Univ.gebäude zerstört, so dass man kurzfristig die Verlegung der CAU nach Schleswig erwog. Die Wiederaufnahme des Lehrbetriebes mit etwa 2.000 Studierenden am 17.11.1945 fand dann aber nach zähem Ringen mit den britischen Besatzungsbehörden wieder in K., z.T. auf Schiffen im K.er →Hafen sowie in Betriebsgebäuden der →Electroacustic statt. Im Laufe der 1960er Jahre entstand auf dem ehemaligen ELAC-Gelände und am Westring die neue CAU mit Univ.bibliothek (1962), Kirche (1965) und Auditorium Maximum (1969). Obwohl K. und die CAU keinen Schwerpunkt der →Studentenbewegung des Jahres 1968 bildeten, kam es auch hier zu Protestkundgebungen und schließlich zu Reformen des Univ.betriebes. Nicht zuletzt die Entwicklung zu einer Massenuniv. und

Umzug der Professoren zum 300. Gründungstag, 1965

die Erweiterung des Lehrangebotes zogen eine Reihe baulicher Veränderungen in den letzten Jahrzehnten nach sich. Zu erwähnen sind die Erweiterungsbauten an der Leibnizstr. (1972), das Sportforum (1976), die Technische Fakultät in →Gaarden sowie zuletzt die neue Univ.bibliothek (2001). Seit 2007 obliegt die Leitung der CAU einem Präsidium.

Lit.: Gesch. der CAU K., 5 Bde., Nms. 1965-1988. Sl

Wilhelm Ernst Christiani

Christiani, Wilhelm Ernst (geb. 23.4.1731 K., gest. 1.9.1793 K.), war ein vielseitig interessierter und äußerst produktiver Gelehrter. Breit gefächerten Studien an den Univ. K. und Jena folgte eine bemerkenswerte Karriere an der →Christian-Albrechts-Universität. 1761 zum außerordentlichen Prof. für Naturrecht und Politik berufen, konnte er während seiner akademischen Laufbahn gleich mehrere Lehrstühle besetzen, 1766 den für Beredsamkeit und Poesie, 1770 den für Gesch. Darüber hinaus forcierte er den Ausbau der →Universitätsbibliothek und war mit Verwaltungsaufgaben befasst. Zeit seiner Lehrtätigkeit blieb C. den Idealen der Aufklärung verpflichtet. Auch als Direktor der →schleswig-holsteinischen Patriotischen Gesellschaft (1786/87) und als Mitherausgeber der sh. Provinzialberichte vertrat er emanzipatorische Positionen. Seine nachhaltigsten Leistungen vollbrachte er mit Abfassung eines umfangreichen Werks zur Gesch. der Hztt. Schleswig und Holstein (1775–84) sowie als Übersetzer, Kommentator und Mitautor der vielbändigen Universalgesch. des Franzosen Claude Millot.

Lit.: Lebensläufe, 48 f., 351. We

Christiansen, Christian Wilhelm (geb. 28.9.1885 Ahrenviöl bei Husum, gest. 28.12.1966 K.), war von 1903–06 Seminarist in Hadersleben, danach Lehrer an einer Volksschule, seit 1909 in K. Nach der Mittelschullehrerprüfung in Biologie und Leibesübungen unterrichtete er an einer Knabenmittelschule in K. C. beschäftigte sich v.a. mit der Pflanzenwelt in SH. Für seine wissenschaftlichen Untersuchungen wurde er von der Unterrichtstätigkeit frei gestellt. 1922 gründete er zusammen mit anderen die Arbeitsgemeinschaft für Floristik in SH, Hmbg. und Lüb. Die Aufgabe war die Kartierung der Fundorte aller Blütenpflanzenarten. 1934 erhielt C. einen Lehrauftrag an der Univ. K. und wurde Leiter der Landesstelle für Pflanzenkunde. 1944 verlieh ihm die Philosophische Fakultät die Ehrendoktorwürde. Seine bedeutendsten wissenschaftlichen Werke sind die „Pflanzenkunde von SH“ und die „Neue Kritische Flora von SH“.

Lit.: Lebensläufe, 50 f., 351 f. Ge

Christianspries →Festung Friedrichsort

Christlich Demokratische Union (CDU) →Parteien, →Wahlen

Cirsovius, Johann Carl (geb. 9.2.1745 Glückstadt, gest. 1.3.1813 Bramstedt), kam als Kind mit seiner Familie nach K., studierte Jura, wurde 1770 zum Landgerichtsnotar berufen und 1781 zum Kassierer der sh. Ritterschaft ernannt. Diese wählte ihn 1791 zum Landsyndikus. Nachdem C. das Landgerichtsnotariat aufgegeben hatte, widmete er sich als Justitiar des K.er und Oldenburger Güterdistrikts den Rechtsgeschäften der Ritterschaft. Er war Gründungsmitglied der →Gesellschaft freiwilliger Armenfreunde. Die Bedeutung von C. liegt darin, dass er der Gesellschaft vorschlug eine →Kieler Spar- und Leihkasse zu gründen, um die unteren Schichten vor Verarmung zu schützen. Er wurde Vorsitzender der Sparkassenkommission und ehrenamtlicher Kassierer der Sparkasse, die 1796 entstand.

Lit.: Lebensläufe, 51 f., 352. Ge

Johann Carl Cirsovius

Citti →Bartels-Langness, →Einzelhandel

Clauberg, Carl (geb. 28.9.1898 Wupperhof bei Solingen, gest. 9.8.1957 K.), arbeitete seit 1925 an der K.er Univ.-Frauenklinik über die Fruchtbarkeit bei Frauen und galt international als Autorität auf dem Gebiet weiblicher Sexualhormone. In Königsberg 1933 habilitiert, behandelte er unfruchtbare Frauen und erforschte gleichzeitig nicht-operative Sterilisationsmethoden. Im Auftrag des Reichsführers SS Himmler, der eine Methode zur Massensterilisierung v.a. der osteuropäischen Völker suchte, experimentierte C. seit 1942 in Auschwitz und 1945 in Ravensbrück an etwa 700 jüd. und Sinti-Frauen durch Einspritzung eines formalinhaltigen Reizmittels in die Eileiter. Die Karriere, die ihm aufgrund seiner problematischen Persönlichkeit versagt geblieben war, sollte Himmler befördern. Nach Rückkehr aus sowjetischer Haft 1955 klagte ihn die Oberstaatsanwaltschaft K. wegen schwerer Körperverletzung auch mit Todesfolge an. C. starb kurz vor Prozesseröffnung.

Lit.: Lebensläufe, 53-55, 352. Do

Conti-Hansa Seit 1909 führte das Ehepaar Willy und Irene Dreischärf das Continental-Hotel am →Sophienblatt. 1929 erwarb es auch das repräsentative Hansa-Hotel, dem →Bahnhof gegenüber. Nach der Kriegszerstörung der Hotelgebäude führten sie den Betrieb unter dem Namen C. am →Ziegelteich im Gebäude der →Landwirtschaftskammer weiter. Es wurde geschlossen, als 1963 ein neues elegantes C. in bester Lage am →Schlossgarten entstand. Das Hotel wurde 1984 durch das Architektenbüro →Schnittger neu gestaltet und um einen achtgeschossigen Bau im →Ratsdienergarten erweitert. Seit 1992 gehört das C. zur Steigenberger-Gruppe. Ro

Hansa-Hotel, Postkarte, um 1910

coop Die c. eG mit Sitz in K. ist eine Genossenschaft, die hauptsächlich im Lebensmittel-→Einzelhandel tätig ist. Vorläufer sind der 1899 in K. gegründete Allgemeine Konsumverein K. (AKVK) und der 1904 gegründete Konsumverein Lüb. Ziel dieser Genossenschaften war es, Lebensmittel in guter Qualität günstig an ihre Mitglieder abzugeben. 1935 wurde der AKVK von den Nationalsozialisten zwangsweise liquidiert. 1946 wurden elf Konsumgenossenschaften in SH neu gegründet. Der erste konsumgenossenschaftliche Supermarkt in Dtld. eröffnete 1963 in K. 1964 erfolgte die Umbenennung in c. SH eG. Bis 1972 wurden alle ehemaligen Konsumgenossenschaften in der c. SH vereint. Seitdem expandiert das Unternehmen über die Grenzen SH hinaus. Die ersten sky-Märkte wurden 1974 eröffnet. 1988 erfolgte die Übernahme der Wandmaker GmbH in Tellingstedt. Mit der Wiedervereinigung entstanden nun auch in Mecklenburg-Vorpommern und Brandenburg sky-Verbrauchermärkte, plaza SB-Warenhäuser sowie Bau- und Gartencenter. Die zwischenzeitliche Übernahme der c. Ulm führte 1999 zu einer Ausweitung des Vertriebsgebietes nach Baden-Württemberg und Bayern. Um der neuen Größe des Unternehmens gerecht zu werden, wurde im Juni 2006 die c. SH eG in c. eG umbenannt, heute einer der größten Arbeitgeber in SH. Eb

Buchhandlung Cordes Die Buchhandlung C. führt ihre Anfänge auf ein 1846 gegründetes Unternehmen nebst Antiquariat zurück, das 1891 in den Besitz der Familie C. überging. Nach mehrfach wechselnden Geschäftsräumen befindet sich die Buchhandlung seit 1950 in der Willestr. Ihre überregionale Bedeutung erhielt sie seit 1961, als der Enkel des Gründers, Eckart C., seine Reihe „Internationale Autorenabende“ mit Uwe Johnson startete. In 45 Jahren organisierte er in K. mehr als 800 Lesungen mit bedeutenden Autoren aus dem In- und Ausland. Für sein unermüdliches Engagement als Wegbereiter moderner Literatur wurde Eckart C. mehrfach ausgezeichnet, zuletzt 2006 mit dem →Kulturpreis der Stadt. Seine Buchhandlung verkaufte er im Jahre 1999, erhalten geblieben ist der Name. Dr

Coventry Die englische Stadt C. wurde im 2. →Weltkrieg schon früh und außerordentlich schwer durch Luftangriffe zerstört und zum Symbol des dt. Angriffskriegs. Nach Kriegsende bemühte sich Andreas →Gayk, der Oberbgm. der ebenfalls schwer getroffenen Stadt K. um Versöhnung mit dem ehemaligen Kriegsgegner auf kommunaler Ebene. Bereits 1946 äußerte er in einem Gespräch mit dem britischen Besatzungsoffizier Williams den Wunsch, durch eine engere Verbindung der beiden Städte das gegenseitige Verständnis füreinander zu fördern. Williams nahm noch im gleichem Jahr ein Schreiben Gayks an Lord Mayor Briggs, den „Gruß an Coventry“, mit in seine Heimatstadt. Eine positive Reaktion gab es im Januar 1947 und damit war die erste dt.-britische Städtefreundschaft nach dem 2. WK geschlossen. Aus der in K. gegründeten „Gesellschaft der Freunde Coventrys“ ging später die Dt.-Britische Gesellschaft hervor. 1967 wurde die Verbindung beider Städte mit einem Städtepartnerschaftsvertrag beurkundet. Eb

Johann Andreas Cramer

Carl-Friedrich Cramer

Cramer, Carl Friedrich (geb. 7.3.1752 Quedlinburg, gest. 8.12.1807 Paris), studierte seit 1772 Theologie in Göttingen und Leipzig. Als Mitglied des Hainbundes bekam er Anschluss an die literarische Avantgarde und begann eine umfangreiche schriftstellerische Tätigkeit, u.a. als Autor bedeutender musikgeschichtlicher Werke und als Reiseschriftsteller. Seit 1775 Prof. für griechische und orientalische Sprachen sowie der Homiletik (Predigtlehre) an der Univ. K., wurde C. als Anhänger der Französischen Revolution 1794 aufgrund einer kg. Resolution seines Amtes enthoben und aus K. verbannt. C. emigrierte mit seiner Familie nach Paris, wo er eine Existenz als Buchhändler und Verleger aufbaute. Daneben publizierte er eigene Werke und veröffentlichte u.a. in der Zs. „Frankreich“. Als Übersetzer dt. und französischer Werke leistete C. einen wichtigen Beitrag zur Kulturvermittlung zwischen beiden Ländern. Darüber hinaus verfasste er die ersten größeren Arbeiten über seinen berühmten Zeitgenossen und Freund Friedrich Gottlieb Klopstock.

Lit.: R. Schütt (Hg.), „Ein Mann von Feuer und Talenten“, Göttingen 2005. St

Cramer, Johann Andreas (geb. 27.1.1723 Jöhstadt im Erzgebirge, gest. 12.6.1788 K.), studierte Theologie in Leipzig und bekleidete in rascher Folge eine Reihe von bedeutenden Ämtern. Er wurde 1750 Oberhofprediger in Quedlinburg, 1754 dt. Hofprediger in Kopenhagen, 1771 Superintendent in Lüb. Nach Struensees Fall wurde er 1774 erster Prof. der Theologie und Prokanzler an der K.er Univ. Ganz aus der praktischen und moralischen Orientierung der Aufklärungszeit sind seine Aktivitäten in K. zu verstehen. C. richtete das Homiletische Seminar (1775) ein, gründete das K.er Schullehrerseminar (1781), gab den Landeskatechismus (1785) heraus und wurde mit dem sog. Allgemeinen Gesangbuch (Altona 1780) bekannt.

Lit.: J. Alwast, Gesch. der theologischen Fakultät an der CAU, Teil 1: 1665–1865, Norderstedt 2008, bes. 133-135. Aw

Creutzfeldt, Hans Gerhard (geb. 2.6.1885 Harburg, gest. 30.12.1964 München), studierte Medizin in Jena und K. Nach tropenmedizinischer Qualifikation und einer Ostasien-Südseereise als Schiffsarzt verschaffte sich C. 1912–20 eine anspruchsvolle nervenärztliche und neuropathologische Ausbildung in Frankfurt/Main, Breslau und München. Sie fand 1920 ihre Krönung, indem C. als Erster die später sog. Creutzfeldt-Jakob-Krankheit beschrieb. Er war 1920–24 Assistenzarzt an der K.er, bis 1938 Oberarzt an der Berliner Psychiatrischen Univ.-Klinik, wirkte 1938–53 als ordentlicher Prof. der Psychiatrie und Neurologie und Direktor der Psychiatrischen und Nervenklinik der →Christian-Albrechts-Universität und amtierte 1945–46 als deren erster Rektor nach dem 2. →Weltkrieg. In der NS-Zeit blieb C. nicht ganz unbelastet von der Mitwirkung als Gutachter in erbgesundheitsgerichtlichen Zwangssterilisierungsverfahren sowie in Todesstrafen verhängenden Militärjustizprozessen und teilte indirekt gewisse Mitverantwortung für die Deportation psychiatrischer Patienten in eine wegen wilder Euthanasie berüchtigte Anstalt. Wissenschaftlich verdient C. hohe Anerkennung als exzellenter Neuroanatom und klinischer Erforscher spezieller vom zentralen Nervensystem ausgehender Krankheitsprozesse. Damit zählt C. zu den Wegbereitern der sog. biologischen Psychiatrie im frühen 20. Jh.

Lit.: J. H. Wolf, Hans Gerhard C. (1865-1964), Hmbg. 2003. Wolf

Curtius, Theodor (geb. 27.5.1857 Duisburg, gest. 8.2.1928 Heidelberg), war nach dem Chemiestudium in Leipzig und Heidelberg Assistent an den Univ. München und Erlangen und habilitierte sich 1886. Ende 1889 wurde er zum ordentlichen Prof. der Chemie und Direktor des Chemischen Instituts in K. ernannt. 1897 wechselte er nach Bonn und im Jahr darauf nach Heidelberg. Dort wirkte er 28 Jahre als Direktor des Chemischen Instituts. C. entdeckte eine neue Klasse von organischen Stickstoffverbindungen, die Diazofettsäuren. Allgemein bekannt machte ihn die Synthese von Hydrazin und Stickstoffwasserstoffsäure, die u.a. in der Sprengstofftechnik praktische Anwendung fand. 1894 gründete der begeisterte Bergsteiger die K.er Sektion des →Alpenvereins, dessen Vorsitzender er bis Ende 1896 war.

Lit.: C. Duisburg, Theodor C., in: Zs. für angewandte Chemie 43 (1930), 723-725. Ne

Dänische Straße, Postkarte, um 1920

Dänische Straße Die bereits mit der Gründung der Stadt angelegte D. erhielt ihren Namen nach der Richtung, in die sie führte. Sie verband den Markt mit dem Dänischen Tor am nördlichen Stadtrand, wurde 1830 als Neue D. verlängert und endet heute am Prinzengarten. Nach den „Buden" und „Lauben" des 13. Jh. und den z.T. adligen Giebelhäusern des 16. und 17. Jh. veränderte sich das Erscheinungsbild der Straße zu Beginn des 20. Jh. grundlegend. Im Zuge der Modernisierung des Straßennetzes der →Altstadt wurde die D., durch die seit 1896 die elektrische →Straßenbahn führte, von 6,5m auf 13m verbreitert. Mit Ausnahme von zwei Häusern (Nr. 19 →Warleberger Hof, Nr. 20) wurden nach und nach alle Gebäude abgerissen und durch Neubauten ersetzt. Trotzdem bewahrte sich die D. bis heute Altstadtcharakter. 1973 erfolgte die Umgestaltung zur →Fußgängerzone, 1981 kamen historisierende Ausstattungsstücke (Eisenpfosten, Straßenlaternen, Uhr) hinzu.

Dr

Theodor Curtius

Dänischer Gesamtstaat Die Gesamtheit der Territorien, die seit dem späten 18. Jh. eng durch die Person des dänischen Kg. zu einem multiethnischen Staatswesen verbunden waren, wird als D. bezeichnet. Den Kern bildete die Personalunion des Kg.reichs Dänemark mit dem Kg.reich Norwegen (seit 1380), ab 1460 trat die Herrschaft über die Hztt. Schleswig und Holstein hinzu. Über Norwegen gehörten Island, Grönland und die Færøer als „atlantische Beiländer" zum D. Kleinere überseeische Kolonien besaß der

Stadtansicht in dänischer Zeit, Christian Friedrich Joachim Bünsow, Anfang 19. Jh.

D. in der Karibik (St. Thomas, St. John, St. Croix), in Indien (Tranquebar, Serampore) und Westafrika (Ghana). Die →Landesherrschaft über Schleswig wurde zwischen 1544 und 1721, die über Holstein zwischen 1544 und 1773 wegen Erbteilungen vom dänischen Kg. nur über Teilgebiete ausgeübt. K. gehörte in dieser Zeit nicht zum D., sondern bildete einen Teil des hz.lich-gottorfischen Anteiles im Hzt. Holstein bis die Stadt durch den →Vertrag von Zarskoje Selo ebenfalls dänisch wurde. 1814 ging Norwegen an Schweden verloren und das Hzt. Lauenburg kam als Ausgleich an den D. Nach dem Dt.-Dänischen Krieg (1864) musste Dänemark die Hztt. Schleswig, Holstein und Lauenburg an Pr. und Österreich abtreten. Damit endete die Zeit des D. Bis zum Ende der geteilten Landesherrschaft über SH im Jahre 1773–79 spricht man vom D. auch als „Konglomeratstaat". Wesentliche Kennzeichen des D. waren das Bestreben um eine zentralisierte Verwaltung bei gleichzeitiger Akzeptanz der multiethnischen Kultur und Bevölkerungsstruktur. Dänen, Dt. und Norweger galten seit dem Indigenatsrecht von 1776 als staatstragende und gleichberechtigte Völker innerhalb des D. Nur ihnen war es seitdem erlaubt, im D. Staatsämter zu bekleiden. Trotzdem entstammte noch im 18. Jh. ein großer Teil der höheren Beamtenschaft und des Offizierkorps des D. aus dt. Gebieten südlich der Elbe. Im späten 18. Jh. erlebte der D. eine Blütezeit, die von wirtschaftlichem Erfolg durch Überseehandel, infrastrukturellen Verbesserungen (Anlage des →Eiderkanals), politischen Reformen (Lockerung der Pressefreiheit, Aufhebung der Leibeigenschaft in Dänemark 1788 sowie in SH 1805) und kulturellen Leistungen gekennzeichnet war. Eine Krisenzeit setzte in den napoleonischen Kriegen von 1801–14 ein, an deren Ende der D. im →Kieler Frieden das Kg.reich Norwegen verlor. Seit 1815 kam es dann verstärkt zu Forderungen nach Einführung einer modernen Verfassung und zu Autonomiewünschen der dt. gesinnten Schleswig-Holsteiner. Ein Zentrum dieser Bewegung wurde die K.er →Christian-Albrechts-Universität, wo Professoren wie →Falck, →Dahlmann und →Hegewisch eine hist. Rechtfertigungslehre der sh. Selbstständigkeit gegenüber dem Kg.reich Dänemark entwickelten. In K. brach am 24.3.1848 die →Schleswig-Holsteinische Erhebung aus, die zu einem dreijährigen Bürgerkrieg im D. anwuchs. An dessen Ende wünschte sich die Bevölkerung mehrheitlich jeweils die Errichtung eines dänischen bzw. dt. Nationalstaates, doch die am Friedensschluss von 1852 (Londoner Protokoll) beteiligten europäischen Großmächte (Großbritannien, Frankreich, →Russland) wollten den D. als neutralen Wächter des Ostseezuganges erhalten. Darüber hinaus regelten sie lediglich das zweitrangige Problem einer ungeklärten Erbfolgefrage im D., so dass die entscheidenden innenpolitischen Fragen ungelöst blieben. Das Bestreben Pr., Dtld. unter seiner Führung zu einigen, sowie dänische Pläne einer gänzlichen Einverleibung des Hzt. Schleswig, führten 1863–64 zu einem zweiten Krieg, der den D. als politische Einheit zerstörte. K. bildete mit der CAU neben Kopenhagen und Altona ein geistiges Zentrum des D. Hier wirkten v.a. im späten 18. Jh. dt. und dänische Dichter wie Jens →Baggesen, Frederik Høegh-Guldberg, Johann Ludvig Heiberg, und Henrik Steffens. Im Umkreis von K. hatte sich auf den Herrenhäusern eine besondere, vom dt.sprachigen →Adel getragene Kultur entwickelt, die sich den Werten der Aufklärung verpflichtet fühlten. Dieser weltoffene Geist sowie zahlreiche gewährte Freiheiten und staatliche Reformen bildeten die Grundlage für einen um 1775 zielgerichtet geförderten Gesamtstaats-Patriotismus: Anstelle einer gemeinsamen Sprache, die in anderen Staaten zum patriotischen Identifikationsmerkmal wurde, betonte man im D. Gemeinsamkeiten wie die Gesch., den christlichen Glauben und das Herrscherhaus. Wirtschaftlicher Aufschwung und Reformtätigkeit untermauerten den Patriotismus, der je nach sozialer Vertretung eine einfach-naive Ausprägung unter ärmeren Schichten oder eine rationell-staatsloyale Ausprägung unter Beamten, Kaufleuten und dem Adel annahm. Von der ab 1815 v.a. an der CAU aufgenommenen und verbreiteten dt.-nationalen Idee wurde diese Haltung bis 1848 in weiten Teilen der intellektuellen Schichten verdrängt. SH sollte danach Teil eines zu schaffenden dt. Einheitsstaates werden. Obwohl Altona bis zum Ende des D. die größte Stadt der Hztt. SH blieb, konnte K. seine kulturelle und wirtschaftliche Stellung zwischen 1773 und 1848 ausbauen. Verkehrsgünstig gelegen, führte eine Reihe infrastruktureller Maßnahmen zur Anbindung K.s an norddt. Handelsnetze. Über den Eiderkanal gab es eine schiffbare Verbindung nach Westen, während die seit 1830 errichteten Chausseen die größeren Städte SH mit K. verbanden. 1819 wurde zudem die erste regelmäßige Dampfschiffverbindung nach Kopenhagen eingerichtet und die 1844–45 fertiggestellte „Kg.-Christian-VIII.-Ostsee-Eisenbahn" (→Altona-Kieler-Eisenbahngesellschaft) verband K. über Rendsburg und Nms. mit Altona und Hmbg. Die Bevölkerungszahl K.s betrug im Jahre 1840 gut 12.300 Einwohner. Markante Gebäude aus der Zeit des D. sind in K. kaum mehr zu finden. Das K.er →Schloss beherbergte zeitweilig den dänischen Kronprinzen Friedrich (1805–07), die bei der heutigen →Forstbaumschule angelegte Lehranstalt für Förster war die erste ihrer Art im D. Zentrum des damaligen K. war wie bereits im MA der →Alte Markt mit dem →Rathaus und der →Nikolaikirche. Außerhalb dieses Kerns bildeten in der 1. Hälfte des 19. Jh. lediglich die →Vorstadt sowie die →Brunswik aus dem alten Stadtkern herausgewachsene Stadtteile. So blieb K. in gesamtstaatlicher Zeit eine kleine Stadt, die erst nach 1867 mit dem Ausbau zum pr.-dt. →Reichskriegshafen ein starkes Bevölkerungswachstum erlebte und innerhalb weniger Jahrzehnte zu einer Großstadt auswuchs.

Lit.: C. Degn, Die Hztt. im D. 1773-1830, Nms. 1960.

Sl

Heinrich Dahlinger

Dahlinger, Heinrich (Hein) (geb. 30.10.1922 K., gest. 2.2.2008 Rendsburg), spielte von 1936–66 für die Handballmannschaft des →Turnvereins Hassee-Winterbek (THW K.). Zu seinen sportlichen Erfolgen zählen fünf dt. Meisterschaften im Feld- und Hallenhandball sowie zwei Weltmeisterschaftstitel mit der dt. Feldhandballnationalmannschaft. Nach Beendigung seiner aktiven Karriere war er bis 1973 Trainer beim THW und betätigte sich als Unternehmer. Zweimal wurde D. mit der höchsten Würdigung im Sport, dem „Silbernen Lorbeerblatt", viermal mit dem Titel „Sportler des Jahres in SH" ausgezeichnet. 1997 ehrte ihn die Stadt K. für seine Verdienste mit dem Bau der Hein-D.-Sporthalle in →Gaarden. Seit 1998 trägt zudem das Maskottchen des Handballbundesligisten nach einer Abstimmung unter der THW-Anhängerschaft D. Spitznamen „Hein Daddel".

Lit.: B. Struck, Hein D. - ein Idol wird 65, Rendsburg 1987.

Er

Friedrich Christoph Dahlmann

Dahlmann, Friedrich Christoph (geb. 13.5.1785 Wismar, gest. 5.12.1860 Bonn), kam 1813 als Prof. nach K. Hier trat er 1815 politisch durch die sog. Waterloo-Rede fur die dt. Einigung und als Sekretär der sh. Ritterschaft hervor, für die er die Verfassungsforderungen gegenüber dem dänischen Kg.

und dem dt. Bund vertrat. Man zählt D. zu den älteren Liberalen, seine politischen Vorstellungen lehnten sich an das englische System an. Seine Überzeugungen publizierte er u.a. in den →Kieler Blättern. 1829 folgte D. einem Ruf nach Göttingen, wo er 1837 zu den bekannten „Göttinger Sieben" gehörte. 1848 war er Abgeordneter des Paulskirchenparlaments, zog sich 1850 aber enttäuscht aus der Politik zurück. Unter seinen hist. Arbeiten ist seine 1827 in K. hg. Gesch. Dithmarschens besonders hervorzuheben.

Lit.: SHBL, Bd. 4 (1976), 46-51. Sl

„Damperhof" Der Name D. bezeichnet das Gebiet nördlich des →Kleinen Kiels zwischen der Rathaus- und der Waisenhofstr. auf der einen und der Legienstr. auf der anderen Seite. Bereits für das Jahr 1683 ist hier ein Hof schriftlich dokumentiert. Besitzer war damals der Amtsschreiber Friedrich Hennings. Den Namen D. führte aber erst Margarethe Hedwig von Ahlefeld ein, die das Anwesen 1697 erwarb und nach ihrem Stammsitz, Gut Damp, benannte. 1771 stiftete der Geh. Rat Friedrich Gabriel →Muhlius die Ländereien der Stadt K. Das Gelände blieb, abgesehen von einzelnen Gärten und nur wenigen Wohnhäusern, noch bis zur Mitte des 19. Jh. weitgehend unbebaut, und – so heißt es in einer Darstellung aus der Zeit um 1840 – „idyllische Ruhe herrschte dort allerwegen". Ha

C.F. **Dela** 1894 gründete der zwischen 1888 und 1890 aus Nordschleswig zugewanderte und zunächst im Warenhaus Wilhelm →Jacobsen tätige Christian Fries D. (1869–1934) ein Betten- und Ausstattungsgeschäft in der Schuhmacherstr. und erweiterte es bald zur Möbelhandlung mit Dekorations- und Teppichabteilung. Dazu erwarb er benachbarte Grundstücke und baute die Firma zu einem der größten Möbelhäuser K.s mit Filiale in Kappeln aus. Nach seinem Tod übernahm sein Sohn Richard Heinrich (1907–73) das Geschäft. 1943 wurden die Firmengebäude zerstört und von 1946–54 wiederaufgebaut. 1973 übernahm Christian Fries D., der Enkel des Gründers, das Geschäft. Seit 2007 führt Dirk Willmann als alleiniger Eigentümer die Firma weiter. Heute liegen die Schwerpunkte des Sortiments bei Möbeln und Kunstgewerbeartikeln. Si

Demontagen Nach dem Ende des 2. →Weltkriegs beschlagnahmte die →britische Besatzungsmacht Werften, Rüstungsbetriebe und alle Militäranlagen. Das Potsdamer Abkommen sah die Vernichtung des dt. Kriegspotentials und die D. der an der Kriegsproduktion beteiligten Industrie, u.a. als Reparationen an die ehemaligen Kriegsgegner, vor. Einigkeit herrschte zwischen der Stadt K., ihren →Bürgern und der Besatzungsmacht in dem Ziel, eine →Friedensindustrie aufzubauen. Große Uneinigkeit bestand in der Frage, ob und inwieweit die ehemaligen Rüstungsanlagen demontiert oder zerstört werden müssten, deren Freigabe für den Aufbau der Friedensindustrie so wichtig war. In großen Demonstrationen wandten sich die Einwohner K.s gegen die britischen Pläne, so auch gegen die vollständige D. der Holsteinischen Maschinenbau-Aktiengesellschaft (Holmag), die sich bereits auf „friedlichen" Maschinenbau umgestellt hatte. Dennoch wurden sieben wichtige Industriebetriebe (→Walterwerke, →Anschütz & Co, Emil Schulz, →Electroacustic, Kriegsmarinarsenal, Land- und Seeleichtbau und die Friedrichsorter Deutschen Werke/Holmag) ganz oder teilweise demontiert. Allein die Howaldtswerke (→HDW) blieben als Reparaturwerft erhalten; die Anlagen der →Germaniawerft und der →Deutschen Werke sollten demontiert oder zerstört werden, da auch der Bau größerer Schiffe verboten war. Obwohl die Besatzungsmacht schon im August 1946 den Aufbau einer Leichtindustrie auf dem Ostufer genehmigt hatte, wurden die Entmilitarisierungsmaßnahmen, darunter Sprengungen

Demontagen, Sprengung auf dem Ostufer, 1949

von Gebäuden, Hellingen, Gleis- und Kaianlagen, erst im Mai 1950 beendet. Als ein einziges Trümmerfeld wurde im September 1950 das Ostufer für die Errichtung einer Friedensindustrie freigegeben. Über 60.000 Arbeitsplätze gingen durch Kriegszerstörungen, D. und Entmilitarisierungsmaßnahmen verloren. Oberbgm. Andreas →Gayk nannte diesen Vorgang später die „englische Krankheit". Do

Gelände der Deutschen Werke, um 1935

Demühlen →Hassee

Deutsche Bank →Bankhaus Ahlmann

Deutsche Gesellschaft zur Rettung Schiffbrüchiger (DGzRS) Auf Initiative des Navigationslehrers Adolph Bermpohl wurden 1861 in Emden, Bremerhaven und Hmbg. Vereine zur Rettung Schiffbrüchiger gegründet. Am 29.5.1865 vereinigten sie sich in K. in der DGzRS. Die Ausrüstung bestand zunächst aus offenen Ruderbooten und Korkschwimmwesten, ab 1911 gab es die ersten Motorrettungsboote, nach dem 1. →Weltkrieg wurden gedeckte Motorboote eingesetzt. Die Seenotretter der DGzRS arbeiten teils ehrenamtlich, teils als fest angestellte Mitarbeiter. Die Gesellschaft finanziert sich ausschließlich durch Spenden und Mitgliedsbeiträge, markant sind die in vielen öffentlichen Räumen aufgestellten Spenden-Sammelboote. Schirmherr ist der jeweilige Bundespräsident. Sitz der Gesellschaft ist Bremen. Ja

Deutsche Werke Aufgrund des Ausgangs des 1. →Weltkriegs war die →Kaiserliche Werft (nun: Reichswerft) in K. in der bisherigen Form nicht mehr aufrecht zu erhalten. 1919 spaltete sich das Marinearsenal (1.300–1.400 Mitarbeiter) als Eigenbetrieb der Reichsmarine ab. Aus dem größten Teil der Reichswerft wurden im Juni 1920 die D., die ferner eine Reihe weiterer Rüstungsbetriebe in Dtld., die anderen ehemaligen Marinewerften in Danzig und Wilhelmshaven (Rüstringen) sowie die →Torpedowerkstatt in →Friedrichsort umfassten. Die D. erhielten als Reichsbesitz eine private Rechtsform und mussten sich mit ihrer vielseitigen und umfangreichen Ausstattung und komplizierten Struktur auf dem freien Markt bewähren. Die D. in K. engagierten sich nunmehr im Handelsschiffbau, der Fertigung verschiedenster Produkte, der zeitweiligen Reparatur von Lokomotiven und Waggons für die Reichsbahn und dem Abwracken von Schiffen. 1926 drohte die Liquidation, doch glückte eine Auffanglösung. Die Werft in K. (1927: rund 6.600–8.100 Mitarbeiter) baute für die Reichsmarine den Kreuzer „Karlsruhe" (1929) und das innenpolitisch umstrittene Panzerschiff „Dtld." (1929–33). Unter den von den D. erbauten Handelsschiffen befanden sich auch moderne Motorfrachter. Die Konkurrenz zu den Privatwerften wurde von diesen wegen der staatlichen Subventionen mitunter als unfair angesehen. Während des →Nationalsozialismus entstanden für die Kriegsmarine der Kreuzer „Nürnberg" (1935), der Schwere Kreuzer „Blücher" (1939), das Schlachtschiff „Gneisenau"(1938) sowie der 1937 begonnene Flugzeugträger „Graf Zeppelin". Im 2. WK verlagerte sich das Schwergewicht zum →U-Bootbau. Nach schweren Kriegszerstörungen verfügte 1948 die →britische

Gelände der Deutschen Werke, um 1950

Besatzungsmacht die →Demontage. Die D. betrieben weiterhin Aufräumarbeiten auf dem Ostufer sowie Geräte- und Apparatebau. Versuche, wieder in den →Schiffbau einzusteigen, hatten keinen Erfolg. 1954 wurden die D. von den →Howaldtswerken übernommen, die dadurch in Besitz des Geländes in K.-→Gaarden kamen.

Lit.: C. Ostersehlte, Von Howaldt zu HDW, Hmbg. 2004, 173-543. Os

Deutscher Gewerkschaftsbund (DGB) →Gewerkschaften

Diederichsen, Carl Heinrich Wilhelm Theodor (geb. 1.7.1865 K., gest. 20.4.1942 Hmbg.), führte seit 1888 die väterliche Kohlenhandlung und Reederei in K. fort und übernahm 1899 den Warenverkehr mit →Tsingtau. 1900 versorgte er beim Boxeraufstand das Expeditionsheer, 1904–05 belieferte er die russische Flotte im russisch-japanischen Krieg. Von seinem Bruder Gustav erbte D. das Hmbg. Handelshaus „Theodor →Wille" und wurde Teilhaber der brasilianischen Firmen „Theodor Wille & Cia do Brasil" in Santos, Rio de Janeiro und Victoria, die vor 1914 20% der brasilianischen Kaffeeernte absetzte. 1926 erwarb er die K.er →Howaldtswerke und rettete sie vor dem Ruin. Als Mäzen gründete D. 1907 die „Thea-Diederichsen-Stiftung an der chirurgischen Klinik zu K." für tuberkulöse Kinder und war 1911 an der Errichtung des „kg.lichen Instituts für Seeverkehr und Weltwirtschaft" in K. beteiligt, dessen Fördergesellschaft er bis 1934 leitete. Die →Christian-Albrechts-Universität ehrte ihn 1918 mit dem Dr. rer. pol. h. c. und 1930 mit dem Dr. med. h.c.

Lit.: R. Wenzel, Heinrich D., Nms. 1980, 607-624. Si

Heinrich Diederichsen

Diels, Otto Paul Hermann (geb. 23.1.1876 Hmbg., gest. 7.3.1954 K.), kam 1916 als ordentlicher Prof. und Direktor des Chemischen Instituts nach K. Zuvor war er 17 Jahre am Chemischen Institut in Berlin tätig gewesen. D. hat seine ganze aktive Laufbahn in K. verbracht. 1944 wurde er emeritiert, übernahm aber auf Wunsch der Univ. 1946 den Wiederaufbau des zerstörten Chemischen Instituts, bis er 1948 erneut emeritiert wurde. Berühmt wurde D. durch die Entdeckung eines allgemeinen Prinzips von chemischen Reaktionen, der später nach ihm und seinem Schüler Kurt Alder benannten D.-Alder-Reaktion. Für die 1928 veröffentlichte Arbeit erhielten beide 1950 den Chemie-Nobelpreis. In K. erinnern der Dielsweg und eine Gedenktafel in der Brunswiker Str. Nr. 4, wo das alte chemische Institut stand, an den Chemiker.

Otto Diels

Lit.: S. Olsen, Otto D., in: Chemische Berichte, 95 (1962), V-XLVI. Ne

Dietrichsdorf, Am Dorfteich, Postkarte, um 1905

Dietrichsdorf Mitte des 19. Jh. herrschten in D. landwirtschaftliche Strukturen vor. Im Dorf gab es 1841 sechs Vollhufen, 15 Katen und vier Anbauernstellen. 1867 lebten dort 284 Einwohner. Das älteste Adressbuch D. von 1894 weist als Bebauung 202 Häuser aus. Zur D. Feldmark gehörte auch das Land zwischen →Förde und Fördesteilhang. Durch die günstige Lage – Zugang zur Förde und →Schwentine – war der Ort für die Industrie interessant. Sie veränderte den Dorfcharakter entscheidend. 1875 erwarb Georg Ferdinand →Howaldt dort Land, wo er ein Jahr später den Betrieb „Georg Howaldt – K.er Schiffswerft" gründete. Der ausbrechende Boom lässt sich an den Einwohnerzahlen ablesen: 1895 lebten 2.929 Menschen in D., um die Jh.wende waren es 4.347. Der Zuzug von Neubürgern und die sich ausdehnende Werft erforderten Veränderungen auf Verwaltungsebene. Bis 1899 führte der Altenteiler Johann Gabriel Ivens das Amt des Gemeindevorstehers nebenberuflich. Nach kurzer Amtszeit von Hermann Moritz wurde 1901 der Stadtsekretär Hermann Schoepe hauptamtlicher Gemeindevorsteher. Das Ortsbild veränderte sich durch die Bebauungspläne des auf Initiative der Werftleiter Georg Ferdinand und Hermann Howaldt gegründeten „Arbeiter-Bauvereins-D." Die erste Bauphase war 1902 mit der Georg- und der Hermannstr. abgeschlossen. Die nachfolgend nötige Infrastruktur, weitere Straßen, Wasserwerk und →Gasversorgung, verknüpfte D. noch enger mit der benachbarten Landgemeinde →Neumühlen. Die Gemeinden teilten sich bereits Institutionen wie Post- und Zollamt, →Schule und Kreditgenossenschaft. Um die Verbindung auf eine rechtliche Grundlage zu stellen, reichte Schoepe am 24.4.1905 den Antrag auf Zwangseingemeindung Neumühlens ein. Die zunächst wirtschaftlich und politisch begründeten Differenzen reduzierten sich bei den Verhandlungen auf einen strittigen Punkt: die Namensgebung. Man einigte sich auf die Nennung beider Gemeinden. Der Zusammenschluss erfolgte am 28.5.1907. Heute ist der im Verbund mit Neumühlen gut 11.000 Einwohner zählende Stadtteil u.a. durch die in den 1990er Jahren dort konzentrierte →Fachhochschule und den regen Verkehr zum →Ostuferhafen geprägt.

Lit.: P. Bowien, Der Weg D. und Neumühlens von ländlichen Gemeinden zu einem K.er Stadtteil im Zusammenhang mit der Entwicklung der Howaldtswerke, K. 1988. Sch

Displaced Persons Die genaue Anzahl der nach Kriegsende 1945 in K. verbliebenen D. – ausländische Zivilisten, die sich kriegsbedingt, v.a. durch →Zwangsarbeit außerhalb ihrer Heimatländer befanden – ist unbekannt, es dürfte sich jedoch um mindestens 25.000 Personen gehandelt haben. Der hohe Zerstörungsgrad der zerbombten Stadt machte die Unterbringung und Versorgung der D. äußerst schwierig, so dass auf Schulen und Turnhallen, aber auch auf ehemalige →Kasernen und sogar auf das ehemalige →Arbeitserziehungslager Nordmark zurückgegriffen wurde. Noch im Laufe des Jahres 1945 wurde die Repatriierung der westlichen und der sowjetischen D. durchgeführt und die Anzahl der Lager von 43 auf neun reduziert; es verblieben hauptsächlich polnische und baltische D. in K. Diese zahlenmäßig nicht sehr große Gruppe lehnte die

Linienschiff im Schwimmdock, um 1912

Rückführung in ihre von der Sowjetunion besetzten Heimatländer ab.

Lit.: H. Harding, D. in SH 1945-53, Frankfurt a. M. u.a. 1997. Gn

Dock Ein D. ist eine Vorrichtung zum Trockenlegen von Schiffen zwecks Instandsetzung. Man unterscheidet Trocken- und Schwimmd. Erstere sind durch D.tore verschließbare betonierte Becken, deren Sohle unter der Wasseroberfläche liegt. Letztere bezeichnen schwimmende Vorrichtungen, die durch die Flutung spezieller Tanks unter die Wasseroberfläche abgesenkt werden können. Nachdem ein Schiff eingeschwommen ist, werden Becken bzw. Tanks leergepumpt. In beiden D.arten liegt das Schiff auf Pallen, mehrreihigen Holzstützen auf dem D.boden. Insbesondere im militärischen Bereich findet eine mobile Form des Schwimmd., das D.schiff, Anwendung. Bis heute prägen D. als Teil der Werftanlagen auf dem Ostufer den Blick über die K.er →Förde. Fi

Dreiecksplatz, Postkarte, um 1915

Echolot Nautisches Gerät zur akustischen Messung von Meerestiefen, Entfernungen und Richtungen von Schiffen oder Hindernissen mit Hilfe reflektierter Schallwellen. Ein Lautsprecher am Schiffsboden sendet einen Impuls im Ultraschallbereich, etwa 100 kHz, aus. Die Schallwellen werden am Gewässerboden reflektiert und vom Schallwandler empfangen. Die Schallgeschwindigkeit im Wasser hängt von der Temperatur und dem Salzgehalt ab. Aus der Laufzeitmessung der Schallwellen und der Ausbreitungsgeschwindigkeit wird die Tiefe ermittelt. Das E. wurde 1912 von dem K.er Physiker Alexander →Behm (1880–1952) entwickelt und patentiert. Zur wirtschaftlichen Verwertung seiner Erfindung gründete er 1920 in K. die Behm-E.-Gesellschaft. 1928 erhielt er die Ehrendoktorwürde der Univ. K. Ja

Echolot

Eckmannspeicher Der für die Firma A. Eckmann 1924–25 von Ernst Stoffers errichtete Getreidespeicher an der Kaistr. stellt gewissermaßen die kleine Vorstufe zu dem ein Jahr später vom selben Architekten fertig gestellten Speicher Langness (heute Sartori & Berger) dar. Der Stahlbeton-Skelettbau mit Backsteinverblendung steht am Übergang von einem eher vorbildorientierten Heimatschutzstil zu freieren Formen, die sich mehr und mehr expressionistischer Motive bedienten und damit die Möglichkeiten der Ziegelarchitektur enorm erweiterten. Glatte, viergeschossig aufeinander getürmte Kuben stufen sich nach oben sehr fein, aber klar konturiert bis zu einem als Attika wirkenden Kniestock und weiter in das mäßig hohe Satteldach zurück, das als Hauptakzente die (ehemals) beiden Stufengiebel an den Langseiten trägt.

Lit.: Denkmaltopografie, 210 f. La

Eckmann-speicher

EDUR-Pumpenfabrik Im April 1927 gründete der 25-jährige Eduard Redlien auf dem Grundstück seines Vaters in der Adelheidstr. eine Pumpenfabrik. Das kleine Unternehmen zog 1928 in das →Sophienblatt und 1931 an seinen heutigen Standort an der Hmbg. Chaussee. 1953 und 1963 wurden die Produktionsstätten erweitert. Seit den Anfängen investiert das Familienunternehmen mit rund 100 Arbeitsplätzen in eigene Neuentwicklungen, um am Markt zu bestehen. Ro

Otto Eggerstedt

Eggerstedt, Otto Friedrich (geb. 27.8.1886 K., ermordet 12.10.1933 Konzentrationslager Esterwegen), gehörte zu den führenden Sozialdemokraten in K. und SH zur Weimarer Zeit und war ein energischer Verteidiger der Demokratie. Nach Mittelschule und Bäckerlehre schloss er sich früh der SPD an. Aus dem 1. →Weltkrieg zurückgekehrt, wurde E. 1919 Geschäftsführer des →Arbeiter- und Soldatenrates, dann K.er

Parteisekretär (bis 1927), Stadtverordneter (bis 1924) und Mitglied im Bezirksvorstand (bis 1933). Seit 1921 saß er im Reichstag. 1927 in den pr. Staatsdienst übernommen, wurde er 1929 Polizeipräsident in Altona, wo er versuchte Polizei, Reichswehr und Reichsbanner enger zu verbinden. Während seiner Abwesenheit gab es anlässlich eines SA-Umzuges bei Zusammenstößen zwischen NSDAP, KPD und Polizei 18 Tote. Der „Altonaer Blutsonntag" am 17.7.1932 diente auch als Vorwand für den sog. Papenputsch. E. wurde am 21.7.1932 seines Amtes enthoben. Am 27.5.1933 verhaftet, im Altonaer Gefängnis wie im Moorlager Esterwegen II schwer misshandelt, wurde er am 12.10.1933 dort von Wachleuten ermordet.

Lit.: Lebensläufe, 75–77, 355 f. Do

Ehmsen, Heinrich Wilhelm Emil (geb. 9.8.1886 K., gest. 6.5.1964 Berlin), siedelte nach seiner Ausbildung zum Dekorationsmaler unter Peter Behrens und J. L. M. Lauweriks an der Düsseldorfer Kunstgewerbeschule (1906–10) und einem Parisaufenthalt nach München über, wo er in Kontakt mit der avantgardistischen Künstlergruppe „Blauer Reiter" kam. Sein künstlerisches Schaffen wurde von zwei Weltkriegen überschattet. Die Ereignisse des Krieges und der Revolution prägen sein frühes Werk. Im späteren Verlauf seiner Arbeiten konzentrierte sich E. auf sozialkritische Gesellschaftsstudien und stellte den Menschen ins Zentrum seines künstlerischen Interesses. Nach zahlreichen Studienaufenthalten 1928–36 in Südfrankreich, Italien und der Sowjetunion griff er verstärkt maritime Motive in seinen Werken auf. 1929 wurde E. in Berlin ansässig, was mit einer Erweiterung seines künstlerischen Aufgabenfelds einherging. Seit 1950 leitete er eine Meisterklasse an der Akademie der Künste in Berlin (DDR). Zu seinen Ehren wurde 1986 in K. die Heinrich-E.-Stiftung gegründet, die in der →Stadtgalerie in wechselnden Ausstellungen seine Werke zeigt und die Erinnerung an ihn wach hält. Sie umfasst 43 Gemälde und weit über 200 zeichnerische Papierarbeiten.

Lit.: Heinrich E. – Gemälde, K. 2005; Lebensläufe, 77–81, 356 f. Wd

Heinrich Ehmsen, Störungsrechnung, 1954

Ehrenbürger Schon 1833 hatte eine Kommission vorgeschlagen, Persönlichkeiten, die sich um die Stadt verdient gemacht hatten, die E.würde zu verleihen, auch um das Ansehen des Bürgerrechts zu heben. Der Gedanke wurde 1841 umgesetzt, als dem Agrarhistoriker und Nationalökonom Georg Hanssen der E.brief überreicht wurde. Seither wurde 21 Personen das E.recht verliehen, die bis heute höchste Auszeichnung der Stadt. Nur 1933 wich man von den Prinzipien der Verleihung der E.würde ab und ernannte mit Adolf Hitler und Reichspräsident Hindenburg zwei Personen zu E., die keinen persönlichen Bezug zu K. erkennen lassen. 1945 erkannte die →Ratsversammlung Adolf Hitler und Admiral Erich Raeder die E.schaft ab, während sie Hindenburg erhalten blieb. Dem kommissarischen Oberbgm. Otto →Tschadek wurde 1946 bei seinem Ausscheiden ein „ständiges Bürgerrecht" verliehen, ohne dass von einer E.würde die Rede war.

Lit.: J. Grönhoff (Hg.), K.er Bürgerbuch, K. 1958. Ro

Heinrich Ehmsen

Eichhof Der Friedhof E. ist mit fast 40ha der größte Friedhof in SH. Mit seiner

Eichhof, Kapelle

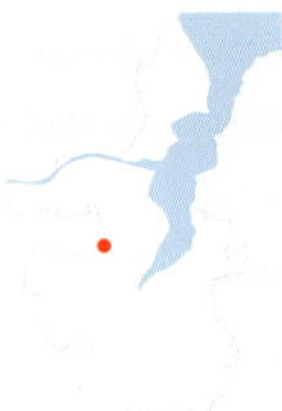

Anlage wurde 1898 begonnen, weil die rasch wachsende Bevölkerung K.s erwarten ließ, dass die bestehenden Begräbnisplätze bald nicht mehr ausreichten. Die ev. Kirche hatte 1896 auf Kronshagener Gebiet die Hofstelle E. erworben und ließ den Entwurf des Gartentechnikers Egon Petzke (geb. 1878) ausführen, der einen weiträumigen Parkfriedhof vorsah. Bepflanzung und Verwaltung oblagen bis 1930 dem Gärtner Emil Feldmann (1865–1954), dem der vielfältige Baumbestand zu danken ist, der den E. zu einem einzigartigen Biotop werden ließ. 1901 wurde die Kapelle in neugotischem Stil errichtet, die nach der teilweisen Zerstörung 1944 in schlichter Form wieder entstand und auf deren Vorplatz die Gebeine von Toten des 1952 aufgelassenen St. Jürgenfriedhofs bestattet und Grabmäler aufgestellt wurden. In Ehrengräberfeldern ruhen die Gefallenen des 1. →Weltkriegs, die Opfer der →Revolution 1918 und des →Kapp-Putsches, die Toten der Luftangriffe im 2. WK sowie die im →Arbeitserziehungslager Nordmark Umgekommenen und andere Opfer des ns. Terrors.

Lit.: J. E. Condori Larraguibel, Der Friedhof E. in K., in: Nordelbingen 70 (2001), 155–178 Rt

Eider Die E. ist mit 188km der längste Fluss SH. Ihr Quellgebiet liegt nordöstlich von Nms., von wo aus sie südlich an K. vorbei durch den Schulen- und den Westensee fließt. Beim Flemhuder See mündet sie in den →Nord-Ostsee-Kanal, der bis Rendsburg dem alten Flusslauf folgt. Von dort mäandert die E. über Friedrichstadt, bis sie unterhalb von Tönning in die Nordsee mündet. Im Verlauf der NZ wurde aus Gründen der Schiffbarmachung, aber auch des Küstenschutzes mehrfach in den Flusslauf eingegriffen, letztmals mit dem Bau des E.sperrwerkes ab 1967. Die E. ist schon seit der Völkerwanderungszeit Grenzfluss. Im 19. Jh. war sie Namensgeber für die E.dänen, dänische Nationalliberale, die einen Nationalstaat bis zur E. forderten. Bis heute trennt sie die Landesteile Schleswig und Holstein.

Lit.: U. Hollmer, E. und E.sperrwerk, Garding 1992.

Fi

Eiderkanal Der 1784 eröffnete E. (auch SH Kanal) verband den Mittellauf der →Eider bei Rendsburg mit der K.er →Förde und schaffte so, unter Nutzung des natürlichen, teils vertieften und begradigten Laufs der Untereider, eine direkte Schifffahrtsverbindung zwischen Nord- und Ostsee. Der eigentliche Kanal war 34km lang und 3,45m tief bei 31m Wasserspiegel- und 17m Sohlenbreite. Sechs Schleusen überwanden den östlichen Höhenrücken. Zu seiner Eröffnung als technische Sensation gefeiert, genügte der für Schiffe bis zu 100 Kommerzlasten befahrbare E. bereits Mitte des 19. Jh. den Anforderungen der Seeschifffahrt nicht mehr, was 1895 letztendlich zu seinem Ersatz durch den →Nord-Ostsee-Kanal führte, dessen Trasse den E. einbezieht. Schon lange existierten Pläne einer schiffbaren Querung des sh. Landrückens; die Vereinigung der Hztt. im →dänischen Gesamtstaat gepaart mit dem merkantilistischen Denken der Zeit brachten ihre Umsetzung. 1774 wurde zu Kopenhagen eine Kanalkommission eingesetzt, deren prominenteste Mitglieder Heinrich Carl Schimmelmann und Andreas Peter Bernstorff waren. Die direkte Bau-

Eiderkanal: Lösch- und Lagerplatz bei Knoop, um 1880

Eiderkanal, Schleuse bei Knoop, 1805

aufsicht oblag der Kanalausführungskommission mit Sitz in K. Die 1777 festgelegte Trasse war ein Zugeständnis an das technisch und finanziell Machbare. Eigentlich hatte man eine Anbindung an die Elbe und das übrige Dtld. schaffen wollen. Der Bau des E. beschäftigte durchgehend 2.500–3.000 Arbeiter, die von den mit der führenden holländischen Wasserbautechnik vertrauten Ingenieuren Peymann und Detmers angeleitet wurden. Trotz technischer Probleme und auftretender Seuchen wurde der E. nach siebenjähriger Bauzeit fertiggestellt und bereits 1785 auch für ausländische Schiffe geöffnet. Er war mit Treidelwegen, vier Pferdestationen und Packhäusern in →Holtenau, Rendsburg und Tönning ausgestattet. Die Anrainerstädte wie auch K. konnten vom E. nur bedingt profitieren, da er hauptsächlich für den Transitverkehr genutzt wurde, wobei Massengüter meist westwärts und kostbarere Ladungen in östliche Richtung transportiert wurden.

Lit.: G. Stolz, Der alte E., Heide 1985. Fi

Eingemeindungen K. war Mitte des 19. Jh. eine mittlere Landstadt mit ca. 18.000 Einwohnern, die auf einem Stadtgebiet von 13km² lebten. Seit 1867 war K. Kriegshafen des Norddt. Bundes und seit 1871 des Dt. Reiches. Bis zu diesem Zeitpunkt verfügte die Stadt über ein ausreichendes Stadtfeld, um sich auszudehnen. Dann erfolgte ein schnelles, andauerndes Anwachsen der Stadt. Im Jahre 1900 zählte K. 108.000 Einwohner, und im Jahre 1910 waren es 212.000. Entsprechend musste für Wohnraum gesorgt werden, neben dem Bau von Straßen bedurfte es einer Infrastruktur, die die vielfältigen Aufgaben einer großen Stadt erfüllen konnte. 1880 waren die Bebauungsmöglichkeiten des eigenen Stadtgebietes erschöpft, die bauliche Entwicklung übersprang die Stadtgrenzen nach Norden und Südosten. Während die Stadt K. die Planungshoheit über ihre →Stadtentwicklung behalten wollte, waren die meist kleineren Umlandgemeinden durch die Belastungen der Bevölkerungszunahme überfordert. So kam es zu E. der →Wik (1893) und →Gaarden-Ost (1901). Im Jahre 1901 wurde für den weiteren Ausbau der Stadt ein neuer Generalbebauungsplan, der →„Stübbenplan", maßgebend, und nun stellte sich die Notwendigkeit einer übergeordneten Planung noch dringlicher. Darauf wurden weitere Verhandlungen mit den Gemeinden Gaarden-Süd, →Hassee, →Hasseldieksdamm, →Ellerbek, →Projensdorf und →Wellingdorf geführt, die nach längeren

Eingemeindungen

Auseinandersetzungen bis 1910 abgeschlossen wurden. Als besonders schwierig erwies sich bei diesen Verhandlungen, dass sowohl die Gemeinden wie auch die abgebenden Landkreise zustimmen mussten, die dies nur nach erheblichen finanziellen Zugeständnissen der Stadt taten. Im Zuge der wirtschaftlichen Neuausrichtung der Stadt K. nach dem 1. →Weltkrieg strebte die Stadt v.a. eine Erweiterung nach Norden und auf das Ostufer an, um neue Hafenflächen zu gewinnen. So wurden 1922 →Holtenau, →Pries und →Friedrichsort eingemeindet, während es bei →Neumühlen-→Dietrichsdorf bis 1924 andauerte; →Kronsburg kam 1923 zu K. Ende der zwanziger Jahre versuchte die Stadt einen breiten Kranz von Gemeinden rund um K. zur E. zu bewegen, doch scheiterte dies Vorhaben an der 1929 beginnenden Weltwirtschaftskrise. Nur →Elmschenhagen wurde 1939 als Wohnquartier der wachsenden →Marine eingemeindet. Nach dem 2. WK stellten sich die Raumprobleme für die Stadt K. erneut. Eine angestrebte große Lösung ließ sich nicht durchsetzen, und so gab es nur eine schrittweise Angliederung: →Suchsdorf (1958) und →Schilksee (1959) kamen zu K., allerdings nur bei erheblichen finanziellen Zugeständnissen. Für den Bau des neuen Stadtteils →Mettenhof benötigte die Stadt Flächen der Gemeinden Melsdorf, →Russee und Kronshagen sowie der Siedlung Mettenhof; diese Gebiete kamen 1963 an die Stadt. Eine letzte große E.aktion erfolgte im Jahre 1970, als Russee, →Meimersdorf, →Wellsee, →Moorsee und →Rönne sich K. anschlossen. Verhandlungen der Stadt mit Strande und Kronshagen verliefen erfolglos; sie verblieben bei ihren alten Kreisen Eckernförde und Rendsburg.

Lit.: J. Fleischhauer, K.er Raumprobleme und Gebietsreform, in: MKStG 73 (1991), 267–278. Wu

Einzelhandel Im 13. Jh. gab es unter den 40 K.er Kaufleuten 15 Krämer, die für Buden auf dem Markt wie Handwerker und Höker an Ostern und Michaelis Miete an den Rat zahlten. Berufs- und standesmäßig rangierten sie 1472 mit den Knochenhauern an der Spitze der Ämter. 1711 gab es nur zwei Höker und 13 Krämer bei mehr als 3.000 Einwohnern. Als Wirtschaft und Bevölkerung im Lauf des 18. Jh. wuchsen, gelang es den Krämern nicht, sich neuer Konkurrenz zu erwehren. So eröffnete Valentin Bassing aus Itzehoe 1779 einen Laden für Mode- und Galanteriewaren und damit neuen Lebensgewohnheiten den Weg. Krämer hatten zwar schon seit der Mitte des 18. Jh. Tauschgeschäfte zwischen der ländlichen und der städtischen Bevölkerung betrieben.

Kolonialwarenladen in Kiel, um 1900

Aber auch Hausierer handelten mit fertigen Textilien. Höker, die oft keine Hausbesitzer waren, betrieben meist in Untergeschossen der Häuser Kleinhandel. Inzwischen nahm die Konfektionskleidung zu, und an ihrem Absatz in der Stadt waren neben Kommissionären, Maklern, Kaufleuten, Händlern und Reisenden auch Höker beteiligt. Mitte des 19. Jh. trat mit der wachsenden Einwohnerzahl K.s für den E. ein tiefgreifender Wandel ein. Der Handel mit Konfektionswaren über den See- und Schienenweg wuchs und wurde in großflächigen Schaufenstern angeboten, die zuerst die Fassaden der Häuser am Markt, dann aber auch in der Flämischen-, Schuhmacher- und →Holstenstraße bis in die →Vorstadt hinein bestimmten. Der Anteil der Handeltreibenden an der Bevölkerung stieg kontinuierlich: 1781 waren es 68 Personen mit 396 Familienmitgliedern, 1864 386 Personen mit 2.192 Familienmitgliedern. Als K. 1871 zum →Reichskriegshafen wurde, nahm der E. v.a. mit Gütern des täglichen Verbrauchs für eine rasch wachsende Bevölkerung und die →Marine zu. Auch wenn es bereits einige Warenhäuser (→Karstadt, →W. Jacobsen AG) gab, behielt der E. seine wichtige Rolle zur Versorgung der Bevölkerung. Der kleinere und mittlere E. betrieb seinen Verkauf häufig in Eckhäusern. K. entwickelte sich aber immer mehr zu einer Verwaltungs- und Konsumstadt. Nach dem 2. →Weltkrieg nahm der E. zu und etablierte sich besonders attraktiv in der →Fußgängerzone der Holstenstr. (1950er Jahre). Ein Umbruch für den E. ergab sich,

Eisenbahn Kiel-Altona, Georg Michael Kurz, 1848

als Einkaufszentren in K. mit E.geschäften entstanden (z.B. →Sophienhof 1996, Citti-Park 2006).

Lit.: Geschichte K. Si

Eisenbahn Die erste, von Altonaer und K.er Bürgerkomitees initiierte und der →Altona-Kieler Eisenbahngesellschaft realisierte Strecke führte von K. in die größte Stadt in den Hztt., nach Altona. Die Standortfrage für den K.er →Bahnhof war lange umstritten und erst auf staatlichen Druck ließen die K.er die von ihnen favorisierten Varianten fallen und arrangierten sich mit einem am 22.4.1844 kg.lich genehmigten Bahnhofsstandort am →Ziegelteich (→Klinke). Die Bahnhofsdiskussion verzögerte die Fertigstellung des neuen Bahnhofs und machte einen Interimsbahnhof südlich des St. Jürgen Kirchhofs notwendig. Am 18.9.1844 fand die feierliche Eröffnung der Bahn statt. Noch unter dem dänischen Kg. wurde die zweite von K. über Preetz nach Ascheberg verlaufende Strecke am 6.10.1863 konzessioniert und am 31.5.1866 eröffnet. Von Ascheberg aus konnte über Plön und Eutin der Endpunkt der Ostholsteinischen Bahn, Neustadt, erreicht werden. Mit der Bestimmung K.s zum →Reichskriegshafen wurden große Flächen am Ostufer für die Marineinfrastruktur, wie z.B. die →Kaiserliche Werft, requiriert. Die neuen Liegenschaften erhielten durch die Marinefiskalische Zweigbahn →Ellerbek – K. am 21.6.1879 Verbindung zum E.netz. Seit 1844 gab es Projekte einer E. von K. nach Flensburg, aber erst am 1.7.1881 konnte das Teilstück von K. nach Eckernförde der K. – Eckernförde – Flensburger E.gesellschaft eröffnet werden. Die für eine Kleinstadt ausgelegten K.er Güteranlagen waren schon bald nicht mehr erweiterungsfähig und nach längeren Standortdiskussionen mit Stadt und →Bürgern setzte sich die Bahngesellschaft mit ihren Forderungen nach einem neuen, relativ stadtfernen Güter- bzw. Rangierbahnhof an der →Hörn durch, der am 1.10.1881 in Betrieb genommen wurde. Erst das pr. Kleinbahngesetz ermöglichte den kostengünstigen Bau zahlreicher Kleinbahnen und damit die Erschließung ländlicher Gebiete. Im K.er Raum profitierte dadurch die Kleinbahn AG K. – Schönberg (Hein Schönberg), deren Betriebseröffnung am 6.7.1897 erfolgte. Die Bahn diente einerseits dem Transport landwirtschaftlicher Produkte aus der Region und war andererseits für Teile der Beschäftigten von →Marine und Werften tägliches Verkehrsmittel zur Arbeitsstätte. Der für eine Kleinstadt konzipierte Personenbahnhof am Ziegelteich war um 1880 an seine Kapazitätsgrenze gelangt. Seit 1884 wurde die Platzfrage erneut intensiv diskutiert und zugunsten des noch heute bestehenden Standortes am →Sophienblatt, in unmittelbarer Nähe zum →Stadtkloster und der St. Jürgenkapelle, entschieden. Am 1.6.1899 fand die Einweihung des neuen →Hauptbahnhofs statt. Im Juli 1898 und 1901 sprachen sich die Stadtkollegien für den Bau der Verbindung K. – Rendsburg aus und am 15.10.1904 eröffnete die pr. Staatsbahn schließlich den Verkehr zwischen beiden Städten. In →Hassee zweigte die neue Strecke von der Flensburger Bahn ab. Die Aufkündigung der Mitbenutzung des Hauptbahnhofes zwang die Kleinbahn K. – Schönberg und die in Planung befindliche Kleinbahn K. – Segeberg zum Bau eines eigenen, gemeinsamen Kleinbahnhofes in →Gaarden, der am 1.11.1911 eröffnet wurde. Die →Howaldtswerke gründeten zur Anbindung ihrer Werft ebenfalls eine Kleinbahn, die ab dem 22.7.1910 →Dietrichsdorf mit dem Bahnhof Oppendorfer Weiche an der Schönberger Strecke verband. Am 2.12.1911 konnte die von den Kreisen Bordesholm, Plön und Segeberg sowie der Stadt K. gegründete Kleinbahn-AG K. – Segeberg den Personenverkehr aufnehmen. Wie bei der Kleinbahn K. – Schönberg waren auch bei der Kleinbahn AG K. – Segeberg die Stadt und benachbarte Kreise Aktionäre. Die Betriebsführung beider Kleinbahnen lag bei der Lenz AG. Im 1. →Weltkrieg wurde die Gasanstalt in K.-→Wik am 4.6.1918 durch eine von →Suchsdorf ausgehende Strecke mit der Staatsbahn verbunden. Nach Fortführung bis in den neuen →Freihafen erlangte sie ab dem 9.11.1923 den Status einer Kleinbahn, deren Eigentümer die Stadt war. Die Anbindung des vom Reich erworbenen neuen Hafens Voßbrook an das E.netz erfolgte ab dem 5.5.1924 durch die städtische Anschlussbahn Neuwittenbek – Voßbrook. Die Betriebsführung der Bahnen oblag dem Tiefbauamt K., beide Strecken waren die Keimzellen der städtischen E. 1924 wurde die Strecke von Hassee zum Güterbahnhof K.-West eingeweiht, die gleichzeitig kleinere Industriegebiete erschloss. Als größtes K.er E.bauprojekt des 20. Jh. konnte die Dt. Reichsbahn Gesellschaft am 15.9.1925 den an der Strecke nach Hmbg., außerhalb K.s gelegenen Verschiebebahnhof →Meimersdorf in Betrieb nehmen, der über neue Gleise sowohl mit dem →Hafen als auch mit dem Bahnhof K.-Hassee verbunden war. Meimersdorf übernahm die Zugbildungsaufgaben der überlasteten Anlagen an der Kaistr./ Bahnhofsstr. Die dortige Güterabfertigung war dem erneut gestiegenen Transportaufkommen nicht mehr gewachsen, so dass die Reichsbahn 1929 einen neuen Hauptgüterbahnhof am Tonberg erbaute, der aber wegen fehlender Zuwegung erst kurz vor dem 2. WK in Betrieb genommen werden konnte und den Schlusspunkt des E.hochbaues in K. markiert. Am 1.10.1941 erhielt das DWK Werk →Friedrichsort (Lokomotivfabrik) einen Gleisanschluss. Die schweren Bombenangriffe im 2. WK verwüsteten auch den Hauptbahnhof erheblich. Bei Kriegsende war die Hauptfassade des Bahnhofs bis auf die großen Fensterbögen fast völlig zerstört, ebenso der westliche Flügel am Sophienblatt. Der Bahnhof wurde stark vereinfacht unter Verzicht auf Kuppeln und Türme als reiner Zweckbau wiederherge-

Dampflokomotive am Hauptbahnhof, 1957

Hauptbahnhof Kiel

stellt. Am 23.12.1955 waren die Wiederaufbauarbeiten abgeschlossen und die Anlagen voll nutzungsfähig. Nachdem das Land und die beteiligten Kreise die fehlenden Mittel für die Sanierung der herabgewirtschafteten Strecke K. – Segeberg nicht bereitstellten, wurde die Kleinbahn zum 31.12.1961 stillgelegt. Der Bahnhofsplatz erfuhr 1972 eine tief greifende Umgestaltung, als der →Zentrale Omnibusbahnhof gebaut und über eine Fußgängerbrücke mit dem Bahnhof verbunden wurde. 1986–88 entstand eine weitere verglaste Fußgängerbrücke zum neuen Einkaufszentrum →Sophienhof und im Gebäudeinneren richtete man im Laufe der Jahre Geschäfte, ein Restaurant, ein Reisezentrum und einen Service-Point ein. Anf. der 1970er Jahre wurde das neue Industriegebiet →Wellsee durch ein städtisches Gleis mit Abzweig von der Lüb. Strecke angebunden. Am 16.1.1981 verließ der letzte Personenzug der K. – Schönberger E. den Hauptbahnhof und zum 19.1.1981 stellte die Bahn den Schienenpersonenverkehr endgültig ein. Der Bau des neuen →Ostuferhafens und dessen E.anbindung seit 1988 sowie Kohlentransporte zum Gemeinschafts-Kraftwerk ermöglichten der Bahn unter dem Dach der Verkehrsbetriebe Kreis Plön (VKP) bis zum 28.2.2006 den Fortbestand. Zu Beginn der 1980er Jahre drohte die Einstellung des Personenverkehrs auf der Strecke K. – Flensburg. Durch den bundesweit erstmalig eingeführten Regionalschnellverkehr und zusammen mit einem vertakteten Fahrplan erreichte die Verbindung später deutlich mehr Fahrgastakzeptanz. Viele K.er Vorortbahnhöfe und Haltepunkte wie Suchsdorf, Kronshagen, Hassee, Meimersdorf, →Elmschenhagen und →Kroog wurden jedoch aus Rationalisierungsgründen geschlossen. Nach langen Diskussionen konnte am 24.9.1995 schließlich der elektrische Zugverkehr in die →Landeshauptstadt und damit auch der prestigeträchtige ICE-Verkehr aufgenommen werden. Der schlechte Zustand der notdürftig nach dem Kriege reparierten Bausubstanz sowie die wachsende Unzufriedenheit der Kunden bewegte die DB AG den notwendigen Umbau des K.er Hauptbahnhofes anzugehen. Von 1999 bis 2006 wurde der Hauptbahnhof komplett renoviert und umgebaut. Zu den wenigen reaktivierten DB-Bahnhöfen zählt seit November 2000 Suchsdorf. Fast auf Höhe des ehemaligen Bahnhofs Hassee wurde am 10.12.2007 nach kurzer Bauzeit der als Private Partnership Projekt finanzierte Haltepunkt „K.-Hassee Citti-Park" eröffnet.

Lit.: H. Feldmeier, Die E. in K., Freiburg 1980. Ka

Eisenbahn Kiel-Altona →Altona-Kieler-Eisenbahn-Gesellschaft

Eisenbahndamm Nach Fertigstellung der Eisenbahnverbindung nach Altona musste die Stadt einen zügigen Warenumschlag vom →Hafen zum →Bahnhof sicherstellen. Daher wurde 1843 der E. erbaut, der künftig den →Bootshafen von der →Förde trennte. Über den E. konnten Waggons die Kais am Schuhmacher- und am Flämischen Tor erreichen, doch wurde auch direkt am Damm angelandet. Der Bootshafen war nur noch unter einer festen Brücke hindurch zu erreichen, die 1856 durch eine Drehbrücke und 1905 durch eine Klappbrücke ersetzt wurde, um die Durchfahrt auch größerer

Eisenbahndamm, Klappbrücke am Bootshafen, um 1910

Schiffe zu gewährleisten. 1975 wurde die Klappbrücke abgerissen und der E. ging im neu aufgeschütteten Bollhörnkai auf. Im gleichen Jahr übertrug man den Straßennamen Kaistr. auch auf den vormaligen E.

Lit.: W. Haas, Bestrebungen und Maßnahmen zur Förderung des K.er Handels in Vergangenheit und Gegenwart (1242–1914), K. 1922. Ro

Eiswinter K. ist als Ostseehafen von Vereisung betroffen. 1849–97 musste die →Förde in 22 Wintern zeitweise gesperrt werden. Für den Bau spezieller Eisbrecher (in Hmbg. ab 1871, in Stettin und Bremen ab 1888/89) fehlte in K. das Geld und die geeignete Institution. Schlepper von Privatreedern, Fahrzeuge der →Marine sowie ziviler Behörden brachen bei Bedarf immer wieder Eis. Im März 1929 waren die beiden sowjetischen Eisbrecher „Ermak" und „Truvor" in der westlichen Ostsee und auf dem →Kaiser-Wilhelm-Kanal im Einsatz. Auch nach dem 2. →Weltkrieg hat es immer wieder strengere E. gegeben (1947, 1956, 1963, 1979, 1984–87). Durch die Klimaerwärmung in Nordeuropa ist die Häufigkeit der Vereisung erheblich zurückgegangen, die heutigen K.er Schlepper besitzen aber nach wie vor Eisbrechfähigkeit.

Lit.: C. Ostersehlte, Die Eisbrecher der Howaldtwerft in Dietrichsdorf bei K., in: Das Logbuch 3/2003, 126–138, 4/2003, 176–184. Os

Eiszeit →Geologie

ELAC →Electroacustic

Electroacustic (ELAC) Die K.er ELAC wurde am 1.9.1926 von Heinrich Hecht, Gerhard Schmidt und Wilhelm Rudolph gegründet. Der Firmengründung gingen langjährige Forschungen Hechts in K. auf dem Gebiet des Unterwasserschalls voraus. Den Schwerpunkt des neuen Unternehmens bildeten die Echolottechnik und die Erforschung von Schallwellen in Luft und Wasser. In den Firmengebäuden am →Westring fertigten die Mitarbeiter →Echolote, Horchgeräte und Höhenmesser für Flugzeuge. Im Zuge der Kriegsvorbereitungen wurde das Firmengelände 1938 erheblich erweitert und das Unternehmen produzierte als wichtiger Rüstungsbetrieb auch Zündeinrichtungen und Nachrichtengeräte. Neben fast 5.000 Beschäftigten kamen im Werk zahlreiche Zwangsarbeiter zum Einsatz. Bei Kriegsende waren die Betriebsanlagen von der Sprengung durch die →britische Besatzungsmacht bedroht. Im November 1945 zog dann die →Christian-Albrechts-Universität in die Erweiterungsbauten entlang der Olshausenstr. Im Stammwerk am Westring produzierten die verbliebenen 248 Mitarbeiter zunächst Nähmaschinen und Autozubehör, bevor durch die Herstellung eines Rund-

Schiffe im Eis vor Holtenau, 1929

ELAC, Produktionsgebäude, um 1960

funkgeräts für Siemens der Einstieg in die Unterhaltungselektronik gelang. Der 1948 vorgestellte Plattenwechsler PW 1 bildete den Grundstein für die spätere Marktführerschaft auf dem Gebiet der Plattenspieler. 1949 wurde auch die nautische Produktion wieder aufgenommen. Es entstand die sog. „Fischlupe", ein Echolot für die Erkennung von Fischschwärmen sowie Horizontallote, Echografen, Netzsonden und Fächerlote für die →Meeresforschung. Nach Konkurs 1978 wurde der Bereich Nautik an das amerikanische Unternehmen Honeywell verkauft. Aus dem Phonobereich ging die ELAC Ingenieurtechnik hervor, die 1981 von der Firma John & Partner übernommen und in ELAC Electroacustic GmbH umbenannt wurde. Die weiterhin in K. ansässige Firma ist auf dem Gebiet der Lautsprechertechnik tätig.

Lit.: T. Erlenbusch, D. Tillmann, Arbeiten für's Wirtschaftswunder, Heide 2009, 41–52. He

Kraftwerk Humboldtstr., um 1910

Elektrizitätsversorgung 1881 wurde erstmals in K. in der Howaldtschen →Metallgießerei und Maschinenfabrik eine elektrische Anlage in Betrieb gesetzt. Derartige Einzelanlagen dienten vorerst nur der Beleuchtung einzelner Firmen oder Tanzlokale. 1894 stellte AEG den Betrieb der →Straßenbahn auf Elektrizität um, ein weiterer Anstoß zur Anlage eines städtischen Elektrizitätswerks. Erst 1901 erhielt K. als letzte der dt. Großstädte ein Elektrizitätswerk, das nach fünfjähriger Planung von den Firmen Siemens und Halske sowie AEG in der Humboldtstr. errichtet wurde. Schon im gleichen Jahr versorgte es 34.000 Glühlampen. Auch in den Umlandgemeinden entstanden Elektrizitätswerke, in →Gaarden-Süd 1897, in →Hassee 1900, in →Hasseldieksdamm 1902. Strom war 1910 noch ein Luxus, nur 565 von 46.000 Wohnungen hatten einen Anschluss, doch schon 1924 waren 98% der Wohnungen ans Netz angeschlossen. Der wachsende Strombedarf wurde seit 1912 vorrangig aus den Wasserkraftwerken Rastorfer Mühle und Raisdorf gedeckt, die 1916 von den Howaldtswerken in städtischen Besitz übergingen. 1913–16 wurde in der →Wik beim Gaswerk ein Elektrizitätswerk errichtet, seit 1917 wurde die Versorgung auf Wechselstrom umgestellt. 1925 gründeten die →Stadtwerke gemeinsam mit den Elektrizitätswerken Nms. und Flensburg und dem SH Elektrizitätsverband die „Vereinigte Großkraftwerke GmbH" und begannen den Ausbau einer vernetzten flächendeckenden Stromversorgung. Zur Versorgung der Kriegsmarinewerft wurde 1939–43 das Kraftwerk Ost errichtet, das nach schweren Kriegszerstörungen zum 1.6.1948 von den Stadtwerken übernommen und 1967 stillgelegt wurde. 1970 nahm das Gemeinschafts-

Kraftwerk Ost, 1950

kraftwerk K. den Betrieb auf, das zu zwei Dritteln von der Nordwestdt. Kraftwerke AG und zu einem Drittel von den Stadtwerken errichtet wurde. Seit der Abschaltung des Kraftwerks Wik 1992 erzeugt das 320-MW-Steinkohlekraftwerk, dessen Silhouette das Ostufer bestimmt, den bei weitem größten Teil des Stroms der Stadtwerke. Durch einen umfangreichen Umbau 1992 trägt das Kraftwerk auch wesentlich zur Fernwärmeversorgung der Stadt bei. Die Stadtwerke K. versorgten 2008 183.894 Wohneinheiten in K. und Umgebung mit Elektrizität.

Lit.: 50 Jahre Stromversorgung: Stadtwerke K., K. 1951. Ro

Elend von Ellendsheim, Henriette Friederica (geb. 2.12.1741, gest. 31.12.1808 K.). Ihr Vater, Advokat, Prof. und Kanzleirat in K. und hoher Regierungsbeamter, hatte am Kütertor einen stattlichen Besitz erworben und es zu großem Wohlstand gebracht, den er seiner einzigen Tochter hinterließ. Die Begegnung mit dem armseligen und dürftigen Leben der Bewohner des Küterklosters und die eigene gesellschaftliche Ächtung in der Zeit, als ihr Vater aufgrund von Intrigen jahrelang in Haft saß, weckten ihren sozialen Sinn. Sie vermachte 1808 in ihrem Testament die Hälfte ihres Vermögens der Stiftung für geheime Testamentarme, d.h. der →Armenfürsorge, die andere Hälfte der Stadt K. unter der Bedingung, dass die vier Armenklöster der Stadt zu einem →Stadtkloster vereinigt würden. Es dauerte einige Jahre, bis 1822 an der Stelle des alten St. Jürgenklosters das K.er Stadtkloster für bedürftige →Bürger und Stadtbeamte und deren Witwen und unverheiratete Töchter eingeweiht wurde.

Lit.: SHBL 1 (1970), 136 f. Ge

St. **Elisabeth-Krankenhaus** Das E. verdankt seine Gründung 1885 der modernen Bakteriologie und einem handfesten K.er Ärztestreit: Nachdem die Wundinfektion in der Chirurgie durch keimtötende Karbolsäure-Verbände ab Ende der 1860er Jahre erheblich reduziert werden konnte (Antisepsis) und Robert Koch 1878 Bakterien als Krankheitserreger nachgewiesen hatte, war

St. Elisabeth-Krankenhaus, 1958

klar, dass eine absolute Keimfreiheit (Asepsis) im Operationssaal anzustreben war. Da der K.er Oberarzt Gustav →Neuber dieses Ziel nicht gegen den Widerstand seines Chefs Friedrich v. →Esmarch an der Chirurgischen Univ.klinik durchsetzen konnte, errichtete er im Königsweg 8 das weltweit erste nach aseptischen Grundsätzen konzipierte Krankenhaus als Privatklinik. Neben der Sterilisation sämtlicher OP-Instrumente sowie der Kleidungs- und Verbandsstoffe hielt ein ausgeklügeltes Belüftungssystem über die Heizungsanlage die Luft keimfrei. Neuber betrieb die Klinik bis 1919. Danach übernahm sie der Arzt Dr. Carl Rehr. Seit 1958 gehört das Krankenhaus der Kath. Wohltätigkeitsanstalt zur heiligen Elisabeth.

Lit.: J. Voigt, J. und B. Lohff, Ein Haus für die Chirurgie 1802–1986, Nms. 1986, 91–95. Pe

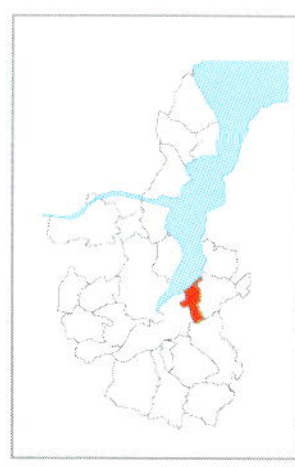

Ellerbek

Ellerbek Der Stadtteil K.-E. liegt am Ostufer der →Förde und grenzt im Westen an →Gaarden-Ost, im Süden an →Elmschenhagen-Nord, und im Osten an →Wellingdorf. Er umfasst eine Gesamtfläche von knapp 2,4km^2 und zählt rund 6.000 Einwohner. Die Bebauung des typischen Wohnstandorts besteht vornehmlich aus Reihen- und Einfamilienhäusern. Es gibt hier wenige bedeutende Wirtschaftsbetriebe oder Arbeitsstätten; der Altersdurchschnitt der Wohnbevölkerung ist verhältnismäßig hoch. E. geht in seiner Gesch. auf ein am namengebenden Erlenbach gelegenes Fischerdorf zurück, das zum Kloster Preetz gehörte. Nach der Expansion der K.er Werften nach Norden Ende des 19. Jh. und der Umsiedlung der →Alt-E. Fischersiedlung entstand hier nördlich des Werftgeländes eine Arbeitersiedlung

Blick auf das Dorf Ellerbek, Ludwig Franzius, 1872

für die Beschäftigten der K.er Schiffbaubetriebe. Bis Anf. des 20. Jh. waren außerdem einige Fisch verarbeitende Firmen ansässig. Wie die anderen Dörfer am K.er Ostufer wuchs auch E. Anf. des 20. Jh. durch den Ausbau der Werften rapide an und veränderte seine Struktur vollkommen. 1910 wurde der Ort in K. eingemeindet. Im 2. →Weltkrieg wurde das nahe bei den Rüstungsbetrieben gelegene Quartier weitgehend durch Bomben zerstört und später wieder aufgebaut. An der Wasserseite E. ist heute das Marinearsenal K. angesiedelt, so dass es von E. aus keinen freien Zugang zum Wasser mehr gibt. Der Stadtteil ist durch die Werftstr. und den →Ostring bzw. die B 502 ans Straßenverkehrsnetz angebunden. Im Süden E. liegt der Tröndelsee, hier gibt es zahlreiche →Kleingärten, die zu dem vom Stadtrat Willy →Hahn in den 1920er Jahren geplanten Grüngürtel der Stadt gehören. Eine weitere Grünanlage ist der 1918 angelegte →Schwanenseepark mit seinen sechs Teichen. Zur Infrastruktur E. zählen vier →Schulen, darunter das Hans-Geiger-Gymnasium; es wurde 1969 gegründet und war das erste Ganztagsgymnasium in SH. 1896 wurde in E. die Bugenhagenkirche erbaut und 1941 wegen einer geplanten Werfterweiterung abgerissen. 1948 wurde eine Notkirche aus Holz errichtet; die neue Bugenhagenkirche konnte 1961 geweiht werden.

Lit.: D. Tillmann, Alt-E., Husum 2004. Ti

Am Ellerbeker Markt, Postkarte, um 1905

Schwanenseepark, Postkarte, um 1910

Ellerbeker Stufe →Urgeschichte

Elmschenhagen Das Dorf E. wurde nach 1233 in einem Waldgebiet gegründet, das bereits seit 1222 zum Kloster Preetz gehörte. 1286 wird es erstmals als „Elvereshagen" erwähnt. Das Dorf umfasste zwölf Hufen und sechs Katen, die dem Kloster Preetz abgabepflichtig waren, doch bereits 1550 war E. auf vier Hufen und eine Kate zurückgegangen. Zwischen 1316 und 1327 wurde die Kirche in →Ellerbek aufgegeben und nach E. verlegt; in dieser Zeit wurde die ma. Kirche errichtet, ein schlichter Saalbau mit Flachdecke und einem hölzernen Glockenturm von 1648, die erst 1866 durch die →Maria-Magdalenen-Kirche ersetzt wurde. Der Dorfkern lag am →Wellsee, südlich der Chaussee von K. nach Preetz. E. hatte noch 1855 mit →Kroog und Neuwühren gerade 315 Einwohner. Der Bau der Preetzer Chaussee 1844, dann die Einrichtung der Bahnstation 1880 zogen Handwerker in das Dorf. Schrittweise wurden die Straßen zwischen dem Ortskern und der Chaussee sowie die Chaussee bis zur Gaardener Grenze bebaut, so dass das Dorf vorstädtischen Charakter bekam. Bereits 1929 hatte die Gemeindevertretung die →Eingemeindung nach K. beantragt, doch erst zum 1.4.1939 ordnete der Oberpräsident die Eingliederung an. Nun sollte in E. v.a. für Werftarbeiter und ihre Familien Wohnraum geschaffen werden. Nach dem Vorbild der Hmbg. Gartenstadt Kleinborstel entstanden hier seit 1939 die Gartenstädte E.-Nord und E.-Süd. Die aus England einwirkende Idee der Gartenstadt sah eine lockere Bebauung von Einfamilien- und Reihenhäusern am Stadtrand vor, die städtische Wohnqualität und Infrastruktur mit viel Grün verbanden. Die rund 2.000 Wohnungen in E.-Süd wurden von der K.er Werkswohnungen GmbH errichtet, nach Entwurf von Paul Schaeffer-Heyrothsberge, v.a. als Reihenhäuser und Geschossbauten. E.-Nord umfasste 1.800 Wohnungen und wurde von der Siedlungsgesellschaft Hermann und Paul Frank erbaut. Die repräsentativen zentralen Plätze, Bebelplatz und Andreas-Hofer-Platz, sowie die in beiden Stadtteilen geplanten öffentlichen Gebäude sind aufgrund des Kriegs nur teilweise zur Ausführung gekommen. Die Gartenstadt E.-Ost verblieb im Planungsstadium.

Lit.: R. Buss, „Ein schönes Heim in Sonne und Licht", Gesch. und Kultur SH 4, Nms. 1997. Ro

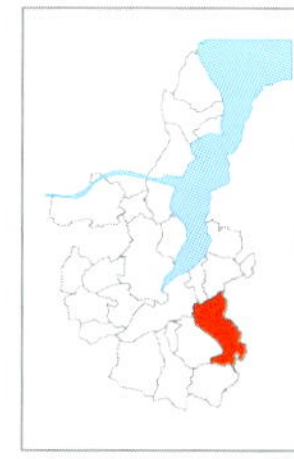

Elmschenhagen

Elmschenhagen, Dorfkern, um 1900

Elmschenhagen, Andreas-Hofer-Platz, um 1970

Emcke, Max (geb. 22.7.1892 Weding bei Flensburg, gest. 8.11.1982 K.). Der promovierte Jurist unterhielt seit 1925 in K. eine Anwaltspraxis und machte sich in der Zeit des →Nationalsozialismus als Verteidiger für politisch Verfolgte einen Namen. Am 14.5.1945 ernannte ihn die britische Militärregierung kommissarisch zum ersten Obgm. K.s nach Kriegsende. Dieses schwere Amt führte er mit großer Unterstützung der Bevölkerung und des Militärgouverneurs bis zu seiner Entlassung durch den Berliner Viermächte-Kontrollrat im Februar 1946 aus. Seitdem war E. wieder in K. als Rechtsanwalt tätig und gehörte 1947–50 dem Landtag an. Das Gründungsmitglied der CDU trat 1950 aus Protest gegen die Bildung des Dt. Wahlblocks aus der Partei aus und gehörte seit 1966 zur SPD. 1971 verlieh ihm die →Rats-

Max Emcke

Johann Christian Fabricius

Veranstaltungen. Die starke Verkehrsbelastung der umgebenden Straßen sondert den E. aus der Umgebung aus. Die umliegenden Gebäude sind von unterschiedlicher Gestaltung und Höhe, aus der Vorkriegszeit stammen drei Gebäude, die anderen aus den 1950er Jahren. Die den Platz säumenden Kastanienbaumreihen sind ein wichtiger Bestandteil der Grüntangente vom →Schützenpark über Dammstr., Hiroshimapark und →Kleinem Kiel bis zum →Schlossgarten.

Lit.: Denkmaltopografie, 198–200. Me

Expressionistische Arbeitsgemeinschaft Kiel Nach der →Revolution 1918 suchte in K. ein avantgardistischer Kreis von Expressionisten der zweiten Generation die Öffentlichkeit. Schon 1915 hatten der Dramaturg Gerhard Ausleger (1891–1969) und der Publizist Richard Blunck (1895–1962) literarische Abende im universitären Rahmen in der →Seeburg initiiert, wo Ende 1917 und Mitte 1918 an zwei öffentlichen Abenden expressionistische Literatur präsentiert wurde. Mit Ausleger und Blunck bildeten die Maler Friedrich Peter Drömmer (1889–1968) und Werner →Lange (1888–1955) sowie der Schriftsteller Hainar Schilling (1894–1955) den Arbeitsausschuss der E., die sich im Juni/Juli 1919 gründete. Die revolutions-expressionistische Strömung, deren Zentren Berlin und Dresden bis nach K. ausstrahlten, verbreitete die Utopie einer Erneuerung von Mensch und Geist durch die Kunst. Nach einer ersten Ausstellung 1919 waren im Rahmen der →Kieler Herbstwoche 1920 Werke von Drömmer, Lange und Karl Peter →Röhl (1890–1975) in der →Kunsthalle zu sehen. Ausleger ging 1919 als Dramaturg ans städtische →Theater, wo er mit Theaterleiter Max Alberty das neue Konzept eines Kunsttheaters umsetzte. Mit dem Weggang der wichtigsten Protagonisten aus K. endeten die Aktivitäten der E., die K. einen kurzzeitigen kulturellen Höhepunkt beschert hatte.

Lit.: K. Nievers, Eine Kunstwende in K., in: Geschichte K., 295–302.

Ro

Fabricius, Johann Christian (geb. 7.1.1745 Tondern, gest. 3.3.1808 K.), war ein weltbekannter Entomologe. Von 1762–64 studierte er in Schweden bei Carl von Linné; in dessen Nachfolge begründete er ein System der Insekten unter besonderer Beachtung der Gestaltung der Mundwerkzeuge. 1775 kam er von Kopenhagen als Prof. der Ökonomie, Natur- und Kameralwissenschaften nach K. Da die Univ. ihm die versprochenen Sammlungen und Sachmittel nicht bot, entfaltete er eine rege Reisetätigkeit durch Europa, um die Neuzugänge in den naturkundlichen Sammlungen zu beschreiben. Fast in jedem Sommer weilte er in England, wo er mit James Cook, Joseph Banks, Daniel Solander und Georg Forster befreundet war, und später in Frankreich. In seinem ersten Buch „Systema Entomologiae" (1775) gliederte er die Insektenwelt nach der Gestalt ihrer Mundwerkzeuge, ein bis heute angewandtes Schema. F. begründete in K. das Univ.herbarium und die Zoologischen Sammlungen.

Lit.: SHBL 2 (1971), 136–139. Ni

Fachhochschule Kiel Am 1.8.1969 wurde die „Staatliche FH K. für Technik und Sozialwesen" durch den Zusammenschluss mehrerer staatlicher Ingenieurschulen und höherer Fachschulen gegründet. Jahrzehntelang waren ihre Fachbereiche in K. und Umgebung auf bis zu zwölf Standorte verteilt. Ab 1998 wurde die FH K. im Stadtteil →Neumühlen-→Dietrichsdorf zusammengefasst – der einzige Außenfachbereich Agrarwirtschaft hat seinen Sitz in Osterrönfeld. Heute ist die FH K. mit ca. 5.600 Studierenden die größte FH in SH. Sie bietet rund

Fachhochschule Kiel, Campus Neumühlen-Dietrichsdorf

30 Bachelor- und Masterstudiengänge in den Fachbereichen Agrarwirtschaft, Informatik und Elektrotechnik, Maschinenwesen, Medien, Soziale Arbeit und Gesundheit sowie Wirtschaft an. Zentrale Einrichtungen der Hochschule sind das Institut für CIM-Technologietransfer, das Institut für interdisziplinäre Genderforschung und Diversity, das Institut für Weiterbildung, die Zentralbibliothek, das Zentrum für IT-Dienste, das Zentrum für Kultur- und Wissenschaftskommunikation, das Zentrum für Sprachen und Interkulturelle Kompetenz sowie das Studienkolleg. Wiederholt ist die FH für ihr Erasmus-Programm ausgezeichnet worden. Die von der FH zusammen mit Partnern aus der Wirtschaft und öffentlichen Geldgebern gegründete „Forschungs- und Entwicklungszentrum FH K. GmbH" akquiriert Kooperationsprojekte zwischen Unternehmen und der FH Forschungsschwerpunkte der Hochschule sind u.a. Windenergie und Biomassenutzung, Immersive Medien, Nanotechnologie, Elektromobilität sowie Grundlagenforschung im Bereich der Sozialen Arbeit und Gesundheit. Der →Mediendom lockt Jahr für Jahr tausende Besucherinnen und Besucher unter seine Kuppel. Meteoritenschwärme können auf der Sternwarte beobachtet werden. In einem ehemaligen Personenschutzbunker am Eichenbergskamp präsentiert sich ab 2011 die Computerschausammlung der FH K. Sf

Fährlinien Schon im 18. Jh. gab es regelmäßige Schiffsverbindungen zwischen K. und St. Petersburg und Kopenhagen. Seit 1819 verband die →„Caledonia" K. mit der dänischen Hauptstadt, 1857 bestanden Dampfschiffverbindungen nach Aarhus, Flensburg, Lolland, Korsør, Göteborg und Christiania, heute Oslo. Seit 1880 setzte die →Reederei →Sartori & Berger Postdampfer nach Korsør ein. Nach dem 1. →Weltkrieg steuerten die „Kong Dag" und die „Kong Ring" der norwegischen Oslo-Hmbg.-Linie K. an, ebenso ab 1936 drei Schiffe des Seedienstes Ostpr. 1950 wurde die Linie K.-Korsør neu eingerichtet, musste aber bereits 1952 den Dienst wieder einstellen. Den Anstoß zu K.s Entwicklung als „Fährhaus zum Norden" gab der norwegische Reeder Anders Jahre,

„Color Magic" im Kieler Hafen

der bei den Howaldtswerken (→HDW) die Fähre „Kronprins Harald" bauen ließ, die seit Mai 1961 vom neu gebauten →Oslokai nach Oslo auslief. 1965 kam das Schwesterschiff „Prinsesse Ragnhild" hinzu. Der wirtschaftliche Erfolg der Linie K.-Oslo führte zunächst zum Ausbau der Fährkapazitäten nach Dänemark: 1963 wurde eine Linie nach Nakskov eingerichtet, 1964 nach Korsør, Fåborg und Sonderburg und 1965

Fährlinie Kiel-Korsör, Plakat, um 1950

Nicolaus Falck

Oslokai mit Fähren der Jahre Line und Stena Linie, Plakat, 1967

die Langelandlinie nach Bagenkop. Die Dänemark-Verbindungen lebten besonders von →Butterfahrten; zuletzt stellte 2003 die beliebte Langeland-Linie nach dem Wegfall des zollfreien Einkaufs den Betrieb endgültig ein. 1967 nahm der Reeder Sten A. Olsson mit der neu erbauten „Stena Germanica" den Fährbetrieb nach Göteborg auf, die 1973 durch die „Stena Scandinavica" ersetzt wurde. Weiteren Aufschwung erhielt der Fährbetrieb durch den Ausbau des →Ostuferhafens und die politische und wirtschaftliche Öffnung des Baltikums und →Russlands. Seit 1991 verkehrten Fähren nach St. Petersburg, seit 1992 nach Klaipeda, Riga und Tallinn (bis 2004), seit 1993 auch nach Königsberg. Erfolgsrezept der F. bleibt der Einsatz für den Frachtverkehr attraktiver RoRo-Schiffe, die zugleich den Passagieren eine Überfahrt in Kreuzfahrtambiente bieten. Diesem Konzept folgt die Stena-Reederei auf der Göteborglinie mit ihren 1987 und 1988 gebauten Schwesterschiffen „Stena Germanica" und „Stena Scandinavica". Die Color Line, in der 1991 die Jahre-Linie aufging, ließ für die Verbindung nach Oslo 2004 das damals größte Fährschiff der Welt erbauen, die „Color Fantasy", ein luxuriöses Kreuzfahrtschiff mit Autodecks. Noch größer fällt das Schwesterschiff „Color Magic" aus, das 2007 in K. getauft wurde.

Ro

Falck, Niels Nicolaus (geb. 25.11.1784 Emmerlev bei Tondern, gest. 11.5.1850 K.), studierte anfangs in K. Philologie und Theologie (Promotion zum Dr. phil. 1808), wandte sich aber danach der Jurisprudenz zu. 1814 wurde er zunächst als Extraordinarius an die Christian-Albrechts-Universität berufen, erhielt bereits ein Jahr später nach der juristischen Promotion ein Ordinariat für dt. und sh. Recht. F. stand der hist. Rechtsschule germanistischer Prägung nahe und wurde v.a. durch sein „Handbuch des sh. Privatrechts" (1825–48), das zu den bedeutendsten Bearbeitungen eines Landesprivatrechts im 19. Jh. gezählt wird, überregional bekannt. Daneben war er als Didaktiker sehr erfolgreich und entfaltete eine reichhaltige publizistische und politische Tätigkeit. Wohl bedingt durch seine nordschleswigsche Herkunft, war er dabei einerseits auf einen Ausgleich mit Dänemark bedacht, vertrat andererseits aber auch engagiert die sh. Sache u.a. als Mitglied der sh. Landesversammlung und als Präsident der von ihm mitbegründeten Gesellschaft für sh.-lauenburgische Gesch.

Lit.: G. Kleinheyer, J. Schröder (Hg.), Dt. und europäische Juristen aus neun Jh., 5. Aufl., Heidelberg 2008, 496.

Kra

Falckensteiner Strand

Falckensteiner Strand Der naturbelassene Badestrand erstreckt sich auf rund 2,5km vom →Leuchtturm →Friedrichsort bis zum →Schilkseer Steilufer. Er trägt seinen Namen vom hier gelegenen Fort Brauner Berg, das 1873 zu Ehren des Infanterie-Generals Eduard Vogel von Falckenstein (1797–1885) in „Fort Falckenstein" umbenannt wurde. In den 1920er Jahren entwickelte sich Falckenstein zum beliebten Badestrand. Davon

Falckensteiner Strand, Postkarte, um 1925

zeugen noch das Kurrestaurant und die Gaststätte Falkenhorst von 1925. Im gleichen Jahr baute man sogar eine →Seebadeanstalt, doch hielten die Pfähle schon im Winter 1928–29 dem Eisgang nicht mehr stand. Nach dem Krieg organisierte die Stadt internationale Jugendzeltlager, um den Gedanken der Völkerverständigung bei den Jugendlichen zu verankern. Ab 1965 entstand schließlich das Feriendorf Falckenstein, in dem jährlich rund 1.500 Kinder ihre Ferien verbrachten.

Ro

Fayence F. sind aufwändig gebrannte, mit Zinnglasur überzogene, kunstvoll bemalte porzellanähnliche Tonwaren aus porösem Scherben. Im Rokoko erlebten sie im Ostseeraum eine späte Blüte. Eine der Manufakturen im heutigen SH ist von 1758–86/87 in K. nachweisbar. 1763 gewann die großfürstliche Regierung den Fabrikanten Johann Tännich, der in Meißen und Straßburg tätig gewesen war. 1768 übernahm die Leitung der aus Stralsund und Eckernförde bekannte Johann Georg Buchwald. Mit Johann und Abraham Leihammer kamen zwei hochrangige Glasurmaler dazu. Die Manufaktur vor der Stadt (späteres →Sophienblatt) war sehr produktiv, konnte sich aber nur kurz halten. 1772 zogen die Künstler nach Stockelsdorf weiter. Um 1800 wurde die F. von europäischem Porzellan und englischem Steingut abgelöst. Zu den typischen K.er Produkten gehören Potpourris, Flechtteller und Schreibgeschirre.

Lit.: E. Schlee, K.er F., Flensburg 1966. Ki

Potpourrivase, Kieler Fayencemanufaktur (1763–87)

Felsenhalle, Detail aus einem Steindruck von Carl Blunck, um 1850

Felsenhalle Die am Königsweg auf einer Anhöhe in den Moorteichwiesen befindliche ehemalige Gartenwirtschaft der damaligen Brauerei Willrodt wurde 1846 zusammen mit den darunter befindlichen Braukellern errichtet. Die F. war ein beliebtes Ausflugslokal im Süden K.s. Von einem 15m hohen Aussichtsturm konnten die Besucher einen ungestörten Blick auf →Altstadt und →Hafen oder das →Vieburger Gehölz genießen. Unter dem Turm befand sich ein Zugang zu den in drei Geschossen übereinander liegenden Kellern der Brauerei, aus denen mittels einer Hebeanlage die Fässer für den Ausschank an die Oberfläche geholt wurden. Nach 1876 war das Gebäude Wohnhaus der Direktoren der Actien-Brauerei, die 1917 mit der K.er →Brauerei zur Eiche fusionierte. He

Fernmeldeturm Bereits 1956 erbaute die Oberpostdirektion im →Vieburger Gehölz einen 50m hohen F. Der Ausbau des Richtfunknetzes, der zunehmende Fernmeldeverkehr nach Skandinavien und die wachsende Zahl an Hochbauten im Stadtgebiet machten bald einen Neubau nötig. Der neue F. nach Entwürfen von Gerhard Kreisel und Günter H. Müller entstand 1973–76. Das höchste Gebäude des Landes erreichte 229,5m Höhe und ist seit dem Aufbau einer neuen Antenne 2004 noch 224m hoch. Die Betriebskanzel in 121m Höhe hat einen

Fernsehturm im Vieburger Gehölz, 2010

Durchmesser von 40m. Nachbauten des Turms wurden 1986 in Bremen und Münster und 1991 in Cuxhaven errichtet. Ro

Feste Als F. wurde ein zweistöckiges Fachwerkgebäude bezeichnet, dass sich an das →Rathaus am Markt anschloss. Es beherbergte im Erdgeschoss Verkaufsstände der Fleischer, die Fleischerschrangen. Im Obergeschoss zur Marktseite lag das Gerichtszimmer des Niedergerichts. Dort und im Dachgeschoss befanden sich bis zu neun schmale, dunkle Arrestzellen mit kleinen Lichtöffnungen oder vergitterten Fenstern nach außen. 1877 wurde die F. zur Erweiterung des Marktplatzes abgebrochen.

Lit.: H. Eckart, Alt-K. in Wort und Bild, K. 1899. Ro

Feste, um 1870

Festung Friedrichsort, Luftbild, um 1970

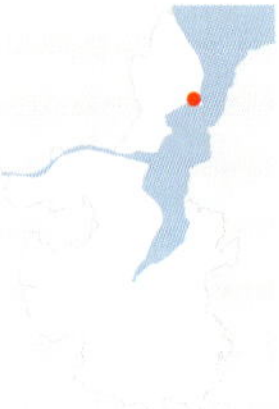
Festung Friedrichsort

Festung Friedrichsort Als einzige erhaltene und erlebbare Seefestung Dtld. darf die F. gelten, eins der bedeutendsten Baudenkmäler K.s. Die Gesch. der F. beginnt mit dem dänischen Kg. Christian IV., der seine Territorien bereits durch mehrere Festungsanlagen gesichert hatte. Der Priesort genannte Landvorsprung wurde zur Anlage einer Festung ausgewählt, die die K.er →Förde schützen und kontrollieren sollte. 1631 erwarb Christian IV. die →Seekamper Gutsherrschaft und ließ vom Baumeister Axel Urop die Festung Christianspries erbauen. 1642 war die Festung mit vier Bastionen, Wällen, Gräben und einem kleinen Hafen fertig gestellt. Die Festung wurde jedoch schon im Dezember 1643 von schwedischen Truppen überrannt und 1648 teilweise abgetragen. Der zweite nordische Krieg (1655–60) zeigte aber die militärische Bedeutung des K.er →Hafens, so dass Christians Nachfolger Friedrich III. 1663 beschloss, die Festung durch den niederländischen Festungsbaumeister Henrik Ruse wiedererrichten zu lassen. Die nunmehr F. genannte Anlage war weiter verstärkt worden mit einem sechs – acht m hohen Hauptwall mit fünf Bastionen, einem 28–37m breiten Wassergraben und einer vorgelagerten niedrigen Wallanlage. Der gewaltige Bau erwies sich militärisch bald als bedeutungslos; die Besatzung blieb zahlenmäßig gering, die Anlagen waren kaum zu unterhalten. Dem einzigen Angriff, 1813 durch schwedische Truppen, hatte die F. nichts entgegenzusetzen. Nach der Proklamation der →Provisorischen Regierung besetzte die K.er Bürgerwehr unter Führung des späteren Elektro-Industriellen Werner Siemens die F.; Siemens sicherte den K.er

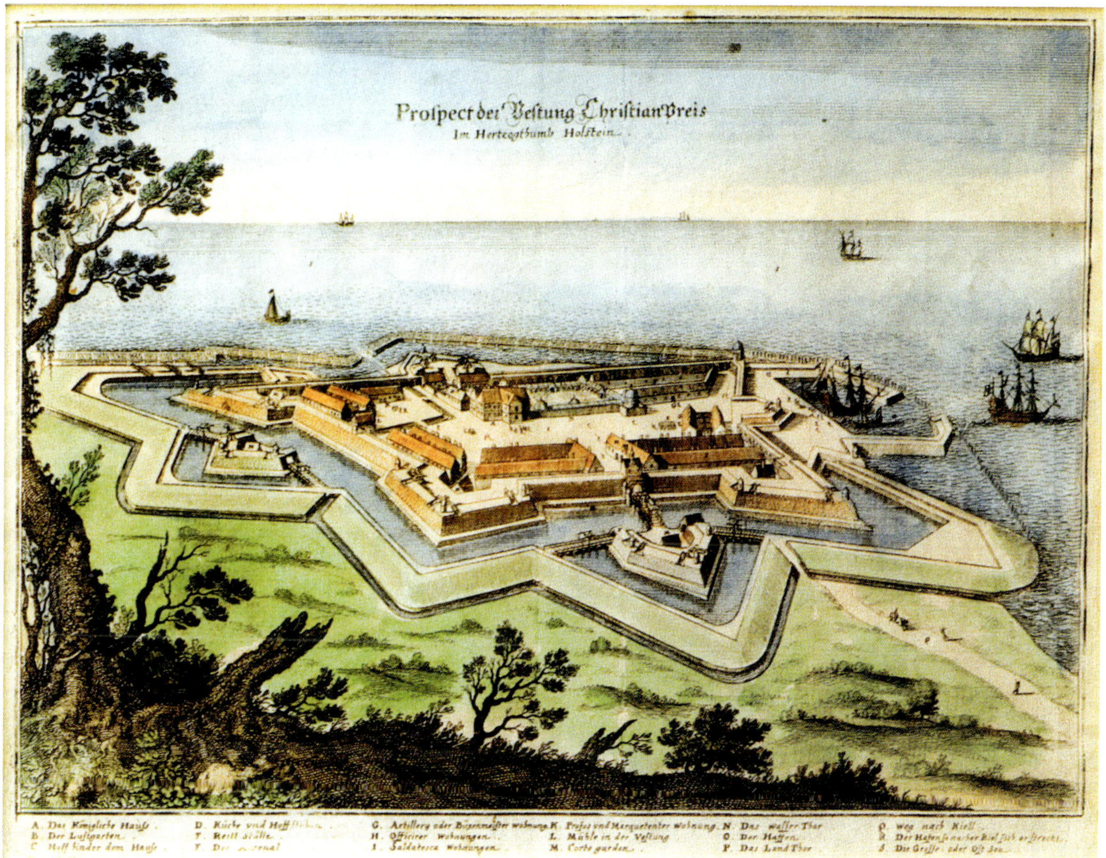

Festung Christianspries, Matthäus Merian, 1653

Hafen u.a. durch Unterwasserminen mit elektronischer Zündung. Eine neue Bedeutung bekam die alte F. mit der Verlegung der pr. Marinestation nach K. 1865. Der Sicherung des Kriegshafens räumte die pr. →Marine höchste Priorität ein. Die Förde wurde durch einen Riegel von →Forts und Seebatterien für den Kriegsfall gesichert, in deren Zentrum die völlig erneuerte F. stand. Die Gebäude aus dänischer Zeit wurden durch lang gezogene Kasematten aus gelbem Ziegel ersetzt, die mit einer meterdicken Erdschicht bedeckt waren. Die Artilleriestellungen schützten die Friedrichsorter Enge, das Nadelöhr der Förde, ohne jedoch jemals zum Einsatz zu kommen. Nach dem 1. →Weltkreig mussten die Batterien geschleift werden, der Nordwall wurde in den Graben geschoben, die Kasematten von der Erdschicht befreit. Der 2. WK brachte weitere Schäden durch Fliegerbomben, der westliche Graben wurde zur Erweiterung des Geländes der →MaK 1965 verfüllt. Bis 2006 nutzte die Bundeswehr die F. als Signalstelle. Konzepte für eine öffentliche Nutzung der bestehenden Wälle und Kasematten scheiterten bisher an den Eigentumsverhältnissen, den Nutzungsinteressen benachbarter Industriebetriebe und der kostenträchtigen Altlastenproblematik. Die Zukunft des Baudenkmals, für das sich ein Förderverein einsetzt, ist nicht absehbar.

Lit.: N. Detlefsen, Die K.er Stadtteile nördlich des Kanals, Nms. 1978. Ro

Feuerlöschwesen War die Brandbekämpfung in K. noch bis Mitte des 19. Jh. durch die Zwangsverpflichtung der →Bürger zum Löscheinsatz geprägt, erfolgte am 15.2.1861 die Gründung einer „Feuerlösch- und Rettungskompanie“ durch die K.er Turnerschaft. Sie war der Vorgänger der 1867 gegründeten Freiwilligen Feuerwehr K. Mit der Entwicklung der Stadt zum →Reichskriegsha-

Hauptfeuerwache am Westring, um 1960

fen wurde 1896 unter Leitung des Berliner Brandmeisters Freiherr C. von Moltke zur Verbesserung des F. eine Berufsfeuerwehr aufgestellt. Deren erste Hauptfeuerwache lag am damaligen Martensdamm, zwei weitere Wachen befanden sich in →Gaarden und in der →Wik. 1910 konnte sich das F. in K. neben der Berufsfeuerwehr auf acht Freiwillige Feuerwehren in der →Altstadt, der Wik, in Gaarden-Ost und -Süd, in →Hassee, →Ellerbek, →Wellingdorf und →Hasseldieksdamm stützen. Das erste Feuerlöschboot wurde 1926 beschafft. Die Werften und das Marinearsenal verfügten über eigene Feuerwehren. Als sich die meisten K.er Feuerwehren bei Kriegsende auflösten, blieb die Freiwillige Feuerwehr →Elmschenhagen die einzige Unterstützung der Berufsfeuerwehr. Diese bezog 1956 die neue Hauptfeuerwache am →Westring und weihte 1962 die Ostwache in Gaarden ein. Mit den →Eingemeindungen von →Suchsdorf, →Meimersdorf, →Moorsee, →Rönne, →Russee und →Wellsee und der Wiedergründung der Freiwilligen Feuerwehr Dietrichsdorf 1972 stieg auch die Zahl der Freiwilligen Feuerwehren wieder an. 1996 kam die neugegründete Freiwillige Feuerwehr Gaarden hinzu. Die zehn K.er Freiwilligen Feuerwehren sind im Stadtfeuerwehrverband K. organisiert, acht der zehn Feuerwehren unterhalten eine Jugendabteilung. Die Berufsfeuerwehr K. ist neben dem Brandschutz auch für den Rettungsdienst zuständig. Zu ihr gehören zwei Feuerwachen, zwei Rettungswachen, zwei Notarztstationen, ein Feuerlösch- und Ölbekämpfungsschiff sowie die Integrierte Regionalleitstelle Mitte. Außerdem bestehen zwei Werksfeuerwehren bei der Werft →HDW sowie im Marinestützpunkt.

Johann Leonhard Fischer

Feuerwehrmänner mit Feuerlöschern, um 1900

Lit.: L. Kettenbeil, Bürger gegen den Roten Hahn, Nms. 1986. He

Feuerschiff Kiel →Alexander von Humboldt

Fischer, Johann Leonhard (geb. 19.5.1760 Kulmbach, gest. 8.3.1833 K.). Nach dem Schulbesuch in Kulmbach studierte F. seit 1780 Philosophie und Naturgesch. in Erlangen, etwas später auch Medizin. Nach dem Wechsel 1783 nach Leipzig wurde er 1785 zum Dr. phil. promoviert. 1786 wurde er Prosektor am Leipziger Anatomischen Institut und legte 1787 das medizinische Examen ab. 1789 folgten die Promotion zum Dr. med. und 1792 die Ernennung zum außerordentlichen Prof. 1793 erhielt F. den Ruf als ordentlicher Prof. der Anatomie und Chirurgie nach K. Unter ihm orientierte sich der anatomische Unterricht praktisch-ärztlich und nahm einen großen Aufschwung; F. legte eine umfangreiche Präparatesammlung an. 1802 wurde er Archiater und zweiter Direktor des neuen akademischen Krankenhauses „In der Vorstadt". 1804 zählte F. zu den Gründern des sh. Sanitätskollegiums. 1811 übernahm er die Oberaufsicht über das zweite akademische Krankenhaus, das Friedrichshospital in der Flämischen Str. 1832 wurde er emeritiert.

Lit.: SHBL 4 (1976), 68–70. Pe

Rudolf von Fischer-Benzon

Fischer-Benzon, Rudolf Jacob Dietrich von (geb. 2.2.1839 Westermühlen bei Rendsburg, gest. 18.7.1911 Wyk auf Föhr). Der als erster Landesbibliothekar bekannte F. hatte nach einem naturwissenschaftlichen

Studium und kurzer Lehrtätigkeit in K. zunächst 23 Jahre im höheren Schuldienst gearbeitet. Aus Gesundheitsgründen wurde er 1893 vorzeitig pensioniert, übernahm aber zwei Jahre später die Leitung der Provinzialbibliothek (seit 1899 →Schleswig-Holsteinische Landesbibliothek). In seiner Amtszeit wurde die Landesbibliothek der Öffentlichkeit zugänglich gemacht, der Bestand planmäßig ausgebaut und durch Druckkataloge erschlossen. So entwickelte sie sich zum Zentrum der landesgeschichtlichen und landeskundlichen Forschung. Auf F. geht auch das bedeutende Literaturarchiv SH zurück, da er auch die Schöne Literatur und Dichternachlässe in das Sammelgebiet einbezogen hat. Eine enge Verbindung der Institution zur Gesellschaft für sh. Gesch. entstand durch seine gleichzeitige Tätigkeit als Schriftführer der Gesellschaft. Aus den in der ZSHG veröffentlichten Literaturberichten entwickelte sich später die sh. Bibliographie.

Lit.: Lebensläufe, 96 f., 359 f. Ah

Fischhalle Die heutige Heimstatt des Schifffahrtsmuseums (→Stadt- und Schifffahrtsmuseum) entstand 1909–10 nach Plänen des damaligen Leiters des Städtischen Hochbauamtes Georg →Pauly als Zweckbau für den K.er Fischhandel. Sie überstand den 2. →Weltkrieg unbeschadet, verlor aber nach 1948 ihre Funktion, als an der →Schwentine-Mündung ein neuer →Seefischmarkt entstand. 1966 plante die Stadt den Abriss zugunsten eines Parkhausneubaues. Bürgerproteste und das Eingreifen des Denkmalschutzes verhinderten den Verlust dieses für die K.er Wasserlinie so signifikanten Bauwerks mit dem hohen geschweiften Dachumriss in Gestalt eines umgedrehten Bootskiels. Die F. nimmt mit ihren Rotbacksteinmauern und den ästhetisch wirkungsvoll eingesetzten hellen Werksteinelementen architekturhist. eine Sonderstellung unter den Reformbauten der sh. →Heimatschutzbewegung ein. Die gründerzeitliche Stilarchitektur erscheint hier zwar weitgehend überwunden, indem die Formensprache geklärt und mit regionaltypischen Baumaterialien verbunden worden ist, doch behaupten sich neobarocke Tendenzen, die an die niederländische Herkunft des Bautypus erinnern, noch in der Wahl des dekorativen Streifenmauerwerks, v.a. an den Fassaden des hafenseitigen Altans, und in der ornamentalen Detailausbildung der Portal- und Fensterrahmungen.

Fischhalle am Seegarten, um 1919

Lit.: Denkmaltopografie, 240. Al

Fischindustrie Die F. entwickelte sich ab Mitte des 19. Jh. zu einem bedeutenden überregionalen Wirtschaftszweig. Im Jahr 1926 erfolgte in K. die endgültige Umstellung von Räucher- und Marinierwaren auf Dosenfisch. Wachsende Anlandungen, bedingt durch technische Neuerungen sowie staatliche Unterstützung, zeigten Wirkung. Dazu gehört die 1908 in Betrieb genommene →Fischhalle am →Seegarten. Großbetriebe schufen Arbeitsplätze für ungelernte Kräfte, insbesondere für Frauen. Sowohl die Entlohnung als auch die physischen und psychischen Bedingungen waren schlecht:

Fischindustrie, Herstellung von Fischkonserven, 1953

Kälte, Gestank, Stress, Eintönigkeit und die Abhängigkeit von den saisonalen Anlandungen der Fische prägten den Arbeitsalltag. Der Fischgeruch, der den Frauen anhaftete, führte zu sozialer Stigmatisierung. Die Männer, die die technischen Anlagen warteten, waren fest angestellt, sozial abgesichert und erhielten durchgängig Lohn. In K. stieg in den 1930er Jahren die Fa. Nordland zu einem der bedeutendsten Fischverarbeiter des Dt. Reichs auf; sie produzierte täglich 150.000 bis 160.000 Dosen Fisch und gehörte zu den größten Arbeitgebern. K. entwickelte sich zu einem der wichtigsten Standorte der dt. F., 1934 wurden hier 25% aller Fischvollkonserven des Reiches hergestellt. Nach 1945 konnte die K.er F. schnell wieder Fuß fassen. 1948 wurde der neue Seefischmarkt eingerichtet. Bis in die 1950er Jahre war Fischverarbeitung fast ausschließlich Handarbeit: Köpfen, Ausnehmen, Entgräten, Filetieren waren Arbeitsgänge, die im Stehen und im Akkord verrichtet wurden. Erst Anf. der 1960er Jahre wurden zunehmend Verarbeitungsmaschinen (Fischköpfautomaten, Heringsfiletiermaschinen) eingesetzt. Seit den 1960er Jahren setzte sich der Tiefkühlfisch durch. Gleichzeitig gehen seither die Fischanlandungen stetig zurück. Zwischen 1965 und 1976 stellte die Hälfte der K.er Fisch verarbeitenden Firmen den Betrieb ein, 1984 wanderte die letzte Fischfabrik aus K. ab.

Lit.: D. Tillmann, Die K.er Fischkonservenindustrie und ihre Arbeitskräfte, in: H. Mehl, D. Tillmann (Hg.), Fischer, Boote, Netze, Heide 1999, 130–164. Ja

Sprottenräucherei Wiese in Ellerbek, 1987

Fischräuchereien In vorindustrieller Zeit dienten Fischfang und -verarbeitung zur Versorgung der näheren Umgebung mit Lebensmitteln. Geräuchert wurde über dem eigenen Herd. Erst im Zuge der →Industrialisierung ab Mitte des 19. Jh. und der damit einhergehenden Verbesserung des Transportwesens konnte sich die F. in K. zu einem eigenständigen Wirtschaftszweig entwickeln. 1882 gab es in →Ellerbek 22 F., das damit führend an der sh. Ostseeküste war; 1897 waren es 34. Im K.er Stadtgebiet etablierten sich erst ab 1880 die ersten beiden Fischgroßräuchereien auf dem Ostufer. Um 1910 wurden die größeren Betriebe mit modernen sog. Altonaer Räucheröfen ausgestattet, dabei konnten bis zu 40 Einzelöfen über einen Schornstein betrieben werden. Im Heißräucherverfahren wurden die leicht gesalzenen Fische bei großer Hitze kurze Zeit durch Rauchgase getrocknet und gegart. Die Bedienung der Öfen erfolgte durch technisch geschultes männliches Personal, die Bearbeitung der Fische durch zumeist ungelernte Frauen. Bis zum 1. →Weltkrieg war die F. ein reines Saisongeschäft in Abhängigkeit von den jeweiligen Anlandungen. Arbeitszeiten und Einkünfte waren entsprechend unregelmäßig. In der Saison waren Arbeitszeiten von 6 bis 22 Uhr üblich. Erhebliche Konkurrenz erwuchs den F. ab Anf. des 20. Jh. durch die Konservenindustrie. Dennoch gingen 1946 wieder 20 F. in K. in Betrieb. Die Preise für →Kieler Sprotten und Bücklinge stiegen aber im Vergleich zu anderen

Fischräucherei in Ellerbek, Georg Arnould, Zeitschriftenillustration (Das Buch für Alle), 1878

Fischprodukten überproportional, da die F. Arbeitskräfte kaum durch Maschinen ersetzen konnten. Zwischen 1945 und 1961 ist ein Rückgang der sh. Räucherfischfabrikation von 12.000 auf 3.000t zu verzeichnen.
Lit.: K. Szadkowski, K.er Sprotten, Norderstedt 1999.
Ja

Fleethörn F. bedeutet Ecke am Fleet (Wasserlauf). Früher eine enge winklige Straße am Auslauf des Mühlenbaches in den →Kleinen Kiel. Bereits 1730 Flöhnhörn genannt, seit 1799 als F. nachgewiesen. Eb

Flemming, Walther (geb. 21.4.1843 Sachsenberg bei Schwerin, gest. 4.8.1905 K.), war ein bedeutender Zellforscher. Nach dem Medizinstudium in Göttingen, Tübingen, Berlin und Rostock wurde er 1868 zum Dr. med. promoviert, bildete sich weiter in Rostock, Würzburg und Amsterdam und wurde 1871 Privatdozent in Rostock. 1872 wechselte F. nach Prag und wurde dort 1873 zum außerordentlichen Prof. für Histologie und Entwicklungsgesch. ernannt. 1876 folgte er dem Ruf als Ordinarius für Anatomie und Histologie nach K. Unter seiner Leitung wurde die K.er Anatomie ein internationales Forschungszentrum für Zellforschung. F. entdeckte 1885, dass sich die Lymphozyten hauptsächlich in den sog. Keimzentren der Lymphknoten bildeten.
Lit.: SHBL 4 (1972), 72 f. Pe

Flohmarkt Bereits im 19. Jh. bestand in K. ein Trödelmarkt, der im Volksmund als „Lusmarkt" bezeichnet wurde, wohl von nddt. lus für wertlos, schlecht. Nach der Marktordnung von 1875 fand der Trödelmarkt jeden Sonnabend am →Bootshafen statt, später bis zu seiner Aufhebung 1899 auf dem →Neumarkt. Erstmals 1970 und dann auch in den Folgejahren wurde zur →Kieler Woche ein F. auf dem →Alten Markt durchgeführt. Im Sommerhalbjahr 1977 schließlich organisierte erstmals das Kulturamt im Rahmen einer Initiative zur Belebung des Rathausplatzes jeweils einmal monatlich kostenfreie F. vor dem →Rathaus. Die beliebten sonntäglichen F. wuchsen sich schnell zu einer Großveranstaltung aus und beleben heute die gesamte Innenstadt vom Holstenplatz zum Rathausplatz.
Ro

Flottenbauprogramm, Linienschiff „Kaiser Wilhelm der Große", erbaut 1901 auf der Germaniawerft

Flottenbauprogramm Die Flottengesetze des Admiral von Tirpitz, auch Tirpitz-Plan genannt, bildeten die Grundlage für den Ausbau der Kaiserlichen Hochseeflotte. Während das erste Flottengesetz von 1898 den Ausbau der Flotte zu einer Schlachtflotte mit zwei Geschwadern zu je acht Linienschiffen, acht Küstenpanzerschiffen und 42 Großen und Kleinen Kreuzern festlegte, sah das zweite Flottengesetz von 1900 eine Verdoppelung der Schlachtflotte auf vier Geschwader mit je acht Linienschiffen, vier Reserveschiffen sowie 14 Großen und 38 Kleinen Kreuzern vor. Das F. wurde vor dem Hintergrund der internationalen Rüstungsentwicklung mehrfach novelliert. Es führte zu einem Wettrüsten mit der Seemacht Großbritannien und gilt in der Forschung als eine der Ursachen des 1. →Weltkriegs.
Lit.: R. Hobson, Maritimer Imperialismus. Seemachtideologie, seestrategisches Denken und der Tirpitzplan 1875 bis 1914, München 2004. He

Walther Flemming

Flüchtlinge und Vertriebene Die Jahre nach dem 2. →Weltkrieg. waren in K. wesentlich dadurch geprägt, dass die zu mehr als 70% zerstörte Stadt, die durch →Demontage und Produktionsbeschränkungen geschwächt war, einen Zustrom von insgesamt mehr als 50.000 F. ohne Rücksicht auf organische Eingliederungsvoraussetzungen zu bewältigen hatte. Bereits im Mai 1946 meldete die auf Anweisung der Militärregierung etwa seit Dezember 1945 mit der Registrierung befasste Flüchtlingsfürsorgestelle, dass die Stadt K. nicht mehr in der Lage sei, neu ankommende F. unterzubringen. Dabei hatte der größte Flüchtlingsansturm noch gar nicht eingesetzt. Am Ende des Jahres 1946 war die Einwohnerzahl der Stadt K. von 199.579 im Jahr 1945 auf 214.459 Personen angewachsen. Trotzdem lag der Anteil der F. mit 21.100 (9,8% der Einwohnerzahl) weit unter dem Durchschnitt der übrigen sh. Kreise und kreisfreien Städte. Bedingt durch den hohen Zerstörungsgrad der Wohnkapazitäten blieb der K.er Flüchtlingsverwaltung keine andere Wahl, als die im Stadtbereich und in den umliegenden Gemeinden zahlreich vorhandenen Barackenlager mit F. zu belegen. Die Chance, in K. eine menschenwürdige Unterkunft zu finden, war äußerst gering. Als im Winter 1946–47 ein Teil der Bewohner des Nissenhüttenlagers Prof. Peters-Platz wegen akuter Bedrohung der Gesundheit aus den eiskalten Hütten in private Wohnräume evakuiert werden sollte, weigerten sich nicht wenige F., aus den schlecht isolierten Hütten auszuziehen, weil der Umzug in die durch Bomben häufig beschädigten Privatwohnungen keine Verbesserung bedeutet hätte. Nachdem es gelungen war, eine funktionierende Flüchtlingsverwaltung aufzubauen, begann sich die Situation in K. allmählich zu bessern. Damit und mit der Weiterentwicklung der staatlichen Ordnung wuchs der Wille, die Verhältnisse der F. so zu ordnen, dass sie nicht mehr nur eine Belastung darstellten.

Lit.: U. Carstens, Die Flüchtlingslager der Stadt K., Marburg 1992. Ca

Flüchtlingslager Eckernförder Chaussee, 1946

Flüchtlinge auf dem Kieler Hauptbahnhof, 1946

Flüchtlingslager In der Stadt K., deren unbeschädigter Wohnungsbestand 1945 bei 26% lag, mussten bis Ende 1946 21.000 →Flüchtlinge und Vertriebene untergebracht werden, das entsprach rund 10% der K.er Wohnbevölkerung. Der hohe Zerstörungsgrad der Stadt bedingte es, dass davon etwa die Hälfte in 22 sog. „anerkannten Kriegsfolgehilfenlagern" (KFH-Lager) untergebracht werden musste, die zumeist ab 1939 an der Peripherie der Stadt als Gemeinschaftslager für Dienstverpflichtete und Zwangsarbeiter errichtet worden waren. K. war als „Rüstungsschmiede des Reiches" insbesondere für die U-Bootsonderprogramme verpflichtet worden, die erforderlichen Wohnkapazitäten bereitzustellen, und so gab es zumeist an den jeweiligen Produktionsstätten insgesamt 47 dieser Privat-, Wohn- und Gemeinschaftslager neben ehemaligen Wehrmachts- oder Arbeitsdienstlagern. Diese primitiven und häufig beschädigten Lager füllten sich nach der Repatriierung der Zwangsarbeiter und Kriegsgefangenen mit Flüchtlingen und Vertriebenen, die nach den Strapazen der Flucht froh waren, „ein Dach über dem Kopf" zu haben. Dabei wurde die von der Militärregierung vorgegebene zustehende Wohnfläche von 4m² für jeden Lagerbewohner fast nirgendwo erreicht. Als Symbol dieser Lager galten die Scheinwände aus Wolldecken, Wehrmachtsspinden oder auch nur Packpapier, mit deren Hilfe man die Großräume der Baracken unterteilte, um vor den Blicken der in der Regel fremden Mitbewohner geschützt zu sein. Trotzdem blieb jeder Lagerbewohner bedingt durch die räumliche Enge, die Gemeinschaftsverpflegung, die Unterbringung in Mehrfamilienunterkünften, die es bis 1951 gab, und die Teilhabe an den wenigen Tischen und Stühlen, an Öfen und Licht unablässig der „Wohngemeinschaft" ausgeliefert. Erst mit der Auflösung der letzten F. „Brauner Berg", „Elmschenhagen Süd II" und „Schurskamp" Mitte 1966 war die Eingliederung der Flüchtlinge und Vertriebenen in Bezug auf die Versorgung mit Wohnraum abgeschlossen.

Lit.: U. Carstens, Leben im F., Husum 1994. Ca

Flughafen Kiel-Holtenau Für den Flugverkehr hatte in K. bis 1927 nur das →Nordmark-Sportfeld zur Verfügung gestanden. Um die Flughafenfrage zu lösen, erwarb die Stadt das Hinterland des Seeflughafens →Holtenau, wo seit 1913 Marineflieger stationiert waren. 1927 gründete die Stadt mit dem Dt. Reich, dem pr. Staat und der Provinz die K.er Flughafen-Gesellschaft mbH, die den Flugbetrieb ab April 1928 in Holtenau gewährleistete. Schon 1937 übernahm die Luftwaffe den Flugplatz, zivile Luftfahrt war aber weiter möglich. Im 2. →Weltkrieg diente Holtenau als Basis bei der Besetzung Dänemarks und Norwegens, bei Kriegsende landeten hier über 300 Flugzeuge auf der Flucht vor russischen Truppen. Nach dem 2. WK übernahmen die Briten den Flughafen, der sich erst 1951 wieder für den Luftsport öffnete. Ab 1960 begann der Verkehrsflug zunächst mit Lufttaxis, dann mit Linienflügen, die allerdings bereits 1973 wieder eingestellt wurden. 1987 nahm die Cimber Air den Linienverkehr u.a. nach Berlin, Köln, Frankfurt und Kopenhagen auf. 1995 übernahm die K.er Flughafengesellschaft den Betrieb des F., der aber weiterhin auch militärisch genutzt wurde. 2005 scheiterten nach langer Diskussion Pläne eines Flughafenausbaus mit einer Verlängerung der Startbahn auf 2.700m. 2006 wurde der zuletzt stark subventionierte Linienverkehr eingestellt. Ro

Flughafen Kiel-Holtenau, Verwaltungsgebäude, um 1930

Flugtage →Luftfahrt

Förde F. sind typische Küstenformen der Ostseeküste SH. Es sind lang gestreckte, trichterförmige Buchten, die die halbinselförmigen Landschaften Angeln, Schwansen und Dänischer Wohld untergliedern. Sie entstanden während der Inlandvereisungen, in deren Verlauf mehrfach Gletscher aus dem Ostseeraum ins Landesinnere vordrangen. Bereits während der vorletzten Kaltzeit (Saale-Kaltzeit; →Geologie) wurde eine „Ur-F." angelegt. Während einer späten Phase der Weichsel-Kaltzeit wurde dann durch einen Gletscherlobus die heutige Form der F. geschaffen. Der zugehörige Gletscher schuf auch die Eisrandlagen des Hornheimer Riegels südlich der K.er F. Die ausgeschürfte F. wurde zusätzlich durch unter hydrostatischem Druck stehende Gletscher-Schmelzwässer tiefer ausgespült. In den dadurch entstandenen Vertiefungen an der Sohle bildeten sich in der Nacheiszeit zunächst →Seen, in denen Süßwasserablagerungen gebildet wurden. Mit Eindringen des brackischen Ostseewassers vor ca. 6.000 Jahren (Littorina-Transgression) wurde schließlich der feinkörnige, an Organik reiche Ostsee-Schlick abgelagert. Die K.er F. weist eine angenäherte Nord-Süd-Richtung auf. Sie ist ca. 17km lang und meist zwischen 1 und 2km breit. Im Bereich der Innenf. beträgt die Wassertiefe 22m. Die eiszeitlichen und nacheiszeitlichen Ablagerungen im Bereich der K.er F. sind sehr wechselhaft zusammengesetzt. Auf dem generell flacheren Ostufer und im nördlichen Abschnitt dominieren Geschiebelehme und -mergel. Am Düsternbrooker Ufer ist ein verhältnismäßig steiles inaktives Kliff vorhanden. Als wichtigster Vorfluter mündet die →Schwentine bei →Dietrichsdorf in die K.er F. Im südlichen Abschnitt der F. sind in den Jh. der Nutzung weitflächige Aufschüttungen gebildet wor-

Kieler Förde, Luftaufnahme

den. Durch ihre geschützte Lage eignete sich die K.er F. ideal für eine Nutzung als Hafen.
Lit.: K. Duphorn, H. Kliewe u.a., Die dt. Ostseeküste, Berlin, Stuttgart 1995, 1–281; R. Schmidt, Beitrag zum Aufbau des Untergrundes der K.er F., in: Meyniana 48 (1996), 101–133. Gb

Fördeschifffahrt 1857 richtete die Fischerfrau Beeke →Selmer aus Laboe eine regelmäßige Verbindung mit einem Segelboot zwischen K. und Laboe ein. Der K.er Bootsführer Friedrich Holm ließ 1860 bei →Schweffel & Howaldt das erste Dampffährboot „Kiel" erbauen und verkehrte auf wechselnden Routen auf der →Förde und dem →Eiderkanal. Die →Stadtentwicklung K.s, die aufstrebende Werftindustrie auf dem Ostufer und daraus resultierend der ansteigende Querverkehr über die Förde rief weitere Dampfbootbetreiber auf den Plan, wie H. F. Heuer in →Gaarden, die Vereinigung K.er Bootsleute (beide ab 1866), August Christian →Hansen (ab 1871–72), Ernst Schlüter sowie die von Heikendorfer Bauern gegründete Aktiengesellschaft „Verein" (beide ab 1875). Die Linien gingen von K. nach Gaarden, →Ellerbek, Heikendorf, Möltenort, Laboe und →Friedrichsort. Auch die Ausflugsschifffahrt spielte eine große Rolle. Die Dampfer wurden überwiegend von K.er (→Norddeutsche Schiffbau AG, Howaldt), aber auch Hmbg. und später von Rostocker und Lüb. Werften geliefert. Am 1.1.1887 nahm die „Neue Dampfer-Compagnie" (NDC) ihren Betrieb auf, die von K.er Unternehmern (August →Sartori, Johann →Schweffel jr., Familie →Howaldt) gegründet worden war. Die übernahm die Fährdienste von Schlüter, Heuer, Holm und der Gesellschaft „Verein", legte ein Neubau-

Fördedampfer „Vossbrook" vor der Seegartenbrücke, Robert Schmidt-Hamburg, um 1930

Fördedampfer „Laboe", erbaut 1984

programm bei Howaldt auf und wurde zur größten Fährgesellschaft in K. Scheel und Hansen blieben unabhängig und bis 1903 bzw. 1965 im Geschäft. 1906 wurde die Hafenrundfahrt AG gegründet und machte der NDC bis 1937 Konkurrenz. 1908–23 betrieb die Stadt K. eine Fähre nach Gaarden. 1925 erhielt die NDC ihr erstes Motorschiff. 1939 übernahm die →Kieler-Verkehrs- AG (KVAG) die NDC und die Flotte der Hafenrundfahrt AG. Eine Fährlinie K. - Gaarden wurde von Kapitän Willy Zenner bis 1962 betrieben. Die KVAG blieb aber auch nach dem 2. →Weltkrieg führender Verkehrsträger auf der Förde und erneuerte ihre Flotte ab 1956 mit modernen Motorschiffen. 1996 gingen ihre Fährdienste an die Schlepp- und Fährgesellschaft Kiel mbh (SFK).

Lit.: B. Bock, Grüne, Blaue, Schwarze, Weiße Dampfer, Herford 1978. Os

Förde Sparkasse →Kieler Spar- und Leihkasse

Forchhammer, Peter Wilhelm (geb. 23.10.1801 Husum, gest. 8.1.1894 K.), studierte in K. und Leipzig. Er wurde 1828 in K. promoviert und 1829 habilitiert. 1836 wurde er zum außerordentlichen, 1843 zum ordentlichen Prof. der Philologie ernannt. Zusammen mit Otto →Jahn bot er in K. als Erster archäologische Lehrveranstaltungen an. Von 1830–34 sowie von 1838–40 unternahm F. Forschungsreisen in den Mittelmeerraum. Seine aus interdisziplinärer Betrachtung gewonnenen Kenntnisse veröffentlichte er in zahlreichen Büchern, u.a. „Prolegomena zur Mythologie als Wissenschaft und Lexikon der Mythensprache" (1891) und „Homer: Seine Sprache, die Kampfplätze seiner Heroen und Götter in der Troas" (1893). 1842 gründete er ein Museum für Gipsabdrücke klassischer Kunstwerke, dessen langjähriger Leiter er war und in dessen Nachfolge die Antikensammlung in K. steht. Politisch engagierte sich F. eine Zeit lang auf augustenburgischer Seite, akzeptierte dann jedoch die Einverleibung SH.s in Pr. 1867–70 war er Mitglied des pr. Landtags und 1870–73 Mitglied des Reichstags; seit 1876 vertrat er die Univ. K. im pr. Herrenhaus.

Lit.: Lebensläufe, 98–101, 360. Ni

Forschungsanstalt der Bundeswehr für Wasserschall und Geophysik (FWG) Die FWG wurde 1964 als „Ozeanographische Forschungsanstalt der Bundeswehr" (OFBw) gegründet. 1967 wurde ihr Forschungsschiff „Planet" in Dienst gestellt. 1975 erhielt die FWG ihren jetzigen Standort auf der Mole des Marinearsenals. 2009 wurde sie mit der „Wehrtechnischen Dienststelle für Schiffe und Marinewaffen" (WTD71) mit Hauptsitz in Eckernförde zusammengelegt, die dadurch den Langnamen „Wehrtechnische Dienststelle für Schiffe und Marinewaffen der Bundeswehr, Maritime Technologie und Forschung" erhielt. Die FWG ist jetzt „Forschungsbereich für Wasserschall und Geophysik" der WTD71 (WTD71/FWG). Die FWG hat etwa 100 Mitarbeiter. Ihre Aufgabe besteht darin, die Einflüsse der maritimen physikalischen Umwelt auf Einrichtungen der →Marine zu erforschen. Diese Einflüsse sind besonders gravierend bei der Unterwasseraufklärung, für die überwiegend Wasserschall (Sonar) genutzt wird. Die Untersuchungen stützen sich insbesondere auf Messungen in See mit der „Planet", die 2005 durch einen gleichnamigen Neubau in SWATH-Bauweise (Doppelrumpf) ersetzt wurde. Thi

Peter Wilhelm Forchhammer

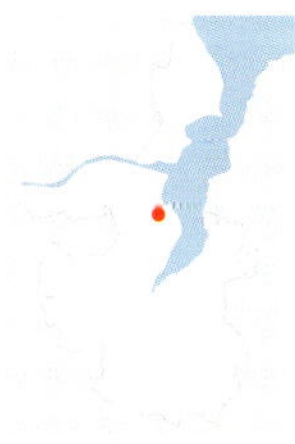

Forstbaumschule

Forstbaumschule Am 1.8.1785 wurde die kg.lich-dänische Forstlehranstalt in Kiel gegründet, deren Leiter Christian August Heinrich →Niemann wurde. Dieser richtete ab 1788 im Gehege Düvelsbek eine F. ein,

Gastwirtschaft Forstbaumschule, Postkarte, 1903

die „zur Beförderung der Verbreitung nutzbarer Holzpflanzen in den Forsten des Landes“ und „zur anschaulichen Bekanntschaft mit dem Forstbetriebe und zur praktischen Übung in den vorkommenden Verrichtungen“ dienen sollte. Dazu wurden eine Samenschule, eine Pflanzschule und fünf Versetzungsquartiere durch Wege verbunden. Pflanzenmaterial wurde ab 1809 nicht nur an die königlichen Gehege, sondern auch an Privatpersonen abgegeben. Insbesondere nordamerikanische Gehölzarten wurden zur Sortimentserweiterung herangezogen. 1805 wurde die zur Verfügung stehende Fläche auf 2,5ha mehr als verdoppelt. 1833 wurde der Lehrbetrieb mit der Verlegung der Forstlehranstalt nach Kopenhagen eingestellt, die F. aber bis 1867 als öffentliche Handelsbaumschule fortgeführt. 1855 waren über 500 Arten in Anzucht. 1898 wurde der Gärtnereibetrieb gänzlich aufgegeben und die mittlerweile 3,5ha große Fläche in einen englischen Landschaftspark umgewandelt. 1957 erweiterte die Stadt die Grünanlage bis zur Schlieffenallee und zur Feldstr. Die heutige F. umfasst dadurch 14,5ha. Aus einem Wachhaus des Jägerkorps von 1788 entwickelte sich früh eine kleine Restauration. 1904–05 wurde ein Neubau im Stile eines sh. Bauernhauses errichtet, der bis heute, denkmalgeschützt, den Kernbereich der Gaststätte bildet. Ni

Forstbaumschule

Forsteck Das Haus F. in →Düsternbrook gehörte dem Hmbg. Großkaufmann Heinrich Adolph Meyer (1822–89), der es vor 1889 im französischen Neorenaissancestil umgestalten ließ. 1905 baute der K.er Architekt Carl Imhoff es im Landhausstil für den Reeder Heinrich →Diederichsen (1865–1942) um. 1944 wurde es zerstört und nicht wieder aufgebaut. Der Name F. stammt vermutlich von dem Schriftsteller Adolph Stahr (1805–76) und weist auf die Nähe zur →Forstbaumschule hin. Unter Meyer wurde F. zu einem Zentrum geis-

Villa Forsteck, um 1938

tigen und kulturellen Austausches. Gäste waren K.er Prof., Dichter wie Klaus →Groth und Theodor Fontane, Künstler wie Julius Stockhausen, Clara Schumann und Johannes Brahms, ferner Meyers Schwager Carl Schurz. Zu Diederichsens Zeit verkehrten K.er Prof. wie der Nationalökonom Bernhard →Harms und die Mediziner Alfred Schittenhelm und Willy →Anschütz, K.s Oberbgm. Emil →Lueken, Geschäftsfreunde sowie Marineoffiziere in F.

Lit.: K. D. Sievers, Heinrich und Thea Diederichsen und der Diederichsenpark, in: MKStG 82 (2005), 123–156. Si

Forts Zur Verteidigung des →Reichskriegshafens K. errichtete die kaiserliche →Marine bis zum Ende des 1. →Weltkriegs mehrere Befestigungen am Ufer der K.er →Förde. Nach der Verlegung der pr. →Marinestation der Ostsee von Danzig nach K. erfolgte zunächst ein Ausbau der aus dem 17. Jh. vorhandenen →Festung Friedrichsort. Von 1870–73 entstand auf dem Braunen Berg nördlich von →Friedrichsort das nach dem damaligen Generalgouverneur des Küstenlandes, General Eduard Vogel von Falckenstein, benannte F. Falckenstein als fünfeckige Anlage mit einer Bewaffnung von zwölf 21cm Kanonen und 650 Mann Besatzung. Auf dem gegenüberliegenden Ufer errichtete die pr. Fortifikationsbehörde 1870–71 das F. Korügen mit zehn 21cm Kanonen sowie eine 17,5cm Batterie auf dem Jägersberg. Eine weitere Bauphase folgte in den 1880er Jahren. Um K. gegen feindliche Landungsunternehmen zu schützen, entstand von 1887–90 im Nordwesten das F. Herwarth, benannt nach dem pr. Generalfeldmarschall Herwarth von Bittenfeld, sowie im Nordosten das nach dem gleichnamigen Dorf benannte F. Röbsdorf. Ein weiteres F. wurde 1887–90 auf dem Steilufer bei →Holtenau gebaut. Diese Anlagen wurden durch die Batterien Stohl, Fiefbergen, Kahlenberg, Koppelberg und Stein sowie im 1. WK durch zwei Eisenbahnbatterien ergänzt. Außerdem hatte die kaiserliche Admiralität von 1899 bis 1902 nordöstlich von Laboe einen Panzerturm mit zwei 28cm Schiffskanonen zum Schutz der Einfahrt des 1895 eröffneten →Kaiser-Wilhelm-Kanals aufstellen lassen. Nach Ende des 1. WK wurden alle Anlagen geschleift. Lediglich die pr. Kasematten in der Festung Friedrichsort sind noch erhalten. An der Stelle des Panzerturms Laboe steht heute das 1936 eingeweihte →Marineehrenmal, dessen unterirdische Gedenkhalle sich im Sprengtrichter der ehemaligen Kasematte befindet. Von den anderen Anlagen sind z.T. nur noch überwucherte Reste der Wälle und Bunker vorhanden.

Lit.: F. Gosch, Festungsbau an Nordsee und Ostsee, Bonn 2003. He

Fort Brauner Berg, um 1880

Franziskanerkloster, Klosterkirche mit Plastik Adolf IV. von Karl-Henning Seemann (2005)

Franziskanerkloster Nach einem Gelübde in der Schlacht von Bornhöved stiftete Gf. →Adolf IV. von Schauenburg zwischen 1240 und 1246 dem neu gegründeten Orden der Franziskaner das Kloster am nördlichen Rand der →Altstadt. Hier verbrachte er seine letzten Lebensjahre als Klosterbruder und ließ sich in der nach den Ordensregeln turmlosen Klosterkirche beisetzen. Sie stand zunächst als kurze backsteinerne Hallenkirche über annähernd quadratischem Grundriss, bis im 14. Jh. das breite Mittelschiff zu einer Stutzbasilika erhöht worden ist. Der Grabstein Adolph IV, auf dem er als Mönchsbruder unter einem Spitzbogen erscheint, ist im Kreuzgangflügel bewahrt. Nachdem das Kloster 1530 im Zuge der →Reformation aufgehoben war, diente es als städtische Lateinschule und mit dem Namen →Heiligengeisthospital als Armenhaus. In jener Zeit wurden das ma. Gestühl und das von Johann Alfred

Schleswig-Holsteinisches Freilichtmuseum

das Pfarrhaus aus Grube (1569) das älteste Gebäude des F. ist, stammt ein Großteil der Häuser aus dem 18. und 19. Jh. Der hist. Jahrmarkt, die Meierei aus Voldewraa und die Apotheke mit Kräutergarten haben sich zu besonderen Anlaufpunkten entwickelt. Handwerker geben Einblicke in traditionelle Tätigkeiten und Arbeitstechniken. Einzelausstellungen, Sammlungen und Dokumentationen vertiefen das Informationsangebot. Ansätze für ein F. in K. zeigten sich bereits mit dem 1904 in den Werftpark →Gaarden umgesetzten Alt-Ellerbeker Fischerhaus und der 1906 auf der →Krusenkoppel eröffneten Räucherkate, die beide im 2. →Weltkrieg zerstört und nicht wieder aufgebaut wurden.
Lit.: H. Heidrich, Sh. F., München/Berlin 2007. Oh

Freimaurer Die F. sind ein international verbreiteter, humanistisch-ethische Ziele verfolgender Bund. Anf. des 18. Jh. in England entstanden, gingen sie aus dem Gedankengut der Aufklärung hervor. Ihre Terminologie, Symbole und Riten entstammen der spätma. Bauhüttentradition, ein direktes Hervorgehen aus diesen Vereinigungen meist im Kathedralenbau tätiger Werkmaurer und Steinmetze ist jedoch für die dt. F. nicht nachweisbar. Die F. sind in lokalen Logen organisiert, die zu Großlogen und Dachverbänden zusammengeschlossen sind. Je nach Ausrichtung der Logen kann zwischen christlich geprägten und sich stärker von der Kirche distanzierenden Richtungen unterschieden werden. Auch lassen einige Dachorganisationen nur reine Männerlogen zu, während andere auch Frauen- und gemischte Logen akzeptieren. Allen Logen gemeinsam ist die Grundidee der ständigen persönlichkeitsbildenden Arbeit an sich selbst, durch die letztlich eine tolerantere, humanere Gesellschaft angestrebt wird. Der Weg der Selbsterkenntnis ist in Stufen gegliedert. Während die Johannislogen die drei Grundstufen (Lehrling, Geselle, Meister) bearbeiten, knüpfen die Andreaslogen mit einem Hochgradsystem an diese Grade an. Die erste dt. F.loge wurde 1737 in Hmbg. gegründet, die erste K.er Loge entstand 1776. Sie musste jedoch wie auch verschiedene spätere Gründungen wieder schließen. Erst 1866 wurde die bis heute bestehende Johannisloge „Alma an der Ostsee“ gegründet. Auf Wunsch einiger Brüder dieser Loge entstand 1877 die Andreasloge „Fortuna“, 1910 folgte die dritte heute noch bestehende K.er Loge, die Johannisloge „Frithjof zum Nesselblatt“. Während des →Nationalsozialismus verfolgt, mussten die Logen schließen. Im Rahmen geselliger Zusammenkünfte konnte der Gedankenaustausch jedoch vielfach fortgesetzt und Kontakte erhalten werden. 1946 nahm die „Alma an der Ostsee“ als erste Loge in der britischen Besatzungszone ihre Arbeit wieder auf. „Frithjof zum Nesselblatt“ folgte 1947, „Fortuna“ 1949. Alle dt. F. durchliefen ein strenges internes Wiederaufnahmeverfahren, in dem ihr Verhalten gegenüber dem Bund in der Zeit des NS beleuchtet

Freimaurer, Logenhaus der Alma an der Ostsee am Lorentzendamm, um 1910

wurde. 1952 erwarb die „Alma an der Ostsee“ ihr heutiges Logenhaus in der Beseler Allee. Den K.er Logen gehörten bekannte Persönlichkeiten wie der Philosophieprof. Gustav Ferdinand →Thaulow, der Physiker und Mineraloge Gustav →Karsten und der Reeder August →Sartori an.

Lit.: H. Wilhelm, Die Entstehung und Entwicklung der F.logen in SH, K. 2004. Fi

Freiwillige Feuerwehr →Feuerlöschwesen

Friedenswirtschaft Nach den beiden Weltkriegen unternahm K. den Versuch, eine lebensfähige F. aufzubauen und so die einseitige Ausrichtung auf →Marine und Werften zu beseitigen. Anstrengungen in den 1920er Jahren, die Wirtschaft durch Umstellung auf Friedensproduktion und Ausbau des Handelshafens auf eine breitere Basis zu stellen, blieben auch angesichts der Weltwirtschaftskrise weitgehend erfolglos (→Weimarer Republik). Als Kriegsmarinestadt und Rüstungszentrum stark zerstört, versuchten Stadt und Bürger nach dem 2. →Weltkrieg gemeinsam, eine F. zu schaffen. Im Mai 1946 beschloss die Stadtvertretung offiziell den Aufbau einer →Friedensindustrie. Nach den Erfahrungen zweier WK schien nur eine Abkehr von jeder Rüstungsproduktion und -politik und der einseitigen Ausrichtung auf die Schiffbauindustrie eine krisenfeste Wirtschaft zu gewährleisten. Aber auch der zweite Versuch der Stadt im 20. Jh., eine tragfähige F. zu entwickeln, sollte mittelfristig scheitern: an der →britischen Besatzungsmacht, die Militärgelände und ehemalige Rüstungsbetriebe v.a. auf dem Ostufer nicht schnell genug freigab und so ansiedlungswillige Großfirmen zwang, sich andere Standorte zu suchen; an den fehlenden finanziellen Mitteln nach der Währungsreform; am Bund, der im Zuge der Remilitarisierung ab 1952 seinen Besitz beschlagnahmte und so die weitere Ansiedlung „friedlicher“ Industrien behinderte. Dennoch gab es durchaus Erfolge, die auf den Septemberwochen „Kiel im Aufbau“ und „Kiel stellt sich um“ 1947–48 gezeigt wurden (→Kieler Woche). Über 100 v.a. kleinere und mittlere Betriebe

Friedenswirtschaft, Kiel im Aufbau, Plakat Septemberwoche, 1947

mit über 4.000 Arbeitsplätzen konnten trotz →Demontagen und anderer Maßnahmen der Besatzungsmacht bis 1948 neu angesiedelt werden. Bekleidungs- und Textilmaschinenindustrie, ein Hochseefischmarkt (→Seefischmarkt) mit dazugehörenden Verarbeitungsbetrieben, optische und grafische Firmen konnten auf ehemaligem Militärgelände angesiedelt werden. Der Fortbestand der Howaldtswerke (→HDW), die Neuansiedlung der →Lindenauwerft und die Neugründung der Maschinenbau Kiel A.G. (→MaK) waren weitere Eckpfeiler der F. 1951 begannen die inzwischen bundeseigenen →Deutschen Werke mit der Besiedlung ihres Geländes v.a. mit kapitalschwachen Flüchtlingsbetrieben, deren Produktion zwar von Dosen und Fernsehgeräten bis zu Möbeln, von Marmeladen und Strümpfen bis zu Registrierkassen reichte, die aber nicht den Arbeitskräftebedarf hatten, um die hohe Erwerbslosigkeit in K. zu beheben. Seit 1954 durften die Werften wieder kleinere Schiffe für die neue Bundesmarine bauen, 1955 fusionierten die Dt. Werke mit den Howaldtswerken und ein Jahr später übernahm die Bundeswehr das Kriegsmarinearsenal. Werften und Marine bestimmten erneut die Wirtschaftstruktur der Stadt und verdrängten die F. Doch im Gegensatz zur Weimarer Zeit war eine leistungsfähige, auch ohne Militäraufträge am Weltmarkt konkurrenzfähige Werftindustrie entstanden.

Lit.: H. Grieser, Reichsbesitz, Entmilitarisierung und Friedensindustrie in K. nach dem 2. WK, K. 1979. Do

Friedrichsort, Fähranleger vor der Scheerkaserne, um 1970

Friedhöfe →Eichhof, →Jüdischer Friedhof, →Kiel War Cemetery, →Nordfriedhof, →Südfriedhof

Friedrich Krupp Germaniawerft →Germaniawerft

Friedrichsort, Luftaufnahme, um 1930

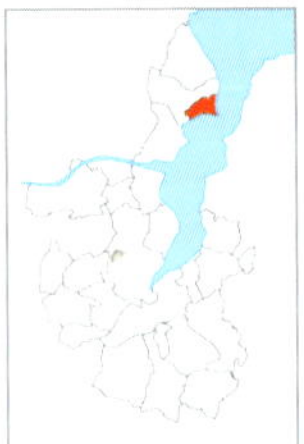

Friedrichsort

Friedrichsort Das heutige F. liegt auf dem ursprünglich unbebauten Küstenstreifen der Gemarkung von →Pries im Gut →Seekamp. Hier ließ Christian IV. 1632 die Seefestung Christianspries anlegen; sein Sohn Friedrich III. erbaute 1662 die →Festung neu unter dem Namen F. Friedrich III. verschenkte das Gut Seekamp 1679 an die Familie von Hahn, nahm aber die Festung und das umliegende Land ausdrücklich aus: die Geburtsstunde des Gutsbezirks F. Das Ackerland auf dem 132ha großen Gelände wurde von einem Pachthof bewirtschaftet, der kg.lichen Domäne. 1866 entstand außerhalb der Festung eine Laboratoriumsredoute zur Munitionsherstellung. Ab 1869 wurde nördlich der Festung schachbrettartig eine neue Siedlung mit Kirche (→Bethlehemkirche) angelegt, deren holzverschalte Häuser als Dienst- und Wohngebäude für Marineoffiziere dienten. Am Fördeufer legte die →Marine 1875–77 die Marine-Artillerie-Kaserne (Scheerkaserne), das Lazarett (später Heinrich-von-Stephan-Schule) und das Minen- und Torpedodepot an. Die Gründung der →Torpedowerkstatt zog zahlreiche Facharbeiter nach F. Für sie erbaute das Marineamt ab 1891 die Kolonie Prieser Höhe, einfache Ziegelhäuser mit zwei bis vier Wohnungen, Gemüsegarten und Stall. Das Ende des 1. →Weltkriegs brachte auch das Ende der F. Torpedoproduktion. Seit 1922 ist F. K.er Stadtteil. Als Nachfolgebetrieb der Torpedowerkstatt ließen die reichseigenen →Deutschen Werke Motoren, Triebwagen und Pumpen herstellen, doch erst mit der erneut einsetzenden Rüstungsproduktion stiegen ab 1936 die Beschäftigtenzahlen wieder an. Nach dem 2. WK wurde F. trotz →Demontagen ein bedeutender Industriestandort, insbesondere mit den Unternehmen →MaK, J.P. →Sauer & Sohn und der Schiffswerft →Lindenau. Der weitgehend von Bombenschäden verschonte Stadtteil verlor durch Abriss und Sanierung an hist. Bausubstanz: 1975 wurde die Laboratoriumsredoute abgetragen, die Scheerkaserne musste 1977 dem Verwaltungsgebäude der MaK weichen und die marode Siedlung Prieser Höhe wurde 1956–60 durch eine neue Siedlung rund um den Stettiner Platz ersetzt. Die Stadtteile F. und Pries sind weitgehend miteinander verschmolzen, haben aber aufgrund der unterschiedlichen Siedlungskerne nicht zu einem einheitlichen städtebaulichen Erscheinungsbild gefunden.

Lit.: N. Detlefsen, Die K.er Stadtteile nördlich des Kanals, Nms. 1978. Ro

Fuhrwesen →Transportgewerbe

Paul Fuß

Fuß, Paul (geb. 29.6.1844 Posen, gest. 7.1.1915 Charlottenburg), studierte Rechts- und Staatswissenschaften. Nach kommissarischer Verwaltung mehrerer Richter- und Staatsanwaltstellen wurde er 1876 Stadtrat in Danzig und 1879 Landesrat der Provinz Westpreußen. 1888 und 1900 wählte man

ihn in K. jeweils auf zwölf Jahre zum Ersten Bgm. 1890 wurde ihm vom pr. König der Titel eines Oberbgm. verliehen. F. leitete die Stadt während ihres Aufstiegs zur Großstadt durch →Marine und Industrie. Er war monarchisch, national und pr. gesinnt und ein Gegner der Sozialdemokratie und der Linksliberalen. Aus seiner vielseitigen Tätigkeit ist insbesondere die Förderung auf dem Gebiet des Schulwesens, des Musik- und Theaterlebens und der öffentlichen Gesundheitspflege hervorzuheben. 1907 verlieh ihm die Univ. K. die Würde eines Dr. med. h. c. Von den Oberbgm. vor dem 1. →Weltkrieg war F. die stärkste, aber auch die umstrittenste Persönlichkeit. Ge

Fußgängerzone Holstenstr., Annemarie Ewertsen, 1959

Fußgängerzone Die K.er →Holstenstraße gilt als die älteste F. Dtld. Die Einkaufsstraße wurde von 1941–74 in mehreren Schritten zur F. umgewandelt. Die Idee geht zurück auf Innenstadtplanungen des Stadtbaudirektors Herbert →Jensen, der bereits 1941 die Holstenstr. mit nur 13m Breite für den Straßenverkehr für ungeeignet hielt. Im Zuge der Wiederaufbauplanung nach dem 2. →Weltkrieg wurde daher 1950 die Andreas-Gayk-Str. als Entlastungsstraße fertig gestellt und die obere Holstenstr. tagsüber für den Durchgangsverkehr gesperrt. Ab dem 6.12.1953 wurde auch die →Straßenbahn umgeleitet und die Holstenstr. von der Hafenstr. bis zum →Alten Markt für jeglichen Fahrzeugverkehr gesperrt. 1956 wurde die F. plan überpflastert, 1958 bis zur Schevenbrücke verlängert. 1972 wurden Alter Markt und Rathausplatz und schließlich 1973–74 →Dänische Straße, Schlossstr. und Holstenplatz einbezogen. Bri

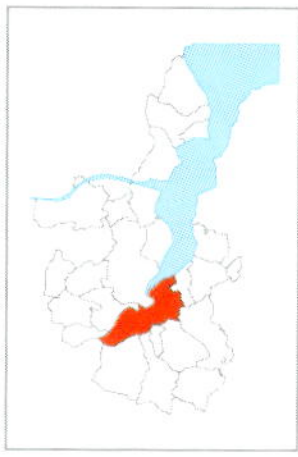

Gaarden

Gaarden Der Stadtteil G. entwickelte sich aus den am südlichen Ende der →Förde gelegenen Dörfern Hemminghestorpe und Wulvesbrooke. Die Orte unterstanden verschiedenen Herrschaften. Das 1232 erstmals, noch vor K. erwähnte Hemminghestorpe gehörte dem Kloster Preetz. Nach dem Bochholtschen Register von 1286 gab es neben Hopfenhöfen zehn Hufen, vier Katen und eine Mühle. Hinweise auf den für beide Orte geltenden Namen G. geben klösterliche Urkunden von 1389 sowie 1390, die „Villa Ghardin“ bzw. „Gharden“ nennen. Wahrscheinlich ist es eine Ableitung vom ndt. Goarn für Garten, einem umgrenzten Grundstück. Dieser Teil fiel 1769 der großfürstlichen Regierung zu und wurde 1773 kg.licher Besitz. Die Flurstücke reichten bis zur Förde. Das Dorf zog sich an der Schönberger Str. – heute Werftstr. – entlang. Mitte des 19. Jh. lebten dort 388 Einwohner, es bestanden sieben Voll- und zwei Nebenhufen, zehn Katen, eine Wasser- und eine Windmühle. Durch die Lage an der Förde war das Gelände für die Anlage von Werften ideal. 1867 nahm die Norddt. Werft ihren Betrieb auf. Ende des 19. Jh. wurde die Landwirtschaft durch die sich immer weiter ausdehnende industrielle Nutzung verdrängt. Die ehemaligen Hofanlagen verschwanden, als 1898 der Beschluss gefasst wurde, den Werften noch mehr Raum zu geben. Diese Entwicklung traf den anderen, ursprünglich fürstlichen Teil G. nicht im gleichen Ausmaß. Die natürliche Grenze zu

Gaarden, Hof Göttsch, um 1899

Gaarden, Elisabethstr., um 1910

Wulvesbrooke bildete die Mühlenau, heute die Straße „Am Mühlenteich". Das mehrheitlich aus Kätnerstellen bestehende Dorf lag an der Alten Lüb. Chaussee zwischen Preetzer Str. und dem →Eisenbahndamm der 1844 eingerichteten Linie K.-Altona. Zwar zerschnitt die →Eisenbahn die zum Dorf gehörige Feldmark, ansonsten veränderte die Industrie aber nur mittelbar den dörflichen Charakter. Da immer mehr Werftarbeiter zuzogen, wurde dringend Wohnraum benötigt. Allein im ehemals klösterlichen Teil stieg die Einwohnerzahl zwischen 1865 und 1880 um 20%. Insgesamt verzehnfachte sich die Bevölkerung bis zum Anf. des 20. Jh. Eine Folge war der zuerst noch ungesteuerte Bauboom. So wurde z.B. 1870 das sumpfige Karlstal in Bauland umgewandelt. Zentrum des Stadtteiles war und ist der →Vinetaplatz mit vielen Geschäften und von ihm ausgehenden Geschäftsstraßen. Durch die sich durchsetzende städtische Bebauung wuchsen beide Teile zusammen, wurden allerdings unabhängig voneinander nach K. eingemeindet: „klösterlich" G. 1901, „fürstlich" G. 1910. Bei älteren Menschen ist diese Unterscheidung in „fürstlich" und „klösterlich" G. mitunter noch gebräuchlich. G. ist seit dem Zuzug von Gastarbeitern in den 1950er und 1960er Jahren ein multikultureller und lebhafter Stadtteil. Allerdings verzeichnet die Statistik (Stand 31.12.2006) auch den höchsten Anteil an Sozialhilfeempfängern, Arbeitslosen und gemeldeten Straftaten in K. Verschiedene Förderprogramme, so z.B. „Sauberes G.", sollen Problemen entgegenwirken. Mit gut 26.000 Einwohnern ist G. der größte Stadtteil K.s.

Lit.: G. Voerde u.a., Alt-G., K. o.J. Sch

Gängeviertel Das G. lag in der Vorstadt und reichte vom Kleinen Kuhberg über das jetzige Gelände des Europaplatzes und der Sparkassen-Arena (→Ostseehalle) sowie den →Ziegelteich hinweg bis zum Walkerdamm. Es entstand seit Mitte des 18. Jh. und entwickelte sich mit zunehmend dichterer Bebauung und engen, verwinkelten Gassen, den sog. Gängen, zu einer Arme-Leute-Gegend. Im 2. →Weltkrieg wurde das Viertel zum großen Teil zerstört und nach 1945 nicht wieder aufgebaut. Heute noch bestehende Straßennamen im ehemaligen G. sind Prüner Gang, Bäckergang und Spritzengang. Ha

Gängeviertel, vor 1945

Galathea-Affäre Kurz nach Beginn der →Schleswig-Holsteinischen Erhebung 1848 hatte der 1787 in Ekenis an der Schlei geborene Handelsschiffskapitän Peter Hansen der →Provisorischen Regierung vorgeschlagen, die K. blockierende dänische Korvette „Galathea" durch einen nächtlichen Bootsangriff zu erobern. Der Plan stieß auf Zustimmung und so trat Hansen im Mai 1848 als „Admiral der Dt. Flotte" in den Seedienst der Hztt. Bereits die Anwerbung des seemännischen Personals in Altona und Hmbg. nahm laut Augenzeugenberichten infolge freigiebigen Ausschanks von Alkohol groteske Formen an. Ebenso geriet der für den Abend des 20.5.1848 geplante Angriff auf die „Galathea" trotz gründlicher Vorbereitung zum Fiasko. Der Befehlshaber Hansen erschien volltrunken erst gegen Mitternacht, so dass die Boote mit mehreren Stunden Verspätung ausliefen. Nur wenig später wurde das Unternehmen bei Morgengrauen abgebrochen, da ein Angriff auf die „Galathea" bei Tageslicht zu riskant gewesen wäre. Ende Mai wurde das Bootsgeschwader aufgelöst. Hansen ging in die USA und kehrte erst 1856 nach SH zurück, wo er seine Memoiren veröffentlichte, um seinen durch die G. lädierten Ruf aufzubessern. 1863 ist Hansen in Sundsacker an der Schlei verstorben.

Lit.: P. Hansen, Biografie des Schiffscapitains Peter Hansen von Amalienburg bei Arnis im Hz.thum Schleswig (Nachdruck), Flensburg 1989. Witt

Galgenteich Seit dem Spätmittelalter war der G. neben dem Schreventeich Hauptfrischwasserreservoir der Stadt und Ausgangspunkt der bereits 1444 bezeugten südlichen Holzwasserleitung, um durch sog. „Pipenbäume" Frischwasser in die Stadt zu führen. Seine Lage auf dem Gelände zwischen dem →Exerzier- und →Wilhelmplatz ist auf zahlreichen älteren Stadtplänen bis zu seiner Zuschüttung 1887 nachweisbar, zuletzt in Gestalt zweier Wasserbecken, dem Kleinen und dem Großen G. Letzterer erhielt im Jahre 1847 eine Steineinfassung. Die Teichfläche betrug nahezu 2ha, sein Inhalt umfasste seit der Regulierung in der Mitte des 19. Jh. mit 2,5 Mill. Kubikfuß (ca. 71.500m³) etwa doppelt soviel wie zuvor. Der Kleine G., dessen Fläche 0,2ha ausmachte, schloss sich im Nordwesten dem Großen G. an. Der Name G. erklärt sich aus der Nachbarschaft zur Richtstätte der Stadt, die um 1700 vom Marktplatz auf den nordwestlich des Teiches gelegenen Galgenberg verlegt wurde.

Lit.: H. Förster, Alt-K., seine Seen, Teiche, Auen und Gräben, K. 1950, 21. Al

Galgenteich, Ausschnitt eines Kieler Stadtplans, 1883

Garnisonkirchen →Bethlehemkirche, →Pauluskirche, →Petruskirche, →Kirchenbau

Gartenkultur K. wird nicht nur durch die bereits im 19. Jh. gepriesene schöne Fördelandschaft geprägt, sondern nimmt auch in der Gesch. der G. eine bedeutende Rolle ein: 1669 entstand ein →botanischer Garten in Zusammenhang mit der 1665 gegründeten Univ. Christian Cay Lorenz →Hirschfeld übte als Prof. für Philosophie und Ästhetik und Verfasser einer „Theorie der Gartenkunst" (1779–85) von K. nachhaltigen Einfluss auf die Gartenkunst in ganz Dtld. aus. Bereits 1780, d.h. noch vor der Anlage des Englischen Gartens in München (1790), plante Hirschfeld einen Volksgarten zwischen →Schloss und →Düsternbrooker Gehölz. Als frühes Beispiel ihrer Art gilt die 1784 auf Anregung von Hirschfeld entstandene →Fruchtbaumschule. 1788 gründete August Christian Heinrich →Niemann die →Forstbaumschule. 1830 entstanden, angeregt von Landgf. Carl v. Hessen, die ersten →Kleingärten als Pachtgärten. Der →Südfriedhof war der erste ohne die bis dahin übliche Axialität angelegte parkähnliche Friedhof Dtld. nach Entwürfen von Friedrich Wilhelm Alexander Benque (1866). Anknüpfend an die seit dem 19. Jh. entstandenen Kleingartenanlagen entwickelte Leberecht Migge im Kontext des →Grünflächen- und Siedlungsplans (1922) das Konzept einer ökologisch ausgerichteten Kreislaufwirtschaft und Selbstversorgung. K. gilt noch heute als eine der an Kleingärten reichsten Städte Dtld. Wichtige städtebauliche Elemente der in den 1960er Jahren in ganz Dtld. als vorbildlich geltenden

Wiederaufbauplanung sind die von Herbert →Jensen geplanten Grüntangenten, deren Vervollständigung erklärtes Ziel der kommunalen Landschafts- und Grünordnungsplanung ist.

Lit.: A. v. Buttlar, M. M. Meyer (Hg.), Hist. Gärten in SH, Heide 1996. Me

Gasversorgung Die Anfänge kommunaler G. in der 1. Hälfte des 19. Jh. zielten zunächst auf eine Verbesserung der →Straßenbeleuchtung. K. begann erst im Jahr 1855 die Errichtung einer städtischen Gasanstalt an der →Fleethörn, auf dem Grundstück des heutigen →Rathauses, die bald den rasch wachsenden Bedarf nicht mehr decken konnte. 1887 wurde eine zweite Gasanstalt am Rondeel eröffnet, in der täglich bis zu 18.000m^3 Gas produziert werden konnten. Schon 1895 erreichte sie eine Kapazitätsgrenze und wurde 1913 stillgelegt. Ein neues Gaswerk wurde 1898 unweit des →Nord-Ostsee-Kanals in Betrieb genommen, wo die zur Vergasung eingeführte Kohle direkt von den Schiffen in den Kohlenschuppen verladen werden konnte. Ab 1913 ging das Gaswerk →Wik II in Betrieb. Die städtischen Gasanstalten wurden in Backstein ausgeführt und zeigten den auch für Industriebauten der Kaiserzeit kennzeichnenden historisierenden Baustil, wurden aber nach Stilllegung abgebrochen. Zunehmend nahmen auch Privathaushalte Gas ab, zunächst zu Beleuchtungszwecken, doch seit der Jh.wende auch zum Kochen und Heizen. Das Gasrohrnetz wurde daher fortlaufend ausgebaut. 1902 hatte es eine Gesamtlänge von 85km, 1924 bereits von 233km. Heute beläuft es sich im gesamten Versorgungsgebiet auf mehr als 1.900km. Das Wiker Gaswerk erlitt im →Luftkrieg erhebliche Bombenschäden. Ab 1963 nahmen die →Stadtwerke eine Spaltanlage zur Verarbeitung von Erdölgas in Betrieb und beendeten damit die Eigenproduktion von Stadtgas auf Kohlebasis. 1973 schließlich wurde der K.er Raum an die überregionale Erdgasversorgung angeschlossen. K. bezog nun Erdgas über eine Ferngasleitung aus dem Nordseeraum, das mittels einer Übernahmestation in →Gaarden ins Netz eingespeist wurde. 1972 entstand in →Rönne in einer Tiefe von 1.300m ein unterirdischer Gasspeicher mit einer Speicherkapazität von 2 Mill. m^3 Gas, die erste Salzkaverne auf dem europäischen Festland. Eine zweite Kaverne mit einem Fassungsvermögen von 50 Mill. m^3 wurde 1996 erbaut, eine dritte ist seit 2006 im Bau und auf 70 Mill. m^3 ausgelegt. Heute versorgen die Stadtwerke K. mehr als 60.000 Haushalte in K. und im Raum zwischen Gettorf, Schönberg, Flintbek und Preetz mit Erdgas. Ro

Gasanstalt Wik, 1903

Gauleitung Im Zuge der Neugründung der NSDAP (1925) veranlasste Adolf Hitler die Einrichtung von Parteiuntergliederungen, den sog. Gauen. Anfangs existierten im Dt. Reich 33 solcher Gaue. An ihrer Spitze stand jeweils ein Gauleiter. Er besaß das Führungs- und Aufsichtsrecht über sämtliche untergeordneten Parteigliederungen. Im Gau SH bekleidete dieses Amt während der gesamten ns. Herrschaft Hinrich →Lohse. Er war im März 1925 auf Weisung Hitlers zum Gauleiter ernannt worden und führte die Partei-Geschäfte in den ersten Jahren von seinem Wohnort Altona aus. Als Lohse nach der ns. Machtergreifung auch das staatliche Amt des sh. Oberpräsidenten übernahm, übersiedelte die G. im April 1935 nach K. in die Jensenstr. (heute Stresemannplatz). Im sog. Gauhaus wurde auch der Großteil der ns. Parteiämter untergebracht. Als Gauleiter und Oberpräsident verkörperte Lohse seit 1933 die „Einheit von Partei und Staat". Der Gau SH bestand 1938 aus 21 Kreisen und 800 Ortsgruppen. Mit Verordnung vom September 1939 wurde den Gauleitern zusätzlich das Amt eines Reichsverteidigungskommissars übertragen, im September

1944 außerdem die Aufstellung des Volkssturms. In den Nürnberger Prozessen wurden die Gauleiter als „verbrecherische Gruppe" eingestuft.

Lit.: P. Hüttenberger, Die Gauleiter, Stuttgart 1969. Hü

Gayk, Andreas (geb. 11.10.1893 Gaarden, gest. 1.10.1954 K.), absolvierte zunächst eine kaufmännische Lehre, war dann Journalist bei SPD-Zeitungen, seit 1919 in K. bei der →Schleswig-Holsteinischen Volks-Zeitung. 1927 übernahm er die Führung der Kinderfreundebewegung in K. und organisierte die →Kinderrepublik →Seekamp. 1933 tauchte er in Berlin unter und gab die kritische Wochenzeitschrift „Blick in die Zeit" heraus. Nach 1945 wurde er einer der führenden SPD-Politiker in SH, 1945 Mitglied der K.er Stadtvertretung, dann Stadtrat, 1946 K.er →Bürgermeister, im Oktober 1946 ehrenamtlicher und 1950 hauptamtlicher Oberbgm. Gleichzeitig war er Mitglied des Landtages, 1947–50 Vorsitzender der SPD-Landtagsfraktion und bis 1950 auch Oppositionsführer. Mit der Person G. verbinden die K.er den →Wiederaufbau der Stadt, die bis zu 80% zerstört war. Er rief die Bürger zu freiwilliger, ehrenamtlicher →Trümmerräumung auf, kämpfte gegen die →Demontage der Briten und setzte sich dafür ein, dass die Stadt durch den Aufbau einer →Friedenswirtschaft wieder lebensfähig wurde. Neue Betriebe der Maschinen-, fein- und elektromechanischen Industrie wurden angesiedelt und der →Seefischmarkt gegründet. G. war auch der Schöpfer der neuen →Kieler Woche, die nicht nur eine Veranstaltung für Segler sein sollte, sondern ebenso für Kultur und Politik, in die die Bevölkerung mit einbezogen wurde. Da G. der Gedanke der Völkerverständigung am Herzen lag, regte er die Gründung der Gesellschaft der Freunde →Coventrys an.

Lit.: J. Jensen, K. Rickers, Andreas G. und seine Zeit 1893–1954, Nms. 1974. Ge

Andreas Gayk

Gaykwäldchen Nach der →Trümmerräumung begann im Frühjahr 1948 die städtische Gartenbauabteilung mit der systematischen Bepflanzung von kahlen Trümmerflächen

Gaykwäldchen am Martensdamm, 1950

mit Bäumen und Sträuchern, zumeist schnell wachsenden Pappeln. Die Trümmerbegrünung sollte die trostlosen Flächen überdecken und beugte zugleich Staubentwicklung und Erosion vor. Sie kam zudem vielfach auf Flächen zum Einsatz, die die Stadtplanung gezielt entwickeln wollte; die Bepflanzung verhinderte eine vorschnelle provisorische Bebauung. Oberbgm. Andreas →Gayk hatte sich die Trümmerbegrünung zu eigen gemacht, so dass die sich schnell zu Wäldchen auswachsenden Gehölze als G. bezeichnet wurden. Besonders auffällig waren die G. am Martensdamm auf dem Gelände der späteren →Landesbank oder im Bereich des Großschadensgebiets an der Brunswiker Str. Erstmals im April 1948 organisierte die Stadt auch einen Tag zur Neuanpflanzung von Bäumen in Grünanlagen, Straßen und Schulhöfen, die Schüler vornahmen. Ro

Geheimes Regierungsconseil zu Kiel Das G. fungierte als oberste Regierungsbehörde der gottorfischen Anteile im Hzt. Holstein mit Sitz in K. Vorläuferinstitutionen waren der Geheime Rat (seit 1716) und die Generallandeskommission (seit 1725), die 1727 von Hz. →Karl Friedrich in das G. umgewandelt wurden. Den Vorsitz führte der Hz., seit 1739 ein Statthalter, da die Gottorfer Hzz. seitdem fast immer außer Landes weilten. Das G. war als Direktorium übergeordnete Behörde für alle übrigen Kammern und Kanzleien (→Rentekammer zu Kiel) sowie höchste Gerichtsinstanz. Zu den bekanntesten Mitgliedern des G. zählte Caspar v. Saldern, der von 1762–73 maßgeblich an Reformen im gottorfischen Gebiet beteiligt war. Mit der Übergabe an Dänemark im →Vertrag von Zarskoje Selo (1773) löste sich das G. auf.

Lit.: R. Pries, Das G. in Holstein-Gottorf 1716–73, Nms. 1955. Sl

Hans Geiger

Geiger, Johannes (Hans) Wilhelm (geb. 30.9.1882 in Neustadt/Weinstr., gest. 24.9.1945 Potsdam), forschte zu Radioaktivität und kosmischer Strahlung und entwickelte zusammen mit seinem Doktoranden Walter Müller an der →Christian-Albrechts-Universität den nach ihm benannten Geigerzähler („Geiger-Müller-Zählrohr", 1928). G. begann 1902 ein Studium der Mathematik und Physik in Erlangen. Nach seiner Promotion 1906 wechselte er nach Manchester, u.a. als Assistent des Chemie-Nobelpreisträgers Ernest Rutherford. 1912 kehrte G. nach Berlin zurück, wo er 1924 habilitiert wurde. 1925 erhielt er einen Ruf nach K. als ordentlicher Prof. für Experimentalphysik. 1929 wurde er Prof. in Tübingen, 1936 an der TH Berlin.

Lit.: E. Swinne, Hans G., 2. Aufl., Berlin 1991. Oh

Geistkämpfer Ernst Barlachs expressionistische Großplastik entstand in den Jahren 1927–28 auf Anregung des K.er Stadtbaurats Willy →Hahn. Das „Monument zur Verschönerung der →Altstadt" war für eine Pfeilerecke der →Heiligengeistkirche (Klosterkirchhof) bestimmt und hat nach der Zerstörung der Kirche im 2. →Weltkrieg vor einer vergleichbaren Nische an der →Nikolaikirche einen neuen Standort erhalten. Bis zu 5,50m Höhe streckt sich die Gestalt des bronzenen Schwertengels über dem Raubtierkörper auf dem Bruchsteinsockel. Die Spannung zwischen der in sich gekehrten Wachsamkeit des Engels und dem löwenartigen Tier versinnbildlicht den Kampf des Geistes mit der Triebnatur im Menschen. Die K.er Öffentlichkeit konnte sich mit dem unheroischen Kampf des stillen Wächters nicht anfreunden. Nach 1933 entfaltete sich eine Kampagne gegen das „Dokument kulturbolschewistischen Kulturschaffens", so dass der G. 1937 als Beispiel „entarteter Kunst" abgeräumt wurde. Da die Plastik durch eine Privatinitiative der Materialverwertung entging, konnte die Stadt K. sie in der Nachkriegszeit zurückkaufen und im Jahre 1954 erneut aufstellen. Der G. wurde nun zum „Mahnmal" deklariert, „das uns den Sieg des Geistes über die dunklen Kräfte verkündet". Doch das Tier ist unverletzt, der Kampf ist nicht entschieden, Gefahr und Wachsamkeit bleiben ungebrochen.

Lit.: K. Hupp, Der K.er G. von E. Barlach, K. 1989. Km

Geistkämpfer an der Klosterkirche, vor 1937

Geldbeutel Straßenname in →Dietrichsdorf (seit 1907), der zurückgeht auf eine Koppel mit dem volkstümlichen Namen „Kühls G." Diese Koppel diente dem Ölmüller Kühl als Stapelplatz für Holz, das er in →Oppendorf schlagen ließ und mit großem Gewinn verkaufte. Eb

Gelehrtenschule Die G. findet als „scola seu scolaria in kyl" in mehreren Urkunden Erwähnung. Die Quellen bezeugen nur besitzrechtliche Fragen. Im Jahr 1320 gestattete Gf. →Johann II. von Schauenburg und Holstein dem „Magister Hinricus de culmine nunc scholasticus in Kyl" das Recht, sich in seiner →Schule und auch in seinen gottesdienstlichen Pflichten vertreten zu lassen. Die Schule war bald in den Streit zwischen Stadt, Kirche, Kloster Bordesholm, Landesherrn und privatem Träger verwickelt. Er endete damit, dass Hinricus 1350

Gelehrtenschule, Gebäude an der Dammstraße, um 1900

der Stadt ein Schulgebäude am Nikolaihof schenkte. Erst die →Reformation ordnete die Rechtsverhältnisse. Die Schule wurde ins ehemalige K.er Kloster verlegt. Im Sinne der Bugenhagenschen Kirchenordnung (1542) besaß K. am Ende der Reformationszeit in der Hassstr. eine „gude" Schule, die einzige, die unmittelbar und ohne Neugründung aus einer ma. Stadtschule hervorging. Die „Allgemeine Schulordnung" (1814) des Generalsuperintendenten Adler beschrieb erstmals formal und inhaltlich die Schulart „G." Der Begriff selbst wurde im Regulativ des Jahres 1848 festgeschrieben. Die K.er Schule, 1803 in die Küterstr. umgezogen, erhielt mit dem Übergang in das pr. höhere Schulwesen (1866–76) als „kg.liches Gymnasium" 1868 einen repräsentativen Neubau in der Dammstr. Die inhaltliche Schulkonzeption folgte den Leitworten „Antike, Christentum und Dt.tum". Die obrigkeitsgläubige und kriegsbegeisterte Lehrer- und Schülerschaft verhinderte in der →Weimarer Republik offensiv die Ausbildung demokratischer Strukturen an der Schule, um dann für maßgebliche Teile des Kollegiums im „Dritten Reich" die ersehnte hist. Identität zu finden. Die Protestbewegung der 68er (→Studentenbewegung) stürzte die Schule in eine Autoritätskrise. Die Schule, nach Kriegszerstörung seit 1953 in der Feldstr. ansässig, ist das einzige rein altsprachliche Gymnasium des Landes. Seit 1983 ist es wieder eine städtische Schule.

Lit.: 675 Jahre K.er G., K. 1995. Aw

General Landes- und Ökonomie-Verbesserungs-Direktorium Das G. war eine im März 1766 in K. eingerichtete holstein-gottorfische Behörde, die sich vorrangig um eine Verbesserung der wirtschaftlichen Lage des Hzt. Holstein-Gottorf zu kümmern hatte. Ihre wesentlichen Arbeitsbereiche waren die Landvermessung, die Auflösung der Feldgemeinschaften sowie die Verkoppelung, die Durchführung der jedes zweite Jahr fälligen Landesvisitation und schließlich die Prüfung der Jahresrechnung der nachgeordneten Behörden. Initiator und erster Präsident der Einrichtung war der umtriebige gottorfische Staatsmann Caspar von Saldern. Die Tätigkeit dieser Institution bis zum →Vertrag von Zarskoje Selo (1773) trug wesentlich zur wirtschaftlichen und finanziellen Erholung des Landes bei. Aufgelöst wurde das G. durch einen kg.lich-dänischen Erlass vom März 1807.

Lit.: R. Pries, Das geheime Regierungsconseil in Holstein-Gottorf 1716–73, Nms. 1955. Hü

Geologie Die G. ist die Wissenschaft von der Struktur, der Zusammensetzung und der Entwicklungsgesch. der Erde. Dazu gehören das Vorkommen der für die wirtschaftliche Entwicklung grundlegenden Rohstoffe wie Kohle, Erdöl und Erdgas sowie das Vorkommen, die Verteilung und die Fließverhältnisse des Grundwassers. Der tiefere Untergrund SH wird durch Salzstrukturen beeinflusst, die ihren Ursprung im Aufstieg von Steinsalzen aus mehreren Km Tiefe haben und die z.B. für das Vorkommen von Erdöl (Fallenstrukturen am Salzstock) von zentraler Bedeutung sind. Die Salzstruktur Honigsee durchquert den tieferen Untergrund K.s in Nord-Süd-Richtung, wo sie bis in ca. 1500m Tiefe unter der Oberfläche aufragt. Die heutige Landschaft SH wurde maßgeblich während des Pleistozäns (Eiszeitalter) geformt. Mindestens drei große Vereisungsphasen prägten den Untergrund bis in mehrere hundert m Tiefe. Die vorletzte Vereisung (Saale-Kaltzeit, vor ca. 300.000 bis 130.000 Jahren) formte die Grundzüge des Untergrundes durch einen Wechsel von Abtragung und Ablagerung von Material. Während der Weichsel-Kaltzeit (vor ca. 115.000 bis 11.500 Jahren) wurde ca. die Hälfte SH erneut vom Inlandeis bedeckt. In dieser Phase entstand die Jungmoränenlandschaft Ostholsteins.

Charakteristische Formen sind z.B. die am Gletscherrand „aufgeschobene" Randlage des Hornheimer Riegel (Vieburger Gehölz, Pommerscher Gletschervorstoß) mit ca. 45m Höhe am südlichen Stadtrand von K. Unter dem Eis wurden Tunneltäler gebildet, die durch unter hydrostatischem Druck stehende Schmelzwässer teilweise tief in den Untergrund eingeschnitten wurden. Das Eidertal südlich von K. und das Fuhlenseetal-Schusterkrug sind Beispiele hierfür. Die K.er →Förde wurde durch einen Gletscherlobus und Schmelzwässer geformt. Vor ca. 15.000 Jahren schmolzen die Gletscher ab und in verschiedenen Phasen kam es zur Bildung der heutigen Ostsee. Gb

GEOMAR →Meeresforschung

Gerichtswesen Zu den K. bei der →Stadtgründung verliehenen Privilegien zählte u.a. die Gerichtsbarkeit. Zwar gab es anfangs noch einen vom Landesherren eingesetzten Vogt, der bei der Kriminalgerichtsbarkeit mitwirkte, seit Anf. des 14. Jh. besaß die Stadt dann aber die uneingeschränkte Gerichtsbarkeit sowohl in Straf- als auch in Zivilsachen. Als erste Instanz fungierte dabei das Niedergericht, das sich aus den beiden jüngsten →Ratsherren, die den Vorsitz innehatten, sowie einem Aktuar und zwei Gerichtsdienern zusammensetzte. Appellationsinstanz in Zivilsachen und erste Instanz in „peinlichen" Sachen, d.h. Straffällen, die eine peinigende Leibes- oder Lebensstrafe nach sich zogen, war demgegenüber das Obergericht. Es bestand aus dem Bgm. und dem gesamten Rat, wobei der →Syndikus als rechtsgelehrter Berater hinzugezogen wurde. Der weitere Rechtszug ging dann anfangs an den Lüb. Rat als Oberhof (→Lübisches Recht), vom Ende des 15. Jh. bis 1737 an das →Vierstädtegericht und danach schließlich an die Glückstädter Kanzlei, die nicht nur Verwaltungsbehörde war, sondern auch die Funktion eines Obergerichts hatte. Als letztgültige Oberappellationsinstanzen fungierten bis zum Ende des Alten Reiches Reichskammergericht und Reichshofrat als höchste Reichsgerichte. An deren Stelle trat das 1834 in K. eingerichtete →Oberappellationsgericht, das nach Inkrafttreten des Gerichtsverfassungsgesetzes in ein Oberlandesgericht umgewandelt wurde. Es behielt zunächst seinen Sitz in K., wurde aber 1948 nach Schleswig verlegt. Seit dem Jahre 1867, in dem Pr. alle städtischen und Patrimonialgerichtsbarkeiten aufhob, war K. zusätzlich Sitz sowohl eines erstinstanzlichen Amts- als auch eines zweitinstanzlichen Kreisgerichts bzw. ab 1879 Landgerichts. Beide erhielten in den Jahren 1922–24 am Schützenwall einen baulich mit der 1914–19 errichteten →Justizvollzugsanstalt verbundenen repräsentativen Neubau. Dort befindet sich das Landgericht noch heute, während das Amtsgericht 1978–84 in der Deliusstr. ein eigenes Gebäude erhielt. Neben der ordentlichen Gerichtsbarkeit ist die →Landeshauptstadt K. in neuerer Zeit außerdem Sitz verschiedener Spruchkörper der Spezialgerichtsbarkeiten geworden und beherbergt derzeit in ihren Mauern ein Arbeitsgericht, das sh. Landesarbeitsgericht, ein Sozialgericht sowie das sh. Finanzgericht.

Gebäude des Landgerichts am Schützenwall

Lit.: Gesch. K., 36–37, 107; Denkmaltopografie, 413–415. Kra

Germaniawerft Im Frühjahr 1865 gründeten Finanziers aus England, Hmbg. und Mitteldtld. in Berlin die Norddt. Schiffbau AG, um an der K.er Förde Panzerschiffe für die pr. Marine zu bauen, doch dieser Versuch misslang. 1867 gelang eine Neugründung unter gleichem Namen. Das Betriebsgelände lag auf dem Grundstück der einstigen Holzschiffswerft von Theodor

Hellinge der Germaniawerft, Robert Schmidt-Hamburg, um 1936

Bruhn (1863) in →Gaarden. Die 81 Neubauten (1868–77) bestanden aus größeren und kleineren Dampfern unterschiedlichen Typs. Die Gewinnlage schwankte in wechselhafter Konjunktur wie die Beschäftigtenzahl (1872 um 1.000). Drei defizitäre Aufträge der Kaiserlichen →Marine (eine Kaiseryacht und zwei Korvetten) führten zu einem Konkurs 1879. Die Werft wurde von der „Märkisch-Schlesischen Maschinenbau und Hütten-AG" vorm. „F. A. Egells", Berlin-Tegel, aufgefangen und 1882 an die „Schiff- und Maschinenbau AG Germania", Berlin, verkauft. Dieser Name ging als G. auf die Anlage in Gaarden über. Das Schwergewicht verlagerte sich auf den Marineschiffbau, nicht nur für die Kaiserliche Marine, sondern auch für den Export (Türkei, Russland u.a.). Im August 1896 übernahm der Krupp-Konzern in Essen die Werft, die das Hauptgeschäft des Konzerns (Stahl- und Kanonenfabrikation) sinnvoll ergänzte. Ab 1903 avancierte die G. (1905: 3.700 Mitarbeiter) zur Leitwerft im dt. →U-Bootbau. Die Werft betrieb den Bau von Kriegs-, aber auch Handelsschiffen, Segelschiffen und hochwertigen Segelyachten (1884–1931: 56 Neubauten). Ab 1923 firmierte sie als Friedr. Krupp G. AG K. und fertigte neben Handelsschiffen (u.a. Motorfrachtern) mehrere große Motoryachten. Die Weltwirtschaftskrise ab 1931 überstand die Werft (1930: rund 3.100–3.300 Mitarbeiter) nur dank der Zugehörigkeit zum Krupp-Konzern, der die Verluste deckte. Im 2. →Weltkrieg diente die Werft der Kriegsrüstung unter Einschluss der traditionell führenden Position im U-Bootbau. 1948 befahl die britische Besatzungsmacht die →Demontage der Anlagen.

Lit.: C. Ostersehlte, Die Norddt. Schiffbau AG (NSAG) in Gaarden bei K. (1865–79), in: Mitteilungen des Canal-Vereins 22 (2002), 7–146; R. Schmelzkopf, Die F. Krupp G. und ihre Vorläufer, in: Strandgut 16 (1987), 123–150. Os

Germaniawerft, Luftaufnahme, um 1918

Prieser Liedertafel, um 1900

Gesangvereine Die Sängerbewegung spielte – ähnlich wie die →Turnvereine und die Turnbewegung – in der ersten Hälfte des 19. Jh. eine wichtige Rolle im Streben nach einem dt. Nationalstaat und der Herauslösung SH aus dem →Dänischen Gesamtstaat. Nach dem Tod des K.er Stadtkantors und akademischen Musikdirektors Georg Christian →Apel am 3.8.1841 wurde am 16.10.1841 im K.er Correspondenz-Blatt unter der Überschrift „Holsatia cantabit" zur Gründung einer Liedertafel aufgerufen. Der Aufruf richtete sich zunächst v.a. an die „academische Jugend", aber schon in den nächsten Wochen wurde deutlich, dass die Liedertafel nicht nur der gebildeten Jugend, sondern talentierten Sängern aus allen sozialen Schichten offen stehen sollte. Am 29.11.1841 gründeten über 100 Interessierte im Univ.gebäude die „K.er Liedertafel" und trafen sich fortan zu wöchentlichen Singübungen. Ab 1842 organisierte die K.er Liedertafel mit befreundeten G. mehrere Volksfeste in K. und Umgebung, die aus einem Festmahl, Vorträgen und v.a. gemeinsamen Singen bestanden. Die Männerg. und Liedertafeln sahen sich als einen wichtigen Teil der sh. Bewegung und suchten durch das Sammeln, Aufzeichnen und Singen alter Volkslieder die Heimatverbundenheit und das Nationalbewusstsein der Bevölkerung zu stärken. So heißt es in der überarbeiteten Satzung von 1845, dass die K.er Liedertafel auch der „Erweckung nationaler Gefühle und Gesinnungen" diene. Bereits 1844 wurde auf dem Dt. Sängerfest in Schleswig durch den Schleswiger G. von 1839 unter Leitung des Musikdirektors der K.er Liedertafel Carl Grädener zum ersten Mal das „SH Lied" gesungen. Wegen ihrer prodt. Einstellung waren die Liedertafeln den dänischen Behörden suspekt. Seit Mitte des 19. Jh. gründeten sich viele neue patriotisch gesinnte G. in K., u.a. die →Neumühlen-→Dietrichsdorfer Liedertafel von 1846, der Männerchor „Germania" K. 1864, der G. Germania K.-→Wellingdorf von 1873 und die Winterbeker Liedertafel 1874. Der G. „Harmonie 09" in K.-→Gaarden wurde von Arbeitern der →Germaniawerft gegründet: Im Kaiserreich bot sich der Arbeiterschaft durch die Gründung von Männerg. auch eine Möglichkeit, die Einschränkung der Vereinsfreiheit im Rahmen des Sozialistengesetzes (gültig von 1878–90) zu umgehen. Im 1. →Weltkrieg gaben die in der Heimat verbliebenen Sänger zahlreiche Wohltätigkeitskonzerte zur Unterstützung von Kriegsversehrten und Hinterbliebenen. Durch Zeichnung von Kriegsanleihen verloren viele G. gleichzeitig einen großen Teil ihres Vermögens. Im →Nationalsozialismus wurden die G. weitgehend gleichgeschaltet. Heutzutage propagieren die G. keine politischen Zwecke mehr und konzentrieren sich auf die mitunter länderübergreifende Pflege des Liedgutes.

Lit.: H. Unverhau, Gesang, Feste und Politik, Frankfurt/Main 2000. Ra

Gesellschaft freiwilliger Armenfreunde, Siegel von 1794

Gesellschaft freiwilliger Armenfreunde 1793 entstand im Geist der Spätaufklärung und auf Anregung August →Niemanns die G. Sie unterstützte durch ehrenamtliche Pfleger Arbeitsunfähige und Arme mit Geldbeiträgen, Mietbeihilfen, Kleidung, Feuerung und medizinischer Behandlung, unterwarf sie dadurch aber auch totaler

Kontrolle. Eine Arbeitsanstalt sollte zum arbeitsamen Leben erziehen, die 1796 gegründete →Sparkasse der Vorsorge von Dienstboten bei Krankheit und Alter dienen und die Leihkasse von 1799 Kleinhandwerker mit billigen Krediten unterstützen. 1870 ging mit dem „Gesetz über den Unterstützungswohnsitz" die Armenversorgung an die Stadt über. Die G. wandte sich daraufhin neuen Aufgaben zu: der Fürsorge für entlassene Strafgefangene, der Einrichtung von Mägdeherbergen, Volksbibliotheken sowie einer Frauengewerbeschule und Ausbildungsanstalt für Kindermädchen, einer Haushaltungsschule für unbemittelte Mädchen, Volksbädern, Warteschulen für Kleinkinder, Kaffeeschenken und →Volksküchen, Ferienkolonien und Morgenspeisung von Schulkindern, Arbeits- und Wohnungsnachweisstellen und Altersheimen. Während des 1. →Weltkriegs lagen die Schwerpunkte der G. auf Kinderbetreuung und Volksernährung. In den Volksküchen am Klosterkirchhof und in der Boninstr. wurden 1917 täglich 7.000 Personen bespeist. Nach dem Ende des Krieges beschränkte sich die Arbeit der G. auf das Altenheim „Kaiser-Wilhelm-I.-Stift", die Volksküche, die Warteschulen und Knabenhorte. Im Oktober 1933 wurden ihre Aufgaben bis auf die Altenfürsorge von der NS-Volkswohlfahrt übernommen. Das Stift wurde 1936–37 ausgebaut, während des Krieges jedoch für die HJ beschlagnahmt. Seit Anfang 1946 versorgte die Volksküche wieder Schulkinder und Erwachsene. 1964 wurde sie geschlossen und das Gebäude verkauft. Der Schwerpunkt der G. lag von nun an auf dem „Kaiser-Wilhelm-I.-Stift", das seit 1968 kontinuierlich umgebaut und 1990 durch einen Neubauflügel zu einem Alten- und Pflegeheim sowie Servicehäusern erweitert wurde.

Lit.: K. D. Sievers, K. Stukenbrock, Christliches Wohlwollen und braver Bürgersinn, Nms. 1993. Si

Gesellschaft für Kieler Stadtgeschichte
Die G. wurde am 10.12.1875 von liberalkonservativen Kreisen aus der gehobenen Mittelschicht gegründet, um in einer Phase größerer Veränderungen in der Stadt den Sinn für deren Gesch. zu wecken und zu

Gebäude der Gesellschaft freiwilliger Armenfreunde (1873–75), Entwurf von Heinrich Moldenschardt

erhalten. Der Verein setzte sich das Ziel, zunächst stadtgeschichtliche Materialien und Archivalien für eine →Stadtbücherei und ein Stadtmuseum zu sammeln, ferner mit Vorträgen, Exkursionen und Zeitungsartikeln an die Öffentlichkeit zu treten und eigene hist. Publikationen („Mitteilungen" seit 1877) herauszugeben. Vor dem 1. Weltkrieg erschienen v.a. Quellenpublikationen ma. Stadtbücher, topografische und statistische Arbeiten. Die 1920er Jahre waren durch eine intensive Öffentlichkeitsarbeit, Mitgliederwerbung und eine engere Zusammenarbeit mit anderen Vereinen und Ins-

Gesellschaft für Kieler Stadtgeschichte, Siegel

titutionen in der „Arbeitsgemeinschaft der kulturellen Vereine in K." gekennzeichnet. In der NS-Zeit wurde die G. „gleichgeschaltet" und nach dem Führerprinzip zunehmend verwaltet. Sie stützte das NS-Regime und förderte v.a. die Familienforschung, die, als solcher ein etablierter Forschungszweig, durch die Rassenlehre pervertiert wurde, jedoch grundlegend Früchte trug in der Erarbeitung des „Bürgerbuchs der Stadt K.", in dem die →Bürger seit 1600 aufgeführt sind. In den Kriegs- und anschließenden Notzeiten zwischen 1940–48 erschienen keine Veröffentlichungen. Als die G. ihre Arbeit 1947 wieder aufnahm, konzentrierte sie sich auf eine differenzierte Breitenarbeit, u.a. mit Stadtteilveranstaltungen und entsprechenden Publikationen, auch das Bürgerbuch konnte erscheinen. Sie setzte sich für die denkmalpflegerische Erhaltung der vom Bombenkrieg verschonten hist. Bausubstanz ein und sprach sich 1951 erneut für die Einrichtung eines Stadtmuseums aus. Seitdem folgten zahlreiche Stellungnahmen und Resolutionen zu tagesaktuellen kulturellen und kulturpolitischen K.er Fragen und Vorhaben. Anlässlich des 750-jährigen Stadtjubiläums kam 1991 mit der „Gesch. der Stadt K." die erste wissenschaftliche Gesamtdarstellung heraus. Kennzeichnend für die letzten Jahrzehnte ist eine verstärkte Kooperation mit den einschlägigen Univ.-instituten. Aus der traditionellen Zusammenarbeit mit dem →Stadtarchiv hat sich seit den 1970er Jahren eine Förderung des →Stadt- und Schifffahrtsmuseums ergeben. Sie erstreckt sich auf gemeinsame Veranstaltungen, Schriftenpublikationen und Anschaffungen für das Museum. Die G. verfügt zusammen mit dem Stadtarchiv über eine sehr große Fotosammlung, die im Stadtarchiv verwahrt wird. Mit ihren seit den 1970er Jahren konstant weit über 1.000 Mitgliedern ist die G. einer der großen Geschichtsvereine in Dtld.

Lit.: K. Wriedt, Hundert Jahre G., in: MKStG 59 (1975). Je

Gestapo Im Mai 1933 wurde aus der Abteilung politische Delikte und Spionage der Polizei die Staatspolizeistelle und bis Anf. 1935 die Geheime Staatspolizei K. gebildet. Sie war zuständig für die Verfolgung der politischen Gegner des Nationalsozialismus, konnte Schutzhaft anordnen, die zur Inhaftierung in Konzentrationslagern führte, und handelte unabhängig von der Kontrolle durch die Justiz und den Polizeipräsidenten. Ende 1935 bezog die G. ihren endgültigen Sitz in der Düppelstr. 23. In diesem Haus standen drei Haftzellen im Keller zur Verfügung, die dazu dienten, Häftlinge verhören und foltern zu können. Nach einer Reihe von organisatorischen und territorialen Veränderungen wurde die G.stelle in K. im April 1937 für SH zuständig und umfasste fünf Außenstellen sowie mehrere Grenzkommissariats- und -polizeiposten. 1934 umfasste die politische Polizei 133 Mitarbeiter, davon waren 27 für K. zuständig. Bis 1937 erweiterte sich der Mitarbeiterstab auf 177, um im Krieg auf 250 ausgebaut zu werden. Eine lückenlose Überwachung und Terrorisierung der sh. Bevölkerung war mit diesem Mitarbeiterstab nicht denkbar. Sie war deshalb auf die Zusammenarbeit mit der Polizei angewiesen und konnte auf Anzeigen, Verunglimpfungen und Denunziationen der Bevölkerung zählen. Erst dadurch funktionierte der Überwachungsapparat so gut, denn letztere überwachte sich in der ns. „Volksgemeinschaft" größtenteils selbst. Die sh. G. zerschlug bis 1937 den Widerstand aus der →Arbeiterbewegung und beteiligte sich ab 1938 verstärkt an der Verfolgung entrechteter Gruppen wie „Juden", „Zigeuner" und „Arbeitsscheue". Im 2. →Weltkrieg war sie für die Überwachung der nach Dtld. zumeist zwangsweise verschleppten Arbeitskräfte, den Zwangsarbeitern, zuständig. Sie errichtete 1944–45 das →Arbeitserziehungslager Nordmark und war für die dort verübten Massenmorde im April 1945 verantwortlich. Seit 2000 erinnert ein Mahnmal vor der Düppelstr. 23 an die Gesch. der sh. G.

Lit.: G. Paul, Staatlicher Terror und gesellschaftliche Verrohung: die G. in SH, Hmbg. 1996. Om

Gewerbeausstellung Nach der Eröffnung des →Nord-Ostsee-Kanals 1895 erlebte K. im Jahr darauf als weiteren gesellschaftlichen Höhepunkt die „Ausstellung der Pro-

Gewerbeausstellung, Plakat zur Provinzialausstellung in Kiel, Fritz Stoltenberg, 1896

vinz SH", die die Leistungsfähigkeit von Industrie und →Handwerk zur Schau stellte und in der angeschlossenen „Internationalen Ausstellung für Schifffahrt und Fischerei" Zeugnis für die enge Verbundenheit K.s und der Provinz zum Meer ablegte. Daneben gab es u.a. eine Kunstausstellung und eine hist. Ausstellung über die Jahre 1815–64. Die G. fand auf dem Gelände zwischen Belvedere, Düvelsbeker Weg und Wiker Bucht statt und dauerte von Mai bis September. V.a. wohl wegen der Attraktivität einer Berliner G. im Jahr zuvor und der unbefriedigenden Mitarbeit von Unternehmen erfüllten Besucherzahl (ca. 705.000) und Einnahmen bei weitem nicht die Erwartungen. Allein die Exponate der hist. Ausstellung blieben erhalten, sie wurden von dem eigens gegründeten Verein „Hist. Landeshalle für SH" übernommen und befinden sich heute in der →Landesbibliothek.

Lit.: R. Paczkowski, Die große Provinzialausstellung in K. 1896, in: SH (1995), 140 f. Rt

Gewerkschaften G. in demokratischen Wirtschaftssystemen sind unabhängige Interessenvertretungen lohn- und gehaltsabhängiger Arbeitnehmer, deren Hauptaugenmerk auf der Tarifpolitik liegt. Ihre Durchsetzung erfolgt v.a. mit dem Mittel des Streiks und seiner Vorstufen. Außerdem befassen sich G. mit der Fortbildung und Rechtsberatung der Arbeitnehmer sowie mit Fragen des Arbeitsschutzes und der sozialen Absicherung. Die G. sind seit dem Stinnes-Legien-Abkommen von 1918 als offizielle Vertreter der Arbeitnehmer anerkannt. Während in Dtld. bereits im Zuge der Revolution 1848 erste gewerkschaftliche Berufsverbände entstanden, sind die Anfänge der K.er G. in pr. Zeit gegen Ende der 1860er Jahre im →Schiffbau zu suchen. K.s Ausbau zum →Reichskriegshafen nach 1871, die damit einhergehende umfassende →Industrialisierung und das starke Anwachsen der Arbeiterschaft bildeten die Basis für die 1875 gegründete Metallarbeiter-Gewerbegenossenschaft. Weitere lokale G.vereine mit zunächst noch geringem Organisationsgrad und niedriger Mitgliederzahl folgten. Durch das Sozialistengesetz 1878–90 verboten, blieb der Zusammenhalt der Mitglieder durch private Treffen und die Gründung von Ersatzorganisationen erhalten, was einen schnellen Wiederaufbau ab 1890 und den Zusammenschluss zum K.er Kartell 1893 ermöglichte. V. a. die sozialistisch orientierten freien G., deren Generalkommission der spätere SPD-Reichstagsabgeordnete Karl →Legien vorsaß, konnten in

Gewerkschaften, Plakat zum 1. Mai, 1948

K. Fuß fassen. Seit der Jh.wende verzeichneten die K.er G. einen starken Anstieg der Mitgliederzahl von 7.643 (1902) auf 22.236 (Juli 1914). 1907 wurde das →Gewerkschaftshaus an der Fährstr., der heutigen Legienstr., eingeweiht. Nach einem Burgfriedensabkommen im 1. →Weltkrieg und einer turbulenten Zwischenkriegszeit, während der u.a. der →Arbeiter- und Soldatenrat im Gewerkschaftshaus tagte, wurden die G. 1933 von den Nationalsozialisten aufgelöst und durch die Dt. Arbeitsfront (DAF), einer Zwangsorganisation für Arbeitnehmer und Arbeitgeber, ersetzt. Die britische Besatzung ließ eine Neubildung zunächst nur unter den strengen Auflagen der dezentralen Organisation und des Verzichts auf Lohnverhandlungen zu. Gewerkschaftsarbeit im eigentlichen Sinne wurde erst mit der Währungsreform 1948 und der nun freien Verhandelbarkeit von Tarifverträgen möglich. Mit der Gründung des Dt. Gewerkschaftsbundes (DGB) 1949 erhielten die G. der BRD einen gemeinsamen Dachverband und überwanden die bisherigen Richtungsstreitigkeiten. Heute gehört K. zur sog. K.E.R.N.-Region des DGB. Alle großen dt. G. sind in dieser Region vertreten.

Lit.: F. Stamp, Arbeiter in Bewegung, Malente 1997. Fi

Gewerkschaftshaus Vom Architekten Carl Voss entworfenes und am 26.7.1907 vom Gewerkschafter und K.er SPD-Reichstagsabgeordneten Karl →Legien eingeweihtes Backsteingebäude in der heutigen Legienstr. Nach Plänen von Arnold Bruhn 1926 erweitert, 1975 nach einem Großbrand wieder aufgebaut. Im November 1918 traf sich der K.er →Arbeiter- und Soldatenrat im G. Am 2.5.1933 wurde es von der SA besetzt und von der gleichgeschalteten Dt. Arbeitsfront übernommen. Nach der Zwangsversteigerung 1935 und dem Erwerb durch die Stadt K. wurde es von 1945–47 von der →britischen Besatzungsmacht als „Empire House" genutzt. Seit 1947 wieder im Besitz der →Gewerkschaften. Während des 16-wöchigen →Metallarbeiterstreiks 1956–57 war es zentraler Tagungsort der Metallarbeiter. Es dient heute der beruflichen Fortbildung, Rechtsberatung und Kulturarbeit der Gewerkschaften.

Lit.: K. Köpke, Zur Gesch. des K.er G., in: MKStG 79 (1999), 277–288. Ra

Gewerkschaftshaus in der Legienstr., Postkarte, um 1930

Gildefest der Ellerbeker Buttgilde, 1960

Gilden Als G. werden bruderschaftliche Vereinigungen bezeichnet, die zur gegenseitigen Unterstützung und zu geselligen Zusammenkünften gegründet wurden. Im MA verfolgten G. zumeist religiöse Zwecke; gesellige Ereignisse verbanden sich mit dem Gebet am Altar der G. für das Seelenheil der verstorbenen Mitglieder. So sind in K. 1472 eine St. Katharinen-, St. Erasmus-, St. Gertruden-, St. Peter- und -Pauls-, St. Nikolaus-, Unserer-Lieben-Frauen- und eine Elendeng. belegt. Schützeng. entstanden, um an den Schusswaffen für den Verteidigungsfall zu üben. Als älteste K.er Schützeng. kann sich die →Große Grüne Schützeng. bis ins Jahr 1412 zurückführen. Oft unterhielten G. eine Sterbekasse, die für ein würdiges Begräbnis der G.brüder sorgte. Auch dienten G. als Versicherungen ihrer Mitglieder insbesondere gegen Hausbrand. Höhepunkt des geselligen Lebens war und ist das G.fest, das bei fast allen G. in einem Kg.schießen kulminiert. In dieser Tradition stehen u.a. die Neumühlener Große G. (1635), die Brunswiker Schützeng. (1638), die Ellerbeker Buttgilde (1666), die Alte Gaardener G. (1738), die Rönner Beliebung (1773), die Neumühlener Roseng. (1821), die Wilhelminen-Schützeng. (1831) und die K.er Bürgerschützeng. (1858). In pr. Zeit zeigte sich die Popularität des Schießsports in weiteren Vereinsgründungen: So ist der Schützenverein Hubertus von 1891 heute mit 250 Mitgliedern der größte K.er Schützenverein.

Ro

Arthur Gloy

Gloy, Arthur Hermann (geb. 26.4.1867 K., gest. 9.3.1934 K.). Im Vorschulalter an Kinderlähmung erkrankt und seitdem stark gehbehindert, besuchte G. von 1876–87 die K.er →Gelehrtenschule und studierte anschließend in K. und Göttingen Gesch., Geografie, Klassische Philologie, nordische Sprachen und Germanistik. 1892 mit einer Arbeit zur Siedlungskunde Nordelbingens promoviert, trat er 1893 in Altona in den Schuldienst ein. Von 1894 bis 1903 unterrichtete er an der Oberrealschule im Knooper Weg (heute Humboldtschule) und gehörte anschließend zu den Gründungslehrern der Oberrealschule I in der Waitzstr. (seit 1922 Hebbelschule), wo er bis zu seiner Frühpensionierung 1924 lehrte. Er verfasste zahlreiche Publikationen zur Gesch. K.s, zur Siedlungsgesch. Ostholsteins, zum Kirchspiel Hademarschen und zum Amt Kronshagen und wirkte entscheidend an der heimatgeschichtlichen Ausgestaltung der sh. Lehrbücher für den Dt.unterricht an den höheren Schulen mit.

Lit.: Lebensläufe, 103–105, 361. Ra

„Onkel Ludwig" (Ludwig Gödecke)

Gödeke, Ludwig („Onkel Ludwig") (geb. 6.1.1886 K., gest. 7.3.1967 Pinneberg), war als liebenswürdiger und bestimmter Parkplatzwächter stadtbekannt. Der gelernte Schiffbauer hatte in den 1920er Jahren zunächst die Fahrradstation am Rathaus übernommen und arbeitete dann bis ins hohe Alter als Parkplatzwächter auf dem →Alten Markt. 1967 verstarb er an den Folgen eines Raubüberfalls. Seit dem gleichen Jahr erinnert an ihn eine bronzene Gedenktafel am Alten Markt.

Ro

Goldeimer Als G. werden spöttisch die Metallkübel bezeichnet, mit denen die Fäkalienentsorgung in K. durchgeführt wurde, bevor es ein umfassendes Abwassersystem mit Hausanschlüssen und Wasserklosetts gab. Obwohl die Stadt im Jahr 1885 mit der planmäßigen →Kanalisation begann und um die Jh.wende bereits manche Wohnung eine Spültoilette erhielt, waren noch 1910 über 20.000 G. in den „Plumpsklos" – meist auf halber Treppe, im Keller oder auf dem Hof der Wohnhäuser – in Gebrauch und wurden einmal pro Woche von der städtischen Reinigungsanstalt abgeholt, entleert und gesäubert. Im Jahr 1980 gab es noch 300 G. in K., im Jahr 2000 noch sieben. Ha

Goldenes Buch Der Lederkünstler Georg Hulbe schenkte seiner Heimatstadt K. 1911 ein prachtvolles G., in das sich als erste Kaiser Wilhelm II. und seine Familie anlässlich der Einweihung des →Rathauses eintrugen. In der Folge finden sich nur wenige Einträge von hohen Staatsgästen, wie den Reichspräsidenten Ebert und Hindenburg, dagegen viele Gruppeneinträge, etwa von Kriegsschiffbesatzungen oder von Teilnehmern wissenschaftlicher Kongresse. Schließlich wurde das Buch nur noch zur Soldatenehrung im 2.→Weltkrieg benutzt. Nach 1945 wurde ein neues G. angelegt. Heute dürfen sich nur noch hohe Staatsgäste in das G. eintragen; für einfache Empfänge hält die Stadt ein Gästebuch bereit. Ro

Goldenes Buch der Stadt Kiel von 1911

„Gorch Fock" I, 1933

„Gorch Fock" Die auf der Hmbg. Werft Blohm + Voss gebaute Dreimastbark G. wurde 1958 als Segelschulschiff der Bundesmarine in Dienst gestellt. Das knapp 90m lange und 12m breite Schiff hat einen Tiefgang von 5,25m und kann über 2.000m² Segelfläche setzen. Die G. ist der zweite Großsegler dieses Namens. Der 1933 ebenfalls in Hmbg. vom Stapel gelassene Vorgänger liegt heute nach einem abenteuerlichen Werdegang zwischen Versenkung (1945) und Wiederindienstnahme (1951) durch die sowjetische Kriegsmarine im Stralsunder Hafen. Benannt sind beide Schiffe nach dem in Finkenwerder geborenen Schriftsteller Johann Wilhelm Kinau (1880–1916), der unter seinem Pseudonym G. v.a. Bücher mit maritimer Thematik (u.a. „Seefahrt ist not!", 1913) verfasste. Über 14.000 Offiziers- und Unteroffiziersanwärter, darunter auch weibliche Kadetten, haben seit Indienstnahme eine praktische und theoretische Ausbildung an Bord erhalten. Mehr als 150 Törns, von denen der längste 343 Tage dauerte, summieren die Gesamtlaufleistung des Schiffes auf rund 700.000 Seemeilen. Auch wenn die Bark als äußerst strapazierfähig gilt, mussten zwischenzeitlich einige Generalüberholun-

„Gorch Fock" II im Heimathafen Kiel

gen erfolgen. Die Galionsfigur – ein Albatros – ist schon mehrere Male in rauer See versunken, wurde aber immer wieder durch einen neuen Sturmvogel ersetzt. Als Heimathafen steuert die abwechselnd als „Botschafter in Blau" oder „Weißer Schwan der Ostsee" titulierte Bark die K.er Tirpitzmole an. Seit 1960 nimmt die G. regelmäßig an Großseglertreffen und Regatten teil. Bereits auf dem ausgemusterten 10-DM-Schein abgebildet, wurden zum 50-jährigen Jubiläum des Stapellaufs eine Euro-Gedenkmünze geprägt und eine Sonderbriefmarke in Umlauf gebracht. Die schweren Unfälle an Bord – zuletzt ein tödlicher Vorfall im Herbst 2008 – erinnern daran, wie gefährlich die Ausbildung bei Wind und Wellen mitunter sein kann.

Lit.: H. Walle, 50 Jahre Segelschulschiff G., Hmbg. 2008. We

Gotsch, Friedrich Karl (geb. 3.2.1900 Pries, gest. 21.9.1984 Schleswig), studierte in K. Philosophie und Kunstgesch., wechselte dann an die Sächsische Akademie nach Dresden, wo er 1921–23 Meisterschüler von Oskar Kokoschka war. Längere Studienaufenthalte verbrachte er in den USA, in Italien, Frankreich, München und lebte dann als Maler in Berlin. Nach dem 2. →Weltkrieg ging G. nach Eiderstedt, war Lehrer an der Bauschule in Hmbg. und 1951 Mitglied des K.er Kultursenats. Danach widmete er sich ausschließlich der Kunst. Seine Werke umfassten vorwiegend Ölgemälde, Aquarelle, Zeichnungen und Druckgrafiken. Beherrscht wird seine stets gegenständliche Malerei von vier Themen: Porträt, Landschaft, Figurenbilder mit literarischem oder kunsthist. Bezug. 1956 erhielt G. den Kunstpreis des Landes SH und 1971 den Prof.titel der sh. Landesregierung.

Lit.: Lebensläufe, 106–108, 361. Ge

„Graf Zeppelin" Der im Dezember 1938 bei den →Deutschen Werken in K. vom Stapel gelaufene einzige dt. Flugzeugträger war ein Prestigeobjekt der dt. Kriegsmarine. Die Entwicklung geeigneter Flugzeuge und die Ausbildung seeerfahrener Flieger verzögerten

„Graf Zeppelin", Stapellauf bei den Deutschen Werken, 1938

jedoch die Indienststellung des 250m langen Trägers. Bei Kriegsbeginn wurde der Ausbau gestoppt. Ende 1942 wieder aufgenommen, wurden die Arbeiten im Februar 1943 endgültig eingestellt. Der fast fertig gestellte Träger wurde 1945 vor Stettin versenkt. Nach ihrer Hebung 1947 sank die „G". auf ihrer Überführung als Kriegsbeute in die Sowjetunion. Das Wrack wurde im Juli 2006 von einer polnischen Ölbohrfirma entdeckt.

Lit.: U. Israel, Einziger dt. Flugzeugträger G., Herford 2002. He

Karl Grammerstorf

Grammerstorf, Karl (geb. 5.7.1888 Lüb., gest. 6.5.1966 K.), kam nach einer Lehre als Speditionskaufmann im Jahr 1908 nach K., wo er 1914 eine eigene Maklerfirma an den Holtenauer →Schleusen gründete, die sich seit den 1920er Jahren auch als Reederei im Nord-Ostseegeschäft betätigte. Das Unternehmen wuchs und erwarb eine Reihe von Dampfern, die jedoch im 2. Weltkrieg verloren gingen. Im Jahr 1949 erhielt er von der britischen Besatzung die Erlaubnis, wieder als Reeder und Makler zu arbeiten; er begann eine neue Flotte aus umgebauten Schadensschiffen aufzubauen und bemühte sich um die Wiederbelebung der dt. Handelsschifffahrt. In der Nachkriegszeit spielten seine Schiffe auch eine besondere Rolle bei der Versorgung der K.er Bevölkerung mit Lebensmitteln. In den 1950er Jahren verfügte die Reederei über sechs Schiffe, die teilweise ins Mittelmeer und um Kap Hoorn fuhren, hauptsächlich jedoch im Nord- und Ostseeverkehr eingesetzt wurden.

Lit.: F. Brustat-Naval, Zwischen Ostsee und Ostasien, Herford 1973, 52–58. Ti

Gries-Danican, Helene (geb. 5.9.1874 K., gest. 27.3.1935 Braunschweig), erhielt ihren ersten Unterricht seit 1895 bei Georg →Burmester. Zur weiteren Ausbildung ging sie nach Dresden an die Kunstschule Kops, nach Paris an die Académie Colarossi und nach Berlin an die Malschule der Künstlerin Dora Hitz. Nach der Rückkehr in ihre Heimat nahm sie wiederholt an den Ausstellungen der sh. Kunstgenossenschaft teil, in der sie 1906 Mitglied geworden war. Zu den Höhepunkten in ihrem Werk gehören die expres-

Helene Gries-Danican, Waldweg im Oktober, o.J.

siven, farbintensiven Gemälde, die sie während der Sommermonate der Jahre 1908–12 in der Künstlergruppe Barsbek in der Probstei und 1913 in der schwedischen Künstlerkolonie Arild schuf. Nachdem sie während des 1. Weltkriegs zur Sicherung des Familienunterhalts v.a. kunsthandwerkliche Arbeiten ausgeführt hatte, schuf sie seit den 1920er Jahren noch einmal zahlreiche Gemälde, zumeist mit Motiven der sh. Meerlandschaften.

Lit.: T. Wolf-Timm, M. Wolf, Helene G.-D. (1874–1935), K. 2008. Wo

Große Grüne Schützengilde von 1412 Die Stiftungsurkunde der G. datiert vom 4.6.1412 – damit gehört die G. zu den ältesten noch bestehenden →Gilden in SH. In dieser angesehenen geselligen Vereinigung übten die Gildebrüder den Umgang mit den Schusswaffen der Zeit ein, mit der Armbrust zunächst, dann mit der Büchse. Sinnbild der Gilde war der Vogel, schon früh als Papagei bezeichnet, nach dem beim Gildefest geschossen wurde. Die G. bot ihren Mitgliedern seit dem 17. Jh. als Brand- und Totengilde auch eine Feuerversicherung und eine würdige Bestattung. Ihren Höhepunkt erlebte die G. im 18. Jh., als neben zahlreichen Adeligen auch Hz. Karl Friedrich von Holstein-Gottorf der Gilde beitrat und sie wiederholt Landesherren die Schützenkg. würde andiente. Bis 1896 befand sich der Schießplatz an der Prüne, dann verlegten die Schützen ihr Festgelände weit vor die Stadt an den heutigen →Westring.

Lit.: H. Sievert, 550 Jahre G. in K., K. 1962. Ro

Groth, Claus (Klaus) Johann (geb. 24.4.1819 Heide, gest. 1.6.1899 K.). Der Dichter des „Matten Has" gilt als Begründer der neundt. Dichtung. Bekannt wurde er durch den „Quickborn" (1852), einer Sammlung lyrischer Texte in ndt. Sprache. Mit melancholischem Blick näherte er sich dem Alltag der Menschen in ihrer Sprache. Seinem musikalischen Poesiekonzept folgend wurden viele seiner Texte vertont. 1853 ging G. nach K., wo er 1866 den Prof.titel erhielt. Die Städte K. und Heide verliehen ihm die Ehrenbürgerschaft. Seit 1912 steht das von Heinrich Missfeld geschaffene Klaus-G.-Denkmal am →Kleinen Kiel. Seinem Leben und Werk widmet sich die Klaus-G.-Gesellschaft in Heide.

Lit.: Lebensläufe, 108-110, 362. Ja

Klaus Groth

Grünflächen- und Siedlungsplan Der →Stübbenplan hatte bis 1918 Gültigkeit, war aber danach obsolet geworden, da die politischen und wirtschaftlichen Voraussetzungen zu dessen Umsetzung entfallen waren. 1922 legten Willy →Hahn und der Gartenarchitekt Leberecht Migge einen Plan zur Neustrukturierung der Stadt vor, der pragmatisch und visionär zugleich war. Die bestehende Bebauung beidseits der →Hörn war als „Hochbauzone" bzw. als „Industriegebiet" vorgesehen, neue Siedlungsgebiete dagegen als „Flachbauzonen" mit ein- bis dreigeschossigen Wohnhäusern mit großen Gärten. Der Wechsel von der Hoch- zur Flachbauweise ist an der Lantziusstr. erkennbar, deren Breite durch den Stübbenplan festgelegt war, die Reihenhäuser sind jedoch nur zweigeschossig (ab 1920). Die neuen Siedlungsflächen sollten von der älteren Bebauung und untereinander durch bandartige Grünstreifen getrennt werden. Die Durchgrünung der Stadt mit Spiel- und Sportplätzen sollte nicht nur dem Stadtklima und der Erholung dienen, sondern auch der Selbstversorgung der Bewohner mit Obst und Gemüse und der körperlichen Betätigung in →Kleingärten. Der Zeit weit voraus war die ökologische Vision, die erst in den 1980er Jahren an Akzeptanz gewinnen sollte.

Lit.: D. Beier, K. in der Weimarer Republik, K. 2004. Me

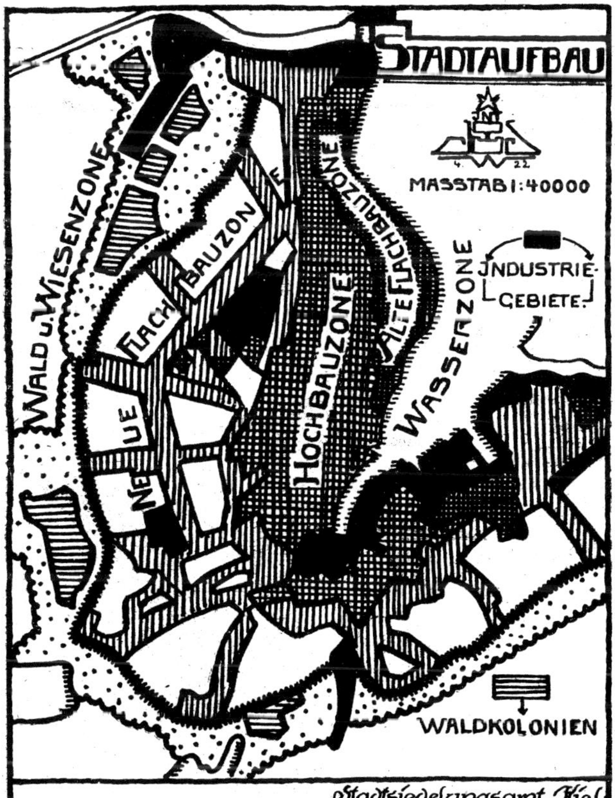

Grünflächen- und Siedlungsplan, 1922

Hänel, Albert Friedrich (geb. 10.6.1833 Leipzig, gest. 12.5.1918 K.), studierte in Wien, Leipzig und Heidelberg Jura und wurde 1857 in Leipzig promoviert. Nach der dort erfolgten Habilitation wurde er 1858 auf ein Extraordinariat nach Königsberg berufen und wechselte 1863 als ordentlicher Prof. der Rechte an die →Christian-Albrechts-Universität, wo er bis zu seiner Emeritierung im Jahre 1911 wirkte. Sein Interesse galt zunächst v.a. der Rechtsgesch., in seiner K.er Zeit machte H. sich aber hauptsächlich als Staatsrechtler einen Namen. Daneben war er als K.er Stadtver-

Albert Hänel

ordneter (1869–77), Mitglied des pr. Abgeordnetenhauses (1867–85, 1886–88) sowie des Reichstages (1867–93, 1898–1903) ein bedeutender linksliberaler Politiker. In K. verwandte er sich als Vorsitzender des sh. Kunstvereins (1890–1917) u.a. für den Neubau der →Kunsthalle. Seine Villa in der →Bergstraße nebst Inventar und umfangreicher Bibliothek vermachte H. dem Juristischen Seminar der CAU.

Lit.: SHBL 4 (1976), 76–79. Kra

Hafen, Löschen von Getreide am Sartorikai, um 1950

Hafen Der K.er H. ist nach Lüb. und Rostock der bedeutendste dt. Ostseehafen mit regelmäßigen Verbindungen nach Skandinavien, den baltischen Ländern und Russland. Er wird v.a. im Personenverkehr (→Fährlinien) genutzt und seit einigen Jahren zunehmend von Kreuzfahrtschiffen angelaufen (→Kreuzschifffahrt). Der natürliche Tiefwasserhafen ermöglicht auch großen Schiffen einfache und sichere Manöver. Die unmittelbare Cityanbindung der wichtigsten Fährterminals gilt als touristische Attraktion. K. ist als Hafenstadt gegründet und dafür im MA mit umfangreichen Eigentumsrechten an der K.er →Förde ausgestattet worden. Die Keimzelle des H., die Schiffsbrücke, lag an der Bollhörn unmittelbar am Stadtzentrum zwischen der Schuhmacher- und Pfaffenstr. Unterhalb der Schuhmacherstr. legten in einer kleinen natürlichen Bucht jh.lang die Fischerboote an (Fischerleger). K. hatte seit 1283 auf Schonen eine Niederlassung für den →Handel mit Heringen, erreichte damit schon früh die Privilegien des Hansebundes (→Hanse) und Anschluss an die Fernhandelsstrukturen in der Ostsee. Neben Hering waren Kupfer und Eisen aus Schweden, Kalk aus Gotland, Robbenspeck und Stockfisch aus dem Norden ma. Seehandelsgüter. Mit Hmbg., Lüb. und Wismar unterhielt K. rege Handelsbeziehungen, aber auch zu den weiter entfernten Ostseehäfen Nowgorod und Riga gab es bereits Verbindungen. Durch die Binnenschifffahrt über die →Eider wurde Handel mit Flandern und Holland betrieben. Zu Beginn des 16. Jh. bestand schon eine regelmäßige Schiffsverbindung mit Stockholm, gelegentlich mit Danzig, Riga und russischen Häfen. Trotz der guten Hafenbedingungen erlangte K. keine große Bedeutung im Fernhandel. Es lag von jeher abseits der Transitwege über Land, der H. war eine Sackgasse. Lüb. und Hmbg. dominierten die Handelswege. Es mangelte auch an einer größeren Zahl mutiger und innovativer Kaufleute in K. Um 1590 bestand die Handelsflotte nur aus 20 Schiffen, Flensburg hatte bereits 200. Die Wirtschaftspolitik der Stadtführung zielte auf Schutz und Förderung des städtischen Marktes und behinderte den Handel fremder Kaufleute und den Transithandel. In der NZ bestanden neben denen zu Dänemark hauptsächlich Handelsbeziehungen zu Schweden. Aus polnischen und russischen Ostseehäfen wurden Roggen, Flachs, Felle, Bier und Holz importiert. Zur Ausfuhr kamen v.a. Getreide und Hopfen. Schon damals überwog die Einfuhr die Ausfuhr bei weitem. Anf. des 18. Jh. ging die enge Verbindung des gottorfischen Holstein mit Dänemark zu Ende, dafür entstanden durch dynastische Verbindungen Beziehungen nach →Russland. Handel und Schiffsverkehr zwischen K. und Russland wurden gefördert, erreichten dennoch keinen großen Umfang. 1764 begann ein regelmäßiger Liniendienst nach Petersburg. Aus Russland wurden v.a. Juchtenleder, Hanf, Talg und Matten eingeführt; Butter, Schinken und Käse dorthin ausgeführt. Die wirtschaftlichen Verhältnisse wandelten sich durch die erneute Vereinigung Holsteins mit Schleswig und Dänemark ab 1773. K. gehörte nun wieder einem größeren Wirtschaftsgebiet an.

Kieler Hafen, Julius Seyler, 1923

Dänemark benutzte K. als Tor für den Handel mit dem Dt. Reich und sorgte für entsprechende Zoll und Gebührenvergünstigungen. Die knapp 6.300 Einwohner zählende Stadt ließ aber immer noch den „Esprit de Commerce" vermissen. Die Überschüsse des H. betrugen in dieser Zeit mindestens 7–8% der Gesamteinnahmen der Stadt. Viele Ostseehäfen mussten zu dieser Zeit dagegen subventioniert werden. 1779 wurde der Transithandel in K. endlich von allen Abgaben befreit und konnte sich allmählich fortentwickeln. Eine wöchentliche Fährlinie zwischen K. und Kopenhagen wurde eingerichtet. Ab 1792 stieg die jährliche Schiffsbewegung auf mehr als das doppelte gegenüber 1776. Die hölzerne →Schiffsbrücke war im 18. Jh. befestigt und allmählich bis zur →Holstenbrücke verlängert worden. Nachhaltige Wirkung hatte der Bau einer befestigten →Chaussee nach Altona 1832 und v.a. die →Altona-Kieler Eisenbahn. Der Schiffsverkehr erreichte 1855 gegenüber 1833 eine Steigerung um 255%. Unter der Leitung des Bremer H.baumeisters von Ronzelen wurde ab 1843 ein neuer Kai über die Bucht vor der Schiffsbrücke vom Bahnhof zum Pfaffentor angelegt (→Eisenbahndamm). Der →Bootshafen war entstanden. 1862 wurde die erste Dampfschiffbrücke vor dem Fischertor erbaut. Die Stationierung der →Marine ab 1865 und die Ernennung zum →Reichskriegshafen 1871 schränkten die räumliche und wirtschaftliche Entwicklung des Handelsh. ein. Er musste sich auf die innere →Hörn beschränken, da die Marine Uferflächen für sich beanspruchte. Unterhalb des →Schlosses entstanden Barbarossa-, Gefion- und Hansabrücke, später die Elisabethbrücke, benannt nach den dort liegenden Marinewohnschiffen; weiter nach →Düsternbrook hin die Admiralsbrücke, die Reventloubrücke und der Torpedoh. Für den Pendelverkehr zwischen West- und Ostufer, v.a. für die Werftarbeiter, aber auch für den Ausflugsverkehr, entstanden mehrere Fähranlegebrücken. Der Fördeausgang wurde mit umfangreichen Festungsanlagen gesichert (→Forts). Der Handelsh. erstreckte sich mit Eisenbahndamm und Bahnhofskai seit 1878 von der Fischerstr. bis zum Ende der Hörn. Der Eigenbedarf der rasant wachsenden Stadt stieg an: V.a. Kohle und Holz, auch Vieh erhielten Bedeutung im Seeverkehr. Der Schiffsverkehr nahm stetig zu, neue Linien nach Stettin, Danzig und Königsberg und Bremen kamen hinzu. Bis zur Jh.wende gingen im K.er H. mehr Schiffe ein und aus als in Lüb. Der H. litt an erheblichem Platzmangel und unzulänglicher Infrastruktur. Das städtische Projekt einer Erweiterung des Handelsh. in der Wiker Bucht scheiterte wegen des Vorrangs der Marine. Stattdessen entstand dort ab 1905 eine umfangreiche Kasernenanlage mit Torpedobootsh., dem späteren Tirpitzh. Der ehemalige Torpedoboot- und U-Booth. in Düsternbrook wurde zur Signalstation mit dem →Signalturm und mit der Blücherbrücke zum Liegeplatz für Kreuzer ausgebaut. Im Anschluss daran entstand 1936 der →Olympiasportboothafen. Die Auseinandersetzungen zwischen der Stadt und der Marine gipfelten im →Hafenprozess 1901–04 um das Eigentumsrecht an der K.er Förde, den die Stadt in zweiter Instanz verlor. Die Beschränkungen der Marine und des Kriegsschiffbaus nach dem 1. Weltkrieg bot eine Chance für die Expansion des Handelsh. 1922 wurde der →Nordhafen am Kanal, 1924 der →Freihafen in der →Wik eröffnet. In →Holtenau war der Voßbrooker H. im Entstehen. Die hochgesteckten Erwartungen konnten sich in den schwierigen weltwirtschaftlichen Rahmenbedingungen nicht erfüllen. Dennoch stieg der Schiffsverkehr zwischen 1919 und 1929 stetig an und übertraf ab 1926 sogar die Vorkriegswerte. Im Nationalsozialismus wurden die neuen H.anlagen in der Wik der Marine zugeschlagen. Den wenig erfolgreichen Voßbrooker H. verkaufte man 1934 an den Fiskus, der dort den Plüschowh. in Verbindung zum Seeflugh. Holtenau einrichtete. 1997 kaufte die Stadt den Plüschowh. zurück. Nach dem 2. WK waren Kaiflächen, Packhäuser, Kräne und H.einrichtungen weitgehend zerstört und fast 250 Schiffswracks blockierten die Förde. Die →britische Besatzungsmacht unterband zunächst jeglichen →Wiederaufbau kriegstauglicher Industrie. Bis Mitte der 50er Jahre dauerte es, Kriegsschäden zu beseitigen und beschlagnahmtes Gelände zurück zu erhalten. In den folgenden Jahren gelang es, K. zu einem solide wirtschaftenden Handelsh. mittlerer Größe zu entwickeln. 1961 leitete die Linie K.-Oslo die Entwicklung K.s zum „Fährhaus des Nordens" am neu errichteten →Oslokai ein. Die Linie ist bis heute erfolgreich und legt seit 1997 am Norwegenkai auf dem Ostufer an. In den 1970er Jahren wurde durch große Aufschüttungen vor dem Bootshafen der Bollhörnkai völlig neu geschaffen und verstärkt für den Personenfährverkehr genutzt. In den achtziger Jahren entstand dort das Schwedenterminal. Für den Güterverkehr und die Verbindungen in die baltischen Länder und nach Russland wurde ab 1985 der →Ostuferhafen ausgebaut. Der Binnenh. mit Bollhörn-, Schweden-, Norwegen- und →Oslokai (später Ostseekai) dient dem zunehmenden Personenverkehr. 2007 wurde der Oslokai zum Ostseekai als internationaler Kreuzfahrthafen ausgebaut. K. ist heute der größe Kreuzfahrthafen Dtld.

Lit.: K. Ziemann, Die Gesch. des K.er Handelsh., Nms. 1991. Bri

Hafenprozess Beim H. ging es um die Frage, wem der K.er →Hafen gehört, der →Marine oder der Stadt. Anlass war, dass das Kaiserliche Kanalamt 1889–90 Aufschüttungen zu beiden Seiten der Kanalmündung in →Holtenau vorgenommen hatte und diese Flächen für sich beanspruchte. Die Stadt aber plante in der →Wik einen Handelshafen. Daher beharrte sie auf ihren Ansprüchen und reichte Klage gegen den Kg.lich-Pr. Fiskus und den Fiskus des Dt. Reiches ein, um das Eigentum am K.er Hafen feststellen zu lassen. Schon 1869 hatte der K.er →Magistrat betont, dass der Hafen und seine Vorstrände zum Weichbild der Stadt gehörten. Die Marine wies solche Ansprüche prinzipiell zurück. In der Folgezeit entstanden an der Küste des Ostufers Werften, auf dem West-ufer Marinebauten. Der K.er Handelshafen war auf die innere →Förde zurückgedrängt. In ihrem Rechtsstreit 1899 berief sich K. auf Privilegien von 1242, 1334 und 1461. Jede Seite schaltete Gutachter ein. Derjenige des Fiskus kam zu dem Ergebnis, dass die K.er Förde und ihre Vorstrände Eigentum der Stadt seien, was der von K. bestellte Gutachter verneinte. Der Obergutachter kam zu der Feststellung, dass die Stadt nur Eigentümerin am nordwestlichen schleswigschen Teil der Förde sei, nicht aber am holsteinischen. 1902 gewann die Stadt den Prozess in 1. Instanz. Das Reich legte Berufung ein und gewann in 2. Instanz, da K. die Gründungsurkunde der Stadt als belegendes Dokument ihrer Privilegien nicht im Original vorlegen konnte. Die Stadt verzichtete wegen geringer Erfolgsaussichten und der Kosten auf Revision.

Lit.: C. Rodenberg (Hg.), Akten zum H. der Stadt K. (1899–1904), in: MKStG 23 (1908). Ge

Hagenuk 1899 gründeten der Kaufmann und Marineoffizier Carl Kuhnke und der Elektroingenieur der →Kaiserlichen Werft Hans Neufeldt die Firma Neufeldt & Kuhnke, die grundlegende Entwicklungsarbeit auf dem Gebiet des Schifftelegrafenwesens, der Magnetkompassübertragung und des Echolotbaus leistete. Hermann →Anschütz-Kämpfe entwickelte hier seinen →Kreiselkompass. 1913 bezog die Firma das neue „Werk Ravensberg" am →Westring und lieferte fast ausschließlich für den Kriegsbedarf. Nach dem 1. Weltkrieg wurde die Produktion, die vornehmlich auf →Schiffbau und Schiffszubehör ausgerichtet gewesen war, auf Telefone für die Reichspost, Magnetkopfhörer, Lautsprecher, Rundfunkempfänger mit eingebautem Lautsprecher, Regler für Kraftwerksanlagen und Heizungsausrüstungen für die Dt. Reichsbahn umgestellt. 1926 übernahm die Goldschmidt AG aus Essen die Firma (bis 1979). Neufeldt und Kuhnke gründeten insgesamt 13 weitere Unternehmungen mit einer breiten Produktpalette, darunter auch die Hanseatische Apparatebau-Gesellschaft (HAG). Die HAG baute 1924 den ersten Tiefseetauch-Anzug. Beide Betriebe wurden 1937 zur Hanseatischen Apparatebau-Gesellschaft Neufeldt & Kuhnke, kurz H., zusammengeschlossen, die in den kommenden Jahren für die ns. Aufrüstung arbeitete. Nach dem 2. WK baute H. wieder Radios, Seefunkgeräte und begann erneut mit der Telefonherstellung für die Bundespost (erstes Tasten-, schnurloses Telefon). Die Produktpalette reichte von Satelliten- und Mobiltelefonen, Schiffskommunikationssystemen bis zu Eisenbahnklimaanlagen. 1979 stiegen die Howaldtswerke (→HDW) ein, die H. an den Mutterkonzern Salzgitter, später Preussag, übergaben. Die Preussag entschloss sich Mitte der 1990er das Unternehmen in einzelne Sparten aufzuteilen und zu verkaufen. H. stand danach nur noch für Telekommunikation. Es wurden schnurlose Telefone, ISDN-Anlagen und Mobiltelefone gebaut. Mehrere Besitzerwechsel und Produktionsverlagerungen ins Ausland führten 2002 zur Stilllegung des Werkes am Westring. Unter dem Markennamen H. werden heute weiterhin Telefone gebaut.

Hagenuk, Montage von Telefonapparaten, um 1950

Lit.: T. Erlenbusch, D. Tillmann, Arbeiten für's Wirtschaftswunder, Heide 2009. Do

Hahn, Joachim Karl Heinrich Willy (geb. 1.11.1887 Krieschow bei Cottbus, gest. 12.7.1930 Freiburg/Breisgau). Nach dem Studium der Architektur an den TH Charlottenburg und Dresden trat H. 1912 in den kommunalen Verwaltungsdienst verschiedener Städte. 1921 wurde er als Technischer Stadtrat nach K. berufen, wo er 1922 die Bauverwaltung übernahm. In Anlehnung an die Idee der Gartenstadt entwarf er einen Stadtentwicklungsplan (→Grünflächen- und Siedlungsplan), der den →Stübbenplan von 1901 ablöste. Der Stadt- und Hausbau sollte nicht mehr dem bürgerlichen Repräsentationsbedürfnis dienen, sondern einem sozialen Zweck. Industriegebiete wurden von denen des Wohnens getrennt und der Stadtgrundriss durch Hochbau- und Flachbauzonen und Grünflächen klar gegliedert. K. sollte zu einer modernen Handels-, Messe- und durchgrünten Wohnstadt werden. Die Architektur H. spiegelt sich z.B. im ehemaligen →Arbeitsamt am Wilhelmplatz wider und in der dreigeschossigen Bebauung an der Westseite des →Westrings: Im Anschluss an die

Willy Hahn

Hochbauzone der Innenstadt folgt hier eine Flachbauzone mit Einfamilien-, Reihen- und Doppelhäusern und dann →Kleingärten, Wiesen, Weiden. H. Bauten sind geprägt von der Backsteintradition der Heimatschutzarchitektur und von den Vorstellungen des Bauhauses und der „Neuen Sachlichkeit".

Lit.: Lebensläufe, 115–119, 363. Ge

Halfmann, Wilhelm Heinrich Leonhard (geb. 12.5.1896 Wittenberg, gest. 8.1.1964 K.), wurde nach seinem Theologiestudium in Jena und K. bereits 1923 Studieninspektor am Predigerseminar in K. Das Jahr 1933 bewertete er kirchenpolitisch positiv als „Die Stunde der Kirche" und bekundete in einer weiteren Schrift „Wird der Jude siegen?" (1936) unter legitimierendem Verweis auf Luther eine antijudaistische Gesinnung mit ausdrücklicher Billigung der ns. Judengesetzgebung. H., der die kirchenpolitische Position der sog. Bekenner vertrat, wurde 1936 kommissarischer Oberkonsistorialrat in dem damals dt.christlichen Landeskirchenamt unter Bf. Adalbert →Paulsen. H. gelangte 1946 in das Bf.amt für Holstein und wurde Vorsitzender der Ev.-Lutherischen Landeskirche SH.

Lit.: Sh. Kirchengesch., Bd. 6/1, Nms. 1998, bes. 436 ff. Aw

Hugo Hamann 1896 gründeten Hugo und Henny Hamann in der →Holtenauer Straße 28 eine Handlung für Papier- und Schreibwaren, der schon 1906 eine Buchdruckerei angegliedert wurde. Seit 1908 war H. Lieferant der kaiserlichen →Marine und Werftindustrie. Unter Max Lawitzky, Inhaber seit 1917, wurden verstärkt Schreibmaschinen vertrieben. 1943 erwarb Christof Husen das Geschäft, dessen Gebäude 1944 zerstört wurde. Es folgten 1947 die Wiedereröffnung, 1948 der Aufbau einer Druckerei und 1949 ein Filialbetrieb am →Sophienblatt sowie die Einrichtung einer Büromaschinenwerkstatt. 1952 fand die Neueröffnung in der Holtenauer Str. 10–12 statt. 1965 wurde die Firma Jacob Erichsen, Flensburg, 1973 die Firma Heinrich Hünicke, Lüb., übernommen. Heute ist H. an acht Standorten in Norddtld. vertreten. Oh

Hammer, Siedlungshäuser am Speckenbeker Weg, um 1922

Hammer

Hammer war ursprünglich ein Dorf von fünf Hufen im Süden K.s, vermutlich identisch mit dem im 13. Jh. genannten Malugesdorf, das erstmals 1288 als „Hamere" genannt wird. Im 15. Jh. gehörte H. als Einzelhof dem Heiligengeistspital (→Stadtkloster). Anders als die übrigen →Stadtdörfer beließ der Landesherr 1667 der Stadt K. den Hof H., der seitdem als Exklave zum Stadtgebiet gehörte. 1771 wurde der Hof in Erbpacht gegeben; 1918 erwarb die Stadt den Hof zurück, in der Absicht, hier eine Siedlung anzulegen. Nach Plänen des Worpsweder Landschaftsplaners Leberecht Migge (1881–1935) entstand seit 1922 eine durch Land- und Gartenwirtschaft geprägte Vorstadt, die als Modellsiedlung beschäftigungslosen Industriearbeitern eine neue Existenzgrundlage in der Eigenversorgung bieten sollte. Auf Erbpachtgrundstücken wurden einfache Siedlungs- und Reihenhäuser errichtet. Eine Erweiterung der Siedlung brachten die 1930er und 1960er Jahre, ohne den Charakter einer Vorstadt im Grünen zu gefährden.

Lit.: D. Beier, K. in der Weimarer Republik, K. 2004, 179–206. Ro

Handel Trotz seines geschützten Naturhafens konnte sich K. nie zu einer Stadt

Frachtsegler an der Hörn, Postkarte, um 1890

des überregionalen H. entwickeln. Auch im ma. K. gab es zwar Fernhändler mit H.beziehungen nach Flandern, Holland, Dänemark oder Norwegen, doch war ihre Zahl sehr klein. Die meisten Kaufleute handelten nur in Holstein und insbesondere mit Lüb. und Hmbg., doch war dieser H. ein reiner Landh., der nur der Versorgung der Stadt K. und ihres Umlands mit Fernh.waren diente. Bis ins 18. Jh. fuhren K.er Schiffe hauptsächlich bis Dänemark, im 18. Jh. auch nach Stockholm, aber kaum darüber hinaus. Seit 1764 fuhr regelmäßig ein Paketboot nach St. Petersburg, doch erst in dänischer Zeit wurde die K.er Wirtschaft durch regen Zwischenh. zwischen Dänemark und Hmbg. belebt. Besonders im ersten Jahrzehnt des 19. Jh. nahm der H. zu, an dem aber nur wenige K.er H.häuser wie Johann Andreas Ackermann, Schweffel und Sohn, Tamsen oder Iselin & Co. beteiligt waren. Seit den 1870er Jahren entfachte das Wachstum der Marinestadt v.a. den Warenimport; besonders Bauholz aus Skandinavien und →Russland sowie englische Kohlen wurden eingeführt. An Exportgütern standen ihnen nur Agrarprodukte wie Getreide, Mehl, Butter oder Räucherfisch gegenüber. Mehr denn je diente der K.er H. der Versorgung der Stadt. Insbesondere mit der →Marine und den Marineangehörigen machten viele kleine Kaufleute gute Geschäfte. Nur wenige Kaufleute wie Heinrich →Diederichsen oder Theodor →Wille verfügten über weltweite Geschäftskontakte. Auch nach dem 2. →Weltkrieg beruhte die K.er Wirtschaft v.a. auf Industrie und Gewerbe. Einzig im Bereich großer Einzelh.häuser kam es in K. zu einer Konzentration: Mit →Bartels-Langness, der →coop SH, dem Handelshaus →Zerssen und der Drogeriekette Kloppenburg sind z.T. bis heute bedeutende Einzelh.ketten (→Einzelhandel) in K. zuhause.

Lit.: W. Haas, Bestrebungen und Maßnahmen zur Förderung des K.er H. in Vergangenheit und Gegenwart (1242–1914), K. 1922. Ro

Handelshafen →Freihafen, →Hafen, →Nordhafen, →Ostuferhafen

Frachtdampfer „Glückauf" an der Hörn, Robert Schmidt-Hamburg, um 1930

Handwerk Das ma. K. war eine ausgesprochene Handwerkerstadt. Die Handwerker versorgten die Stadt und ihr Umland mit den nötigen gewerblichen Waren und weiterverarbeiteten Nahrungsmitteln. Bis zur Einführung der Gewerbefreiheit im Jahr 1867 unterlagen die meisten Handwerker dem Zunftzwang, d.h. nur die Mitgliedschaft in der Zunft, die in SH als Amt bezeichnet wurde, eröffnete die Möglichkeit zum Nahrungserwerb im H. Erstmals 1372 lässt sich ein Schmiedeamt nachweisen, doch dürften die Ämter deutlich älter sein; das vermutlich älteste und vornehmste war das Amt der Knochenhauer. Das H. stand bis ins 17. Jh. allein unter der Kontrolle des Rats. Der Rat stellte den Ämtern Amtsrollen aus, in denen er ihnen das ausschließliche Privileg zur Ausübung ihres H. erteilte. Ziel des Rats war es, den Handwerkern ein angemessenes Auskommen zu sichern. Die Zunftrollen reglementierten daher streng den Zugang zum Amt: Nur Meister durften Mitglied des Amtes werden und damit ihr H. eigenständig ausüben, wobei den Söhnen der H.meister der Zugang erleichtert wurde. Phasenweise wurden die Ämter geschlossen, d.h. eine Höchstanzahl an Mitgliedern festgeschrieben. Der Rat schützte die H.meister vor auswärtiger Konkurrenz und reglementierte die Produktions- und Absatzbedingungen derart, dass kein Meister einem anderen Konkurrenz machen konnte. Damit war den Ämtern ein örtliches Monopol garantiert, im Gegenzug mussten sie die Preise

Handwerksausstellung, Plakat, 1924

für handwerkliche Waren und ihre Qualität kontrollieren. Für die Durchsetzung der Amtsrolle hatte das Amt selbst zu sorgen. Ihm standen je zwei Älterleute vor, die Versammlung aller Amtsleute in Gegenwart von Ratsmitgliedern wurde als „Morgensprache" bezeichnet. Die ma. Ämter waren nicht nur eine gewerbepolizeiliche Instanz, sie waren auch Bruderschaften, die sich zu kirchlichen und geselligen Anlässen trafen. Auch die Gesellen schlossen sich zu Bruderschaften zusammen, die das kirchliche und gesellschaftliche Leben pflegten. Die Position der Ämter als konstitutive Elemente der Stadtverfassung wurde erst durch das Eingreifen der Landesherren untergraben. Schon 1615 hob Hz. Johann Adolf sämtliche Zunftrollen auf, was einen spürbaren Anstieg der eigenständigen Handwerker nach sich zog. Doch schon rund 15 Jahre später konnten die Ämter ihre Privilegien zurückerhalten. Erst in den 1830er Jahren begann die →Landesherrschaft erneut, die Privilegien aufzuweichen. So wandelten sich die Ämter schrittweise zu Wirtschaftsgenossenschaften, die ihren Mitgliedern Dienstleistungen und gemeinsame Einrichtungen zur Verfügung stellten. Mit der Gewerbefreiheit von 1867 organisierte sich das H. auf freiwilliger Basis neu in den sog. Innungen, berufsständischen Vereinigungen, die zugleich Aufgaben in der Ausbildungsorganisation übernahmen. Mit der Gewerbefreiheit konnten die H.betriebe die Entfaltungsmöglichkeiten ausschöpfen, die ihnen die wachsende kaiserzeitliche Stadt bot. 2008 gab es in K. rund 1.650 H.betriebe und h.ähnliche Gewerbebetriebe.

Lit.: F. Hähnsen, Gesch. der K.er H.ämter, in: MKStG 30 (1920). Ro

Hanse Neben Lüb. war K. die einzige H.stadt in SH. Die H. war ein Zusammenschluss von Kaufleuten, der Handelsprivilegien im nördlichen Europa erlangte und seit dem 12. Jh. aktiv war. Erst durch die Herausbildung eines lockeren Bündnisses der hansischen Städte im 14. Jh. wurde die H. auch zum politischen Akteur. K. war bereits als Seehandelsstadt angelegt worden und strebte nach einer Teilhabe an den hansischen Privilegien: Kg. Erich von Dänemark gewährte 1283 den Städten K. und Hmbg. das Recht auf den schonischen Märkten Heringe zu verkaufen – der erste Nachweis für eine Beteiligung K.s am hansischen →Handel. Um Zugang zum Nowgoroder Kontor zu erhalten, erklärte sich K. bereit, in Rechtsstreitigkeiten an die Stadt Lüb. zu appellieren und ordnete sich somit Lüb. unter. Eine erste Bewährungsprobe musste K. im Krieg der H. gegen Dänemark 1362 bestehen, als es sein gesamtes Aufgebot verlor. An der zweiten Auseinandersetzung der H. gegen Dänemark beteiligte sich K. nicht, weil kein Ausgleich für die Verluste im ersten Krieg geleistet worden war. Da K. sich nicht bereit erklärte, den lukrativen Handel mit Dänemark abzubrechen und zudem Münzen mit zu geringem Silbergehalt in Umlauf brachte, wurde die Stadt 1388 aus der H. ausgeschlossen („verhanst"). Spätestens 1407 erscheint K. wieder als Mitglied der H. und beteiligte sich am Kriegszug gegen die Vitalienbrüder, die durch ihre Überfälle dem Ostseehandel schwere Verluste zufügten. In der ersten Hälfte des 15. Jh. war K. noch regelmäßig auf H.tagen vertreten. Im 16. Jh. aber wurde K. immer mehr zu einer Landesstadt des holsteinischen →Adels, was wohl u.a. zur erneuten Verhansung 1518 führte, da die Geheimhal-

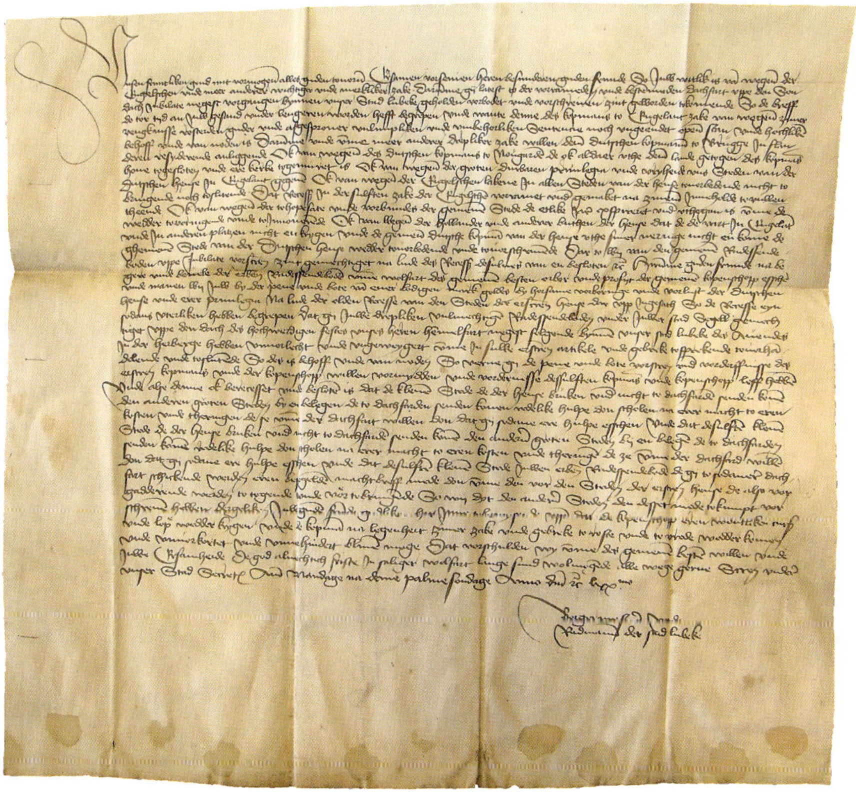

Ladung zum Hansetag 1476

tung von H.beschlüssen nicht mehr gewährleistet war. Eine Wiederaufnahme K.s wurde 1554 von den Lüb. abgelehnt. Zu diesem Zeitpunkt hatte die H. ihre Blüte bereits überschritten. K. musste stets zwischen den Interessen der Landesherrn, des lokalen Adels und der H. abwägen. Aus diesem Grunde hielt K. wie andere H.städte auch den Bund mit der H. nur dann aufrecht, wenn er größere Vorteile versprach und den eigenen Interessen nicht zuwiderlief. Eine größere Bedeutung für die H. dürfte K. nur im ausgehenden 13. und beginnenden 14. Jh. gehabt haben.

Lit.: R. Hammel-Kiesow, Die H., München 2000. Eb

Hansekogge In den Jahren 1988–90 erbaute der Verein „Jugend in Arbeit“ auf der Rathje-Werft in K.-→Friedrichsort eine H. Das Schiff entstand nach dem genauen Vorbild des Schiffsrumpfs einer Kogge, den Archäologen 1962 am Weserufer bei Bremen bergen konnten. Die einmastige Kogge war das vorherrschende Handelsschiff des Nord- und Ostseeraums im 13. und 14. Jh. Spezialisten des Bremerhavener Schifffahrtsmuseums begleiteten den Bau, der auch Erkenntnisse über die Segeleigenschaften von Koggen lieferte. Ein Verein unterhält heute das in K. beheimatete Schiff, das sich zu einem maritimen Wahrzeichen der Stadt entwickelt hat.

Ro

Kieler Hansekogge

Hansen, August Christian (geb. 9.11.1824 Hmbg., gest. 18.10.1901 Wellingdorf), ging zunächst zur See, beteiligte sich an der Belagerung Sewastopols und wurde 1855 Bürger der Stadt K. Hier übernahm er die väterliche Reederei, zog 1865 nach →Ellerbek und betrieb dort eine Kalkbrennerei, die er durch den Aufbau neuer Öfen modernisierte. Hinzu kam der Handel mit Baumaterialien und Kohlen. Um 1900 wurde sein Grundstück zur Vergrößerung der →Kaiserlichen Werft vom Fiskus aufgekauft. Bereits 1871 hatte er einen →Fährverkehr von →Neumühlen und Ellerbek nach K. eröffnet, der als Blaue Linie bekannt wurde und bis nach dem 2. Weltkrieg bestand. H. wurde wegen seiner Hilfsbereitschaft von seinen Mitarbeitern sehr geschätzt und galt auch als Wohltäter der Armen.

Lit.: A. Krohn, Ein Lebensbild der Familie A. C. Hansen K. - Wellingdorf, in: MKStG 80 (2000), 101–126.

Si

Peter Christian Hansen

Bernhard Harms

Claus Harms

Hansen, Peter Christian (geb. 12.3.1853 Flensburg, gest. 20.10.1935 K.), wuchs in Flensburg als Arbeitersohn auf und musste sich nach kurzem Schulbesuch als Autodidakt weiterbilden. 1872 wanderte er kurzfristig in die USA aus, war danach bis 1874 in der Schriftleitung der „Flensburger Nachrichten" tätig. Von 1876–79 studierte er in Dresden, Leipzig und an der Sorbonne in Paris Ökonomie, bereiste Skandinavien, England und Spanien und verfasste sozialwissenschaftliche Artikel. 1882–90 war er Redakteur an der liberalen →„Kieler Zeitung", 1884–90 Geschäftsführer der K.er Handelskammer und 1890–1919 Landesversicherungsrat. Sein größtes Interesse galt der Arbeiterwohnungsfrage: 1878 gründete er den Flensburger Arbeiterbauverein, 1889 den Ellerbeker Arbeiterbauverein, 1900 den K.er Bau- und Sparverein. In Anerkennung seiner sozialpolitischen Verdienste erhielt er 1931 den Ehrendoktor der Univ. Jena.

Lit.: Lebensläufe, 119 f., 363 f.

Si

Harmonie Die Gesellschaft H. wurde 1800 in K. gegründet mit dem Ziel, „durch anständige Unterhaltung und Vergnügungen und durch ein Leseinstitut Männern aus allen Schichten eine angenehme und nützliche Erholung von ihren Berufsgeschäften zu verschaffen". Mitglieder waren allerdings nur die gehobenen Kreise: Professoren, Offiziere, Beamte, Kaufleute und Gutsbesitzer. Die H. war eine Art Kulturzentrum. Hier gab es eine umfangreiche Bibliothek, in- und ausländische Zeitungen und politische Diskussionszirkel. Auch das gesellige Leben war von großer Bedeutung. Man veranstaltete Konzerte, Bälle, Aufführungen und Vorträge. In der Reichsmarinestadt K. verlor die H. an Bedeutung. Es gab jetzt Zeitungskioske, öffentliche Bibliotheken und neue Konzertveranstalter. Außerdem wurden die Offiziere „auf höheren Befehl genötigt", aus der H. auszutreten. 1896 löste sie sich auf. Ihre Bibliothek wurde der Stadt und staatlichen Büchereien übergeben.

Lit.: J. H. Eckardt, Gesch. der Gesellschaft H. in Kiel, K. 1903.

Ge

Harms, Christian Bernhard Cornelius (geb. 30.3.1876 Detern/Ostfriesland, gest. 21.9.1939 Berlin), war gelernter Buchbinder, bildete sich privat fort und begann eine erfolgreiche Univ.karriere. Seit 1908 hatte er den Lehrstuhl für Nationalökonomie an der →Christian-Albrechts-Universität inne und publizierte 1912 sein Hauptwerk unter dem Titel „Volkswirtschaft und Weltwirtschaft". Durch seine guten Verbindungen zu →Marine, Politik und Wirtschaft gelang es ihm 1914 das →Institut für Weltwirtschaft zu begründen. Als dessen Direktor etablierte er die Konjunkturforschung, setzte auf die Empirie und baute Bibliothek und Archiv auf. Während des →Nationalsozialismus wurde H. 1933 aus dem Institut vertrieben und musste 1935 nach Berlin ziehen, wo er eine Honorarprofessur bekleidete. Dort gehörte er seit 1937 der sog. Mittwochsgesellschaft, einem Kreis Oppositioneller, an.

Lit.: Lebensläufe, 123–126, 364.

Om

Harms, Claus (geb. 25.5.1778 Fahrstedt bei Marne, gest. 1.2.1855 K.), gilt als einer der „Kirchenväter" SH, was sich aus seiner umfassenden Predigttätigkeit, zuletzt als Hauptpastor an der →Nikolaikirche in K., erklärt. Sein Bestreben, die →Reformation

Luthers neu zu beleben, begründete seinen lebenslangen Kampf gegen den Rationalismus, vorab den theologischen in seinen Manifestationen, die Altonaer Bibel, die Adlersche Agende und den Landeskatechismus. Im Reformationsjubiläum 1817 gab H., zusammen mit Luthers Thesen, 95 eigene Thesen heraus als Kampfansage an den kirchlich-theologischen Rationalismus.

Lit.: Lebensläufe, 127 f., 365. Aw

Hassee Das südwestlich der Stadt gelegene Dorf H. geht in die erste Hälfte des 13. Jh. zurück. Der Name weist auf ein Gewässer hin und ist als „Hertesse“ erstmals 1222 genannt. Das Dorf zog sich an der heutigen Hasseer Str. entlang, wo sich die großen Hufenstellen befanden. Auch die Katen des Weilers Winterbek und die Mühle in Demühlen zählten zu H. Ursprünglich gehörte ein großer Teil des Dorfs zur K.er Burg, doch schenkte Gf. Johann III. 1348 seine damals sieben Hufen dem K.er Heiligengeisthospital (→Stadtkloster). Als eines der →Stadtdörfer kam H. bis 1572 unter die Verwaltung des K.er Rats und wurde anschließend durch Hz. Adolf dem Meierhof Kronshagen zugeschlagen, seit 1667 adeliges Gut. Die H. Bauern hatten als Leibeigene dem Gut Zugvieh und Arbeitskräfte zu stellen, täglich drei Personen. Seit 1760 war das Gut wieder landesherrlich; hier wurde 1768 die Leibeigenschaft abgeschafft. 1770 hatte das Dorf etwa 134 Einwohner, 1860 waren es bereits 368, wobei besonders die Anzahl der Tagelöhner und Handwerker zugenommen hatte. Seit 1768 bestand eine Schmiede, 1829 wurde die erste von schließlich vier →Ziegeleien gegründet. Bis zur Eingemeindung 1910 war die Bevölkerung bereits auf 6.659 Einwohner angewachsen. Weite Flächen des Dorffelds wurden für Wohngebiete und Industrieflächen in Anspruch genommen. Kaiserzeitliche Bebauung findet sich besonders an den ortsbildprägenden Ausfallstr. Hmbg. Chaussee und Rendsburger Landstr. sowie in der 1911–13 errichteten Siedlung Aubrook. Die Arfrade wurde gemeinsam mit dem anliegenden Saarviertel seit 1933 mit Einfamilien- und Doppelhäusern bebaut, die Zeilenbauten an der Christiani- und Wassilystr. mit 443 Wohnungen entstanden 1960–68. Gewerbe und Industrie siedelten sich besonders um den 1905 erbauten Bahnhof an, etwa die Eisenbeton- und Brückenbaufirma →Gebrüder Andersen und die Maschinenfabrik August G. Koch, die dem Ausbau des Citti-Einkaufszentrums (2005 eröffnet) weichen musste. In den 1950er und 1960er Jahren kam das Gewerbegebiet am Speckenbeker Weg hinzu. H. hat heute mit dem Stadtteil →Hammer rund 12.000 Einwohner.

Hassee, Bahnhofshotel, Postkarte, um 1910

Lit.: J. Grönhoff, H., in: MKStG 54 (1964). Ro

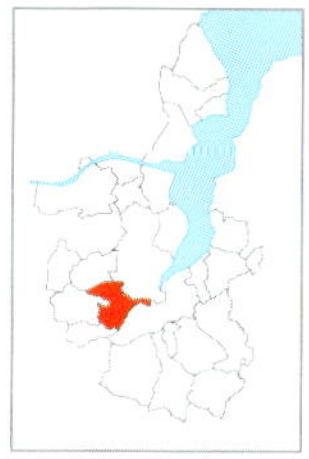

Hassee

Hasseldieksdamm Ein Dorf Hassendorf, gelegen zwischen Kronshagen und →Hassee, wird 1270 und 1271 genannt. Erst im 18. Jh. aber erscheint H. in der Überlieferung, zunächst unter dem Namen Hasseldick, dann ab 1743 als H. Vermutlich wurden auf dem Gebiet des alten Hassendorf zunächst zwei Höfe mit dem Namen Hasseldick angelegt, die seit 1743 um weitere Katenstellen erweitert wurden. Anders als in den Nachbardörfern bestanden in H. nur kleinere Katen und die Gemarkung wurde vom Meierhof

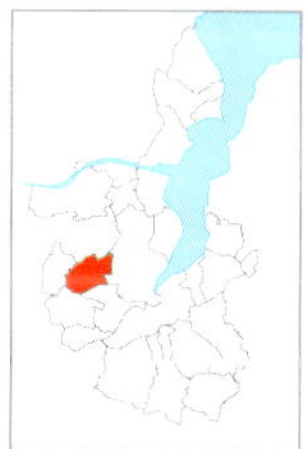

Hasseldieksdamm

Hasseldieksdamm, Ausflugslokal Waldeck, Postkarte, um 1910

Neubauten an der Hofholzallee, 1962

Kronshagen aus bewirtschaftet. Ein großer Teil des Gebiets war von zwei Fischteichen bedeckt, dem Hasselteich, der von der Hasseldieksau gespeist wurde, und dem Struckteich, von der Struckdieksau gespeist. 1768 wurde das Kronshagener Hoffeld parzelliert, die H. Kätner konnten nun als Erbpächter größere Hofstellen bewirtschaften. Auch die Fischteiche wurden trockengelegt und zu Acker- und Weideland ausgegeben. 1768 waren bereits zehn Katenstellen vorhanden, weitere neun Instenkaten kamen nun hinzu. Abseits vom Dorfkern entstanden weitere Katenstellen, der Uhlenkrog, seit 1854 Julienlust genannt, und der Weiler Kollhorst mit 1768 zwei und 1794 drei Katenstellen. 1823 wurde die seit 1865 als Forsthaus Wittland bekannte Kate erbaut, die sich seit 1902 zu einem beliebten Ausflugslokal entwickelte. Ebenfalls war hier seit 1802 eine Ausflugswirtschaft ansässig, die zunächst als „Pannkokenkrog" bekannt wurde und seit 1902 den Namen Waldesruh trägt. Noch 1855 hatte die kleine Siedlung 189 Einwohner, bei der Eingemeindung 1910 waren es gerade 490. Die städtische Erschließung des Vororts begann mit der Anlage der Hofholzallee 1912 und dem anschließenden Bau von großzügigen Stadtvillen. Östlich der →Eisenbahn K.-Eckernförde wurde 1918–19 die schlichte Siedlung Hasselrade angelegt, seit 1921 erbaute die →Baugenossenschaft „Eigenheim K." westlich des Dorfkerns eine als „Oberdorf" bezeichnete Einfamilienhaussiedlung. Den 2. →Weltkrieg überstand H. ohne größere Schäden, selbst einige Hofanlagen sind erhalten. Anf. der 1960er Jahre führte die →Kieler Wohnungsbaugesellschaft an der Hofholzallee ein Neubauviertel in Zeilenbebauung auf, mit einem achtgeschossigen Hochhaus mit Geschäftszentrum. H. gehört mit heute 2.835 Einwohnern zu den kleineren Stadtteilen und bietet mit dem H. Gehölz, dem Hofholz und dem Tiergehege ein naturnahes Wohnumfeld.

Lit.: H. Sievert (Hg.), H., in: MKStG 42 (1952). Ro

Bahnhof an der Klinke, Friedrich Wilhelm Saxesen, um 1850

Hauptbahnhof Der heutige H. ist ein Nachfolgebau für den ersten Bahnhof von 1845: Einweihung des östlichen Teils des H. am 1.6.1899, vollständige Fertigstellung 1911. Der Entwurf stammte von Baurat Ernst Schwartz und war durch einen hohen Kuppelbau, einen Ostflügel mit Turm, Fürstenzimmer und Kaisertreppe gekennzeichnet. Während des 2. →Weltkriegs wurde der H. stark beschädigt, die Beseitigung der Kriegsschäden dauerte bis 1955. 1999 begann eine mehrfach unterbrochene Erneuerungs- und Umbauphase. Im Juni 2004 konnten die Querbahnsteighalle und der Eingangsbereich eingeweiht werden. Die alte Bahnsteighalle wich einem kompletten Neubau unter Rückgriff auf die hist. Form. Am 11.5.2006 wurde die Revitalisierung und Neugestaltung des H. mit der Übergabe der Bahnsteighalle abgeschlossen. Der H. verfügt über drei Bahnsteige mit sechs Gleisen. Er zeichnet sich durch seine innerstädtische

Hauptbahnhof am Sophienblatt, Postkarte, um 1910

HDW, Werftgelände, Luftaufnahme

Lage und durch seine fußläufige Anbindung an die Fähranleger nach Skandinavien aus.
Lit.: I. Dierk, R. Müller, 100 Jahre H. K., K. 1999. Ka

HDW Gemeinsam mit dem K.er Kaufmann und Reeder Johann →Schweffel (1796–1865) gründete der Mechaniker August Ferdinand →Howaldt (1809–83) am 1.10.1838 die Maschinenfabrik →Schweffel & Howaldt. Deren Gelände befand sich zunächst in der Nähe des damaligen K.er →Bahnhofs an der Innenförde. 1853 erfolgte die Verlegung und Neueröffnung der Eisengießerei auf einem zweiten Gelände am Rande der →Altstadt. 1839 beschäftigte der Betrieb 40, 1850 120 Arbeiter. Schweffel & Howaldt begannen mit einem vielseitigen Sortiment (Dampfmaschinen, Dampfkessel, land- und hauswirtschaftliche Gerätschaften) und erweiterten es bald durch die Fertigung von Feuerspritzen, Eisenbahnwaggons und -zubehör, Schiffskesseln sowie die Ausführung einzelner Schiffsreparaturen. Die K.er Firma galt als der schärfste Konkurrent der 1827 gegründeten Carlshütte in Büdelsdorf bei Rendsburg. Spektakulär war der Bau des legendären →Brandtauchers (1850), nach den Vorgaben von Wilhelm →Bauer. Auch in den folgenden Jahrzehnten setzte das Unternehmen seine angestammte Produktion fort. Zwei kleine Fördedampfer („Kiel", 1860, „Schwentine", 1864) blieben atypische Einzelstücke. Um 1870 konzentrierte man sich immer stärker auf die Fertigung von Dampfmaschinen. Sie gingen überwiegend an die damals im Aufstieg begriffene K.er Schiffbauindustrie. Nach der Reichsgründung betrug die Belegschaft von Schweffel & Howaldt etwa 250 bis 300 Mann. Seit 1879 führte die Familie Howaldt allein die Fabrik, die unter der neuen Firmenbezeichnung Gebrüder Howaldt (ab 1880) in den folgenden Jahren gründlich reorganisiert wurde. Unabhängig davon waren Schiffbauaktivitäten in Gang gekommen, die v.a. von Georg Ferdinand Howaldt getragen wurden. Im Sommer 1865 gründete dieser in →Ellerbek eine eigene Werft, die von vornherein auf den Eisenschiffbau nach englischem Vorbild ausgerichtet war. Der Betrieb kam aber über bescheidene Anfänge nicht hinaus, denn nur sieben Neubauten entstanden dort (→„Vorwärts"), ehe Howaldt 1868 das Gelände endgültig räumen musste, weil die im Entstehen begriffene Marinewerft (ab 1871 →Kaiserliche Werft) den Platz für sich beanspruchte. Am 1.10.1876 eröffnete er einen neuen Betrieb auf der →Dietrichsdorfer Feldmark an der Schwentinemündung, die K.er Schiffswerft Georg Howaldt. Dem anfänglichen Bau kleinerer Fördedampfer und Schlepper folgte bald darauf die Fertigung von Frachtern, eisbrechenden Dampfern, Behör-

HDW – Gaarden, Friedrich Griese, um 1960

denfahrzeugen und kleineren Küstendampfern. Die Kundschaft saß v.a. in K., Apenrade, Flensburg, Hmbg. Nordfriesland, Lüb., Rostock, Stettin, Memel und Dänemark. 1883 umfasste die Fläche der Werft 6.600m^2 und die Beschäftigtenzahl rund 1.200 Mitarbeiter. Mitte der 1880er Jahre litt der Geschäftsgang unter der schlechten Schifffahrtskonjunktur. 1889 fusionierte die Werft mit Gebrüder Howaldt, deren Betriebsgelände 1881 nach →Dietrichsdorf in die unmittelbare Nachbarschaft der Werft verlegt worden war. Aus dem Zusammenschluss entstanden als eine Aktiengesellschaft die Howaldtswerke. Die 1890er Jahre bedeuteten für die dt. Schifffahrt allgemein eine dynamische Entwicklungsphase, die Howaldtswerke profitierten trotz einiger konjunktureller Schwächen davon. Hatte man 1889 mit einem Aktienkapital von zwei Mill. Mark begonnen, so betrug dieses 1898 vier Mill. Die Zahl der Beschäftigten lag 1889 bei rund 1.000, 1905 bei 2.500 Mitarbeitern. Die Howaldtswerke betrieben den →Schiffbau als Hauptgeschäft, daneben den Maschinenbau sowie Schiffsreparaturen und Umbauten. Die Tochterfirma Schwentine-Dock-Gesellschaft unterhielt seit 1884 entsprechende Schwimmdockkapazität (→Dock). Die Werftanlage in Dietrichsdorf wurde wegen des ansteigenden Bedarfs seit 1895 im großen Stil ausgebaut und modernisiert, so dass im internen Sprachgebrauch sogar von einer „neuen Werft" die Rede war. Mit diesen modernisierten Produktionseinrichtungen bot Howaldt nach wie vor eine vielseitige Typenpalette an. Neben mittleren Frachtern und Fahrgastschiffen baute man nach wie vor auch kleinere Schlepper und Fährdampfer. Zu den Spezialbauten zählten Schwimmdocks, Behördenschiffe und Eisbrechdampfer. Die Howaldtswerke arbeiteten bis 1904 rentabel, gerieten danach aber in Schwierigkeiten. Marineaufträge für →Russland, aber auch für die Kaiserliche →Marine erwiesen sich als finanziell defizitär und machten das Unternehmen zum Sanierungsfall. 1909 übernahm ein Konsortium (u.a. Brown & Boveri, Mannheim) etwa die Hälfte der Aktien und bestimmte fortan die Geschicke der Werft, während die Familie Howaldt 1910 aus der Firma ausscheiden musste. Im 1. →Weltkrieg arbeitete das Unternehmen überwiegend für die Kaiserliche Marine, danach folgten ein kurzlebiger Nachkriegsboom sowie nachfolgend schwere Krisen, die v.a. in den allgemeinen wirtschaftlichen Verhältnissen jener Zeit wurzelten. Eine „Fast"-Pleite führte 1926 zu einer Auffanglösung mit anschließender Rettung durch den aus K. stammenden Hmbg. Großkaufmann Heinrich →Diederichsen (1865–1942). Durch seine Initiative erfolgte eine entscheidende Ausweitung nach Hmbg., wo eine vorher schon vorhandene Werft (Hmbg. Vulcan, gegr. 1909) ab 1930 als neuer, aber zeitweilig (1953–67) selbstständiger Betriebsteil bis 1985 existierte. 1937 wurde das K.er Werk durch die Kriegsmarine erworben und ganz in den Dienst der Rüstungsproduktion gestellt. Nach 1945 entging Howaldt, nach wie vor im Besitz der öffentlichen Hand, als einzige der K.er Großwerften der Demontage, weitete sich nach →Gaarden, dem heutigen alleinigen Standort, aus und profitierte vom „Wirtschaftswunder" im Nachkriegswestdtld. Dieser Wiederaufbau ist v.a. mit dem Namen des damaligen Vorstandsvorsitzenden Adolf →Westphal verbunden, welcher die Werft in den fünfziger und sechziger Jahren maßgeblich prägte. Nun wurde in K. eine beeindruckend große Palette von Schiffstypen für dt. und internationale Kundschaft gefertigt, darunter zahlreiche Tanker, Frachter und Bulkcarrier für Norwegen, Fischfabrikschiffe für die

UdSSR, Fähren sowie weitere Großtanker, u.a. für internationale Rohölkonzerne sowie die griechischen Tankerreeder Onassis und Niarchos. 1960 umfasste die Belegschaft rund 13.000 Mitarbeiter. 1967 schlossen sich im Rahmen einer notwendig gewordenen Konzentration die Howaldtswerke in K. und Hmbg. mit der Dt. Werft in Hmbg.-Finkenwerder zusammen, woraus die Werftengruppe H. entstand. Nach und nach verlagerte sich das Geschehen immer mehr nach K. Ging H. 1967 noch mit je drei Werken in Hmbg. und K. in die Fusion, so ist heute nur noch eines in K.-Gaarden übrig geblieben. Als Universalwerft hat H. auch nach der Fusion weiterhin eine große Typenpalette gebaut: Rohöl- und Gastanker, Kreuzfahrtschiffe, Ostseefähren, den dt. Polareisbrecher „Polarstern" (1982), v.a. aber Containerschiffe, bei deren technischer Weiterentwicklung H. lange Zeit international in Führung lag. Die herausfordernde Konkurrenz aus Fernost zwang das Unternehmen, wie den übrigen westeuropäischen Schiffbau, immer stärker zur Konzentration auf technisch anspruchsvollere Spezialschiffe. Dadurch wurde der Marineschiffbau für H. zum wichtigsten Geschäftsfeld. Hier spielen v.a. die Entwicklung und der →U-Bootbau eine herausragende Rolle, zunächst für die Bundesmarine, seit Ende der 1960er Jahre auch für den Export. 1959 hatte der bundeseigene Montankonzern Salzgitter AG die Werft übernommen. Nach dessen Privatisierung 1990 ging H. an wechselnde Anteilseigner (Preussag, Babcock-Borsig, One Equity Partners). Seit 2005 befindet sich H. im Werftverbund des Thyssen-Krupp-Konzerns, zu dem ferner Blohm + Voss, Hmbg. und die Nordseewerke, Emden gehören. Das Werk in K. ist mittlerweile in drei Bereiche aufgegliedert: H. GmbH (2008: 1.965 Mitarbeiter) für den Marineschiffbau, H. Gaarden GmbH (2008: 474 Mitarbeiter) für den zivilen Schiffbau sowie die ehemalige Konstruktion als B + V Niederlassung K. (2008: 108 Mitarbeiter).

Lit.: C. Ostersehlte, Von Howaldt zu HDW, Hmbg., 2004. Os

Hebbelschule →Schule

Heesch, Heinrich (geb. 25.6.1906 K., gest. 26.7.1995 Hannover), studierte seit 1925 Mathematik und Physik in München, wurde 1928 in Zürich promoviert, war 1930–35 als Assistent von Hermann Weyl an der Univ. Göttingen tätig und lebte danach in seinem Elternhaus in K. am →Wilhelmplatz. Erst 1958 habilitierte er sich in Hannover und wurde dort 1961 außerplanmäßiger Prof. H. beschäftigte sich anfangs mit Fragen der Kristallgeometrie, wo er die Schwarz-Weiß-Gruppen, die „Heesch-Schubnikow-Gruppen", einführte. Später gelang es ihm bei der Erforschung der Flächenteilung, das sog. reguläre Parkettierungsproblem zu lösen, was in der Industrie Anwendung fand. Nach dem 2. →Weltkrieg widmete er sich dem Vierfarbenproblem, das für die moderne Graphentheorie entscheidende Bedeutung hatte. H. war auch ein begabter Musiker und hatte sich schon während des Studiums als Violinist ausbilden lassen.

Lit.: SHBL 12 (2006), 174–180. Rt

Franz Hermann Hegewisch

Hegewisch, Franz Hermann (geb. 13.11.1783 K., gest. 27.5.1865 K.), Arzt und politischer Schriftsteller, wuchs in K. auf und machte seine Heimatstadt nach dem Medizinstudium 1809 zu seinem Wirkungsmittelpunkt. Er war sowohl als außerordentlicher Prof. an der →Christian-Albrechts-Universität als auch als angesehener Mediziner in K. und Umgebung tätig. H. entwickelte ein starkes politisches Engagement, das in der Mitarbeit an den →Kieler Blättern, seiner Tätigkeit als Abgeordneter in der holsteinischen Ständeversammlung (1834) und dem K.er 32er-Kollegium (1836) Ausdruck fand. Eine eigenständige sh. Verfassung und die weitgehende Selbständigkeit SH vom →Dänischen Gesamtstaat waren seine vorrangigen Ziele. Die nationalen und radikaldemokratischen Tendenzen der → Schleswig-Holsteinischen Erhebung (1848) teilte der altliberale H. aber nicht, so dass er in seinen späten Lebensjahren kaum noch politische Resonanz erfuhr.

Lit.: Lebensläufe, 133–136, 366. Sl

Charlotte (Lotte) Hegewisch

Hegewisch, Charlotte (Lotte) Friederike Dorothea (geb. 17.4.1822 K., gest. 3.12.1903 K.), wuchs als Tochter von Caro-

Gartenhäuschen Klein-Elmeloo, 1852

line und Franz Hermann →Hegewisch in der Villa „Klein Elmeloo" am Düsternbrooker Weg auf. Sie war geprägt u.a. durch den elterlichen Salon, in dem Angehörige des →Adels, des Bürgertums und Prof. der Univ. debattierten. Lotte H. blieb unverheiratet. Nach dem Tod der Eltern und Schwester ließ sie die Villa umbauen und gab dort begehrte Tischgesellschaften. Sie war künstlerisch begabt, malte, zeichnete und unterrichtete. Besonders engagierte sie sich für den sh. Kunstverein und die Kunstsammlung. Als 1887 die →Kunsthalle abgerissen wurde, vermachte Lotte H. das Anwesen Klein Elmeloo testamentarisch der Univ. für den Bau einer neuen Kunsthalle. Sie entstand 1907–09. 1889 erschienen die „Gedenkblätter an K. Aquarelle nach der Natur", 1902 ihre Lebenserinnerungen.

Lit.: Lebensläufe, 136 f., 366. SR

Heiligengeisthospital →Stadtkloster

Heimatschutzbewegung Die H., seit 1904 organisiert im „Dt. Bund Heimatschutz", war ideen- und kulturgeschichtlich ein Geisteskind der allgemeinen Kultur- und Lebensreformbewegung um 1900. Bedacht auf den Schutz und die Pflege regionaler Kultur, gegen gründerzeitliche Nivellierung und Überformung gewachsener Orts- und Landschaftsbilder, steckte sich die H. ein weites Aufgabenfeld. Im Zentrum blieb die Pflege der Baukultur. Gewissermaßen der „regionalistische Arm" der Reformbewegung, sah sich die H. dabei in einer Art Reform-Allianz mit dem Bund dt. Architekten (BDA) wie dem Dt. Werkbund, der Avantgarde der Bauzunft. In K. fielen die baupflegerischen Bemühungen auf vorbereiteten Boden. Die jungen reformbeseelten Architekten wie Johann →Theede, Ernst →Prinz, Carl Mannhardt, Heinrich Hansen und Heinrich Stav, die um 1905–07 in K. ihre Karriere begannen (neben den hier bereits tätigen Hans →Schnittger, Wilhelm Voigt, Carl Voß und Ernst →Stoffers), fanden im Stadtbauamt gleichgesinnten Rückhalt, namentlich bei Stadtbaurat Georg →Pauly, Stadtbauinspektor Emil Köhle und besonders Stadtbauinspektor Carl Meyer. Meyer betreute die in K. tätige „Bauberatungsstelle" des Landesvereins für Heimatschutz, in der die genannten jungen Architekten zusammenarbeiteten, die als Ortsgruppe K. des BDA bald auch außerhalb der Landesgrenzen für ihre nz. regionalgestimmte Baukultur Anerkennung erlangten. Für die Stadt war der →Schulbau das bevorzugte Baufeld, die Heimatschutz-Postulate im öffentlichen Großbau zu erfüllen: die Oberrealschule II am Rondeel (1905–07, heute Fragment), das sog. „Ellerbeker Schulschloß" (1910–12), die Schule an der Iltisstr. (1908–10), die Doppelmittelschule am Winterbeker Weg (1909–11). Weitere erhaltene Musterbauten der H. im heutigen Stadtgebiet: Warmbadeanstalt in →Neumühlen (Johann Garleff 1910), Adolf-Reichwein-Schule in →Dietrichsdorf (Prinz 1914–15), Michaeliskirche in →Hassee (Voigt 1911–12), ev. Kirche mit Pastorat in →Pries (v. Pentz u. Kusel 1910–11),

Wohnbebauung am Schülperbaum (1921)

„Ellerbeker Schulschloss", Gerhard-Hauptmann-Schule (1910–12)

Pastorat Vicelinkirche (Theede 1914–16), Wohn- und Atelierhaus Schnittger, Düppelstr. (Schnittger 1913), Kleinwohnungskomplex am Schülperbaum (Hansen, Prinz, Stav 1920/21–1925/27). In den 1920er Jahren verjüngte sich die in der Grundhaltung immer noch heimatschutznahe Backstein-Klinkerarchitektur durch aktuelle bauliche Zeitzeichen des Expressionismus und der Neuen Sachlichkeit, z.B. →Marineviertel (1925–30), Spar- u. Leihkasse →Gaarden (Prinz 1928–29), →Eckmannspeicher (Stoffers 1924–25), Wohnhäuser Eichendorff-/Uhlandstr. (Ewald Klatt, Arnold Bruhn u.a. ab 1925).

Lit.: H.-G. Andresen, Bauen in Backstein, Heide 1989. An

Heimatvertriebene →Flüchtlinge u. Vertriebene

Hein Schönberg H. ist der volkstümliche Name für die Kleinbahn AG K.-Schönberg. Die Gründung der Kleinbahn erfolgte am 21.4.1896. Hauptaktionäre waren die Stadt K. und die Kreise Plön und Bordesholm. Die Strecke verlief von →Gaarden über →Ellerbek, →Wellingdorf und Schönkirchen nach Schönberg. Zunächst wurde die Bahn in den →Hauptbahnhof eingeführt, erhielt aber 1911 zusammen mit der Kleinbahn AG K.-Segeberg einen Gemeinschaftsbahnhof in Gaarden, den Kleinbahnhof K.-Süd. Sie diente dem Gütertransport in der Region, beförderte die in K. arbeitenden Pendler, erschloss der Stadt das Käuferpotential des Hinterlandes und bot Gelegenheit zu Ausflugstouren. 1981 erfolgte die Einstellung des Personenverkehrs. Auf der 1914 gebauten Verlängerung von Schönberg nach Schönberger Strand findet heute Museumsbahnverkehr statt.

Lit.: H. Elsner, 100 Jahre K.-Schönberger Eisenbahn, Hmbg. 1997. Ka

„Hein Schönberg", Kiel–Schönberger Eisenbahn, um 1910

Heinrich, Prinz von Preußen →Preußen, Prinz Albert Wilhelm Heinrich von

Schuh-Heinrich 1892 gründete der Schuhmacher Johann Heinrich eine Schuhhandlung in der Flämischen Str. 20, die schon bald Zulieferer der kaiserlichen →Marine wurde. 1918 übernahm der Kaufmann Robert Heinrich das Ladengeschäft. Nachdem im 2. →Weltkrieg die Räumlichkeiten zerstört worden waren, musste auf Notquartiere in der Innenstadt ausgewichen werden. 1950 trat Rolf Heinrich in das elterliche Unternehmen ein, es folgte der Umzug in die Flämische Str. 9. 1959 zog das Hauptgeschäft an den →Alten Markt. 1979 übernahm Claus Heinrich die Geschäfte. Filialen wurden u.a. in der →Holtenauer Straße und im →Sophienhof eröffnet. Oh

Heinzel, Stephan (geb. 3.9.1841 Tschechen/Mähren, gest. 23.11.1899 K.), war Ende des 19. Jh. der unbestrittene Führer der K.er Sozialdemokraten. Aus kleinbäuerlichen Verhältnissen stammend, kam er auf der Wanderschaft als Schneider von Wien nach Hmbg. und K. Programmatisch Ferdinand Lassalle nahestehend, baute H. seit den 1870er Jahren die Parteiorganisation der K.er Sozialdemokratie kontinuierlich auf. Organisatorisch wie rhetorisch geschickt, sicherte H. trotz Inhaftierung auch in der Zeit des Sozialistengesetzes der Partei das Überleben. Mehrmals bemühte er sich vergeblich um ein Reichstagsmandat. 1890 wurde er überraschend als erster Sozialde-

Stephan Heinzel

mokrat Stadtverordneter. H. nahm an fast allen wichtigen Parteitreffen in Dtld. teil, hatte Kontakt zu allen führenden Sozialdemokraten seiner Zeit und baute Verbindungen zur dänischen Sozialdemokratie aus.

Lit.: K.-R. Fischer, Stephan H. und die Anfänge der K.er Sozialdemokratie, in: MKStG 73 (1987), 45–96.

Do

Rudolf Hell

Hell, Rudolf (geb. 19.12.1901 Eggmühl/Niederbayern, gest. 11.3.2002 K.), studierte seit 1919 Elektrotechnik an der TH München (1923 Dipl.-Ing., 1927 Promotion zum Dr.-Ing). Bis 1929 war H. Mitarbeiter von Max Dieckmann an einer Versuchsanstalt in Gräfeling bei München. 1925 erfolgte seine erste Patentanmeldung für eine „Lichtelektrische Bildzerlegerröhre für Fernseher", 1929 meldete er ein Patent an für eine „Vorrichtung zur elektrischen Übertragung von Schriftzeichen" (sog. H.-Schreiber) und verkaufte es an Siemens & Halske. Im Mai 1929 siedelte H. nach Berlin über und baute dort ein eigenes Unternehmen auf, das bis Kriegsende 1945 neben dem H.-Schreiber Peil- und Ortungsgeräte, Morseschreiber, Verschlüsselungsgeräte v.a. für die Wehrmacht herstellte. Nach der Zerstörung des Unternehmens richtete H. seit Sommer 1947 in →Dietrichsdorf und später auch in anderen Stadtteilen neue Produktionsstätten ein. Hier widmete er sich der Erfindung und Herstellung von zahlreichen bahnbrechenden Geräten für das druckgrafische Gewerbe (Klischograph, Helio-Klischograph, Lichtsatz), außerdem von Bildübertragungsgeräten, Klein-Faxgeräten, Farbscannern und Bildbearbeitungssystemen sowie Vorrichtungen zur Verschlüsselungstechnik. 1971 wechselte H. von der Unternehmensleitung in den Aufsichtsrat. Neben anderen Auszeichnungen erhielt H. 1979 die Ehrenbürgerschaft der →Christian-Albrechts-Universität und 1981 die der Stadt K.

Lit.: B. Fuchs/C. Onnasch, Dr.-Ing. Rudolf H., Heidelberg 2005.

Lag

Ursula Hensel-Krüger

Helling Als H., auch Helgen, wird im →Schiffbau die zum Wasser geneigte Fläche der Werft bezeichnet, bzw. das dort befindliche Holz- oder Metallgestell, auf dem der

Hellinge der Germaniawerft, um 1900

Schiffsneubau entsteht und von dem er zu Wasser gelassen wird. Vor dem 2. →Weltkrieg prägten insbesondere die teilweise großräumig überdachten H. der →Germaniawerft das K.er Stadtbild.

Ro

Hempels Straßenmagazin und zugleich Beschäftigungsprojekt. Die Zeitschrift wird von Menschen, die in soziale Notlagen geraten sind, im Straßenverkauf vertrieben (u.a. in K., Rendsburg, Husum u. Flensburg). Konzeptionelle und inhaltliche Vorstellungen für eine Straßenzeitung in K. wurden von Wohnungslosen im August 1995 mit Unterstützung durch Jürgen Knutzen und Jo Tein von der →Stadtmission entwickelt. Die erste H.-Ausgabe erschien im Februar 1996 mit einer Aufl. von 5.000 Exemplaren. Anders als in den Anfangsjahren liegt die redaktionelle Leitung seit 2003 in journalistischen Händen. 1997 wurde der Trägerverein H. e.V. gegründet, der weitere Projekte initiierte. Hierzu zählen ein Sozialdienst, eine sog. Suppenküche sowie das Café „Zum Sofa".

Oh

Hensel-Krüger, Ursula (geb. 26.6.1925 Hmbg., gest. 25.2.1992 Westerland/Sylt), verbrachte die ersten Jahre ihrer Kindheit in den USA, bevor sie während des 2. →Weltkriegs nach K. kam. Nach 1945 begann sie ihr größtenteils autodidaktisches Kunststudium und widmete sich der Bildhauerei. Ab 1956 schuf sie Plastiken und Skulpturen für öffentliche Plätze, Institutionen, Schulen, Wohn- und Erholungsgebiete und trug so zur Gestaltung des öffentlichen Raums in SH bei. In den Folgejahren führte H. verstärkt Auftragsarbeiten im Rahmen der Kunst-am-Bau-Regelung aus. Zahlreiche ihrer bevorzugt aus Bronze, Stein und Holz gefertigten Arbeiten sind auch heute noch im K.er Stadtbereich zu finden. Nach diversen Auslandsaufenthalten und Reisen lebte H. seit 1963 in Westerland/Sylt, wo sie 1983 ihr bildhauerisches Schaffen beendete. Wd

Hensen, Christian Andreas Viktor (geb. 10.2.1835 Schleswig, gest. 5.4.1924 K.), studierte nach dem Schulbesuch in Schleswig und Glückstadt von 1854–58 Medizin in Würzburg, Berlin und K. Unabhängig von Claude Bernard entdeckte er 1857 das Glykogen. Nach der Promotion 1860 arbeitete H. als Privatdozent und Prosektor am K.er Anatomischen Institut. Seit 1864 als außerordentlicher, seit 1868 als ordentlicher Prof. leitete er das Physiologische Laboratorium. 1867 gehörte H. für ein Jahr dem pr. Landtag an und setzte sich dort stark für die Fischerei ein. Seit 1868 war er mehrfach Dekan der Medizinischen Fakultät sowie 1877, 1887 und 1888 Rektor der →Christian-Albrechts-Universität. H. leitete fünf große meeresbiologische Expeditionen, darunter 1889 die Plankton-Expedition im Atlantik. Von 1894 bis 1904 war er Mitglied des Stadtverordnetenkollegiums in K.

Lit.: SHBL 4 (1976), 97–99. Pe

Viktor Hensen

Hensler, Hieronymus Friedrich Philipp (geb. 10.8.1766 Segeberg, gest. 21.6.1793), studierte seit 1785 Medizin in K., wurde 1790 zum Dr. med. promoviert und wirkte anschließend als Privatdozent. 1791–92 hielt er Vorlesungen über die Theorie und Praxis der Geburtshilfe und unterstützte seinen Vater Philipp Gabriel H. (1733–1805) bei der Modernisierung dieses Faches an der Christian-Albrechts-Universität. 1791 kündigte er als Erster in K. praktische geburtshilfliche Übungen am künstlichen, bauchseits offenen Beckentorso, dem sog. Phantom, an. 1792 wurde H. Leibarzt des Hz. von Augustenburg. Sein früher Tod beendete eine erfolgversprechende Lehrtätigkeit.

Lit.: SHBL 4 (1976), 104 f. Pe

Herberge zur Heimat 1869 gründeten K.er Bürger den „Verein zur Begründung einer H.“, der es sich zur Aufgabe machte, eine Herberge für wandernde Gesellen nach dem diakonischen Vorbild der 1854 in Bonn von Clemens Theodor Perthes eröffneten Institution einzurichten. 1871 konnte das Haus in der Gartenstr. eröffnet werden, das zunächst 41, 1880 bereits 110 Schlafstätten für Wanderhandwerker und -arbeiter und für Wohnungslose bot. 1903 erwarb der Verein ein weiteres Haus in der Hz.-Friedrich-Str. 1878 war eine Verpflegungsstation, 1895 der Arbeitsnachweis der →Gesellschaft freiwilliger Armenfreunde angegliedert worden. 1966 wurde die Herberge geschlossen, das Gebäude 1968 abgerissen. Ro

Hermann-Ehlers-Akademie (HEA) Im März 1968 wurde auf Initiative des ehemaligen Ministerpräsidenten des Landes SH Kai-Uwe von Hassel die Hermann Ehlers Stiftung e.V. gegründet. Nach dem Vorbild des Namensgebers – Ehlers war von 1950–54 Präsident des Dt. Bundestages – fördert sie die demokratische staatsbürgerliche Bildung auf christlicher Grundlage. Zu ihren Einrichtungen gehören Studentenwohnheime und Akademien in Norddtld. Die HEA K. wurde 1970 eingeweiht. Sie bietet Vortragsveranstaltungen, Diskussionen, Seminare zu allen Themen des öffentlichen Lebens an, veranstaltet Studienreisen und gibt Schriften heraus. Seit 1975 wird jährlich der renommierte Hermann-Ehlers-Preis vergeben, zusammen mit dem Kai-Uwe-von-Hassel-Förderpreis.

Lit.: C. Zöllner, „Du bist der Staat!“, in: Schriftenreihe der HEA K. 39 (1998). SR

Paul **Heyck Radbruch Nachfolger** 1840 kaufte Hermann Radbruch das „Colonial- und Materialwarengeschäft“ von Siegfried Schmidt in der →Holstenstraße. 1867 folgte ihm sein Sohn Heinrich, der es um eine „Theehandlung“ erweiterte. 1873 übernahm sein

Paul Heyck, Kaffee- und Teegeschäft, 1959

Angestellter Paul F. A. Heyck das Geschäft und verlegte es in die Faulstr. 2a. 1906 erwarb Ludwig Vagt die Firma und baute sie zu einer der führenden Kaffee- und Teehandlungen K.s aus. 1943 wurde das Geschäftshaus völlig zerstört und 1950 wiederaufgebaut. Seitdem befindet sich die Firma in ununterbrochener Folge am gleichen Ort im Familienbesitz und wird seit 1988 von Peter Vagt geleitet.

Lit.: Chronik der Firma P., K. 1. Mai 1840–1. Mai 1990. Si

Ida Hinz

Hindenburgufer Am Westufer der K.er →Förde wurde 1900–01 in Verlängerung des Düsternbrooker Weges bis zum Aussichtspunkt →Bellevue der Strandweg aufgeschüttet und in den 1920er Jahren bis zur Koesterallee weitergeführt. 1933 erhielt er den Namen H. nach dem Reichspräsidenten Paul v. Hindenburg (1847–1934). 1936 wurde das H. bis zur Feldstr. ausgebaut und stellt mit der →Kiellinie die längste Seepromenade Dtld. dar. Vorbei am →Olympiahafen von 1936, am →Kieler Yachtclub von 1926 und an dem 1952 zum Haus Weltclub umgebauten Olympiaheim von 1936 führt das H. zu bedeutenden Villen, u.a. von Hans →Schnittger und Heinrich →Moldenschardt. Am Ende des H. liegen die Wasser- und Schifffahrtsdirektion Nord (Marine-Artillerie-Inspektionsgebäude, 1936) und der Tirpitzhafen der Bundesmarine. Mehre Plastiken säumen das H.: in der Höhe des Carl-Loewe-Weges „Gf. Luckner Zeichen“ (Ulrich Behl, 1973), vor dem Yachtclub „1995“ (Georg Wawerk, 1989) und „Knabe mit Delphin“ (Joseph Wackerle, 1912), vor dem Haus Weltclub „Venus“ (Ursula →Hensel-Krüger, 1957). Bei Bellevue steht das Denkmal für die gefallenen →Seesoldaten des 1. →Weltkriegs (Alwin →Blaue 1927–31). Es folgt die Eisenplastik „Hafen 77“ (Felix Fehlmann 1977).

Lit.: M. Kiesel, Kunst im Freien und Denkmale in K. und Umgebung, K. 1993; Denkmaltopografie, 526. Si

Hindenburgufer, Postkarte, um 1910

Hinz, Ida, geb. Präkelt (geb. 28.12.1904 Bönebüttel bei Nms., gest. 26.5.1986 K.), war eine der herausragenden Persönlichkeiten der K.er Nachkriegsgesch. Seit 1945 Mitglied der SPD, gehörte sie seit Oktober 1946 der ersten frei gewählten →Ratsversammlung nach dem 2. →Weltkrieg an. 28 Jahre lang war sie ehrenamtlich als Ratsfrau tätig und setzte sich in über 50 Ausschüssen und Gremien für die Lösung sozialer Probleme ein, denn die Nöte anderer Menschen standen für sie immer im Mittelpunkt. Von 1951–70 amtierte sie als Stadträtin und gehörte dem Präsidium der Ratsversammlung sowie dem Fraktionsvorstand der SPD an. Von 1952–70 war sie stellvertretende Stadtpräsidentin, von 1970–74 Stadtpräsidentin. Sie war bundesweit die erste Frau, die dieses höchste kommunale Amt innehatte. 1974 verlieh ihr die Stadt K. die Ehrenbürgerschaft.

Lit.: N. Schultheiß, Geht nicht gibt´s nicht, K. 2007, 16–18. Sh

Hirschfeld, Christian Cay Lorenz (geb. 16.2.1742 Kirchnüchel, gest. 20.2.1792 K.). Von 1760–64 studierte H. Theologie in Halle, ab 1764–65 in K. 1765–67 war er Hauslehrer zweier Gottorfer Prinzen, die er auch auf deren Reisen in die Schweiz begleitete. 1770 wurde er an der →Christian-Albrechts-Universität zum außerordentlichen Prof., 1773 zum ordentlichen Prof. der Philosophie und der schönen Wissenschaften ernannt. Zunächst las H. auch über Staatswissenschaft und Universalgesch., konzentrierte sich dann aber auf Gartenkunst und Obstbau. 1779–85 erschien sein fünfbändiges Hauptwerk „Theorie der Gartenkunst“, das ihn zu einer unbestrittenen Autorität auf diesem Gebiet und zum führenden Theoretiker der englischen Gartenkunst in Dtld. machte. 1784 gründete er in →Düsternbrook eine Fruchtbaumschule, die auf Regierungskosten Obstbäume an die holsteinischen Bauern verteilte. Gleichzeitig lehrte er in aufklärerischer Manier an der Univ. und im Lehrerseminar über die soziale und erzieherische Bedeutung der Obstbaumkultur und legte in seinem Haus in Düsternbrook eine große Spezialbibliothek und Kupferstichsammlung zur Gartenkunst an.

Lit.: Lebensläufe, 142–144, 367 f. Ra

Hörn Für das südliche Ende der K.er →Förde wurde wegen seiner ursprünglich gekrümmten und spitz zulaufenden Form und der vom Stadtzentrum entfernten Lage ab Mitte des 19. Jh. die Bezeichnung H. geläufig. Vor der Ausdeichung erstreckte sich die H. etwa von der →Holstenbrücke bis auf das heute mit dem Arbeitsamt und Sozialministerium bebaute Areal an der Bahnhofstr. Das natürliche Ufer war umsäumt von mit Gräben durchzogenen Salzwiesen, über die ein Fußweg die Stadt mit dem am Ostufer gelegenen Dorf →Gaarden verband. Am westlichen Ufer ist seit 1267 das St. Jürgenhospital mit dem Seuchenfriedhof nachgewiesen. Anf. des 19. Jh. wurden unterhalb der →Ziegelei der →Nikolaikirche die ersten Uferbegradigungen vorgenommen, weitere folgten mit der Anlage des →Bahnhofs und des →Eisenbahndamms ab 1844. 1876 begann die massive Umgestaltung der H. Die →Marine schüttete das sumpfige südliche Ende mit dem Erdaushub der ersten Marinewerft bei →Ellerbek auf. Zum Ausgleich für weitere von der Marine beanspruchte Uferflächen verpflichtete sie sich zudem zur Ausdeichung des westlichen Ufers mit einem 34m breiten Kai vom H.ende bis auf die Höhe des heutigen Stresemannplatzes für den Handelshafen. Dadurch wurden 5,5ha Kai- und Lagerfläche gewonnen und die Förde um ca. 3,5ha am südlichen Ende verkleinert. Am Ostufer siedelte sich die Norddt. Schiffbau AG an, aus der später die →Germaniawerft hervorging. Die beiden Ufer wurden durch stark frequentierte Fähren (→Fördeschifffahrt) verbunden. Auf dem aufgeschütteten südlichen Querriegel wurde 1887 der städtische →Schlachthof eröffnet, auf dessen Gelände nach der Stilllegung 1987 das Arbeitsamt, 1994 das Sozialministerium und 2001 der sog. →H.-Campus errichtet wurden. Für das Gelände der ehemaligen Germaniawerft wurde ab 1991 das Sanierungs- und Stadtentwicklungskonzept Kai-City K. entworfen. Die Vermarktung und Bebauung des Gebiets für Arbeiten und Wohnen entwickelt sich aber nur zögerlich. V.a. entstanden dort der Norwegenkai, der sog. Schmid-Bau und die Germaniaarkaden. Am Westufer wurden in den 1970er Jahren durch Aufschüttungen für das spätere Schwedenterminal die Wasserflächen am Ausgang der H. weiter reduziert. Seit 1997 überspannt eine Dreifeldklappbrücke (→Hörnbrücke) die H.

Lit.: V. Stoy, K. auf dem Weg zur Großstadt, K. 2003. Bri

Hörnbrücke Die Brücke überwindet die Trennwirkung der →Förde und verbindet den →Hauptbahnhof mit den Sanierungsgebieten →Hörn und →Gaarden sowie dem Norwegenkai. Technisch ist sie ein weltweites Unikum und eine touristische Attraktion. Die Originalität ergibt sich daraus, dass die Klappbrücke nicht wie üblich nach oben aufklappt, sondern die drei Brückenfelder über Zugbänder horizontal zusammengefaltet werden. Der Entwurf der 1997 fertig gestellten Brücke stammt vom Hmbg. Architekturbüro von Gerkan, Marg & Partner und dem Stuttgarter Ingenieurbüro Schlaich, Bergermann & Partner. Zahlreiche Schwierigkeiten bei Entwicklung und

Hörnbrücke (1997)

Inbetriebnahme der Brücke gaben Anlass zu einer hämischen öffentlichen Auseinandersetzung: „Klappt sie oder klappt sie nicht?" Für alle Eventualitäten baute man eine zusätzliche Verschubbrücke.

Lit.: K. Alberts, U. Höhns (Hg.), Architektur in SH 1990–96, Hmbg. 1996. Me

Hörn-Campus (2000–01)

Hörn-Campus Das 2000–01 errichtete Bürohaus erhebt sich am Ende der →Förde. Der davor liegende, als Freitreppe gestaltete Querkai ist nicht nur Anleger, sondern auch beliebte Sitzgelegenheit. Der mit öffentlichen Mitteln geförderte Bau sollte das Sanierungsgebiet →Hörn als Standort für die Ansiedlung von Betrieben der Informations- und Kommunikationsbranche qualifizieren. Der 90m lange und 25m hohe Bau bietet eine Büronutzfläche von 6.400m². Die Großraumbüros sind zum Wasser ausgerichtet, die Einzelarbeitsräume liegen an der Rückseite. Im Dachgeschoss befindet sich die Kantine mit einer großen Terrasse. Die 1.800m² große gekurvte Glasfassade lässt an ein im Wind killendes Segel denken. Der gläserne Treppenhausturm setzt einen wirkungsvollen Akzent im Stadtbild. Der Entwurf des seit 2003 H. genannten und in Rekordzeit von elf Monaten errichteten Gebäudes stammt von der Architektengruppe Schmidt + Bremer mit H.-H. Christensen + U. Steuber. Me

Hofapotheke 1642 eröffnete der Handelsmann Melchior Bereiter am Markt die „Neue Apotheke". Auf Antrag des K.er

Hofapotheke, 1925

→Magistrats erhielt sie am 28.3.1642 durch Hz. Friedrich III. von Holstein-Gottorp die urkundliche Bestätigung. 1712 verlieh der Bf. von Lüb. dem Apotheker Victor Stein, der auch eine Kaffeeschenke unterhielt, den Rang eines „Hofapothekers". 1827 wurde die Apotheke von dem aus Boizenburg stammenden Heinrich Anton Rüdel (1799–1888) erworben. Ihm folgten Reinhold Carl Heinrich Rüdel (1832–1917), Carl Reinhold Rüdel (1864–1931), Hans-Carl Rüdel (1906–76) und in sechster Generation Hans-Jochen Rüdel mit seinem Sohn Jan-Hendrik. Das alte Fachwerkhaus wich 1893 einem neuen Gebäude, das im 2. →Weltkrieg zerstört und 1949–50 wiederaufgebaut wurde. Hans-Carl Rüdel war 1948–68 Vorsitzender des →Kieler Yachtclubs, 1957–61 Bundestagsabgeordneter und 1958 →Stadtpräsident.

Lit.: H. Eckhardt, Alt-K. in Wort und Bild, K. 1899. Si

Hoffmann, Melchior →Reformation

„Hohenzollern" Für das dt. Kaiserhaus fuhren insgesamt drei Dampfyachten namens „H." Die erste, ein Schaufelraddampfer (Länge 90,65m), entstand 1875–80 bei der Norddt. Schiffbau AG in →Gaarden, wurde 1892 in „Kaiseradler" umbenannt, 1909 aus dem Register gestrichen und 1912 in Danzig abgewrackt. Die zweite H. (Länge 122m), die bekannteste der drei Yachten, wurde 1891–93 beim Stettiner Vulcan erbaut und diente bis 1914 Kaiser Wilhelm II. bei vielen Reisen und repräsentativen Anlässen. Ein Ersatzschiff, die dritte H. (Länge ca. 140m), wurde 1913 beim Stettiner Vulcan begonnen und lief noch am 29.9.1914 vom Stapel. Der kriegsbedingte Baustop fiel acht Monate vor der geplanten Fertigstellung, die

Die Kaiseryacht „Hohenzollern" an der Spitze der Manöverflotte, Franz Müller-Gossen, 1909

nie mehr erfolgte. Beide Yachten wurden 1923 bei den →Deutschen Werken in K. abgewrackt.

Lit.: E. Gröner, Die dt. Kriegsschiffe 1815–1945, Bd. 6, Koblenz 1989, 196–197. Os

Holsatiamühle Gründer der H. waren die aus Altona stammenden Brüder Johannes und Conrad Ferdinand Lange. Die Schwentinemündung war seit dem MA Standort verschiedener →Mühlen. In zwei Etappen erwarben die Langes die am nördlichen und südlichen Ufer liegenden Betriebe: 1863 für 28.240 Reichstaler die Ölwassermühle, 1864 für 75.000 Mark Courant die herrschaftliche Kornwassermühle. Nach Abriss der unrentablen Öl- und Lohmühle wurde am Nordufer eine sechsgeschossige Dampfmühle mit 60 Mahlgängen errichtet. Dieser erste Mühlenbau brannte vom 22. auf den 23.7.1874 ab. Der noch größere Neubau mit acht Geschossen ist bereits im pr. Urkataster 1874 verzeichnet. Ebenfalls aufgenommen ist das zu gleicher Zeit errichtete Silogebäude – später H. genannt. Für 3 Mill. Mark erwarb die „Baltische Mühlengesellschaft AG" 1881 das Werk. Die Mühlengründer Lange gehörten weiterhin zum Vorstand. Der Betrieb expandierte zum größten dieser Art im Dt. Reich. Der Arbeitskräftebedarf war bereits seit Anf. der 1870er Jahre ständig gestiegen. An der Mühlenstr. – heute Steinkamp – entstanden deshalb 1873 zehn zweigeschossige Doppelhäuser mit Wohnungen für die Beschäftigten. Mit dem Besitzerwechsel 1914 erhielt der Betrieb den Namen H. Bauliche Veränderungen folgten: In den 1930er Jahren wurde das erwähnte Silogebäude zur Mühle umgebaut, dahinter entstand ein neues Hochsilo. Das 1874 errichtete Mühlengebäude wurde während eines Bombenangriffs 1944 bis auf wenige Reste zerstört. Nach Wiederaufbau wurde bis 1992 produziert. Infolge der Stilllegung wurde die Mühlentechnik ausgebaut, der baufällige Schornstein gesprengt und die Verladeeinrichtungen am Schwentineufer sowie die Nebengebäude abgebrochen. Die restliche Anlage wurde unter Denkmalschutz gestellt. Eigentümer war die benachbarte Reha-Klinik, deren Erweiterungspläne sich jedoch aus wirtschaftlichen Gründen zerschlugen. Ein Großfeuer 1996 vernichtete den gesamten Dachstuhl der Mühle. Das Hochsilo allerdings konnte einer neuen Nutzung zugeführt werden: 1997 war der Umbau zum Studentenwohnheim abgeschlossen. Das nunmehr ungeschützte Mühlengebäude dagegen verfiel. Im Februar 2008 wurde die H. abgebrochen.

Lit.: B.-A. Bresse, Die H., in: G. Kaster (Hg.), Tradition und Aufbruch im Schwentinetal, Husum 2001, 119–124. Sch

Holstein Kiel Die K.er Sportvereinigung Holstein von 1900 e.V. ist neben dem →Turnverein Hassee-Winterbek (THW) der renommierteste Sportverein der Stadt. Zum aktuellen Sportangebot gehören Fußball, Handball, Tennis und Cheerleading. Die Mitgliederzahl aller Sparten beträgt etwa 920. Vergangener Teil der Vereinsgesch. sind die Leichtathletik, das Boxen, Tischtennis, Volleyball, Radsport, Hockey, Schwimmen sowie Schlag- und Faustball. Besonders die Leichtathletikabteilung hatte große Erfolge und einige dt. Meisterschaften vorzuweisen. Das Aushängeschild des Vereins war aber immer die Fußballabteilung, die zu den traditionsreichsten des dt. Fußballsports gehört. Sie wurde am 7.10.1900 als „1. K.er Fußballverein" (KFV) gegründet und zählt zu den dt. Pionieren dieser aus England importierten Sportart. Der 1. KFV fusionierte am 7.6.1917 mit dem FV Holstein von 1902. Die gesellschaftliche Basis der beiden Vorgängervereine bestand überwiegend aus Angehörigen der sog. neuen bürgerlichen Mittelschichten, industrielle und städtische Angestellte, Techniker, Schüler und

Holstein Kiel, Meistermannschaft, 1912

Studenten sowie Soldaten der kaiserlichen →Marine. Besonders der FV Holstein von 1902 entwickelte sich schnell zu einem gut organisierten und überregional erfolgreichen Fußballverein. Der Titel des Dt. Fußballmeisters 1912 ist der größte Erfolg der Vereinsgesch. und des sh. Fußballs überhaupt. Bereits 1911 konnte der Verein an der damaligen Irenestr. (heute Projensdorfer Str.) einen Tribünensportplatz bauen, bis heute seine Heimstätte. Nach der Fusion von 1917 entwickelte sich H. zum sh. Vorzeigeverein. Der neue K.er Großklub profitierte in seiner Entwicklung von den guten Beziehungen des KFV Mitgründers Georg P. →Blaschke (1876–1926), der auch als DFB-Vorstandsmitglied fungierte. Die K.er Störche, wie die „Holsteiner" wegen ihrer blau-weiß-roten Spieltracht bis heute genannt werden, blieben in den 1920er und 1930er Jahren ein norddt. Spitzenverein, der auch in der dt. Endrunde für Furore sorgte. Nachdem die Störche 1931 im Halbfinale und 1932 im Viertelfinale um die Dt. Meisterschaft verloren hatten, mussten die zahlreichen Anhänger fast elf Jahre auf den nächsten Erfolg warten. Mitten im 2. Weltkrieg trafen die K.er im Viertelfinale um die Dt. Meisterschaft auf den favorisierten FC Schalke 04. 11.000 Zuschauer im „Holstein Stadion" erlebten mit dem 4:1 Sieg gegen die „Schalker Kreisel" genannte Mannschaft eine der „größten Sensationen der dt. Fußballgesch." Mit der unglücklichen Niederlage im Halbfinale gegen den Dresdener SC (1:3) und dem überzeugenden Sieg über Vienna Wien im Spiel um Platz 3 (4:1) gehörte H. zum festen Bestandteil der dt. Fußballelite. Als der DFB im Jahr 1963 mit der Bundesliga eine dtld.weit einheitliche erste Spielklasse ins Leben rief, verpasste H., bislang immer in der höchsten Spielklasse zu finden, die Qualifikation nur äußerst knapp. Auch zwei Jahre später scheiterte die Mannschaft in der Aufstiegrunde. Damit verloren die Störche den Kontakt zum dt. Spitzenfußball. 1978 gelang noch einmal der Sprung in die 2. Bundesliga-Nord, doch bereits nach drei Jahren war dieser Traum vom großen Fußballgeschäft wieder vorbei. Die zahlreichen Anläufe zur Rückkehr in den Berufsfußball, zuletzt gescheitert in der Saison 2009–10, waren nicht selten finanzielle Kraftakte, die, gepaart mit sportlichen Misserfolgen, den Verein beinahe um seine Existenz brachten. An die glorreiche Vergangenheit des Vereins knüpfen aktuell die Frauen der „Holstein Women" an, die den Verein als klassenhöchste Mannschaft in der 2. Bundesliga vertreten.

Lit.: H. Grüne u.a., 100 Jahre H., K. 2000; T. Cassel, Störche im Bombenhagel, in: D. Schulze-Marmeling u.a. (Hg.), Hakenkreuz und rundes Leder, Göttingen 2008, 427–435. Cas

Holsteinisches Jägercorps 1789 wurde in K. das holsteinische Scharfschützen-Corps aufgestellt, das 1816 in H. umbenannt wurde. 1820 erfolgte die Umbenennung in 5. Lauenburgisches Jägerkorps, dessen Friedensstärke etwa 700 Mann betrug. 1854 wurde es als 14. Dänisches leichtes Infanteriebataillon, 1867 zum pr. Jägerbataillon Nr. 9 umstrukturiert. Es bestand bis 1918.

Lit.: M. Busch, „Deserteure, Feiglinge, Refractairs", in: E. Opitz (Hg.), Krieg und Frieden im Hzt. Lauenburg und seinen Nachbarterritorien vom MA bis zum Ende des Kalten Krieges, Bochum 2000, 233–260. LS

Holsten-Brauerei Die H. wurde 1879 im holsteinischen Altona gegründet. Zunächst wurde das Bier nur im lokalen Umfeld (Altona und Hmbg.) vertrieben. Schnell avancierte die H. zum führenden Bierproduzenten im Hmbg. Raum. Durch die Übernahme anderer →Brauereien konnte die H. ihre Marktposition ausbauen. 1924 wurde auch die K.er Schloss-Schifferer-Brauerei, ein Zusammenschluss der K.er Brauereien Schloss und Schifferer, übernommen. Während des 2. Weltkriegs erlitten die Produktionsstätten in Hmbg.-Altona, Nms. und K. Schäden. Nach dem Krieg wurden diese wieder aufgebaut und modernisiert. 1946 waren die Standorte provisorisch betriebsfähig. Der Betrieb in der →Holtenauer Straße 122 wurde 1994 eingestellt; zwei Jahre später wurden die Gebäude abgerissen. Auf dem Gelände entstanden Wohn- und Geschäftshäuser, der Name „Brauereiviertel" erinnert an die Gesch. des Ortes.

Lit.: K. Grobecker, O Bier du schmäckest fein, Hmbg. 1979. Wm

Holstenbrücke Die H. überwand den schmalen Durchfluss zwischen →Förde und →Kleinem Kiel. Mit den Holstentoren war sie Teil der Stadtbefestigung in MA und FNZ und bildete seit der Stadtgründung den wichtigsten Zugang zur Stadt. Die stets dem Seewasser ausgesetzte Holzbohlenbrücke wurde 1784 von Johann Friedrich Kaufmann durch eine Steinbrücke ersetzt. Nachdem zwischen H. und Kehdenbrücke 1870 zunächst ein Fußgängersteg (Brückensteig) erbaut worden war, riss man 1903 die H. ab, verlegte die gesamte Wasserverbindung zwischen Kleinem Kiel und Förde in ein Rohrsystem und überbaute sie mit einer Straße. Diese als H. bezeichnete Straße war ein Abschnitt einer neu angelegten Verkehrsachse vom →Bootshafen zur →Bergstraße. Die Bebauung der H. in der Nachkriegszeit durfte als architektonisches Vorzeigeprojekt gelten; heute ist der Bereich von hohem städtebaulichen Entwicklungsbedarf. Ro

Holstenstraße Die H., bereits 1242 bei der →Stadtgründung angelegt, wird 1264 als „Platea pontis" und ab 1473 eingedeutscht als „Brughestrate" (Brückenstr.) erwähnt. Schon zu dieser Zeit galt die Straße als Hauptverkehrsader der Stadt; seit 1730 ist die Bezeichnung H. nachgewiesen. Bereits im 19. Jh. wurden hier Kaufhäuser und Fachgeschäfte aller Art ansässig. Seitdem ist die H. die traditionelle Einkaufsstraße K.s. Die Strecke von der →Holstenbrücke bis zur →Klinke hieß bis 1901 →Vorstadt. Die fast vollständig kriegszerstörte Straße wurde im →Wiederaufbau stark verbreitert. Zweigeschossige Ladenzeilen lockerten die Bebauung ebenso auf wie die neu ange-

Holstenbrücke, vor 1890

Die Holstenstraße in Kiel, Willy Lucas, 1917

Holstenstr., um 1960

Holtenau, Luftaufnahme, 1964

legten Plätze (Holstenplatz, Europaplatz, Asmus-Bremer-Platz, →Berliner Platz). Am 12.12.1953 wurde der obere Teil der Straße für den Individualverkehr gesperrt und in eine →Fußgängerzone umgewandelt. Nach dem Erfolg des neuen Konzepts wurde 1957 auch der untere Teil der Straße „fußläufig", wie es im damaligen Amtsdt. hieß. Eb

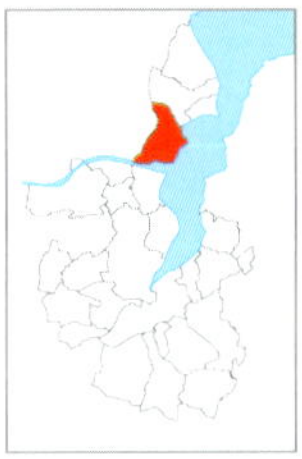
Holtenau

Holtenau Die Gründung des Dorfes H. im 13. Jh. ist erstmals im K.er Stadtbuch (1264–89) in der Schreibung „Altena" belegbar. Das kleine nördlich der →Levensau gelegene Dorf umfasste 1741 vier Vollhufen, zwei Halbhufen, vier große Katen und einige Kleinstellen und hatte nur etwa 140 Einwohner. Seit 1575 gehörte H. zum Gut →Seekamp, die Bauern waren bis 1791 leibeigen und hatten Hofdienste für Seekamp zu leisten. Zum Dorf gehörten einige abseits gelegene Katen, Voßbrook, Muschelkate, Diekmissen und Schusterkrug. Zum Bau des →Eiderkanals 1776–84 wurden ca. 40ha als Kanaldis-trikt von der Gemarkung abgetrennt; an der Kanalmündung entstanden das →Kanalpackhaus zum Umschlag der Waren und Wohnhäuser für Kanalbedienstete. Zwei →Obelisken säumten die Kanaleinfahrt; die Passage begann mit zwei →Schleusen von 1782 und 1824. Erst die Grundsteinlegung für den →Nord-Ostsee-Kanal 1887 veränderte das Dorf nachhaltig, die Bevölkerung stieg bis 1900 auf 1.434 Einwohner an, zuzüglich 160 Einwohner im Kanaldistrikt. Die Kanaleinfahrt wurde mit dem →Leuchtturm von 1895 mit Gedenkhalle und einem Kaiser-Wilhelm-Denkmal monumental gestaltet. 1897 wurde die Dankeskirche eingeweiht, deren aufragender Turm 1935 wegen des Flugverkehrs eingekürzt wurde. An der Kanalstr. siedelten sich Geschäftsleute und Schiffsmakler an. Für →Lotsen, Kanalsteurer und Beamte entstand Wohnbebauung, die die Lücke zwischen dem alten Bauerndorf und dem Kanaldistrikt schloss. Seit 1912 betrieb das Kanalamt eine Fährverbindung über den Kanal, um den Anwohnern den Umweg über die →Prinz-Heinrich-Brücke zu ersparen. Das nördlich gelegene Dorffeld und das sich am Fördeufer hinziehende malerische Gehölz Voßbrook mit der davor gelegenen Bucht Stickenhörn wurden in der Folgezeit vielfach überplant. Das Fort H. wurde hier angelegt und der Küstenstreifen kam in Marinebesitz. Am Voßbrooker Strand wurde 1913–14 ein Seeflughafen eingerichtet und die Marineflieger-Abteilung hierher verlegt. 1918 plante man an der Stickenhörn eine Torpedo- und U-Bootswerft, nach der →Eingemeindung 1922 einen →Freihafen mit Industrieflächen, doch diese Projekte blieben in Ansätzen stecken. 1928 nahm der →Flughafen K.-H. seinen Betrieb auf. Das im 2. →Weltkrieg

Holtenau, Leuchtturm und Kaiser-Wilhelm-Denkmal an der Kanaleinfahrt, Postkarte, um 1910

unzerstörte H. mit seinen bedeutenden Baudenkmälern konnte bis heute seinen eigenen Charakter bewahren.

Lit.: N. Detlefsen, Die K.er Stadtteile nördlich des Kanals, Nms. 1978. Ro

Holtenauer Str., um 1955

Holtenauer Straße Schon in einer Urkunde des Gf. →Johann II. von 1286 wird der Landweg als „Via danica" (Dänischer Weg) erwähnt. Ab 1865 entwickelte sich die heute fast 4km lange H. zu einer der wichtigsten innerstädtischen Verkehrsachsen. Zur Kaiserzeit galt die untere H. als moderne Einkaufstraße, während die Bebauung zwischen Belvedere und der →Wik nicht ganz geschlossen wurde. Die untere H. war stark kriegszerstört; ihr →Wiederaufbau galt als beispielhaft (→Klagemauer). Im nördlichen Verlauf hat sich die repräsentative kaiserzeitliche Bebauung erhalten. Heute ist die H. mit ihren Einzelhandelsgeschäften, mit →Schauspielhaus und →Kino eine attraktive Einkaufsstraße mit urbanem Charakter. Eb

Hornheim →Jessen, Peter Willers

Hornheimer Riegel →Geologie

Hotel Astor Der zehngeschossige Hotelbau wurde 1960 eingeweiht und gilt als Schlusspunkt des →Wiederaufbaus der →Holstenstraße. Der Hmbg. Architekt Ferdinand Streb (1907–70) verlieh ihm die großstädtische Gestaltung mit der vorgehängten, transparenten Fassade, die mit traditioneller Hotelarchitektur bricht und sich deutlich von den benachbarten Ziegelbauten des Holstenplatzes abhebt. Aufsehenerregend war die beliebte Astor-Bar, die im zehnten Geschoss mit einem offenen Dachgarten lockte. Ro

Howaldt (Familie). Die Familie H. ist seit dem ausgehenden 16. Jh. im mitteldt. Raum genealogisch nachweisbar. Der schließlich sehr weit verzweigte, bis hin nach Übersee ansässige Familienverband brachte v.a. Ingenieure, Unternehmer, aber auch Künstler hervor. Als Sohn eines Braunschweiger Goldschmieds kam 1835 der Mechaniker August Ferdinand H. (1809–83) nach K. und gründete dort mit einem Partner die Eisengießerei und Maschinenfabrik →Schweffel & Howaldt. Sein Sohn Georg Ferdinand H. (1841–1909) gründete 1876 eine Werft in →Dietrichsdorf, die er 1889 mit der väterlichen Maschinenfabrik zu den Howaldtswerken (→HDW) vereinigte. H. galt als der führende K.er Industrielle seiner Zeit. Aufgrund einer Unternehmenskrise musste die Familie H. 1910 aus der Firma ausscheiden.

Lit.: Lebensläufe, 145–147, 368–370. Os

August Ferdinand Howaldt

Howaldt, Georg (geb. 24.3.1841 K., gest. 10.5.1909 Wildbad), Sohn des Mitbegründers von →Schweffel & Howaldt August Ferdinand H. (1809–83), gründete 1865 in →Ellerbek eine kurzlebige (bis 1868) Eisenschiffswerft. Danach wirkte er bis 1875 als Direktor bei der Norddt. Schiffbau AG in →Gaarden. Am 1.10.1876 eröffnete H. in →Dietrichsdorf eine neue Werft, die sich auf eiserne Dampfschiffe (→„Vorwärts") spezialisierte. 1889 erfolgte die Fusion mit der benachbarten Maschinenfabrik Gebrüder Howaldt (vorm. Schweffel & Howaldt) zu den Howaldtswerken (→HDW). Etwa 500 größere und kleinere Neubauten sehr unterschiedlichen Typs entstanden dort bis zum Tode H., dessen große Begabung im Vertrieb lag. Aufgrund wirtschaftlicher Schwierigkeiten (ab 1904) musste 1909 ein neuer Anteilseigner (Brown, Boveri & Co.) die Werft übernehmen.

Lit.: Lebensläufe, 151–155, 370. Os

Georg Howaldt

Howaldtsche Metallgießerei Die H. wurde um 1884 nach Entwürfen von Heinrich →Moldenschardt erbaut. Das Gebäude vereinigt der zeitgenössischen Mode des Historismus folgend verschiedene schmückende Stilelemente und innovative Ideen

Metallgießerei

(z.B. Belüftung), die dem industriellen Zweckbau Rechnung trugen. Auffällig sind der quadratische Grundriss des gelben Backsteinbaus und das Pyramidendach mit zentralem Schornstein. Ehemals gemauert wird er heute durch eine 15m hohe und 5t schwere Attrappe aus Stahl ersetzt. Nach Moldenschardts Plänen stand das Gebäude allein. Später kamen Anbauten hinzu, die nicht mehr erhalten sind. Die letzte umfassende Modernisierung der H. fand Ende der 1950er Jahre statt, daher entsprach die Ausstattung zuletzt nicht mehr den gängigen technischen Standards. Dies und zurückgehende Aufträge führten zur Stilllegung 1980. Die H. sollte in das in den 1980er Jahren geplante „Museum für Industrie- und Alltagskultur" (→Museen) eingebunden werden. Es war eine Translozierung an die →Hörn vorgesehen. Die Pläne zerschlugen sich. Erst als die →Fachhochschule Kiel 1990 in der Nähe liegende Gebäude übernahm, sollte auch die H. neu genutzt werden. 1992 wurde sie unter Denkmalschutz gestellt. Pläne und Gelder für die Umnutzung fehlten, das Gebäude verfiel. Erst der im August 2003 gegründete Verein „Industriemuseum H. e.V." setzte engagiert die Sanierung und die Einrichtung eines Museums um. Nach zweijähriger Vorarbeit eröffnete das „Industriemuseum H." am 20.5.2007. Sch

Howaldtswerke →HDW

HOWE-Haus Der →Wiederaufbau der →Holstenstraße begann 1949 mit dem H. Entworfen von Wilhelm →Neveling, orientierte es sich in Material und Höhe am Gebäude der →Landwirtschaftskammer, das 1926–27 nach Plänen von Johann →Theede in dunklem Klinker errichtet worden war. Der kompakte, fünfgeschossige Bau zeigt mit dem Staffelgeschoss, dem Flachdach, den dreigeteilten, querrechteckigen Fenstern, die knapp und bündig in der Fassade sitzen, die typischen Charakteristika der K.er Wiederaufbauarchitektur, die sich v.a. durch Klarheit und Gradlinigkeit auszeichnet. Mit seinen ausgewogenen Proportionen und der schlichten Fassade wirkt es modern, wenngleich durch die Lochfassade und den Backstein Bezüge zur K.er Bautradition hergestellt wurden. Als eines der ersten neugebauten Gebäude in der Innenstadt ist das H. ein Symbol des Wiederaufbaus.

Lit.: U. Höhns, K. Seiler-Kroll, Das moderne K., Heide 2008, 79. SK

Howe-Haus in der Holstenstraße, um 1955

Huber, Charlotte (Lotti) (geb. 16.10.1912 K., gest. 31.5.1998 Berlin), war Schauspielerin, Tänzerin, Sängerin, Autorin, Übersetzerin und Künstlerin. Sie wurde als Tochter großbürgerlicher Juden geboren und zog mit ihrem Jugendfreund Hillert Lueken, dem Sohn des Oberbgm. Emil →Lueken, nach Berlin. Wegen „Rassenschande" wurde Lueken 1937 von den Nationalsozialisten ermordet, H. in das KZ Moringen deportiert. Von einer amerikanischen Organisation freigekauft, emigrierte Lotti H. 1938 über die Schweiz und Italien nach Palästina. In Haifa studierte sie Tanz und Pantomime

Gesellschaft für Kieler
Stadtgeschichte

Einladung zur Herbstexkursion

Kloster Preetz und Klosterkirche Bordesholm

Sonnabend
12. Oktober 2019
13.00 – 19.00 Uhr

Das Kloster Preetz gehört zu den größten und am besten erhaltenen Klosteranlagen in Schleswig-Holstein. Wir bekommen eine detaillierte Führung durch die Klosterkirche und -anlage.
Anschließend Kaffee & Kuchen in Brügge.
Abschließend besuchen wir die Klosterkirche in Bordesholm.
Leitung: Ernst Mühlenbrink u. Jens Martin Neumann.

Die Fahrt beginnt pünktlich um 13.00 Uhr an der Kaistraße, Höhe Hauptbahnhof.

Wir berechnen unterwegs 30 € für Führungen, Fahrt und Kaffee & Kuchen.

Verbindliche Anmeldung ab sofort telefonisch unter 0431/901-3962, unter info@kieler-stadtgeschichte.de oder persönlich in der Geschäftsstelle Stadtarchiv, Raum 515a.
Bei Absage weniger als eine Woche vor Fahrtantritt behalten wir uns die Nachforderung der Kosten vor.

flächen, die sich als
litische oder militä-
eigneten.
371. Ra

eeresforschung

Industrie- und Handelskammer, Haus der Wirtschaft (2004)

ndelskammer (IHK) die Selbstverwaltungs- verblichen Wirtschaft. mtinteressen ihrer fast Unternehmen und setzt haftliche Entwicklung Die IHK nimmt vom fgaben wirtschaftsnah in hr und bietet als kunden- ister der Wirtschaft den reites Service- und Bera- HK-zugehörigen Unter- 65 Mitglieder der Voll- höchste Beschlussgre- r Zusammensetzung die ktur im IHK-Bezirk wider- lieder der Vollversamm- lbstständige Unterneh- rer oder Prokuristen von d ehrenamtlich aktiv und rung in die IHK-Arbeit amt sind mehr als 2.500 us der Wirtschaft ehren- HK engagiert. Der Bezirk fasst die Landeshauptstadt Stadt Nms. und die Kreise , Rendsburg-Eckernförde m Hause der IHK zu K. tsstelle der IHK SH sowie r ansässig. 2004 erhielt die sentativen Neubau an der →Bergstraße, der den 1954 von Wilhelm

Sportstätten und Sp...
Mit Beginn des →Nationalsozialismus

→Neveling errichteten Bau am Lorentzendamm erheblich erweiterte.

Lit.: 100 Jahre IHK., Rückblick und Jahresbericht 1970, K. 1970. Le

Industrialisierung Die I. bezeichnet den Übergang von handwerklich-kleingewerblichen Wirtschaftsformen zu industriellen Großbetrieben und die damit einhergehende anteilige Steigerung des industriellen Sektors am Sozialprodukt eines Staates. Sie ist geprägt durch Spezialisierung, Arbeitsteilung und kapitalintensive neue Techniken, die zu einer Mechanisierung und Rationalisierung des Arbeitsprozesses führten. Dieser Vorgang, auch als Industrielle Revolution bezeichnet, setzte sich ab 1850 im dt. Raum durch. Ausgelöst und vorangetrieben wurde die I. durch die Erschließung neuer Energiearten und Werkstoffe. Dampf und später elektrischer Strom ersetzten Wasser- und Windkraft sowie tierische und menschliche Arbeitsleistung. Eisen und Stahl, aber auch Baumwolle verdrängten ältere Werkstoffe wie Holz, Kupfer, Wolle oder Leinen. Die industrielle Massenproduktion erforderte eine umfassende verkehrstechnische Erschließung durch →Eisenbahn, Straßen- und Kanalbau, um schnelle, für den Massentransport geeignete Verbindungen zwischen Industriezentren und Absatzmärkten zu schaffen. Als Revolution wird der I.prozess bezeichnet, weil er nicht nur eine tiefgreifende wirtschaftlich-technische Entwicklung beschreibt, sondern als ein gesamtgesellschaftlicher Prozess mit weitreichenden sozialen Veränderungen zu verstehen ist. Die meist unter prekären Verhältnissen lebende (Industrie-)Arbeiterschaft verschaffte sich in →Arbeiterbewegung und Sozialdemokratie eine schon bald nicht mehr zu überhörende Stimme. Innerhalb weniger Jahrzehnte wurden die seit Jh. bestehenden agrarisch-kleingewerblichen Lebens- und Arbeitsverhältnisse grundlegend umgestaltet; neue Gesellschaftsschichten, der bürgerliche Großunternehmer, aber auch das Proletariat entstanden, die Abwanderung von Teilen der ländlichen Bevölkerung in die industriellen Zentren führte zu einem Urbanisierungsprozess. SH lag zu Beginn des 19. Jh. abseits der neu entstehenden wirtschaftlich-industriellen

Ingenieurskunst, Georg Burmester, Frontispiz für die Festschrift der 42. Hauptversammlung des „Vereins Deutscher Ingenieure“, 1901

Zentren. Es war agrarisch geprägt, nennenswerte Rohstoffvorkommen wie Kohle und Erze fehlten, das Verkehrssystem war unzureichend entwickelt, ein ausgebautes Bankwesen (→Banken) als Kapitalgeber der Industrie existierte ebenso wenig wie eine für den industriellen Bedarf ausgebildete Arbeiterschaft. Bis 1867 hatten die Hztt. nur punktuell Industrie aufzuweisen, insgesamt blieb die agrarisch-kleingewerbliche Struktur erhalten. Erst mit der Eingliederung in Pr. und der Gründung des Dt. Reiches 1871 ist ein größerer I.schub zu verzeichnen, der sich insbesondere im →Schiffbau und bei Schiffszulieferbetrieben bemerkbar machte. K. war als →Marinestation der Ostsee (seit 1865) und →Reichskriegshafen (seit 1871) das Zentrum dieser Entwicklung. Zeitgleich mit der →Marine kam in K. der industriell betriebene Eisenschiffbau auf und verdrängte den handwerklichen Holzschiffbau. Aus der Maschinenbauanstalt und Eisengießerei →Schweffel und →Howaldt ging 1865 die erste ausschließlich Eisenschiffbau betreibende Werft (→HDW) hervor. Maschinen und Kessel produzierte das Mutterunternehmen. 1867 kam mit der Norddt. Schiffbau AG eine zweite hinzu, 1868 folgte die →Germaniawerft. Die Werften kämpften bis über die Jh.wende hinaus immer wieder ums Überleben. Ihnen fehlte das Kapital für Erweiterungsbauten und Innovationen, die der Übergang zum Großschiffbau erforderte. Zusammenschlüsse mit Zulieferern, neue Geschäftsformen wie die Aktiengesellschaft und v.a. der allgemeine Wirtschaftsaufschwung vor dem 1. →Weltkrieg verbunden mit der Aufrüstung brachten die Wende. Den Werften folgte die Ansiedlung von Zulieferindustrien. Noch um die Jh.wende waren

Bleche und Ausrüstungsgegenstände für den Handelsschiffbau aus England importiert worden. Zwar hatten sich Ketten, Winden, Anker, Kessel oder Bullaugen produzierende Hilfsbetriebe angesiedelt, aber erst die Jahrzehnte vor dem 1. WK brachten Spezialunternehmen nach K., wie die 1905 gegründete Firma →Anschütz & Co, die hochinnovative Kompasse produzierte, oder die Firmen Ludwig von Bremen und Flohr & Devaranne, die Tauchapparate herstellten. Unternehmen für Schiffselektrik wie Neufeldt & Kuhnke (→Hagenuk) sowie Motoren- und Pumpenbau wie →Bohn & Kähler siedelten sich ebenfalls an. Während die Hilfsbetriebe stark von den konjunkturellen Schwankungen der Werften abhängig waren, lag die Wirtschaftskraft der Spezialbetriebe in der Erfindung und Weiterentwicklung eigener Produkte. Außerhalb des Schiffbaus erlangte nur die K.er Nahrungs- und Genussmittelindustrie überregionale Bedeutung. Hatte es vor 1864 kleinere Brennereien, Salzsiedereien, Schokoladen-, Zucker-, Seifen- und Tabakfabriken gegeben, so verloren diese durch die neue Grenzziehung ihren wichtigsten Absatzmarkt, mussten schließen oder bedienten fortan ausschließlich den lokalen Markt. In pr. Zeit entwickelte sich insbesondere die Mühlenindustrie (→Mühlen). Die 1866 errichtete Langesche Mühle (→Holsatiamühle) war mit über 100 Arbeitern (1871) die bedeutendste. Zusammen mit der K.er Mühle A. J. Kühl produzierte sie bis in die 1880er Jahre hinein ca. 7% des gesamten englischen Mehlimports. Die K.er Mühlenindustrie verlor ebenso wie das Brauereiwesen bis zur Jh.wende ihre überregionale Funktion. Andere Industrien wie die Bau- und Holzindustrie produzierten ausschließlich für den lokalen Markt. Sie profitierten vom Kasernen- und Wohnungsbau, aber auch von der →Fischindustrie, die für den Versand ihrer Produkte Holzkisten benötigte. Als die K.er Fischindustrie in den 1920er Jahren auf Vollkonservenproduktion umstieg, wuchs sie kurzfristig zum Branchenführer im Dt. Reich. Industrie, Gewerbe und →Handel hingen letztlich am Tropf der Marine: Deutlich bemerkbar machte sich diese Abhängigkeit nach dem 1. WK, als der Truppenabzug und die Rüstungsbeschränkungen des Versailler Vertrags die Arbeitslosenzahlen in die Höhe schnellen ließen. Fehlende Marineaufträge konnten zunächst durch zunehmenden Handelsschiffbau ausgeglichen werden. Hinzu kamen Produkte wie Lokomotiven, Waggons, Maschinen und Motoren. Die Grundausrichtung auf Werftindustrie und Metallverarbeitung prägte die K.er Industrie weiterhin. Heute ist von der I. K.s nur noch wenig zu sehen. Was nicht im 2. WK zerstört wurde, musste meist Neubauplänen weichen. Der seit 1916 errichtete Neubau der ehemaligen Metallwaren- und Maschinenfabrik Bohn & Kähler in der Deliusstr. wurde teilweise in den Neubau der Justizbehörde integriert; die heutige Halle 400, 1939 im Zuge der Kriegsrüstung von HDW gebaut, wurde noch bis 1989 für den →U-Bootbau genutzt. Die 1884 eröffnete Howaldtsche →Metallgießerei in →Neumühlen ist heute ein Industriemuseum. An die K.er Nahrungsmittelindustrie erinnern die →Fischhalle (1909–10), heute Schifffahrtsmuseum (→Stadt- und Schifffahrtsmuseum), und die Alte Räucherei Wiese (1913) in der Werftstr., heute ein Restaurant, während die an der →Schwentine gelegene Holsatiamühle 2008 abgerissen wurde.

Kesselschmiede der Howaldtswerke, um 1900

Lit.: R. Wenzel, Bevölkerung, Wirtschaft und Politik im kaiserlichen K. zwischen 1870 und 1914, K. 1978. Fi

Ingenieurbüro Atlas Kiel (IBAK) In der Nachfolge des K.er Servicebüros der Bremer Atlaswerke gründete der Ingenieur Helmut Hunger 1945 die IBAK, seit 1957 offizielle Firmenbezeichnung. Aus dem Vertrieb von elektro-medizinischem Gerät und →Echoloten der Atlaswerke entwickelten sich eigene Fertigungsstätten, zunächst in der Hopfenstr., dann auf dem Gelände des →Seefischmarkts, schließlich seit 1968 am Wehden-

IBAK, Fertigungsabteilung, 1953

weg. Die IBAK verlegte sich in den 1950er Jahren auf Schiffsscheinwerfer und -heizungen sowie Unterwassergeräte. 1957 stellte sie das Kanalfernsehen vor, ein Kamerainspektionssystem für Rohrleitungen, bis heute das erfolgreichste Produkt des mittelständischen Unternehmens. Ro

Innung →Handwerk

Institut für die Pädagogik der Naturwissenschaften (IPN) Zur Förderung des naturwissenschaftlichen Unterrichts an dt. Schulen auf Initiative von Karl Hecht (1903–94) 1966 gegründet, lagen die Schwerpunkte zunächst in Entwicklung und Erprobung von Curricula für die Fächer Biologie, Chemie und Physik an K.er Schulen. 1971 wurde Karl Frey (1971–88) Hechts Nachfolger und machte das IPN zu einem international renommierten Forschungszentrum, das bis 2006 fast 5.000 Studien veröffentlichte. Seit Mitte der 1990er Jahre erfolgte die Ausrichtung des IPN auf empirische Bildungsforschung. 2000 war das IPN für den naturwissenschaftlichen Teil der PISA-Studie der OECD in Dtld. verantwortlich. Für PISA 2003 sowie 2006 lag die Federführung der gesamten Studie für Dtld. beim IPN. Das IPN ist Mitglied der Leibniz-Gemeinschaft. Nachfolger Freys wurden Heinrich Storck (1988–92), Jürgen Baumert (1992–2000) und Manfred Prenzel (seit 2000). Si

Institut für Weltwirtschaft

Institut für Weltwirtschaft (IfW) Das IfW wurde am 20.2.1914 im Schloßgarten 14 als „Kg.liches Institut für Seeverkehr und Weltwirtschaft" eröffnet, zog 1920 ins Kruppsche Anwesen am →Hindenburgufer um und erhielt 1934 seine bis heute gültige Bezeichnung. Als ein selbstständiger Teil der →Christian-Albrechts-Universität hatte es die wissenschaftliche Erforschung der weltwirtschaftlichen Beziehungen zur Aufgabe. Der erste Direktor, Bernhard →Harms, begann den systematischen Ausbau der Bibliothek, die Herausgabe verschiedener Zeitschriften und die Errichtung eines Wirtschaftsarchivs. Im 1. →Weltkrieg erforschte man die wirtschaftlichen Maßnahmen der Gegner Dtld. In der →Weimarer Republik erarbeitete sich das IfW über K. hinaus einen Ruf als kompetente Stelle für internationale Wirtschaftsfragen. Im →Nationalsozialismus musste Harms das IfW verlassen, auf ihn folgte zuerst Jens Jessen und ab Juli 1934 Andreas Predöhl. Unter dessen Leitung wurde die Bibliothek nicht von „jüd." Autoren „gesäubert" und bis weit in den 2. WK hinein ausländische Literatur angekauft. Zudem sprach er sich in der Tendenz gegen eine ideologische Vereinnahmung der Weltwirtschaftsforschung aus. Im IfW wurden über 2.000 Geheimgutachten für Wehrmacht, Ministerien, Großbanken und Industrieunternehmen erstellt. Das IfW übernahm ab 1942–43 die führende Rolle in allen Auslandsfragen der Wirtschaftswissenschaften und erhielt das Monopol auf alle kriegswichtigen Forschungsarbeiten. Am Ende des 2. WK wurden Teile des IfW sowie des Archivs zerstört und im November 1945 Predöhl durch die Briten abgesetzt. Nach dem 2. WK baute das IfW seine Rolle als ein bedeutendes Zentrum der Weltwirtschaftsforschung mit umfangreicher Bibliothek und einem Wirtschaftsarchiv aus. Es vertritt unter den fünf „Wirtschaftsweisen" arbeitgeberfreundliche und wirtschaftsliberale Positionen. 1969 wurde der national und international hervorragende Ökonom Herbert Giersch Präsident, der das Institut 20 Jahre lang leitete. Ihm folgten 1989 Horst Siebert und 2004 Dennis Snower.

Lit.: H.-G. Glaeßer, Das Institut für Seeverkehr und Weltwirtschaft, in: K., die Dt. und die See, Stuttgart 1992, 155–168. H.-C. Petersen, Expertisen für die Praxis, in: Wissenschaft an der Grenze, hg. von C. Cornelißen und C. Mish, Essen 2009, 57-79. Om

Hermann Jacobsen

Jacobsen, Hermann (geb. 26.1.1898 Hmbg., gest. 19.8.1978 K.), erlernte den Gärtnerberuf auf Gut Bredeneck in der Privatgärtnerei des Freiherrn von Donner, in einer Baumschule in Nienstedten bei Altona und in der Hofgärtnerei in Schwerin. Er arbeitete in den Botanischen Gärten in Köln und Bonn, ehe er von 1929–63 als Garteninspektor die technische Leitung des →Botanischen Gartens K. übernahm. Er baute hier zusammen mit Gustav →Schwantes eine der größten Sammlungen von Mittagsblumengewächsen auf. Er veröffentlichte zahlreiche gärtnerische und botanische Bücher und Fachartikel. Seine Sukkulentenlexika werden bis heute nachgedruckt. J. war Mitglied mehrerer wissenschaftlicher Gesellschaften, 1963 ernannte ihn die →Christian-Albrechts-Universität zum Ehrendoktor. Sechzehn Pflanzenarten sind ihm zu Ehren benannt worden. Ni

Warenhaus Jacobsen am Dreiecksplatz, Postkarte, 1912

W. **Jacobsen AG** 1878 eröffnete der Kaufmann Wilhelm Jacobsen in der Schuhmacherstr. ein Lebensmittel- und Manufakturgeschäft, zog 1893 in das Eckhaus →Holstentraße/Rosenstr. und errichtete dort ein mehrstöckiges Warenhaus im Putzbau nach Plänen des Kölner Architekten Franz Brantzky. Später kamen Filialen in der →Klinke, Preußer- und →Holtenauer Straße dazu. Seit 1917 Aktiengesellschaft, beschäftigte die Firma in den 1930er Jahren etwa 800 Mitarbeiter. Nach den schweren Zerstörungen im 2. →Weltkrieg wurde das Unternehmen vom Sohn Fritz Jacobsen übernommen. Er vermietete das wieder aufgebaute Stammhaus. Der Standort Preußerstr. blieb Warenhaus, wurde aber ab 1956 von Horten betrieben und 1966 verkauft. Das Unternehmen ist heute in der Immobilienbranche tätig und notierte bis 2005 an der Börse. Si

Jacoby, Felix (geb. 19.3.1876 Magdeburg, gest. 10.11.1959 Berlin). Der 1900 in Berlin promovierte und 1903 in Breslau habilitierte Philologe und Historiker war von 1906–35 Prof. für Klassische Philologie an der →Christian-Albrechts-Universität. Hier begann er sein Lebenswerk, die „Fragmente der griechischen Historiker", eine bis heute unübertroffene Quellensammlung. Obwohl J. Kriegsteilnehmer im 1. →Weltkrieg gewesen war und studentische Vertreter sich für seine „nationale Gesinnung" verbürgten, wurde er genötigt, sich zum 1.4.1935 emeritieren zu lassen, da er nach den ns. Gesetzen als Jude galt. Direkt vom Novemberpogrom 1938 betroffen, floh er 1939 nach England, wo er bis zu seiner Rückkehr nach Dtld. 1956 an der Univ. Oxford lehrte. Die CAU ehrte ihn 1948 mit der Verleihung der Ehrensenatorwürde.

Lit.: J. Wiesehöfer, Felix J., in: Christiana Albertina 61 (2005), 44–48. Mi

Felix Jacoby

Jahn, Otto (geb. 16.6.1813 K., gest. 9.9.1869 Göttingen), erhielt wegen seiner musikalischen Begabung schon als Schüler musiktheoretischen Unterricht. 1831 begann er mit dem Studium der Klassischen Archäologie zunächst in K., dann in Leipzig und Berlin und wurde 1836 in K. promoviert. Seine akademische Laufbahn begann er in K. und setzte sie in Greifswald (1842), Leipzig (1847) und Bonn (1855) fort. 1850 wurde er als Teilnehmer an der →Schleswig-Holsteinischen Erhebung wegen Hochverrats verurteilt, dann aber freigesprochen. Waren seine Forschungen in der Archäologie wegweisend, z.B. durch Untersuchungen antiker Monumente auf ihren mythologischen Gehalt (u.a. Die Ficoronische Cista, 1852), so leistete er auf dem Gebiet der Musikwissenschaft Bahnbrechendes, u.a. mit seiner vierbändigen Mozartbiografie (1859). 1850 gehörte er zu den Gründern der Bachgesellschaft und wurde deren erster Sekretär.

Lit.: SHBL 3 (1974), 163–167. Si

Otto Jahn

Jahrmarkt Nur vier Mal im Jahr konnten auswärtige Händler und Gewerbetreibende in K. frei ihre Waren feilbieten, und zwar zu den vier J. Der wichtigste fand zum K.er →Umschlag statt, in den vier Wochen nach dem Dreikg.tag (6. Januar). In seinem Schat-

Frühjahrsmarkt an der Hörn

ten standen drei weitere zunächst einwöchige J., der Fastenmarkt nach dem Sonntag Invocavit (sechs Wochen vor Ostern), der Johannismarkt ab dem Montag nach Peter und Paul (29. Juni) und der Michaelismarkt ab Montag nach Franziskus (4. Oktober). Die Buden der Händler waren zunächst in der →Holstenstraße und der →Vorstadt, seit 1771 auf dem Markt aufgestellt. Zu den J. zeigten stets eigens konzessionierte Gaukler und Schausteller ihre Attraktionen; mit dem Wegfall von Handelsbeschränkungen und dem zunehmenden Angebot des Einzelhandels im ausgehenden 19. Jh. wandelten sich die J. zu Vergnügungsmärkten. Seit 1903 siedelten sie sich auf dem →Wilhelmplatz an. Mit dem Ende des K.er Umschlags verblieben noch drei J., die nach dem 2. →Weltkrieg schon 1946 als Frühjahrs-, Sommer- und Herbstmarkt wiederbelebt wurden. Ro

Herbert Jensen

Jensen, Herbert Friedrich (geb. 27.10.1900 K., gest. 22.3.1968 Dortmund), war Architekt, Stadtbaurat und Prof. für Städtebau und über die Grenzen K.s hinaus bekannt. Er besuchte in K. die Oberrealschule (heute →Hebbelschule) und studierte bis 1923 Architektur an der TH Karlsruhe. 1935 baute J. als Magistrats-Oberbaurat in K. das Stadtplanungsamt auf. Nach dem Krieg übernahm J. als Stadtbaudirektor die Leitung der Bauverwaltung. Ihm verdankt die völlig zerstörte Stadt den →Wiederaufbau nach Grundsätzen moderner Städteplanung. Seine Erfolge beim Neuaufbau K.s fanden große Beachtung und führten zu zahlreichen Ehrungen. 1954 wählte ihn die Dt. Akademie für Städtebau und Landesplanung zum Vizepräsidenten, und im Jahr darauf ernannte die →Christian-Albrechts-Universität ihn zum Honorarprof. Beauftragt mit einem Stadtentwicklungsplan für München – später „Jensen-Plan" genannt –, wurde er 1961–62 beurlaubt und kehrte nicht wieder nach K. zurück. 1962 folgte J. einem Ruf an die TH Braunschweig. Eb

Schwen Hans Jensen

Jensen, Schwen Hans (geb. 1.12.1795 Keitum, gest. 6.3.1855 Tinnum), ging ursprünglich zur See, machte sein Steuermannsexamen und studierte dann Rechtswissenschaften und Mathematik. 1824 kam er in die SH-Lauenburgische Kanzlei nach Kopenhagen und wurde enger Mitarbeiter von Uwe Jens Lornsen und nach dessen Weggang Kontorchef der Kanzlei, dann Kommittierter im Generalzollkammer- und Kommerzkollegium. Das moderne sh. Zollgesetz von 1838 ging im Wesentlichen auf J. zurück. 1834 wurde er zum Bgm. von K. berufen. Hier bemühte er sich u.a. um die Einführung eines städtischen Haushaltsplanes, um feste Beamtengehälter und ein sozialeres Steuersystem. Das meiste davon wurde aber erst nach seiner Zeit verwirklicht. 1838 wählten ihn die K.er in die holsteinische Ständeversammlung. Wegen Unstimmigkeiten mit der Regierung ließ er sich 1844 als Landvogt nach Sylt versetzen.1848 war er Abgeordneter für K. in der Landesversammlung, Finanzminister der Gemeinsamen Regierung und dann der Statthalterschaft in Gottorf. 1849 legte er diese Ämter nieder, blieb aber Sylter Landvogt.

Lit.: Lebensläufe, 170 f., 372. Ge

Toni Jensen

Jensen, Tomasine (Toni) (geb. 25.9.1891 Aalborg, gest. 20.10.1970 K.), unterrichtete nach dem Examen als Volksschullehrerin (1911) zunächst in Gelsenkirchen und seit 1915 in K. Nach ihrem Beitritt zur SPD war sie 1919–24 Stadtverordnete, publizierte in der →„Schleswig-Holsteinischen Volkszeitung" und übernahm den Vorsitz der 1921 neu in K. gegründeten →Arbeiterwohlfahrt. Von 1921–33 war sie Abgeordnete im pr. Landtag, wo sie sich der Frauen- und Bildungspolitik widmete. Nachdem die Nationalsozialisten ihr 1933 jegliche politische Betätigung verboten und sie aus dem Schuldienst entfernt hatten, ging sie 1937 in die USA und nach Großbritannien. Nach ihrer Rückkehr nach K. 1945 wurde sie zum Mitglied der →Ratsversammlung ernannt, und ihr Engagement galt fortan der Modernisierung des Kultur- und Bildungssystems mit dem Ziel, Chancengleichheit für alle zu schaffen. Als Städtische Oberschulrätin leitete sie das Schul- und Kulturamt und übernahm 1947 das Dezernat für Schule und Kultur. Ihr sind entscheidende Fortschritte in der Kultur- und Bildungspolitik zu verdanken.

Lit.: N. Schultheiß, Geht nicht gibt´s nicht, K. 2007, 47–49. Sh

Jensen, Wilhelm Hermann (geb. 15.2.1837 Heiligenhafen, gest. 24.11.1911 München-Thalkirchen). Als unehelicher Sohn des Bgm. Schwen Hans →Jensen, aber zeitlebens ohne Kontakt zu den Eltern, wuchs J. in K. im Hause Moldenhawer auf. Bis 1856 besuchte J. die →Gelehrtenschule und danach mit Emanuel Geibel das Katharineum in Lüb. Es folgte die Medizin-Studienzeit in K., Würzburg, Jena und Breslau, wo er in den Fächern Philosophie und Literatur promoviert wurde. 1863 ging er auf Anregung Geibels nach München, später nach Stuttgart. An der Seite Wilhelm Raabes griff J. in die Ausein-andersetzung um den pr.-österreichischen Krieg ein und wurde 1868 Redakteur der „Schwäbischen Volkszeitung". 1869 wechselte er zur „Norddt. Zeitung" nach Flensburg. 1872–76 lebte J. wieder in K., befreundet mit Klaus →Groth und Theodor Storm, und schrieb mehrere Gedichtbände und patriotisch gefärbte hist. Romane, Grundsteine für seine Erfolge als Romancier. Seine hist. Erzählung „Karin von Schweden" (1872) brachte es zu einer hohen Aufl. Dem alten K. hat er ein Denkmal in seiner Erzählung „Aus meiner Vaterstadt" (1889) gesetzt. Gesundheitlich angeschlagen lebte J. 1876 zunächst in Freiburg/Breisgau, seit 1888 in München und am Chiemsee. 1903 erschien die Novelle „Gradiva" – bis heute bekannt, weil das Werk der Grundstein der psychoanalytischen Auseinandersetzung zwischen J. und Sigmund Freud gewesen ist.

Lit.: Neue Dt. Biographie 10 (1974), 404–406. Kü

Peter Willers Jessen

Jessen, Peter Willers (geb. 13.9.1793 Flensburg, gest. 29.9.1875 Hornheim/→Gaarden), war nach dem Schulbesuch in Flensburg und dem Medizinstudium in K., Göttingen und Berlin von 1820–45 ärztlicher Leiter der Irrenanstalt in Schleswig, damals eine in SH einzigartige Institution. 1845 errichtete J. westlich von K. die Heilanstalt für Nervenkranke, nach seinen Berliner Lehrern Ernst Horn und Ernst Ludwig Heim „Hornheim" benannt, die bald wegen der modernen Behandlungsmethoden auf großen Zuspruch stieß. J. konnte hier seine Ideen einer ganzheitlichen Therapie von Geisteskranken verwirklichen, die – anders als die bislang übliche Verwahrung der Kranken und die Anwendung von Zwangsmitteln – auf dem Vertrauensverhältnis zwischen Patient und Arzt, der genauen Diagnose und einer differenzierten Therapie aufbaute. Aus der praktischen Tätigkeit gingen zahlreiche Veröffentlichungen hervor, in denen J. allgemeine psychologische Probleme behandelt und Psychologie und Physiologie verknüpft. Seit 1832 Titularprof. las J. nach 1845 an der →Christian-Albrechts-Universität über Psychische Heilkunde und setzte sich wiederholt für die Einrichtung von psychiatrischen Lehrstühlen an Univ. ein.

Lit.: Lebensläufe, 171–173, 372. Rt

Johann II. (geb. 1253, gest. 1321 K.), genannt der Einäugige, war letzter Vertreter der „K.er Linie" des schauenburgischen Gff. hauses. 1273 erhielt J. bei einer Landesteilung mit seinem Bruder Adolf V. und seinem Onkel Gerhard I. den „K.er Anteil" der Gft., v.a. das K.er Umland und Mittelholstein. J. verlor die Sehkraft eines Auges, als sein Hofnarr ihm ungeschickt einen Knochen ins Auge warf. Der glücklose J. und seine zwei Söhne fielen einer Intrige seiner Großneffen Gerhard III. von Rendsburg (um 1293–1340) und Johann III. von Plön (um 1297–1359) zum Opfer. Etwa 1313 starb sein Sohn Christoph bei einem

Sturz aus dem Fenster einer gräflichen Burg; 1315 wurde der zweite Sohn Adolf auf der Segeberger Burg ermordet, J. selbst inhaftiert und sein Land zwischen Gerhard III. und Johann III. geteilt. J. verblieb nur K. mit Umland, das nach seinem Tod 1321 an Johann III. fiel.

Lit.: D. Kraack, Die frühen Schauenburger als Gff. von Holstein und Stormarn (12.–14. Jh.), in: Die Fürsten des Landes, hg. von C. P. Rasmussen u.a., Nms. 2008, 43–45. Ro

Warenhaus Johannsen und Schmielau am alten Markt, um 1900

Johannsen und Schmielau Die Vettern Carl Johannsen und Carl Schmielau eröffneten 1879 am →Alten Markt 9 einen Eisenwarenladen, der 1907 vom Architekten →Schnittger zu einem großen Warenhaus umgebaut wurde. Lagerungsräumlichkeiten wurden in der Hassstr. und am Klosterkirchhof erworben. Das Fachgeschäft für Porzellan, Spielwaren und Haushaltsartikel wurde im Sommer 1944 bis auf den ersten Stock ausgebombt, sodass Waldemar Schmielau, Sohn des Mitbegründers, das Geschäft wieder aufbauen musste. Die nicht mehr rentable Eisenwarenabteilung wurde an A. Leopold verkauft. Das Traditionsunternehmen musste 1986 das Geschäft aufgeben. Klö

Juden In voremanzipatorischer Zeit durften sich J. in K. nur mit landesherrlicher Konzession niederlassen. Solche Konzessionen sind seit Ende des 17. Jh. belegt; wegen des Widerstands von →Magistrat und Krämerkompanie blieben sie jedoch die Ausnahme. 1803 gab es in der Stadt sechs jüd. Haushalte mit insgesamt 29 Personen, die sich mühselig vom Kleinhandel ernährten, denn das Halten offener Läden war ihnen untersagt. Eine deutliche Zunahme ist erst 1848–49 zu verzeichnen, als J. im Zuge der revolutionären Erhebungen in SH vorübergehend Gleichberechtigung erhielten. Mit der Niederschlagung der Revolution wurde auch die antijüd. Politik restauriert; der Plan des Magistrats, die ohne Schutzbrief Zugezogenen aus K. auszuweisen, scheiterte indes am Einspruch der Regierung. Die rechtliche Gleichstellung der jüd. mit der nichtjüd. Bevölkerung wurde im Hzt. Holstein 1863 eingeleitet. Ihren Abschluss fand sie mit Gründung des Dt. Reichs 1871. K. zählte in diesem Jahr 187 Einwohner jüd. Konfession, 1930 – auf dem Höhepunkt – waren es 655. Den Hauptgrund für das Wachstum bildete die Zuwanderung osteuropäischer J. insbesondere aus dem habsburgischen, ab 1919 polnischen Galizien. 1925 hatten 39% der J. in K. einen ausländischen, in der Regel osteuropäischen Hintergrund. K. stellte damit die pr. Großstadt mit dem dritthöchsten Ausländeranteil unter der jüd. Bevölkerung dar. Die osteuropäischen J. waren zumeist in der Textilbranche tätig, wo sie sich vom Hausier- zum Kleinhandel emporarbeiteten. Die dt. J. zählten Rechtsanwälte, Ärzte und Dozenten in ihren Reihen. In der Mehrheit gingen sie jedoch ebenfalls kaufmännischen Beschäftigungen nach, wobei ihre Unternehmen im Schnitt deutlich größer waren. Private Kontakte zwischen beiden Gruppen gab es kaum. Dies lag an den sozialen, aber auch an religiösen Unterschieden. Während nämlich die osteuropäischen J. in der Regel streng religiös gesetzestreu lebten, war bei den dt. J. die Säkularisierung bereits weit fortgeschritten. Die Gegensätze hatten tief greifende Spannungen in der jüd. Gemeinde zur Folge, zumal dort im Vorstand die dt. J. das Sagen hatten. Eine jüd. Gemeinde hatte es in K. erstmals in den 1790er Jahren gegeben. Eine zweite Gemeinde konstituierte sich 1850, wurde jedoch erst 1867 offiziell anerkannt. Mit Genehmigung von Magistrat und Kg. legte sie 1852 an der Michelsenstr. den bis heute bestehenden →jüdischen Friedhof an. Ihr erstes, eher unscheinbares eigenes Gotteshaus befand sich in der Hassstr. 1910 wurde es durch eine repräsentative →Synagoge an der Ecke von Humboldt- und Goethestr. ersetzt. Diese beherbergte auch die Religionsschule und bot den vielfältigen, zumeist bis in die frühe NS-Zeit bestehenden jüd. Vereinen Raum. Die geistliche Leitung der Gemeinde lag wiederholt in den Händen eines Kultusbeamten, der unter Aufsicht des für SH zuständigen Oberrabbiners von Altona gleichzeitig als Vorbeter, Religionslehrer und Schächter fungierte. Einen eigenen Rabbiner beschäftigte man nur in den Jahren 1891–98 (Moritz →Stern), 1908–12 (Emil Cohn), 1918–20 (Leo Breslauer) und 1924–33, als der religiöse Zionist Arthur →Posner (1890–1962) dieses Amt innehatte. Nach dessen Auswanderung wurde die Gemeinde bis 1938 durch den Lüb. Rabbiner David Alexander Winter (1878–1953) mitbetreut. In der →Weimarer Republik sahen sich die J. auch in K. mit einem zunehmend aggressiver auftretenden Antisemitismus konfrontiert. Die Gemeinde suchte diesem v.a. durch Aufklärungsarbeit zu begegnen. Am 3.8.1932 wurde auf die Synagoge ein nie aufgeklärter Sprengstoffanschlag verübt. Er richtete zwar nur Sachschaden an, die Verunsicherung in der Gemeinde war jedoch groß, zumal →Presse, Politik und Kirchen es an Solidarität weitgehend fehlen ließen. Unmittelbar nach der NS-Machtübernahme wurden in K. zwei J. ermordet: am 12.3.1933 der SPD-Stadtverordnete und Rechtsanwalt Wilhelm →Spiegel, am 1.4.1933 Friedrich Schumm, ebenfalls ein Rechtsanwalt. Der Lynchmord an Schumm stand im Zusammenhang des reichsweiten Boykotts jüd. Geschäfte, Waren, Rechtsanwaltskanzleien und Arztpraxen, der ersten zentral geleiteten antijüd. Aktion im Dritten Reich. In K. erfuhren die J. an diesem Tag noch Solidaritätsbeweise aus Kreisen der →Arbeiterbewegung, die jedoch bald darauf zerschlagen wurde. Als es 1935 erneut zu antisemitischen Ausschreitungen in großem Stil kam, gab es keine öffentlichen Proteste mehr. Angesichts

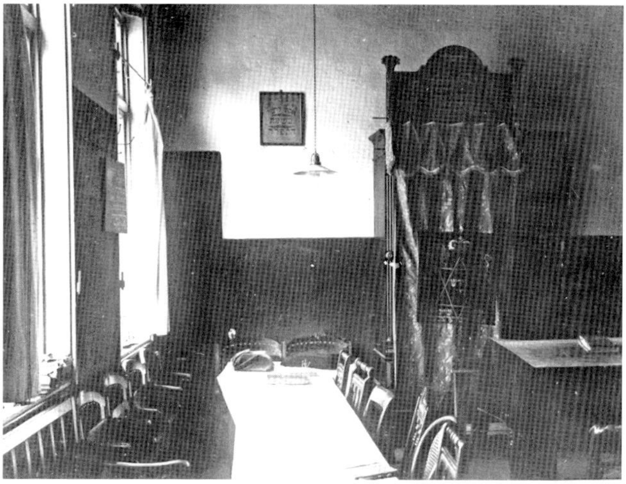

Jüdischer Gebetsraum im Feuergang, Gängeviertel

der Ausgrenzung der J. aus Wirtschaft und Gesellschaft intensivierte sich zunächst das jüd. Gemeindeleben. Gleichzeitig nahm jedoch die Ab- und Auswanderung zu. Im Juni 1933 wurden in K. 522 bekennende J. gezählt, im Mai 1939 nur noch 227. Die größte Fluchtwelle gab es nach der →Reichspogromnacht. Der Pogrom vom 9./10. November 1938 bedeutete für die J. das Ende jeglicher Normalität. In K. setzten NS-Schergen das Innere der Synagoge in Brand, zerstörten etwa 15 Geschäfte und mindestens fünf Wohnungen. Zwei jüd. Kaufleute wurden durch gezielte Attentate lebensgefährlich verletzt, 36 Männer in das KZ Sachsenhausen verschleppt; drei von ihnen starben an den Folgen der Haft. Unmittelbar nach dem Pogrom erfolgte die völlige Ausschaltung der J. aus dem Wirtschaftsleben. Die größeren jüd. Geschäfte in K. waren bereits „arisiert"; die kleineren wurden jetzt liquidiert, ihre Warenbestände zu Niedrigstpreisen öffentlich ausverkauft. Im Herbst 1941 begann die systematische Deportation der J. aus dem Dt. Reich. Aus K. wurden am 6.12.1941 38 J. in das KZ Riga-Jungfernhof deportiert, am 19.7.1942 acht J. über Hmbg. in das KZ Theresienstadt. Nur fünf von ihnen erlebten die Befreiung. Neun Personen hatten sich im Vorfeld der Transporte das Leben genommen. Auch aus anderen Teilen des Dt. Reichs und aus den besetzten Ländern wurden in K. geborene oder lange in der Stadt ansässige J. in die Zwangsghettos und

Vernichtungslager deportiert. Namentlich ermittelt sind 368 Opfer des J.mords. Nach dem Ende der NS-Zeit kehrte von den emigrierten J. kaum jemand nach K. zurück. Die kleine jüd. Bevölkerungsgruppe der Stadt, die 1948 66 Personen zählte, setzte sich vielmehr aus in- und ausländischen ehemaligen KZ-Häftlingen sowie aus Menschen zusammen, die in „Mischehe" überlebt hatten. In den folgenden Jahren verließen die meisten von ihnen das Land der Täter und wanderten in die USA oder in den 1948 neu gegründeten Staat Israel aus. Zurück blieben v.a. alte und kranke Menschen, derer sich der K.er Heinz Salomon (1900–69), ein Überlebender des KZ Theresienstadt, als Leiter der „Jüd. Wohlfahrtspflege" in SH annahm. Eine jüd. Kultusgemeinde bestand nur in Lüb. 1960 schlossen sich die wenigen J. in SH unter Führung von Salomon zur „Jüd. Gemeinschaft SH e.V." zusammen. 1961 gerade 88 Personen umfassend, löste sich 1968 auch diese letzte im Land bestehende jüd. Institution auf. Ihre Mitglieder traten der Jüd. Gemeinde Hmbg. bei, die SH fortan mitbetreute. Mit der Zuwanderung von J. aus den Ländern der ehemaligen Sowjetunion nach Dtld. nahm auch im Norden die Zahl jüd. Einwohner wieder zu. 1998 wurden in SH rund 1.300 bekennende J. gezählt, davon 186 in K.; 2007 waren es fast 1.800, davon 555 in K. Sie verteilen sich hier auf zwei Gemeinden. Die unter dem Dach der Hmbg. Gemeinde entstandene, seit 2004 selbstständige „Jüd. Gemeinde K. und Region" hatte 2007 473 Mitglieder; sie ist dem orthodoxen Ritus verpflichtet, gehört der 2004 gebildeten „Jüd. Gemeinschaft SH" an und hat ihren Sitz seit 1998 im ehemaligen Volksbad in der Wikingerstr. in →Gaarden. Die 2004 gegründete liberale „Jüd. Gemeinde K.", die sich dem seit 2002 bestehenden „Landesverband der Jüd. Gemeinden von SH" angeschlossen hat und seit 2008 ein Zentrum in der Jahnstr. unterhält, hatte 2007 82 Mitglieder. Beide Gemeinden sind seit 2005 durch ihre Landesverbände im „Zentralrat der J. in Dtld." repräsentiert.

Lit.: A. B. Posner, Zur Gesch. der jüd. Gemeinde und der jüd. Familien in K. (SH), unveröff., Jerusalem 1951–1954.

Go

Jüdischer Friedhof Auf W. v. Thalbitzers Stadtplan von 1853 ist an dem nach Osten abknickenden Teil des Winterbeker Weges (an der heutigen Michelsenstr.) der „Judenkirchhof" eingezeichnet, dessen Areal die jüd. Gemeinde kurz vorher erworben hatte und den sie seit 1852 für Bestattungen nutzte. Bis 1900 gab es 178 Begräbnisse, und bis 1941 waren es 379. An die Zeit des →Nationalsozialismus, als der J. mehrmals geschändet wurde, erinnern einige Grabsteininschriften. Nach dem 2. →Weltkrieg sorgten die wenigen zurückgekehrten Juden dafür, den Friedhof wiederherzurichten, doch nur noch wenige Beerdigungen fanden bis zu seiner Schließung 1973 statt. Erst seit Ende der 1990er Jahre wird er wieder genutzt, nachdem sich die „Jüd. Gemeinde K. und Region" gegründet hatte. Wie üblich wird der J. von einer Mauer umschlossen, links vom Eingangstor liegt die Leichenhalle mit dem Andachtsraum. Die 2004 entstandene „Jüd. Gemeinde K." hat ihren Begräbnisplatz auf dem →Eichhof.

Lit.: O. Harck, Der J., in: Begegnungen mit K., Nms. 1992, 350–353.

Rt

St. **Jürgenkirche** Südlich der Stadt vor dem Holstentor lag das 1267 zum ersten Mal urkundlich erwähnte St. Jürgenhospital, ein Spital für Aussätzige mit einer Kapelle und einem Seuchenfriedhof. Vom Hospitalbau ist nur noch ein Neubau von 1714 überliefert. Dagegen wurden das Innere und Äußere der wohl im 16. Jh. erneuerten Backsteinsaalkapelle bildlich überliefert. So zeigen Braun und Hogenberg den einschiffigen und turmlosen Bau im Vordergrund ihrer Stadtansicht. Geteilte Rundbogenfenster

St. Jürgenkapelle, Nordseite, um 1900

Bahnhofsvorplatz mit St. Jürgenkirche, Friedrich Mißfeldt, 1929

und ein spitzbogiges Portal zum →Sophienblatt verweisen auf die spätma. Bauzeit. Das schlichte Innere unter Putzdecke, ein Saal mit eingezogenem, rechteckigen Chor, barg eine ansehnliche Ausstattung: von 1597 eine St. Jürgengruppe und einen Schnitzaltar, auf dem neben der Kreuzigung mit der Stadt K. im Hintergrund auch Szenen aus der St. Jürgengesch. dargestellt waren. 1822 wich der Bau des St. Jürgenhospitals dem Neubau des →Stadtklosters, einer zunächst eingeschossigen Dreiflügelanlage (1909 abgebrochen), in dem mehrere Armenstifte zusammengefasst wurden. 1902–04 erbaute Wilhelm Voigt seine J. an der Stelle der Hospitalkapelle: eine dreijochige Gewölbebasilika in neoromanischen Formen, die bei Luftangriffen schwer beschädigt und 1945 notdürftig repariert wurde, schließlich aber der Verbreiterung des Sophienblattes und der Anlage eines Parkplatzes vor dem →Bahnhof zum Opfer fiel. Die als Ersatzbau für die 1908 gegründete Kirchengemeinde St. Jürgen geplante heutige J. erbaute Ernst Mackh 1954–55 auf einer Anhöhe an der Michelsenstr., eine Hallenkirche mit Turm an der Südwestecke. Stahlbetonstützen tragen die leicht gewölbte Holzdecke des auf eine verglaste Apsis ausgerichteten Kircheninneren. Aus dem neuromanischen Vorgängerbau wurden Ausstattungsstücke übernommen und teils überarbeitet, wie z.B. das Gestühl. Erhalten sind neben Turmuhr und Taufe die hölzerne Kanzel mit Figurenschmuck und eine von Adolf →Brütt geschaffene, lebensgroße Christusfigur aus der Altarädikula. Mit der alten J. am Bahnhof, an die nur noch eine Stele erinnert, wurde auch der St. Jürgenfriedhof aufgegeben, der sich seit dem MA zum allgemeinen Friedhof des K.er Bürgertums entwickelt hatte.

Lit.: U. Albrecht, K.s ältestes städtisches Gräberfeld unter der Baggerschaufel, in: U. Albrecht, A. Feiler, Stadtarchäologie in K., Nms. 1996, 17–111. Jo

Jugendherberge, 1962

Jugendherberge (JH) Die K.er JH liegt im Stadtteil →Gaarden, Johannisstr. 1. Sie wurde nach Plänen des Stadtbaurats Rudolf →Schroeder erbaut, in dessen Architektur sich der Neubeginn K.s nach 1945 deutlich widerspiegelt. Eröffnet wurde die JH am 20.6.1962 durch Bundespräsident Theodor Heuss. Besonderes Charakteristikum des mehrgeschossigen roten Backsteinbaus ist der lichtdurchflutete Innenhof, der später mit einem Glasdach versehen wurde. Die JH verfügt über 258 Betten in 76 Zimmern, neun Speise- und Tagesräume, einen Saal sowie über ein Außengelände. War das Dt. Jugendherbergswerk zunächst noch Mieter der JH, wurde diese 1981 von der Stadt K. endgültig an das Dt. Jugendherbergswerk abgegeben. Vorgänger des Hauses am K.er Ostufer war die JH →Bellevue am Standort des Hotels Maritim. Oh

Justizvollzugsanstalt (JVA) Die in der Faeschstr. 8–12 gelegene heutige JVA K. wurde in den Jahren 1914–19 als erster Bauabschnitt im Zusammenhang mit dem erst 1922–24 realisierten Gerichtsgebäude am Schützenwall errichtet. Auf Grund ihrer Konzeption als Gerichtsgefängnis stand zunächst der Untersuchungshaftvollzug im Vordergrund. Daneben wurde die Anstalt aber auch zur Vollstreckung kurzzeitiger Freiheitsstrafen benutzt. Längere Gefängnis-

Der Reichskriegshafen und die kaiserliche Werft, Fritz Stoltenberg, Zeitschriftenillustration, 1898

strafen wurden demgegenüber im Zentralgefängnis Nms. vollzogen (heute JVA Nms.), Zuchthausstrafen im 1956 abgebrochenen Zuchthaus in Rendsburg. Heute dient die in den 50er Jahren zur Harmsstr. hin erweiterte und seit einiger Zeit einer grundlegenden Modernisierung unterworfene JVA K. der Vollstreckung von Freiheitsstrafen bis zu drei Jahren. Sie verfügt z.Zt. über 292 Haftplätze.

Lit.: Denkmaltopografie, 413–415. Kra

Kaak ist die ndt. Bezeichnung für den Pranger oder Schandpfahl, der sich in Kiel wie andernorts auch auf dem Marktplatz befand. Dort wurde der Delinquent für eine im Strafurteil festgelegte Zeit angeschlossen und auf diese Weise dem Spott seiner Mitbürger preisgegeben. Nicht selten kam es dabei auch zu körperlichen Beeinträchtigungen und Verletzungen, so dass der Pranger nicht nur zu den Ehren-, sondern gleichzeitig auch zu den Leibesstrafen gezählt wird. Da der Vollzug in der Regel durch den →Scharfrichter erfolgte, hatte die Prangerstrafe entehrende Wirkung und schloss den dazu Verurteilten dauerhaft aus der Bürgergemeinschaft aus. Sie wirkte damit zwar stark abschreckend, aber in keiner Weise resozialisierend und war aus diesem Grunde seit dem 18. Jh. wachsender Kritik ausgesetzt. Im 19. Jh. empfand man sie dann endgültig als anachronistisch und ersetzte sie durch Freiheitsstrafen. Konsequenterweise wurde der Kieler K. deshalb Anf. des 19. Jh. abgebrochen.

Lit.: H. Eckhardt, Am Alten Markt in Kiel, in: MKStG 44 (1940), 81–102. Kra

Käthe-Kollwitz-Schule →Schule

Kaiserliche Werft Mittlere und große Marinen pflegten v.a. in früheren Zeiten eigene Werftbetriebe zu unterhalten, die Wartung und Überholung sowie in vielen Fällen auch den Neubau von Kriegsschiffen zum Selbstkostenpreis betrieben. Die pr. →Marine besaß seit 1844 eine Marinewerft in Danzig. Die →Marinestation der Ostsee wurde 1865, zunächst provisorisch, von Danzig nach Kiel verlegt. Im gleichen Jahr erfolgte kurzfristig die Anlage eines Marinedepots in →Düsternbrook. Im Mai 1867 erging ein Befehl „betreffend die Anlage eines Marineetablissements gegenüber von Kiel am Strande von →Ellerbek". In der Folgezeit entstand in mehreren Bauphasen eine von vornherein großzügig angelegte Werftanlage (1881 ca. 3.500, 1905 ca. 7.000 Mitarbeiter), der das Fischerdorf Ellerbek weichen musste. Die K. in Kiel und Wilhelmshaven (ab 1870) (1914 jeweils 10.500 Beschäftigte) sowie in Danzig (1914 4.000 Mitarbeiter) waren technisch und bürokratisch aufwendig organisierte Staatsbetriebe, die von einem Admiral als Oberwerftdirektor geführt wurden. Sie dienten nicht nur der logistischen Betreuung der Marine, sondern auch dem Schiffsneubau. Das lag an der hohen Reparaturkapazität, die für den Kriegsfall personell und materiell vorgehalten, aber in Friedenszeiten nicht ausgeschöpft wurde. Der erste Neubau, das Panzerschiff „Friedrich der Große", lief 1874 vom Stapel, bis 1918 wurden sieben größere Kampfschiffe für die Kaiserliche Marine gebaut. Die Ausbildung des Personals auf den K., die Ausstattung mit Maschinen sowie die Ausführung in der Qualität galten als vorbildlich. Dagegen ist diesen Staatswerften immer wieder eine zu teure Bauweise vorgeworfen worden. Im →1. Weltkrieg baute die Kieler K. vier Kreuzer und ein großes U-Boot, war aber ansonsten mit Reparaturen und Instandsetzungen ausgelastet.

Lit.: J. Jensen, Kiel im Kaiserreich, Nms.1978, 31–40, 50–86. Os

Kaiser-Wilhelm-I.-Stift →Gesellschaft freiwilliger Armenfreunde, →Volksküche

Kaiser-Wilhelm-Kanal →Nord-Ostsee-Kanal

Kamer, Henning van der (geb. um 1400, gest. 1458 Kiel), war einer der bedeutendsten Kieler Bgm. im MA. Seine Familie ist im ausgehenden 14. Jh. in Lüb. nachweisbar. 1435 heiratete K. die Witwe eines Kieler Ratsherrn, wurde im gleichen Jahr in den Rat gewählt und war seit 1444 Bgm. Mehrfach vertrat er Kiel auf Hansetagen. Sein erfolgreicher →Handel besonders mit Lüb. machte ihn zu einem der wohlhabendsten Kieler Kaufleute. K. und seine Frau Beke traten als großzügige Stifter auf. Besonders verdankte ihnen die Stadt das sog. Gasthaus in der →Holstenstraße von 1454, zugleich Armenhaus und Pilgerunterkunft. Es wurde 1555 als „Neugasthaus" in die Räume des ehemaligen →Franziskanerklosters verlegt und ist eine Vorgängerinstitution des heutigen →Stadtklosters.

Lit.: H. Landgraf, Bevölkerung und Wirtschaft Kiels im 15. Jh., Nms. 1959, 58 f. Ro

Kanalisation →Entwässerung

Kanalpackhaus Das ehemalige K. wurde 1783–84 als Speichergebäude an der Mündung des →Eiderkanals in Holtenau errichtet und 1982–83 zu Wohnungen umgebaut. Es ist ein 77m langer dreigeschossiger Bau mit einer Holzständerkonstruktion, dessen Backsteinfassade durch einen Mittelrisalit

Kanalpackhaus

sowie Fenster und Ladeluken gegliedert ist. Mit seinem Zwillingsbau in Tönning markiert das Packhaus in repräsentativer Weise Ein- und Ausfahrt des Kanals, der seinerzeit als wirtschaftliches Prestigeobjekt im →Dänischen Gesamtstaat galt. Die Packhäuser dienten dem →Umschlag und der Lagerung von größeren Warenmengen, insbesondere von Getreide. Vor dem Holtenauer Packhaus steht ein →Obelisk mit der Inschrift „PATRIAE ET POPULO" („Für Vaterland und Volk"), der anlässlich der Kanaleinweihung 1784 errichtet wurde. Ti

Kanalschleusen →Schleusen

Kandelaber Der gusseiserne, vierarmige K. in der →Dänischen Straße/Ecke Falckstr. stand bis 1968 am →Ziegelteich. Nach aufwändiger Restaurierung und Elektrifizierung fand das prunkvolle Exemplar 1973 seinen neuen Platz. Es ist das letzte erhaltene Zeugnis der ehemaligen Kieler Gasbeleuchtung.

Kandelaber in der Dänischen Str.

Erst mit dem Bau einer Gasanstalt an der →Fleethörn konnte 1856 die Beleuchtung von den matten Öllampen auf zunächst 320 Gaslaternen umgestellt werden. Die Helligkeit in den beleuchteten Straßen Kiels hatte sich damit vervierfacht. 1909 wuchs die Zahl der Gaslaternen auf über 4.000 Exemplare an, um erst nach 1936, abgelöst von der elektrischen →Straßenbeleuchtung, ganz aus dem Stadtbild zu verschwinden.

Lit.: U. Lange, Der K. an der Dänischen Straße, in: Begegnungen mit Kiel, Nms. 1992, 76–79. Dr

Kanonenboot „Von der Tann" Das 1849 auf der Werft von Hilbert in K. gebaute, nach einem populären Freikorpskommandeur auf den Namen V. getaufte Kanonenboot „Nr. 1" zählte zu den modernsten Fahrzeugen der technischen Neuerungen gegenüber aufgeschlossenen SH Flottille. Im Gegensatz zu den übrigen elf sh. Kanonenbooten, die durch Segel und Ruder fortbewegt wurden, handelte es sich bei der V. um einen schonergetakelten Schraubendampfer. Das im Volksmund „de Schruv" genannte, 25,6m lange Schiff verdrängte 120t und wurde von einer 36 PS starken, bei →Schweffel & Howaldt in Kiel gebauten Dampfmaschine angetrieben. Bewaffnet war die V. mit zwei 60pfündigen Bombenkanonen und 4 leichten Relingsgeschützen. Nach einigen erfolgreichen Einsätzen lief das Kanonenboot im Juli 1850 in der Neustädter Bucht während eines Gefechts mit zwei dänischen Kriegsschiffen auf Grund und wurde von seiner Besatzung gesprengt. Wieder instand gesetzt, diente die V. noch bis 1862 unter dem Namen „Støren" in der dänischen Flotte.

Lit.: G. Stolz: Die sh. Marine 1848–52, 2. Aufl., Heide 1987. Witt

Kanonenboot „Von der Tann", Lüder Arenhold, 1851

Kantorowicz, Ernst (geb. 16.9.1892 Forst/Lausitz, ermordet 18.10.1944 Auschwitz). Der sozialdemokratische Jurist arbeitete 1920–30 in K. als Magistratssyndikus und engagierter Leiter des Jugendamtes und der von ihm mitbegründeten →Volkshochschule. Ende der 1920er Jahre berief ihn die →Christian-Albrechts-Universität zum Dozenten für Jugend- und Fürsorgerecht. 1930–33 war er Prof. für Staatsbürgerkunde und Sozialwissenschaften in Frankfurt. Der aus einem assimilierten Milieu stammende K. gliederte sich nach 1933 in die jüd. Gemeinschaft ein und half Martin Buber, die Mittelstelle für jüd. Erwachsenenbildung aufzubauen. Nach dem Novemberpogrom 1938 inhaftiert, emigrierte K. mit der Familie 1939 nach Amsterdam. Seit Juni 1943 durchlief er mehrere KZ und wurde vermutlich von Theresienstadt nach Auschwitz verschleppt, weil er sich weigerte, Menschen für die Deportation in die Vernichtungslager auszuwählen.

Lit.: P. Arnsberg, Die Gesch. der Frankfurter Juden seit der Französischen Revolution, Bd. 3, Darmstadt 1983. Do

Kapp-Putsch Der K. war ein rechtsgerichteter Militärputsch gegen die →Weimarer Republik, der am 13.3.1920 vom ostpr. Generallandschaftsdirektor Wolfgang Kapp und dem Reichswehrgeneral Walther von Lüttwitz in Berlin initiiert wurde, daher auch Kapp-Lüttwitz-Putsch genannt. Die dortigen Ereignisse wiederholten sich in weiten Teilen Dtld., so auch in Kiel. Hier stellte sich Konteradmiral Magnus von Levetzow, seit der Verhängung des Ausnahmezustands durch die legitime Reichsregierung im Januar Gouverneur und Militärbefehlshaber der Stadt, auf die Seite der Putschisten. Wie in Berlin wurde in Kiel als Gegenmaßnahme der Generalstreik ausgerufen. Levetzow ließ daraufhin führende Kieler Sozialdemokraten verhaften, u.a. den Juraprof. und späteren Reichsjustizminister Gustav →Radbruch. Der örtliche

Barrikaden auf dem Dreiecksplatz, 18.3.1920

Polizeipräsident, Walter Poller, sowie der Oberpräsident SH, Heinrich Kürbis, wurden ihrer Ämter enthoben und ebenfalls festgesetzt. Außerdem verboten die aufständischen Militärs Zeitungen und Versammlungen, verhängten eine Ausgangssperre und besetzten strategisch wichtige Punkte. Eine effektive Kontrolle der Stadt war ihnen trotzdem nicht möglich: Der Staatsstreich wurde durch die Behörden mehrheitlich nicht unterstützt, zudem lähmte der Generalstreik weitestgehend das öffentliche und wirtschaftliche Leben. Darüber hinaus kam es zwischen den Truppen Levetzows und bewaffneten Putschgegnern zu Schießereien, die am 18.3. in schweren Straßenkämpfen in der Kieler Innenstadt mit über 60 Toten gipfelten – einen Tag nachdem die Rädelsführer in Berlin bereits aufgegeben hatten. In der Folge wurde Levetzow von der nun wieder handlungsfähigen Reichsregierung abgesetzt und kurz darauf verhaftet. Bis mit dem Ende des Generalstreiks und der Auflösung aller bewaffneten Verbände wieder geordnete Verhältnisse hergestellt waren, dauerte es eine weitere Woche. Die Hochverratsverfahren gegen die Verantwortlichen in Kiel wurden aufgrund einer Generalamnestie im August desselben Jahres eingestellt.

Lit.: Der K. in Kiel, hg. von D. Dähnhardt und G. Granier, Kiel 1980. Mi

Karl Friedrich (geb. 30.4.1700 Stockholm, gest. 18.6.1739 Rohlfshagen bei Oldesloe). Der noch unmündige K. musste tatenlos mit ansehen, wie der väterliche Besitz im Hzt. SH-Gottorf 1713 von Dänemark besetzt wurde. Seit 1721 regierte er vom →Kieler Schloss aus über die erstatteten holsteinischen Anteile des Hzt. Seine Bemühungen, mit russischer Hilfe die verlorenen Besitzungen im Hzt. Schleswig zurückzuerlangen, scheiterten trotz seiner Heirat mit der Zarentochter →Anna Petrowna (1725) und einer kurzzeitig einflussreichen Rolle am russischen Hof. Seine politischen Aktivitäten nach der Rückkehr aus →Russland nach Kiel (1727) konnten sein kleines Fürstentum nicht vor weiterem Niedergang bewahren. Er hinterließ bei seinem Tod einen unmündigen Sohn, Karl Peter Ulrich, den späteren Zaren →Peter III.

Lit.: L. N. Henningsen, Die Hzz. von Gottorf, in: Die Fürsten des Landes, hg. von C. P. Rasmussen u.a., Nms. 2008, 173–176. Hü

Kaufhaus Karstadt am Alten Markt, um 1910

Karstadt Nach der Gründung des Stammhauses in Wismar 1881 eröffnete Rudolph K. 1893 als fünfte Filiale ein Textilwarenhaus in der Kieler Schuhmacherstr. Im gleichen Jahr zog K. persönlich nach Kiel und lenkte von hier aus bis 1912 seine wachsende Kaufhauskette. 1910 ließ er von Ernst →Stoffers ein großzügiges Warenhaus am →Alten Markt errichten. Es fiel 1943 einem Bombenangriff zum Opfer. Ein moderner, viergeschossiger Neubau von Ernst Kreytenberg konnte 1956 am alten Standort eingeweiht werden. Das 1970 einschneidend umgebaute Haus wartete mit der ersten Rolltreppenanlage Kiels auf. K. unterhielt 1971 bis 2004 ein Warenhaus in der →Wik und baute 1978 das Kaufhaus Kepa in der →Holstenstraße zum Sporthaus um. 1994 übernahm K. die Hertie-Kette und damit auch in Kiel einen zweiten Standort am Holstenplatz. Das traditionsreiche Stammhaus am Alten Markt musste dagegen 2010 schließen. Ro

Karl Friedrich

Gustav Karsten

Karsten, Gustav (geb. 24.11.1820 Berlin, gest. 15.3.1900 Kiel), studierte Naturwissenschaften, war 1847–94 Prof. für Physik und Mineralogie in Kiel und hatte sechs Jahre das Amt des Rektors inne. Schon 1845 hatte er mit anderen die Dt. Physikalische Gesellschaft gegründet und dann 1855 mit Wilhelm →Behn den Naturwissenschaftlichen Verein für SH, dessen Vorsitzender er bis 1890 war. Auf seine Initiative erhielt SH meteorologische Beobachtungsstationen und führten Schiffe wissenschaftliche Messungen in der Ostsee durch. 1870 gründete K. die Ministerialkommission zur Untersuchung dt. Meere. Nach seinen Plänen entstand in Kiel ein Eichamt, dessen Leitung er übernahm. Außerdem waren seine Vorschläge Grundlage für die Einführung eines einheitlichen Maß- und Gewichtsystems 1871 in Dtld. Politisch betätigte sich K. als Stadtverordneter, als Abgeordneter des linken Zentrums im pr. Abgeordnetenhaus und 1877–84 als Mitglied des Reichstages.

Lit.: Lebensläufe, 178–180, 373. Ge

Kasernen →Marinekasernen

Katholiken Bis ins 19. Jh. war die Ausübung des kath. Kultes durch den dänischen Landesherrn untersagt. 1798 bildete sich in Kiel illegal eine Gemeinde, die aus zwei Laien als Vorstehern und zwölf K. bestand. Am 27.5.1798 wurde die erste Messe im Haus des einen Vorstehers, des Kaufmanns Cetti gefeiert. 1800 erteilte der dänische Kg. die Erlaubnis, dass einer der beiden kath. Geistlichen in Glückstadt sich in Kiel aufhalten und dort Gottesdienst in einem Privathaus feiern durfte, die Illegalität war beendet. Mit Erlaubnis vom 26.3.1839 konnte auf dem Privatgrundstück von Cetti am →Sophienblatt eine Kapelle mit Pfarrer- und Küsterwohnung gebaut werden, die 1841 eingeweiht wurde. 1842 erhielt die 60 Mitglieder umfassende Gemeinde mit H. Franksmann ihren ersten eigenen Pfarrer, der auch Schulunterricht gab. Die volle Gleichstellung der K. vollzog sich erst am 1.10.1867 mit der pr. Verfassung für die Hztt. Schleswig und Holstein. Die Industrialisierung führte durch Bevölkerungszuzug zu einem Anwachsen der K. auf 16.000 um 1915. Die

St. Nikolauskirche, um 1910

St. Nikolauskirche wurde 1892 in der Gasstr. (Rathausstr.) geweiht. Für die vielen katholischen Marinesoldaten wurde 1909 die St.-Heinrichkirche als Garnisonskirche geweiht. Die Kirche war in vier Pfarreien St. Nikolaus, St. Josef, St. Heinrich und Liebfrauen eingeteilt. Die kath. Kirchen wurden im 2. →Weltkrieg stark oder völlig zerstört. Nach dem WK stieg die Zahl der K. durch die Vertriebenen, neben den zerstörten wurden neue Kirchen aufgebaut. Bis 1961 gehörten die Kieler Gemeinden als unselbstständige Teile zum Verband der kath. Kirchengemeinde St. Nikolaus. Danach wurden die Kirchengemeinden selbstständig, die sich zum „Verband kath. Kirchengemeinden in Kiel" zusammenschlossen, der heute keine Rolle mehr spielt. Das Dekanat Kiel, geleitet von einem Propst, gibt es seit 1951. Es reicht von Eckernförde bis Preetz. Auf dem Kieler Stadtgebiet befinden sich fünf Kirchengemeinden mit 23.660 Mitgliedern, die von sieben Priestern in der Gemeindeseelsorge betreut werden. Das Dekanat gehört zum Erzbtm. Hmbg. (bis 1994 zum Btm. Osnabrück), das auch Mecklenburg umfasst. Die einzelnen Gemeinden betreiben z.T. Kindergarten- und Sozialarbeit.

Der KirchenKai, eine Begegnungsstätte von St. Nikolaus, unterstreicht die Citykirchenarbeit des Dekanats.

Lit.: H. Stieglitz, Die katholische Kirche in Kiel seit der Reformation, in: K.-B. Hasselmann (Hg.), Kirche in Kiel, Kiel 1991, 173–178. Bl

K.E.R.N.-Region 1991 gründete sich die Technologie-Region K.E.R.N als eingetragener Verein mit Sitz in Rendsburg. Ihm gehörten die Städte Kiel, Eckernförde, Rendsburg und Nms. an, deren Anfangsbuchstaben dem Verein den Namen gaben, sowie der Kreis Rendsburg-Eckernförde, Unternehmensverbände, der DGB, die Industrie- und Handelskammer Kiel und zwischenzeitlich der Kreis Plön. Aufgabe des Vereins war die interkommunale Kooperation in den Bereichen Wirtschaft, Technologie und Tourismus, die Außendarstellung des Wirtschaftsstandorts und die Verwaltung von Fördermitteln. Nach den Austritten der Kreise Plön und Rendsburg-Eckernförde sowie von Nms. verließ 2008 auch Kiel den Verein, um gemeinsam mit den Kreisen Plön und Rendsburg Eckernförde eine Wirtschaftsförderungsgesellschaft zu gründen. Ro

Kiel (Amt) Als Ämter bezeichnete man in Holstein vom 15. bis 19. Jh. Verwaltungsbezirke der Landesherren. Ihre Vorgänger waren die Vogteien mit jeweils einer Burg als Mittelpunkt. Jedes Amt hatte eine landesherrliche Lokalverwaltung, zumeist mit einem adligen Amtmann an der Spitze. Er konnte das Amt auch als Pfand für einen Kredit an den Landesherrn bekommen haben. Amtsschreiber und Hausvogt – er betreute als eine Art Hausmeister in K. das →Schloss – bildeten weiteres wichtiges Personal. Aufgaben der Amtsverwaltung waren v.a. die Einziehung von →Steuern und gegebenenfalls Zöllen, das Abhalten von Gerichtsterminen und generell der Schutz wie auch zunehmend die Überwachung der fürstlichen Untertanen im Amt, ferner die Führung der landesherrlichen Wirtschaftsbetriebe, wie etwa Vorwerke. Das Amt K. war eines der kleinsten in SH, denn es stellte nur mehr ein Reststück der Vogtei der K.er Burg dar. Diese Vogtei war im Spätmittelalter durch Verkäufe z.B. an die Klöster Preetz und Bordesholm sehr verkleinert worden. Einige andere Gebiete kamen neu zum Amt. Im 16. Jh. entwickelten sich Streitigkeiten zwischen den Gottorfern und der Stadt K. um einige →Stadtdörfer, die trotz des →Permutationskontrakts von 1667 weiter schwelten. Die Landesmatrikel von 1652 führt das Amt K. mit einer Steuerkraft von 76 Pflügen, während große Ämter mit über 1.000 Pflügen erscheinen. Eine Beschreibung des Amtes von 1709 nennt die elf Amtsdörfer →Wellingdorf, →Dietrichsdorf, Mönkeberg, Schönkirchen, →Neumühlen, →Gaarden, →Wellsee, →Moorsee, Boksee, Kleinbarkau und „Braunschweig", die heutige →Brunswik. Auch das Schloss zählte zum Amt. Das Amt K. ist meistens zusammen mit anderen Verwaltungsbezirken geleitet worden. So gab es seit dem 14. Jh. eine Gemeinschaft mit dem Kirchspiel Nms. 1544 fiel das Amt an die Gottorfer Linie der Oldenburger. Deren Fürsten ernannten im 17. Jh. einen gemeinsamen Amtmann oder Amtsinspektor für die Ämter K. und Bordesholm mit dem Kirchspiel Nms. Im →dänischen Gesamtstaat nach 1773 kam noch das Amt Kronshagen hinzu. Der Amtssitz wechselte nach Bordesholm. Nachfolger der Ämter wurden 1867 die Landkreise. Aus dem Amtsgebiet entstand der Kreis K. (→Kiel, Kreis) Die meisten Dörfer des Amtes K. sind heute Stadtteile K.s.

Lit.: J. v. Schröder, H. Biernatzki, Topographie der Hztt. Holstein und Lauenburg, des Fürstenthums Lüb. und des Gebiets der freien und Hanse-Städte Hmbg. und Lüb., 2. Aufl. Oldenburg in Holstein 1855, Bd. 1, 78–81. Bi

Kiel (Kreis) Nach der Eingliederung SH in Pr. wurde 1867 die mittlere Verwaltungsebene durch die Kreisverfassung vereinheitlicht. Aus der Stadt K., den Ämtern K., Kronshagen und Bordesholm, die ohnehin unter gemeinsamer Verwaltung standen (→Amt Kiel), dem Amt Nms. und elf adligen Gütern entstand der Kreis K. mit Sitz in Bordesholm. Als erster Landrat wurde Johann Adolph von Heintze (1829–1904) eingesetzt, zuvor Amtmann in Reinbek. Bereits 1883 wurde K. kreisfreie Stadt und schied aus dem Kreis aus. Durch →Eingemeindungen nach K. und die Kreisfreiheit

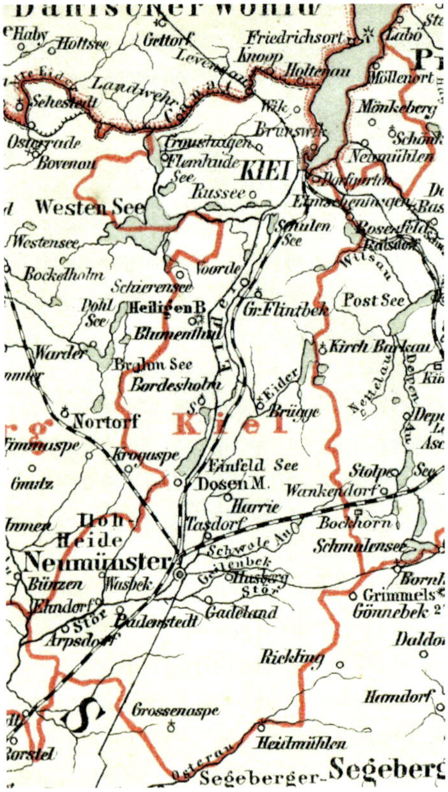

Kreis Kiel, 1867

von Nms. 1901 verlor der Kreis – seit 1907 Kreis Bordesholm genannt – weitere Gemeinden. 1932 wurde der stark geschrumpfte Kreis aufgelöst und unter den Kreisen Rendsburg, Plön und Segeberg aufgeteilt. Ro

Kiel (Name) Die Stadt K. erhielt ihren Namen vom Gewässer, an dem sie liegt. Bereits 1222, also deutlich vor der →Stadtgründung, ist in einer Urkunde des Klosters Preetz die Bezeichnung „K." erstmals belegt: Der Begriff bezieht sich auf die →Förde, die hier „stagnum kil", etwa „See K.", genannt wird. Wahrscheinlich ist der Begriff „K." germanischen Ursprungs und beschreibt im Sinne von „Keil" die Form der Fördebucht. In der ersten Urkunde für die Stadt aus dem Jahr 1242 fehlt der Begriff K.; stattdessen bezeichnen die Landesherren die Stadt hier lat. als „Civitas Holsatiae", also Stadt Holsteins. Der Name ist als politisches Programm zu verstehen, schließlich sollte die neue Stadt das Zentrum der wenig urbanisierten schauenburgischen Gft. werden. Der Volksmund aber benutzte für die neu gegründete Stadt von Beginn an „K." Diese Verwendung ist bereits in der folgenden lat. Urkunde von 1257 nachweisbar, als die Rede ist von der „civitas que dicitur Kyl", der Stadt, die K. genannt wird. Erst in späterer Zeit finden sich gelehrte lat. Ableitungen des dt. Ortsnamens wie Chilonium, Kilonia oder Kilia. Im Mnd. verbinden sich Ortsnamen zudem oft mit Artikel und Präposition; so steht etwa „tome Kile" für „in K." bzw. „nach K." oder „vamme Kile" für „aus K.".

Lit.: W. Laur, Hist. Ortsnamenlexikon von SH, 2. Aufl., Nms. 1992, 383. Ro

Kiel War Cemetery (KWC) Der KWC ist eine Kriegsgräberstätte und wurde 1952 von der Commonwealth War Graves Commission als Teil des →Nordfriedhofs angelegt. Auf der ca. einen ha großen Fläche befinden sich die Gräber von 983 Soldaten, überwiegend Angehörige der Royal Air Force, die während des 2. →Weltkriegs bei Einsätzen über Norddtld. ums Leben kamen. Außer diesen aus Großbritannien, Kanada, Australien und Neuseeland stammenden Militärangehörigen sind auf dem KWC auch neun polnische Soldaten begraben. Alle Gräber haben Grabsteine aus englischem Sandstein, auf denen – soweit bekannt – Name, Dienstgrad, Alter und Todesdatum angegeben sind. Markante Bauelemente der Anlage sind das schlank aufragende steinerne Kreuz, der wuchtige Altarstein und die Ehrenhalle. Ha

Kiel War Cemetery

Kieler Kaufmann Das Hotel K. befindet sich auf dem ehemaligen Grundstück des Kieler Bankiers Wilhelm →Ahlmann, der 1854 eine Koppel am späteren Niemannsweg im Stadtteil →Düsternbrook erworben hatte. Sein Sohn, Ludwig Ahlmann, ließ

1908–10 von Wilhelm Voigt ein Landhaus im Stil des Neobarocks bauen. 1937 verkaufte die Familie Ahlmann das Gebäude samt Grundstück an die →Marine. Diese nutzte es als repräsentativen Sitz des Admirals für den Ostseeraum und nahm bauliche Veränderungen vor. Während des 2. →Weltkriegs wurde das Gebäude bei Bombenangriffen stark beschädigt. Nach Kriegsende erwarb der 1947 gegründete Verein „Der K. e.V." Grundstück und Gebäude, ließ es in Stand setzen, um es als Club- und Gesellschaftshaus, vor allem aber als Gästehaus zu nutzen. Anlässlich der →Olympischen Spiele 1972 wurde ein Anbau fertig gestellt, es entstand das Hotel K. 2001–02 wurde das Gebäude renoviert und modernisiert. Wm

Kieler 14 Punkte →Arbeiter- und Soldatenrat, →Revolution 1918

Kieler Anzug →Matrosenanzug

Kieler Blätter Die von August 1815 bis August 1819 in Kiel von einer Gruppe Kieler Prof. hg. Zs. verstand sich als Sprachrohr des Frühliberalismus und eines gemäßigten dt. Patriotismus in Abgrenzung zum vornationalen dänischen Gesamtstaatspatriotismus. Zu den Gründern, Hg. und teilweise Beiträgern zählten die Kieler Prof. →Dahlmann, →Falck, Welcker, →Twesten, v. Berger, Cramer, →Hegewisch, Heinrich, →Niemann, →Pfaff, →Reinhold, →Weber und Wiedemann. Hauptthemen der Beiträge waren die Einführung einer Verfassung für SH sowie staatstheoretische Überlegungen. Mit der Einführung strenger Zensurgesetze durch die Karlsbader Beschlüsse von 1819 erschienen die K. unter dem Namen „K.er Beyträge" in Schleswig. Politische Unstimmigkeiten der Redaktion beendeten das Projekt im Jahre 1821.

Lit.: K. A. Vogel, Der Kreis um die K., Frankfurt/Main 1989. Sl

Kieler Bucht, Kartenausschnitt, 1865

Kieler Bucht Die K. ist ein Abschnitt der westlichen Ostsee. Sie wird von den dänischen Inseln, von der Küste SH sowie von der Insel Fehmarn begrenzt. Südlich schließt sich die Lüb. Bucht an. Ein Wasseraustausch mit der Nordsee findet über den großen Belt statt. Nur wenige Flüsse münden in die K., da die Wasserscheide zwischen Nord- und Ostsee nur wenige km landeinwärts liegt. Der relativ flache Meeresbereich weist durchschnittliche Wassertiefen von ca. 15–20m auf (die max. Tiefe der Ostsee beträgt ca. 460, die mittlere Tiefe 50m), in die tiefere Rinnen bis ca. 35m am Meeresgrund eingeschnitten sind. Während in den küstennahen Gebieten Sande dominieren, sind flächenhaft Restsedimente aus Sand und Geschiebelehm/-mergel vorhanden. In den tieferen Bereichen und den Rinnen ist flächenhaft Ostsee-Schlick vorhanden.

Lit.: R. Atzler, Der pleistozäne Untergrund der K. und angrenzender Gebiete nach reflexionsseismischen Messungen, Kiel 1996, 1–116. Gb

Kieler Kaufmann

Kieler Correspondenzblatt Theodor →Olshausen, bedeutender sh. Politiker und Journalist, gründete 1830 das K. für die Hztt. Schleswig, Holstein und Lauenburg als erste politische Zeitung in Kiel und wandte sich damit scharf gegen die sog. „Unterhaltungsblätter". Das K. war dazu bestimmt, „das politische Interesse in SH anzuregen und ein Mittelpunkt für die dt. nationalen und freiheitlichen Bestrebungen zu bilden" wie

Olshausen 1864 im amerikanischen Exil schrieb. Die Zeitung wurde schnell zu einem bedeutenden Instrument im Kampf um die Unabhängigkeit von Dänemark. Nach dem Scheitern der →Schleswig-Holsteinischen Erhebung von 1848 und dem Weggang von Olshausen wurde sie später mit dem Kieler Wochenblatt zusammengelegt.

Lit.: H. Seidel, Kieler Zeitungschronik, Kiel o.J. Gh

Kieler Frieden K. ist die Bezeichnung für die zwischen Dänemark einerseits und Großbritannien sowie Schweden andererseits am 14.1.1814 in Kiel im →Buchwaldschen Hof abgeschlossenen Friedensverträge. Diese beendeten die Teilnahme des →Dänischen Gesamtstaates an den Napoleonischen Kriegen, in die er seit 1807 auf Seiten Frankreichs involviert war. Der K. steht damit im Kontext der Friedensordnung des Wiener Kongresses von 1815. Geschwächt durch einen Staatsbankrott und die Belastung fremder Besatzungstruppen (→Kosakenwinter) im Jahr 1813, musste Dänemark im K. auf das Kg.reich Norwegen zugunsten Schwedens verzichten, behielt aber die nordatlantischen Besitzungen Island, Grönland und die Færøer. Zum Ausgleich für Norwegen erhielt es von Schweden Rügen und Vorpommern. Gebiete, die Dänemark wiederum am 4.6.1815 gegen das von Hannover an Pr. abgetretene Hzt. Lauenburg eintauschte. Damit änderte sich das Machtgefüge in Nordeuropa erheblich, indem Dänemark endgültig zu einer unbedeutenden Mittelmacht im Ostseeraum herabgestuft wurde und mit Norwegen einen großen Teil seines Reiches verlor. Durch den Verlust schrumpfte das skandinavische Bevölkerungselement im Gesamtstaat und der Erwerb Lauenburgs erhöhte die Zahl dt.sprachiger Untertanen. Die wirtschaftlichen Folgeschäden des Staatsbankrotts erschütterten das Vertrauen vieler Untertanen in den Gesamtstaat. Die Folgezeit bis 1848 war deshalb in zunehmendem Maße vom Anwachsen innenpolitischer Spannungen und Konflikte gekennzeichnet. Dazu zählten die Forderungen nach einer gemeinsamen Verfassung für SH ebenso wie die seit 1830/40 zunehmenden Bestrebungen nach nationaler Autonomie von Dänemark.

Lit.: O. Feldbæk, Denmark and the Treaty of Kiel., in: Scandinavian Journal of History 15 (1990), 259–268. Sl

Kieler Herbstwoche für Kunst und Wissenschaft Die K. wurde 1920 erstmalig durchgeführt. Die Veranstaltung steht im Kontext des Imagewechsel Kiels nach dem 1. →Weltkrieg, als sich die gewesene Marinestadt um eine Neuausrichtung in den Bereichen Kunst und Wissenschaft und die Profilierung als Kulturstadt bemühte (→Friedenswirtschaft). Bernhard →Harms, der Gründer und erste Direktor des →Institutes für Weltwirtschaft, hatte das Konzept der K. maßgeblich mit entwickelt. Von 1920–27 wurde im September eine Kulturwoche mit Konzerten, Vorträgen und Theateraufführungen veranstaltet. Bei der ersten K. 1920 referierten international bekannte Wissenschaftler wie Albert Schweitzer. Mit der kulturellen Ausrichtung der K. entwickelte die Stadt ein Gegenprogramm zu der eng mit der Person Kaiser Wilhelms II. verbundenen →Kieler Woche, dem segelsportlichen und gesellschaftlichen Ereignis dieser Zeit. SK

Kieler Herbstwoche für Kunst und Wissenschaft, Plakat, 1926

Kieler Hof hieß ein ländliches Anwesen westlich des heutigen Holstein-Stadions, das Anf. der 1970er Jahre dem Ausbau des Straßennetzes zum Opfer fiel. Im Jahr 1607 hatte die Stadt an dieser Stelle einen Holzvogt eingesetzt, der die damals reichen Waldbestände zu beaufsichtigen hatte. Diese sog. „Greberkathe" entwickelte sich mit der allmählichen Abholzung des Waldes im 18. und 19. Jh. zu einem landwirtschaftlichen Betrieb. Nach einem Brand entstand 1902 ein neues, großzügiges Wohngebäude, dessen →Architektur an ostholsteinische Herrenhäuser erinnerte. Es wurde 1971 abgerissen, heute verläuft hier die Stadtautobahn (Olof-Palme-Damm). Ha

Kieler Hufeisen, Theodor-Heuß-Ring, 1967

Kieler Hufeisen Hatte in der Nachkriegszeit zunächst der verkehrsgerechte Ausbau der Innenstadt im Zentrum der Verkehrsplanung gestanden, rückte in den 1960er Jahren die Notwendigkeit einer leistungsfähigen Umgehung in den Fokus. Diese geplante Strecke wurde als K. bezeichnet. Sie wurde zunächst realisiert auf einer Strecke von der Holtenauer Hochbrücke über die Projensdorfer Str., den →Westring, den Theodor-Heuß-Ring und den →Ostring bis zur →Schwentine. Die Realisierung forderte hohe Investitionen insbesondere in den Bau der Schwentinebrücke und in die Unterführung des Knotenpunktes Hmbg. Chaussee. Lange geplant war der Ersatz dieser Strecke durch die vierspurige Stadtautobahn von Altenholz bis Raisdorf mit Abzweig über den Ostring nach Norden. Während der Theodor-Heuß-Ring bereits 1967 eingeweiht wurde, zog sich der Bau der Mühlenwegtrasse mit aufwändigen Brückenbauten von 1984–98 hin. Erst mit der Fertigstellung der nun Olof-Palme-Damm genannten Strecke im Jahr 2000 war die Stadtautobahn durchgehend befahrbar.

Lit.: W. Sauer, Verkehrsplanung und Straßenbau in Kiel, in: Bauwirtschaftliche Informationen Februar 1966, 35–41. Ro

Kieler Kunst-Keramik (KKK) Die im Sommer 1924 gegründete Manufaktur KKK A.G. geht auf die Bestrebungen der Stadt Kiel zurück, sich nach dem 1. →Weltkrieg wirtschaftlich neu zu orientieren und sich vom Rüstungsstandort zur Stadt der Kultur und Wissenschaft zu entwickeln (→Friedenswirtschaft). Mit finanzieller Beteiligung der Stadt entstand in →Gaarden ein Werk für hochwertige Tonwaren unter der Leitung des Karlsruher Keramikers Philipp Danner, der weitere namhafte Künstler an die →Förde holte. Produktionsschwerpunkte waren eine qualitätvolle Feinkeramik mit Gefäßen und Skulpturen im Stil des Art Deco sowie eine Baukeramik, die sich in die Formensprache des norddt. Klinkerexpressionismus einpasste und sie prägte. Die Feinkeramik zeichnete sich durch einen serienmäßigen Formguss mit individueller Bemalung und einer Craquelé-Glasur in Fayencetechnik aus. Die ornamentale oder figürliche Baukeramik aus meist rot gebranntem Klinker fand in ganz Norddtld. an Fassaden, Portalen, Brüstungsreliefs oder als freie Skulpturen Verbreitung. Der wichtigste Baukeramiker der KKK war Fritz →Theilmann (1902–91), der ebenfalls aus Karlsruhe kam. Aufgrund der schwieri-

Nereide, Kieler Kunst-Keramik, 2. Hälfte 1920er Jahre

gen wirtschaftlichen Konjunktur der späten 1920er Jahre musste die Produktion 1929 eingestellt werden; eine 1933 gegründete Nachfolgefirma erreichte das künstlerische Niveau nicht mehr. Im Kieler Stadtbild finden sich Baukeramiken der KKK v.a. an Portalen am →Ziegelteich, am →Westring, in der Howaldtstr. und am →Sophienblatt, ehemalige Spar- und Leihkasse. Das Kieler →Stadt- und Schifffahrtsmuseum verfügt über eine größere Sammlung an Feinkeramik.

Lit.: B. Manitz, H.-G. Andresen, KKK, Nms. 2004. Ti

KMTV, Turnhalle, Postkarte, 1902

Kieler Männerturnverein (KMTV) Der KMTV ist der erste und damit älteste Turnverein im Land. Er wurde von dem Advokaten Friedrich Hedde und 61 weiteren bewegungsfreudigen Bürgern am 27.6.1844 unter dem Namen Kieler Turnverein gegründet. Neben der rein körperlichen Betätigung bot dieser neuartige, nach demokratischen Regeln geführte Zusammenschluss ein Forum für verschiedene gesellschaftspolitische Aktivitäten. Ein aus Turnern gebildetes Freikorps beteiligte sich an den Kämpfen der Erhebungszeit 1848; und ebenfalls aus der Mitte des Vereins erfolgte 1861 die Initiative zur Einrichtung einer freiwilligen →Feuerwehr. Zu diesem Zeitpunkt zählte der Verein rund 300 Mitglieder, darunter auch einige Jugendliche. Frauen blieben bis 1895 ausgeschlossen. Die Mitgliederentwicklung war starken Schwankungen unterworfen, nicht zuletzt, weil sich immer wieder unzufriedene Turner abspalteten und neue Vereine ins Leben riefen. Um gegenüber der Konkurrenz die Tradition zu betonen, erfolgte 1890 die Umbenennung in KMTV von 1844. Die erste eigene Turnhalle konnte 1902 eingeweiht werden, die ebenso wie die zweite Halle (1909) an der Jahnstr. entstand. Mit dem Erstarken der Sport- und Spielbewegung seit den 1920er Jahren öffnete sich der Verein auch neuen Disziplinen. Als größten Erfolg feierte man 1936 die Goldmedaillen der Olympia-Turnerinnen Anita →Bärwirth-Hardekopf und Käthe →Schmidt-Sohnemann. Heute (2008) bietet der KMTV seinen rund 3.500 Mitgliedern ein weites Spektrum an traditionellen und Trend-Sportarten.

Lit.: 125 Jahre KMTV von 1944 e.V., Kiel 1969. We

Kieler Nachrichten (KN) „Unabhängig von jeder Partei oder Interessengruppe", so stellte sich die neue „Tages-Zeitung für Jedermann" vor, die sich General-Anzeiger für SH nannte, als sie am 20.11.1894 zum ersten Mal herauskam. Gründer war der Kieler Prof. Johannes Lehmann-Hohenberg (1851–1925), gedruckt wurde in der Faulstr. 9 bei der Witwe Böckel, die bis dahin das Kieler Tageblatt hg. hatte. Zunächst wurden die Ausgaben gratis verteilt, v.a. um Anzeigenkunden zu gewinnen. Da der Verein Dt. Zeitungsverleger die Generalanzeiger zu Zeitungen minderer Güte zählte, wurde schon 1895 der Titel in Kieler Neueste Nachrichten (KNN) geändert und das Blatt in die Richtung einer Meinungszeitung entwickelt, womit man auch immer mehr Leser gewinnen konnte. Bis zur Jh.wende hatte sich das Unternehmen so gut entwickelt, dass 1905 ein neues Verlagsgebäude an der →Fleethörn gebaut wurde, in dem sich die Zeitung noch heute befinden. 1909 war die Firma in eine KG umgewandelt worden mit verschiedenen Kommanditisten, 1926 schließlich wurde Curt Heinrich mit seinem Schwiegervater, dem Verleger Carl Friedrich Leonhardt, Gesellschafter der Zeitung. 1933 gleichgeschaltet, konnte die KNN trotz erheblicher Beschränkungen noch bis 1942 weiter erscheinen. Dann wurde sie aufgelöst und formal Teil der Kieler Zeitung, der parteiamtlichen Gauzeitung der Nationalsozialisten. Nach Kriegsende erhielt der CDU-Oberbgm. Willi →Koch 1946 von der britischen Militärregierung die Lizenz für eine neue Zeitung, die KN.

Kieler Nachrichten, Gebäude an der Fleethörn, um 1910

Er bildete mit anderen CDU-Mitgliedern eine Lizenzträgergruppe, die ein Übereinkommen mit dem Altverleger der KNN C. Heinrich suchte, um die Zeitung in der alten Druckerei herstellen zu können. Nach langen Querelen, einigte man sich 1951 darauf, dass Heinrich und Koch zu gleichen Teilen Gesellschafter der KN wurden. Heute ist die Familie Heinrich Mehrheitsgesellschafter, weitere umfangreiche Gesellschaftsanteile erwarb 2009 die Verlagsgruppe Madsack vom Springer-Verlag. Die KN ist die einzige noch in K. erscheinende Tageszeitung.

Lit.: H.-D. u. E. Fischer, Ein Jh. auf Zeitungs-Titelseiten, Kiel 1994. Gh

Kieler Schiffswerft →HDW

Kieler Spar- und Leihkasse Im Sinne des aufgeklärten Zeitgeistes erschien 1796 in den Sh. Provinzialberichten ein Aufruf des Kanzleirates Johann Carl →Cirsovius, in Kiel eine Spar- und Leihkasse zu errichten, um durch Selbsthilfe Dienstboten, Tagelöhner, Handwerksgesellen und Seeleute bei Erkrankung, Arbeitslosigkeit und Arbeitsunfähigkeit abzusichern, aber auch Stammkapital für Haushaltsgründungen oder berufliches Fortkommen anzusammeln. Cirsovius trug seine Vorstellungen der →Gesellschaft freiwilliger Armenfreunde in Kiel vor. Er regte an, dass alle Lohnempfänger einen Betrag ab 5 Schillingen ihres Einkommens in eine Sparkasse einzahlten. Die Verzinsung der Beiträge sollte ab 50 Schillingen mit 4% jährlich erfolgen. Als Beleg für seine Einzahlungen würde der Sparer einen gedruckten Schein mit seinem Namen, der eingezahlten Summe und der Unterschrift des Kassierers erhalten. Nach vierwöchiger Kündigung vor dem Quartal

Kieler Spar und Leihkasse, Gebäude am Eisenbahndamm, um 1900

Kieler Spar- und Leihkasse, Förde Sparkasse, Hauptgebäude am Lorentzendamm

durfte er sein Guthaben abheben und sich nach Ablauf jeden Quartals den Zinsbetrag auszahlen lassen. Die Stadt sollte der Sparkasse eine Obligation von 1.000 Reichstalern als Stammkapital zur Verfügung stellen. Neben der Sparkasse schlug Cirsovius die Einrichtung einer Leihkasse vor, um Gewerbetreibenden kurzfristig Kredite von 5 bis 100 Mark zum Ankauf von Material und Gerätschaften zu gewähren, die sie in bestimmten Fristen zurückzuzahlen hatten. Der Zinssatz für solche Notstandsdarlehen sollte 4% betragen. Nach Absprache mit dem Armendirektorium und der Glückstädter Regierung konnten die Sparkasse 1796 und die Leihkasse 1799 eröffnet werden. Überschüsse erwirtschaftete die Kasse nach Anhebung der Darlehnszinsen. In den 1840er Jahren engagierte sich das Institut erstmals mit finanzieller Hilfe der Stadt an einem Großprojekt: dem Bau der →Eisenbahn Kiel-Altona. 1900 ging die K. in den Besitz der Stadt Kiel über. Von 1909–10 erhielt sie am →Kleinen Kiel ein repräsentatives Bankgebäude, das 1936 erweitert wurde. Ab 1990 hieß sie Sparkasse Kiel, 2007 fusionierte sie mit der Sparkasse Eckernförde und der Sparkasse Kreis Plön zur Förde Sparkasse. Für 2007 steht sie in der Sparkassenrangliste der BRD auf Platz 35. Die Stiftungen der Förde Sparkasse gehören zu den wichtigsten Förderern gemeinnütziger Projekte und Institutionen in der Region.

Lit.: L. Clausen, 200 Jahre Sparkasse zu Kiel, in: Tönnies-Forum 1997 (VI), H. 2, 56–65. Si

Kieler Trog Der Untergrund SH ist großtektonisch in verschiedene Hauptelemente unterteilbar. Kiel liegt auf der „Mittelholsteinischen Scholle“, die durch lang gestreckte „Salzmauern“ (Rotliegend- und Zechsteinsalze) gekennzeichnet ist. Unter der Stadt Kiel hindurch zieht sich die Salzstruktur Honigsee, deren Oberkante in ca. 1.500m Tiefe liegt. Durch den Aufstieg der Steinsalze bildeten sich zu beiden Seiten der Struktur Becken, in denen es im Laufe der Jahrmillionen zur Ablagerung von dicken Sedimentpaketen kam. In den westlich (K.) und östlich (Ostholstein-Trog) an die Struktur Honigsee anschließenden Trögen steigen die Mächtigkeiten der Ablagerungen der Kreide und des Tertiärs auf mehr als 2.000m an. Die mächtigen tertiären Ablagerungen (Braunkohlesande sowie darüber liegende Meeres-Tone) im K. haben große Bedeutung für die Trink- und Brauchwasserversorgung auch der Stadt Kiel. Gb

Kieler Verkehrsgesellschaft mbH (KVG) 1938 gründete die Stadt ein eigenes Nahverkehrsunternehmen, die Kieler Verkehrs-AG (KVAG). Sie übernahm zunächst die Fördedampfer der Hafenrundfahrt AG und die Holsteinische Autobusgesellschaft. Als 1939 die Kieler Kraftverkehrs GmbH und die Neue Dampfer Compagnie (NDC) in die AG integriert wurden, war die KVAG das bestimmende Dampfer- und Busunternehmen der Stadt. Endgültig wurde mit dem Ankauf der →Straßenbahn 1942 der städtische Nahverkehr zentralisiert und in öffentliche Hand gebracht. Mehrfach wurde die KVAG seither umstrukturiert, 1966 wurde sie unter dem Dach der VVK (Versorgung und Verkehr Kiel GmbH) mit den →Stadtwerken zusammengeführt. 1996 wurde die

KVG, Straßenbahndepot Gaarden, 1958

Schifffahrtsabteilung als Kieler Schlepp- und Fährgesellschaft (SFK) ausgegliedert. Seit 2001 firmiert das Unternehmen als KVG, an der seit 2003 die Norddt. Busbeteiligungsgesellschaft 49% der Anteile hält. Für die KVG sind derzeit rund 140 Busse auf 33 Linien und 5 Nachtlinien im Einsatz.

Lit.: Tiefbauamt der Landeshauptstadt Kiel (Hg.), 150 Jahre Mobilität, Stadtentwicklung und Nahverkehr, Kiel 2002. Ro

Kieler Volksbank Im Zuge der →Industrialisierung und der Gewerbefreiheit im Laufe des 19. Jh. gerieten Handwerker und kleinere Gewerbetreibende in Hinsicht auf notwendige Betriebskredite in eine schwierige Lage. Eine Möglichkeit zur Aufnahme entsprechender Kredite gab es im damaligen Bankwesen nur unter erschwerten Bedingungen. So entstanden im 19. Jh. die mittelständischen Kreditgenossenschaften als Selbsthilfeeinrichtungen, die an →Handwerk und Gewerbe Kredite vergaben (→Banken). Im Jahre 1897 wurde auch in Kiel eine solche Genossenschaft zu Kreditzwecken gegründet, die den Namen „Handwerkerbank" erhielt. Aus den eingezahlten Genossenschaftsanteilen, aus Spargeldern und Depositen wurden den Mitgliedern Kredite gewährt. Nach dem 1. →Weltkrieg wurde der Interessentenkreis ausgedehnt auf den →Einzelhandel und andere Berufszweige; die Bank hieß jetzt „Handels- und Gewerbebank". Die Zeit des 1. WK, die Inflation und die Weltwirtschaftskrise bedeuteten für die Bank schwierige Umstände, aber sie konnte ihren Bestand sichern. In den 1930er Jahren wurden weitere Geschäftszweige aufgenommen und das Filialnetz erweitert. Im Februar 1940 wurde der Name der Bank geändert in „K." im Rahmen des dt. Volksbankensystems. Nach der Währungsreform nahm auch die K. eine stetige Aufwärtsentwicklung. Sie öffnete sich allen Kunden, erweiterte ihr Filialnetz und steigerte ihre Bilanzsumme. Der Geschäftssitz der K. befindet sich am Europaplatz

Lit.: Th. Bienk, H. Breitenstein, 75 Jahre K., Kiel 1992. Wu

Kieler Volksbank, Hauptgebäude am Europaplatz

Kieler Woche Am 23.7.1882 fiel der Startschuss zu einer Segelwettfahrt, aus der die K. hervorgehen sollte. Initiiert wurde diese Regatta von den Kieler Marineoffizieren Hermann Saefkow, Carl Busley und Lüder Arenhold und den Vorstandsmitgliedern des Norddt. Regatta Vereins Hermann Wentzel und Hermann Droege. Am Start waren 20 Boote aus Kiel, Hmbg., Glücksburg, Schleswig und Dänemark. Die Presse berichtete von zahlreichen Schaulustigen an Land und auf dem Wasser, die diese erste Wettfahrt, den Ursprung der K., verfolgten. Aufgrund des großen Erfolgs beschlossen die Organisatoren, von nun an jedes Jahr eine Kieler Regatta durchzuführen. 1894 berichtete die Presse erstmals von der „K.": Die Veranstaltung bekam ihren Namen analog zur britischen „Week of Cowes". Aus der eintägigen Segelregatta auf der →Förde war zu diesem Zeitpunkt eine Festwoche mit internationaler Ausstrahlung geworden. 1889 hatte Kaiser Wilhelm II. erstmalig die Kieler Regatten besucht. Infolgedessen entwickelte sich die Veranstaltung zu einem repräsentativen Staatsakt und einem der wichtigsten gesellschaftlichen Ereignisse des Landes. →Segelsport, gesellschaftliches Amüsement und Politik gingen bei der kaiserlichen K. Hand in Hand. Von Wilhelm II. zu einer nationalen Angelegenheit erklärt, erfuhr der dt. Segelsport zu dieser Zeit einen erheblichen Aufschwung. Für den segelbegeisterten Monarchen symbolisierte der Segelsport den Wettstreit der seefahrenden Nationen. Die K. bot die ideale Gelegenheit, die Macht und Größe der kaiserlichen Flotte zu demonstrieren. Am 28.6.1914 endete die Ära der „kaiserlichen"

Schwerpunkte der K. neben die Regatten. →Theater und →Museen boten während der Festwoche besondere Aufführungen und Ausstellungen. Auch in den folgenden Jahrzehnten förderte die Stadt den Ausbau des kulturellen Programms. So gelang in den 1960er und 70er Jahren über die Kultur eine erste Annäherung an die Staaten des Ostblocks. Bereits 1967 zeigte die Stadt eine Ausstellung mit „Tschechoslowakischer Grafik". Dieser folgten Präsentationen ungarischer, jugoslawischer, sowjetischer und rumänischer Zeichenkunst. In den 1960er und 70er Jahren verstärkte sich der Trend zum Volksfest. Der 1947 von Andreas Gayk formulierte politische Auftrag der K., einen Beitrag zur Völkerverständigung und zum Frieden zwischen den Völkern zu leisten, dient der Stadt noch immer als Leitlinie für die K. Daher steht einer immer stärkeren Kommerzialisierung der Festwoche das Bemühen der Stadt entgegen, die Qualität der K. als Markenzeichen zu wahren und sie als Treffpunkt für Wirtschaft, Kultur und Politik weiter auszubauen.

Lit.: K. Kroll, K., Nms. 2007; J. Danker, Die K. im Wandel, Kiel 1990. SK

Kieler Wochenblatt →Presse

Kieler Wohnungsbaugesellschaft (KWG) Die KWG wurde 1936 als städtisches, gemeinnütziges Unternehmen gegründet und war wesentlich an der Entwicklung neuer Baugebiete, am →Wiederaufbau der Stadt nach dem 2. →Weltkrieg, am sozialen Wohnungsbau (1949–79): über 11.000 Wohnungen) sowie am Bau von Wohnhäusern für wirtschaftlich schwache Familien und Rentnerwohnheimen beteiligt. Zu den Aufgaben gehörten auch die Betreuung der städtebaulichen Sanierung von →Gaarden (1970er Jahre) und die „Nachbesserung" von Großsiedlungen, d.h. Modernisierung von Wohnbauten und Verbesserung des Wohnumfeldes, wie z.B. in →Mettenhof (1980er und 1990er Jahre). Innovative Projekte wie die Wohnsiedlung Kirunastr. und der Umbau einer Parkpalette in Mettenhof zu einem Stadtteilzentrum fanden große Zustimmung der Nutzer und der Fachwelt. Nach Aufgabe der Gemeinnützigkeit 1990 veräußerte die Stadt das Unternehmen 1999. Die KWG gehört heute nach mehrmaligem Besitzerwechsel zur bundesweit agierenden Vitus-Gruppe und ist mit 9.500 Wohnungen größter Vermieter in K. Me

KWG, Wohnungsbau an der Augustenstraße, 1950

Kieler Yachtclub (KYC) Der KYC ist der namhafteste und traditionsreichste Kieler Segelsportverein; seine Gesch. ist eng mit der →Kieler Woche verbunden. Vorläufer war der 1887 von Marineoffizieren und -beamten gegründete Marine-Regatta-Verein, der 1890 schon mehr als 500 Mitglieder zählte. 1891 wurde eine Umgründung beschlossen, um den Verein auch der bürgerlichen Zivilgesellschaft zu öffnen. Er erhielt den Namen „Kaiserlicher Yachtclub" – mit Zustimmung Kaiser Wilhelms II., der selbst das Ehrenamt des Kommodore übernahm, während →Prinz Heinrich als Vize-Kommodore fungierte. Der „Kaiserliche Yachtclub" wurde Hauptausrichter der Kieler Woche. Bis zum 1. →Weltkrieg erlebte der Verein eine Glanzzeit; die Anzahl der Mitglieder, v.a. Marineoffiziere und höheres Bürgertum, wuchs bis 1914 auf mehr als 3.700 aus ganz Dtld. – in Berlin, Hmbg., Bremen und Lüb. entstanden eigene Abteilungen. 1910 wurde als wohl älteste Jugendabteilung eines dt. Segelvereins die eigenständige Kieler Yachtschule gegründet. 1900 bezog der „Kaiserliche Yachtclub" die umgebaute →Seebadeanstalt, 1926 konnte ein neues Clubhaus am →Hindenburgufer eingeweiht werden. Auch nach dem 1. WK behielt der Club die Bezeichnung „kaiserlich" bei: Seine demonstrativ republikferne Haltung zwang 1928 das

Clubhaus des Kieler Yachtclubs, Zeitschriftenillustration, um 1910

Reichswehrministerium dazu, den Austritt aller aktiven Marineoffiziere zu veranlassen. Der „Kaiserliche Yachtclub“ war noch in die Organisation der →olympischen Segelwettbewerbe 1936 eingebunden und stellte das Gros der dt. Mannschaft. Im gleichen Jahr löste sich der Verein aber auf, um den Weg für den neu gegründeten „Yacht-Club von Dtld.“ frei zu machen, dem ehemalige Mitglieder des „Kaiserlichen Yachtclubs“ und der „Kieler Segelvereinigung“ beitraten. Der 2. WK setzte dem →Segelsport ein vorläufiges Ende, im beschlagnahmten Clubhaus etablierte sich 1945 der →British Kiel Yacht Club, der es erst 1952 räumte. 1946 entstand der Verein als „KYC“ neu. 1947 konnten erste Regatten, 1948 die Kieler Woche gesegelt werden. 1969 wurden in Strande zwei Bootshallen errichtet und dort 1991 ein Jugend- und Clubheim eingeweiht. An der Organisation der →olympischen Segelwettbewerbe 1972 war der KYC maßgeblich beteiligt.

Lit.: O. Schlenzka, 100 Jahre KYC, Kiel 1987. Ro

Kieler Zeitung Die K. war eine Gründung des Bankiers und Politikers Wilhelm →Ahlmann, der hier ab 1864 seine Auffassung über die Zukunft von SH verbreiten wollte. Häufig nahm er scharf zur Politik Stellung, was 1866 zu einem längeren Verbot führte. In späteren Jahren wurde die K. das führende Organ der sh. Liberalen, namentlich der Forschrittspartei. Ahlmann behielt sich

Kieler Zeitung, Anzeige, 1893

noch lange Zeit eine umfassende Kontrolle aller Artikel vor, erst später konnte der langjährige Chefredakteur Alexander →Niepa die Zeitung immer mehr prägen. Nachdem die Zeitung 1936 eingestellt worden war, wurde der Titel 1942–45 von den Nazis noch einmal für ihre Parteizeitung benutzt. K. ist heute noch der Name des Verlags der →Kieler Nachrichten.

Lit.: H. Seidel, Kieler Zeitungschronik, Kiel o.J. Gh

Bemalen von Zinnsoldaten in der Kieler Zinnfigurenfabrik Ochel, 1950

Kieler Zinnfiguren Aloys Ochel 1924 gründete die Sammlervereinigung Clio, die „Fabrik für hist. Zinnfiguren", die der Kieler Kaufmann Max Hahnemann mit dem Zusatz „Kulturbilder" übernahm. 1935 übernahm der Kieler Kaufmann Aloys Ochel die Firma als „K. G.m.b.h.". Sie war auf nationalen wie internationalen Ausstellungen (Berlin, Paris, London) vertreten, sehr populär, wurde auch für die Werbung von Zigarettenmarken benutzt und verfügte 1935 über fast 4.000 Formen. Die Themenpalette reichte von Altertum und Antike, MA und Renaissance, Dreißigjährigem Krieg, 18. Jh., Napoleonzeit, Dt.-Französischem Krieg 1870–71 bis zum 1. →Weltkrieg. Während des Nationalsozialismus wurden auch Formationen von SA, SS und HJ sowie Modelle führender Politiker und Militärs hergestellt. 1946 kam die Produktion ohne militärische Figuren mit Hilfe der Besatzungsmacht wieder in Gang und exportierte in die USA. In den 1950er und 1960er Jahren nahm die Firma alle Themen wieder auf und erlebte einen großen Aufschwung. Sie wurde von 1972–92 von Tochter Erika Ochel, dann von Schwiegersohn Georg Kroschewski bis 1997 weiter geführt.

Lit.: E. Krannich, Kieler Zinnfiguren, Grimma 2002. Si

Kiellinie Noch nach dem 2. →Weltkrieg war die lange Uferlinie zwischen →Schlossgarten und →Hindenburgufer unbebaut, die Grundstücke wurden vom Düsternbrooker Weg erschlossen. Erst zu den →olympischen Segelwettbewerben 1972 konnte der bereits 1951 gefasste Beschluss umgesetzt werden, hier eine attraktive Fördepromenade zu schaffen. Im Rahmen der von 1968–72 andauernden Baumaßnahme wurde auch die elegant geschwungene Fußgängerbrücke zum Schlossgarten nach Entwurf von Wilhelm →Neveling errichtet. Der Name K. wurde im Januar 1973 von der →Ratsversammlung auf Vorschlag der Ratsfrau Rosa Wallbaum beschlossen. Die seit 1998 umfassend sanierte K. mit ihrem spektakulären Fördepanorama bietet zahlreiche Anziehungspunkte wie das →Landeshaus, das →Aquarium mit Seehundbecken und Gastronomie. Sie ist Schwerpunkt der →Kieler Woche und touristisches Aushängeschild der →Landeshauptstadt. Ro

Kiellinie, 1972

Lit.: T. Stamm-Kuhlmann, Die K. in der Dänischen Straße, in: W. Paravicini (Hg.), Begegnungen mit Kiel, Kiel 1992, 92–95. Km

Kinderrepublik Die sozialdemokratische Kinderfreundebewegung nach österreichischem Vorbild verwirklichten Andreas →Gayk und Kurt Löwenstein in Kiel. 1927 entstand in →Seekamp die erste K. In einem Zeltlager für über 2.000 Kinder aus dem In- und Ausland sollten diese abwechslungsreiche Ferien verbringen, gleichzeitig aber im Geist der →Arbeiterbewegung und Republik erzogen werden. Die demokratische Selbstverwaltung und Selbstverantwortung durch die Kinder, wobei jedes die gleichen Rechte und Pflichten hatte, sollten helfen, eine neue Gesellschaft aufzubauen, in der Freiheit, Gleichheit und soziale Gerechtigkeit herrschten. Gayk war nicht nur der Organisator der K., sondern formulierte auch die ihr zugrunde liegende Idee.

Lit.: I. Hinz, K. Seekamp, in: MKStG, Bd. 61, Nms. 1924, 151 f. Ge

Kilia, Plastik von 1890

Kilia Als eine der wenigen Frauenfiguren, die in Kiel auf einen Denkmalsockel gehoben wurden, steht „K.", die hoch gewachsene bronzene Personifikation der Stadt Kiel (ca. 2,60m auf 1,30m hohem Sockel), vor dem Landeskirchenamt. Sie ist in ein langes, barock gebauschtes Gewand gekleidet. Auf dem Brustpanzer sind das Kieler Stadtwappen und ein Dreizack als flaches Relief zu sehen. Drei Attribute charakterisieren die Allegorie: Die Mauerkrone auf dem Kopf weist auf das Stadtrecht hin, das Ruder mit dem Schwertknauf deutet die maritime Rolle an, die Lorbeerkrone verheißt ehrende Auszeichnung. 1887 bestellten die Stadtverordneten bei Eduard Lürssen die Plastik als Hauptfigur einer Brunnenanlage (6m Höhe), die sie 1890 →Prinz Heinrich anlässlich seiner Hochzeit schenkten. Der Brunnen, der im Schlosshof Aufstellung fand, sollte die Ehrerbietung der →Bürger gegenüber der Hohenzollerndynastie zum Ausdruck bringen. Das Ende der Monarchie 1918 führte zur Übersiedlung der K. nach Gut Hemmelmark, von wo sie 1977 an ihren jetzigen Standort zurückkehrte.

Kinderrepublik Seekamp, Zeltlager, 1927

Kino Seit der Erfindung des Films existierten in Kiel mehr als 100 K. Die erste Filmvorführung in Kiel fand 1896 in dem Varieté „Kaiserkrone" im Breiten Weg statt. Als erstes K. eröffnete im März 1906 das „Holstentheater" in der →Holstenstraße Zahlreiche weitere Lichtspielhäuser eröffneten in Kiel und Umgebung; das K. avancierte zu einer der populärsten Freizeitbeschäftigungen. Eine Zäsur stellte der 2. →Weltkrieg

Metro-Kino in der Holtenauer Str., 1960

dar: Im Sommer 1945 existierten lediglich vier K. in Kiel. 1946 konnte das erste Nachkriegsk. eröffnet werden. Die Gesch. der Glanzzeit und der Krise des K. nach 1945 lässt sich exemplarisch am Beispiel des „Metros" in der →Holtenauer Straße 162–170 aufzeigen. An der Stelle des zerstörten Lichtspielhauses Schloßhof wurde im April 1952 das K. „Metro im Schloßhof" eröffnet. Der Zuschauerraum zählte 1.004 mit Samt überzogene Plätze und bot zwei Raucherlogen an; in der Regel fanden vier Vorstellungen am Tag statt. Dem Betreiber August G. Scepanik mit seinem Leiter Theo Lagerquist gelang es, Welt- und Dtld.premieren im „Metro" zu zeigen sowie Schauspieler und Regisseure nach Kiel zu holen. Seit den 1960er Jahren setzte die K.krise ein (Konkurrenz des Fernsehens, standardisierte Genreprodukte). Anf. der 1980er Jahre zog sich die Familie Scepanik zurück und das „Metro" wurde an die UFA verpachtet, die zu diesem Zeitpunkt sieben weitere K. in Kiel besaß. Der große Saal wurde aufgeteilt und vier kleine Vorführräume errichtet. Ende Juli 1996 stellte die UFA den Betrieb des „Metros" ein. Zuvor eröffnete im März 1995 das technisch hochwertig ausgestattete und zentral am →Hauptbahnhof platzierte Multiplexk. „CinemaxX", das insgesamt rund 3.000 Plätze zählt. Das „Metro" konnte 2006 unter einem neuen Pächter wieder eröffnet werden und bietet als Programmk. neben Filmvorführungen auch andere kulturelle Veranstaltungen an. Neben K., die v.a. kommerziell erfolgreiche Filme zeigen, konnte sich in Kiel seit 1979 das „Kommunale K." (KoKi) in der Pumpe etablieren.

Lit.: H. Reimers, Von der Kaiserkrone zum CinemaxX, Husum 1999. Wm

Kirchenbau Zu den ältesten Bauwerken der Stadt zählen die →Nikolaikirche sowie ein Kreuzgangflügel und das anschließende Refektorium des ehemaligen →Franziskanerklosters. Neben diesen mehrfach veränderten Bauwerken sind die dazugehörige Klosterkirche und städtische Kapellen, wie die des St. Jürgenhospitals, nur bildlich überliefert oder archäologisch nachgewiesen. In der Stadtansicht von Braun und Hogenberg (1588) überragen diese zur norddt. Backsteingotik zählenden Sakralbauten die giebelständig aneinandergereihten Bürgerhäuser. Im Zuge der Stadterweiterung nach 1865 und zur Versorgung der Garnison sind eine Vielzahl neuerer Kirchen dazugekommen. Der erste K. der Neugotik

St. Jakobikirche (1882–86)

entstand 1865–66 in →Elmschenhagen. Er folgte ganz den Richtlinien des „Eisenacher Regulativs“, das ein an der Liturgie orientiertes Gebäude forderte. Bis zum 1. →Weltkrieg folgten im Stil der Neugotik u.a. die →Pauluskirche in →Düsternbrook (1879–82), die Jakobikirche der westlichen Stadterweiterung (1882–86) und die Dankeskirche in →Holtenau (1896–97). Statt der Hallenkirchen bevorzugte die kath. Kirche den basilikalen Bautyp, so beim Bau der Nikolauskirche (1891–93). Nach der Jh.wende wurde die gotische Formensprache zugunsten des romanischen, dann barockklassizistischen Stils aufgegeben. Kurz vor dem 1. WK vermischten sich Elemente der Heimatschutzarchitektur mit denen des Jugendstils, wie an der Petruskirche in der →Wik (1905–09). Die als Versammlungsräume angelegten Kirchen waren nicht mehr freistehende Gebäude, sondern wurden mit Pastorat und Gemeinderäumen zusammen als Bautengruppe geplant. Beispiele sind die Michaelis- und die Lutherkirche. Nach den Zerstörungen des 2. WK folgten Wiederaufbauten in bewusstem Kontrast zur verlorenen Bausubstanz (Nikolai- und Jakobikirche), dann – mit der Vicelinkirche Otto Bartnings aus dem „Notkirchenprogramm“ beginnend – zeitgemäße Neubauten bis in die 1980er Jahre. Zum Kennzeichen der jüngeren Kirchen und der flexibel eingerichteten Gemeindezentren in den Stadtrandgemeinden wurden Materialgerechtigkeit, moderne Baukonstruktion, ein Wechsel aus Glas- und Wandflächen und freistehende Glockentürme. Als Prisma aus Betonwaben erbauten Herbert Weidling und Erhart Kettner 1965–66 die Univ.skirche, die als eine originelle Lösung des nz. K. gelten kann.

Universitätskirche (1965/66)

Lit.: C. Rauterberg, Kleine Kieler Kirchengesch. der letzten 125 Jahre, in: K.-B. Hasselmann (Hg.), Kirche in Kiel, Nms. 1991, 189–210; Denkmaltopografie, 117–118.

Jo

Lutherkirche mit Pastorat (1910–12)

Kirchenwesen Eine erste Kieler Parochie bestand mutmaßlich schon vor der formalen →Stadtgründung. Als Gf. Johann I. 1242 Kiel das lübische Stadtrecht verlieh, wurde diese Urkunde u.a. vom ersten Kieler Stadtpfarrer Lodewicus unterzeichnet. Die Gründung der Stadt und der →Nikolaikirche gingen auf →Adolf IV. zurück, der 1244 vom Lüb. Bf. zum Priester geweiht wurde und nach Fertigstellung des →Franziskanerklosters (1245) in dieses übersiedelte. Mit der Stadtgründung wurde auch mit dem Bau der Nikolaikirche begonnen. Der 1720 verstorbene Bgm. Asmus →Bremer berichtet von einem in der Kirche eingemauerten Stein mit der Jahreszahl 1241. Die Nikolaikirche stand unter dem Patronat der Holsteiner Gff., die dieses 1322 auf die Augustiner-Chorherren in Nms. übertrugen, die 1327 nach Bordesholm übersiedelten. Die Gff. setzen Kandidaten ihres Gefallens ein, meistens aus der Lüb. Nachbardiözese. Die Pfarrherren verfügten über Einkünfte, die durch Stiftungen gewachsen waren. Ihr Lebensstil entsprach nicht dem Recht der Kirche, die Bürger beanstandeten dies jedoch nicht. Ihnen war wichtig, dass an den Altären die Messen gelesen, Sünden vergeben und Sakramente gereicht wurden. Der Rat als Stadtobrigkeit betrachtete es als seine Pflicht, das Vermögen der Kirche zu kontrollieren. Neben der Pfarrkirche St. Nikolai und der →Klosterkirche gab es mehrere Kapellen, u.a. die Marienkapelle am Schumachertor oder das St. Jürgenspital. Das Heiligengeistspital, 1257 von den Söhnen Adolf IV. gestiftet, war ein Beispiel praktizierter bürgerlicher Frömmigkeit, um den Armen, die bis zu 20% der Bürger ausmachten, zu helfen (→Stadtkloster). Erwähnenswert ist für das geistliche Leben der →Priesterkaland, der aus 24 Geistlichen und ebenso vielen Laien bestand und zweimal im Jahr zusammentrat. Auch die →Schule war Sache der Kirche, die Schulmeister Kleriker. Gf. →Johann II. „privilegierte" 1320 den Lüb. Kanoniker Magister Hinricus de Culmine, eine Lat.schule zu errichten. Aufgabe der Schule war es, u.a. Kleinkinder zu unterrichten und den Kirchenmusikdienst an St. Nikolai sicherzustellen. Die Zeit vor der →Reformation ist geprägt durch Reformen bei den Franziskanern, die sich auf ihre Regeln der Frühzeit besannen. Der Rat der Stadt hatte sich in dieser Zeit Kompetenzen auch in geistlichen Dingen angeeignet. Der Beginn der Reformation ist mit dem Jahr 1526 verbunden, als erste ev. Pfarrer nach Kiel kamen. Zu ihnen gehörte der Kaplan Marquard Schuldorp, der aus einer Ratsfamilie stammte, bei Luther in Wittenberg studiert hatte und in St. Nikolai das „reine Gotteswort" predigte. Der Rat war bemüht, die Reformation unter seiner Kontrolle zu halten. Der Rat erreichte von den Bordesholmern die Abtretung des Patronatsrechts über St. Nikolai. Die Reformation, die u.a. durch das Auftreten von Melchior Hoffmann von turbulenten Umständen begleitet wurde, verlief nun ohne Rückschläge. Im Oktober 1530 gewährte Kg. Friedrich dem Rat der Stadt das Recht, das Franziskanerkloster aufzulösen, die letzten acht Brüder des Klosters wurden vertrieben. Bedeutsam ist die Verabschiedung der Kirchenordnung von 1542 mit ihrer neuen Gottesdienstordnung unter Kg. Christian III. Es kam zur Säkularisierung der geistlichen Stiftungen und Klöster, auch in Kiel. Für die →Armenfürsorge richtete der Rat eine „gemeine Kiste" ein, in die Erträge der ehemaligen Stiftungen flossen. Die Franziskanerkirche, im Besitz der Stadt, wurde als Heiligengeistkirche hin und wieder genutzt. Das „akademische Konsistorium" hatte Stimmrecht bei der Predigerwahl an St. Nikolai, und der Hz. wünschte Prof. zu berücksichtigen. Nikolaipastoren mit bedeutenden Namen waren u.a. Heinrich Muhlius, Detherus Mauritii oder Johann Georg Fock. Fock, ein bedeutsamer Rationalist, musste es hinnehmen,

Taufbecken der St. Nikolaikirche von 1344

St. Nikolaikirche, Innenaufnahme, um 1870

dass 1816 Claus →Harms (1778–1855) zum Archidiakon gewählt wurde. Nach dem Tod von Fock wurde Harms, ein begnadeter Prediger, der mit seinen theologischen Schriften hervortrat, sein Nachfolger als Hauptpastor und Propst. 1867 wurde SH-Lauenburg zu einer eigenen Landeskirche, der pr. Kg. war Kirchenherr. 1876 wurde die Kirchengemeinde- und Synodalordnung eingeführt. Kiel war bis 1872 ein einziger Pfarrbezirk mit den drei Pfarrstellen Nikolai, Heiliggeist und St. Jürgenkapelle (→Kirchspiele). Die Gemeinde wurde danach in vier Pfarrbezirke aufgeteilt: St. Nikolai mit zwei Pfarrstellen, die Bezirke St. Jakobi, St. Jürgen und Heiliggeist je eine Pfarrstelle. Die neu entstandenen Bezirke waren Filialen von St. Nikolai, die Heiliggeistkirche wurde Univ.kirche. Die →Pauluskirche (1878–82) und die →Petruskirche (1905–07) wurden als Garnisonskirchen erbaut. 1908 wurden die drei Pfarrbezirke von St. Nikolai selbstständige Gemeinden, die sich zu einem Parochial-Verband zusammenschlossen, der 1981 aufgelöst wurde. 1878 kam es zur Neuordnung der Propstei, die sich auf die eigentlichen Stadtbezirke und einige Randgemeinden wie Westensee bezog. Der Parochialverband war nicht identisch mit der Propstei. Die landeskirchliche Verwaltung war seit 1867 dem ev.-lutherischen Konsistorium in Kiel übertragen. Die Kirche war auf das rasante Wachstum der Kieler Bevölkerung seit 1871, die gleichzeitige Entchristlichung und die damit verbundenen sozialen Probleme nicht vorbereitet. Propst Becker (St. Nikolai) erkannte die für die Kirche dringend zu lösenden sozialen Aufgaben. Die Gründung der →Stadtmission 1904 war eine Antwort. Mit der Weimarer Reichsverfassung 1919 wurden Staat und Kirche getrennt; die Kirche konnte selbst über ihre Gliederung bestimmen. 1924 wurde Adolf Mordhorst, Propst von St. Nikolai, aufgrund der neuen Kirchenverfassung Bf. von Holstein. Bis 1977 blieb St. Nikolai Bischofskirche. Die Zeit des →Nationalsozialismus (Adalbert Paulsen) und der 2. →Weltkrieg brachten ungeheures Leid über die Kirchen Kiels. Fast alle Kirchen und Gemeindehäuser waren zerstört. Der →Wiederaufbau nach 1945 erforderte große finanzielle Anstrengungen. Die Kriegsschäden der Propstei Kiel betrugen 3.540.250 DM. 1951 wurde St. Nikolai wieder eingeweiht. Angesichts der wirtschaftlichen Not stellte die Betreuung der Flüchtlingslager und die Fürsorge besonders für Kinder die Gemeinden vor kaum lösbare Aufgaben. Der Name Pastor Adolf →Plath (1905–85) ist mit zahlreichen diakonischen Hilfsmaßnahmen untrennbar verbunden (z.B. Kieler Weihnachtsbaum). Der große Kreditbedarf der Kirchengemeinden führte 1968 zur Gründung der Ev. Darlehensgenossenschaft e. G. in Kiel. Die Landeskirche SH bestand bis 1977, dem Jahr der Bildung der →Nordelbischen Kirche. Der traditionsreiche Begriff „Propstei" wurde 1977 aufgegeben: Kiel war nun Kirchenkreis mit einem Propst als leitendem Geistlichen. 2009 wurden die Kirchenkreise Kiel und Nms. auf Grund des zweiten Strukturanpassungsgesetzes von 2006 zu einem Kirchenkreis „Altholstein" mit drei Pröpsten zusammengeschlossen. Durch die Fusion von Kirchengemeinden gingen alte Namen wie Vicelin oder St. Jürgen verloren. Der Kirchenkreis Kiel umfasst derzeit 25 Kirchengemeinden mit 119.480 Gemeindegliedern und 51 Pfarrstellen. Neben der vielfältigen kirchlichen Arbeit in den Gemeinden ist ein Schwerpunkt der Arbeit des Kirchenkreises die Diakonie mit ihren karitativen Aufgaben und ihrer Beratungstätigkeit.

Lit.: K.-B. Hasselmann (Hg.), Kirche in Kiel, Nms. 1991. Bl

Kirchspiele Bis zum Jahr 1870 stellte die →Nikolaikirche den Mittelpunkt des ev. kirchlichen Lebens in Kiel dar. Die Stadt bildete einen einzigen Pfarrbezirk, der in drei Predigtstellen (Nikolai- und Heiligengeistkirche sowie St. Jürgenkapelle) unterteilt war. Das stetige Anwachsen der Kieler Bevölkerung, die sich zwischen 1860 und 1870 verdoppelte, ließ allerdings bald die Notwendigkeit der Bildung von Einzelgemeinden mit eigenen Pastoren deutlich werden. Bereits 1860 bildete sich ein Komitee unter dem Ehrenvorsitz von Hz. Carl von SH, welches den Bau von neuen Kirchen für unbedingt erforderlich erachtete. Die neue „Gemeindeordnung in der Provinz SH" vom 16.8.1869 brachte die Trennung von Stadt- und Kirchenverwaltung. Es wurde ein Kirchenvorstand gebildet, dem sämtliche Pastoren und zehn Kirchenälteste angehörten; an seine Seite trat die Kirchen-Gemeindevertretung, deren 30 Mitglieder von den Bürgern gewählt wurden. Diese neue Kirchenverwaltung fasste in den Sitzungen vom 13. und 17.7.1870 den Beschluss, die Kirchengemeinde Kiel in vier Pfarrbezirke einzuteilen: Nikolai, Heiligengeist, St. Jürgen und St. Jakobi, in welchem 1886 auch der erste Kirchenneubau eingeweiht wurde. Da das Anwachsen der Kieler Bevölkerung anhielt, entstanden bis in das frühe 20. Jh. neue Pfarrbezirke: Ansgar (1888), Michaelis (1902), Vicelin (1908) und Luther (1909). Das Ostufer gliederte sich in die Bezirke →Gaarden (1880), →Ellerbek (1895), →Wellingdorf (1909) und →Neumühlen-→Dietrichsdorf (1896). Offiziell waren diese Bezirke noch immer Filialen von St. Nikolai; um ihnen größere Selbstständigkeit zu verleihen, wurde am 2.10.1908 die Kieler Kirchengemeinde aufgelöst und die Bezirke zu Einzelgemeinden umgewandelt. Im gleichen Zuge erfolgte der Zusammenschluss der Gemeinden zu einem Kirchengemeindeverband, um eine gemeinsame Regelung wichtiger Angelegenheiten zu gewährleisten.

Lit.: H. Kobold, Im Schatten von St. Nikolai, in: K.-B. Hasselmann (Hg.), Kirche in Kiel, Kiel 1991, 9–20. Gn

Klagemauer Eins der herausragenden Projekte des →Wiederaufbaus wurde im Volksmund als „K." bezeichnet: die fünfgeschossigen Wohnblocks an der unteren →Holtenauer Straße, die die Immobilienfirma Kersig durch die Architekten Kurt Malzahn und Roland Lukas seit 1949 errichten ließ. Die hellen Blocks in Zeilenbebauung mit Flachdächern, zur Straße mit einer Ladenzeile abgeschlossen, verwirklich-

Klagemauer, Holtenauer Str., um 1955

Kleiner Kiel und Altstadt, kolorierte Luftaufnahme, um 1910

ten die aufgelockerte, durchgrünte Stadt, eine städtebauliche Konzeption der 1950er Jahre. Durch die seit 1989 vorgelagerten Glasarkaden und die jüngste bautechnische Sanierung hat die Anlage an Authentizität verloren. Die Herkunft des Spitznamens „K." lässt sich nicht eindeutig klären. Er geht mutmaßlich auf Klagen über die vormals hohen Mieten für die Ladengeschäfte oder über das dortige hohe Preisniveau zurück. Berichtet wird aber auch, dass die Kieler hier nach dem 2. →Weltkrieg an den Ruinen Vermisstenanzeigen anschlugen. Ro

Klein Elmeloo →Hegewisch, Lotte

Kleinbahn AG Kiel-Schönberg →Hein Schönberg

Kleiner Kiel Der K. ist ein stadtbestimmendes Gewässer. Er bildete über Jh. einen Arm der →Förde; auf der Halbinsel zwischen K. und Förde entstand die Kieler →Altstadt. Als Ableger der ursprünglich als „Kiel" bezeichneten Förde nannte man ihn „K." oder „lutteker Kyl". Zunächst hatte er als Stadtgraben fortifikatorische Zwecke zu erfüllen, vor dem →Schloss wurde 1536 sogar ein Graben zwischen Förde und K. ausgehoben. Eine Querung bestand nur von der Südseite über die →Holstenbrücke. Spätestens im 19. Jh. stand das Gewässer den Bedürfnissen der wachsenden Stadt im Wege, durch Anschüttungen und Brückenbauten wurde seine Fläche mindestens halbiert. 1846 wurde durch Aufschüttung des →Eisenbahndamms der →Bootshafen geschaffen und zugleich der K. von der Förde abgetrennt. Im Zuge der Stadterweiterung auf dem →Damperhof 1849 wurde die westliche Uferlinie des K. durch einen Damm befestigt und ein Fahrweg zum →Schlossgarten geschaffen, der Lorentzendamm. Die weitere Befestigung des K. geht auf einen Entwurf des späteren →Stadtbaumeisters Gustav Ludolf →Martens von 1862 zurück. Nach seinen Plänen wurde 1866 mit der Kehdenbrücke eine weitere Überbrückung des K. geschaffen und zugleich mit der Aufschüttung des →Neumarkts begonnen. 1868–69 wurde dem K. die Parkanlage →Möllingsruh abgerungen, 1880 schließlich wurde der Martensdamm vollendet. Damit war die 1,5km lange Uferlinie des K. vollständig eingefasst, er bildete aber nach wie vor ein Verkehrshindernis. Seit 1855 querte eine Fähre das Gewässer; 1887 errichtete man eine hölzerne Fußgängerbrücke von der →Bergstraße zum Kütertor. Doch erst 1905–10 entstand ein leistungsfähiger Verkehrsstrang von der Holstenbrücke bis zur Bergstr. Dazu musste zunächst der malerische Wasserarm an der Holstenbrücke

Kleiner Kiel, Blick zum Rathaus

zugeschüttet, durch ein Rohrsystem ersetzt und anschließend der K. durch Dämme und eine Brücke überwunden werden. Das Ökosystem des heute knapp 6ha großen K. wurde durch diese massiven Eingriffe schwer gestört. Er verflachte zusehends und gilt heute als ökologisch verarmt.

Lit.: V. Stoy, Kiel auf dem Weg zur Großstadt, Kiel 2003, 136–139. Ro

Kleingärten 1820 verpachtete die Stadt erstmals Teile der Kieler Koppel und der →Hummelwiese als Gartenbaufläche. Auf Initiative des Landgf. Carl v. Hessen 1830 folgten auf dem Prüner Schlag 59 Armengärten mit einer Größe von jeweils 430m² für kleine Handwerker und Tagelöhner zur Selbstversorgung mit Obst und Gemüse; 1847 gab es bereits 287 Pachtgärten. Mit der ab 1867 gewinnorientierten Veräußerung von Gärten an Meistbietende ging der soziale Gedanken zwar verloren, die Zahl stieg dennoch bis 1900 auf etwa 2.380 insbesondere im Süden und Südwesten des Stadtgebiets und bis 1912 auf ca. 4.950 (242ha) an. 1897 erfolgte die Gründung des ersten „Vereins der Gartenpächter in Kiel und Umgebung", dem bis 1923 weitere zehn mit insgesamt 33.000 Mitgliedern folgten. Der K.gedanke erfuhr in den 1920er Jahren durch den →Grünflächen- und Siedlungsplan neben der Sicherung einer weitgehenden Selbstversorgung der Bevölkerung auch eine neue ökologische Ausrichtung. Zusammen mit den neuen Siedlungen →Hammer und Vieburg bildeten die K. einen die Kernstadt allseitig umgebenden Grüngürtel. Die Nachfrage ging mit wachsendem Wohlstand in den 1930er Jahren stark zurück, stieg aber vor und nach dem 2. →Weltkrieg wieder an (1946: etwa 17.000 K. mit 600ha). Gegenüber ihrer ursprünglichen Versorgungsfunktion dienen die K. heute v.a. der Erholung und haben stadtklimatische, ökologische und soziokulturelle Bedeutung. Trotz des Widerstands der Kleingärtner ist allein der östliche Teil des K.gürtels weitestgehend erhalten geblieben, während der südliche und westliche durch die Mühlenwegtrasse (→Kieler Hufeisen) und Bauvorhaben, wie z.B. ein Möbelhaus (4,9ha), nur noch fragmentarisch besteht. 1997 gab es etwa 12.100 K. mit einer Gesamtfläche von 380ha, d.h. 22,4m² pro Einwohner. Die 2008 bestehenden 26 Vereine mit ca. 12.000 Mitgliedern sind im Kreisverband Kiel der K. e.V. organisiert.

Lit.: D. Beier, Kiel in der Weimarer Republik, Kiel 2004; V. Stoy, Kiel auf dem Weg zur Großstadt, Kiel 2003. Me

Kleingärten, Kiel von Süden, Luftaufnahme, um 1930

Klima Kiel liegt in der Westwindzone der gemäßigten Breiten. Klimatologisch ist Kiel von Nord- und Ostsee maritim beeinflusst mit moderaten Wintern und Sommern. Der maritime Charakter ist umso ausgeprägter, je kräftiger das Azorenhoch und das Islandtief und die damit verbundene westliche Strömung sind. Die Hauptwindrichtungen reichen von Südwest bis Nordwest. Nur im Falle eines kräftigen Hochdruckgebiets über →Russland werden mit starken östlichen Winden kontinentale Luftmassen nach Kiel geführt und können kalte Winter oder heisse Sommer zur Folge haben. Der Wechsel zwischen maritimen und kontinentalen Wetterlagen zeigt keinerlei Regelmäßigkeit. Im langjährigen Mittel erreicht der Wind an 40 Tagen im Jahr Sturmstärke, vorwiegend in der kalten Jahreszeit. Im Mittel regnet es an 190 Tagen mit einer mittleren Niederschlagsmenge von 754,2mm pro Jahr. Die niederschlagsreichsten Monate sind Juli und November (87,5 bzw. 81,8mm). Niederschlagsärmster Monat ist der Februar (36,9mm). Die größte am IFM-GEOMAR gemessene Niederschlagsmenge lag bei 69,23 Litern pro m² innerhalb von 24 Stunden am 18.6.2002. Die monatlichen Mittelwerte der Temperaturen reichen von 0,7°C im Januar bis 16,3°C im Juli und August. Höchste und niedrigste Temperaturen seit 1986 sind 35,0°C am 9.8.1992 und -15°C am 11.1.1987 und 27.12.1995. Die Kieler →Förde war letztmalig im Winter 1995–96 zugefroren. Ma, Bum

Klinke, um 1870

Klinke Der kurze Straßenzug K. stellte die Verbindung zwischen →Sophienblatt und →Holstenstraße her. Sie war nach dem Schlagbaum „De holten Klink" benannt, der die Stadt an der Schevenbrücke nach Süden hin abschloss. Aus den kleinen und unansehnlichen Häusern der K. ragte das →Schweffelhaus hervor. Die K. wurde nach Kriegszerstörung nicht wiederhergestellt, sondern ging in Holstenplatz und Andreas-Gayk-Straße auf. Eb

Klosterkirche →Franziskanerkloster

Klümpschuss →Zwölf-Uhr-Schuss

Knolle, Friedrich (geb. 12.3.1903 Amsterdam, gest. 27.11.1977 Neustadt a. d. Weinstr.), seit 1928 Buchhändler in Kiel, wurde 1933 in Alfred Rosenbergs „Kampfbund für dt. Kultur" Leiter der Ortsgruppe Kiel und kurz danach Landesobmann. 1934 übernahm er das Amt des Gaukulturwarts der NSDAP und des Leiters der „NS-Kulturgemeinde" und profilierte sich mit dem Bestreben, den gesamten Bereich von Kultur und Wissenschaft in SH der Kontrolle der NSDAP zu unterstellen und die Kulturpolitik gleichzuschalten. Von K. stammt auch die Idee, einen „Heimatbund SH" als Dachverband aller Kulturvereine zu schaffen. K. musste 1937 seine Ämter aufgeben und zog sich völlig aus der sh. Kulturpolitik zurück. Danach arbeitete er zunächst im Reichssicherheitshauptamt der SS, nach 1938 im Sicherheitsdienst (SD) in Düsseldorf und Aachen, leitete seit 1940 in den besetzten Niederlanden den Nachrichtendienst und wurde 1944 in Belgrad bei der Partisanenbekämpfung eingesetzt. Nach Kriegsende untergetaucht, wurde K. 1949 verhaftet. Ein Auslieferungsantrag der Niederlande scheiterte.

Lit.: Lebensläufe, 181–184, 374. Rt

Koch, Willi (geb. 23.9.1903 Neustadt, gest. 19.6.1968 Kiel), war von 1924–45 selbstständiger Kaufmann in Kiel. Nach Kriegsende gründete er die CDU in Kiel und war auch Gründungsmitglied der CDU auf Bundesebene. Bis Anf. 1946 war er Ratsherr und Fraktionsführer der CDU, von März bis Oktober 1946 Oberbgm., gewählt von der CDU, der SPD und der KPD. Dem 2. ernannten und 1. gewählten Landtag von SH, 1946–50, gehörte er als Abgeordneter an. Seit 1946 war er Verleger und Mitherausgeber der →Kieler Nachrichten, für ihn, der einmal zu Studienzeiten Journalistik als Berufsziel angegeben hatte, die Erfüllung seines Lebenstraums. Die Aufgabe der Zeitungen sah er darin, „den Leser zu sachlicher und geistiger Auseinandersetzung anzuregen" und ihm ein „wirklichkeitsgerechtes Bild zu vermitteln". Gh

Willi Koch

Kock, Hans (geb. 27.12.1920 Kiel, gest. 10.9.2007 Kiel-Schilksee), verbrachte seine Kindheit in Kiel. Nach seiner Rückkehr aus dem Kriegsdienst begann K. zunächst ein Studium der Architektur in Braunschweig, bevor er 1948 an der damaligen Landeskunstschule in Hmbg. unter Gerhard Marcks ein Studium der Bildhauerei aufnahm. Ab 1953 war er als freischaffender Künstler in Kiel und Hmbg. tätig. K. nahm an diversen internationalen Ausstellungen teil, darunter die Weltausstellungen in Montreal und Osaka, und war 1964 auf der

Hans Kock

Kollegiengebäude der Universität, Postkarte, um 1910

documenta III in Kassel vertreten. Zu seinen wichtigsten Arbeiten zählt die bereits vor der Wende begonnene Innenraumgestaltung des Greifswalder Doms. 2004 wurde K. der Kulturpreis der Stadt Kiel für sein umfangreiches Lebenswerk verliehen. Zahlreiche seiner Skulpturen und Plastiken prägen heute das Kieler Stadtbild. Zu seinen bekanntesten Arbeiten in Kiel zählt die Statue des Olympia-Springpferds Meteor (1957). Wd

Hans von Koester

Koester, Hans Ludwig Raimund von (geb. 29.4.1844 Schwerin, gest. 21.2.1928 Kiel), durchlief nach dem Eintritt in die pr. →Marine 1859 die üblichen Ausbildungsstationen, wobei sich Bord- und Landkommandos – darunter Lehrer an der →Marineakademie und -schule in Kiel und Oberwerftdirektor dort 1887–89 – abwechselten. 1889–93 war K. Direktor des Marinedepartements im Reichsmarineamt in Berlin, 1893–96 Chef des Manövergeschwaders und dann bis 1903 Chef des Kommandos der →Marinestation der Ostsee in Kiel. 1899 wurde er Generalinspekteur der Marine und erhielt 1905 als erster dt. Marineoffizier den Rang eines Großadmirals. Verdienste erwarb sich K. um die Ausbildung in der Marine und die taktische Führung von Schiffsverbänden. Sein Einsatz für die Entwicklung Kiels als Garnisonstadt wurde 1914 mit der Verleihung des Kieler Ehrenbürgerrechts gewürdigt.

Lit.: Lebensläufe, 187 f., 375. Rt

Kollegiengebäude der Universität Nach einem Architektenwettbewerb erhielten Martin Philipp Gropius (1824–80) und Heino Schmieden (1835–1913) den Zuschlag für den Bau eines neuen Univ. gebäudes. Am 3.8.1873 fand in Anwesenheit des pr. Kronprinzen die Grundsteinlegung im Kieler →Schlossgarten statt. 1876 wurde der 690.000 Mark teure und seinerzeit viel gelobte Bau, der insgesamt 13 Hörsäle beherbergte, mit einer dreitägigen Festveranstaltung eingeweiht. 1900–02 sowie 1912 folgten Erweiterungen des K. Während des 2. →Weltkriegs wurde das Gebäude bei Bombenangriffen getroffen. Am 25.10.1954 wurde die Ruine des Gebäudes gesprengt.

Lit.: H.-D. Nägelke, Der Gropius-Bau der Kieler Univ., Kiel 1991. Wm

Kommunalvereine Schon 1869 gründeten Kieler Honoratioren kurzzeitig einen K. 1891 riefen die Kaufleute Wilhelm Jacobsen und Fritz →Lehment den Kieler Bürgerverein ins Leben, der die Gründung von Stadtteilvereinen anregte. So entstanden z.B. 1901 der Verein Süd-Kiel, 1902 der Bürgerverein für →Hassee-Winterbek, 1903 der K. Nord-Kiel oder 1904 der K. Kiel-Ost. Im August 1945 gründete sich der Allgemeine Kieler K., um überparteilich unter dem Leitsatz „Alles für Kiel" bürgerschaftliche Beteiligung zu fördern, kommunale Fragen zu diskutieren und Anregungen an die Stadt zu geben. Der Verein mit zwischenzeitlich über 1.800 Mitgliedern, der auch das Stadtmagazin „Kielische gemeinnützige Nachrichten" herausgab, löste sich angesichts der wachsenden Bedeutung der →Ortsbeiräte 1974 auf. In einzelnen Stadtteilen wie →Elmschenhagen oder →Meimersdorf sind bis heute K. aktiv. Ro

Komödianten Die K. wurden 1984 unter der Leitung Markus Dentlers als erstes professionelles Privattheater SH gegründet. Die Eröffnung fand am 26.5.1984 in der Kantine der Electroacustic-Werke am Westring mit dem Stück „Theater für eilige" statt. 1985 zog das Theater in die Räumlichkeiten einer alten Schlosserei in der Wilhelminenstr. 43 und errichtete dort das erste Zimmertheater Kiels. Die K. sind seit den Anfängen mit ihren Stücken in Kiel und SH unterwegs und haben u.a. in Schwimmhallen, auf Halligen, in hist. Landgasthöfen sowie in Fußgängerzonen gespielt. Des Weiteren haben die K. das Freilichttheater im Innenhof des alten Kieler →Rathauses gegründet. Auslandsgastspiele führten die K. z.B. nach Skandinavien, Frankreich, →Russland und in die USA. Wm

Konsumverein →coop eG

Kontinentalsperre Durch Dekret vom 21.11.1806 verhängte Napoleon I. eine Blockade über Großbritannien. →Handel und jeder Verkehr zwischen dem europäischen Festland und den britischen Inseln sollte unterbunden werden. Großbritannien reagierte 1807 mit einer Blockade der Elbe. Dessen ungeachtet entfaltete sich eine rege Schmuggeltätigkeit v.a. mit Kolonialwaren vom englischen Helgoland an die Westküste der Hztt. (Tönning). Dennoch fügte die Blockade Altona und Hmbg., aber auch den kleinen Handelsorten an der Westküste beträchtlichen Schaden zu. Davon profitierten in gewissem Umfang die Ostseehäfen der Hztt. und Lüb. Die K. wurde mit dem →Kieler Frieden im Januar 1814 beendet. LS

Konvention von Bad Gastein (1865) Die K. wurde am 14.8.1865 zwischen Österreich und Pr. abgeschlossen. Das nach dem Krieg 1864 gegen Dänemark ausgeübte Kondominium (Doppelherrschaft) beider Staaten über Schleswig, Holstein und Lauenburg führte zu Konflikten, die in der K. vorläufig beigelegt wurden. Man vereinbarte, dass die gemeinsame Oberhoheit bestehen bleiben, Holstein aber von Österreich, Schleswig von Pr. verwaltet werden sollte. Lauenburg ging in den Besitz Pr. über. Kiel wurde als Bundeshafen bestimmt. Die genauen Besitzverhältnisse in Kiel wurden am 21.9.1865 durch Pr. und Österreich festgelegt. Pr. erhielt das Kommando und die Polizei im →Hafen, der von →Friedrichsort bis zum Südende der →Förde reichte, durfte Befestigungen und Marineetablissements auch auf holsteinischem Boden errichten und die zu ihrer Besetzung und Bewachung erforderlichen Marinetruppen und Mannschaften in Kiel und Umgebung halten. Zur „Disposition" wurden Pr. die Orte an der Ostküste der Förde von Laboe bis →Gaarden und →Düsternbrook und die →Wik gestellt. Ferner wurde die Aufteilung der Stadt zwischen österreichischen und pr. Truppen bestimmt. Die Grenze zwischen beiden bildeten die Chaussee von Nms., →Sophien-

Einzug der Bundes-Exekutionstruppen in Kiel 1863, Ernst Wolperding, Zeitschriftenillustration (Über Land und Meer), 1864

blatt, →Klinke, →Vorstadt, →Holstenstraße, Schloßstr., Kattenstr. bis zur →Wasserallee. Den österreichischen Truppen fielen die westlich davon gelegenen Gebiete zu, den pr. die östlichen. Nachdem der pr. Kg. schon am 24.3.1865 die Verlegung der →Marinestation der Ostsee von Danzig nach Kiel entschieden hatte, begann aufgrund der K. der Ausbau Kiels zum Kriegshafen.

Lit.: C. Boysen, Österreich und Pr. teilen sich den Besitz der Stadt Kiel, in: MKStG 38 (1935), 157–159. Ge

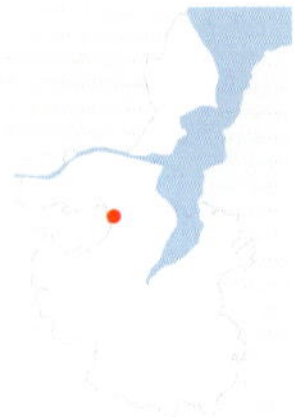

Kopperpahl

Kopperpahl Das ehemalige Dorf an der Straße nach Eckernförde wird erstmals im ältesten Kieler Stadtbuch 1264–89 erwähnt; 1271 ist der K. Teich („cobelpare vi") als Grenze des Kieler Stadtfelds genannt. 1297 kaufte das →Heiligengeisthospital das Dorf von den Gebrüdern von Bremen. K. kam mit den übrigen →Stadtdörfern ab 1572 in Pacht an die Landesherren, die das Dorf vor 1582 niedergelegt und zum neuen Meierhof Kronshagen geschlagen haben müssen. Nur die Krugstelle bestand weiter. 1768 wurde das Kronshagener Hoffeld parzelliert und es entstanden in K. eine Reihe neuer Katenstellen. 1856 bestanden hier neben dem Wirtshaus mit einer Vollhufe 13 Katenstellen, die zu Kronshagen und →Suchsdorf gehörten.

Lit.: A. Gloy, Das alte Amt Kronshagen, Kiel 1914. Ro

Kieler Korporationen empfangen Reichspräsident von Hindenburg vor dem Universitätsgebäude, 30.5.1927

Korporationen Nach der Gründung der →Christian-Albrechts-Universität im Jahr 1665 lebten die Studenten zunächst in landsmannschaftlichen Gruppen zusammen. Die gemeinsame Heimat war das verbindende Element. 1813 vereinigte sich ein Großteil zur „Kieler Burschenschaft" und beschloss einen allgemeingültigen „Comment für die Kieler Studenten", der ihren Umgang untereinander regelte. Aus dieser korporativen Vereinigung entwickelten sich in den 1820er und 1830er Jahren zwei unterschiedliche Strömungen heraus. Der eher landsmannschaftlich und konservativ orientierte Teil der „Kieler Burschenschaft" schloss sich im „Corps Holsatia" zusammen, die politisch liberaleren und progressiveren Studenten gründeten die Burschenschaft „Germania", einen Vorläufer der heutigen Burschenschaft „Teutonia" zu Kiel. Im Vormärz gehörten mehr als zwei Drittel der etwa 250 Kieler Studenten einer der beiden Verbindungen an. 1838 stiftete sich das „Corps Saxonia". Aufgrund der Karlsbader Beschlüsse von 1819 wurden die studentischen Verbindungen auch in Kiel polizeilich verfolgt und zeitweise verboten, wenn auch weit weniger hart als in anderen dt. Univ.städten. Erst mit dem Ausbruch der Schleswig-Holsteinischen Erhebung im März 1848 überwanden beide Lager ihre politischen und persönlichen Differenzen und kämpften gemeinsam mit den Kieler Turnern als Kieler →Studenten- und Turnerkorps gegen die Dänen. Im Kaiserreich und in der →Weimarer Republik erlebten die Kieler K. noch einmal eine Blütezeit, bevor sie sich unter dem Druck der Nationalsozialisten selbst auflösten. Nach dem 2. →Weltkrieg wurde die CAU auch zur neuen Heimat von aus ostdt. Univ.städten vertriebenen Verbindungen, wie z.B. dem „Corps Palaiomarchia-Masovia" (zuvor in Halle und Königsberg) oder der „Alten Königsberger Burschenschaft Alemannia". Zurzeit gibt es an der CAU etwa 20 akademische K., die verschiedenen Dachverbänden angehören. Die Verbindungsstudenten machen heute nur noch einen geringen Teil der Kieler →Studentenschaft aus.

Lit.: T. Achelis, Gesch. des Corps Holsatia in Kiel, Kiel 1957. Ra

Christian Kortholt

Kortholt, Christian (geb. 15.1.1633 Burg auf Fehmarn, gest. 1.4.1694 Kiel), der 1665 an die neugegründete →Christian-Albrechts-Universität berufen wurde, arbeitete in allen Fächern, wirkte aber v.a. in der Disziplin der „Polemik", um die sog. Reine Lehre zu verteidigen. Auf hohem Problemniveau polemisierte er in der Schrift „De tribus impostoribus magnis liber" (1680)

gegen die zeitgenössischen Philosophen Herbert v. Cherbury, Thomas Hobbes und Spinoza. In seinen kirchengeschichtlichen Arbeiten folgte er, nach dem Muster der „Magdeburger Zenturien", dem geschichtsfremden Schema nach Jh. K. darf als der Begründer von Homiletik und Katechetik in der theologischen Fakultät gelten.

Lit.: J. Alwast, Gesch. der theologischen Fakultät an der CAU, T. 1: 1665–1865, Norderstedt 2008, 41–45, 63 f., 79–81. Aw

Kosakenwinter In der Endphase (1813–14) der Napoleonischen Kriege besetzten pr., schwedische und russische Truppen (darunter auch Kosaken) sowie Freikorpsverbände die Hztt. SH. Von Dezember 1813 bis Januar 1814 befand sich das Hauptquartier dieser sog. Nordarmee in Kiel, wo auch der →Kieler Frieden geschlossen wurde. Die sh. Bevölkerung, die fast ein Jh. lang von Kriegshandlungen verschont geblieben war, hatte unter Requisitionen, Einquartierungen und Plünderungen stark zu leiden. Zum Symbol aller Schrecken wurden die Kosaken – allerdings weniger wegen ihres Verhaltens, dt. Husarenregimenter und Freikorps wüteten weitaus rücksichtsloser, sondern vielmehr wegen ihres exotischen Aussehens und verwegenen Auftretens. Im Raum Kiel blieb für diese Zeit auch der Begriff „Schwedenwinter" erhalten.

Lit.: D. Kienitz, Der K. in SH 1813/14, Heide 2000. Hü

Krankenhäuser Das erste moderne Stadtkrankenhaus errichtete Georg Heinrich →Weber 1791 in der Prüne. Die Univ. übernahm es 1802 als ihr Lehrkrankenhaus: Bis 1873 versorgten ausschließlich die „Akademischen Heilanstalten" der →Christian-Albrechts-Universität die Kranken der Stadt Kiel (→Universitätsklinikum Schleswig-Holstein). Erst 1874 gründete die Anschar-Schwesternschaft vom Dt. Roten Kreuz in ihrem Mutterhaus in der Annenstr. eine kleine Kinderstation und eine chirurgische Poliklinik. Zwei Jahre später (1876) erweiterte die →Gesellschaft freiwilliger Armenfreunde die Krankenstation ihres Armen- und Arbeitshauses zum →Städtischen Krankenhaus, zunächst nur für Patienten der

Städtisches Krankenhaus, Pavillon, um 1912

inneren Medizin. Erst durch die Zusammenlegung mit dem DRK-Anschar-Krankenhaus wurde das Städtische Krankenhaus 1988 zu einem Vollkrankenhaus. Mit der Neuberschen Privatklinik (heute →St. Elisabeth-Krankenhaus) im Königsweg erhielt Kiel 1885 die krankenhaushygienisch modernste chirurgische Klinik der Welt. Ebenfalls als privates Institut gründete 1895 der Pionier der dt. Krankengymnastik, Johann Lubinus (1865–1937), seine „Anstalt für Heilgymnastik, Orthopädie mit Massage samt medicomechanischem Zander-Institut". Aus ihr ist das orthopädisch-chirurgische „Lubinus Clinicum" hervorgegangen.

Lit.: B. Höroldt, Geschichte des Städtischen Krankenhauses Kiel, in: MKStG 80 (1999), 1–48. Pe

Kreiselkompass Der von Herrmann →Anschütz-Kämpfe in Kiel entwickelte K. beruht auf dem physikalischen Gesetz, nach

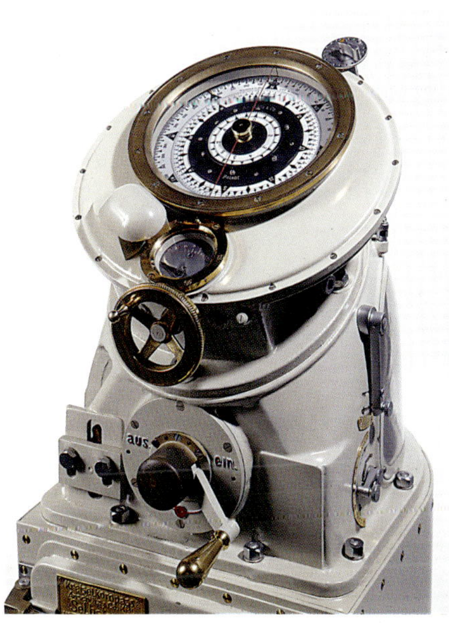

Kreiselkompass

Kreuzfahrtschiff

dem sich ein Kreisel stets an der Rotationsachse der Erde ausrichtet. Er kann somit die Nord-Süd-Richtung unabhängig vom Magnetfeld der Erde anzeigen und arbeitet ohne magnetische Missweisung. Dies war für die Naviagtion in der Seefahrt notwendig geworden, als der Eisenschiffbau aufkam und der herkömmliche Magnetkompass an Bord nicht mehr brauchbar war. Ab 1908 setzte die Kaiserliche →Marine den K. an Bord ihrer Schiffe ein. Anschütz-Kämpfe hatte das technische Prinzip des K. 1904 als Patent angemeldet, doch bald entbrannte ein Patentstreit, in den Albert Einstein als Gutachter eingebunden war. Einstein und Anschütz-Kämpfe freundeten sich an und entwickelten den K. gemeinsam weiter zum Kugelkompass, einem gegen Manipulation weitgehend gesicherten Kreiselsystem in einem kugelförmigen Gehäuse. Der in Kiel bei →Anschütz & Co und ab 1930 bei Zeiss Jena produzierte K. hat sich seitdem weltweit als Navigationsgerät durchgesetzt, bis er in jüngster Zeit durch das GPS abgelöst wurde. Ti

Kreuzschifffahrt Die Entwicklung des Kieler →Hafens zum größten Kreuzfahrthafens Dtld. ist eng mit der Entstehung der →Fährlinien nach Skandinavien nach dem 2. →Weltkrieg verbunden. Bereits die erste „Kronprins Harald“, die am 3.5.1961 am neu erbauten →Oslokai anlegte, war gezielt im Stil der Kreuzfahrtschiffe gebaut, ebenso wie das Schwesterschiff „Prinsesse Ragnhild“. Die Fährlinie Oslo-Kiel der Jahre-Reederei diente nicht allein dem Transport von Menschen und Waren, sondern die Fahrt über das Wasser sollte selbst zum Erlebnis werden. Dieses Motto übernahmen sowohl die Color-Line, an die der Betrieb der Jahre-Reederei 1990 ging, als auch die Stena-Line, die seit April 1967 die Linie Kiel-Göteborg befährt. Für Kreuzfahrtschiffe wurde 1976 der Bollhörnkai hergerichtet. 1982 entstand zusätzlich der 180m lange Schwedenkai. Seit 1997 haben die Schiffe der Color-Line ihren Anlegeplatz am neuen Norwegenkai auf dem Gelände der ehemaligen →Germaniawerft. Mit einer Wassertiefe von 10m, einer Kailänge von 400m und einer Kapazität für 2.500 Passagiere finden hier auch die neuen großen Kreuzfahrt-Fähren „Color Fantasy“ und „Color Magic“ Platz. Inzwischen zieht es eine ständig wachsende Zahl von Kreuzfahrtschiffen in den Kieler Hafen, so dass 2007 der alte Oslokai zu einem modernen Kreuzfahrtterminal umgebaut wurde. Dieser neue Ostseekai mit einer Kailänge von 500m, je zwei Anlegern und Landgängen sowie einer Kapazität für bis zu 5.000 Passagiere etablierte Kiels führende Stellung mit weit über 100 Anläufen und mehr als 200.000 Kreuzfahrt-Passagieren pro Saison. Kiel ist für die meisten Kreuzfahrten Start- und Zielhafen; hier findet der Passagierwechsel statt. Derzeit können bis zu sieben große Passagier- und Kreuzfahrtschiffe

Kriegerdenkmal am Schlossgarten (1873–79), Entwurf von Heinrich Moldenschardt

gleichzeitig im Kieler Hafen anlegen. Um diesen Standard zu halten, sind weitere Ausbau- und Erneuerungsarbeiten erforderlich, da die Anzahl der Schiffe mit einer Länge über 270m kontinuierlich steigt und damit auch die Passagierzahlen. Heute ist Kiel der größte Kreuzfahrthafen Dtld.

Lit.: H. und D. Pieper-Wöhlk, Der Fähr- und Kreuzfahrthafen Kiel, Erfurt 2008. Ja

Kriegerdenkmal „Kriegers Abschied" – dies traditionelle Motiv bestimmt das Denkmal zu Ehren der gefallenen Kieler Bürger im Dt.-Franz. Krieg 1870–71. Auf Initiative des Vereins der Kampfgenossen von 1870–71 entstand das 3,20m hohe, 10m breite Halbrund mit einem Radius von 4m in den Jahren 1873–79 nach dem Entwurf des Kieler Architekten Heinrich →Moldenschardt. Der Figurenfries, zunächst in Terrakotta gefertigt, 1906 in Bronze gegossen, zeigt 30 Personen zu beiden Seiten der zentralen Ädikula mit den Namen der 26 Gefallenen. Männer aus allen Schichten des Volkes verabschieden sich von ihren Familien und folgen den Signalen der Herolde. Die Darstellung des Hochreliefs ist eine verkleinerte Kopie des Sockelfrieses einer Germaniafigur von Rudolf Siemering, Berlin 1871. Während die Schriftzüge auf den seitenbegrenzenden stumpfen →Obelisken die wichtigsten Schlachtorte des Krieges und die gewonnenen Gebiete Elsass und Lothringen vermerken, verweist die umlaufende Inschrift über den Figuren auf den Zukunftsaspekt des Denkmals, die Verteidigung der erreichten Reichseinheit: „Nun ist die Kette wieder voll, weh dem, der daran rühren soll! Wir lassen Pflug und Hammer, wir lassen Buch und Kammer, in Arbeit einig und in Wehr, mit Gott und unserm Kaiser, ein Haus, ein Volk, ein Heer" (Rud. Löwenstein).

Lit.: F. Büttner, Demonstration des Erinnerns, in: B. Schauenburg (Hg.), 750 Jahre Kiel, Kiel 1992, 119–122. Km

Kriegsmarinewerft →Arsenal

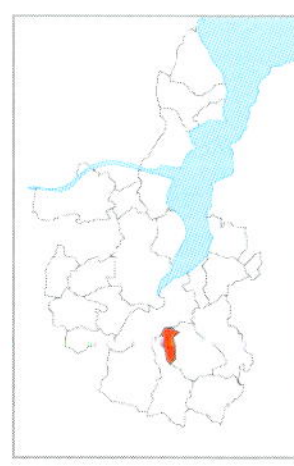

Kronsburg

Kronsburg Der südlich des K. Geheges gelegene Stadtteil gehörte ursprünglich zur Gemarkung von →Wellsee und verdankt seine Entstehung ähnlich wie →Hammer oder Vieburg einem großen Siedlungsprojekt der Weimarer Zeit. Die Eigenheim-Genossenschaft K. gründete sich 1919 und begann 1921–22 mit dem Bau der ersten Ein- und Zweifamilienhäuser am Kieler Kamp. Stallgebäude und Gärten auf den rund 2.000m² großen Grundstücken boten den Siedlern Grundlagen zur Eigenversorgung. Durch die Eingemeindung 1923 öffnete sich dem Stadtteil die städtische Infrastruktur. 1928 standen bereits 100 Siedlungshäuser; heute leben rund 2.300 Einwohner in K. Ro

Kroog

Kroog Die Hofanlage K. wurde durch das Kloster Preetz angelegt und lässt sich erstmals in einem Besitzverzeichnis von 1286 nachweisen, als der Hof „Croch" dem Kloster jährlich Geld, Hühner und Leinen lie-

Kruppsches Logierhaus, Postkarte, um 1910

fern musste. Auf Initiative des Architekten Fritz Kröger entstanden 1913 die Planungen einer Villenkolonie in K.; von 1919–53 konnte die Genossenschaft „Landhausansiedlung K." rund 350 Wohnhäuser errichten. Ab 1975 entstand auf dem ehemaligen Ziegeleigelände der Stadtteil K. Kamp mit rund 1.000 Wohnungen, seit 1978 wurde das Umfeld des Hofs K. mit Einfamilien- und Reihenhäusern bebaut. Markant ist die Stephanuskirche, in romanisierenden Formen errichtet 1960–62. Ro

Kruppsche Kolonie, Postkarte, um 1910

Kruppsche Kolonie Die K. wurde zwischen 1900 und 1902 sowie 1917–18 in Eigenregie des Konzerns als Wohnviertel für Arbeiter und andere Beschäftigte der „Friedrich Krupp →Germaniawerft" in →Gaarden an →Ostring, Preetzer Chaussee, Blitz- und Greifstr. errichtet und präsentiert sich bis heute mit ihrer abwechslungsreichen Gestaltung der Fassaden, Giebel und Dächer als eindrucksvolles Zeugnis des Werkswohnungsbaus. Die Ausstattung war für damalige Arbeiterverhältnisse komfortabel. Jeder Haushalt besaß eine Toilette innerhalb der eigenen Wohnung, und die Waschküchen in den Kellern der Häuser waren sogar mit Badewannen ausgestattet. Insgesamt wurden 215 Wohnungen mit einer Grundfläche zwischen 37 und 81,5m² gebaut, je nach Größe mit drei bis fünf Räumen. Zur K. gehörten Kinderspielplätze, ein kleines Warenhaus sowie eine Gaststätte mit Kegelbahn („Kruppsche Bierhalle").

Lit.: D. Dennig/N. Hansen, „Über zwei Zimmer und Küche sind wir ... nie hinausgekommen", Nms. 1999. Ha

Kruppsches Logierhaus Nachdem der Kaiserliche Yachtclub (→Kieler Yachtclub) 1900 in ein Klubhaus (im 2. →Weltkrieg zerstört) eingezogen war, das sich auf einem Grundstück von Friedrich Krupp befand, ließ dieser zwischen Düsternbrooker Weg und Strandweg (heute →Hindenburgufer) 1900–01 eigens für die Klubgäste während der →Kieler Woche ein Logierhaus als Hotel und Restaurant errichten. Der Kernbau war dreigeschossig und mit Balkonen ausgestattet, die hölzerne Brüstungen in den Obergeschossen trugen. An der Nordseite befindet sich noch heute ein runder Eckturm. Im Inneren sind aus dieser Zeit eine zentrale Eingangshalle sowie ein Treppenhaus mit dunkler Täfelung und stuckverkleideter Balkendecke erhalten geblieben. 1919–20 ging das Gebäude an die Univ. Kiel über. Es wurde von dem Architekten Johannes Sommer für das 1914 als Kg.liches Institut für Seeverkehr und Weltwirtschaft gegründete und nun umbenannte →Institut für Weltwirtschaft umgebaut und erhielt einen zweigeschossigen Vorbau zur Seeseite. Nach z.T. schweren Zerstörungen während des 2. WK wurde es 1949–51 in vereinfachter Form und ohne Vorbau wieder hergestellt. 1968 erhielt es an der Süd- und Westseite einen Erweiterungsteil.

Lit.: Denkmaltopografie, 266 f. Si

Krusenkoppel Um 1856 erwarb Heinrich Kruse (1811–96) aus Burg/Fehmarn, zuvor Inhaber eines Weinkellers in St. Petersburg, die Koppeln zwischen Niemannsweg, Karolinenweg und Düsternbrooker Weg mit dem „Hotel Düsternbrook", unterhalb der heutigen Freilichtbühne, das er später z.T. an das „Knabeninstitut für In- und Ausländer" vermietete und das im 2. →Weltkrieg zerstört wurde. Kruse war kinderlos und vermachte der Stadt Kiel seinen Grundbesitz

Bauernhaus auf der Krusenkoppel, Paul Wassily, 1950

mit der Auflage, dass dieser „während eines Zeitraumes von einhundert Jahren nicht parzelliert, sondern vielmehr als ein ungetrenntes Ganzes erhalten werden soll." 1903 öffnete die Stadt die K. für das Publikum. 1905 wurde dorthin ein Fachhallenhaus von 1723 aus →Holtenau überführt, das im 2. WK zerstört wurde. Erhalten blieben drei alte Eichen am Eingang Karolinenweg und der Kranz der einst zum „Hotel Düsternbrook" gehörenden zwölf Linden („die zwölf Apostel"). Als bevorzugtes Naherholungsgebiet bietet die K. einen weiten Blick auf die →Förde. Während der →Kieler Woche findet auf der K. ein großes Kinderfest statt (→Spiellinie). Heinrich Kruses Grab wird noch heute von der Stadt Kiel gepflegt. Si

Haus am Großen Kuhberg, Georg Zimmermann, um 1920

Kuhberg Der Große und Kleine K. waren benannt nach dem Weidelandhügel der alten Flur Kuhstede in der ehemaligen →Vorstadt. 1575 entstanden dort die ersten Häuser. Im 19. Jh. wurden zu Marktzeiten auf dem K. Pferdemärkte abgehalten. Die zum →Gängeviertel gehörigen Straßen fielen dem →Luftkrieg zum Opfer. Während der Große K. heute im Europaplatz aufgegangen ist, führt der kleine K. vom Europaplatz zum →Exerzierplatz. Eb

Kultur- und Wissenschaftspreis Die Stadt Kiel vergibt seit 1952 einen Kulturpreis, der 2001 in den K. umgewandelt wurde und seither im jährlichen Wechsel während der →Kieler Woche verliehen wird. Ausgezeichnet werden Persönlichkeiten, Gruppen oder Institutionen für kulturell schöpferische oder kulturfördernde beziehungsweise für hervorragende wissenschaftliche Leistungen. Der mit 10.000 € dotierte Preis wird auf Vorschlag des Kultur- und Wissenschaftssenats vergeben. Dieses Gremium wurde im April 1951 von der →Ratsversammlung eingerichtet. Nach den Vorstellungen von Andreas →Gayk sollte er im Zusammenwirken von Univ. und Stadt den geistigen und kulturellen →Wiederaufbau befördern. Der Senat, mit Prof. und Vertretern des kulturellen Lebens besetzt, hatte die Aufgabe, die →Ratsherren in allen Kultur- und Bildungsfragen zu beraten. Auf seiner 1. öffentlichen Sitzung im Juni 1951 wurde der Kulturpreis erörtert, der in der darauf folgenden Kieler Woche auf einer Festsitzung der Ratsversammlung an Emil Nolde verliehen wurde. Die Liste der Preisträger weist Persönlichkeiten aus, deren Wirken in besonderer Beziehung zu Kiel oder zu SH steht und die sich hervorragende Verdienste, auch über das Land hinaus erworben haben. Nur in zwei Fällen haben gravierende Unstimmigkeiten dazu geführt, dass der Kulturpreis nicht vergeben wurde. 1957, als der Vorschlag, den früheren Opern- und Schauspieldirektor Gustav Rudolf Sellner auszuzeichnen, vom →Magistrat zurückgewiesen wurde und der an seiner Stelle nominierte Gustav Gründgens ablehnte. 1978 verzichtete der Maler Heinrich Basedow auf die Ehrung, weil es Diskussionen um seine Zugehörigkeit zum →Nationalsozialismus gegeben hatte. SR

Kultur- und Wissenschaftspreis

1952: Emil Nolde (Maler)
1953: Eduard Erdmann (Pianist/Komponist)
1954: Reinhold Tüxen (Landschaftsgestalter/Pflanzensoziologe)
1955: Andreas →Gayk (Oberbgm., posthum)
1956: Egon Holthusen (Schriftsteller/Essayist)
1958: Internationale Wettbewerbe: 1. Preis Anne Kültzer-Winter (Wandgestaltung Opernhaus)
1959: gleiche Preise: Helmut Seemann, Wolf Hirtreiter, Fritz During, Klaus Pfeifer (Freiplastik Seegartenplatz)
1960: Wolfgang Liepe (Hebbelforscher)
1961: Detlef Kraus (Pianist) und Hal Koch (Förderer der Volkshochschulbewegung in Dänemark)
1962: Lilli →Martius (Kunsthistorikerin)
1963: Wilhelm Lehmann (Dichter und Schriftsteller)
1964: Bernhard →Minetti (Schauspieler)
1965: Wilhelm →Neveling (Architekt)
1966: Peter Ronnefeld (Komponist/Generalmusikdirektor)
1967: Per Haekkerup (dänischer Außenminister)
1968: Rudolf →Hell (Wissenschaftler/Erfinder)
1969: Isang Yun (Komponist)
1970: Fritz Baade (Wirtschaftswissenschaftler)
1971: Troels Fink (Kg.lich Dänischer Generalkonsul)
1972: Peter Cornelius (Fotograf)
1973: Stanislaw Lorentz (Museumsdirektor, Warschau)
1974: Hans-Jürgen Heise (Lyriker)
1975: Hilda Heinemann (Kulturpolitikerin)
1976: Alfred Kamphausen (Museumsdirektor)
1977: Peter Nagel (Maler/Grafiker)
1979: Ernst Schlee (Museumsdirektor)
1980: Hans Gebhard (Chorleiter/Organist)
1981: Harald →Duwe (Maler)
1982: Karl D. Erdmann (Historiker)
1983: Heinz Reinke (Burgschauspieler)
1984: Johannes Gebhardt (Keramiker)
1985: Karl →Rickers (Journalist)
1986: Hartwig Beseler (Landeskonservator)

Kultur- und Wissenschaftspreis

1987: Carla Henius (Neue Musik)

1988: Raffael Rheinsberg (Bildender Künstler)

1989: Wolf-Dietrich Schnurre (Schriftsteller)

1990: Diethelm Hoffmann (Präsident der Architekten- und Ingenieurkammer)

1991: Jens Chr. Jensen (Kunsthistoriker/Kunsthallendirektor)

1992: Klaus Tennstedt (Dirigent)

1994: →Polnisches Theater

1996: Wolfgang Butt (Übersetzer)

1998: Annemarie Zornack (Lyrikerin)

2000: Elsbeth Arlt (Bildende Künstlerin)

2001: Karl Lennert (Pathologe/Anatom)

2002: Friederike Woebcken (Chorleiterin)

2003: Herbert Giersch (Wirtschaftswissenschaftler)

2004: Hans →Kock (Bildhauer)

2005: Stefan Rose-John (Biochemiker), Stefan Schreiber (Gastroenterologe)

2006: Eckart Cordes (Buchhändler)

2007: Heinrich Detering (Literaturwissenschaftler), Klaus Wallmann (Meeresgeologe/Chemiker)

2008: Stefan von Dobrzynski (Jazzmusiker)

2009: Friedhelm Taube (Grünland/Futteranbau), Konstantin Khalturin (Molekulare Evolutionsforschung)

2010: Feridun Zaimoglu (Schriftsteller)

Kulturforum Das K. ist ein städtischer Veranstaltungsraum mit 250 Plätzen, der seit dem Jahr 2000 gemeinsam mit der →Stadtgalerie und der →Stadtbücherei im Neuen →Rathaus angesiedelt ist. Die Stadt stellt Raum und Infrastruktur des K. insbesondere für nichtkommerzielle Veranstaltungen zur Verfügung, für lokale Veranstalter und Kulturschaffende. Rund 30.000 Besucherinnen und Besucher nutzen jährlich das attraktive Angebot besonders in den Sparten Jazz, Kabarett, Chanson, Neue Musik und Kleinkunst. Ro

Kunsthalle Auf Anregung des Kieler Altertumsforschers Prof. Peter Wilhelm →Forchhammer und des 1843 gegründeten →Schleswig-Holsteinischen Kunstvereins wurde am 31.7.1857 die erste Kieler K. in der →Dänischen Straße unterhalb des →Rantzaubaus eingeweiht. Als Gebäude diente ein altes Zoll- und Warenhaus, das von seinem Standort am heutigen →Sartori & Berger-Speicher in die Dänische Str. versetzt wurde. Den Grundstock der Ausstellungen in der K. bildeten die Abgüsse antiker Skulpturen, die

Kunsthalle, um 1910

Kunsthalle, um 1960

heutige „Antikensammlung", sowie von der Univ. gestiftete Kunstwerke. Nach Einzug →Prinz Heinrichs in das Kieler →Schloss wurde die K. 1888 abgerissen und der sh. Kunstverein musste sich einen neuen Standort für seine neue K. suchen. 1887 vermachte Lotte →Hegewisch, Tochter des prominenten Kieler Mediziners Franz →Hegewisch, dem Kunstverein das „Klein Elmeloo" genannte Grundstück an der damaligen Düsternbrooker Allee, dem heutigen Düsternbrooker Weg, gegenüber der →Seeburg unter der Auflage, es nach ihrem Tod mit der neuen K. zu bebauen. In der Zwischenzeit wurden die Kunstwerke in der Dänischen Straße 35 provisorisch untergebracht, bis die neue K. bezugsfertig war. 1901 begannen die Planungen für das neue Gebäude, 1903 starb Lotte Hegewisch. 1907 begann der Bau der neuen K. unter Leitung des Univ.baurats Georg Lohr, der einen Plan des Berliner Architekten Georg Thür übernommen hatte. Die in süddt. Jugendstil-Barock gebaute K. wurde am 15.11.1909 feierlich eröffnet. Der imposante Bau fiel durch sein großes Mansarddach, das aufwändige Portal mit Giebel und die zwei lebensgroßen Wisente vor dem Eingang auf und reihte sich in eine Reihe zahlreicher großer Zweckbauten nach 1906–07 ein, die das Bild der sich rasch ausdehnenden Stadt prägten. Bei Luftangriffen 1944 zerstört, wurde die K. von 1955–58 in vereinfachter Form wieder aufgebaut. Die K. gehört zur →Christian-Albrechts-Universität und beherbergt neben alter und moderner Kunst seit 1921 auch die kontinuierlich um Originale erweiterte Antikensammlung des Archäologischen Instituts der CAU.

Lit.: H.-W. Schmidt (Hg.), Das Jubiläum sh. Kunstverein 1843–1993, K. 1993. Ra

Kupffer, Karl von (geb. 14.11.1829 Lesten/Kurland, gest. 16.12.1902 München), studierte Medizin in Dorpat und wurde dort 1854 promoviert. In Dorpat arbeitete er von 1858–66 als außerordentlicher Prof. und Prosektor am Anatomischen Institut, bevor er 1867 als Ordinarius für Anatomie nach Kiel wechselte und Direktor des Anatomischen Instituts wurde. Bereits 1876 verließ er Kiel und wirkte bis 1880 als Anatom in Königsberg und wurde anschließend erster Prof. der Anatomie in München. K. gilt als Begründer der vergleichenden Entwicklungsgesch. Seine berühmte Arbeit „Stammverwandtschaft zwischen Ascidien und Wirbeltieren" (1870) entstand in Kiel Die Monografie „Ueber Laichen und Entwicklung der Ostseeheringe" (1877) mit ihren volkswirtschaftlichen Ergebnissen machte ihn in der breiteren Öffentlichkeit bekannt.

Lit.: A. Hirsch (Hg.), Biographisches Lexikon der hervorragenden Ärzte aller Zeiten und Völker, Bd. 3, München, Berlin 1962, 634 f. Pe

KVAG →Kieler Verkehrsgesellschaft mbH

KVG →Kieler Verkehrsgesellschaft mbH

KVP-Pharma- und Veterinärprodukte Die K. GmbH produziert seit 1974 Tiermedizin und -pflegeartikel, die zu großen Teilen für den Export bestimmt sind. Die zum Bayer-Konzern gehörige Firma mit rund 360 Beschäftigten ist auf hist. Boden ansässig: Das im Tannenberger Gehölz gelegene Produktionsgelände war im 2. →Weltkrieg Standort der →Walterwerke. Nach dem Krieg produzierte hier bis zu ihrer Schließung 1973 die ebenfalls zum Bayer-Konzern gehörige Firma Mimosa Schwarz-Weiß-Fotopapiere. Ro

Landesbank In Pr. wurden im Laufe des 19. Jh. in vielen Provinzen Provinzialhilfskassen gegründet. Ihre Aufgabe war die Gewährung langfristiger Darlehen an öffentliche Kreditnehmer; zur Geldbeschaffung diente die Ausgabe von Pfandbriefen und Kommunalobligationen. In SH – seit 1867 pr. Provinz – wurde seit dem Jahre 1914 die Gründung einer solchen Kasse geplant, doch

Landesbank, Luftaufnahme, 1959

wurde erst im April 1917 eine allerdings auf breiterer geschäftlicher Grundlage aufgestellte L. gegründet. Sie diente ebenso wie die Kassen der Befriedigung des öffentlichen Kredits. Ihr Sitz war K. Parallel dazu lief eine Entwicklung im sh. Sparkassenwesen. Der 1898 gegründete Sparkassenverband von SH schuf im Jahre 1916 eine Girozentrale als Verrechnungsstelle der Sparkassen untereinander. Schon seit 1920 liefen Verhandlungen, die L. und die Girozentrale zusammenzuschließen, aber erst im Januar 1940 erfolgte der Zusammenschluss zur „L. und Girozentrale SH". Das Schicksal und die Tätigkeit der L. waren eng mit der allgemeinen Wirtschaftsgesch. des Landes verbunden: Inflation, kurzzeitige Erholung in der Zeit der →Weimarer Republik, →Nationalsozialismus, Krieg, Zusammenbruch, Währungsreform. Nach 1945 wurde die L. zur Vollbank mit vielen Betätigungsfeldern. Im Jahr 2003 entstand aus der Fusion der Hmbg.ischen L. und der L. SH die HSH Nordbank.

Lit.: K. Gutowski, 50 Jahre L. und Girozentrale SH, K. 1967. Wu

Landesbibliothek Die L. wurde 1895 gegründet. Als Vorläufer ist die Büchersammlung der seit 1835 in Itzehoe tagenden holsteinischen Ständeversammlung anzusehen, die nach der Zusammenlegung der Hztt. Schleswig und Holstein zur pr. Provinz SH in der Ständischen Bibliothek der →Provinzverwaltung aufgegangen und seit 1873 in K. untergebracht war. Schon der für die Bibliothek zuständige Landesdirektor Wilhelm von Ahlefeld hat neben dem Verwaltungsschrifttum umfangreiche Bestände zur Landesgesch. und Landeskunde zusammengetragen, darunter die Nachlässe Michelsen und Geertz mit über 3.000 Werken und einer großen Kartensammlung. 1895 erfolgte die Umwandlung der Behördenbibliothek in eine allgemein zugängliche öffentliche Bibliothek. Seither sammelt die L. planmäßig und möglichst vollständig alle Schriften über SH und Literatur zu den angrenzenden Regionen, weiterhin Schriften, die in SH erschienen sind, sowie von Schleswig-Holsteinern verfasste Schriften – sowohl Druckwerke als auch handschriftliche Überlieferung. Zum Handschriftenbestand gehören heute über 210 Nachlässe sh. Dichter, Gelehrter und Politiker. Zum Sammelprofil gehören seit den Anfängen auch Musikalien und Bilddokumente. 1935 wurde das Museum „Hist. Landeshalle für SH" der L. angegliedert. Heute stehen insgesamt über 35.000 landesbezogene Porträts, topografische Ansichten und Ereignisbilder der Forschung zur Verfügung, außerdem eine nahezu vollständige Sammlung sh. Münzen, Medaillen und Notgeldstücke. Der Musikalienbestand erhielt seinen größten Zuwachs durch die Übernahme der sh. Musiksammlung aus Nms. Sie bildet heute das zentrale Archiv zur Musikgesch. des Landes. Als wichtigste Aufgabe kommt der L. heute die Sammlung allen Schrifttums zur sh. Gesch. und Landeskunde zu sowie die Dokumentation dieses Schrifttums in der sh. Bibliographie.

Lit.: W. Lagler, Die sh. L., Heide 1989. Ah

Landesbibliothek

Landeshauptstadt Am 23.8.1946 trat die britische Verordnung Nr. 46 in Kraft, die den in der britischen Zone gelegenen pr. Provinzen den Landesstatus verlieh. Aus der pr. Provinz SH wurde das Land SH, aus K. die L. Die Wahl K.s als L. war v.a. auf den Einfluss der Briten zurückzuführen, die sich darauf beriefen, dass K. 1945 mit Sitz des →Oberpräsidenten Provinzialhauptstadt war. Sie entschieden: „The capital is Kiel". Die meisten politischen Persönlichkeiten unterstützten die britische Auffassung. Andere hatten sich für Schleswig eingesetzt, das Residenz der Gottorfer Hzz. und von 1789 bis 1917 Amtssitz des Oberpräsidenten gewesen war. Als Ausgleich wurde das Oberlandesgericht von K. nach Schleswig verlegt, und die Landesmuseen (→Thaulow-Museum) und das Landesarchiv erhielten in Schloss Gottorf ihren neuen Standort.

Lit.: K. Jürgensen, K. - von der gottorfschen Residenz zur L., in: 750 Jahre K., K. 1992, 49–78. Ge

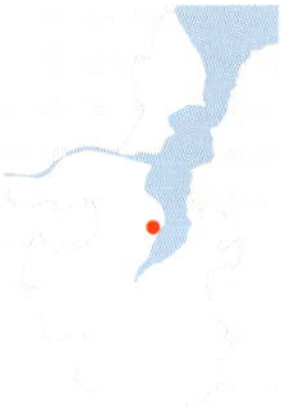

Landeshaus

Landeshaus Das Gebäude des heutigen L. am Düsternbrooker Weg wurde in den Jahren 1883–88 für die „Kaiserliche →Marineakademie" (gegr. 1872) und die Marineschule im Stil des Historismus in Ziegelbauweise errichtet. Am 6.10.1888 wurde die künstlerisch aufwändig gestaltete Marineakademie, deren Innenräume nach modernsten Gesichtspunkten konzipiert und gestaltet waren, feierlich eingeweiht. Während des 2. →Weltkriegs wurde die ehemalige Marineakademie durch Bombentreffer schwer beschädigt, konnte jedoch nach Umbau- und Sanierungsmaßnahmen im Mai 1950, nunmehr vierstöckig, als Sitz des sh. →Landtags und der Landes-, später Staatskanzlei und unter der Bezeichnung L. weitergenutzt werden (1946–50 hatte der Landtag in anderen Gebäuden getagt). Auch das Innenministerium war bis 1983 hier untergebracht. Pläne zum Neubau eines Parlaments- und Regierungsgebäudes wurden seit den 1950er Jahren vorgelegt, jedoch nicht realisiert. Es blieb bei umfassenden Umbau- und Instandsetzungsmaßnahmen zur Verbesserung der Raumsituation für Abgeordnete und Dienststellen der →Landesregierung. Erst 1999 begann der Neubau eines modernen gläsernen Plenarsaals mit großer Besuchertribüne auf der Hafenseite des L., der im April 2003 eröffnet wurde (Architekten: Anja Brüning, Wolfgang-Michael Pax).

Lit.: K. Volquartz (Hg.), 100 Jahre Haus an der Förde, K. 1988. Lag

Landeshaus und Plenarsaal

Landesherrschaft 1242 entstand die Stadt K. aus einer Vorgängersiedlung, die erst über einige Jahre gewachsen war. Die Verleihung der Stadtrechtsurkunde ist eng mit dem in Holstein herrschenden schauenburgischen Gf. →Adolf IV. verbunden. Adolf hatte 1227 als Teil einer Koalition in der Schlacht von Bornhöved den dänischen Kg. besiegen können und beherrschte danach Holstein. Fortan spielte die Gründung von Städten eine wichtige Rolle. Sie war Teil des Landesausbaus seiner gräflichen Macht, und zwar auch gegenüber dem fernen sächsischen Hz. als seinem Lehnsherrn. So erhielten etwa Plön, Oldenburg, Itzehoe und Oldesloe Stadtrecht. Doch auf K. ruhte die große Hoffnung, unter dem Namen „Holstenstadt" eine besondere Bedeutung als befestigter schauenburgischer Herrschaftsmittelpunkt mit Burg und zudem als Seehandelszentrum zu erlangen. Die Stadt erhielt einen eigenen Rat als Selbstverwaltungsgremium, während ein schauenburgischer Stadtvogt die Interessen des Gf. wahrte. Auf Initiative Adolfs IV. gab es in K. ein →Franziskanerkloster, in das er nach Rückzug von den gräflichen Geschäften selbst eintrat. Doch die Erwartungen erfüllten sich nur begrenzt. Die Schauenburger vollzogen wiederholt Herrschaftsteilungen, sodass andere Städte zu Herrschaftszentren wurden: Plön, Rendsburg, Pinneberg, Segeberg. Die ältere K.er Linie der Zeit nach Adolf IV. starb bereits 1321 aus (→Johann II). Ihr Gebiet fiel an Holstein-Plön, dessen letzter Gf. 1389 starb. Ab 1397 regierte wieder nurmehr ein Gf. über ganz Holstein. War Adolf IV. noch im K.er Franziskanerkloster beigesetzt worden, so gewann als Grablege der Schauenburger Itzehoe die größere Bedeutung. Auch der K.er →Handel entwickelte sich trotz Mitgliedschaft in der →Hanse eher regional. An die erhoffte Konkurrenz zu Hmbg. und Lüb. war nicht zu denken. Selbst der programmatische Name „Holstenstadt" vermochte sich gegen das bodenständige K. („tom Kyle") nicht durchzusetzen. Diese eingeschränkte Entwicklung erschwerte dem Rat der Stadt eine selbstbewusste Haltung gegenüber den Gff. Jedoch schwächten die Herrschaftsteilungen wiederum die Macht der Gff. und ihre Präsenz in K. Der Stadtvogt etwa verlor seine Funktion als gräflicher Machtfaktor, Ausdruck einer erstarkten Stellung des städtischen Rates. Dieser wurde freilich von den Gff. in seine Schranken verwiesen, wenn er eigenständig nach außen wirken wollte. So geschah es im frühen 14. Jh. im Konflikt mit dem Augustiner-Chorherren-Stift in Nms., später Bordesholm, dem die Gff. sehr nahe standen. Zwar konnte K. den Umzug des Konvents nach K. verhindern, aber der Einfluss des städtischen Rates auf die Kirche blieb begrenzt (→Kirche). K. gewann letztlich keine äußere Autonomie. Das Vorbild Lüb. erreichte man auch in dieser Hinsicht nicht. Es ist folglich wenig überraschend, dass die Stadt gegenüber den Gff. zumeist eine loyale Stellung einnahm. Bemerkenswerten Einfluss hatte der →Adel, der zahlreich in der Stadt baute und mit dem Kapitalmarkt K.er →Umschlag einen wichtigen Faktor des holsteinischen Wirtschaftslebens etablierte. Die Wichtigkeit K.s für den politisch und wirtschaftlich aktiven Adel zeigte sich deutlich im Jahr 1460. In Ripen wurde der dänische Kg. Christian I. als Nachfolger des letzten schauenburgischen Gf. zum Landes-

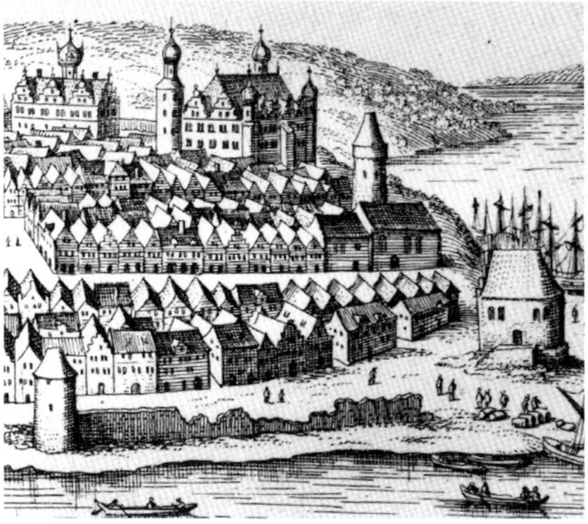

Landesherrliches Schloss, Ausschnitt aus der Stadtansicht von Merian, 1641

herrn in Schleswig und Holstein gewählt. Daraufhin ließ sich die sh. Ritterschaft als machtvolle Korporation des Landesadels als Gegenleistung für die Wahl von Christian reiche Privilegien verleihen, und das geschah in K. (→Tapfere Verbesserung). 1469 begann eine fast drei Jahrzehnte währende Verpfändung K.s an die Stadt Lüb. durch die finanziell schwachen neuen Landesherren (→Pfandherrschaft). Eine Residenzstadt hätte man wohl kaum verpfändet, aber diese Ehre, ständiger Wohnsitz des regierenden Fürsten zu sein, wurde K. auch unter den Oldenburgern lange nicht zuteil. Durch die Landesteilung von 1544 fiel K. an Hz. Adolf, und dieser wählte als Stammsitz das Schloss Gottorf. Das Verhältnis K.s zu den Gottorfern war nicht immer das Beste. So weigerte sich die Stadt 1616, als der junge Hz. Friedrich III. von ihr den Erbhuldigungseid forderte. K. verteidigte das ständische Wahlrecht unter den nachgeborenen Söhnen eines verstorbenen Hz. gegen die automatische Erbfolge des Ältesten, doch vergeblich. Die Stadt wurde zur Huldigung gezwungen und wie die anderen Städte dem absolutistischen Fürstenstaat untergeordnet. Die K.er Burg hatte sich im 16. Jh. zum wohnlicheren →Schloss entwickelt und wurde auch weiterhin mehrfach ausgebaut und modernisiert, doch als ständiger Wohnsitz der hz.lichen Familie diente das Schloss wie schon im MA fast nur fürstlichen Witwen mit ihrem Hofstaat. Hz.inwitwe Christine, Gemahlin Adolfs, residierte dort von 1586 bis 1604, Hz.inwitwe Friederike Amalie von 1695 bis 1704. Ihr Gemahl Hz. →Christian Albrecht setzte den sicherlich wichtigsten Impuls der Hzz. von SH-Gottorf in K. mit der 1665 entstandenen K.er Univ., die den Namen ihres Gründers annahm. Ihre Errichtung in K. anstelle des kulturellen gottorfischen Zentrums Schleswig stand freilich in engem Zusammenhang mit dem notwendigen kaiserlichen Privileg: Es hatte nur für das Heilige Römische Reich dt. Nation Geltung, zu dem Holstein, nicht aber Schleswig gehörte. Neben dem weiterhin präsenten Adel prägten nun Dozenten und →Studentenschaft das Leben in K. Im Nordischen Krieg 1700–21 verloren die Gottorfer ihre schleswigschen Gebiete an den dänischen Kg. Nun erst konnte K. Hauptstadt des holstein-gottorfischen Reststaates werden, dessen Bedeutung allerdings eingeschränkt war. Hz. →Karl Friedrich residierte erst von 1727 an bis zu seinem Tod 1739 in K., nicht ohne durch seine Freude an militärischem Exerzieren im Stadtbild deutliche Spuren zu hinterlassen. Durch seine Gemahlin →Anna Petrowna, älteste Tochter des Zaren Peter des Großen, gewann beider Sohn Karl Peter Ulrich Ansprüche auf den russischen Thron und hielt sich deshalb vorwiegend im Zarenreich auf. 1762 wurde er tatsächlich Zar, doch kurz danach ermordet. Seine Gemahlin Katharina – später die Große genannt – verglich sich 1773 mit dem dänischen Kg. über die Vereinigung Holstein-Gottorfs mit dem kg.lich regierten SH (→Vertrag von Zarskoje Selo). Der →dänische Gesamtstaat war damit fast vollendet. K. verlor den Status als Regierungssitz und den als Residenzstadt. Immerhin lebte im K.er Schloss von 1805–07, also während des Krieges Dänemarks gegen England, der spätere Kg. Friedrich VI. Bevor er selbst Kg. wurde, war er bereits Regent für seinen geistig behinderten Vater Kg. Christian VII. 1838 plante Hz. Karl von SH-Sonderburg-Glücksburg seine Hochzeit mit der dänischen Kg.tochter Wilhelmine Marie im Schloss, das anschließend zum Wohnsitz des fürstlichen Paares werden sollte. Doch ein Schlossbrand vor der Hochzeit erforderte umfangreiche Wiederherstellungsarbeiten. 1848 musste das hz.liche Paar die Stadt K. im Zuge der Schleswig-Holsteinischen Erhebung verlassen. 1855 zog es wieder ein, um seinen Wohnsitz in K. dann im Krieg von 1864 endgültig aufgeben zu müssen. Zu diesem Zeitpunkt hatte K. bereits einen ungeahnten wirtschaftlichen Aufschwung erlebt. Als Konkurrenz zu Lüb. wurde die Stadt massiv vom Landesherrn in Kopenhagen gefördert. Noch im ausgehenden 18. Jh. erholte sich die Univ. von einer langen Phase des Niedergangs. Verkehrsprojekte wie der →Eiderkanal, mehrere Chausseen und ab 1844 die erste Eisenbahnlinie nach Altona (→Altona-Kieler-Eisenbahn-Gesellschaft) verdeutlichten augenfällig die Entwicklung der Stadt.

Lit.: Geschichte K. Bi

Landesregierung K. ist seit 1946 als →Landeshauptstadt Sitz der L. Die L. ist gemäß Landesverfassung das oberste Leitungs-, Entscheidungs- und Vollzugsorgan im Bereich der vollziehenden Gewalt. Sie setzt sich zusammen aus dem vom →Landtag gewählten Ministerpräsidenten und aus den Landesministern. Ihr unterstehen die Behörden der Landesverwaltung. War die pr. Provinzialregierung noch in Schleswig angesiedelt, musste 1946 für die L. unter dem ersten Ministerpräsidenten Theodor Stelzer dringend Büroraum in der neuen Landeshauptstadt K. geschaffen werden. Tagte die L. zunächst im →Rantzaubau, konnte 1947 das sanierte →Landeshaus bezogen werden. Heute prägen die Bauten der L. das K.er Stadtbild, insbesondere entstand durch Um- und Neubau ein regelrechtes Regierungsviertel am Düsternbrooker Weg mit dem Finanzministerium im ehemaligen Gebäude der Marineintendantur erbaut 1938–40, dem Wirtschafts- und

Ministerpräsident Gerhard Stoltenberg mit dem scheidenden Finanzminister Gerd Lausen und dessen Nachfolger Uwe Barschel, 1978

Verkehrsministerium von 1955, dem Landwirtschaftsministerium, heute Staatskanzlei, erbaut nach Ernst Zinsser 1955–57, und dem 1983 eingeweihten Innenministerium der Architektengemeinschaft Gerkan, Marg und Partner (→Architektur). Das Justizministerium nutzte das Gebäude des ehemaligen →Oberappelationsgerichts am →Kleinen Kiel, während das Umwelt- und Landwirtschaftsressort seit 1999 im Mercatorhaus in der →Wik residiert. Ein prägnantes neungeschossiges Behördenhochhaus an der Brunswiker Str. wurde 1954–55 von Wilhelm →Neveling und Bernhard Voss für das Sozialministerium erbaut, das aber 1994 einen großzügigen Neubau an der →Hörn bezog. Ro

Landschaftsschutzgebiete →Naturschutzgebiete

Landtag Der sh. L. ist nach der Landesverfassung das oberste Organ der politischen Willensbildung, das den Ministerpräsidenten wählt und die Landesverwaltung kontrolliert. Der L. umfasst derzeit 69 Abgeordnete und wird von einem L.präsidenten geführt. Die erste L.sitzung fand am 8.5.1947 in dem Gebäude der →Pädagogischen Hochschule in der Diesterwegstr. statt. Vorläufer des L. war der sog. Provinzialbeirat, den die britische Verwaltung zu einer ersten Sitzung am 26.2.1946 ins K.er →Schauspielhaus einberufen hatte. Erst im Mai 1950 bezog der L. die wiederhergestellte →Marineakademie, das heutige →Landeshaus. Ro

Landwirtschaftskammer Die L. vertritt die Interessen der sh. Agrarwirtschaft. Seit 1927 befindet sich der Sitz der 1896 gegründeten L. für die Provinz SH, heute L. SH, in dem gleichnamigen Gebäude am unteren Ende der →Holstenstraße, einem städtebaulich besonderen Ort, dem Beginn des Geschäfts- und Verwaltungszentrums der Stadt. Der 1926–27 von Johann →Theede errichtete Bau ist ein bedeutendes Beispiel des norddt. selbstbewussten Klinkerexpressionismus in K. Das breitgelagerte, viergeschossige Gebäude aus dunklem Klinker, ist durch einen mehrschichtigen Wandaufbau

Landwirtschaftskammer am Holstenplatz, um 1960

mit durchlaufenden Pfeilern rhythmisch gegliedert und mit aufwändigen, teilweise vergoldeten Klinkerdekor an Fensterbrüstungen, Gesimsen sowie dem Attikageschoss zur Holstenstr. ausgestattet. Der Bauschmuck verweist auf zeitgleich entstandene Hmbg. Bauten.

Lit.: K. Zühlke, V. Petersen, Die Gesch. der L., K. 1997.

SK

Willi Langbein

Langbein, Willi Oskar Carl (geb. 2.10.1895 Berlin, gest. 8.2.1967 K.). Ohne Abitur und abgeschlossene Lehre studierte L. drei Jahre an der Kg.lichen Kunstgewerbeschule in Berlin. Danach arbeitete er als freischaffender Künstler. Nach dem Dienst im 1. →Weltkrieg und nach der Heirat lebte er in K., wo er ein eigenes Atelier hatte. Im 2. WK diente er bei der Marineflak, wurde als Maler aber häufig vom Dienst beurlaubt. Nach dem Krieg unternahm er mehrere Auslandsreisen. Seine Landschaftsmalerei zeigt ein inniges, beseeltes Verhältnis zur Natur, die im Stil zwischen Romantik und Impressionismus einen naturalistischen Einschlag hat. Auch Stillleben, Blumenbilder und Porträts gehören zum Werk von L. Außerdem war er als Restaurator tätig, u.a. von Kirchen in SH und Hmbg.

Lit.: Lebensläufe, 199 f., 377. Ge

Willi Langbein, Nachbarsgarten, 1964

Werner Lange in seinem Atelier, 1953

Lange, Werner (geb. 31.3.1888 K., gest. 13.7.1955 K.), verbrachte seine Schul- und Jugendzeit in K., durchlief eine umfangreiche künstlerische Ausbildung u.a. an der Kunstgewerbeschule Hmbg. und siedelte 1912 nach Paris über, wo er erstmals eine kubistisch-expressionistische Formensprache kennenlernte. Während eines kurzen Aufenthalts in Berlin arbeitete er gemeinsam mit Adolph →Meyer im Atelier César Kleins, bevor er sich zum freiwilligen Kriegsdienst meldete. Nach seiner Entlassung kehrte Lange nach K. zurück, wo er 1919 einen Lehrauftrag an der K.er Handwerker- und Kunstgewerbeschule annahm. Im selben Jahr fand zusammen mit Friedrich Peter Drömmer seine erste größere Ausstellung mit expressionistischen Werken in der →Kunsthalle zu K. statt. Lange zählt zu den Mitbegründern der →„Expressionistischen Arbeitsgemeinschaft K."

Lit.: Stadtgalerie K. (Hg.): Kunstwende, Nms. 1992.

Wd

Langeland-Linie →Fährlinien

Carl Legien

Legien, Karl (geb. 1.12.1861 Marienburg/Westpreußen, gest. 26.12.1920 Berlin), war Gewerkschaftsführer und Reichstagsabgeordneter. Nach dem Tod der Eltern wuchs L. im Waisenhaus auf. Er besuchte die Bürgerschule, machte eine Drechslerlehre, absolvierte den Militärdienst und ging als Geselle auf Wanderschaft. 1885 wurde L. Mitglied der Sozialistischen Arbeiterpartei (SAP), 1886 trat er dem Hmbg. Verein der Drechsler bei. 1891 wurde er Vorsitzender der Generalkommission der →Gewerkschaften Dtld., 1913 erster Präsident des Internationalen Gewerkschaftsbunds und 1919 Vorsitzender des Allgemeinen Dt. Gewerkschaftsbunds (ADGB). 1893–98 und 1903–20 war L. Reichstagsabgeordneter für die SPD im Wahlkreis K. 1920 organisierte er den Generalstreik gegen den →Kapp-Putsch. Die von Friedrich Ebert angebotene Kanzlerschaft lehnte L. ab. Ihm zu Ehren wird die Straße am →Gewerkschaftshaus L.str. genannt.

Lit.: Neue Dt. Biographie 14 (1985), 61–63.

Oh

Theodor Lehmann

Lehmann, Theodor Heinrich Wilhelm (geb. 22.11.1824 Rendsburg, gest. 29.7.1862 K.), studierte Rechts- und Staatswissenschaften und Gesch., seit 1845 in K. Sein politisches Ziel war ein geeintes, freies Dtld. An der →Schleswig-Holsteinischen Erhebung nahm er zunächst als Freiwilliger in der K.er Bürgerwehr teil, dann in der sh. Armee. 1851 erwarb er das K.er Bürgerrecht und erhielt die Bestallung als Advokat. Politisch aktiv war L. in der K.er Stadtverordneten- und in der holsteinischen Ständeversammlung, in der er sich für eine liberale Gesetzgebung einsetzte. Sein Ziel war die Loslösung der Hztt. von Dänemark, ihr Anschluss an Pr., dann die Vereinigung Dtld. unter pr. Führung. L. beteiligte sich 1859 an der Gründung des Dt. Nationalvereins, wo er führender Ratgeber in der sh. Frage wurde. In den Hztt. konnte er Liberale und Konservative für seine Pläne gewinnen und so eine gemeinsame Front gegen die Expansionsbestrebungen dänischer Nationalisten schaffen.

Lit.: Lebensläufe, 200–202, 377 f.

Ge

Friedrich (Fritz) **Lehment** Mit einem kleinen Laden für den täglichen Verkauf von Spirituosen aus eigener Herstellung begann der Mecklenburger Friedrich L.

1868 zunächst in der Hz.-Friedrich-Str., dann nach einem Brand in der →Holstenstraße 67. Binnen drei Generationen entwickelte sich das Familienunternehmen zum modernsten Spirituosenwerk Europas. Zum umfangreichen Sortiment an Branntwein und Likören – früh auf Weltausstellungen ausgezeichnet (1873 Wien, 1876 Philadelphia) – gehörten „Polarstern“, „Nordischer Löwe“ und seit 1957 der Likör „Schwarzer Kater“, die Erfolgsmarke des Unternehmens. Mit einer in den letzten Kriegstagen auf einer Schute versenkten Rumladung begann nach 1945 der →Wiederaufbau auf den Trümmern des alten Werkes. Für eine Erweiterung der Produktion zog L. 1965 nach Raisdorf. Der kanadisch-amerikanische Konzern Seagrams, der sich 1968 an L. beteiligte und später das Werk ganz übernahm, schloss 1983 den Betrieb.

Lit.: 100 Jahre L., Hmbg. 1971. Dr

Likör „Schwarzer Kater“ der Spirituosenfabrik Fritz Lehment

Lehrerseminar Das Gebäude des ehemaligen L. befindet sich als zweiteiliger Backsteinkomplex an Diesterweg- und Fröbelstr. Das einstige Kg.liche →Lehrerseminar errichtete Baurat Georg Friedrich Lohr 1912–14 im neubarocken Heimatstil als schlossartig entfaltete Dreiflügelanlage unter hohen Vollwalmdächern. Den hohen, von breitem

Lehrerseminar in der Diesterweg-/Fröbelstr., um 1915

Zwerchhaus-Giebel überfangenen Mittelbau flankiert zur linken der Flügel für Lehrerwohnungen, zur rechten der Turnhallen- und Festsaalflügel mit großem Ziegelrelief des pr. Adlers an der Stirnwand. Der Erweiterungsbau von 1930–32 von Kurt Feyerabend für die nun Pädagogische Akademie genannte Einrichtung setzte sich in seiner langgestreckten Kubengestalt unter sehr flachen Walmdächern zeichenhaft vom „Altbau“ ab: ein ziegelbauliches Exempel aus der Serie erklärt moderner Flachdach-Bauanlagen, die am Ende der →Weimarer Republik in ganz Pr. für Pädagogische Akademien errichtet wurden, um dem fortschrittlichen Konzept der Lehrerbildung programmatisch republikanische Baugestalt zu geben. 1946 auch provisorische Tagungsstätte des →Landtags, von 1946–70 →Pädagogische Hochschule, beherbergt der Altbau heute K.s private „Christliche Schule“, der Neubau die FH für Sozialwesen.

Lit.: Denkmaltopografie, 422. An

Lenard, Philipp (geb. 7.6.1862 Preßburg/Bratislawa, gest. 20.5.1947 Messelhausen/Stadt Lauda-Königshofen). Als Assistent von Heinrich Hertz untersuchte L. die Absorption und Streuung von Kathodenstrahlen, womit er die Entdeckung von Röntgen entscheidend vorbereitete. Diese Ergebnisse fortentwickelnd, entdeckte er, inzwischen Prof. für Physik in K., die Grundgesetze des Fotoeffekts. L. erhielt 1906 den Nobelpreis. Nach dem 1. →Weltkrieg wandte er sich in zunehmendem Maße dem →Nationalsozi-

Lenard Philipp

alismus zu. In fanatischer Opposition zur Relativitätstheorie Einsteins wurde er der Hauptvertreter der „Dt. Physik".

Lit.: A. D. Beyerchen, Wissenschaftler unter Hitler, Frankfurt/Main 1980, 115–131. Aw

A. **Leopold** 1854 übernahm Adolf Franz Joseph L. das Eisenwarengeschäft Belitz in der →Holstenstraße 15. Noch 1939 beschäftigte die Firma, nunmehr als Fachhandlung für Eisen-, Metall- und Haushaltswaren und Maschinengeschäft, 100 Mitarbeiter. Im 2. →Weltkrieg wurden die Firmengebäude in Torstr., Kehdenstr., Haßstr. und Weißenburgstr. sowie Privathäuser der Familie zerstört. Das Geschäft in der Holstenstr. brannte am 13.12.1943 aus, ein Ausweichlager entstand 1945 in Preetz. 1973 wurde das Hauptgeschäft in der Holstenstr. wiedereröffnet. Bis 1981 war das traditionsreiche Unternehmen, dessen Stammfiliale die Innenstadtansicht prägte, in Familienhand, dann ging es in den Firmen Bau- und Sanitär-Leopold auf.

Lit.: A. L., 125 Jahre, K. 1979. Klö

Lessinghalle, um 1935

Lessinghalle Die L., nach langen Planungs- und Finanzierungsproblemen am 5.10.1935 eingeweiht, war das erste Hallenbad in K. Im 2. →Weltkrieg wurde sie durch Bombentreffer zerstört, aber mit einigen Veränderungen im Innenbereich ab 1950 wieder aufgebaut und am 29.3.1953 erneut eröffnet. Neben der Nutzung als Schwimmhalle diente sie auch als Volksbad: Kielern, die kein eigenes Badezimmer besaßen, standen hier Wannen- und Duschbäder zur Verfügung. In den letzten Jahren wurde das Angebot durch Solarien, Wellness- und Fitnessmöglichkeiten sowie abendliche Veranstaltungen (z.B. Schwimmen bei klassischer Musik) modernisiert. Z. Zt. kann die L. wegen Sanierungsbedarfs nicht mehr als Hallenbad genutzt werden. Ha

Leuchttürme Um die Einfahrt in die K.er →Förde sowie in den 1895 eröffneten →Nord-Ostsee-Kanal navigatorisch abzusichern, sind insgesamt vier L. errichtet worden, die heutzutage keinen Wärter mehr benötigen, sondern automatisiert arbeiten. Am Bülker Huk am westlichen Eingang zur Förde bestand seit 1815 ein provisorisches Licht, bis 1863 Dänemark mit dem Bau des L. Bülk begann, der 1865 unter pr. Herrschaft fertig gestellt wurde. 1910 und 1970 erfolgten Modernisierungen. Ebenfalls 1815 ging auf der →Festung Friedrichsort eine hölzerne Leuchtbake in Betrieb, die den Endpunkt des damaligen →Eiderkanals anzeigte und 1853 durch eine eiserne Konstruktion abgelöst wurde. Diese wurde im →Eiswinter 1863–64 schwer beschädigt. 1866 entstand als Ersatz der L. →Friedrichsort, der 1889 von 11 auf 13m erhöht und dessen Laterne 1936 ersetzt wurde. Der heutige, 34m hohe L. Friedrichsort wurde aus Stahlbeton an etwas versetzter Stelle ab 1969 errichtet und ging 1971 in Betrieb. Das Oberteil des alten

Leuchtturm Holtenau

Leuchtturm Friedrichsort

Turms fand 1973 Aufstellung am →Bootshafen, wurde dann 2002 nach Friedrichsort versetzt. Der 20m hohe und 1895 in Betrieb gegangene L. in →Holtenau markiert die östliche Einfahrt am Nordufer des Nord-Ostsee-Kanals. In dessen Erdgeschoss erinnert eine Gedächtnishalle an die Kanaleröffnung am 21.6.1895. Der in der Außenförde positionierte L. K., eine 29m hohe Aluminiumkonstruktion aufgesetzt auf einer L-förmigen Betoninsel, wurde 1964–67 errichtet und ersetzte eine seit 1922 existierende Feuerschiffsposition (→„Alexander von Humboldt"). Eine Lotsenstation mit Anlegemöglichkeit für Versetzboote sowie ein Hubschrauberlandeplatz wurden ebenfalls eingerichtet.

Lit.: F.-K. Zemke, Dt. L. einst und jetzt, Herford 1982, 131–135. Os

Levensau Das Flüsschen L. wurde erstmals 1225 als „levoldesowe" urkundlich erwähnt. Es entspringt bei Warleberg, mündete ursprünglich nach rund 10km bei →Holtenau in die →Förde und konnte bei →Suchsdorf und Holtenau auf Brücken überquert werden. Die L. markierte die Grenze zwischen der Gft. Holstein und dem Hzt. Schleswig. Daher wurden an der L. bei Suchsdorf mehrfach die Landstände im ausgehenden 15. und beginnenden 16. Jh. zu Landtagen unter freiem Himmel zusammengerufen. Beim Bau des →Eiderkanals und später des →Nord-Ostsee-Kanals machte man sich das breite Tal der L. zunutze, der Fluss wurde fast vollständig aufgenommen. Ro

Levensauer Hochbücke Straßen- und Eisenbahnbrücke in Richtung Eckernförde über den →Nord-Ostsee-Kanal mit einer lichten Kanal-Durchfahrtshöhe von 42m; Grundsteinlegung am 21.6.1893, Einweihung durch Kaiser Wilhelm II. am 3.12.1894. Damals mit 163,4m Stützweite größte Bogenbrücke Dtld. aus Schweißei-

Levensauer Hochbrücke, um 1900

Die Hochbrücke bei Levensau, Fritz Stoltenberg, Zeitschriften-illustration, 1895

sen; 1953–54 Umbau und Fahrbahnverbreiterung, dabei Niederlegung der von Hermann Muthesius entworfenen und an den rheinischen Burgenbau erinnernden Turmaufbauten („Es blieb nur der Kern, der Pomp verschwand"). Unmittelbar östlich der alten L. wurde 1980–84 im Zuge der Bundesstr. 76 eine zweite, vierspurige Hochbrücke als Deckbrückenkonstruktion errichtet und ein späterer Neubau als möglicher Ersatz für die alte L. mit eingeplant.

Lit.: J. Jensen, K.er Kanalbrücken, Heide 2010. Je

Liberalismus →Parteien

Liedertafel →Gesangvereine

Detlev von Liliencron

Liliencron, Friedrich Adolph Axel Freiherr von (Detlev von Liliencron, seit 1879) (geb. 3.6.1844 K., gest. 22.7.1909 Alt-Rahlstedt bei Hmbg.). Der Wandel des jungen Fritz aus der K.er →Gelehrtenschule bis zum Lebenskünstler sorgten im wilhelminischen Kaiserreich für manch öffentliches Ärgernis. Nach K., das er später als kleinstädtisch und unsympathisch empfand, kehrte er nur in seinen Werken zurück, versöhnte sich mit der Vaterstadt erst am Ende seines Lebens. L. Sehnsucht und Aufmerksamkeit galt stets der sh. Landschaft und dem Meer, und so sind seine Naturgedichte noch heute bekannt. Die begonnene Militärlaufbahn scheiterte 1875 an Überschuldung; nach kurzzeitiger Auswanderung nach Amerika begann L. 1879–82 eine Verwaltungsausbildung in Eckernförde, wurde später kommissarischer Hardesvogt in Flensburg und arbeitete im Landratsamt Plön sowie auf Pellworm. In den Kellinghusener Jahren 1883–85 als Kirchspielvogt kam der dichterische Durchbruch. Verfolgt von Schulden und dem Überdruss an der Beamtenlaufbahn versuchte L. sein Glück als freier Schriftsteller. 1890–91 in München, kehrte L. in den Norden zurück, wohnte in Ottensen, dann in Altona, seit 1901 in Alt-Rahlstedt. Seine lebenslangen Geldsorgen hatten erst 1903 ein Ende, als ihm Kaiser Wilhelm II. für fünf Jahre ein Gnadengehalt gewährte. L. Stärke ist das originelle poetische Werk, die Lyrik, die Natürliches und Alltägliches aus dem privaten Leben sinnlich-vital, manchmal derb und frivol widerspiegelt. Mit diesem Oeuvre gehörte er zu den Wegbereitern der Moderne um 1900.

Lit.: Lebensläufe, 203 f., 378 f. Kü

Lindemann, Paul Friedrich Julius Albert (geb.10.1.1871 Warnemünde, gest. 15.5.1924 Wandsbek). Nach einem Studium der Staats- und Rechtswissenschaft in Leipzig und Rostock begann L. eine juristische Karriere am Landgericht Rostock und am Amtsgericht Gnoien, wurde 1896 Bgm. von Neukalen, 1903 Ratsherr in Stralsund und 1907 Stadtrat in Magdeburg. Am 16.9.1908 wurde er zum zweiten Bgm. in K. gewählt und trat als Oberbgm. am 3.12.1912 die Nachfolge von Paul →Fuß an. Als Oberbgm. lag die Lebensmittelbewirtschaftung im 1. →Weltkrieg in seiner Hand. Am 4.10.1919 musste L. auf Druck der Stadtverordneten zurücktreten, nachdem er gegen die Wahl eines sozialdemokratischen Stadtrats protestiert hatte. Im März 1920 schloss sich L. dem →Kapp-Putsch an und ließ sich zum →Oberpräsidenten von SH ernennen. Das nach seiner Festnahme am 30.3.1920 in Leipzig gegen ihn eingeleitete Hochverratsverfahren wurde eingestellt. Ro

Lindenau Der Schiffbauingenieur Paul L. (1882–1955) gründete 1919 in Memel, das im 19. Jh. einige Bedeutung im Holzschiffbau besessen hatte, die Schiffswerft Memel-L. & Cie., Eisen- und Holzschiffbau, Maschinenfabrik und Gießerei. Kleine

und mittlere Schiffstypen (Rettungsboote, Schlepper und Frachter) prägten das Bauprogramm, 1926–28 wurden sogar Flugzeuge gefertigt. Im 2. →Weltkrieg baute die Werft v.a. Minensucher. 1944/1945 gelang es, mit der Belegschaft und einem Schwimmdock (1.600t zunächst nach Lüb. und dann nach K.-→Friedrichsort zu fliehen und dort den Betrieb neu aufzubauen, der zunächst Maschinen und Maschinenteile, ab 1952 Seeschiffe fertigte und 1955 wieder über 500 Mitarbeiter beschäftigte. Die weitere Entwicklung wurde von Harald L.(1914–2007) bestimmt. Kleinere und mittlere Frachter bildeten zunächst den Schwerpunkt, in den 1960er Jahren traten Tender und Flottentanker für die Bundesmarine sowie zivile Produktentanker hinzu. Der Einbruch im Weltschiffbaumarkt in den 1980er Jahren hat auch die Paul L. GmbH & Co. KG nicht verschont. Mit Hilfe der Familie L. konnte aber nach dem Konkurs der Vorgängerwerft eine Auffanggesellschaft gegründet werden, die seit dem 1.7.1987 unter dem Namen „L. GmbH, Schiffswerft & Maschinenfabrik“ firmiert. Die Werft wurde seitdem von Dirk L. und Günter Steen fortgeführt. Bereits 1976 war von L. der erste Doppelhüllentanker in Dtld. abgeliefert worden. Zahlreiche weitere technische Innovationen kamen bei den folgenden Neubauten zur Anwendung. Daraus ist eine führende Marktposition beim Bau besonders sicherer und umweltschonender Doppelhüllentanker entstanden, die bis zu einer Größe von 2.000–50.000t Tragfähigkeit vermarktet werden. Daneben hält die Werft mit einem Gelände von 71.171m², einer Helling, zwei Schwimmdocks und zwischenzeitlich rund 370 Mitarbeitern neben Neubau- auch Reparatur- und Umbaukapazitäten vor. Konjunkturbedingte Liquiditätsengpässe führten 2008 zur erneuten Insolvenz des Unternehmens.

Lit.: 75 Jahre L.-Werft. Eine Chronik in 75 Jahres-Kapiteln, K. 1994. Os

Lipsius und Tischer Die Buchhandlung L. wurde 1876 von Heinrich Lipsius und seinem Teilhaber H. Tischer gegründet. Nach kleinem Anf. konnten 1891 ein imposantes Geschäftshaus in der Falckstr. und ein Bücherspeicher im Klosterkirchhof bezogen werden. Die Vielseitigkeit des Unternehmens mit Antiquariat, Verlag, Buchbinderei, Leihbücherei und Kunsthandlung sowie zahlreiche Auszeichnungen (u.a. Weltausstellungen Chicago 1893, Paris 1900) begründeten sein Ansehen über SH hinaus und führten zu zahlreichen Filialgründungen, darunter sogar eine im chinesischen →Tsingtau. Der 1. →Weltkrieg beendete die rasante Entwicklung, ein Bombenangriff 1944 zerstörte die Geschäftsräume. Als reine Sortiments-Buchhandlung bezog der Sohn des Gründers 1951 neue Räume in der →Holstenstraße 80. Nach zweifachem Besitzerwechsel (1959 und 1999) musste das Traditionsgeschäft 2006 aus wirtschaftlichen Gründen schließen. Dr

Lindenau, Stapellauf, 2001

Literaturtelefon Am 20.3.1978 schaltete das K.er Kulturamt das erste L. in Dtld. Unter dem Motto „Ruf doch mal ein Gedicht an“ konnten Anrufer beim zunächst als „K.er Kulturtelefon“ bezeichneten L. wöchentlich wechselnde, fünfminütige Beiträge abhören, die von den Autoren in der Regel selbst auf Band gelesen worden waren. Die Aktion, die auf eine Anregung des Autors Michael Augustin zurückging, erschloss der Literatur ein neues Medium: Das L. sollte die Arbeiten der Autoren bekannt machen und zum Lesen anregen. Dabei zielt das L. bis heute v.a. auf Autoren aus der Region; den Anf. machten beispielsweise Hans-Jürgen Heise, Annemarie Zornack und Friedrich Mülder. Doch konnten auch fast sämtliche Größen

Carl Loewe

Literaturtelefon, Anzeige, 1978

der dt. Gegenwartsliteratur für einen Beitrag gewonnen werden. Seit 2007 ist das auf privater Initiative weitergeführte L. als Internetangebot abrufbar.

Ro

Carl Litzmann

Litzmann, Carl Conrad Theodor (geb. 7.10.1815 Gadebusch, gest. 24.2.1890 Berlin). Nach der Reifeprüfung am Lüb. Katharineum studierte L. seit 1834 Medizin in Berlin und Halle. 1838 promoviert und 1839 approbiert, arbeitete er danach als Assistent an der Hallenser Frauenklinik und habilitierte sich dort 1840. 1845 wechselte er als Extraordinarius für allgemeine Pathologie und Therapie nach Greifswald und erhielt dort 1846 den Lehrstuhl. 1849 folgte L. als Prof. der Geburtshilfe und Direktor der Gebär- und Hebammenanstalt dem Ruf nach K. und setzte hier die Forschungen seines Vorgängers Gustav Adolph →Michaelis fort. Besondere Bedeutung erlangten dabei die Arbeiten über die pathologischen Deformationen des weiblichen Beckens. 1885 legte L. seine Professur nieder und widmete sich fortan in Berlin der philologischen Hölderlin-Forschung. Hierfür verlieh ihm die Berliner Philosophische Fakultät 1888 die Ehrendoktorwürde.

Lit.: SHBL 8 (1987), 211–213.

Pe

Loewe, Johann Carl Gottfried (geb. 30.11.1796 Löbejün bei Halle/Saale, gest. 20.4.1869 K.). Nach der durch die Franckeschen Stiftungen geprägten Schulausbildung und einem Studium der Theologie in Halle nahm L. 1820 eine Tätigkeit als Gesangslehrer am Gymnasium in Stettin und zugleich als Organist an der dortigen Jakobikirche auf. 1821 zum Musikdirektor berufen, später auch zum Kantor (1850), prägte er auch das städtische Musikleben durch Oratorienaufführungen und hist. Konzerte (Bachs Matthäus-Passion 1831). Als Komponist galt er als Meister der Ballade und des Liedes, schrieb 15 Oratorien, Opern, Kantaten und Instrumentalmusik. Zahlreiche Konzertreisen als Sänger und zugleich Klavierbegleiter führten ihn durch Europa. 1832 erhielt er die Ehrendoktorwürde der Greifswalder Univ. Er war Mitglied der Berliner Akademie der Künste und Vertrauter der pr. Könige. Zu K. hatte L. ein loses, familiäres Verhältnis. Nach Erkrankung in den Stettiner Ämtern und dem von dort verlangten Abschied, fand er 1866 in K. im Hause seines Schwiegersohnes pflegende Aufnahme bis zu seinem Tode. Ein Gedenkstein wurde nach Aufhebung des St. Jürgenfriedhofes 1957 in der Pommernkapelle der →Nikolaikirche errichtet. Ein 1896 von Fritz Schaper geschaffenes Denkmal steht seit 1952 vor der vormals nach L. benannten Schule an der Gartenstr.

Lit.: Carl L. (1796–1869), hg. v. E. Ochs u.a., Frankfurt/Main 1998.

Sw

Lohntütenweg Seit 1963 offizielle Bezeichnung für einen Treppenweg, der vom damaligen Werftgelände (→HDW) hinauf nach →Dietrichsdorf führte. Die volkstümliche Bezeichnung spielte auf die Werftarbeiter an, die mit ihren Lohntüten diesen Weg nach Hause nahmen.

Eb

Lohse, Hinrich (geb. 2.9.1896 Mühlenbarbek bei Itzehoe, gest. 25.2.1964 Mühlenbarbek), stammte aus kleinbürgerlichen Verhältnissen. Nach dem 1. →Weltkrieg war er einige Jahre als Bankangestellter tätig. Bereits zu dieser Zeit wirkte er in rechten Parteizirkeln. 1923 der NSDAP beigetreten, wurde er 1925 im Auftrag Hitlers zum sh. Gauleiter ernannt. 1928–33 gehörte L. dem pr. Landtag und danach dem Reichstag an. Nach der Machtübernahme der Nationalsozialisten wurde L. im März 1933 zum sh. →Oberpräsidenten ernannt. Indem er die höchsten Ämter in Staat und Partei vereinigte, verfügte L. bis zur Kapitulation 1945 über die größte Macht in SH. 1941 wurde L. zusätzlich zum Reichskommissar Ostland (Baltikum sowie Weißrussland) mit Sitz in Riga ernannt. Als Leiter der dortigen Zivilverwaltung war er mitverantwortlich für wirtschaftliche Ausbeutung und Judenmord. 1948 von einem britischen Spruchgericht zu zehn Jahren Haft verurteilt, wurde L. bereits 1951 aus gesundheitlichen Gründen entlassen und nie wieder belangt.

Lit.: U. Danker, Der sh. NSDAP-Gauleiter Hinrich L., in: Regionen im NS, Bielefeld 2003, 91–120. Hü

Lokomotivenbau Der verlorene 1. →Weltkrieg zwang viele K.er Betriebe zur Produktionsumstellung (→Friedenswirtschaft). 1920 nahmen die „Dt. Werke AG Werk →Friedrichsort" im Bereich der ehemaligen →Torpedowerkstatt in Friedrichsort u.a. die Entwicklung und Fertigung von Triebwagen auf. Als „Dt. Werke K. AG" (DWK) begann dort 1931 die Produktion von Verbrennungsmotorlokomotiven und später von Wehrmachtsdiesellokomotiven. Ab 1944 wurden dieselhydraulische Lokomotiven produziert. Um die drohende →Demontage abzuwenden, löste man nach dem 2. WK den L. aus den DWK heraus und gründete die Holsteinische Maschinenbau AG (Holmag), die privates Ausbesserungswerk im Auftrag der Bahn wurde und aus der 1948 die Maschinenbau K. AG (→MaK) hervorging. Der L. wurde wieder aufgenommen und 1953 das erste Typenprogramm vorgestellt. Schon 1951 begann mit der V 80 ein lang anhaltender Erfolg in der Diesellokproduktion. Die MaK wechselte mehrfach den Eigentümer (Bremer Atlas, Krupp) und erlebte nach Abwicklung größerer Aufträge für die DB Mitte der 1980er Jahre einen Produktionstiefstand. Anf. der achtziger Jahre entwickelte das Werk Lokomotiven mit elektrischer Leistungsübertragung, 1992

Vossloh-Lokomotiven, 2008

erfolgte der Konzernwechsel zur Siemens Schienenfahrzeugtechnik (SFT) und 1998 der Verkauf an die Vossloh AG (VSFT). Mit einem breiten Angebot an Diesellokomotiven unterschiedlicher Leistungsklassen und Antriebskonzepte hat sich der seit 2003 als Vossloh Locomotives GmbH firmierende Friedrichsorter Lokomotivhersteller europaweit erfolgreich am Markt behauptet. Anf. 2005 gründete die Voith AG aus Heidenheim am Nordhafen die Voith Turbo Lokomotivtechnik GmbH und errichtete einen Verwaltungstrakt sowie eine Fertigungshalle. Mit der Neukonstruktion der Großdiesellokomotive Maxima 40 CC, mit 3.600kW die leistungsstärkste einmotorige Dieselhydraulik-Lok der Welt, gelang ein erster Erfolg. 2008 konnte die Ausschreibung für einen Großauftrag zur Fertigung von Streckendiesellokomotiven für die DB AG gewonnen werden. Ka

Friedrich Loos

Loos, Joseph Friedrich (geb. 29.10.1797 Graz, gest. 9.5.1890 K.), besuchte die Schule in Wien und bekam dort ersten Zeichenunterricht. Seine künstlerische Ausbildung erhielt er an der Wiener Akademie. Es folgten Anstellungen als Zeichenlehrer und Reproduktionsgrafiker bei österreichischen und dt. Adligen sowie ausgedehnte Studienreisen und ein mehrjähriger Aufenthalt in Rom. Nach einer Ausstellungsreise durch Dtld. und Dänemark 1851 ließ er sich auf Anregung der K.er Prof. Gustav →Thaulow und Christian Knud Frederik Molbech als privater Zeichenlehrer in K. nieder. 1856 zeigte der K.er Kunstverein seine auf einer Norwegenreise entstandenen Werke. Von 1863–83 war Loos Zeichenlehrer an der →Christian-Albrechts-Universität. Er gilt als wichtiger

Vermittler zwischen der romantisch-idealen Landschaftsmalerei und der malerisch-realistischen Landschaftsauffassung.

Lit.: Lebensläufe, 205 f., 379 f. Ra

Lotsen Die günstigen natürlichen Gegebenheiten der K.er →Förde ermöglichten ursprünglich den meisten Schiffen den →Hafen selbstständig anzusteuern. Als Orientierungspunkt für die Einfahrt in die K.er Förde diente die weit sichtbare Mühle von →Friedrichsort. Mit einer Flagge signalisierten einlaufende Schiffe den Wunsch nach einem L. Laboer und Steiner Fischer übernahmen nebenberuflich die L.funktion. Um 1650 werden erstmals Laboer L. namentlich erwähnt. Mit der Fertigstellung des →Eiderkanals 1784 nahm der Schiffsverkehr in der K.er Förde zu. Für die Kanalschifffahrt gründete sich die Eiderl.brüderschaft und in →Holtenau entstand eine L.station mit drei L. In Bülk wurde von der Kanalinspektion 1807 das erste L.haus errichtet, das 1815 ein Leuchtfeuer erhielt. Hier war der Laboer Oberl. stationiert, der die ankommende Schiffe als Erster ausmachen konnte. Durch ein Signal rief er die L.station Laboe zum L. des Schiffes. Nach Fertigstellung des →Kaiser-Wilhelm-Kanals wurden die L. fest angestellt und unterstanden dem pr. L.kommandeur in Rendsburg. Sie mussten das Patent zum Kapitän auf großer Fahrt und mehrjährige Berufserfahrung besitzen. In Bülk war kein Lotse mehr stationiert, in Laboe waren es vier feste L. und mehrere Nebenl. Die L.station Bülk-Laboe war für das Gebiet der K.er Förde zuständig, an der Kanalschleuse begann der Bereich der Holtenauer Kanall. Es bestand kein L.zwang in der K.er Förde. 1922 wurden die Kanall. wieder selbstständige Gewerbetreibende und gründeten die L.brüderschaft am Kaiser-Wilhelm-Kanal in Holtenau. Die Brüderschaft regelte u.a. Tarife, die Verteilung der Lotsgelder und die Alterssicherung. 1924 entstand die L.ordnung für den Kaiser-Wilhelm-Kanal. 30 Jahre später trat das Seelotsgesetz in Kraft. 1957 schlossen sich die Laboer und Holtenauer L.brüderschaften zusammen, 1968 erweiterten sie sich zur L.brüderschaft NOK/K.er Förde/Trave. Mit dem Gesangverein „Knurrhähne" pflegen die Holtenauer L. seemännisches Liedgut. Bri

Lotsenversetzstation Holtenau

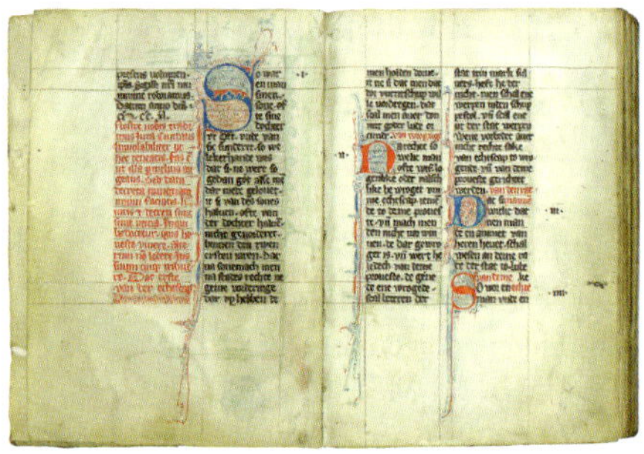

Handschrift des Lübischen Rechts, Stadtarchiv Kiel

Lübisches Recht Bei der →Stadtgründung 1242 durch Hz. →Adolf IV. wurde K. mit dem Recht der Hansestadt Lüb. bewidmet, das im gesamten Ostseeraum verbreitet war. Zur näheren Unterrichtung über dessen Inhalt erbat sich der K.er Rat alsbald eine Abschrift aus Lüb., die sich leider seit dem 18. Jh. nicht mehr in K., sondern in Kopenhagen befindet. Als Ersatz kam allerdings ein anderer, etwas späterer Kodex, der nach auslagerungsbedingtem Kriegsverlust vor einigen Jahren aus Armenien wieder nach K. zurückgekehrt ist. Er zählt heute zu den bedeutendsten und wertvollsten Hs. des →Stadtarchivs K. In Folge der Geltung des L. ging der Rechtszug vom K.er Obergericht anfangs direkt nach Lüb. Seit der Einrichtung des →Vierstädtegerichts für die holsteinischen Städte 1496 durch die Hzz. Johann und Friedrich waren Appellationen an den Lüb. Oberhof dann aber nicht mehr möglich. Trotzdem galt das L. in K. weiterhin, soweit es nicht durch eigene städtische Rechtssetzungen bzw. die Landes- oder Reichsgesetzgebung ersetzt wurde. Endgültig aufgehoben wurde es im Bereich des Privatrechts erst am 1.1.1900 mit dem Inkrafttreten des BGB.

Lit.: H.-F. Rothert, „...wird die fernste Zukunft danken...“, Nms. 2004, 35–43. Kra

Lübscher Baum Die Straße ist bereits 1789 auf der „Topographisch Militärischen Charte des Hzt. Holstein (1789–96)“ eingezeichnet, ab 1875 wird der Name L. im Adressbuch erwähnt. Der Straßenname erinnert an den alten Schlagbaum, der einst an der Stadtgrenze stand. Eb

Lueken, Emil Heinrich Wilhelm (geb. 20.3.1879 Oldenburg, gest. 20.3.1961 Bremen) studierte Jura und Nationalökonomie, war Bgm. und Oberbgm. der Stadt Rüs-tringen und seit 1920 Oberbgm. von K. In der schwierigen wirtschaftlichen Situation der Stadt nach dem 1. →Weltkrieg versuchte er Arbeitsplätze zu schaffen. Es entstanden u.a. neue Hafenanlagen am Kanal, die Krankenanstalten in der Metzstr. und der →Schlachthof an der →Hörn. Um den →Handel zu fördern, wurde 1921 die →Nordische Messe ins Leben gerufen. L. war Anhänger der Gartenstadt-Idee. Zusammen mit Baurat Willy →Hahn entstand der Grüngürtel um K. 1932 wurde L. auf weitere zwölf Jahre in seinem Amt bestätigt, am 10.3.1933 aber auf Druck der Nationalsozialisten abgesetzt. Er ging nach Bremen und übernahm dort die Leitung der Commerzbank. Nach dem 2. WK war er Mitbegründer der liberalen Bremischen Volkspartei.

Lit.: Lebensläufe, 207–210, 380. Ge

Emil Lueken

Lüneburghaus Das L. ist ein viergeschossiges hochschmales Wohn- und Geschäftshaus in der →Dänischen Straße, erbaut 1903–04 von Carl Reimers, benannt nach dem traditionsreichen Jagdwaffengeschäft Lüneburg, dessen Name und Sortiment eingraviert in der schwarz polierten Granit-Verkleidung der Ladenzone erscheint. Der im Wohnhausbau erfahrene Architekt entwarf in neuer Fluchtlinie eine ungewöhnlich malerisch komponierte, betont asymmetrisch angelegte Fassade, die aus dem Raster herkömmlicher Stockwerksfassaden des 19. Jh. ausbricht und im farbigen wie plastischen Wechselspiel von Backstein, Putz und Schindeln, von Erkern, verglaster Loggia, Giebel und Türmchen mit welscher Haube auch Elemente des reformzeitlichen Landhauses in die Großstadtstraße holt. Das reizvolle Haus birgt heute über zwei Geschosse ein Restaurant, während der Stuck-Dekor am Erker darüber noch auf das einstige Fachgeschäft verweist. An

Luftfahrt Bereits im ausgehenden 18. Jh. waren die ersten Ballons in K. aufgestiegen, doch verdankt K. insbesondere den L.pionieren Bruno (1891–1973) und Franz Steffen (1887–1916) seine Bedeutung für die frühe L.gesch. Die in →Gaarden geborenen und in Kronshagen wohnhaften Brüder konstruierten 1908 einen Hängegleiter, 1910 das Luftschiff „K. 1“, 1912 ein Motorflugzeug, den „Steffen-Falken 1“, und schließlich 1915 das „Steffen-G-Flugzeug“, das zehn Personen transportieren konnte. In Kronshagen wurde eigens ein Flugplatz angelegt, auf dem 1911 bereits fünf Flieger stationiert waren. Dennoch verlegten die Gebrüder Steffen ihre Arbeit 1913 nach Nms., da weder in Kronshagen noch in K. die Anlage eines genügenden Flugplatzes in Aussicht stand. Auf dem →Nordmark-Sportfeld hatte 1908 zur →Kieler Woche der erste Flugtag im Dt. Reich stattgefunden. Den ausgeschriebenen Preis sicherte sich der einzige Teilnehmer, der dänische Konstrukteur Jacob Christian Hansen Ellehammer (1871), der mit seinem Fluggerät 47m weit flog. 1908 konstituierte sich in K. auch der Verein für Motorluftschifffahrt in der Nordmark, der 1911 und 1912 weitere Flugtage

Franz Steffen im „Falke II“, 1912

Parseval-Luftschiff VI bei der Landung auf dem Nordmark-Sportfeld, 1910

Trümmerfeld am Exerzierplatz, 1945

veranstaltete. Auf dem Nordmark-Sportfeld ließ er eine Luftschiffhalle errichten, in der im gleichen Jahr das Parseval-Luftschiff „PL VI" untergebracht werden konnte. 1925 wurde eine erste geregelte Flugverbindung nach Hmbg. aufgenommen, die noch vom Nordmark-Sportfeld ausging. Erst mit der Fertigstellung des →Flugplatzes Kiel-Holtenau 1927 konnte der Verkehrsflug ausgebaut werden. Der Luftsport musste sich in den 1920er Jahren auf den Segelflug verlegen, 1931 gründete sich der L.verein K. In der NS-Zeit wurden die Luftsportvereine gleichgeschaltet und die Fliegerschulung zu einer vormilitärischen Ausbildung ausgebaut. Die militärische L. begann 1913 mit der laufend ausgebauten Seeflugstation Holtenau, wo ab 1956 der Aufbau des Marinefliegergeschwaders 5 begonnen wurde. 1950 gründete sich der Luftsportverein K. e.V., der in Holtenau 1951 den Segelflug und 1955 den Motorflug wieder aufnehmen konnte.

Lit.: K. Griese, L.geschich. der Stadt K., K. 2000. Ro

Luftkreiskommando VI →Somerset House

Luftkrieg Seit Juli 1940 wurde die Stadt K. bis zum Ende des 2. →Weltkriegs Opfer zunehmender alliierter Luftangriffe. Am Anf. lag der Schwerpunkt der Angriffe auf den kriegswichtigen Werften. Nach vorübergehendem Rückgang der Luftangriffe 1942, starteten die Westalliierten ab 1943 Flächenbombardements auf die Wohnviertel und zerstörten die Stadt bis 1945 in weiten Teilen. Insgesamt verzeichnet die Statistik der 90 Luftangriffe den Abwurf von rund 44.000 Spreng- und 500.000 Brandbomben. 75% der Wohnhäuser wurden zerstört oder beschädigt, 167.000 Menschen waren obdachlos. Die Innenstadt mit ihren Baudenkmälern und das Ostufer waren am stärksten von den Zerstörungen betroffen. K. war mit fünf Mill. m³ Trümmern überdeckt. Leidtragend war v.a. die Zivilbevölkerung: Insgesamt kamen 2.629 Zivilisten bei den Luftangriffen ums Leben, darunter 364 Ortsfremde, v.a. Zwangsarbeiter. Die Alliierten registrierten 209 Angehörige ihrer Luftstreitkräfte, die in K. vermisst wurden. Nicht statistisch erfasst sind Opfer unter Militärangehörigen und Kriegsgefangenen. Die größte Katastrophe ereignete sich am 3.4.1945, als im Moltkestollen 230 Menschen ums Leben kamen. Es lag auf der Hand, dass K. mit seiner Rüstungs- und Werftindustrie ein wichtiges militärisches Ziel sein würde. Zur Bekämpfung feindlicher Flugzeuge waren daher Flak und Jagdflieger vorgesehen. Zur Abwehr von Tieffliegern waren Fesselballons eingesetzt; die Stadt wurde nachts verdunkelt und seit 1942 bei Angriffen vernebelt. Nach Kriegsbeginn wurden in kurzer Zeit 28 Hoch- und 17 Tiefbunker (→Bunker), 18 Luftschutzstollen, 26 Deckungsgräben und 132 Fünf-Mann-Bunker errichtet sowie Feuerlöschteiche angelegt. Diese Maßnah-

Karlstraße nach einem Bombenangriff, 1944

Zerstörtes Kiel, Gebiet zwischen Koldingstraße und Langer Segen mit Blick in Richtung Brunswik, Hans Rickers, 1947

men zeigten Wirkung: In anderen Städten forderte der Mangel an Luftschutzbauten ungleich höhere Opfer unter der Zivilbevölkerung. Um besonders die Kinder aus der Gefahrenzone zu bringen, wurden sie klassenweise in ungefährdete Regionen gebracht (Kinderlandverschickung), etwa nach Rügen. Die Ausgebombten wurden provisorisch in anderen Regionen des Landes untergebracht. Nach dem Krieg wurde ihnen vielfach dauerhaft die Rückkehr ins an Wohnungsmangel leidende K. verwehrt. Die traumatischen Erfahrungen der Bombennächte prägten eine ganze Generation und sind tief im kollektiven Gedächtnis der Stadt verankert. Eb

Lit.: H. Voigt, Die Veränderung der Großstadt K. durch den L., K. 1950; J. Jensen (Hg.), Kriegsschauplatz K., Nms. 1950

Luftschutz →Bunker

Magistrat Nach der Verleihung des →lübischen Rechts an K. 1242 wurde ein Rat etabliert. Dieser bildete zusammen mit dem →Bürgermeister als M. die Stadtregierung. Seit dem 16. Jh. bestand der M. aus zwei Bgm. und sechs →Ratsherren. Die Ämter wurden lebenslänglich verliehen und waren ehrenamtlich. Der Rat ergänzte sich durch Zuwahl selbst. Nach der Revolution von 1848 gab es durch die Städteordnung für die Hztt. Schleswig und Holstein einen grundlegenden Wandel. Neben dem M. wurde eine Stadtverordnetenversammlung geschaffen; beide wurden erstmals von den wahlberechtigten →Bürgern gewählt. Die neu erworbene kommunale Freiheit wurde mit der Holsteinischen Allgemeinen Städteordnung schon 1854 wieder eingeschränkt. Der M. wurde jetzt von der Regierung ernannt; die Bürgerversammlung (Deputiertes Kollegium) war dem M. rechenschaftspflichtig und konnte von der Regierung aufgelöst werden. Nach der Umwandlung SH in eine pr. Provinz wurde die Verwaltung von der Rechtssprechung getrennt. Dies kann als Beginn der städtischen Selbstverwaltung angesehen werden. Mit der Städteordnung von 1869 bestand der M. aus dem Oberbgm. bzw. dem Bgm., seinem Stellvertreter (Beigeordneter), und besoldeten und unbesoldeten Ratsverwandten. Sie wurden von wahlberechtigten Bürgern gewählt.

Magistratssaal, vor 1945

In der Zeit von 1933–45 wurde der M. abgeschafft. Nach dem Führerprinzip übernahm der Oberbgm. mit seinen Beratern allein die Verwaltungsführung ohne ein legitimiertes Kontrollorgan. Von 1945–50 leitete der Oberstadtdirektor die Verwaltung. Seit 1950 war wieder ein M. ausführendes Organ und Verwaltungsspitze. Er basierte auf der Gemeindeordnung für SH vom 24.1.1950. Der M. setzte sich aus dem hauptamtlichen Oberbgm. als Vorsitzenden, dem Bgm. als Stellvertreter, fünf weiteren hauptamtlichen und mehreren ehrenamtlichen Stadträten zusammen. Oberbgm. und Stadträte wurden von der →Ratsversammlung auf neun Jahre gewählt, die ehrenamtlichen aus der Mitte der Ratsversammlung für vier Jahre. Diese wirkten also zugleich in der politischen Stadtvertretung und in der Verwaltungsleitung mit. Mit der Kommunalverfassung vom 1.1.1997 wurde der M. aufgelöst und seine Aufgaben vom Oberbgm. übernommen.

Lit.: Geschichte K., 33–37, 103–107, 197–204, 227–229, 368 f., 413–416. Eb

Johann Daniel Major

Major, Johann Daniel (geb. 16.8.1634 Breslau, gest. 3.8.1693 Stockholm), studierte Physik und Medizin 1654–56 in Wittenberg, seit 1658 in Leipzig und wurde 1660 in Padua promoviert. Nach kurzer Tätigkeit als Arzt in Wittenberg und Hmbg. wurde er von Hz. →Christian-Albrecht 1665 mit der Gründung der Univ. nach K. berufen. Er nahm den medizinischen Lehrstuhl für die „materia medica" ein. So oblag ihm auch die Präsentation der Heilpflanzen, wofür er 1669 einen →botanischen Garten im →Schlossgarten anlegte. 1664 wurde M. Mitglied der kaiserlichen Akademie der Naturforscher Leopoldina, 1667 Leibarzt des Fürstbt. von Lüb. und 1683 Leibarzt des Gottorfer Hz. Außerdem unternahm er früh Forschungsreisen, grub Altertümer aus, richtete das Museum Cimbricum (→Museen) in seinem Wohnhaus ein und schrieb das erste Buch über die museale Ordnung. So ist er der Begründer der Museologie geworden. M. erregte Aufsehen, weil er erstmals in Norddtld. öffentliche Sektionen vornahm. M., der sich auch mit der Dichtkunst und der →Architektur beschäftigte, zählt zu den bedeutenden Universalgelehrten der FNZ.

Lit.: Lebensläufe, 211–213, 381. Ni

MaK Auf dem Gelände der aufgelösten Kaiserlichen →Torpedowerkstatt in →Friedrichsort produzierten die reichseigenen →Deutschen Werke (DWK) nach dem 1. →Weltkrieg zivile Güter, wie Dieseltriebwagen für die Reichsbahn (→Lokomotivenbau). In der ns. Zeit nahm man die Fertigung von Torpedos wieder auf. Das 1945 in Holsteinische Maschinenbau AG (Holmag) umbenannte Werk konnte in kürzester Zeit auf die Reparatur und Produktion ziviler Güter (u.a. Lokomotiven, Eisenbahnwaggons, Traktoren, Dieselmotoren für die Fischerei, Bergbaumaschinen) umgestellt werden. Dennoch beschloss die Militärregierung die →Demontage des ehemaligen Rüstungsbetriebs. Trotz Streiks und Demonstrationen wurden die Werkzeugmaschinen fast vollständig demontiert. Dennoch konnte auf dem Gelände die im Mai 1948 von der Stadt K. und dem Land SH gegründete Maschinenbau K. AG (MAK, später MaK) die Arbeit aufnehmen. Die MaK übernahm nur die betriebliche Organisation und das Fertigungsprogramm. Ende 1953 kaufte

MaK-Diesellokomotiven für die Bundesbahn, um 1955

die MaK die Holmag-Aktien von den DWK und erwarb so auch den bis dahin noch der Holmag gehörenden Grundbesitz. Die Instandsetzung von Eisenbahnwaggons, der Bau von Diesellokomotiven, Motoren für Schiffsdieselantrieb, Textilmaschinen und Gießereibetrieb bildeten vorwiegend die Basis der neuen Fertigung. Ende der 50er Jahre stieg die MaK auch wieder in die Rüstungsentwicklung und -produktion ein (Panzer, Torpedos, Minensuchsysteme). Mehrfach änderten sich die Besitzverhältnisse, u.a. wurde die MaK AG 1959 zu einer GmbH umgewandelt und 1964 von der Krupp AG Essen übernommen. In den 1990er Jahren erfolgte eine grundlegende Umstrukturierung, die Wehrtechnik wurde an die Düsseldorfer Rheinmetall und die Howaldtswerke (→HDW) verkauft. Die Krupp MaK Maschinenbau GmbH bzw. Krupp Verkehrstechnik konzentrierte sich auf den Bau von Dieselmotoren für Schiffe, Lokomotiven und stationären Kraftanlagen. Auf dem MaK-Betriebsgelände arbeiten heute die Caterpillar Motoren GmbH & Co. KG, die 1996 die Schiffsdieselmotorensparte übernahm, die Gießerei und die Vossloh AG (Werdohl), der nach mehreren Besitzerwechseln die Verkehrstechnik gehört und die Lokomotiven baut. Der Name MaK existiert heute noch als Kürzel in den Typenbezeichnungen von Schiffsmotoren und Lokomotiven. Do

Margarinefabrik J. W. Seibel Der nach Plänen von Johann →Theede 1927/28 errichtete Ziegelbau in expressionistischen Formen wurde ursprünglich als erste Etagenmeierei in Dtld. geplant und eingerichtet. Aufgrund des Gefälles von den oberen Etagen zum Erdgeschoss konnte der neue Milchhof auf Pumpentechnik verzichten und rationelle Arbeitsprozesse in der Milchverarbeitung einsetzen. Dennoch musste der Betrieb nach wenigen Jahren aufgeben. Nun verlegte August Ferdinand Seibel (1861–1946) seine Margarinefabrik, die bereits 1845 als Buttergeschäft von seinem Vater Johann Wilhelm Seibel (1821–1909) gegründet worden war, in das Milchhof-Gebäude. Sein Sohn Heinz Wilhelm Seibel

Produktionsräume der Margarinefabrik Seibel, 1953

(1906–90) führte die Firma bis zu ihrer Auflösung 1983. Nach jahrzehntelangem Verfall wurde das 1983 unter Denkmalschutz gestellte Gebäude umfassend saniert und 2006 als →Musikschule eingeweiht. Ro

St. **Maria-Magdalenen-Kirche** Für das noch außerhalb des Stadtgebiets gelegene Dorf →Elmschenhagen ist seit 1327 eine Kirche bezeugt. Als Schutzpatronin wurde Maria-Magdalena genannt, an deren Namenstag ein Jh. zuvor die Schlacht von Bornhöved stattfand. 1865 wurde dieser bescheidene →Kirchenbau wegen Baufälligkeit abgerissen. Den anschließenden Neubau bis 1866 entwarf Stadtbaumeister Gustav Ludolf →Martens als erste Kirche K.s in neugotischer Form. Begannen die Planungen noch unter dänischer Herrschaft, so erschien zur Grundsteinlegung der österreichische Statthalter in Holstein (→Konvention von Bad Gastein), Ludwig von Gablenz. Der habsburgische Doppeladler fand an Tür und Ausstattung Verwendung, doch endete die Zeit der österreichischen Verwaltung noch vor der Einweihung 1866. Auf einer Marmortafel ist die Hauptstifterin Hedwig Dorothea von der Wisch verewigt. Der kreuzrippengewölbte Backsteinbau ist streng

Maria-Magdalenen-Kirche im Bau, um 1866

dem „Eisenacher Regulativ" verpflichtet, den Empfehlungen einer Kirchenkonferenz von 1861 zum Bau eines Gotteshauses vorzugsweise im gotischen Stil als längsgerichteter Raum mit Querschiff, Altarraum und Turm. Statt der von umliegenden Dörfern gestifteten Buntglasfenster bestimmen die ab 1983 künstlerisch von Hans Gottfried von Stockhausen gestalteten Gläser den Raumeindruck der dreijochigen Saalkirche. Nach Bombenzerstörung und Wiederherstellung 1948 sind von der bauzeitlichen Ausstattung die Sandsteinkanzel mit Blendmaßwerk und Bildnissen des Malers →Langbein, darunter das der Namenspatronin, erhalten.

Lit.: Denkmaltopografie, 470. Jo

Marienhain →Marientempel

Marientempel Der dänische Architekt Axel Bundsen (1768 – 1832), in K. v.a. durch das klassizistische Herrenhaus Knoop bekannt, entwarf im Auftrag der Stadt 1808 einen als Teehaus konzipierten Gartenpavillon im Stil eines antiken ionischen Tempels. Dieses Teehaus schenkte der →Magistrat der damaligen dänischen Kg.in Marie (1767–1852),

Marientempel, 1935

der Gemahlin Friedrichs VI., anlässlich der Geburt ihrer ersten Tochter Wilhelmine. Der nach der Kg.in in benannte Tempel lag nebst dem eigens dafür angelegten kleinen englischen Landschaftspark, dem Marienhain, am Eingang des →Düsternbrooker Gehölzes. Weithin sichtbar auf einer Anhöhe platziert, boten sich von seinem Vorplatz aus im 19. Jh. malerische Ausblicke auf das K.er →Schloss, die →Förde und das gegenüberliegende Ufer. Das reizvolle Ensemble war als ideeller und gestalterischer Höhepunkt der bereits 1806–07 vom Schloss aus angelegten Allee, dem heutigen Düsternbrooker Weg, zu verstehen. Mit dem Ende des →dänischen Gesamtstaates verlor der Gartenpavillon seine ursprüngliche Zweckbestimmung als fürstliches Teehaus. Die Erbin des Marienhains, Hz.in Wilhelmine, schenkte der Stadt 1873 den Pavillon nebst Marienhain zurück. Die Nationalsozialisten machten aus dem M. 1934–35 das zentrale Ehrenmal der Stadt für die Gefallenen des 1. →Weltkriegs, womit zwar eine Renovierung, aber auch eine unangemessene Monumentalisierung des Gebäudes verbunden war. 1944 wurde der M. durch eine Sprengbombe teilweise zerstört. Bemühungen um den Wiederaufbau scheiterten und 1948 wurde die Ruine ohne jegliche Rücksichtnahme auf die Bedeutung des Ortes abgetragen.

Lit.: N. Kosmala, Axel Bundsens klassizistischer Tempel im Düsternbrooker Marienhain, in: MKStG 85 (2010), 57–112. Al

Marine Die Gesch. K.s ist unmittelbar mit der M. verbunden. 1865, nach Ende des dt.-dänischen Krieges, wurde die Stadt durch Konteradmiral Eduard von Jachmann zum pr. Flottenstützpunkt bestimmt und die →Marinestation der Ostsee von Danzig an die K.er →Förde verlegt. Hatte Pr. vorher noch die Schaffung eines künstlichen Hafens im Jasmunder Bodden analog zu Wilhelmshaven an der Nordsee geplant, konnte in K. auf eine bereits vorhandene maritime Infrastruktur zurückgegriffen werden. Erste M.anlagen entstanden zunächst in →Düsternbrook, bevor 1867 auf dem Ostufer bei →Ellerbek mit dem M.etablissement der Vorgänger der späteren →Kaiserlichen Werft

Matrosen der 1. Werftdivision auf dem Kasernenhof in der Wik, um 1910

eingerichtet wurde. Im selben Jahr fiel die Entscheidung, den neuen Stützpunkt mit einem Ring von →Forts nach See und Land hin zu sichern. Mit Gründung des dt. Kaiserreichs wurde K. zum →Reichskriegshafen an der Ostsee erhoben und war neben Wilhelmshaven die wichtigste Stadt der neuen kaiserlichen M. Der Ausbau der Flotte im Rahmen des →Flottenbauprogramms und der wachsende Bedarf der K.er Werften an Arbeitskräften ließ die Stadt auf 210.000 Einwohner im Jahr 1910 wachsen. Die großen Linienschiffe an ihren Festmachertonnen im →Hafen und auf der Förde prägten das neue Bild der Hafenstadt. Hinzu kamen repräsentative M.bauten, wie die 1883–88 errichtete →Marineakademie, die M.garnisonskirchen und die M.station der Ostsee. Während die großen Kasernenbauten (→Kasernen) in der Innenstadt heute weitgehend verschwunden sind, ist das M.quartier in der →Wik, darunter die 1907 eingeweihte →Petruskirche, die ehemalige →Technische Marineschule und das 1906 eröffnete →Marinelazarett, noch erhalten. Auch der Bau des 1895 eröffneten →Nord-Ostsee-Kanals geht auf Anforderungen der M. zurück. Weitere Zeugen der langjährigen Präsenz der M. in K. sind das →Marineehrenmal in Laboe, das →U-Bootehrenmal in Möltenort sowie das →Seesoldatendenkmal am →Hindenburgufer. Dass das Verhältnis zwischen Stadt und M. nicht immer von Harmonie geprägt war, zeigt das Beispiel des Wiker →Hafenprozesses, bei dem die Stadt K. 1904 in der Auseinandersetzung um die Rechte an der Wiker Bucht unterlag und endgültig die Kontrolle über die Uferflächen an die M. abtreten musste. Schon 1883 waren die Befugnisse der Stadt im Hafen durch das Reichskriegshafengesetz stark eingeschränkt worden. Die Dominanz der M. wird auch in der Masse der 1914 in K. stationierten M.einheiten deutlich. Dort waren neben der M.station und der kaiserlichen M.akademie beheimatet: die 1. M.inspektion, die 1. Matrosendivision, die 1. Werftdivision und die 1. Torpedodivision. In →Friedrichsort befanden sich die →Torpedowerkstatt, die Kaserne der 1. Matrosenartillerie-Abteilung nebst Lazarett und das Artillerie- und Minendepot. In →Dietrichsdorf war das Munitionsdepot untergebracht. Auf dem K.er Ostufer lagen auch die Kaiserliche Werft und die anderen wichtigen K.er Werften. Ferner war in K. die Inspektion der M.infanterie mit dem 1. Seebataillon stationiert und die M. besetzte die Forts zum Schutz der K.er Förde. M.offiziere dominierten das gesellschaftliche Leben und initiierten die →Kieler Woche. Auch die gesamte Wirtschaft der Stadt war auf die Bedürfnisse der M. ausgerichtet. Als nach Ende des 1. →Weltkrieg der Versailler Vertrag den Kriegsschiffbau in Dtld. verbot, traf dieses Verbot die ehemalige Rüstungsschmiede K. besonders hart. Vergessen bleibt dabei oft, dass von der M.stadt K. das Signal zur →Revolution 1918 ausging: Der Aufstand der K.er Matrosen im November 1918 führte zum Ende des Kaiserreiches und zur ersten dt. Demokratie. K. blieb auch in der →Weimarer Republik M.standort. Zum Schutz der Seeverbindungen mit Ostpreußen verlagerte die M. ihren Tätigkeitsschwerpunkt in die Ostsee: Damit spielte K. eine strategisch weitaus größere Rolle

Stapellauf des Schweren Kreuzers „Prinz Eugen“ auf der Germaniawerft, 1938

Unsere Marine, Plakat der Bundeswehr, 1960er Jahre

als noch vor dem 1. WK. K. wurde zentrale Flottenstation, und die M.station der Ostsee wichtigste Behörde innerhalb der kleinen Reichsm. Diese war durch den Versailler Vertrag auf sechs alte Linienschiffe und einige kleine Kreuzer sowie 15.000 Mann beschränkt worden. Erst 1931 sollte in K. mit dem Panzerschiff „Deutschland." der erste Neubau für die Reichsm. vom Stapel laufen. In ihrem Wirken blieb diese M. dem Denken der Kaiserzeit verhaftet und mancher Offizier hegte angesichts des verlorenen Weltkriegs revisionistische Gedanken. Die Umbenennung der Reichsm. in Kriegsm. 1935 markierte den Moment der maritimen Wiederaufrüstung durch das Dritte Reich. K.s Bedeutung als wichtiger M.standort zeigte sich von neuem: Auf den →Hellingen der K.er Werften entstanden das Schlachtschiff „Gneisenau" (1936), der Schwere Kreuzer „Blücher" (1937), der einzige Flugzeugträger der Kriegsm., die →„Graf Zeppelin" (1938), der Schwere Kreuzer „Prinz Eugen" (1938) und viele weitere kleinere Einheiten. Werften und Zulieferindustrie waren wieder verstärkt im Kriegsschiffbau tätig; neue Arbeiterviertel entstanden in Dietrichsdorf und in →Gaarden. K. wurde „Stadt der Kriegsm." Während in →Holtenau ein neuer Seefliegerhorst eingerichtet wurde, machten die ersten U-Boote, auf der K.er →Germaniawerft gebaut, im Tirpitzhafen fest. Die M.verwaltung errichtete weitere repräsentative Neubauten, darunter die 1935 eröffnete M.fachschule in der Wik und die 1940 eingeweihte M.intendantur am Düsternbrooker Weg. K. war größter M.standort an der Ostsee und Produktionsstätte wichtiger Rüstungsgüter, durch den →U-Bootbau, vor allem aber durch die technischen Entwicklungen der Firmen →Anschütz & Co, →Electroacustic und →Walterwerke. Mit Kriegsbeginn verlor K. seine strategische Position an die Häfen in den besetzten Gebieten Norwegens und Frankreichs. Erst bei Kriegsende kam der Stadt im Rahmen der Evakuierungen über die Ostsee neue Bedeutung zu. Mit der Konzentrierung der Werften und militärischen Anlagen war K. während des gesamten 2. WK ein bevorzugtes Ziel der alliierten Luftkriegführung. Zum Schutz der Stadt ließ die Kriegsm. rings um K. feste Flugabwehrbatterien errichten, und in den Kasernen und Werften und in der Stadt entstanden →Bunker zum Schutz der Zivilbevölkerung und der Soldaten. Im Hafen wurden die →U-Bootbunker „Kilian" und „Konrad" gebaut. Bei Kriegsende war die Stadt zu 80% zerstört, etwa 240 versenkte Schiffe blockierten den Hafen und die Förde (→Wrackbergung). Auf dem Ostufer wurden die Reste der Werftanlagen durch die alliierten Siegermächte demontiert (→Demontagen). Die Gesch. K.s als M.standort schien beendet. Der Tirpitzhafen diente nach 1945 zunächst der britischen Besatzungsmacht, dann ab 1951 dem dt. Seegrenzschutz. 1956 jedoch sollte K. erneut M.stadt werden: Die Kasernenanlagen in der Wik und der Tirpitzhafen wurden wieder hergerichtet und K. entwickelte sich zum wichtigsten Stützpunkt der Bundesm. an der Ostseeküste. Im Falle eines Angriffs des Warschauer Pakts sollten die leichten dt. M.einheiten, vor allem U-Boote, Schnellboote und Minenstreitkräfte, die Durchgänge zur Nordsee schützen. Mit der Wiedervereinigung und der Umstrukturierung der Bundeswehr änderte sich abermals die Bedeutung K.s für die M.: Auf die Verlegung der U-Boote nach Eckernförde und den Abzug der Schnellboote nach Warnemünde folgte die Auflösung der Technischen M.schule sowie die Außerdienststellung der in K. beheimateten Lenkwaffenzerstörer der Lütjens-Klasse. Erst mit der Verlegung des 3. und 5. Minensuchgeschwaders von Olpenitz nach K. im Mai 2006 und der Einrichtung des Stabes der neuen Einsatzflottille 1 kam der Stadt innerhalb der dt. M. wieder Bedeutung zu. K. ist außerdem Heimathafen des Segelschulschiffs →„Gorch Fock" und des Einsatzgruppenversorgers „Frankfurt am Main". Zusätzlich befinden sich in K. die Hubschrauber des M.fliegergeschwaders 5, das Schifffahrtmedizinische Institut der M. in Kronshagen, das M.munitionsdepot Jägersberg und das K.er M.arsenal (→Arsenal).

Lit.: Gesch. K., 272-286. He

Einlaufen des Zerstörers „Lütjens" in den K.er Hafen, 1969

Marineakademie, Willy Stöwer, Zeitschriftenillustration, 1888

Marineakademie Das Gebäude der M. am Düsternbrooker Weg unmittelbar an der →Förde gelegen, beherbergte zwei Bildungseinrichtungen der Kaiserlichen →Marine, die zuvor in anderen Gebäuden der Stadt untergebracht gewesen waren: die Marineschule, die alle Seeoffiziere zu durchlaufen hatten, und die M., die ausgewählten Seeoffizieren eine weitere Ausbildung ermöglichen sollte. Nach längeren Vorbereitungen war 1883 Baubeginn und am 6.10.1888 wurde das neue Gebäude am Düsternbrooker Weg eingeweiht. In der M., die von einem Garten umgeben war, befanden sich die Unterrichtsräume und die Wohnräume der Kadetten und der Seeoffiziere – streng rangmäßig getrennt. Im Inneren war das Akademiegebäude nach den damals modernsten Prinzipien errichtet, die äußere Gestaltung war mit der Mischung von Stilelementen vieler hist. Bauepochen ein Beispiel für die imperiale Herrschafts- und Autoritätsarchitektur des dt. Kaiserreiches. Die Marineschule blieb in dem Gebäude bis 1910 und wurde dann nach Flensburg-Mürwik verlegt, die M. blieb bis 1918. Später war das Gebäude Sitz der →Marinestation der Ostsee. Heute ist es als →Landeshaus Sitz des sh →Landtags.

Lit.: K. Volquartz (Hg.), 100 Jahre Haus an der Förde, K. 1988. Wu

Marinearsenal →Arsenal

Marineehrenmal

Marineehrenmal Das von dem Düsseldorfer Architekten Gustav August Munzer (1887–1973) im expressionistischen Stil

Marineehrenmal Laboe

entworfene M. wurde zwischen 1927 und 1936 in Laboe mit Spendenmitteln dt. Marinevereine als Gedenkstätte für die im 1. →Weltkrieg gefallenen Soldaten der Kaiserlichen →Marine errichtet. Den Grundstein des M. legte am 8.8.1927 Admiral Reinhard Scheer (1863–1928), Befehlshaber der dt. Hochseeflotte in der Skagerrakschlacht 1916, an der Stelle eines demontierten Panzerturmes der K.er Hafenbefestigung. Als erster Bauabschnitt entstand 1929 der 85m hoch über die Ostsee ragende Turm. Nach einer durch die Weltwirtschaftskrise bedingten Pause wurden die Bauarbeiten 1933 wieder aufgenommen. Im Frühjahr 1936 war die gesamte Anlage fertig gestellt. Das ns. Regime nutzte die feierliche Einweihung am 30.5.1936, dem Vorabend des 20. Jahrestags der Skagerrakschlacht, um das M. für seine Zwecke ideologisch zu vereinnahmen. Insgesamt blieb das ns. Regime aber dem z.Zt. der →Weimarer Republik entworfenen M. gegenüber auf Distanz; Adolf Hitler nannte es sogar ein „Kitschprodukt sondersgleichen". 1954 gaben die Alliierten das nach der dt. Kapitulation 1945 beschlagnahmte M. an den 1952 neu gegründeten Dt. Marinebund (DMB) zurück. Das M. wurde nun zu einer Gedenkstätte für die in beiden Weltkriegen gefallenen Seeleute aller Nationen. Dieser Gedenktradition ist der DMB bis heute verpflichtet. In den 1990er Jahren wurde eine Neugestaltung des M. beschlossen, um dessen internationalen Mahnmalcharakter noch deutlicher hervorzuheben. Aus dem gleichen Grund wurde dem M. 1996 die neue Widmung gegeben: „Gedenkstätte für die auf See Gebliebenen aller Nationen. Mahnmal für eine friedliche Seefahrt auf freien Meeren". Heute ist das M. eine weltweit anerkannte Gedenkstätte. Als Lern- und Erinnerungsort soll das M. nach dem Willen des DMB auch in Zukunft ein lebendiges Denkmal bleiben, das sich mit der dt. Gesch. und insbesondere mit der dt. Marinegesch. bewusst auseinander setzt. Das M. ist die offizielle Gedenkstätte der Dt. Marine.

Lit.: T. Prange, Das M. in Laboe, Wilhelmshaven 1996.

Witt

Marinekameradschaft Kiel von 1914 e.V. Die M. mit ihrem Sitz an der →Kiellinie geht auf die Marinevereine der Kaiserzeit zurück, von denen um 1900 sechs Vereine in K. bestanden. Der älteste und größte war der 1890 gegründete Marineverein „Prinz Heinrich v. Pr." Am 12.3.1914 gründeten Unteroffiziere den „Verein ehemaliger Unteroffiziere der Kaiserlichen Marine, K." der am 7.1.1939 den noch heute gültigen Namen „M." annahm. In der Nachkriegszeit zunächst verboten, nahm der Verein im Februar 1953 seine Tätigkeit wieder auf und ist heute eine Vereinigung von aktiven und ehemaligen Angehörigen der dt. →Marine, der Handelsmarine und der Fischerei sowie anderer maritim Interessierter zur Pflege seemännischen Brauchtums und maritimen Gedankenguts.

He

Marinekasernenbauten Der Aufstieg K.s zum →Reichskriegshafen manifestierte sich frühzeitig in großen Kasernen-Komplexen der ersten Generation: Am Anf. standen die typischen massigen „Rohziegelbau"-Kasernen für die Werftdivision an der Karlstr., die der Militärfiskus nach Plänen von 1869 in den 1870er Jahren in kostengünstigem

Gelbstein errichten ließ. Langzügige, von kolossalen Lisenen gegliederte und von kastellhaften Turmpavillons befestigte Flügelbauten im nüchternen Rundbogen- respektive Stichbogenstil umfassten „paradierend" einen großen →Exerzierplatz. Davon zeugt nach 1945 am Langen Segen allein ein Turm- und Flügeltorso. Im gleichen Gelbstein-Stil entstand 1877–78 die Pickert-Kaserne in →Gaarden mit teilweise feinerer Gliederung. Nach 1945 zum größten Teil erhalten, wurde sie 1992 zugunsten einer Wohnanlage abgetragen. Im reinen Rundbogenstil wurde 1877 die Admiral-Scheer-Kaserne in →Friedrichsort errichtet, die an der Wasserlinie in langer Front imposante „Parade-Aufstellung" nahm, aber 1977 zum 100-Jahres-Jubiläum für einen Büroneubau abgebrochen wurde. Erhalten blieb allein das anschließende →Marinelazarett. Von ganz anderer Art erscheint das 1902/04–10 nach Plan von Wilhelm Voigt und Adelbert Kelm erbaute Kasernement des Flottenstützpunkts in der →Wik, exponiert durch den Wasserturm von 1904. Die Mannschaftskasernen der 1. Werftdivision präsentierten sich architektonisch ähnlich wie die zeitgleichen Pavillons des benachbarten Marinelazaretts; koloristisch im Wechsel von hellen Putzflächen und roten Backsteinpartien angelegte Bauten, nun unter hohen Falzziegeldächern und flankierenden Großgiebeln. Die in zwei Reihen formierten Kasernen, teilweise nach Kriegszerstörungen durch Neubauten für die Bundesmarine ersetzt, zeigen sich heute großenteils purifiziert und überformt. Weitgehend authentisch erhielt sich das Wirtschaftsgebäude an der Warnemünder Str. 12 mit seiner freier gotisierenden Ziegelarchitektur, in der sich Bauräte der älteren Generation vom strengen Historismus des 19. Jh. lösten, die jedoch gegenüber den neubarocken Backsteinbauten der →Technischen Marineschule bald schon wieder altmodisch erschien. Von solchen Stilfragen unberührt zeigen die im Zeichen der Aufrüstung seit 1935 entstehenden ‚neuen' Kasernen, – wie z.B. die Kaserne des Marinetransportbataillons an der Eduard-Adler-Str. (1938) – den reichsweiten „Bodenständigkeits-Typ" in der norddt. Backstein-Version mit dem

Kaserne der I. Matrosendivision an der Karlstraße

für die ns. Architektur typischen schweren Walmdach.

An

Marinelazarette Die M. dienten der ärztlichen Versorgung von Marineangehörigen und der Pflege von Verwundeten im Kriegsfall. Ein erstes M. wurde in der Hz.-Friedrich-Str. geschaffen, aber bereits 1872 geräumt. In der Folge entstanden drei große kaiserzeitliche Lazarettanlagen, in Kriegszeiten wurden weitere zivile Gebäude zu Lazaretten umfunktioniert. Das M. an der Feldstr., eine repräsentative Dreiflügelanlage in gelbem Backstein, wurde als Teil des Kasernenkomplexes an der Karlstr. 1872 bezogen. Nach dem 1. →Weltkrieg zur Medizinischen Klinik der Univ. umgebaut, wurde es nach Teilzerstörungen 1953–56 wiederhergestellt. 1875–77 errichtete die Marinebauverwaltung das Garnisonslazarett in →Friedrichsort, die spätere Heinrich-von-Stephan-Schule, ein zweigeschossiger Bau in gelbem Backstein mit zwei dreigeschossigen Seitenflügeln, der sich architektonisch der einst benachbarten Scheerkaserne anlehnte. Anders präsentiert sich die herausragende Lazarettanlage in der →Wik, 1903–07 nach Plänen des Berliner Baurats Georg Schwartzkopff errichtet. Das geschlossene Gelände an der Wiker Bucht, heute Anschargelände genannt, umfasste in einer Grünanlage rund 20 Gebäude, Wirtschafts- und Verwaltungsgebäude und Wohnhäuser, dahinter zur →Förde hin gereihte Krankenpavillons. Die zu großen Teilen erhaltenen Gebäude erhielten dekorative Fassaden, die durch einen vielgestaltigen Wechsel von Ziegelsichtmauerwerk und Putzflächen geprägt sind. Elemente des Jugendstils zeigen sich an Walmdächern, Türmen, geschwungenen

Marinelazarett Wik, ehemaliges Verwaltungsgebäude

Giebeln und Zierformen. Nach langjähriger Nutzung durch Univ.kliniken wird das Anschargelände seit 2001 neu konzipiert und zu einem wassernahen Wohnviertel umgestaltet. Die drei erhaltenen M. sind erstrangige Baudenkmäler, die nach Verlust der großen Kasernenbauten anschaulich Zeugnis ablegen von der stadtbildprägenden Marinearchitektur. Ro

Marinestation der Ostsee Die M. war bereits 1854 in Danzig eingerichtet worden und wurde im März 1865 nach K. verlegt. In der Kaiserzeit bildeten die Marinestationskommandos die höchsten Kommandobehörden der →Marine an Land. Stationschef war ein Admiral, der unmittelbar dem Kaiser unterstellt war. Dem Chef der M. unterstanden die 1. Marineinspektion mit der 1. Matrosen- und der 1. Werftdivision, ab 1896 die Inspektion des Torpedowesens sowie ab 1898 die Inspektion der Marineinfanterie mit dem 1. Seebataillon in K. und dem 2. Seebataillon in Wilhelmshaven. Dem Marinestationschef oblag neben der Vertretung der militärischen Interessen gegenüber den Zivilbehörden die Regelung des Hafenpolizeidienstes, die Bereitstellung und Belegung der vorhandenen →Kasernen und Unterkünfte in Zusammenarbeit mit der Marineintendantur sowie die Abwicklung außer Dienst gestellter Schiffe der Marine. Des Weiteren unterstanden seinem Befehl die Probefahrtskommandos und die Einheiten der Flotte mit Heimathafen K., die im Auslandsdienst tätig waren. Im Kriegsfall war der Marinestationschef Befehlshaber über den Küstenschutz und leitete die Küstenverteidigung. Zugleich war er im Bereich seiner Station Leiter des militärischen Nachrichtendienstes. Seinen Sitz hatte der Chef der M. in dem 1891–93 errichteten →Marinestationsgebäude und ab 1919 in der ehemaligen →Marineakademie. In der Reichsmarine unter der alten Bezeichnung weitergeführt, erhielt der Chef der M. im Juni 1935 die neue Dienstbezeichnung Kommandierender Admiral, und am 1.2.1943 wurde das Stationskommando in Marineoberkommando Ostsee umbenannt. Nach der Kapitulation 1945 wurde das Marineoberkommando Ostsee aufgelöst. He

Marinestationsgebäude In dem 1891–93 nach Entwürfen des Regierungsbaumeisters Wuerst aus Berlin an der Ecke Adolfstr./Lornsenstr. errichteten Gebäudekomplex waren die obersten Kommandobehörden der Kaiserlichen →Marine in K. untergebracht. Bis zum Umzug in das nach dem 1. →Weltkrieg freigewordene Gebäude der ehemaligen →Marineakademie am Düsternbrooker Weg befanden sich hier

Marinestationsgebäude, Postkarte, um 1900

bis 1919 der Dienstsitz des Kommandierenden Admirals der →Marinestation der Ostsee sowie die Marineintendantur des →Reichskriegshafens K. Das Gebäude war im November 1918 wichtiger Schauplatz des K.er Matrosenaufstands (→Revolution 1918). Die Außenfassaden des nach Bombenschäden vereinfacht wiederaufgebauten Gebäudes sind geschmückt mit den farbigen Wappen dt. Länder und Marineemblemen. Hier befindet sich heute der Sitz der Bundeskasse K.

Lit.: G. Stolz, Hist. Stätten der Marine in SH, Heide 1990. He

Marineviertel Wohnbebauung für Marineangehörige, erbaut 1925–30 vom Marinebauamt →Wik nach Plänen von Walter Kelm. Bedeutendstes Gruppendenkmal für die expressionistisch aktivierte, später auch neusachlich gestimmte hiesige Backstein/Klinker-Architektur der 1920er Jahre in K., wie für deren Akkord mit dem in reicher Formvielfalt aufgebotenen klinkerkeramischen Bauschmuck aus der Produktion der →Kieler Kunstkeramik. Ausgedehnter Siedlungskomplex zwei- und mehrheitlich dreigeschossiger Rotsteinbauten unter Walmdächern, in offener und geschlossener Bauweise, der sich in vielgestaltig differenzierter Gleichgestimmtheit zwischen →Holtenauer Straße 171–175 und Niebuhrstr. breitet, weite Grünhöfe umschließend und durch passagenhafte Torbögen durchgangsoffen. An der Fichtestr. bildet sich im Gegenüber gestaffelt zurücktretender Baufronten eine ehrenhofartige Platzanlage – die räumliche Mitte der Gesamtanlage, die im 1928 aufgeführten Breitbau Fichtestr. 23/25 mit sehr breitem Staffelgiebel und großkeramischer Windgott-Figur über dem Spitzbogen-Tor auch architektonisch und bauplastisch exponiert wird.

Lit.: Denkmaltopografie, 414–417; H.-G. Andresen, Baukeramik, in: B. Manitz, H.-G. Andresen, KKK, Nms. 2004, 138–143. An

Marineviertel

Marine-Volkswoche, Plakat, 1935

Marinevolkswoche 1935 richtete die Reichsmarine in K. mit der „M." eine aufsehenerregende Propagandaveranstaltung aus, die Begeisterung innerhalb der Bevölkerung für die Wiederaufrüstung zur See wecken und ein Zeichen der Stärke nach außen senden sollte. Zugleich symbolisierte die Veranstaltung die Einheit von →Marine und ns. Regime. Vom 11.–16. Juni fanden als Vorlauf zur →K.er Woche Paraden, Vorführungen, Manöver und Wettbewerbe statt; die jüngsten Neubauten der Marine, u.a. die Panzerschiffe „Admiral Speer" und „Deutschland", die Kreuzer „Karlsruhe", „Köln" und „Leipzig" sowie die →„Gorch Fock", konnten besichtigt werden. Da fast zeitgleich am 18.6.1935 ein dt.-englisches Flottenabkommen geschlossen wurde, das den Aufbau der Reichsmarine auf einen

Marineviertel, Fichtestr.

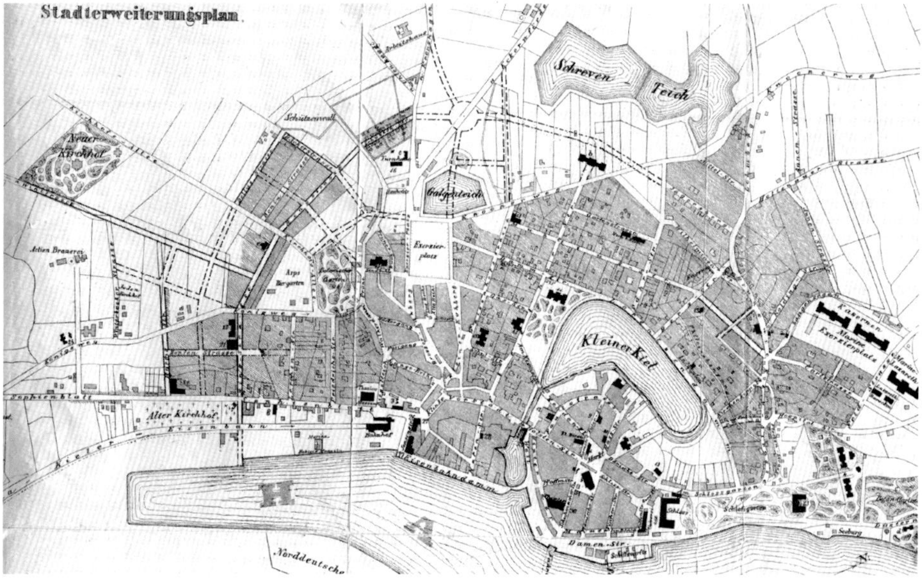

Martensplan, 1866

Stand von 35% der britischen Marinestärke sanktionierte, kann die „M." als Auftaktsignal der Nationalsozialisten zur massiven Wiederbewaffnung zur See gelten. Ro

Markt →Alter Markt

Maro Temm An der Diedrichstr. in →Gaarden wurde 2007–09 ein bundesweit einmaliges Bauprojekt für Sinti-Familien realisiert, das unter dem Namen M., dt. „Unser Land", bekannt wurde. Genossenschaftlich organisiert, errichteten die Familien in Eigenarbeit 13 Reihenhäuser. Die Siedlung bietet den Sinti die Möglichkeit, eine enge Nachbarschaft zu pflegen und ihre Kultur, Sprache und Tradition lebendig zu halten. Ro

Gustav Ludolf Martens

Martens, Gustav Ludolf (geb. 20.10.1818 Wismar, gest. 7.1.1872 K.), nach einer Zimmermannslehre in Kopenhagen besuchte M. die Zeichenschule der Kunstakademie und setzte die Ausbildung in München fort, bevor er 1842 nach Hmbg., dann nach Rendsburg und 1853 nach K. ging. Er erhielt zahlreiche Aufträge für Privat- und Schulbauten in SH (u.a. Gelehrtenschule Meldorf, 1854–59), Dänemark (Gut Vilhelmsborg bei Aarhus, 1856–57), Schweden und England. In K. entstand nach seinen Plänen 1863–64 die Schule auf dem Waisenhof als erste moderne städtische Lehranstalt. Seit 1865 K.er →Stadtbaumeister, legte er 1869 einen Stadterweiterungsplan vor, der eine regelmäßige Blockbebauung zwischen →Sophienblatt und Schützenwall sowie die Anlage einer breiten Ringstr. vorsah. Wohl unter dem Eindruck der Hmbg. Binnenalster wurde nach 1862 das Wasserbecken des →Kleinen Kiels reguliert. 1865–68 kam es nach seinen Plänen an der Dammstr. zum Neubau der →Gelehrtenschule. Am Kronshagener Weg waren gleichzeitig eine erste Turnhalle sowie 1865–66 ein Arbeitshaus der →Gesellschaft freiwilliger Armenfreunde entstanden. 1866 wurde das Gebäude des Landesdirektoriums an der Ecke →Fleethörn/Gartenstr. bezogen, eines der wenigen noch stehenden Zeugnisse seiner →Architektur in K. Bereits 1865–66 war mit der →Maria-Magdalenen-Kirche das erste, vollständig in den Formen der Neugotik konzipierte Gotteshaus in SH ausgeführt worden. M. erhielt ein Ehrengrab auf dem →Südfriedhof.

Lit.: V. Stoy, K. auf dem Weg zur Großstadt, K. 2003, 123–170. Al

Martensplan Der „Bebauungs- und Stadterweiterungsplan" von Gustav Ludolf →Martens (ab 1866) leitete die Entwicklung K.s zur modernen Großstadt ein. Er hatte die Aufgabe, sowohl der sich ab 1865–67 verstärkenden Bautätigkeit einen Rahmen zu setzen, als auch die in das Stadtgebiet einbezogene →Brunswik mit der Stadt zu verklammern. Entsprechend den Vorstellungen der Zeit (Hobrechtplan Berlin) diente die Trassierung einer von der →Hörn ausgehenden, weit ausholenden Ringstraße dazu, die Stadtteile zu verbinden und die Einfallsstraße zu verknüpfen. Der 1869 beschlossene Plan ist nur teilweise realisiert worden: die Ringstr. vom →Hauptbahnhof bis zur teilweise als Sternplatz ausgebildeten Kreuzung Eckernförder Str., das Quartier zwischen Papenkamp und →Sophienblatt sowie der →Südfriedhof. Der M. wurde in den 1880er Jahren durch den Schweitzerplan (→Adolfplatz) ersetzt.

Lit.: Mehlhorn; V. Stoy, K. auf dem Weg zur Großstadt., K. 2003. Me

Martius, Elisabeth (Lilli) Anna Louise (geb. 27.7.1885 Ems, gest. 14.12.1967 K.), kam 1898 als Prof.tochter mit den Eltern und drei Brüdern nach K. Sie nahm Malunterricht bei Georg →Burmeister und Fritz →Stoltenberg und besuchte Kurse in Hmbg. und Berlin. 1923 übernahm M. die Verwaltung des Kupferstichkabinetts des →Schleswig-Holsteinischen Kunstvereins, studierte daneben Kunstgesch. und gab als Lehrbeauftragte Kurse für Studenten. Während der Luftangriffe im 2. →Weltkrieg hat sie die Evakuierung der Sammlungen und nach dem Krieg die Rückführung der Bestände der K.er →Kunsthalle, des Kunstvereins und des Kunsthist. Instituts organisiert. Als der Univ.betrieb in Schleswig wiederaufgenommen wurde, vertrat sie die kunstgeschichtliche Professur. 1947 wurde sie zur Kustodin der Kunsthalle ernannt. Nach ihrer Pensionierung (1951) veröffentlichte sie neben ihrem Hauptwerk „Die sh. Malerei im 19. Jh.“ zahlreiche Arbeiten zur regionalen Kunstgesch. M. wurde vielfach ausgezeichnet, u.a. mit dem →Kulturpreis der Stadt K., und geehrt als →Ehrenbürgerin der Stadt, Honorarprof. der Univ. und Ritter des Dannebrogs.

Lit.: I. Bohn u.a., Wissenschaftlerinnen an der Christiana Albertina, in: Demokratische Gesch.14 (2001), 37–41. SR

Matrosenanzug, um 1900

Matrosenanzug Der M., auch K.er Anzug genannt, war dem legeren Schnitt der Matrosenuniform nachempfunden. Mit einer Bluse ohne Knöpfe für Jungen und Mädchen erfüllte er die bereits im 17. und 18. Jh. erhobene Forderung nach einer kindgerechten Kleidung. Anfangs nur in adligen Kreisen getragen, stieg er im ersten Drittel des 20. Jh. zum beliebtesten Kinderkleidungsstück über alle Standes- und Klassengrenzen hinweg im ganzen Dt. Reich auf. Den ersten überlieferten M. in Dtld. erhielt 1773 der spätere pr. Kg. Friedrich Wilhelm III. Ein Porträt des Prinzen von Wales aus dem Jahr 1846 trug zur allgemeinen Popularität des M. bei. Ab 1889 produzierte die Trikotagenfabrik Wilhelm Bleyle die ersten M. und -kleider als Konfektionsware.

Lit.: R. Kuhn, B. Kreutz, Der M., Dortmund 1989. Ja

Lilli Martius

Matrosenaufstand →Revolution 1918

Max Das traditionsreiche Veranstaltungszentrum wurde bereits 1901 durch Richard Ladewig als Gaststätte Eichhof mit Tanzsaal erbaut. Nach Kriegsschäden wurde der große Saal 1949 durch Wilhelm Pries wieder aufgebaut und die Gaststätte als „Ballhaus Eichhof“ wiedereröffnet. Seit 1976 wurde der große Saal nach zwischenzeitlicher Schließung zur beliebten Diskothek unter dem Namen „Ball Pompös“ umgebaut, in der nationale Größen aus Pop, Rock und Jazz auftraten. Nach einem Brand eröffnete die Diskothek und Konzerthalle 1987 neu, zunächst unter dem Namen „SPIZZ“, dann als M. 1989–93 wurde der Saal auch als →Kino genutzt, seit 1994 entstand ein Programmkino mit eigenem Saal, das aber 2003 schließen musste. Ro

Max-Planck-Schule →Schule

Mediendom, Aufriss

Mediendom Der M. ist eine interdisziplinäre Forschungseinrichtung der →Fachhochschule Kiel, die über eine hochwertige Illusionstechnik verfügt. Erbaut im Jahr 2003 richten sich seine multimedialen Veranstaltungen auch an die Öffentlichkeit. Unter dem Motto „Wissenschaft macht Spaß!" werden einzigartige ästhetische Eindrücke in einer Projektionskuppel inszeniert und ambitionierte Projekte aus den Bereichen Kunst und Unterhaltung aufgeführt. Das umfangreiche Programmangebot zieht jährlich rund 34.000 Gäste an. Der öffentliche Betrieb des M. bindet dabei in hohem Umfang bürgerschaftliches Engagement ein, das Studierende der K.er Hochschulen und andere Freunde des M. tragen. Th

Meeresforschung Das erste belegte meereswissenschaftliche Experiment in K. führte Samuel →Reyher 1697 durch. Reyher war Mathematiker und Physiker der 1665 gegründeten →Christian-Albrechts-Universität. Mit seinem sog. „Experimentum Novum" bestimmte er den Salzgehalt des Wassers in der K.er →Förde. Als Beginn moderner M. gilt international die Expedition der britischen Dampfkorvette „Challenger", bei der 1872–76 erstmals Erkenntnisse zur Beschaffenheit der Meeresböden in der Tiefsee gewonnen wurden. Um der britischen →Marine diesen neuen Forschungszweig nicht alleine zu überlassen, startete die Kaiserliche Marine 1874 von K. aus ein ähnliches Vorhaben: Die „Gazelle", ebenfalls eine Dampfkorvette, umfuhr in zwei Jahren die Erde. Wissenschaftler an Bord untersuchten Bodenprofile des Südatlantiks sowie Meeresströmungen am Äquator und bei Neuguinea. Außerdem unternahmen sie zoologische, botanische, anthropologische und astronomische Forschungen. Auch in K. selbst etablierte sich um 1870 die M. Verantwortlich dafür waren der Physiologe Viktor →Hensen (1835–1924) und der Zoologe Karl →Möbius (1825–1908). Beide lehrten an der CAU und führten v.a. ökologische Studien in der →Kieler Bucht durch. Hensen prägte den bis heute verwendeten Begriff „Plankton" für frei im Wasser treibende und schwebende Organismen. 1889 startete die „Plankton-Expedition" dt. Meeresbiologen mit dem Forschungsschiff „National" nach Grönland und in den tropischen Atlantik. Daran nahm auch der K.er Geograph Otto Krümmel (1854–1912) teil. Während seiner Forschungs- und Lehrtätigkeit in K. entwickelte er grundlegende meereswissenschaftliche Methoden sowie entsprechende Geräte. Er gilt als Wegbereiter der modernen Ozeanografie. Ein weiterer Meilenstein der frühen dt. M. war die dt. Tiefsee-Expedition mit dem Dampfschiff „Valdivia" im Jahr 1898, an der ebenfalls Wissenschaftler aus K. teilnahmen. Entscheidend für die K.er M. wurde das Jahr 1902. Die „Preußische Kommission zur wissenschaftlichen Erforschung der dt. Meere" richtete in K. ein „Laboratorium für die internationale M." ein, in dem physikalische, chemische und biologische Untersuchungen betrieben wurden. Otto Krümmel leitete die hydrografische Abteilung. Außerdem wurde der Reichsforschungsdampfer „Poseidon" in Dienst gestellt, der für den ebenfalls 1902 gegründeten Internationalen Rat für M. (ICES) regelmäßig Nord- und Ostsee befuhr. Einen bedeutenden Beitrag zur internationalen M. leistete auch der Physiker Alexander →Behm (1880–1952). Mit dem von ihm ab 1912 in K. entwickelten →Echolot konnten die Meeresböden präzise wie nie zuvor vermessen werden. Auf der Grundlage seiner Erfindung begann mit der „Dt. Atlantischen Expedition" 1925–27 auf dem Forschungsschiff „Meteor" eine neue Phase der Tiefseeforschung. Mit den Echoloten der Firmen Behm und →Electroacustic (beide K.) sowie Atlas (Bremen) wurden insgesamt 67.000 Tiefenmessungen im Süd-

IfM-Geomar, Gebäude und Forschungsschiffe an der Kiellinie

atlantik durchgeführt. Dabei entstanden die ersten detaillierten Tiefenkarten des Ozeans. 1937 gründete der Zoologe Adolf Remane (1898–1976) in K. das Institut für Meereskunde (IfM) als Univ.institut. Ziel des IfM war die Untersuchung aller Vorgänge in der Wassersäule der Ozeane sowie in der Atmosphäre darüber. Zweiter Direktor war 1944 der Meereschemiker Hermann Wattenberg, der schon an der „Meteor"-Expedition teilgenommen hatte. Das erste Institutsgebäude in Kitzeberg wurde allerdings 1944 bei einem Bombenangriff zerstört. Nach dem 2. →Weltkrieg zog das IfM in eine Villa in der Hohenbergstr. Erster Nachkriegsdirektor war Georg Wüst (1890–1977), ebenfalls ein Teilnehmer der „Meteor"-Expedition. Ab 1965 nutzte das Institut zusätzlich das Gebäude Niemannsweg 11, bis die Forschungsabteilungen 1972 den Neubau direkt an der →Kiellinie beziehen konnten (Erweiterungsbau 1988). Seitdem besitzt das Institut mit dem Seehundbecken und dem →Aquarium auch touristische Anziehungspunkte. Parallel zur Entwicklung des IfM hatte sich an mehreren Instituten der CAU ein neuer Forschungszweig etabliert: die marinen Geowissenschaften. Sie beschäftigen sich v.a. mit Vorgängen an der Grenzfläche zwischen Meeresboden und Wassersäule sowie mit dem Meeresboden bis tief in den Erdmantel. Ihre Bedeutung wuchs rasch und 1984 schlug eine bundesweite Arbeitsgruppe die Gründung eines eigenen Instituts vor. Daraufhin beschloss der sh. →Landtag einstimmig die Gründung des Forschungszentrums für Marine Geowissenschaften GEOMAR. Im September 1987 nahm es seine Tätigkeit unter der Leitung des K.er Meeresgeologen Jörn Thiede auf. Das Institut bezog zunächst eine Etage im hist. Gebäude 4 auf dem K.er →Seefischmarkt. Aufgrund der erfolgreichen, weltweiten Forschung war bald ein Neubau erforderlich, der 1996 fertig gestellt wurde. Damit waren die Meereswissenschaften in einer dtld.weit einzigartigen Bandbreite in K. vertreten. Aus der Zusammenarbeit der beiden Institute entstanden schließlich Fusionspläne, die am 1.1.2004 ihren Abschluss fanden: IfM und GEOMAR vereinigten sich zum Leibniz-Institut für Meereswissenschaften an der Univ. K. (IFM-GEOMAR). Gründungsdirektor ist der Geologe Peter Herzig. Das IFM-GEOMAR beschäftigt sich mit den Themen Ozeanzirkulation und Klimadynamik, mit Mariner Biogeochemie, Mariner Ökologie sowie mit der Dynamik des Ozeanbodens. 2008 beschäftigte das Institut 530 Mitarbeiter. Die K.er Mee-

IfM-Geomar, Forschungstauchboot „Jago“

resforscher operieren weltweit und sind in zahlreichen nationalen und internationalen Gremien vertreten. Die am IFM-GEOMAR beschäftigten Wissenschaftler übernehmen im Bereich der M. Aufgaben in der akademische Lehre an der CAU. Außerdem sind Univ. und IFM-GEOMAR gemeinsam an mehreren Großforschungsprojekten beteiligt. Im Rahmen der Exzellenzinitiative der Bundesregierung 2005–06 wurde der CAU in Partnerschaft mit dem IFM-GEOMAR, dem →Institut für Weltwirtschaft und der →Muthesius Kunsthochschule die Förderung für den Exzellenzcluster „Ozean der Zukunft“ zugesprochen. Vier Forschungsschiffe haben ihren Heimathafen in K.: der Forschungskutter „Littorina“ (Indienststellung 1975), die Forschungsbarkasse „Polarfuchs“ (seit 1997 in K.), das Forschungsschiff „Alkor“ (Indienststellung 1990) sowie das Forschungsschiff „Poseidon“ (Indienststellung 1976), dessen Nachfolgebau in Planung ist. Darüber hinaus nutzen K.er Wissenschaftler intensiv die großen dt. Forschungsschiffe „Sonne“, „Meteor“, „Maria S. Merian“ und „Polarstern“. Mit seiner technischen Ausstattung gehört das IFM-GEOMAR zu den europaweit führenden Instituten: Seit 2006 verfügt es mit „Jago“ über Dtld. einziges bemanntes Forschungstauchboot, hinzu kommen der Tiefseeroboter ROV KIEL 6000, das Autonome Unterwasserfahrzeug AUV ABYSS (beide 2008 in Dienst gestellt) und weitere Großgeräte, darunter mehrere Eigenentwicklungen. 2005 wurde das K.er Wirkstoffzentrum KiWiZ im Stadtteil →Wik gegründet. Dort extrahieren Wissenschaftler Wirkstoffe für Human- und Tiermedizin, für Pflanzenschutz, Kosmetik und Nahrungsmittel aus marinen Organismen. Für 2011 ist der erste Spatenstich für die Erweiterung des IFM-GEOMAR-Gebäudes am Seefischmarkt geplant, der dann die IfM-Gebäude am Düsternbrooker Weg ersetzen und die räumliche Trennung der Forschungsbereiche beenden soll.

Lit.: G. Kortum u.a., 300 Jahre M. an der Univ. K. – ein hist. Rückblick, K. 1997. Ste/HW

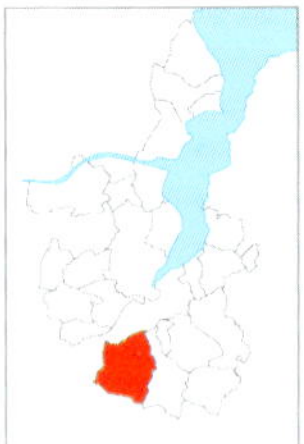

Meimersdorf

Meimersdorf Das im K.er Süden gelegene Dorf M. wurde 1970 nach K. eingemeindet. Der heutige Stadtteil umfasst eine Fläche von 771ha und zählt 2.122 Einwohner sowie 622 Gebäude, die fast ausschließlich zu Wohnzwecken genutzt werden; lediglich 24 Arbeitsstätten sind in der Statistik aufgeführt. M. erfüllt heute die Funktion einer grünen Vorstadtwohnsiedlung, die aktuell durch den Neubau großer Wohneinheiten noch verstärkt wird. M. gliedert sich in die Ortsteile Altm. und Neum. Der Ortsteil Altm. ist landwirtschaftlich geprägt und geht auf ein Bauerndorf von 15 Hufen zurück, das zwischen 1392 und 1867 zum Kloster Itzehoe gehörte. Die heute meist zu Wohnhäusern umgebauten Gehöfte des Angerdorfes gruppieren sich um einen großen Dorfplatz. Der Anger, eine ehemals von den Bauern gemeinschaftlich genutzte

Meimersdorf, Hof Struwe, 1935

Weidefläche, wird von 90 als Naturdenkmal erfassten Linden gesäumt, die 1842 gepflanzt wurden. In der Mitte befinden sich eine ca. 100-jährige Eiche und zwei Teiche. Der Anger steht der Dorfgemeinschaft heute als Festplatz und Treffpunkt zur Verfügung. Zu M. gehört ein im Jahr 1902 eingerichteter Friedhof mit einer um 1950 erbauten Kapelle. Während des 2. →Weltkriegs lag in der Gemarkung M. die Flakbatterie „Meido", die K. vor aus dem Süden kommenden Luftangriffen schützen sollte. Zahlreiche Bunkeranlagen im Umland zeugen noch heute davon. Der westlich des alten Dorfkerns gelegene Ortsteil Neum. entstand im Zusammenhang mit dem Bau des K.er Verschiebebahnhofs in den 1920er Jahren als Wohnsiedlung für Bahnbedienstete. Hier wurde 1998 ein etwa 20ha großes, als „Gartenstadt" bezeichnetes Wohngebiet für rund 500 Wohneinheiten erschlossen. Die Fläche wurde zuvor landwirtschaftlich genutzt und vergrößerte die Wohnbevölkerung des Stadtteils um rund 1.500 Menschen.

Lit.: Denkmaltopografie, 114 f. Ti

Ferdinand **Meislahn** gründete 1882 ein Wäsche-Fachgeschäft in der →Fleethörn und zog 1891 in die geschäftigere →Holstenstraße/Ecke →Holstenbrücke. Als Alternative zum Kaufhaus wollte er für die gut situierte Kundschaft feinste und hochwertige Waren verarbeiten, für die er bis zu 30 Näherinnen beschäftigte. Dieser Geschäftsgrundsatz galt auch, als sein Schwiegersohn Wilhelm Hacker (1898–1976) 1926 in die Firma eintrat und das Sortiment um Mode und konfektionierte Textilien erweiterte. 1937 erfolgte der Neubau des Geschäftshauses nach Plänen des Architekten Ernst →Stoffers. Seit 1995 führt Daniel Hacker in vierter Generation das Wäsche- und Modehaus nebst zwei Filialen, das zu den ältesten familiengeführten Traditionsgeschäften der K.er Geschäftswelt zählt und sich bislang erfolgreich gegenüber den großen Filialisten zu behaupten weiß.

Lit.: J. Hacker, Ferdinand M. 1882–1982, K. 1982. Dr

Ferdinand Meislahn, Geschäftshaus an der Holstenbrücke

Mensing, Otto Ludwig Theodor (geb. 28.7.1868 Lütjenburg, gest. 19.8.1939 K.), studierte Germanistik und Klassische Philologie in K. und München, wurde 1891 in K. promoviert und habilitierte sich dort 1903 für Dt. Philologie. Seit 1893 war er als Lehrer an Gymnasien in Hadersleben, Flensburg und an der K.er →Gelehrtenschule tätig, seit 1901 als Oberlehrer, seit 1907 als Gymnasialprof. 1921 wurde er zum außerordentlichen Prof. an der →Christian-Albrechts-Universität ernannt. M. verfasste Schulbücher, darunter Standardwerke zur dt. Grammatik, und Lesebücher. Seine Forschungen richteten sich auf die modernen und hist. Dialekte der Region, sein Hauptwerk, das „Sh. Wörterbuch" (5 Bde., 1927–35), festigte seinen Ruf als Lexikograph. 1921 gründete M. die →„Ndt. Bühne K.", bei der er als Theaterleiter, Regisseur und Schauspieler tätig war, bis er 1933 auf Druck der Nationalsozialisten von seinen Funktionen zurücktrat.

Otto Mensing

Lit.: Lebensläufe, 220–223, 382 f. Ja

Mestorf, Johanna (geb. 15.4.1828 Bramstedt, gest. 20.7.1909 K.), erwarb sich durch Selbststudien Kenntnisse der nordischen Mythologie und Archäologie. Sie übersetzte skandinavische Werke der Archäologie, publizierte Schriften mit volkskundlichem und geschichtlichem Inhalt und schrieb 1866 den Roman „Wiebeke Kruse". 1873 wurde sie Kustodin, 1891 Direktorin des K.er →Museums für Vaterländische Altertümer. M. schuf die Grundlagen für die Erforschung der Vorgesch. SH, erstellte einen Katalog der Funde und ordnete und vergrö-

Johanna Mestorf

Mettenhof, Luftaufnahme Neubaugebiet, 1971

ßerte die Sammlung des Museums. 1899 erhielt sie als eine der ersten dt. Frauen den Prof.titel, weitere Ehrungen folgten. 1909 verlieh ihr die medizinische Fakultät der Christian-Albrechts-Universität die Ehrendoktorwürde als Anerkennung für ihre Moorleichenforschung.

Lit.: J. K. Koch, E.-M. Mertens (Hg.), Eine Dame zwischen 500 Herren, Münster 2002. Ge

Metallarbeiterstreik Der sh. M. 1956–57 war der bisher längste Arbeitskampf in der Gesch. der Bundesrepublik. Am 24.10.1956 legten zur Frühschicht fast 84% der Beschäftigten der Howaldtswerke (→HDW) die Arbeit nieder. Die Belegschaften von →MaK und →Bohn & Kähler folgten. Forderungen waren u.a. Lohnfortzahlungen für gewerbliche Arbeiter im Krankheitsfall und Erhöhung des Urlaubsgeldes. Die Schlichtung zog sich trotz Eingreifens von Bundeskanzler Adenauer bis zum Anf. des nächsten Jahres hin. Obwohl 57% der Arbeiter die Verhandlungsergebnisse ablehnten, endete der Streik am 15.2.1957. Das aus dem Streik resultierende „Gesetz über die Fortzahlung des Arbeitsentgelts im Krankheitsfall" trat erst am 1.1.1970 in Kraft.

Lit.: W. Kalk, 120 Jahre Metallarbeiterbewegung in K., K. 1989. Sch

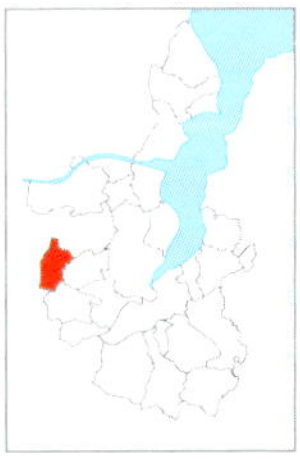

Mettenhof

Metallarbeiterstreik bei den Howaldtswerken, 1956

Mettenhof Um die ausgedehnten Ländereien seines Gutes Quarnbek besser zu bewirtschaften, legte Hans Heinrich von Kielmannsegg (1636–86) zwei Meierhöfe an: Dorotheental, genannt nach seiner zweiten Ehefrau Dorothea von Reventlow, und M., das den Namen seiner ersten Frau, Meta von der Wisch (1655–74), erhielt. Wurde M. anfangs von einem Verwalter geleitet, so waren es in der Folgezeit Pächter, die zuweilen mit wenig Erfolg wirtschafteten und häufig wechselten, darunter Adolph Friedrich →Cirsovius, Sohn des Gründers der →Kieler Spar- und Leihkasse, und Louis →Renard, dessen Sohn Gregor sich in K. als Fotograf niederließ. 1896 wurde der Meierhof an Ernst Behr (1865–1960) aus Stockseehof verkauft und 1898 aus dem

Gutsbezirk Quarnbek gelöst und in die neu gebildete Landgemeinde Melsdorf eingegliedert. Die Bindungen an K. verstärkten sich, als 1937 die Stadt 20ha in M. erwarb, um Beschäftigte einer Industriefirma anzusiedeln („Leichtbausiedlung", später „Alt-M."), und führten schließlich 1963 zur →Eingemeindung M. (525 Einwohner). Schon in den 1950er Jahren hatte sich abgezeichnet, dass ausreichender Wohnraum für die stark wachsende Einwohnerzahl K.s nur auf freien Flächen am Stadtrand zu schaffen war. 1960 erwarb die Wohnungsgesellschaft „Neue Heimat" M. und begann mit den Planungen des neuen Stadtteils, der zunächst 40.000, dann 21.000 Bewohner aufnehmen und nach modernen Vorstellungen gestaltet werden sollte. Diese folgten zum einen E. Howards Idee der Gartenstadt, d.h. der Mischung von Gebäuden und Grünflächen, und zum anderen dem „Nachbarschaftsgedanken" C. A. Perrys, der sich selbst versorgende, baulich und sozial gemischte Wohnzellen und einen davon getrennten Stadtverkehr propagierte. Nach dem Baubeginn 1964, der Grundsteinlegung und dem Abbruch der alten Hofgebäude 1965 und dem ersten Richtfest 1966 entstand in sechs Bauabschnitten das neue M. mit strikter Trennung der Funktionen, einem hohen Anteil an großen Wohnungen, überproportional vielen Frei- und Grünflächen, einem ausgedehnten Fußwegenetz und einer guten Infrastruktur – wobei sich nicht alle Erwartungen erfüllten. M., dessen Areal durch weitere Umgemeindungen aus Kronshagen, →Russee und Melsdorf bis 1970 abgerundet wurde, hat heute fast 19.000 Einwohner.

Lit.: J. Grönhoff, M., in: MKStG 58 (1968/72), 139–189; G. Jablonski, Der Stadtteil M., in: Stadtteiluntersuchungen in K., K. 1993, 263–303. Rt

Meyer, Adolph (geb. 11.12.1894 K., gest. 19.8.1988 Gauting bei München), der Sohn des K.er Kapellmeisters Christian Meyer nahm nach einer Lehre als Theatermaler am →Stadttheater K. zunächst ein Studium der Dekorationsmalerei an der Kunstgewerbeschule Hmbg. bei Anton Kling und Carl Otto Czeschka auf und wechselte später an die Kunstgewerbeschule Charlottenburg. In

Adolph Meyer, Tänzerin, 1919

Berlin arbeitete M. bis Kriegsbeginn im Atelier von César Klein, wo er u.a. Bekanntschaft mit Werner →Lange machte. Nach der Entlassung aus dem Kriegsdienst kehrte M. 1919 nach K. zurück, wo er eine Anstellung als Leiter des Malersaals am Stadttheater antrat und Mitglied der →Expressionistischen Arbeitsgemeinschaft Kiel wurde. Während dieser Zeit entstanden Gemälde, Zeichnungen und Radierungen im Stil des Expressionismus. Im selben Jahr siedelte M. nach Breslau über. Erst 1988 kehrte er kurzzeitig während einer Reise durch SH nach K. zurück.

Lit.: Stadtgalerie K. (Hg.): Kunstwende, Nms. 1992. Wd

Meyer, Carl →Heimatschutzbewegung

Gustav Friedrich Meyer

Meyer, Gustav Friedrich (geb. 28.2.1878 Pönitz, gest. 29.7.1945 Neustadt/Holstein), Mittelschullehrer, war seit 1900 in K. ansässig, Mitarbeiter am Sh. Wörterbuch von Otto →Mensing, Leiter der sh. Landesstelle des Zentralinstituts der dt. Volkserziehung

und der Geschäftsstelle für SH, Hmbg. und Lüb. des „Atlas der dt. Volkskunde“ sowie von 1936–45 Dozent für volkskundliche Heimatforschung an der →Christian-Albrechts-Universität. Bekannt wurde M. als Sammler von Märchen, Sagen und anderen mündlichen Überlieferungen in SH. Er hat sich zudem intensiv mit der ndt. Sprache und den regionalen Brauchformen beschäftigt. Die Auswertungen seiner Feldstudien sind von Volkstumsideologie und rassisch-völkischen Überzeugungen beeinflusst und teilweise abwegig, doch ist das Material selbst, das in der →Schleswig-Holsteinischen Landesbibliothek aufbewahrt wird, aussagekräftig und bietet auch heute noch Ansatzpunkte für die Forschung.

Hannelore Jeske, Sammler und Sammlungen von Volkserzählungen in SH, Nms. 2002, S. 290-314. Ha

Johann Meyer

Meyer, Johann (geb. 5.1.1829 Wilster, gest. 15.10.1904 K.). Nach der Lehre als Müller und Zimmermann, der Teilnahme an der Schlacht bei Idstedt 1851 und Abitur 1854, studierte M. in K. 1854–57 Theologie und wurde Privatlehrer in Altona, 1859 Redakteur der „Itzehoer Nachrichten“. 1864 eröffnete er in K. mit staatlicher Unterstützung die „Idioten-Anstalt“ für Gemütskranke. Als Dichter trat er 1856 mit seinen „Lyrischen Gedichten“ in Erscheinung, zwei Jahre später bei Hoffmann und Campe mit zwei Bänden „Dithmarscher Gedichte“. Seine „Plattdt. Poesien“ (4. Aufl. 1887) enthalten hist. Balladen und Naturbilder zu Tages- und Jahreszeiten. In den „Hochdt. Gedichten“ (1887) besang er in patriotischer Weise seine Heimat, mit den „Hohenzollerngedichten“ und Festspielen (1906) wurde er zum Propagandisten der pr.-dt. Einigung.

Lit.: H. J. Frank, Literatur in SH, Bd. 3, 1, Nms. 2004, 486–494. Si

Otto Meyerhof

Meyerhof, Otto Fritz (geb. 12.4.1884 Hannover, gest. 6.10.1951 Philadelphia). Nach dem Abitur in Berlin studierte M. seit 1903 zunächst Philosophie, später auch Medizin in Freiburg, Straßburg, Berlin und Heidelberg. 1908 legte er das medizinische Staatsexamen ab, 1910 die Promotion. Ein kurzer Studienaufenthalt 1910/11 in der Zoologischen Station Neapel weckte sein Interesse an der Physiologie des Muskelstoffwechsels. Er experimentierte auf diesem Gebiet in Heidelberg und seit 1912 am Physiologischen Institut in K. 1913 wurde er habilitiert, 1918 zum Titularprof. und 1921 zum Extraordinarius an der →Christian-Albrechts-Universität ernannt. In diesen Jahren entdeckte er den gesetzmäßigen Zusammenhang zwischen Sauerstoffverbrauch und Milchsäureumsatz im Muskel und erhielt dafür 1922 gemeinsam mit Archibald Vivian Hill den Nobelpreis für Medizin. 1924 setzte M. seine Karriere in Berlin und seit 1929 in Heidelberg fort. 1935 wurde ihm als jüd. Wissenschaftler die Lehrbefugnis entzogen, und 1938 floh er zunächst nach Frankreich und 1940 weiter in die USA. M. beendete seine Laufbahn, international geachtet, auf dem Lehrstuhl für Physiologische Chemie an der Univ. Philadelphia.

Lit.: Lebensläufe, 226–228, 384. Pe

Meyer-Quade, Joachim (geb. 22.11.1897 Düsseldorf, gest. 10.9.1939 Piatek/Polen), war ein führender Nationalsozialist in SH. Als Kriegsfreiwilliger im 1. →Weltkrieg geriet er 1915 in französische Gefangenschaft und kam 1920 frei. Es folgten eine landwirtschaftliche Ausbildung und die Arbeit als Redakteur für die „Norddt. Landwirtschaftszeitung“ (1926–31). Er trat 1925 in die NSDAP ein, bekleidete verschiedene Ämter (u.a. die Kreisleitung von Schleswig, 1929–32) und vertrat die Partei als Abgeordneter im Kreistag, im pr. Landtag (1932–33) und im Reichstag (1930–32, 1933–39). In SH stieg er 1935 zum Führer der SA-Gruppe Nordmark und 1937 zum SA-Obergruppenführer auf. 1934 wurde er in K. Polizeipräsident. Von 1934 an war er Beisitzer am Volksgerichtshof. Seinen Tod beim dt. Überfall auf Polen schlachteten die Nationalsozialisten propagandistisch aus.

Lit.: J. Lilla, Statisten in Uniform, Düsseldorf 2004, 417. Om

Gustav Adolph Michaelis

Michaelis, Gustav Adolph (geb. 9.7.1798 Harburg, gest. 8.8.1848 Lehrte), wuchs in der Familie seines Onkels Christian Rudolf

Wilhelm →Wiedemann in K. auf. Nach dem Besuch der K.er →Gelehrtenschule studierte er von 1817–20 Medizin in Göttingen und wurde dort promoviert. Nach Rückkehr von einer längeren Studienreise nach Frankreich habilitierte er sich in K. 1823 und hielt geburtshilfliche Vorlesungen an der →Christian-Albrechts-Universität. Da er dafür nicht besoldet wurde, ließ er sich als praktischer Arzt in K. nieder und wurde 1836 Stadtphysikus. Schon 1835 hatte er für den erkrankten Wiedemann die Leitung der Gebäranstalt übernommen, weiterhin ohne Gehalt; 1839 wurde er außerordentlicher Prof. und 1841 offiziell ihr Vorsteher. M. hat die allgemeine Hebammenausbildung nachhaltig befördert, die Beckenmessung bei allen Schwangeren eingeführt, wobei die nach ihm benannte „M.-Raute" zur Diagnose diente, und als Erster in Dtld. die Semmelweis'sche Händedesinfektion propagiert.

Lit.: Lebensläufe, 228–231, 384 f. Pe

Milchküche

Milchküche Mehrfamilienhaus, erbaut 1888 von und für Bauunternehmer Johann Burchard, 1906 vom Frauenbildungsverein als 2. Säuglingsmilchküche im Dt. Reich eingerichtet und bis 1971 genutzt als Mütterbildungsstätte. Grau und sanierungsbedürftig geworden, wurde die „M." zum anhaltenden Streitfall um Abriss oder Erhaltung und endlich zum wohnalternativen Refugium vieler Muthesius-Kunststudenten. Der „herrschaftliche" Putzbau – halb Villa, halb Etagenhaus – folgt in seiner reliefplastisch bewegten Fassadenabwicklung der Straßenkurve und vermittelte einst zum →Kleinen Kiel hin den Übergang von der Mietshausbebauung zur offenen Bauweise am Lorentzendamm. Sie wurde im Jahr 2000 grundsaniert.

Lit.: H.-G. Andresen und B. Manitz: Abriß? Nein Danke!, in: SH 5 (1980), 4–10. An

Alte Milchküche, Gretel Riemann, 1994

Minetti, Bernhard Theodor Henry (geb. 26.1.1905 K., gest. 12.10.1998 Berlin), wirkte bereits als Schüler an den K.er Bühnen als Statist, wählte jedoch einen fremden Namen, um seine Aktivitäten vor dem Vater geheim zu halten. In München studierte M. zunächst Germanistik und Theaterwissenschaften, in Berlin dann Schauspiel. Nach Engagements in der Provinz war M. von 1930 bis zum Kriegsende am Staatstheater in Berlin engagiert. Er wirkte in Filmen mit, so in „Berlin Alexanderplatz" und in dem Propagandafilm „Die Rothschilds". Nach Ende des 2. →Weltkriegs wurde M.

Bernhard Minetti

Theodor Möller

vorgeworfen, er sei Nutznießer und Sympathisant des ns. Regimes gewesen. Kurze Zeit agierte M. als Schauspieldirektor in K. (Spielzeiten 1945–46 und 1946–47) und kehrte dann über Hmbg., Frankfurt und Düsseldorf nach Berlin zurück. M. wurde 1974 mit dem Dt. Kritikerpreis ausgezeichnet, 1994 erhielt er den Theaterpreis Berlin.

Lit.: B. Minetti, Erinnerungen eines Schauspielers. Stuttgart 1985. Wm

Mißfeldt, Friedrich (geb. 2.10.1874 K., gest. 19.6.1969 Schleswig), absolvierte von 1890–93 eine Ausbildung als Dekorationsmaler. Darauf folgte ein Studium an der Kunstakademie Karlsruhe u.a. bei Leopold v. Kalckreuth, später in Stuttgart, Berlin und an der Pariser Académie Julian. Nach seiner Rückkehr nach K. 1906 arbeitete er als freischaffender Künstler, es entstanden Gemälde, die stilistisch dem Jugendstil verpflichtet waren, und zahlreiche Wandmalereien in K. und SH – die meisten wurden im Bombenkrieg zerstört. Wie sein Freund Georg →Burmester widmete er sich außerdem der Freilichtmalerei. Er wurde Lehrer an der städtischen Handwerker- und Kunstgewerbeschule, der späteren Muthesiusschule (→Muthesius Kunsthochschule) und galt als führendes Mitglied der sh. Kunstgenossenschaft.

Lit.: S. Mißfeldt, Friedrich M. (1874–1969), K. 2009. Ti

Möbius, Karl →Meeresforschung

Heinrich Mölling

Friedrich Mißfeldt, Steilküste an der Kieler Förde, 1908

Möller, Theodor Claus Heinrich (geb. 6.3.1873 Rumohr, gest. 10.11.1953 K.), Volksschullehrer und Heimatforscher, lebte seit 1897 in K. und war von 1908–13 im Kreis Tondern und im Jahr 1914 im Kreis Oldenburg als Baupfleger tätig. Von 1930–48 leitete er als Vorsitzender den Verein „Die Heimat". M. war ein bedeutender Fotograf, der seine Aufnahmen von Landschaften, Bauwerken und Menschen in SH seit 1912 in mehreren Bildbänden veröffentlichte, die ihn weithin bekannt machten. Seine Motivation bezog er aus dem Heimatschutzgedanken, d.h. er verstand sich weniger als künstlerischer Fotograf, sondern wollte Schönheit und Eigenart des Landes dokumentieren, die seiner Meinung nach durch die →Industrialisierung zu verschwinden drohten. Sein Fotoarchiv befindet sich heute im Landesamt für Denkmalpflege.

Lit.: Quer durch SH, Nms. 2007. Ha

Mölling, Heinrich Johannes Georg (geb. 27.8.1825 Lensahn, gest. 10.4.1888 Nms.), war nach dem Jurastudium in Heidelberg, Bonn, Göttingen und K. (1845–49) zunächst in der Landdrostei Pinneberg und seit 1854 im Ministerium für die Hztt. Holstein und Lauenburg in Kopenhagen tätig, bevor er 1859 in Altona hauptamtliches Magistratsmitglied und 1864 Eisenbahnkommissar für Holstein wurde. Nach der Einverleibung SH in Pr. ernannte die Regierung M. zum kommissarischen →Bürgermeister von K., und 1870 wählte man ihn in K. zum Bgm., ein Amt, das er – seit 1875 mit dem Titel Oberbgm. – nach der Wiederwahl 1882 bis zu seinem Tod ausübte. In diese Zeit fiel das rasante Wachstum K.s von einer Provinzstadt zur Großstadt mit dem raschen Bau von Wohnungen und öffentlichen Gebäuden, der Ausweitung der Marineeinrichtungen und Hafenanlagen, der das Stadtbild prägenden Werftenansiedlung auf dem Ostufer und der Verbesserung der Versorgungsnetze und Verkehrswege. Vor den Nachteilen dieser rapiden, aber manchmal wenig planvollen Entwicklung konnte M., der 1879 ins pr. Herrenhaus berufen wurde, K. nicht bewahren. Sein Ehrengrab liegt in K. auf dem →Südfriedhof.

Lit.: Lebensläufe, 231–233, 385. Rt

Möllingsruh Städtische Grünanlage, die seit 1868 durch Anschüttungen an der Nordwest-Ecke des →Kleinen Kiels gewonnen wurde. Kurz nach dem Tod des verdienten Oberbgm. Heinrich →Mölling 1888 wurden die Anlagen umgestaltet und die Bezeichnung M. eingeführt. Im →Wiederaufbau wurden M. und der ursprünglich viel kleinere →Ratsdienergarten zu einer Anlage zusammengefasst, für die sich heute der Name Ratsdienergarten durchgesetzt hat. Ro

Mohr, Daniel Matthias Heinrich (geb. 8.4.1780 Quickborn, gest. 26.8.1808 K.), studierte seit 1799 in K. bei Johann Christian →Fabricius und 1801 in Göttingen. 1803 wurde er in K. promoviert. Er wurde Adjunkt der Philosophischen Fakultät und 1807 außerordentlicher Prof. für Zoologie und Botanik. Zusammen mit seinem Kollegen, dem Botaniker Friedrich Weber (1781–1823), zählt er zu den frühen Reiseschriftstellern. Sie erforschten die Algen und Moose und stellten Algen und Flechten als einander näher verwandte Gruppe den Farnen und Moosen gegenüber. M. konnte als einer der Ersten die Vermehrung der Algen richtig deuten. Zusammen mit Weber begründete er die in K. erschienenen „Beiträge zur Naturkunde".

Lit.: SHBL 5 (1979), 164 f. Ni

Moldenhawer, Johann Jacob Paul (geb. 11.2.1766 Hmbg., gest. 21.8.1827 K.), studierte nach 1784 Theologie in Göttingen und Kopenhagen, wo er sich mit Botanik zu beschäftigen begann. Aufgrund seiner Schrift „Tentamen in historiam plantarum Theophrasti" wurde er 1792 als außerordentlicher Prof. für Botanik und Obstbaumzucht an die Univ. K. berufen, wo er gleichzeitig Vorlesungen in griechischer Literatur hielt. Er übernahm die Leitung der →Fruchtbaumschule, um die sich Johann Christian →Fabricius vergeblich bemüht hatte. Von 1795 bis 1812 forschte er über Pflanzenanatomie und veröffentlichte die „Beyträge zur Anatomie der Pflanzen". Er entwickelte eine Mazerationsmethode, mit der er Pflanzenzellen aus dem Gewebeverband isolieren konnte, und wies damit nach, dass die Einzelzellen der Pflanzen von einer Zellwand umgeben sind. So konnte er die Jahresringe der Bäume erstmals deuten. Weiter zeigte er, dass pflanzliche Leitgewebe zu Bündeln zusammengefasst sind, und prägte den Begriff des Gefäßbündels. Schließlich entdeckte er die Schließzellen neben den Spaltöffnungen der Blätter. 1813 wurde er zum Ritter vom Dannebrog geschlagen und 1824 zum Justizrat ernannt.

Lit.: Lebensläufe, 234, 385. Ni

Moldenschardt, Heinrich (geb. 25.1.1839 Fiefbergen, gest. 1.9.1891 K.), war einer der bekanntesten Architekten in K. und SH. Er studierte Baukunst am hannoveranischen und am Züricher Polytechnikum. 1867 ließ er sich in K. nieder. Erste Aufträge waren Büro-, Fabrik- und Speicherbauten. Auftraggeber waren u.a. die →Howaldts, für die er auch Villen, Möbel und Innenausstattungen entwarf. M. arbeitete über die Grenzen SH hinaus. Von ihm stammen u.a. das Gesellschaftshaus der freiwilligen Armenfreunde in K. (1873–75), die Ausstattung der Kaiseryacht →„Hohenzollern" (1875–76), und er beteiligte sich am Denkmal für die Gefallenen 1870–71 im →Schlossgarten und am →Thaulow-Museum (1876–77).

Lit.: U. Höhns, K. Alberts (Hg.), Heinrich M. 1839–91, Heide 2009. Sch

Heinrich Moldenschardt

Moorsee Die ehemalige Landgemeinde M. ca. 8km südlich von K. wird begrenzt von der Poppenbrügger Au im Norden und dem Schlüsbeker Moor im Süden. Sie wurde 1970 in K. eingemeindet (→Eingemeindungrn) und bildet heute zusammen mit den Ortsteilen →Poppenbrügge und →Schlüsbek den K.er Stadtteil M. Er umfasst ein Areal von 557ha und zählt 1.622 Einwohner (Stand 2009) sowie 533 vorwiegend zu Wohnzwecken genutzte Gebäude und knapp 150 Arbeitsstätten überwiegend aus →Handel und Dienstleistung. Das alte Haufendorf M. weist noch heute einen landwirtschaftlich geprägten Ortskern mit bäuerlichen Wohn- und Wirtschaftsgebäuden auf, während Poppenbrügge sich zu einer Stadtrandsiedlung

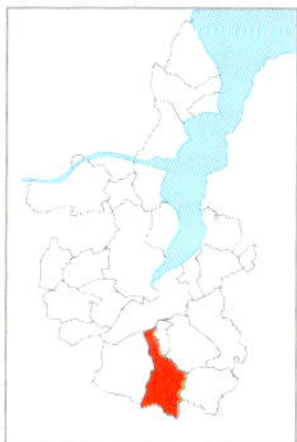

Moorsee

Moorsee, Dorfplatz

entwickelte. Zur Gemarkung gehört der namengebende ehemalige M., der seit Anf. des 19. Jh. entwässert und kultiviert wurde. Die umgebende hist. Kulturlandschaft ist von Ackerflächen, Dauergrünland und Knicks geprägt. Die Gesch. M. geht auf das 13. Jh. zurück. Ab 1572 gehörte das Dorf zum Amt K. (→Kiel, Amt). Im 19. Jh. war die Entwicklung durch die Kultivierung des M. und verschiedene Infrastrukturmaßnahmen geprägt, wie die Pflasterung der Straße von der Poppenbrügge nach Schlüsbek – der heutige denkmalgeschützte Steindamm – sowie den Bau der →Eisenbahn K.-Altona. 1890 erfolgte die Gründung des Amtes M., zu dem seit 1938 auch die Gemeinde Schlüsbek gehörte. Während des 2. →Weltkriegs erlitt das Dorf schwere Bombenangriffe und nach Kriegsende folgten Einweisungen von →Flüchtlingen und Vertriebenen, die das einst bäuerliche Sozialgefüge veränderten. Der Bau der Bundesstraße 404 im Jahr 1956 sowie ihr gegenwärtiger Ausbau zur →Autobahn und das Wachsen des Gewerbegebiets →Wellsee teilweise auf dem Gebiet der Gemarkung M. bestimmen heute den Wandel des Stadtteils. Im Jahr 2003 wurde das markante Druckereigebäude der →Kieler Nachrichten mit einer 17m hohen Offset-Rotationsanlage errichtet.

Lit.: Denkmaltopografie, 115 f. Ti

Mordhorst, Adolf Hermann (geb. 18.03.1866 Glückstadt, gest. 27.02.1951 Flensburg), studierte Theologie in Berlin und K., wo er auch die theologischen Prüfungen ablegte. Nach Stationen in Süderhastedt und Schleswig wurde er 1908 Pastor an der St. →Nikolaikirche sowie Propst von K. und Vorsitzender der Stadtmission. Seit 1917 bekleidete er das Amt des Generalsuperintendenten für Holstein, in dem er 1924 durch Wahl zum Bf. bestätigt wurde. Nach der Machtergreifung der Nationalsozialisten wurde M. – ebenso wie Eduard Völkel, Bf. für Schleswig – auf der sog. Braunen Synode in Rendsburg am 12.9.1933 abgesetzt und durch den Landesbf. Adalbert →Paulsen ersetzt. M. musste die Versetzung in den Ruhestand akzeptieren. Von 1934–47 war er als Vorsitzender des Landesverbandes der Inneren Mission in SH tätig.

Lit.: Sh. Kirchengesch., Bd. 6/1, Nms. 1998, 111–451. Gn

Daniel Georg Morhof

Morhof, Daniel Georg (geb. 6.2.1639 Wismar, gest. 30.7.1691 Lüb.), begann 1657 in Rostock ein Jurastudium, betrieb nebenbei auch Studien in der Medizin, neueren Sprachen, Rhetorik und Poesie. 1659 wurde er Prof. für Poesie und nach Auslandsreisen nach Holland und England 1661 in Franeker/Friesland zum Dr. jur. promoviert. 1665 wechselte er an die Univ. K. auf den Lehrstuhl für Poesie und Beredsamkeit, war seit 1673 außerdem Prof. für Gesch. und leitete seit 1680 die Universitätsbibliothek. In seiner Zeit gehörte M. zu den bedeutendsten dt. Universalgelehrten. Neben lat. Gedichten und Epigrammen verfasste er medizinische, juristische, theologische und naturwissenschaftliche Abhandlungen. Seine wichtigsten Werke sind: „Unterricht von der teuschen Sprache und Poesie", ein Überblick über die Gesch. der Sprache und der Literatur, und der „Polyhistor", in dem das gesamte Wissen der Zeit systematisch dargestellt ist.

Lit.: Lebensläufe, 235–237, 385 f. Ge

Buchhandlung Walter G. **Mühlau** 1902 gründete, Walter G. M. in K. eine Buchhandlung in der Brunswiker Str., wo 1906 ein eigenes Haus bezogen wurde. Neben dem allgemeinen Büchersortiment gab es eine Abteilung „Wissenschaften" mit Kontakt zur Univ., ferner eine Musikalien-

Buchhandlung Walter G. Mühlau, um 1955

Abteilung mit Verkauf von Konzertkarten. 1908 starb Walter G. M., und sein Teilhaber Heinrich Hunke (1879–1952) wurde Alleininhaber. Er veranstaltete Dichterlesungen u.a. mit Rudolf G. Binding, Borries Frh. v. Münchhausen und Waldemar →Bonsels sowie wissenschaftliche Vorträge u.a. mit Sven Hedin, Bengt Berg. 1918 und 1919 stellte er die ersten weiblichen Lehrlinge im dt. Sortimentsbuchhandel ein. 1934 wurde ein Anbau notwendig. 1944 erlitt die Firma durch einen Bombenangriff Totalschaden. 1951 zog sie in die →Holtenauer Straße um. 1952 starb Hunke, und seine Tochter Waltraud wurde Nachfolgerin. 1979 ging die Firma an die Lüb. Buchhandlung Gustav Weiland Nachfolger über.

Lit.: W. Hunke, T. J. Martens, 100 Jahre Univ.buchhandlung Walter G. M., K. 2002. Si

Mühlen M. waren die ersten maschinellen Betriebe zur Verarbeitung von Rohstoffen. Energielieferanten waren Wind und Wasser. Ihr Standort wurde sorgfältig ausgewählt: Auf Anhöhen und unbebauten Flächen sowie an Flussläufen bevorzugt mit Gefälle, um die Wind- bzw. Wasserkraft optimal zu nutzen. Sie wurden vielfältig eingesetzt. Auf sog. Bork- oder Lohm. wurde Eichen-seltener Fichtenrinde zerkleinert, die zum Gerben von Häuten nötig war. Ölm. verarbeiteten insbesondere die ölhaltige Rapssaat zu Brenn- und Schmieröl. Für die im Malerhandwerk verwendeten Firnisfarben war Leinsamenöl unentbehrlich. Eine herausragende Rolle spielten M. bei der Nahrungsmittelversorgung. Die Hauptmahlzeiten bestanden bis in das 19. Jh. hinein aus Mehlspeisen und Grütze. An der Unterscheidung von Malz-, Graupen- und Kornm. lässt sich grob die Produktpalette ablesen. Die kostspieligen M.bauten gehörten meist Klöstern, Städten oder Landesherren, die die Betriebe in Pacht vergaben. Die Rentabilität sollte der M.zwang gewährleisten. Kunden durften aufgrund ihres Wohnortes nur bestimmte M. aufsuchen, sie waren ihnen zwangspflichtig. Gaardener, Ellerbeker und Elmschenhagener waren Kunden der Gaardener Klosterm. K.er konnten Malz nur auf der Malzm. – anfangs am Pferdeborn (Verlängerung des →Ziegelteiches), später an der →Fleethörn – beziehen. Für Graupen war die Graupenm. an der Eckernförder Allee zuständig. Um Korn mahlen oder schroten zu lassen, musste die Kg.liche Kornm. an der Schwentinemündung aufgesucht werden, beschwerlich, da es keinen geregelten Fährverkehr gab. Das Korn bzw. Mehl über die →Förde zu transportieren, wurde vom K.er Rat als Privileg an einige Bootsführer vergeben. Zuverlässigkeit war oberstes Gebot für die M.bootfahrer. Am Schuhmachertor nahmen sie das Korn entgegen; im Sommer um 8 Uhr, im Winter um 9 Uhr. In der M. war der Mahlvorgang zu überwachen, damit der Müller nur den gesetzlich festgelegten Anteil des Korns als Mahllohn einbehielt. Für die Rückgabe des Mehles hatten sich die Kunden entweder um 17 Uhr (Sommer) oder um 16 Uhr (Winter) wieder am Schuhmachertor einzufinden. Einen Schub erlebte

Mühle am Kütertor, um 1900

das M.wesen im Verlauf des 19. Jh. Die aufgrund ihrer Größe weniger produktiven Bockm. waren bereits von den Holländerm. abgelöst worden. Wirtschaftlich förderlich war auch die Aufhebung des M.zwanges im Jahr 1854. Der Einsatz von Dampfmaschinen ermöglichte die Unabhängigkeit von den nicht steuerbaren Naturkräften. Die größte Dampfm. im Dt. Reich, die →Holsatiamühle, gründeten die Gebrüder Lange 1864 am ehemaligen Standort der Kg.lichen Kornm. Eine Seltenheit war der auf K.er Ansichten ins Auge stechende sechsflügelige Dachholländer am Kütertor. Ursprünglich gehörte er zur Maßmannschen Holzleistenfabrik, diente also als Sägem. Durch ein Feuer am 2.6.1927 wurde er zerstört. Die erwähnte Malzm. war bereits vor 1838 eingegangen. In der Topografie des Hzt. Holstein von 1841 finden nur 3 Dampfölm. Erwähnung. Anhand von Stadtplänen aus der Mitte des 19. Jh. lässt sich nachweisen, dass die Graupenm. ebenfalls noch in Betrieb war. Für die Versorgung der Stadt mit M.produkten waren auch die verschiedenen M. (ursprünglich Loh-, Öl- und erwähnte Kornm.) im noch nicht eingemeindeten →Neumühlen zuständig. Der letzte Holländer im K.er Stadtbild – der Anf. der 1870er Jahre gebaute Betrieb von Wilhelm Heuck in →Wellingdorf – wurde 1973 abgebrochen.

Lit.: J. Grönhoff, Litzenbrüder, Prachervögte und andere vergessene Berufe im alten K., K. 1966. Sch

Müllabfuhr →Abfallwirtschaft

Karl Müllenhof

Müllenhoff, Karl Viktor (geb. 8.9.1818 Marne, gest. 19.2.1884 Berlin), besuchte die Meldorfer Gelehrtenschule und begann 1837 ein Philologiestudium in K. Nach Semestern in Leipzig (1839) und Berlin (1839–41) kehrte er nach K. zurück und wurde mit einer Dissertation über die Theologie des Sophokles promoviert. Anschließend unterrichtete er als Hauslehrer in Meldorf, wechselte dann an die K.er →Universitätsbibliothek, habilitierte sich und lehrte deutsche Sprache, Literatur und Mythologie an der →Christian-Albrechts-Universität. Er arbeitete eng mit Theodor Mommsen und Theodor Storm zusammen und gab 1845 eine Sammlung sh. Sagen, Märchen und Lieder heraus. 1846 wurde er außerordentlicher Prof., 1854 ordentlicher Prof. 1858 nahm er einen Ruf nach Berlin an und wurde 1864 als Nachfolger Jacob Grimms in die pr. Akademie der Wissenschaften gewählt.

Lit.: Neue Dt. Biographie 18 (1997), 308–309. Ra

Heinrich Müller

Müller, Heinrich (geb.1759 Jörl bei Flensburg, gest. 9.2.1814 K.), erhielt nach dem Theologiestudium in K., vermittelt durch den Prokanzler Johann Andreas →Cramer, eine Stellung als Katechet an dem 1781 gegründeten Schullehrerseminar, dessen offizielle Leitung er 1788 übernahm, zugleich mit einer außerordentlichen Professur für Theologie. Die von ihm entwickelte Methode der Katechetik pflegte den sokratischen Dialog. Diesem gemäßigt rationalistischen Konzept erwuchs um 1800 im „Emkendorfer Kreis" ein restaurativer Gegner. Der Kurator Fritz Reventlow verfügte M. Zurückstufung an die philosophische Fakultät. M. Hauptwerk „Lehrbuch der Katechetik" wurde postum von Pastor Nikolaus Funk in Altona herausgebracht.

Lit.: Lebensläufe, 238 f., 368. Aw

Müllverbrennungsanlage Nachdem 1894 die erste M. in Hmbg. in Betrieb genommen wurde, errichtete die Stadt K. 1906 am Grasweg eine solche Anlage. Mit der gleichzeitigen Einführung von einheitlichen, verschließbaren Mülltonnen gewährleistete sie eine hygienische Abfuhr (→Abfallwirtschaft) und Entsorgung des wachsenden Müllanfalls. Schwierigkeiten bei der Verwendung der Schlacke führten zu einer Schließung 1922. Erst 1975 wurde wieder eine M. am Theodor-Heuß-Ring in Betrieb genommen. Hier konnten ab 1980 bis zu 400t Haus-, Sperr- und Gewerbeabfälle aus K. und dem Umland verbrannt werden. Die Anlage wurde 1995–96 zu einem Müllheizkraftwerk aus- und umgebaut, dessen Auslastung nur durch Müllanlieferung aus Nachbarkreisen gewährleistet war. Die Stadt hält derzeit 51% der Anteile an der Betreibergesellschaft.

Lit.: E. Spanehl, 1892–1992. Die K.er Abfallwirtschaft im Wandel der Zeit, K. 1992. Ro

Kieler Witte, um 1300

Münzprägung 1318 verlieh Gf. →Johann II. der Stadt K. das Münzrecht. Die Stadt richtete ihre Münzproduktion an den Lüb. Prägungen aus, die das Währungssystem des gesamten Ostseeraums dominierten. Frühe K.er Prägungen sind Hohlpfennige, einseitig geprägte dünne Silbermünzen, die als Bild einen Schiffsrumpf und darüber das Nesselblatt der Holsteiner Gff. zeigen. Erst in der zweiten Hälfte des 14. Jh. wird der K.er Witte (Weißpfenning, lat. Albus) ausgemünzt, eine beidseitig geprägte Silbermünze mit dem Wert von vier Pfennigen. Das Bild entspricht dem des Hohlpfennigs, die Umschrift lautet „Moneta Kilensis"; die Rückseite zeigt ein Kreuz mit der Umschrift „Civitas Holsacie". Das K.er Geld hatte nur regionale Bedeutung, war aber doch wichtig genug, dass sich 1369 ein Hansetag mit dem zu geringen Edelmetallgehalt des K.er Geldes befassen musste. 1379 werden erstmals Münzherren genannt, →Ratsherren, die die Arbeit des Münzers kontrollieren sollten. Wie lange in K. Münzen geprägt wurden, lässt sich nicht ermitteln. Wahrscheinlich stellte die K.er Münze bereits um 1400 die Arbeit ein. K.er Witte und Hohlpfennige sind seltene Funde, ein Beleg für die geringe Reichweite der K.er Münze.

Lit.: E. Waschinski, Währung, Preisentwicklung und Kaufkraft des Geldes in SH von 1226–1864, Nms. 1952, 13–14. Ro

Müthling, Hans (geb. 8.7.1901 Schwerin, gest. 5.2.1976 K.), absolvierte die Volksschule in Alt-Rahlstedt, arbeitete sich in der Kreisverwaltung Wandsbek hoch und holte 1927 das Abitur nach. Er studierte in Hmbg., wurde dort promoviert und trat in den höheren Verwaltungsdienst ein, zunächst beim Kreis Stormarn, dann bei der Provinzialverwaltung. Nach 1945 war M. als erster Landesrat der Provinzialverwaltung SH tätig und anschließend als Staatssekretär in den ersten drei sh. →Landesregierungen. Von 1951–55 Kämmerer und Stadtdirektor in Hannover, amtierte er von 1955–65 als Oberbgm. von K. und war gleichzeitig Vizepräsident des Dt. Städtetages. Während seiner Amtszeit vertiefte er die Beziehungen mit Skandinavien und schloss einen Städtepartnerschaftsvertrag mit der französischen Stadt Brest. Von 1965–72 vertrat er den Wahlkreis K. als SPD-Bundestagsabgeordneter in Bonn. M. machte sich zudem als Verfasser zahlreicher kommunal- und steuerrechtlicher Handbücher einen Namen.

Lit.: W. Paatsch, Zum Leben und Wirken von Hans M., in: MKStG 73 (1987–1991), 34–44. Eb

Muhliussches Waisenhaus Im 18. Jh. wurden zahlreich Waisenhäuser gestiftet, die für Waisen- und Findelkinder eine geregelte Versorgung und Erziehung sicherstellten. In K. stiftete 1771 der wohlhabende Konferenzrat Friedrich Gabriel Muhlius (1702–76) testamentarisch die Gebäude des

Muhliusbüste an der Waisenhofschule, um 1943

Hans Müthling

Depot des Kieler Stadt- und Schifffahrtsmuseum, Schaubereich Werftindustrie

ihm gehörenden →Damperhofs mit allem Inventar und Teile seines Vermögens zur Einrichtung eines Waisenhauses. Als Vorsteher setzte er den Hauptpastor und den amtierenden Bgm. ein. Zunächst zehn, ab 1836 dann 20 Jungen wurden im M. aufgenommen; dem Waisenhaus war bis 1823 ein →Lehrerseminar angeschlossen, dessen Seminaristen mit der Unterrichtung der Kinder betraut waren. 1861 wurde das Waisenhaus aufgehoben, 1864 die baufälligen Gebäude abgerissen und an gleicher Stelle die kriegszerstörte Waisenhofschule erbaut. 1867 schuf Eduard Lürssen eine Muhliusbüste, die heute vor der →Volkshochschule steht.

Lit.: J. Grönhoff: Bei den K.er Waisenknaben auf dem Damperhof, in: MKStG 53 (1960), 125–136. Ro

Hermann Mulert

Mulert, Hermann (geb.1879 Niederbobritzsch bei Freiberg, gest.1950 Mügeln bei Leipzig), studierte in Leipzig und K. Theologie, wo er in fruchtbarem Zusammenwirken mit Otto →Baumgarten (1858–1934) als Prof. eine umfassende Tätigkeit in verschiedenen Wissenschaftsgebieten entfaltete. Er verfasste eine „Konfessionskunde" (1927, 3. Aufl. 1956), förderte die Schleiermacherforschung u.a. mit der Herausgabe von Diltheys „Schleiermachers Leben", nahm publizistisch teil an politischen Fragen und verband sich den sozialreformerischen Bestrebungen Friedrich Naumanns. Seit 1932 redigierte er die „Christliche Welt", das Publikationsorgan des „freien Protestantismus". M. wurde 1935 zwangsentpflichtet. Nach dem Krieg wirkte er als reaktivierter Hochschullehrer an den theologischen Fakultäten in Jena (1945–46) und Leipzig (1948).

Lit.: SHBL 10 (1994), 264–267. Aw

Museen Das im Jahr 1689 eröffnete „Museum Cimbrium" der →Christian-Albrechts-Universität in der Flämischen Straße war die früheste Museumsgründung K.s und weltweit das erste Haus, dass seine Sammlungen der Natur- und Kulturgesch. nach wissenschaftlich-didaktischen Gesichtspunkten präsentierte. Diese von Johan Daniel →Major entwickelte Konzeption löste die bis dahin üblichen Wunderkammerpräsentationen ab. Seitdem ist die Univ. mit ihren Forschungssammlungen ein bedeutender Museumsträger in K.; zu ihr gehören heute die Antikensammlung, das →Zoologische Museum, die Medizin- und Pharmaziehist. Sammlung, das Geologische und Mineralogische Museum, die Theatergeschichtliche Sammlung und Hebbelsammlung, die 1854 vom →Schleswig-Holsteinischen Kunstverein e.V. gegründete →Kunsthalle zu K. und der →Botanische Garten. Auch die →Fachhochschule Kiel unterhält heute öffentliche M. wie die Computerschausammlung. In der patriotisch geprägten Geisteshaltung Mitte des 19. Jh. entstanden in K. zwei weitere große M.: 1836 das →Museum für Vaterländische Alterthümer – später Museum Vorgeschichtlicher Alterthümer genannt – mit seinen vor- und frühgeschichtlichen Beständen in der Kattenstr. und 1878 das →Thaulow-Museum am →Sophienblatt, das zunächst die kunstgewerbliche Sammlung Ferdinand →Thaulows aufnahm. Beides waren Provinzialm., die die archäologischen bzw. die kulturgeschichtlichen Zeugnisse SH einschließlich der Stadt K. sammelten und präsentierten. Mit der politischen Neuordnung des Landes nach dem 2. →Weltkrieg wurden die ausgelagerten Bestände dieser beiden Provinzialm. zur Gründung eines neuen Landesmuseums nach Schleswig verbracht. K. hatte damit nicht nur seine wichtigsten M., sondern auch die Exponate seiner Stadtgesch. verloren und begann deswegen 1965 mit dem Sammlungsaufbau für ein neues Stadtmuseum, das im →Warleberger Hof stadtgeschichtliche Ausstellungen präsentiert. Als weiteres städtisches Museum wurde im Jahr 1978 des K.er Schifffahrtsmuseum am Wall

in der hist. →Fischhalle eröffnet, das Exponate zur regionalen Seefahrts- und Marinegesch. zeigt (→Stadt- und Schifffahrtsmuseum). Die 1979 gegründete kommunale →Stadtgalerie präsentiert die zeitgenössische Kunst vornehmlich des Ostseeraums. Als einzige landeshist. Einrichtung ist nach dem 2. WK in K. die →Landesbibliothek mit ihrer Sammlung zur politischen und zur Kunstgesch. SH mit eigenen Ausstellungsräumen zunächst im →Schloss und heute im Sartorispeicher verblieben. Vor den Toren der Stadt K., in Molfsee, präsentiert das sh. →Freilichtmuseum die ländliche Baukultur des Landes. Seit den 1990er Jahren entstand eine Reihe privater Einrichtungen, die mit einem vielfältigen Ausstellungs- und Programmangebot die K.er Museumslandschaft bereichern, wie z.B. das Maschinenmuseum K.-→Wik, die Howaldtsche →Metallgießerei oder der Flandernbunker. Ti

Museum für Vaterländische Altertümer Das M. wurde 1836 – noch in der Zeit des →Dänischen Gesamtstaates – von der Kg.lich Sh.-Lauenburgischen Gesellschaft für die Sammlung und Erhaltung vaterländischer Altertümer gegründet. Es diente der Sammlung, Sicherung und der Präsentation von archäologischen Funden der Region und war die erste öffentliche Schausammlung dieser Art in Norddtld. Unter der pr. Regierung wurde es 1873 zum Provinzialmuseum und Univ.institut an der →Christian-Albrechts-Universität umgewandelt; gleichzeitig erhielt es sein berühmtestes Exponat, das Nydamboot. Die Sammlung bezog 1877 das barocke, 1768 von Georg Sonnin errichtete alte Univ.gebäude in der Kattenstr. Ab 1891 leitete Johanna →Mestorf (1828–1909) das Haus. Sie war als Archäologin erste Prof. und Museumsdirektorin Dtld. Das Museum war von 1900–15 und 1930–39 Träger der Ausgrabungen in Haithabu. 1935 wurde es in Museum Vorgeschichtlicher Altertümer umbenannt und in Personalunion mit dem Landesamt für Vor- und Frühgesch. geführt. Während des →Nationalsozialismus sollte es zu einem Altgermanischen Zentralmuseum ausgebaut werden. 1944 zerstörten Bomben das Museumsgebäude; die ausgelagerte Sammlung konnte jedoch größtenteils gerettet werden. Seit der Neuordnung der sh. →Museen nach dem Krieg und der Gründung der Landesmuseen auf Schloss Gottorf ist die Sammlung in Schleswig untergebracht. K. verfügt seitdem nicht mehr über ein archäologisches Museum. Ti

Museum für Vaterländische Altertümer, Präsentation des Nydamboots, 1933

Museumsbahn Kiel-Schönberg →Hein Schönberg

Musik Ein öffentliches Konzertwesen, wie es sich seit der Mitte des 18. Jh. in allen Städten Dtld. entwickelt hat, ist in K. bereits seit 1753 nachweisbar. 1776 vereinigten sich in K. →Bürger und Kaufleute im „M.verein". 1790 trat in einem ihrer Konzerte der zehnjährige Wunderpianist J. N. Hummel auf. 1800 wurde die Gesellschaft →Harmonie gegründet, Treffpunkt und literarische Bildungsstätte für „Männer aus allen Ständen", die auch Konzerte veranstaltete. Höhepunkt waren u.a. Haydns Schöpfung (1818) und Mendelssohns Paulus (1842), aber auch Johannes Brahms gastierte am Klavier im Januar 1856 erstmals in K. Der Stadtkantor und erste Univ.m.direktor Georg Christian →Apel (1775–1841) gründete 1835 den „Verein für Instrumentalm.", ein „Dilettanten"-Orchester, das bis zum Ende des Jh. bei vielen Aufführungen mitwirkte. Seit 1842 gab es den „Singverein", der sich – im Gegensatz zur ein Jahr zuvor gegründeten „Liedertafel" – nicht mit der volkstümlichen, sondern ausschließlich mit der ernsten Vokalm. befasste und damit eine Tradition in K. begründete, die mit Unterbrechungen bis zum heutigen „Städtischen Chor" reicht. Das K.er Konzertleben wurde mit wachsender Einwohnerzahl immer rei-

Konzertsaal im Kieler Schloss, um 1965

cher, so dass auch auswärtige Ensembles den Weg bis an die K.er →Förde wagten. 1882 gastierte z.B. die Meininger Hofkapelle mit Brahms unter Hans von Bülow in K., 1907 gab Edvard Grieg sein letztes Konzert überhaupt an der Förde. Um 1900 gab es verschiedene Laien- und semiprofessionelle Orchester (Rudolph-Orchester, Schöb-Orchester etc.) sowie die seit der Reichskriegshafen-Ernennung etablierte Marine-Kapelle. Die Leistungen waren eher mäßig, so dass der Ruf nach einem professionellen Orchester laut wurde. 1901 wurde der Verein der M.freunde (VdM) ins Leben gerufen, um ein solches Orchester zu gründen, was im Mai 1907 tatsächlich gelang. Bei der Eröffnung des neuen →Stadttheaters im Oktober desselben Jahres konnte das „Orchester des VdM" im Orchestergraben sitzen. Das K.er Konzertleben wurde im 20. Jh. maßgeblich vom VdM (Volkskonzerte, Abonnementskonzerte, Kammermusiken), aber auch von kommerziellen Veranstaltern wie Robert Streiber (1874 gegründet), sowie den zahlreichen M.- und Chorvereinigungen geprägt. Insbesondere das Chorwesen ist in K. und Umgebung sehr ausgeprägt, was an zahlreichen, teilweise hochklassigen Chorkonzerten ablesbar ist. 1921 wurde das M.wissenschaftliche Institut an der →Christian-Albrechts-Universität durch den ersten K.er Generalm.direktor (GMD) Fritz →Stein gegründet, der auch das Collegium musicum ins Leben rief. Während der Zeit des →Nationalsozialismus unterlag das Konzertleben der Zensur und kam mit Kriegsausbruch (fast) zum Erliegen, doch unmittelbar nach Kriegsende begann 1945 unter großem Engagement des GMD Paul Belker dessen rasche Wiedererweckung. 1965 wurde der neu erbaute „Konzertsaal K.er →Schloss" eingeweiht, der dem Städtischen Orchester unter seinem jungen GMD Peter Ronnefeld (1935–65) neuen Schwung und eine programmatisch modernere Ausrichtung verlieh. Einer der Höhepunkte war die Uraufführung von Aribert Reimanns „Requiem" mit Julia Varady und Dietrich Fischer-Dieskau unter Walter Gillessen im Juni 1982. Im gleichen Jahr wurden vom VdM die Mozart-Konzerte in der →Petruskirche unter Mitwirkung des →Philharmonischen Orchesters gegründet. 1985 gründete in K. der Pianist Justus Frantz zusammen mit Leonard Bernstein das SH M. Festival (SHMF), das bis heute in jedem Sommer einen landesweiten „musikalischen Flächenbrand" auslöst. Die →Landeshauptstadt ist dabei einer der wichtigsten Spielorte. 2006 fand zum ersten Mal „chiffren. K.er tage für neue m." statt, eine mehrtägige Biennale, die seit 2008 durch das bundesweite Netzwerk Neue M. gefördert wird und hochkarätige Neue-M.-Spezialisten wie das Ensemble Wien-Berlin an die Förde lockt.

Lit.: W. Schmöe (Hg.), Verein der M.freunde – ein K.er Konzertleben, K. 2001. HS

Musikschule 1962 übernahm die Stadt die →Volkshochschule (VHS) in ihre Verantwortung und begann mit dem Aufbau einer M. Im April 1963 begannen Jugendmusikkurse mit rund 600 Schülern. 1966 erwuchs aus diesen Anfängen die Abteilung M. der VHS, die ein umfassendes musisches Fächerspektrum anbieten konnte, von der musikalischen Früherziehung bis zur Vorbereitung künftiger Musikstudenten. Zunächst auf klassische Musik konzentriert, öffnete

Musikschule, ehemals Margarinefabrik J. W. Seibel

sich die M. in den 1990er Jahren der Popularmusik, was sich seit 2003 in der Einrichtung der Abteilung „Pop-M." niederschlägt. 2005 wurde die M. aus der VHS ausgegliedert und verfügt seit 2007 über ein eigenes M.gebäude in der sanierten →Margarinefabrik J. W. Seibel, wo rund 100 Lehrkräfte etwa 1.400 Schüler unterrichten. Von den zahlreichen Auftritten und Konzerten der M. feiert seit 1995 besonders die Musikgala „Musical & More" einen großen Publikumserfolg.

Lit.: Landeshauptstadt K. (Hg.), 25 Jahre M. 1963–88, K. 1988. Ro

Muthesius Kunsthochschule Kunst und Design sowie gute Gestaltung bestimmen heute zunehmend alle Bereiche des persönlichen und öffentlichen Lebens. Das innovative Potential der M. als K.er Künstlerschmiede zeigt sich in den Ausstellungen und Präsentationen der hier ausgebildeten Grafiker, Maler, Bildhauer und Medienkünstler, der angehenden Raumstrategen und Designer. Muthesianer wie Gottfried →Brockmann, Werner →Lange, Jan Koblasa, Bernhard Schwichtenberg, Elsbeth Arlt und viele andere haben die künstlerische Atmosphäre im Bild der →Landeshauptstadt nachhaltig geprägt. Die nördlichste Kunsthochschule Dtld. ist gleichzeitig die jüngste. Nach einer fast 100-jährigen Gesch. wurde sie am 1.1.2005 von der FH (der damaligen Muthesiushochschule für Kunst und Gestaltung) zur Kunsthochschule umgewandelt. Hermann Muthesius, der Begründer des Dt. Werkbundes, leitete in der Zeit der Gründung der K.er Werkkunstschule 1907 Reformen ein, deren Geist die Hochschule bis heute bewahrt hat: das Nebeneinander von Hand und Kopf, von Theorie und Praxis. Heute nimmt sie durch enge Verknüpfung der Studienbereiche Kunst, Raum und Design und ihrer Netzwerk-Struktur innerhalb Dtld. eine Vorreiterrolle ein. Ergänzt wird das Studienangebot durch die fachpraktische Ausbildung für das Lehramt Kunst an Gymnasien in Kooperation mit der →Christian-Albrechts-Universität. Seit 2008 werden besonders qualifizierte Studierende in das Promotionsstudium aufgenommen.

Muthesius Kunsthochschule

Im Wintersemester 2008/09 standen den 575 Studierenden 29 Lehrgebiete, von der Ästhetik über Digitale Medien, der Bildhauerei bis hin zur Zeichnung, die Zentren für Theorie und Medien, das Forum für interdisziplinäre Studien sowie eine Vielzahl offener Werkstätten zur Verfügung. Die M. kooperiert mit zahlreichen Institutionen in K. und SH, so beispielsweise mit dem Excellenzcluster „Ozean der Zukunft", dem →Mediendom der →Fachhochschule Kiel, der →Stadtgalerie, der →Kunsthalle sowie mit Kunsthochschulen weltweit.

Lit.: N. M. Schmitz, S. Krohn, U. Schmitz-Bünder (Hg.), Erkenntnisform - 100 Jahre M., K. 2007. SB

Nachtwächter Im 19. Jh. gab es in K. über 50 N., die ihrem Status nach Beamte waren, jedoch geringer entlohnt wurden. Sie waren der städtischen Polizeibehörde nachgestellt und unterstanden sowohl dem Nachtwachtmeister als auch den Polizeisergeanten ihres Bezirkes. Die Aufgabe der N. bestand in der Fortsetzung des Polizeidienstes in den Nachtstunden. In halbstündigen Abständen begingen sie ihren Bezirk und hatten dabei auf Einbrüche, Unfälle, Feuer und andere Zwischenfälle zu achten. Zusätzliche Einkünfte boten den N. die Tätigkeit als Wachpersonal bei Gefangenentransporten sowie Anzünden und Reinigung der Gaslaternen ihres Bezirkes. Dennoch gingen alle N. tagsüber einem Beruf nach. Mit der Einführung der kg.lichen Polizei 1898 endete das Anstellungsverhältnis der N. mit der Stadt.

Lit.: J. Plöger, Zur Gesch. der letzten städtischen N. in der K.er Polizei (1884–98), in: MKStG 59 (1973–1977), 45–52. Gn

Nagelkreuz Am 14.11.1940 bombardierten die Deutschen das englische →Coventry. Als Zeichen für Versöhnung und ein neues Miteinander wurden nach dem 2. →Weltkrieg von der dortigen Kirchengemeinde Kreuze aus den Nägeln ihrer zerstörten St.-Michael-Kathedrale in alle Welt gesandt. Anlässlich des ersten Besuches einer Delegation aus Coventry in K. im Herbst 1947 überreichte Dompropst Richard Howard seinem K.er Amtskollegen Johannes Lorentzen das erste dieser Kreuze, das seitdem in der →Nikolaikirche hängt. 1948 bekam auch die Univ. ein N. verliehen, das sich seit 2002 in der Univ.-Kirche befindet. Wie in K. gibt es in Dtld. über 50, weltweit über 160 Nagelkreuzgemeinschaften, die friedensstiftend und versöhnend wirken wollen. Do

Nationalsozialismus Eine erste ns. Partei in Kiel gegründet im Juli 1923 von elf Männern, fiel im gleichen Jahr unter das NSDAP-Verbot. Im „Volksbund Uwe-Jens Lornsen" führten die Nationalsozialisten ihre Aktivitäten weiter. Als Sammelbewegung völkisch orientierter, antisemitischer und extrem nationalistischer Kleinparteien gründete sich im März 1925 die K.er Ortsgruppe zusammen mit dem Landesverband neu; ihr Aufstieg begann aber erst in den Jahren 1928–29. Waren bis dahin zweidrittel der Mitglieder unter 30 Jahre alt gewesen, änderte sich nun auch die soziale Schichtung der Partei, jetzt traten auch Männer mittleren Alters und gebildeter Schichten bei. Wichtige Gliederungen der Partei wurden seit 1925 gegründet: SA (1925), HJ (1928), Frauenorden „Rotes Hakenkreuz" (1929; seit Okt. 1931 NS-Frauenschaft genannt), Jungmädelgruppe des Roten Hakenkreuzes (1929) und Mädchengruppe in der HJ (1930), die 1931 zum Bund dt. Mädchen vereinigt wurden. Es kamen vor 1933 eine Reihe weiterer Organisationen hinzu, wie der Kampfbund nationaler erwerbsloser Sozialisten (1931), der innerhalb eines Jahres von 25 auf ca. 1.500 Personen anwuchs, der Kampfbund für dt. Kultur, der ns. Ärztebund oder auch die ns. Betriebszellenorganisation. Eine öffentlichkeitswirksame und die Gemeinschaft fördernde Vereinigung stellte

Adolf Hitler spricht auf dem Nordmarksportfeld, 7. Mai 1933

das im Oktober 1931 gegründete NS-Winterhilfswerk dar. Nach wiederholten Kontroversen im Vorstand wurde 1931 der Berliner Student Reinhard →Sunkel Ortsgruppenleiter. Unter seiner Leitung entwickelte sich die NSDAP militanter. Es kam vermehrt zu Schlägereien zwischen SA, SS und dem sozialdemokratischen Reichsbanner oder dem kommunistischen Rotfrontkämpferbund. Nach der Neuorganisation im November 1931 unterstand K. der Kreisleitung K. Die Stadt K. selbst teilte man zunächst in sieben Ortsgruppen, später gab es insgesamt 24 Ortsgruppen. Nachfolger Sunkels als Kreisleiter wurde im Oktober 1932 der Großhandelskaufmann Walter →Behrens. 1931–32 bekannten sich schon zwei- bis dreitausend Einwohner zur NSDAP. Die Führungspositionen in den Anf.jahren wurden v.a. von Selbstständigen, Beamten und höheren Angestellten besetzt, nur etwa 4% der in den Spitzenstellungen Tätigen waren Arbeiter. Bedingt durch die Auswirkungen der Wirtschaftskrise und die mangelnde Kompromiss- und Koalitionsfähigkeit der Parteien wandten sich bürgerliche Wähler, aber auch Teile der Arbeiterschaft von den etablierten Parteien ab. In der K. Stadtverordnetenversammlung standen sich bürgerliche Sammellisten und eine zutiefst uneinige sozialdemokratisch-kommunistische Linke gegenüber. 1929 kamen erstmals zwei Nationalsozialisten ins K.er →Rathaus. Die Reichstagswahl 1930 brachte in K. für die NSDAP den Durchbruch. Sie erreichte mit über 22% der Stimmen ein über dem Reichsdurchschnitt liegendes Ergebnis. V.a. in Vierteln mit einem hohen Selbstständigenanteil wurde sie überdurchschnittlich gewählt, doch es gelang ihr, Wähler aus allen

Schichten anzusprechen. SPD und KPD konnten ihren Stimmenanteil zwar im Wesentlichen halten, aber die bürgerlichen Parteien verloren in den Jahren 1930–32 fast jeden Rückhalt in der Bevölkerung. Bei der Reichstagswahl im Juli 1932 stimmten dann schon 46% für die NSDAP. Schon vor der ns. Machtübernahme 1933 richteten sich eine Reihe bürgerlicher Vereine und Verbände sowie die →Kieler Zeitung auf die Nationalsozialisten aus. Nach der Ernennung Adolf Hitlers zum Reichskanzler am 30.1.1933 änderten die Nationalsozialisten die Verhältnisse dann mit Gewalt. Die Tätigkeit der Linksparteien wurde behindert, ihre Zeitungen tageweise verboten, Wahlversammlungen untersagt. Nach dem Reichstagsbrand am 27.2.1933 wurden etwa 600 SA-, SS- und Angehörige des Stahlhelms als Hilfspolizisten bei Hausdurchsuchungen und Verhaftungen von Sozialdemokraten, Kommunisten und Gewerkschaftlern eingesetzt. Bei der Reichstagswahl am 5.3.1933 erreichten die Nationalsozialisten in K. 47% der Stimmen, die beiden Linksparteien hatten aber trotz aller Behinderungen fast 40% erhalten. Der 1932 für weitere zwölf Jahre wiedergewählte Oberbgm. Emil →Lueken wurde am 10.3.1933 vom Regierungspräsidenten abgesetzt, die Geschäfte übernahm zunächst als Staatskommissar der NSDAP-Kreisleiter Walter Behrens. Am 11.3.1933 besetzten SS-/SA-Formationen das Rathaus, und die sozialdemokratischen Stadträte wurden „beurlaubt“. In der Nacht vor der Kommunalwahl 1933 erschossen Nationalsozialisten den K.er jüd. Rechtsanwalt und SPD-Kommunalpolitiker Wilhelm →Spiegel. Auch bei der Kommunalwahl am 12.3.1933 konnten die Nationalsozialisten zwar den stärksten Stimmenanteil (43%) erreichen, aber die SPD und KPD kamen noch auf 37% der Stimmen, während die bürgerlichen Parteien nur noch 10,3% der Wähler auf sich vereinigen konnten. Auch durch eine Vielzahl gesetzlicher und administrativer Maßnamen des Reiches und Pr. setzten die Nationalsozialisten in K. ihre Machtübernahme durch. Ende März 1933 fielen die Sitze der KPD in der Stadtverordnetenversammlung ersatzlos weg, im Juni

Besetzung des Gewerkschaftshauses durch Nationalsozialisten, 13. März 1933

1933 die der SPD. Seit dem 14.7.1933 war die NSDAP in K. wie im Reich die einzige zugelassene Partei. Die Stadtkollegien wurden im Dezember 1933 in der bisherigen Form aufgelöst. Der Oberbgm. war der allein verantwortliche Leiter der Gemeinde (Führerprinzip); er und die Stadträte wurden nicht mehr gewählt, sondern eingesetzt und vom Gauleiter überwacht. Durch das „Gesetz zur Wiederherstellung des Berufsbeamtentums“ vom April 1933 wurden in K. nahezu 300 Beamte, Angestellte und Arbeiter aus politischen oder „rassischen“ Gründen entlassen. Schlüsselpositionen in der Verwaltung und v.a. in der Polizei, aber auch in der Justiz wurden mit Nationalsozialisten besetzt. Der rechtskonservative Polizeipräsident Gf. von Rantzau blieb bis Anf. 1934 im Amt. Er unterstützte die Nationalsozialisten bei der Machteroberung und baute die Geheime Staatspolizei (→Gestapo) in K. auf. Sein Nachfolger wurde der Chef der SA in SH, Joachim →Meyer-Quade. Im Mai 1933 wurde in K. eine Staatspolizeistelle (Stapostelle) eingerichtet, die nach organisatorischen Veränderungen seit April 1937 für ganz SH zuständig war. Bis zum August 1933 waren etwa 1.500 Oppositionelle verhaftet und z.T. in ein KZ gebracht worden. Es gelang der Gestapo den politischen Widerstand bis Ende 1935 weitgehend zu zerschlagen. Seit 1937 hatte das Sondergericht seinen Sitz in K., das v.a. nach Kriegsbeginn immer neue Straftatbestände aburteilte. 118 Menschen verurteilte es zum Tode. Das →Gewerkschaftshaus wurde nach Durchsuchungen Anf. März 1933 ab Mitte März unter SA-Verwaltung gestellt. Am 2.5.1933 wurden auch in K. die →Gewerkschaften verboten, führende Gewerkschaftsmitglieder verhaftet. Die Dt. Arbeitsfront als Zwangsorganisation für Arbeitnehmer und Arbeitgeber wurde am 10.5.1933 gegründet. Auch die HJ-Führung gelangte nach 1933 in wichtige Positionen in Gremien und Verwaltung. Ihrem Führungsanspruch mussten sich die übrigen Jugendverbände fügen, die sich freiwillig oder zwangsweise auflösten. Bis zum Herbst 1933 gehörten dann schon die Hälfte der organisierten 12.000 K.er Jugendlichen der HJ an. Bis zum Sommer 1936 waren dann 70–80% der Schüler in der HJ und dem BDM organisiert. Die Nationalsozialisten überzogen die Stadt mit einem engen Netz von Ortsgruppen und Organisationen, die bald das ganze öffentliche Leben kon-trollierten. Hunderte von Menschen erhielten Ämter und Befehlskompetenzen. Sie konnten einen fast lückenlosen Einblick in das Privatleben der Haushalte gewinnen und trugen damit zur Stärkung des ns. Regimes mehr bei als die Gestapo. Große Teile der Bevölkerung wurden ständig in Bewegung gehalten durch ns. Aufmärsche und Feste, Schulungen und Treffen der verschiedenen Parteiorganisationen. Radikaler Verfolgung ausgesetzt waren religiöse Minderheiten, wie die Zeugen Jehovas und v.a. die 800 Angehörigen der jüd. Bevölkerung. Beim Novemberpogrom 1938 (→Reichspogromnacht) steckten SA-Männer die →Synagoge an, Geschäfte und Wohnungen wurden geplündert, 55 jüd. Männer festgenommen und zehn von ihnen in ein KZ verschleppt. Zwei von der SA-Gruppe Nordmark eigenmächtig angeordnete Mordversuche an bekannten K.er Juden scheiterten nur knapp. Ein großer Teil der in K. geborenen oder ansässigen →Juden wurde Opfer des Holocaust: Mehr als 360 Namen sind dokumentiert. Während des 2. →Weltkriegs leitete der sh. Gauleiter und Oberpräsident Hinrich →Lohse das „Reichskommissariat Ostland" (baltische Staaten, Weißrussland). Zahlreiche Mitarbeiter des öffentlichen Dienstes ließen sich dorthin abordnen, um ihre Karriere zu fördern oder dem Wehrdienst zu entgehen. Viele von ihnen waren im Reichskommissariat Ostland in den Holocaust verwickelt: Von mindestens 500.000 1941 in diesem Gebiet ansässigen jüd. Menschen überlebten keine 10.000. Viele dt. Juden, auch aus K., wurden hierher deportiert und umgebracht. Im →Arbeitserziehungslager Nordmark in →Hassee, einer KZ-ähnlichen Einrichtung, deren Bau vom K.er Gestapochef F. Schmidt angeordnet worden war, starben 1944–45 von etwa 5.000 Häftlingen fast 600, v.a. Zwangsarbeiter, aber auch dt. Widerstandskämpfer. Das Stadtbild K.s sollte sich bis zu den Zerstörungen des 2. WK kaum ändern. Pläne zur Neugestaltung der Gauhauptstadt durch eine großzügige Verkehrsführung und monumentale Bauten für Partei (Gauburg) und Staat blieben wegen der Kriegsvorbereitungen unausgeführt. Wegen der ns. Wiederaufrüstung und dem damit verbundenen Zustrom an Arbeitskräften und Militärs wurden v.a. Wohnraum, Verwaltungsgebäude und →Kasernen gebaut. Die Bevölkerungszahl (→Bevölkerungsentwicklung) erhöhte sich bis Ende 1942 um fast 100.000 auf über 300.000 Menschen. Wegen seiner Abhängigkeit von der Kriegswirtschaft wurde K. im 2. WK das Ziel von 90 alliierten Luftangriffen (→Luftkrieg). Am 4.5.1945 erreichten die ersten britischen Soldaten die Stadt. Die Besetzung durch Spezialeinheiten und reguläre Truppen in den folgenden Tagen befreite K. von der ns. Herrschaft. In der K.er Stadtverwaltung wurden bis Juli 1945 500 Beamte, Angestellte und Arbeiter aus politischen Gründen entlassen, aber den Oberbgm. und früheren Kreisleiter Walter Behrens stufte man im Entnazifizierungsverfahren zunächst als Minderbelasteten, später als Mitläufer ein. Wie die Entnazifizierung waren auch die Ergebnisse der dt. Strafprozesse eher dürftig. Strafrechtliche Ermittlungen der Staatsanwaltschaft K. gegen Beteiligte an den Verbrechen im „Reichskommissariat Ostland" mussten eingestellt werden, der Mord an Wilhelm Spiegel blieb ungesühnt. Gedenksteine erinnern heute an Opfer des NS, u.a. an die getöteten jüd. Bürger, die Sinti und Roma oder die Toten des Arbeitserziehungslagers Nordmark. Seit 2006 werden in Kiel im Gedenken an die Opfer des NS sog. Stolpersteine des Kölner Künstlers Gunter Demnig verlegt. Einige Straßen tragen die Namen von Verfolgten des ns. Regimes.

Lit.: Geschichte K., 359–400. Do

Naturschutzgebiete Von den 188 (2007) N. in SH liegen drei auf K.er Stadtgebiet. Das N. Tröndelsee und Umgebung (24ha) steht seit 1983 unter Schutz, das N. Schulensee und Umgebung (69ha) seit 1986 und das N. Mönkeberger See (50ha) seit 2007. Die drei stadtnahen Gewässer zeigen in ihren ausgedehnten Ufer- und Verlandungszonen die typische Flora und Fauna der ostholsteinischen Seenplatte. Insbesondere Röhrichtzonen und Feuchtwiesen bieten Amphibien und Insekten, besonders aber bedrohten Vogelarten selten gewordenen Lebensraum. So lassen sich beispielsweise am Schulensee Eisvögel und Trauerseeschwalben, Drosselrohrsänger, Rohrdommeln oder Rohrweihen beobachten. Neben den N. bestehen in K. sieben Landschaftsschutzgebiete: Eidertal bei Flintbek (64ha/1953), K.er Fördeumgebung (→Düsternbrook) (63ha/1973), zwischen Heischertal und Schilkseer Steilküste (697ha/1992), →Wellsee und Wellseeniederung (240ha/1993), Langsee, Kuckucksberg und Umgebung (72ha/1996), zwischen Eidertal und Klosterforst Preetz (1.000ha/2008), Drachensee, →Russee und Umgebung (144ha/2008). Ro

Nautischer Verein zu Kiel 1868 wurde der Dt. Nautische Verein (DNV) als Schifffahrtsparlament gegründet. Damals ging es u.a. um die Sicherheit an Bord und auf den Schifffahrtswegen, Schiffsbesetzung und allgemeine Fachfragen. Ein Jahr später wurde der N. gegründet. Unter der langjährigen Ägide des K.er Konsuls August →Sartori, hat sich der N. u.a. eingehend und unterstützend mit den Plänen zum Bau eines Kanals zwischen Nord- und Ostsee eingesetzt. Heute ist der N. mit seinen rund 200 Mitgliedern die Interessenvertretung und das Sprachrohr aller in K. am aktuellen maritimen Geschehen Beteiligten, v.a. aus den Bereichen Hafen- und Kanalwirtschaft, Schifffahrt, →Schiffbau mit Zulieferindustrie, maritime Forschung und Entwicklung und →Marine. Rw

Neuber, Gustav Adolf (geb. 24.6.1850 Tondern, gest. 13.4.1932 K.), studierte nach dem Schulbesuch in Meldorf und Altona von 1871–75 Medizin in Tübingen, Leipzig, Halle, Wien und K., war 1876 einige Monate Militärarzt und wirkte von 1876 an als Assistent und nach seiner Habilitation 1878 als Privatdozent an der K.er Chirurgischen Univ.klinik unter Friedrich von →Esmarch. Weil er bei der Bekämpfung der Wundinfektion mit der aseptischen Methode, Keime von der Operationswunde möglichst fernzuhalten, neue Wege ging, kam es schließlich zum Bruch mit Esmarch, der an dem antiseptischen Verfahren festhielt. 1884 verließ N. die Univ.klinik und errichtete 1885 am Königsweg eine eigene Klinik nach seinen Vorstellungen (das heutige St. →Elisabeth-Krankenhaus), in dem er als Erster das zukunftsweisende Prinzip der Asepsis in die Tat umsetzte und bis 1920 wirkte. 1889–1900 war N. Stadtverordneter in K., 1911 wurde er in das pr. Herrenhaus berufen.

Gustav Adolf Neuber

Lit.: J. H. Wolf, Gustav N. als Protagonist der aseptischen Chirurgie und Erbauer einer modellbildenden Klinik, in: Symbiosen Wissenschaftliche Wechselwirkungen zu gegenseitigem Vorteil, hg. v. H. Manger, Erfurt 2009, 186–203. Rt

Neufeldt, Hans →Hagenuk

Neumarkt Der heutige Rathausplatz entstand auf der Grundlage einer Planung von Gustav Ludolf →Martens (1862) nach Festlegung der Uferkante des →Kleinen Kiels und Anschüttung des Geländes. Vorgesehen waren ein viereckiger Platz mit zwei flankierenden Baublöcken sowie eine Markthalle neben der ehemaligen Gasanstalt an der →Fleethörn (dort das heutige →Rathaus). Karten des 19. Jh. lassen erkennen, dass der

Neumarkt, heutiger Rathausplatz, um 1912

Platz zunächst als Grünfläche diente. Zur Gestaltung als repräsentativer Mittelpunkt der Stadt kam es nach Vorschlägen von Josef Stübben (→Stübbenplan). Anf. des 20. Jh. entstanden hier Rathaus und →Stadttheater (Oper) und 1925–27 das Ahlmannhaus (→Bankhaus Ahlmann). Platzform und →Rathausturm wecken bewusst Assoziationen an Markusplatz und Campanile in Venedig. Auf dem Platz befand sich eine Brunnenanlage von Adolf →Brütt (1912), von der sich allein der in die moderne Platzgestaltung von Ingrid und Peter Hense einbezogene Schwertträger erhalten hat, in der Platzmitte das Olympische Feuer (1972).

Lit.: V. Stoy, K. auf dem Weg zur Großstadt, K. 2003, 136–146. Me

Neumühlen

Neumühlen Die topografische Lage – zwischen Schwentinemündung und Fördesteilhang – begünstigte die Entstehung der Siedlung N. Die Häuser lagen in Ufernähe, die Flussmündung bot Schutz. Der ehemalige Name „Zventinemünde" geht darauf zurück. Das Mündungsgebiet weist ein Gefälle auf und bot sich deshalb für die Anlage verschiedener Mühlenbetriebe (→Mühlen) an. Die erste urkundliche Erwähnung im K.er Stadtbuch (1264–89) bezog sich entsprechend auf eine verpachtete, dem Landesherren Gf. Johann I. gehörige Wassermühle. Ihr waren die K.er, die Bewohner N. und einige Dörfer des Umlandes zwangspflichtig. Diese ersten vorindustriellen Betriebe prägten den neuen Ortsnamen. Bereits im K.er Rentebuch von 1313 heißt es „Novi Molendini" und 1470 „tor Nyen Molen" (= Zur neuen Mühle). Der Uferstreifen bot zwar für die Besiedelung und die Betriebe Platz, eignete sich aber nicht für die landwirtschaftliche Nutzung. N. entwickelte sich zu einer Handwerkersiedlung. Um 1700 lassen sich 19 Kleinkätner und sechs Insten belegen. Seit 1690 gab es eine Lohmühle, 1772 kam eine Ölmühle hinzu. Ab 1756 hatte N. eine eigene →Schule, zu deren Einzugsgebiet →Dietrichsdorf zählte. Um 1800 hatte der Ort 200 Einwohner, die v.a. in den ansässigen Betrieben arbeiteten. Der Boom begann etwa Mitte des 19. Jh. Es hatten eine Malzmühle, eine Seifensiederei, eine Lichtgießerei und eine Kalkbrennerei den Betrieb aufgenommen. 1864 errichteten die Gebrüder Lange auf den alten Mühlenstandorten eine sechsgeschossige Dampfmühle (→Holsatiamühle). Der Betrieb avancierte zum größten dieser Art im Dt. Reich und in Nordeuropa. Hinzu kam, dass die Werft von Schiffbaumeister Rudolf Reuter 1876 von Georg Ferdinand →Howaldt aufgekauft wurde. Der ständig steigende Arbeitskräftebedarf ließ die Einwohnerzahlen in die Höhe schnellen. Die Bereitstellung der benötigten Infrastruktur bereitete zunehmend Probleme. Ein Zusammenschluss mit dem benachbarten Dietrichsdorf sollte Abhilfe schaffen. Nach längeren Streitigkeiten vereinigten sich die Orte am 1.4.1907 zu N.-Dietrichsdorf. Die Einwohnerzahl lag Anf. 1908 bei 6.710. Ein Jahr später siedelte sich die Firma →Anschütz & Co. an, deren ehemaliges Hauptgebäude 1990 zur Reha-Klinik umgebaut wurde. Heute leben in dem 1924 zu K. eingemeindeten Stadtteil N.-Dietrichsdorf etwa 11.000 Menschen. Geprägt ist er durch den →Ostuferhafen, die →Fachhochschule Kiel, den →Seefischmarkt. Kulturelle Impulse geben u.a. das 2007 eingerichtete Industriemuseum Howaldtsche →Metallgießerei und der →Mediendom.

Neumühlen an der Schwentine bei Kiel, Carl Daniel Voigts, um 1805

Lit.: P. Bowien, Der Weg Dietrichsdorfs und N. von ländlichen Gemeinden zu einem K.er Stadtteil in Zusammenhang mit der Entwicklung der Howaldtswerke, K. 1988. Sch

Neveling, Wilhelm (geb. 15.3.1908 Berlin, gest. 20.3.1978 K.), studierte Kunstgesch., Gesch. und Germanistik an der

Univ. Berlin und danach Architektur an der dortigen TH. 1945 aus britischer Kriegsgefangenschaft in K.-Holtenau entlassen, blieb N. in K., wo er nach einer Anstellung im Architekturbüro Otto →Schnittger seit 1949 als freischaffender Architekt tätig war. Er war einer der wichtigsten Architekten des →Wiederaufbaus K.s. Insbesondere mit seinen öffentlichen und gemeinnützigen Bauten wie der →Ostseehalle, der →Industrie- und Handelskammer, dem →Sozialministerium, dem Haus der kommunalen Selbstverwaltung, dem →Oslokai und dem großen Hörsaalgebäude der →Christian-Albrechts-Universität hat er das Gesicht der Stadt wesentlich mitgeformt. Mit der Verleihung des Kulturpreises 1965 würdigte K. N. architektonische Leistung beim Wiederaufbau der Stadt. Seine Neugestaltung des →Alten Marktes 1972 löste lebhafte Diskussionen aus. SK

Wilhelm Neveling

Niederdeutsch ist eine germanische Sprache, die sich zeitlich parallel etwa zum Englischen, Niederländischen oder Friesischen entwickelt hat. Seit mehr als zweihundert Jahren wird sie auch Plattdt. genannt. Das Wort bedeutete ursprünglich „verstandlich" und hatte nichts mit der Bedeutung „flach, niedrig" zu tun. Vom Hochdt. unterscheidet sie sich durch bestimmte Lautentwicklungen, grammatische Besonderheiten und eine Fülle von Wörtern. So hat nur das Hochdt. die germanischen Konsonanten p, t und k in ganz besonderer Weise verändert, ein Prozess, der als hochdt. Lautverschiebung bezeichnet wird. Doch auch das Ndt. hat Neuerungen gegenüber dem Hochdt. durchgeführt, teilweise zusammen mit dem Englischen, Friesischen und Niederländischen, so etwa den Zusammenfall von Dativ und Akkusativ bei den Pronomina. Gleichzeitig ist das auslautende -r bei kleinen Wörtern häufig weggefallen: ndt. mi, wi, de gegenüber hochdt. mir, wir, der. Das Ndt. geht zurück auf die Sprache des germanischen Stammes der Sachsen, wie er sich nach dem Ende der Völkerwanderung (5. Jh. n. Chr.) gebildet hatte. Aus der Zeit nach der christlichen Mission (ab Mitte des 8. Jh.) sind einige Texte erhalten, jedoch nicht von nördlich der Elbe. Das Sprachgebiet des Altsächsischen oder Altndt. umfasste die heutigen Regionen Westfalen, Niedersachsen, Holstein und Stormarn. Seit dem 12. Jh. breitete sich der Sprachraum mit der Ostsiedlung weit über die Elbe aus. Insbesondere an der südlichen Ostseeküste bis ins Baltikum wurden neue Städte gegründet, in denen sich Kaufleute und Handwerker aus Norddtld. niederließen. Überall entstanden durch das sprachliche Zusammenwachsen der Neubürger aus verschiedenen Mundartgebieten neue großlandschaftliche Mundarten (z.B. Mecklenburgisch, Brandenburgisch). Diese Sprache wurde um 1225 erstmals in der Gesetzessammlung Sachsenspiegel niedergeschrieben. Für die Zeit bis 1650 wird die Sprache Mittelndt. genannt. Insgesamt ist sie zwar recht einheitlich, doch kann man nahezu jeden Text einer Region oder sogar einer Stadt zuordnen. Allerdings wurde noch bis etwa 1370 die Mehrzahl aller Texte auf Lat. abgefasst, so das K.er Fragment einer frühen Buchhaltung aus dem 13. Jh. Das Mittelndt. war nicht nur die Schreibsprache Norddtld., sondern auch die Handels- und Verständigungssprache für viele Skandinavier und Balten im Kontakt mit den Norddt. Um 1500 beginnt der Siegeszug des Hochdt. nach Norden. In K. wird in der Stadtkanzlei seit dem Ende des 16. Jh. Hochdt. geschrieben. Als Begründer einer Mundartliteratur in der neundt. Sprachstufe (seit etwa 1850) gelten Fritz Reuter (Mecklenburg) und Klaus →Groth. Letzterer ließ sich nach der Veröffentlichung seines ersten Lyrikbandes Quickborn (1852) dauerhaft in K. nieder. Im 19. Jh. begann das Großbürgertum auch in der Familie hochdt. zu sprechen. Es folgten weitere Schichten, zuletzt die Arbeiter und die Landbevölkerung, so dass im K.er Stadtgebiet heute Plattdt. hauptsächlich noch in den ländlichen Stadtgebieten benutzt wird. Viele verstehen diese Sprache noch, doch der Gebrauch geht rapide zurück. Verschiedene Institutionen, Vereine und Schriftsteller widmen sich in K. dieser Sprache (u.a. Ndt. Abteilung der Univ., →Niederdeutsche Bühne; Plattdüütscher Krink Mettenhof; Verlag Michael Jung).

Lit.: G. Cordes und D. Möhn (Hg.), Handbuch zur Ndt. Sprach- und Literaturwissenschaft, Berlin 1983. Wb

Niederdeutsche Bühne, Aufführung „Habenmelodie“, 1974

Niederdeutsche Bühne Nach dem Vorbild der Hmbg. N. gründete Otto →Mensing 1920 mit Laienspielern die K.er N., die bereits im April 1921 die ersten Aufführungen im →Schauspielhaus präsentierte. Schon Mensing verfolgte den Anspruch eines anspruchsvollen Programms, doch musste die Bühne stets auch mit volkstümlichen Komödien Zugeständnisse an Publikumserwartungen machen. Nach Einstellung der Aufführungen 1944 nahm die N. unter Karl Wedemeyer bereits am 23.8.1945 wieder den Spielbetrieb auf, nun im →Theater am →Wilhelmplatz. Die als privates Berufstheater arbeitende N. musste 1949 Konkurs anmelden und wurde in Vereinsform neu gegründet. Nach häufig wechselnder Bühnenleitung brachte Heinz Busch (1923–2006) von 1967–88 Kontinuität in den Theaterbetrieb. Gemeinsam mit dem städtischen Schauspiel bezog die N. 1958 das Schauspielhaus, um 1995 an den Wilhelmplatz zurückzukehren, wo sie erstmals über ein eigenes Haus verfügt.

Lit.: 80 Jahre N., Theater am Wilhelmplatz, Chronik 1921–2001, K. 2001. Ro

Niemann, August Christian Heinrich (geb. 30.1.1761 Altona, gest. 21.5.1832 K.), studierte in K. und Göttingen Jura, Staatenkunde und Kameralwissenschaft, habilitierte sich 1785 an der Univ. K. und vertrat dort seit 1794 Kameralwissenschaft, Polizeiwissenschaft, Finanzwirtschaft und Bodenwirtschaft. Er entwickelte eine Theorie der dt. Univ.statistik und bildete Beamte und Forstleute für die Hzt. aus (→Forstbaumschule). 1786 gründete er in K. die →Schleswig-Holsteinische Patriotische Gesellschaft und gab von 1787 bis 1803 die sh. Provinzialberichte heraus, deren Ziel es war, Kenntnisse über die Lebensverhältnisse v.a. der unteren Schichten zu sammeln, um ihre Daseinsbedingungen zu verbessern. In der Praxis arbeitete er an der Neuorganisation des Armenwesens mit und beteiligte sich 1793 an der Gründung der →Gesellschaft freiwilliger Armenfreunde in K. und 1796 der →Kieler Spar- und Leihkasse.

Lit.: Lebensläufe, 246–247, 387 f. Si

August Christian Heinrich Niemann

Otto Niemeyer-Holstein, Küstenlandschaft, um 1930

Niemeyer-Holstein, Otto (geb. 11.5.1896 K., gest. 20.2.1984 Lüttenort bei Koserow/Usedom), Sohn des K.er Juristen Theodor Niemeyer, verbrachte seine Schul- und Jugendzeit in K. Nach der Entlassung aus dem Kriegsdienst 1915 begann er erstmals zu zeichnen. 1920 kehrte N. nach Norddtld. zurück und widmete sich intensiv der Malerei. Im Nationalsozialismus wurde sein künstlerisches Wirken eingeschränkt, so dass er sich in sein Atelier auf der Insel Usedom zurückzog, welches heute als Museum fungiert. Zu Beginn der 50er Jahre geriet N. Werk im Rahmen der Realismus-Formalismus-Debatte in die Kritik. Doch in den Folgejahren beeinflussten seine Arbeiten die Kunst in der DDR maßgeblich. 1964 wurde er Prof., 1969 Mitglied der Dt. Akademie der Künste in Berlin (DDR). Seit Mitte der 50er Jahre unternahm N. zahlreiche Auslandsreisen. Seine Werke wurden auch in großen Ausstellungen im Westen gewürdigt.

Lit.: A. Bardon (Hg.), Otto N. Malerei und Aquarelle, Rostock 1995. Wd

Nienbrügge →Schwartenbek

Alexander Niepa

Niepa, Alexander Karl Martin (geb. 7.12.1841 K., gest. 19.7.1910 K.), arbeitete nach einer kurzen kaufmännischen Laufbahn seit 1864 als Sekretär für den Hz. Friedrich von Augustenburg und veröffentlichte bereits in dieser Zeit eine Anzahl politischer und wirtschaftlicher Aufsätze. Nach dem Scheitern der augustenburgischen Erbansprüche auf die Hztt. Schleswig und Holstein begann er 1866 als Redakteur seine Tätigkeit bei der noch jungen, von Wilhelm →Ahlmann gegründeten →Kieler Zeitung. Wenige Jahre später stieg er dort zum Chefredakteur auf und leitete die Zeitung mehrere Jahrzehnte. Als aktives Mitglied der Fortschrittlichen Volkspartei und des Liberalen Vereins K. vertrat er eine freiheitliche, fortschrittliche und nationalstaatliche Politik. N. engagierte sich 20 Jahre als Stadtverordneter und Vertreter der Stadt im Provinziallandtag. Im Handels- und Industrieverein übte er die Funktion des Sekretärs aus. Bri

Nikolaikirche, Postkarte, um 1900

St. **Nikolaikirche** Die ev. N., deren Gründungsjahr um 1241 vermutet wird, steht als geistliches Zentrum inmitten der planmäßig angelegten →Altstadt. Aus einer kleinen Hallenkirche mit Kastenchor und einem Westturm, der sie von der gleichzeitigen Klosterkirche der Franziskaner unterschied, wurde in der zweiten Hälfte des 14. Jh. die bekannte Stadtkirche, die dann 1878–84 durch Stadtbaurat Friedrich Wilhelm Schweitzer neugotisch überformt, am 25.5.1944 durch Bomben zerstört wurde. War der Innenraum der gotischen Backsteinhallenkirche durch Kastengestühl, Chorschranke, zahlreiche Epitaphe und Nebenaltäre vielfältig geprägt, wurde er im 19. Jh. vollständig ausgemalt und durch Gestühl und Einbauten im Stil der Neugotik vereinheitlicht. Gerhard Langmaack rekonstruierte beim →Wiederaufbau 1950–57 nicht einen hist. Zustand, ließ aber in Erinnerung an die gotischen Gewölbe schlanke achteckige Pilzpfeiler die flache Stahlbetondecke tragen. Die übertünchten ma. Außenwände mit Spuren älterer Gewölbeansätze und Wandgliederungen tragen zur neuen Raumwirkung bei. Der ma. Turmraum und die neugotische Sakristei und Nebenkapelle an dem modern gestalteten Chor konnten integriert werden. Wertvolle, im Krieg ausgelagerte Ausstattungsstücke wurden wieder zum Blickfang im Kircheninneren: die mit Reliefs der Vita Christi verzierte Bronzetaufe des Johannes Apengeter von 1344 auf Löwenfüßen, der 1541 aus dem K.er

Innenraum der Nikolaikirche, nach dem Wiederaufbau, um 1960

→Franziskanerkloster übernommene und einzigartige Doppelflügelschrein von 1460, der in seinen Wandlungen das Marienleben und die Passion Christi (Festtagsseite), sowie die Erzväter und Franziskanerheilige zeigt, das 1490 datierte monumentale Triumphkreuz mit den Evangelistensymbolen an den Kreuzenden, das den Chor vom Gemeinderaum trennte, die barocke Holzkanzel Theodor Allers von 1705, das Rantzau-Gestühl von 1543 sowie Fragmente einer Deckplatte des Sarkophags der Anna von →Pogwisch von 1722. Mit der Gestaltung der Pommernkapelle und dem Einbau von Buntverglasungen, so der Schreiter-Fenster 2004 im heutigen Raum der Stille, fanden auch moderne Kunstwerke Einzug in die heutige City-Kirche.

Lit.: J. Habich, Die N. in K. und das K.er Kloster, München/Berlin 5. Aufl., o.J. Jo

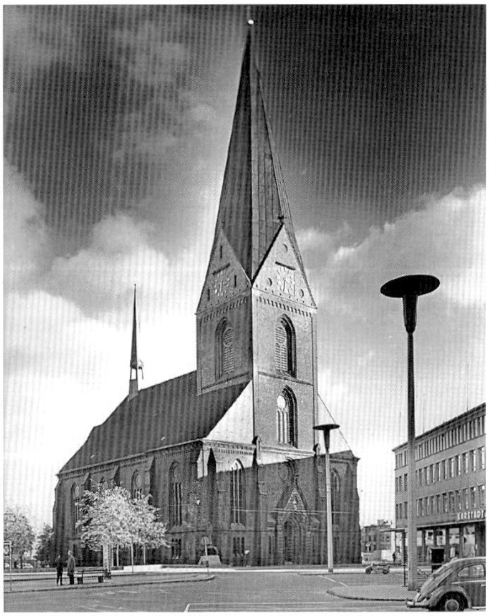

Nikolaikirche, nach dem Wiederaufbau, um 1960

„Niobe“ Die 42m lange und gut 9m breite „N.“ wurde 1913 als Viermast-Gaffelschoner „Morten Jensen“ im dänischen Fredrikshavn gebaut. Die Kaiserliche →Marine beschlagnahmte sie im 1. →Weltkrieg. Bis 1921 diente sie unter verschiedenen Namen als Segeltender, Hilfsfeuerschiff und Charterschiff für Filmaufnahmen. 1922 ließ die Reichsmarine sie zur Jackass-Bark mit 980m² Segelfläche umbauen, 1923 trat sie ihren Dienst als Schulschiff „N.“ an. Schon

Segelschulschiff „Niobe“, um 1930

bei der Kaiserlichen Marine hatte es ein Segelschulschiff gleichen Namens gegeben. Die zwei–dreimonatigen Übungsfahrten fanden v.a. in der Nord- und Ostsee statt und starteten meist in K. Am 2.5.1932 trat sie ihre letzte Fahrt an: Im Fehmarnbelt geriet sie in ein Gewitter, kenterte und sank. Nur 40 der 109 Besatzungsmitglieder überlebten. Der Rumpf wurde nach Heikendorf verbracht, 33 Opfer des Unglücks setzte man auf dem K.er →Nordfriedhof bei. Im September wurde das Wrack auf der Höhe der Stolpe-Bank versenkt.

Lit.: O. Boenisch, Die dt. Segelschulschiffe, Hmbg. 2006. Ki

Nissenhütten Die vom kanadischen Ingenieur Peter Norman Nissen (1871–1930) konzipierten N. („nissen-huts“) hatten die Form einer Halbtonne und bestanden aus doppelwandigem Wellblech. Sie hatten eine Gesamtwohnfläche von 40m² und besaßen zumeist eine Zwischenwand. Die Kopfwände waren entweder gemauert oder bestanden aus Holz. Wegen der eklatanten Wohnraumnot wurden N. in K. als Notunterkünfte für →Flüchtlinge und Vertriebene gebaut. Aufgrund der schlechten Isolierung

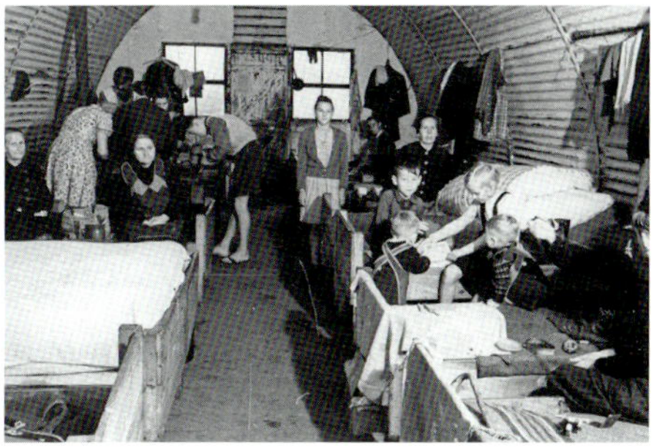

Nissenhütte in Holtenau, 1948

war der Zementboden im Winter häufig gefroren, während im Sommer in der Hütte unerträgliche Temperaturen herrschten und Kondenswasser vom Blech tropfte. Das N.lager „Prof.-Peters-Platz" in K. musste wegen Unbewohnbarkeit 1947 evakuiert werden. Die K.er N.lager „Augustenburger Platz", „Prof.-Peters-Platz" und „Schlachthof" wurden als vordringlich in das Barackenräumprogramm eingestellt und bis 1953 geräumt.

Lit.: U. Carstens, Die N., Heide 2006. Ca

Nobelpreisträger Der 1901 erstmals vergebene Nobelpreis wurde testamentarisch durch den schwedischen Industriellen Alfred Nobel (1833–96) gestiftet und gilt als weltweit höchste Auszeichnung in den Kategorien Physik, Chemie, Medizin und Literatur. Neun Preisträger waren eng mit K. verbunden: Der in Garding geborene Historiker Theodor Mommsen (1817–1903) studierte von 1838–43 in K. und wurde für seine grundlegenden Arbeiten zur römischen Gesch. 1902 mit dem Literaturnobelpreis ausgezeichnet. Als erster K.er Prof. erhielt Philipp →Lenard 1905 den N. für Physik. Zwei Jahre später wurde Eduard Buchner (1860–1917) mit dem N. für Chemie geehrt, der 1893–95 an der Christian-Albrechts-Universität bei Theodor →Curtius tätig war. Als einziger gebürtiger K.er wurde Max →Planck 1918 ausgezeichnet, damals als Prof. in Berlin tätig. 1922 wurde der Biochemiker Otto →Meyerhof, der 1912–21 an der CAU lehrte, mit dem Nobelpreis für Medizin ausgezeichnet. 1950 erhielten die Chemiker Otto →Diels und sein Schüler Kurt Alder (1902–58) den Preis; Diels war als Ordinarius an der CAU tätig, während Alder 1936 zur IG Farben nach Leverkusen und 1940 an die Univ. Köln gewechselt war. Der Mediziner Gerhard Domagk (1895–1964), der als Prof. in Münster den N. 1939 erhielt, studierte und promovierte von 1914–21 in K. 1937–42 promovierte der Physiker Wolfgang Paul (1913–93) in K., der 1989 als Bonner Ordinarius den N. erhielt. Ro

Norddeutsche Schiffbau AG →Germaniawerft

Norddeutscher Rundfunk →Rundfunk

Nordelbisches Kirchenamt Das in der →Dänischen Straße beheimatete N. ist die oberste Verwaltungsbehörde der Nordelbischen ev.-lutherischen Kirche und führt als solche die Verwaltung aller ihrer Angelegenheiten. Besonders hervorzuheben sind hierbei die Vorbereitung und Ausführung von Gesetzen, Verordnungen und Kirchenleitungsbeschlüssen sowie die Verwaltungsaufsicht von Kirchenkreisen und Kirchengemeinden. Das N. besteht aus der Präsidentin bzw. dem Präsidenten – für dieses Amt ist eine juristische Ausbildung vorgeschrieben –, sieben für die einzelnen Dezernate zuständigen -räten sowie zahlreichen Mitarbeitern. Das N. setzt die lange Tradition von K. als Sitz und Zentrum der norddt. Kirchenverwaltung fort. Bereits 1867 – also kurz nach der Einverleibung von SH in den pr. Staat – wurde per kg.licher Verordnung das K.er Konsistorium für die Hztt. Schleswig und Holstein errichtet, dem 1924 das ev.-luth. Landeskirchenamt folgte. Beide Organe hatten ihren Sitz im Gebäude →Sophienblatt 12, welches im Januar 1944 bei einem Luftangriff zerstört

Nordelbisches Kirchenamt

wurde. Der kurzfristigen Auslagerung der Kirchenverwaltung nach Timmendorfer Strand folgte 1946 die Rückkehr nach K. in die Körnerstr. 1956 wurde der Neubau in der Dänischen Str. bezogen. Als sich 1977 die Landeskirchen Eutin, Hmbg., Lüb. und SH sowie der Kirchenkreis Harburg zur Nordelbischen ev.-lutherischen Kirche zusammenschlossen, musste das Gebäude baulich in großem Umfang erweitert werden.

Lit.: K. Blaschke, Das N., in: K.-B. Hasselmann (Hg.), Kirche in K., K. 1991, 145–147. Gn

Nordelbisches Kirchenarchiv Als Teil des Rechtsdezernates des →Nordelbischen Kirchenamtes obliegt dem N. die Bewertung und Aufbewahrung des ausgeschiedenen Schriftgutes sämtlicher Organe der nordelbischen Kirche sowie ihrer Dienste, Werke und Einrichtungen. Darüber hinaus betreut und berät das N. die Kirchenkreise und Kirchengemeinden bei der Archivierung ihrer Unterlagen. Dies schließt die Schulung ehrenamtlicher Archivpfleger und die Sicherungsverfilmung der Kirchenbücher der nordelbischen Kirchengemeinden ein. Zurzeit ist das N. in den Räumen der ehemaligen Gerlinde-Möller-Schule im Winterbeker Weg 51 ansässig, wo eine Regalnutzfläche von 6.000 laufenden m zur Verfügung steht.

Lit.: A. Göhres, M. Kirschke, Beständeübersicht des N. in K., K. 1997. Gn

Nordfriedhof

Nordfriedhof Der N. wurde 1878 als Garnisonsfriedhof eingerichtet und ging 1961 in das Eigentum der Stadt K. über. Neben den Gräbern von Zivilisten finden sich, entsprechend der früheren Bedeutung K.s als Marinestützpunkt und Kriegshafen, rund 3.000 Soldatengräber. Außer dt. Staatsangehörigen wurden hier auch Soldaten, Zwangsarbeiter und Internierte anderer Nationalitäten beigesetzt, die während des 2. →Weltkriegs getötet wurden, wie u.a. 209 russische Kriegsgefangene. Mehrere Hundert Militärangehörige aus dem British Commonwealth sind auf dem angrenzenden →Kiel War Cemetery begraben. Verschiedene Grabstätten und Denkmäler erinnern an die Toten der beiden Weltkriege, die Opfer

Nordfriedhof

standrechtlicher Erschießungen während des 2. WK sowie an alle Opfer von Krieg und Gewalt. Weitere Gedenkstätten sind z.B. dem Untergang des Segelschulschiffes →„Niobe“ vor Fehmarn im Jahr 1932 und dem Krieg gegen Dänemark von 1848–50 gewidmet. Ha

Nordhafen Am Südufer des →Nord-Ostsee-Kanals, westlich der Holtenauer Hochbrücke entstand 1922 der städtische N. als Umschlagsplatz für die kanalbefahrenden Schiffe. Mit zunächst 150m Kailänge und einem großen Getreidesilo mit 10.000t Fassungsvermögen begann ein erfolgreiches Hafenprojekt (→Hafen). V.a. zur Zwischenlagerung und Weiterbeförderung von Getreide und Futtermittel wurde der N. mit seinen guten Verbindungen zu allen Ostsee-

Nordhafen, Silo, um 1925

häfen genutzt. Er wurde mehrfach erweitert. Der Silobetrieb wurde 1970 verpachtet und schließlich 1985 verkauft. Nach einer Getreidestaubexplosion 1970 ersetzte man das alte Silo durch einen wesentlich größeren Neubau. 1972 kam ein Containerterminal hinzu. In den achtziger Jahren siedelten sich führende Papierexportfirmen an, seit 2007 wird deren Gelände für den →Lokomotivenbau und eine Yachtwerft genutzt.

Lit.: K. Ziemann, Die Gesch. des K.er Handelshafens, Nms. 1991. Bri

Nordische Messe K. musste nach dem verlorenen 1.→Weltkrieg seine Industrie auf →Friedenswirtschaft umstellen. Messen und Ausstellungen sollten den →Handel beleben, v.a. mit Skandinavien. Im September 1921 fand die 1. N. statt, die alles zeigte, was Handel, Industrie und Wirtschaft in SH zu bieten hatten. Schwerpunkte lagen beim →Schiffbau, den Landmaschinen und der Nahrungs-, Genussmittel-, Leder- und Bekleidungsindustrie. Ausstellungsräume waren alle verfügbaren Hallen und Säle in K. 1925 bekam die Messe ein eigenes Gelände in der neu gebauten →Nord-Ostsee-Halle. Im selben Jahr geriet die Messe in Schwierigkeiten wegen der hohen Baukosten für die Messehallen und der allgemein schlechten Wirtschaftslage. 1926 wurde die Frühjahrsmesse daher abgesagt und 1927 die Umstellung zur Ausstellungs- und Fremdenverkehrsveranstaltung vollzogen. Ge

Nordische Messe in Kiel, Plakat, 1924

Nordische Messe, Gebäude am Augustenburger Platz, um 1923

Nordmark-Film Das Unternehmen zur Filmherstellung wurde 1920 von dem K.er Fotografen Richard Garms (1893–1937) und seiner Ehefrau Emmy (1893–1978) in der Hospitalstr. (später Feldstr. und Jägersberg) gegründet und als reiner Familienbetrieb von ihrem Sohn Gerhard (1917–2001) bis 1987 fortgeführt. Die Auftraggeber aus dem regionalen Umfeld waren Werften, lokales Gewerbe, landwirtschaftliche Einrichtungen, Provinzial- bzw. Landesbehörden, Univ. und Kirche. Das Unternehmen produzierte Industrie-, Dokumentar- und Lehrfilme, Kurzwerbestreifen, Trick- und Kulturfilme. Obwohl nicht alle Filme erhalten sind, bietet der Bestand ein einzigartiges Porträt SH und besonders K.s über fast 70 Jahre in bewegten Bildern. Die gesamte technische Ausrüstung sowie das 450.000m umfassende Dokumentarfilmmaterial verkaufte Garms 1987 an das Landesarchiv bzw. an das Landesmuseum in Schleswig.

Lit.: R. Forster, Ufa und Nordmark, Trier 2005. Dr

Nordmark-Sportfeld, Postkarte, um 1910

Nordmark-Sportfeld Im Januar 1906 beschlossen die Stadtkollegien zur Förderung der Leibesübungen den Bau eines 24ha großen Spiel- und Sportplatzes. Die 1907 eingeweihte Anlage, zu der Laufbahnen, Rasenfelder, eine Gras- und Sandbahn für Pferderennen, Tribüne und Totalisator, ein Reitsprunggarten sowie ein Musikpavillon nebst Gastwirtschaft gehörten, hatte Modellcharakter für ganz Dtld. Über die zugedachte Form der sportlich-spielerischen Betätigung hinaus dienten die Grünflächen auch anderen Zwecken. So wurde im Juni 1908 der 1. Dt. Flugtag veranstaltet und die Nutzung des Platzes als Start- und Landebahn in der Folgezeit noch intensiviert (→Luftfahrt). Im Jahr 1910 entstand eine riesige Luftschiffhalle. Während der NS-Zeit versammelten sich hier die SA und andere Parteigliederungen zu ihren „Nordmarktreffen", weshalb sich die heutige Platzbezeichnung eingebürgert hat. Nach dem 2. WK requirierten britische Besatzungseinheiten der K. Brigade das Areal (1945–47), bevor auch die Deutschen. v.a. mit Pferde- und Motorradsportveranstaltungen wieder zum Zuge kamen. We

Nord-Ostsee-Bahn (NOB) Die NOB ist ein privates Verkehrsunternehmen mit Sitz in K. Sie ist eine 100-prozentige Tochtergesellschaft der Veolia Verkehr GmbH Berlin (vormals Connex). Nach der Ausschreibung des „Netzes Nord" durch das Land SH übernahm die NOB als private Eisenbahngesellschaft im November 2000 die Strecken K. – Husum und Husum – St. Peter-Ording sowie in Teilen die Strecke K. – Nms. Im Dezember 2005 erfolgte die Übernahme des Regionalverkehrs zwischen Hmbg. und Westerland/Sylt (sog. Marschbahn). Auch die Linie von Niebüll ins dänische Tønder wird durch das private Unternehmen bedient. Im Jahr 2007 nutzen etwa 8,4 Mill. Fahrgäste die Züge der NOB. Zur Wartung der Lokomotiven, Steuer- u. Reisezugwagen wird ein Betriebswerk in Husum unterhalten. Oh

Nord-Ostsee-Halle Die Messe- und Ausstellungshalle an der Südseite der Gutenbergstr. von Ernst →Prinz wurde für die →Nordische Messe AG in Rekordzeit zur Herbstmesse 1925 aufgeführt. Prinz entwarf 1933 auch den Umbau zur „Stadthalle". Die außergewöhnlich lange, mehrschiffig basilikale Mehrzweckhalle hatte imponierende Ausmaße (gut 8000m² Fläche, 170m

Nord-Ostsee-Halle, um 1930

Länge)und galt damals als die größte Halle Nordwestdtld. Gelobt wurde die ebenso rationelle wie „lichtvolle" Konstruktion unter Flachdächern, getragen von eisernen Dreigelenkbogen-Bindern, die eine Mittelschiffsbreite von 28m überspannten und den breitstufigen Aufbau der von langen Fensterreihen durchlichteten Halle „schulterten". Aus Kostengründen fügte man Stufenwände und Decken aus Holz, errichtete allein die langen Erdgeschosswände wie die Eckausleger massiv in rotem Backstein, ebenso die querschnittshafte Eingangs-Stirnwand nach Osten mit den Hochfenstern. 1944 wurde die Halle durch Bomben zerstört. Ersatz leistet seit 1951 die →Ostseehalle, heute Sparkassen-Arena.

Lit.: H.-G. Andresen, Großstadtarchitektur in K., in: Nordelbingen 65 (1996), 140–145. An

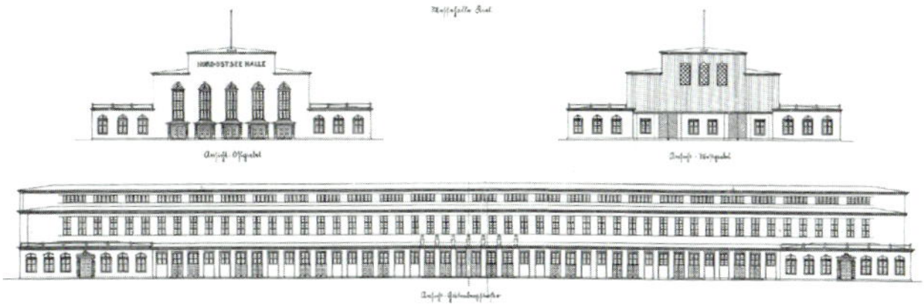

Nord-Ostsee-Halle, Entwurf von Ernst Prinz, 1925

Eröffnung des Kaiser-Wilhlem-Kanals durch die kaiserliche Yacht „Hohenzollern", Alexander Kircher, 1895

Nord-Ostsee-Kanal (NOK) Die seit seiner Eröffnung 1895 mehrmals ausgebaute, 98,637km lange künstliche Wasserstraße verbindet Brunsbüttel an der Unterelbe mit der K.er →Förde. Die einfache Wegstrecke zwischen Nord- und Ostsee wird durch den Kanal um ca. 250 Seemeilen verkürzt, eine Durchfahrt durch das gefährliche Skagerrak unnötig. In seinem heutigen Bauzustand ist der NOK 11m tief bei 162m Wasserspiegel- und 90m Sohlenbreite. Er ist mit je vier →Schleusen an den Enden ausgestattet. Mehr als 40.000 Schiffspassagen jährlich und eine stetig zunehmende Gütermenge machen den NOK zur meistbefahrenen künstlichen Wasserstraße der Welt. Der 1784 eröffnete →Eiderkanal entsprach den Anforderungen der Schifffahrt schon bald nicht mehr, sodass bereits zu Beginn des 19. Jh. Pläne für einen neuen Kanal geschmiedet wurden. Erst die Eingliederung der Hztt. in den pr. Staat 1867 und die Reichseinigung 1871 bildeten die Grundlage für das durch den Hmbg. Reeder Hermann Dahlström 1878 erneut angeregte Großprojekt. Zu Baubeginn 1887 waren 3.000, in Spitzenzeiten bis zu 8.900 in- und ausländische Arbeitskräfte beschäftigt. Die Eröffnungsfeier im Juni 1895 brachte dem NOK unerwartet einen neuen Namen: Wilhelm II. taufte die Wasserstraße in Gedenken an seinen Großvater und Initiator des Baus Kaiser-Wilhelm-Kanal. Der Name wurde bis 1948 beibehalten. Nach einigen Anf.-schwierigkeiten konnte das Kaiserliche Kanalamt stetig steigende Durchfahrtszahlen verzeichnen. Zudem rückte der strategische Nutzen im Rahmen der Flottenpolitik des Reiches in den Vordergrund: Der NOK verband den →Reichskriegshafen K. mit den Operationsgebieten der Nordsee. Die Nordseeflotte hatte im 1. und 2. →Weltkrieg Zugang zu den Ostseewerften, über den NOK wurden Versorgung und Nachschub gewährleistet. 1919 wurde der NOK internationalisiert. Durch umfassende Modernisierungsmaßnahmen wurde der Kanal nach 1945 immer wieder den Bedürfnissen der modernen Schifffahrt angepasst.

Lit.: R. Lagoni u.a. (Hg.), NOK 1895–1995, Nms. 1995. Fi

Nord-Ostsee-Kanal, um 1985

Notgeld der Stadt Kiel, 1923

Notgeld N. umfasst die unterschiedlichen, meist irregulären Zahlungsmittel, die in Ausnahmesituationen behelfsmäßig in Umlauf gebracht wurden, weil offizielle Geldscheine oder Münzen nicht in ausreichender Menge bereitgestellt werden konnten. In K. wurde N. zum ersten Mal 1812 verwendet, als wegen des erheblichen Mangels an Kleinmünzen der Stadt gestattet wurde, Scheine im Wert von 5 und 10 Schilling auszugeben. Es dauerte mehr als ein Jh., bis in K. wieder N. in Umlauf gelangte, zunächst 1914 und dann von 1916–22, der sog. Kleingeldperiode, als Gemeinden, Firmen, Vereine anfangs mit Ausgaben bis 50 Pfennig dem durch Metallknappheit verursachten Mangel an Münzen abhalfen und seit 1918 mit aufwändiger gestalteten, bunten Serienscheinen bis 1 Mark auch aus dem Interesse der Sammler Gewinn ziehen wollten, die das N. zum Nennwert erwarben, aber nicht einlösten. Diese Scheine waren häufig von Künstlern entworfen und bildeten Ereignisse aus der Gesch., der Wirtschaft, der Kultur und bekannte Personen ab oder nahmen politisch Stellung. Daneben kam es 1918–19 auf staatlichen Wunsch in K. zur Ausgabe von Großgeld im Wert von 5 und 10 Mark. Seit September 1922 erforderte die beginnende Inflation in K. erneut die Ausgabe von N., diesmal mit Werten bis 10.000 Mark; und nach kurzer Erholung setzte im August 1923 die Inflation infolge des steigenden Dollarkurses mit voller Wucht ein, so dass der Nennwert der Scheine in schwindelnde Höhe stieg und auch die Zahl der K.er N.grundformen auf über 155 anwuchs. Abgelöst wurde das Inflationsn. in K. Ende 1923 mit der Ausgabe von wertbeständigen Feingoldgutscheinen durch die →Landesbank, der die Gold-Girobank SH und die Stadt mit der Ausgabe von Goldmünzen folgten. Über 20 Jahre später wurde in K. zum letzten Mal N. verwendet: Anf. 1945, als abgelaufene Reichskreditkassenscheine mit 50 Mark überstempelt wurden, und 1947–48, als Zettel von minderer Qualität in Umlauf kamen.

Notgeld der Gemeinde Suchsdorf, 1921

Lit.: K. Lindman, G. Stolzenberg, W. Kirstein, Das Papiergeld von SH 1812–2002, Gifhorn 2006. Rt

Novemberpogrom →Reichspogromnacht

Novemberrevolution →Revolution 1918

Obelisk am Kanalpackhaus In den Proportionen eines klassischen O. präsentiert sich das 7,50m hohe Sandstein-Denkmal auf freiem Platz vor dem →Kanalpackhaus am Holtenauer Ufer. Die vergoldete Krone auf der Spitze weist es als kg.liches Zeugnis aus. Der dänische Kg. Christian VII. ließ 1784 zwei solcher O. aus Granit als herrschaftliche Kennzeichen und Orientierungsmarken für die östliche Einfahrt zum →Eiderkanal anlässlich der Fertigstellung der neuen Wasserstraße aufstellen. Der südliche O. stand direkt im Wasser, der nördliche säumte in axialer Zuordnung zum Packhaus das Ufer. Beide Wahrzeichen gingen im Laufe der Zeit verloren. Der O. auf dem nördlichen Ufer ist als Sandsteinkopie überliefert. Seine Inschrift: „Patriae et Popolo“ („Für Vaterland und Volk“) bezieht sich auf die Zweckbestimmung des aus merkantilistischem Geist organisierten modernen Kanalbaus. Mit „Vaterland“ war der →dänische Gesamtstaat gemeint, dessen Einwohner zunächst das Privileg der Nutzung des Kanals erhielten.

Lit.: G. Stolz, Der alte Eiderkanal – SH Kanal, Heide 1985, 28–31. Km

Obelisk am Kanalpackhaus

Oberappellationsgericht Das sh.-lauenburgische O. wurde von Kg. Frederik VI. mit Verordnung vom 9.6.1834 eingerichtet und erhielt seinen Sitz in K., wo es am 1.10.1834 feierlich eröffnet wurde. Mit seiner Gründung wurde relativ spät eine Vorgabe der Bundesakte von 1815 umgesetzt, die den Mitgliedern des Dt. Bundes nach dem Wegfall der beiden vormaligen höchsten Reichsgerichte (Reichskammergericht und Reichshofrat) die Etablierung eigener Gerichte letzter Instanz vorschrieb. Gleichzeitig brachte sie die endgültige Trennung der Justiz von der Verwaltung. Obwohl ein O. nur für die beiden zum Dt. Bund gehörenden Hztt. Holstein und Lauenburg vorgeschrieben war, entschloss sich der Kg., den Geltungsbereich des Gerichts auch auf Schleswig auszudehnen. Nach dem Scheitern der →Schleswig-Holsteinischen Erhebung wurde für das Hzt. Schleswig 1852–54 ein eigenes O. in Flensburg eingerichtet. Der Geltungsbereich des O. in K. blieb bis zum Ende der dänischen Zeit auf Holstein und Lauenburg beschränkt. Nachdem SH an Pr. gefallen war, das bereits ein letztinstanzliches Gericht in Berlin besaß, wurde der K.er Justizkörper zu einem Appellationsgericht herabgestuft. Als die dt. Justiz 1877 grundlegend neu geordnet wurde, bekam K. den Sitz für eines von insgesamt 13 zum 1.10.1879 neu zu gründenden pr. Oberlandesgerichten. Dessen Unterbringung erfolgte im selben Gebäude in der Flämischen Str., in dem auch schon das O. getagt hatte; der Gerichtssprengel umfasste die nunmehrige pr. Provinz SH. In den Jahren 1892–94 erhielt das Gericht am Lorentzendamm einen repräsentativen Neubau im Stil der Neorenaissance, der im 2. →Weltkrieg zwar beschädigt, aber nicht zerstört wurde, so dass es dort am 26.11.1945 wiedereröffnet werden konnte. Nach der Gründung des Landes SH verlegte man 1948 das Oberlandesgericht als Ausgleich für den verlorenen Regierungssitz von K. nach Schleswig. Im K.er Gebäude am Lorentzendamm befindet sich seitdem das sh. Justizministerium.

Lit.: Denkmaltopografie, 216–219. Kra

Gebäude des Oberappellationsgerichts am Lorentzendamm

Oberbürgermeister →Bürgermeister

Ernst Oberfohren

Oberfohren, Ernst (geb. 15.3.1881 Dümpten/Mülheim-Ruhr, gest. 7.5.1933 K.), studierte Theologie, Philosophie und Germanistik in Berlin und Bonn und ging zunächst in K. in den Schuldienst. Im Jahre 1914 promovierte er mit einer Arbeit über Jean Bodin. Früh war er politisch tätig – vor dem 1. →Weltkrieg in der „Dt.konservativen Partei", dann seit 1919 in der „Dt.nationalen Volkspartei" (DNVP). Seit 1920 vertrat er den Wahlkreis SH im Reichstag und wurde 1929 sogar Fraktionsvorsitzender der DNVP. In den Auseinandersetzungen innerhalb der DNVP in den Jahren 1928–30 über den weiteren Kurs der Partei schlug O. sich auf die Seite Hugenbergs, der eine strikte Oppositions- und Obstruktionspolitik gegenüber der →Weimarer Republik vertrat. In SH geriet O. währenddessen in einen immer schärferen Gegensatz zur NSDAP, v.a. zum Gauleiter Hinrich →Lohse. O. fürchtete das gewaltsame und rechtlose Vorgehen der Partei. Als Hugenberg um die Jahreswende 1932/33 beschloss, mit der NSDAP zusammenzugehen, stimmte O. widerstrebend zu. Alsbald erkannte er jedoch, dass dies ein verhängnisvoller Fehler war und leistete Widerstand gegen den Kurs Hugenbergs. Von den Nationalsozialisten als Gegner angesehen, fürchtete er um sein Leben und beging am 1933 Selbstmord.

Lit.: P. Wulf, Ernst O. und die DNVP am Ende der Weimarer Republik, in: „Wir bauen das Reich", Nms. 1983, 165–187. Wu

Oberpräsident Der städtische O. führte von 1780–99 und von 1809–15 die besondere landesherrliche Aufsicht über die Stadtverwaltung. Die Schaffung dieser Institution gehört in eine Reihe von Maßnahmen des Landesherrn, um die Unabhängigkeit des städtischen Rates zu beschränken. Der O. konnte an allen Versammlungen teilnehmen und darüber an die Aufsichtsbehörden berichten. Seine Befugnisse gestatteten ihm großen Einfluss auf die städtischen Beschlüsse. Er übte die Gerichtsbarkeit über die Schifffahrt aus und führte die Oberaufsicht über die Polizei. Erster K.er O. war Gf. Johann Caspar v. Bothmer. In pr. Zeit wurde mit O. der oberste Beamte der staatlichen Provinzialverwaltung bezeichnet. Er hatte seit 1918 seinen Sitz im K. →Schloss.

Lit.: P. Trautmann, K.s Ratsverfassung und Ratswirtschaft vom Beginn des 17. Jh. bis zum Beginn der Selbstverwaltung, K. 1909. Bri

Öffentlicher Personennahverkehr (ÖPNV) Während im Überlandverkehr mit den Postkutschen lange ein öffentliches Personentransportwesen funktionierte, gab erst die →Industrialisierung den Impuls, die Ballungszentren mit öffentlichen Verkehrsmitteln zu erschließen. In K. machten Fährverbindungen den Anf., 1857 wurde eine regelmäßige Segelbootverbindung nach Laboe aufgenommen, seit 1864 ging ein Personendampfer nach Möltenort, →Friedrichsort und Laboe. Seit 1881 erschloss die →Pferdebahn das Stadtgebiet, erlangte aber nur für den Freizeitverkehr Bedeutung. Erst mit der Elektrifizierung wurde die →Straßenbahn zum K.er Massenverkehrsmittel. Der Betrieb wurde bis 1942 von der Allgemeinen Lokal- und Straßenbahngesellschaft Berlin (ALOKA) sichergestellt und danach von der städtischen →Kieler Verkehrsgesellschaft übernommen. Daneben verkehrten auch noch Pferde- und später motorisierte Droschken. Die ersten Omnibusse des Unternehmens Reimers, später K.er Kraftverkehrs GmbH, nahmen 1924 den Betrieb auf; sie stellten v.a. den Anschluss der Vororte und Umlandgemeinden sicher. Während die ALOKA in die Straßenbahn kaum noch investierte, entwickelten sich die Omnibusgesellschaften rasant: 1938 unterhielt Reimers bereits zehn Buslinien, sein Konkurrent die Holsteinische Autobusgesellschaft sieben Linien. Selbst die städtische KVAG trat zunächst in Konkurrenz zur privaten Straßenbahn, da sie 1938–39 die zwei wichtigsten privaten Dampfer- und Busunternehmen übernahm. Die KVAG beantragte 1941 eine Oberleitungsbuslinie zur Anbindung von →Elmschenhagen, die sie 1944 in Betrieb nahm. Erst 1942 gliederte die Stadt auch die Straßenbahn in die KVAG ein, in deren Händen fortan der ÖPNV in

Straßenbahn in Schulensee, 1958

K. lag. Die Anlagen der KVAG waren im Bombenkrieg schwer verwüstet worden. Dennoch konnten Busse und Straßenbahnen bereits im Juli 1945 wieder den Betrieb aufnehmen. Schon in den 1950er Jahren erwies sich zunächst für die Fährlinien der PKW zunehmend als Konkurrent, dann auch für Straßenbahn und Busse. In den 1970er Jahren ging die Zahl der beförderten Personen um 30% zurück. Aus Kostengründen wurde bis 1985 der Schienenverkehr vollständig abgewickelt. Vom Wachstum der Umlandgemeinden profitierten Konkurrenzunternehmen wie die →Autokraft und die Verkehrsbetriebe des Kreises Plön (VKP). Erst 1985 wurde eine Verkehrs- und Tarifgemeinschaft gegründet, die seit 1997 als Verkehrsverbund Region K. (VRK) ein einheitliches Netz-, Fahrplan- und Tarifsystem für die Region K. sicherstellt.

Lit.: Tiefbauamt der Landeshauptstadt K. (Hg.), 150 Jahre Mobilität, Stadtentwicklung und Nahverkehr, K. 2002. Ro

Oberleitungsbus in der Preetzer Chaussee, 1944

Olde, Johannes Wilhelm gen. Hans, der Ältere (geb. 27.4.1855, Süderau, Holstein, gest. 25.10.1916 in Kassel), der Maler O. gehörte zu den wichtigsten sh. Künstlern seiner Zeit. Er hatte sich in seiner Jugend auf dem elterlichen Gut →Seekamp zunächst der Landwirtschaft gewidmet. Nach dem Studium an der Kunstakademie München und fünfjährigem Wirken als Mitbegründer der Münchener Sezession kehrte er 1892 zurück, um sich an der Förde u.a. der Landschafts- und Freilichtmalerei zu widmen. Verschiedene Studienreisen führten ihn nach Paris, von wo er neoimpressionistische Einflüsse mitbrachte, die sich in seinen Gemälden niederschlugen. Er war mit vielen sh. Künstlern befreundet, so mit Georg →Burmester und dem Bildhauer Adolf →Brütt, stand aber auch mit Lovis Corinth in engem Kontakt. 1902 wurde er Prof. an der Großhz.lich Sächsischen Kunstschule zu Weimar und 1911 an die Kg.liche Kunstakademie nach Kassel berufen, wo er 1917 starb. Ti

Hans Olde d. Ä., Kieler Hafen bei Dunkelheit, 1896

Olshausen, Theodor (geb. 19.6.1802 Glückstadt, gest. 31.3.1869 Hmbg.), gehört zu den wichtigsten Vertretern der liberalen Bewegung in SH. Seine politischen Ansichten formten sich in seiner Studienzeit in K. und Jena, die er wegen der Demagogenverfolgung z.T. durch Auslandsaufenthalte unterbrechen musste. Sprachrohr seiner Ansichten wurde das von ihm seit 1829 hg. →Kieler Correspondenzblatt, in dem er zwischen 1839 und 1844 die Idee des Neuholsteinismus vertrat. 1848 gehörte O. der →provisorischen Regierung an, in der er die demokratisch-linksliberale Richtung repräsentierte und sich für die Lösung sozialer Missstände einsetzte. Beruflich war er als Anwalt in K. und 1844–48 als Direktor der →Eisenbahn K.-Altona tätig. Nach dem Scheitern der →Schleswig-Holsteinischen Erhebung emigrierte O. in die USA, wo er bis 1865 als Redakteur arbeitete. Nach Europa zurückgekehrt, lebte O. zurückgezogen in der Schweiz.

Lit.: Lebensläufe, 252–255, 388 f. Sl

Theodor Olshausen

Am Signalturm, Hermann Wehrmann, 1934

Olympiazentrum

Olympiahafen Für die →olympischen Segelwettbewerbe 1936 in K. gebauter Hafen am →Hindenburgufer auf Höhe des heutigen

Olympiazentrum Schilksee, Luftaufnahme

→Instituts für Weltwirtschaft. Der vom damaligen Magistratsoberbaurat Rudolf →Schroeder geplante Hafen schloss sich nördlich an den Hafen des →Kieler Yachtclubs an und bot den Schiffen der 200 aktiven Segler aus 26 Nationen Platz. Der heute vorhandene weiße, eingeschossige Holzständerbau mit den olympischen Ringen ist ein in den 1950er Jahren errichteter, versetzter Nachbau des 1936 von Rudolf Schroeder gebauten Eingangshauses zum O., der heute als „Sporthafen Düsternbrook" genutzt wird. Parallel zum O. wurde am heutigen Hindenburgufer 76 das Olympiaheim für die Segler gebaut, das 1952 zum „Haus Weltclub" umgebaut wurde.

Lit.: Denkmaltopografie, 286. Ra

Olympiazentrum Nach der Vergabe der →olympischen Segelwettbewerbe 1972 nach K. wurde 1969–72 in →Schilksee auf dem Gelände eines Marinedepots nach Plänen von Hinrich Storch und Walter Ehlers (Hannover) ein großzügiges O. errichtet. Kern des O. ist ein rund 465m langes Mehrzweckgebäude, dessen Sockelgeschoss sich zum Hafenvorfeld öffnet und den Seglern als Bootshalle diente, aber auch Schwimmhalle, Verwaltung und Pressezentrum beherbergte. Auf der darüber gelegenen Promenade „Fliegender Holländer" konnten Zuschauer das Geschehen am Hafen beobachten. Charakteristisch für das Gebäude sind aber die über drei Geschosse terrassierten Appartements mit offenen Loggien. Ergänzt wurde die Anlage durch einen kleineren Appartementbau zur Landseite und zwei Hochhäuser, die ebenso als Athletenunterkunft dienten, wie eine anschließende Bungalowsiedlung. Den nördlichen Abschluss bildeten das Hotel Olympia, eine Bootshalle und ein Freizeitzentrum. Die Nachnutzung war in die Planung einbezogen, so dass die gelungene Gesamtanlage, zumal nach einer 2010 abgeschlossenen Sanierung, bis heute K.s Ruf im Segelsport begründet. Ro

Olympische Segelwettbewerbe 1936 Im Jahr 1931 entschied sich das Internationale Olympische Komitee, die XI. Olympischen Sommerspiele der NZ nach Berlin zu vergeben. Das NS-Regime erkannte den Propagandawert der Spiele und zog alle Register, um vor der Weltöffentlichkeit ein perfektes „Friedensfest“ zu inszenieren. Antisemitische Verbotsschilder und Hetzplakate wurden im direkten Vorfeld der Wettbewerbe entfernt, doch die Sprache der Medien blieb dem NS-Jargon verhaftet. Als Austragungsort für die Segelregatten wurde 1934 der Reichsmarinehafen K. bestimmt. Noch im selben Jahr entstanden nördlich des heutigen →Kieler Yachtclubs Unterkünfte für die Athleten und ein →Olympiahafen. Die Koordination auf dem Wasser übernahm ein Segelausschuss zusammen mit der →Marine, die auch die beiden Startschiffe „Najade“ und „Undine“ stellte. An Land zeichneten das städtische Olympia-Amt und Gliederungen der Partei, u.a. das ns. Kraftfahrkorps, für die Organisation verantwortlich. Am 3. August wurde das Olympische Feuer auf dem Mastkorb einer rekonstruierten Hansekogge entzündet. Presse- und Rundfunk sowie eine extra für die Festdauer hg. Olympia-Zeitung berichteten ausführlich über Rahmenprogramm und aktuelle Ergebnisse. Die am 4. August gestarteten Wettbewerbe litten unter wechselhaften Wetterbedingungen und wurden von einigen Disqualifikationen überschattet. In vier Klassen stritten insgesamt 61 Boote mit Teilnehmern aus 26 Ländern um die Platzierungen. Gesegelt wurde auf Regattabahnen der Innenförde. Mit jeweils einer goldenen, silbernen und bronzenen Medaille schnitt Gastgeber Dtld. am erfolgreichsten ab. Die K.er Hans Lubinus und Theodor Thomsen erreichten in der 6-m-Klasse einen sechsten Platz. 50.000 Menschen verfolgten die Schlussfeier auf dem Festplatz vor →Bellevue. Die Siegerehrung und Medaillenübergabe an die Aktiven wurde im Berliner Olympia-Stadion vorgenommen.

We

Olympische Spiele Segeln, Plakat von Ottomar Anton, 1936

Olympische Segelwettbewerbe, Hindenburgufer, 1936

Olympische Segelwettbewerbe 1972
Das olympische Komitee hatte im April 1966 beschlossen, die XX. Olympischen Spiele in München austragen zu lassen. Als Austragungsort der O. konnte sich K. gegen Travemünde durchsetzen und wurde so zum zweiten Mal Olympiastadt. Die K.er Organisatoren um Oberbgm. Günther Bantzer hatten nicht nur den →Segelsport im Blick – sie wollten auch die Gelegenheit nutzen und mit Fördermitteln der abgelegenen →Landeshauptstadt zu einer großstädtischen Infrastruktur verhelfen. In →Schilksee

Olympische Segelwettbewerbe, Plakat, 1972

Olympisches Feuer in Schilksee, 1972

wurde am 13.10.1969 der Grundstein für ein großzügiges →Olympiazentrum gelegt. Durch die Fertigstellung der →Autobahn, den Ausbau der innerstädtischen Verkehrsknoten, den Bau der Fördestr. und besonders den Neubau der Holtenauer Hochbrücke wurde das Olympiazentrum an das Straßennetz angeschlossen. Andere Maßnahmen sollten die kulturelle und touristische Attraktivität der Stadt steigern: Den O. verdankt K. die Neugestaltung des Rathausplatzes und des →Alten Markts mit seinen Pavillons, den Kubusanbau des →Stadttheaters und die Promenade →Kiellinie. Die Organisation der Wettbewerbe galt als vorbildlich: Den Vorsitz des „Ausschusses für olympische Segelwettbewerbe" übernahm Berthold Beitz; die Wettfahrtleitung lag bei Otto Schlenzka. Zwei Tage nach der Eröffnung in München wurde am 28.8.1972 in Schilksee die olympische Flamme entzündet. Die Wettkämpfe bei durchweg schwachen Winden blieben für die dt. Segler enttäuschend: In den sechs Entscheidungen holten nur Willi Kuhweide mit Karsten Meier im Starboot und Uli Libor mit Peter Neumann im Flying-Dutchman Bronze, während die Crew um Paul Borowski für die DDR Silber im Drachen gewann. Die erste Wettbewerbswoche endete mit dem Einlaufen der →Windjammerparade. Ein tiefer Schatten fiel am 5. September auf die fröhlichen Spiele, als ein palästinensisches Terrorkommando in München die israelische Mannschaft überfiel. In einer schlichten Trauerfeier wurde am 7. September der zwölf Opfer – elf israelische Athleten und ein dt. Polizist – in Schilksee gedacht. Die Spiele wurden dennoch fortgesetzt und am 9. September in K. abgeschlossen. Die O. brachten für K. nicht nur wachsende internationale Bekanntheit als Zentrum des Segelsports. Die zahllosen großstädtischen Infrastrukturmaßnahmen waren ein Modernisierungsschub, von dem die Stadt bis heute profitiert.

Lit.: C. Fleischhauer, Die O., in: C. Fleischhauer, G. Turkowski (Hg.), Sh. Erinnerungsorte, Heide 2006, 114–119.

Ro

Opernhaus →Stadttheater

Oppendorfer Mühle an der Schwentine, Postkarte, 1908

Oppendorf

Oppendorf Das malerisch an der →Schwentine gelegene frühere Adlige Gut ist aus einem ma. Dorf hervorgegangen. Besitzer waren im 16. und 17. Jh. die Blomes, später die Familien Ahlefeldt und Rantzau. Detlef Rantzau zu Bürau gründete 1781 das Rantzau-Oppendorfer Fideikommiss, dem auch das benachbarte, seit 1616 mit O. vereinte Schönhorst zugehörte. Das alte, vor 1871 beseitigte Herrenhaus war nach einer um 1620 entstandenen Zeichnung ein Doppelhaus mit Turm. 1871 wurde es durch einen mächtigen Bau in historisierenden Formen ersetzt. Er zeichnete sich durch elegante Fassaden mit hohen Rundbogenfenstern zwischen Pilasterordnungen aus, wie sie an französischen Renaissanceschlössern Verwendung fanden. Zwei hohe Türme rahmten den Eingang. Nach der Aufsiedlung des Gutes wurde das Haus 1935 abgebrochen. 1919 erwarb die Eigenheim Genossenschaft →Neumühlen-→Dietrichsdorf Ländereien des Guts und errichtete in den 1920er Jahren eine Siedlung, die 1920 nach Neumuhlen-Dietrichsdorf umgemeindet wurde.

Lit.: H. Oldekop, Topographie des Hzt. Holstein, K. 1908. La

Orchester →Philharmonisches Orchester

Ortsbeiräte O. wirken bei zahlreichen Angelegenheiten der Stadtteile mit. Sie verstehen sich als Bindeglied zwischen der Verwaltung und den Bürgern vor Ort. In öffentlichen O.-Sitzungen können Fragen gestellt, Anregungen gegeben oder Kritik geäußert werden. O. werden von den zugehörigen Ämtern über wichtige Vorhaben informiert und angehört; die O. können Anträge an den Rat und deren Ausschüsse stellen. In K. gibt es z.Zt. 18 O., deren Mitglieder von der Ratsversammlung gewählt werden. Sie setzen sich den Wahlergebnissen entsprechend zusammen. Die ersten O. wurden in →Suchsdorf und →Schilksee nach der Eingemeindung aktiv; mit der Hauptsatzung von 1981 wurden O. im gesamten Stadtgebiet etabliert. Oh

Oslokai Der Bau der Fährhafenanlagen nördlich des →Seegartens ging auf die Anregung des norwegischen Reeders Anders Jahre zurück, der sich für eine neue Fährschifflinie zwischen Oslo und K. einen repräsentativen Anleger wünschte (→Fährlinien). Der O. wurde am 3.5.1961 mit der Inbetriebnahme des Fährschiffs „Kronprins Harald" eingeweiht. Kurz darauf folgten neue Linien nach Nakskov 1963, nach Korsör, Faarborg und Sonderburg 1964, nach Bagenkop 1965 und nach Göteborg. Für das wachsende Verkehrsaufkommen erfolgte 1964–65 eine Erweiterung des O. Als seine Kapazitäten ausgelastet waren, wurde 1982 für die immer größer werdenden Schiffe der Fährlinie K.-Göteborg der Stena-Terminal am →Bootshafen gebaut. Die großen Norwegenfähren der Color Line laufen seit 1997 den Norwegenkai in →Gaarden an. Neue Konzepte für den inzwischen veralteten O. sahen ab 2004 den umfangreichen Ausbau zu einem Kreuzfahrtterminal vor, mit dessen

Oslokai mit den Fähren der Jahre Line und der Stena Line, Luftaufnahme, 1961

Inbetriebnahme 2007 die Umbenennung der Anlage in Ostseekai erfolgte.

Lit.: K. Ziemann, Die Gesch. des K.er Handelshafens, Nms. 1991. Ti

Ostring Der O., ursprünglich angelegt zur Erschließung der Arbeiterviertel bei der →Germaniawerft (→Kruppsiedlung), bildet als Pendant des →Westrings die Umgehungsstraße auf dem Ostufer. Vor 1947 hießen die Abschnitte des O. Germaniaring, Planckstr., Brommystr. und Gebhardstr. 1947 wird die Bezeichnung O. festgelegt und bis 1984 auf weitere Straßenabschnitte ausgedehnt. Aufgrund des hohen Verkehrsaufkommens wird zur Entlastung der angrenzenden Wohnviertel der Bau einer weiteren Ostumgehung diskutiert. Eb

Ostseehalle, 1951

Ostseehalle Um die Wirtschaft K.s nach dem 2. →Weltkrieg zu beleben, beschloss die →Ratsversammlung 1950, als Ersatz für die zerstörte →Nord-Ostsee-Halle eine neue Mehrzweckhalle auf dem alten Kuhberg-Gelände zu errichten. Architekt Wilhelm →Neveling verwendete für den Bau die Stahlgerüste einer der drei Flugzeughallen des Seefliegerhorstes List. Am 17.6.1951 wurde die O. eingeweiht, in der sportliche Veranstaltungen, Konzerte, Shows und Ausstellungen stattfinden. Obwohl die stadteigene Halle laufend renoviert wurde, fehlte 1998 das Geld für eine umfassende Sanierung und Erweiterung. Die Halle wurde an ein Konsortium von →Kieler Nachrichten, Provinzial und Citti verkauft, das bis 2001 die Halle u.a. aufstockte, völlig verglaste und mit einem eleganten Flügeldach versah. 2008 wurde ein Anbau zum →Ziegelteich vorgenommen. Seit dem 1.1.2008 wird die Halle als Sparkassen-Arena bezeichnet.

Lit.: K.-H. Reischuk, Die Gesch. eines Hangars, K. 2001. Ge

Ostseehalle, heute Sparkassen-Arena, 2009

Ostuferhafen

Ostuferhafen

Ostuferhafen Die positive Hafenentwicklung in den siebziger Jahren führte zu optimistischen Prognosen der Umschlagsentwicklung und zur Planung neuer Hafenanlagen auf dem Ostufer. 1985 erfolgte die Grundsteinlegung für den O. auf dem kurz zuvor aufgegebenen →HDW-Werftgelände in →Dietrichsdorf. Eisenbahnanschluss, große Lagerkapazitäten und Ro-Ro-Anleger machten den neuen Handelshafen attraktiv. Insbesondere die Ansiedlung der auf skandinavischen Holz- und Papierhandel spezialisierten Firma Cellpap sorgte für einen erfolgreichen Start. 2000 mussten nach langer öffentlicher Diskussion die denkmalgeschützten Reste des →U-Bootbunkers „Kilian" der Erweiterung des O. weichen. 1992–2002 stieg die Fracht im O. von 100.000t auf 1 Mill. t, die fast ausschließlich auf Lastwagen und Trailern über die Fährlinien nach →Russland, Estland, Lettland und Litauen transportiert wird.

Lit.: K. Ziemann, Die Gesch. des K.er Handelshafens, Nms. 1991. Bri

Kernenergie-versuchsschiff „Otto Hahn“, 1967

„Otto Hahn“ Am 18.11.1962 gab die Gesellschaft für Kernenergieverwertung in Schiffbau und Schiffahrt (GKSS), Geesthacht, bei den K.er Howaldtswerken (→HDW) ein Kernenergieversuchsschiff mit Massengutladeräumen in Auftrag. Im September 1963 fand die Kiellegung, am 13.6.1964 der →Stapellauf statt. Der Neubau wurde nach dem Entdecker der Kernspaltung (1938) „O.“ getauft. Im Oktober 1968 erfolgte die Gästefahrt, anschließend unternahm das Schiff (Heimathafen Hmbg.) bis 1979 zahlreiche Reisen, bei denen der Druckwasserreaktor (38 MW, Dt. Babcock & Wilcox/Interatom) umfangreichen Tests unter Seebedingungen unterworfen wurde. Nach Ausbau der Atomanlage 1982 wurde das Schiff 1983 in Bremerhaven zu einem konventionellen Containerschiff umgebaut und fuhr unter verschiedenen Namen bis 2002.

Lit.: C. Ostersehlte, Von Howaldt zu HDW, Hmbg. 2004, 412–415. Os

Pädagogische Hochschule Das 1. →Lehrerseminar zur Ausbildung von Landschullehrern wurde in den Hztt. aus dem Gedankengut der Aufklärung heraus 1781 in K. gegründet, und zwar als erstes Seminar im dt.sprachigen Raum in Verbindung zu einer Univ. Der dort praktizierte rationalistische Unterricht stieß in pietistischen Kreisen und bei der Geistlichkeit jedoch zunehmend auf Ablehnung, so dass die Idee einer professionellen Ausbildung der Lehrer nach der Jh.wende an Überzeugungskraft verlor und das K.er Seminar 1823 geschlossen wurde. Mit dem Übergang der Hztt. an Pr. 1867 kam es zu einer Reform des Bildungswesens und damit zu einer Professionalisierung der Lehrerbildung. Um dem steigenden Lehrermangel zu Beginn des 20. Jh. zu begegnen, wurde 1911 in K. in dem ehemaligen Schulhaus am Walkerdamm das sog. 2. K.er Lehrerseminar errichtet. 1914 konnte es in der Diesterwegstr. ein eigenes Gebäude beziehen, in dem neben den jeweils drei Seminar- und Präparandenklassen auch eine achtklassige Übungsschule Platz fand. Nach dem Staatsumbruch 1918–19 führte die Reform der Lehrerbildung auf der Grundlage der Weimarer Verfassung 1925 zur Auflösung des Seminars. 1926 wurde in den ehemaligen Seminarräumen eine Pädagogische Akademie eröffnet. Sie war die erste in Pr. mit einer koedukativen Ausbildung von Lehrern. Im Rahmen des viersemestrigen Studiums hatte die Verbindung von Theorie und Praxis einen hohen Stellenwert. Nach der Machtübernahme durch die Nationalsozialisten wurde die K.er Akademie 1933 zur Hochschule für Lehrerbildung ernannt. Weibliche Studienbewerber wurden in K. fortan nicht mehr aufgenommen. Mit Beginn des 2. →Weltkriegs wurde die Hochschule geschlossen und in ihren Räumen ein Lazarett eingerichtet. Nach 1945 herrschte großer Lehrermangel, infolgedessen bildete man Volksschullehrer in einjährigen Notkursen aus. 1946 erfolgte die Eröffnung der PH in K., das Studium war auf vier Semester angelegt. Die 1957 erlassene sog. Rektoratsverfassung unterstrich die akademische Autonomie der Hochschule. Zu den Aufgaben der PH zählte von 1952/53–57 auch die Ausbildung von Berufsschullehrern, 1955–56 folgte die Einrichtung eines Studiengangs für das Lehramt an Sonderschulen. 1962 verlängerte sich das Studium für das Volksschullehramt auf sechs Semester, dies und der Beginn der Ausbildung im Realschullehramt führte 1967 zum Status der Wissenschaftlichen Hochschule. 1970 konnte die PH in den Neubau in der Olshausenstr. ziehen. Zu Beginn der 1990er Jahre griff die politisch begründete Neuordnung der sh. Hochschullandschaft in den Aufgabenbereich der PH ein. Die weitere Entwicklung führte 1994 zur Auflösung der PH und zugleich zur Gründung einer Erziehungswissenschaftichen Fakultät (EWF)

Pädogogische Hochschule in der Diesterwegstr., um 1930

an der →Christian-Albrechts-Universität. Damit war die gesamte Lehrerbildung in K. in die Univ. integriert. 1997 beschloß die sh. →Landesregierung aus regionalpolitischen Erwägungen eine Konzentrierung der Lehramtsstudiengänge für Grund-, Haupt- und Sonderschulen, später auch für Realschulen, in Flensburg. Die überwiegende Verlagerung der Lehraufgaben der EWF nach Flensburg führte 1999 zu der Entscheidung der CAU, die Fakultät 2002 aufzulösen und die bisher an der EWF angesiedelten Fachdidaktiken in die Fachinstitute zu integrieren. Das traditionelle Aufgabengebiet der ehemaligen PH ist heute nicht mehr in K. vertreten.

Lit.: A. Bruhn, Lehrerbildung in K. 1992–2002, Nms. 2003. Br

Parteien Interessengegensätze unterschiedlicher Gruppen werden die Stadtpolitik auch in K. seit ihren Anfängen geprägt haben. Insbesondere setzte im 17. Jh. die Bürgerschaft zunehmend Mitwirkungsrechte gegenüber dem Rat durch (→Sechzehn-Männer). Der Prozess der Parteibildung setzt jedoch erst im bürgerlichen 19. Jh. ein und wird durch die politische Entwicklung in den Hztt., in Pr. und schließlich auf Landes- und Bundesebene geprägt. Im 19. Jh. ist K. insbesondere als Univ.stadt ein prägendes Zentrum des Liberalismus in SH. Zunächst wandte sich der Liberalismus gegen den Absolutismus im →dänischen Gesamtstaat. Mit dieser Strömung sind etwa die Namen der K.er Prof. →Falck oder →Dahlmann verbunden. Unter Eindruck der nationalen Frage kam es zur Spaltung der liberalen Bewegung: Eine nationale Strömung kämpfte für die Einheit der Hztt. und sammelte sich in der „Landespartei" unter Wilhelm Beseler, während für die demokratische Richtung unter den K.er Advokaten Theodor →Olshausen und H. R. Claussen eine freiheitliche Verfassung Vorrang vor der Nationalitätenfrage hatte. Nach der Einverleibung SH nach Pr. fehlte der Provinz ein eigenes Parlament, in dem sich ein spezifischer politischer Wille hätte ausprägen können. Es bildete sich auf lokaler und regionaler Ebene langsam ein P.system aus, das dem nationalen Interessengefüge entsprach. Während die nationalliberalen und konservativen P. schnell den Anschluss an die Bismarcksche Regierung suchten, fanden sich im linksliberalen Lager noch Partikularisten, während insbesondere Albert →Hänel für eine Aussöhnung der Linksliberalen mit Pr. eintrat. Auf kommunalpolitischer Ebene machte sich die Parteibildung zunächst kaum bemerkbar. Die Wahlen waren Persönlichkeitswahlen und die Beschränkung des Wahlrechts führte dazu, dass ohnehin die führenden v.a. liberal gesonnenen bürgerlichen Kreise die Posten in →Magistrat und Deputiertenversammlung aus ihren Reihen besetzten. Erst das Auftreten der Sozialdemokratie brach das bürgerliche Monopol in der Kommunalverwaltung. Der 1863 von Ferdinand Lassalle gegründete Allgemeine Dt. Arbeiterverein (ADAV) fasste 1865 in K. Fuß. 1896 hatte er schon 200 Mitglieder. Damit begann die Ära der Sozialdemokratie in K., in der sich die rasant anwachsende Arbeiterschaft politisch organisierte und die die bürgerliche Meinungsführerschaft in Frage stellte. 1877 trat die Sozialdemokratie erstmals zu kommunalen →Wahlen an, was sofort eine Einigung des bürgerlichen Lagers zur Folge hatte. Unter dem Druck des Sozialistengesetzes nahmen die Sozialdemokraten bis 1889

8. Bundesparteitag der CDU in der Ostseehalle mit Bundeskanzler Konrad Adenauer, 1958

Bundeskanzler Helmut Schmidt in der Ostseehalle, SPD-Bundestagswahlkampf 1976

nicht mehr an Wahlen teil. 1890 gewann die SPD erstmals zwei Stadtverordnetenmandate, u.a. für ihren langjährigen Wortführer Stephan →Heinzel, doch eine Heraufsetzung des Wahlzensus durch die bürgerliche Mehrheit machte diese Erfolge zunichte. Erst 1902 beteiligte sich die SPD wieder an Kommunalwahlen, errang 1904 43% und besetzte ab 1912 die Hälfte der Sitze in der Stadtverordnetenversammlung. 1914 hatte der Sozialdemokratische Verein Groß-K. unter Führung von Eduard →Adler mehr als 11.800 Mitglieder. Er engagierte sich stark in der politischen Bildung. Erst die Gründung einer Unabhängigen Sozialdemokratischen Partei, die die Kriegspolitik nicht mehr mittrug und eine soziale Republik propagierte, führte seit 1917 zu einer Schwächung der Sozialdemokratie. Nach 1918 findet sich auch in K. die bekannten P.konstellation der Weimarer Zeit: Den linken P.flügel bildete die 1918 gegründete KPD, die zwar nie viele Mitglieder hatte, aber doch bis zu 10% der Stimmen bei Stadtverordnetenwahlen auf sich vereinigen konnte. Die SPD blieb bis 1930 die stärkste politische Kraft in K., hatte aber Stimmeneinbußen zu verzeichnen. Die linksliberale DDP verlor nach Anf.erfolgen gänzlich an Gewicht, während die DVP, in der sich die Nationalliberalen sammelten, erst in der Endphase der →Weimarer Republik marginalisiert wurde. Die Wählerschaft der konservativen Dt.nationalen Volkspartei (DNVP) war eher ländlich, so dass sie in K. eine geringe Rolle spielte, während das kath. Zentrum in K. nahezu ausfiel. Erschüttert wurde das Weimarer P.system durch den Aufstieg der NSDAP, die 1925 einen Ortsverband in K. gründete. Nach Beilegung interner Rivalitäten nahm die K.er NSDAP seit 1927 einen rasanten Aufschwung und errang am 12.3.1933 43,8% der Stimmen. Andererseits hatten trotz Behinderung der Parteiarbeit und Verfolgung die Linksparteien noch 1933 fast 38% der Stimmen in K. erhalten. Die damit verbundenen Mandate wurden der KPD und der SPD jedoch widerrechtlich entzogen, im Juli 1933 wurden alle Parteien außer der NSDAP verboten. Nach dem Krieg musste eine demokratische P.landschaft neu aufgebaut werden. Die SPD, zu deren führendem Kopf in K. bald Andreas →Gayk aufstieg, konnte dabei an ihre langjährige Tradition anknüpfen. Die bürgerlichen P. mussten einen mühsamen Selbstfindungsprozess durchlaufen. In K. waren es v.a. Vertreter der liberalen Strömungen, die sich im August 1945 unter Carl Schröter (1887–1952) und Otto Becker (1885–1955) zusammenschlossen und im November 1945 eine bürgerliche Partei mit Namen Christlich-Demokratische Aufbaupartei gründeten. Diese regionale Gründung ging im Januar 1946 in der Demokratischen Union auf, aus der im Februar 1946 die sh. CDU wurde. Die Eingliederung in die CDU vollzog ein kleiner liberaler Flügel unter Peter Christel Asmussen nicht mit und gründete stattdessen im März 1946 einen Landesverband der FDP. Im April 1950 entstand den bürgerlichen P. mit dem Bund der Heimatvertriebenen und Entrechteten (BHE) als Interessenvertretung der Vertriebenen ein machtvoller Konkurrent auf Landesebene, der aber für die Wahlen zur K.er →Ratsversammlung auf einer gemeinsamen Liste mit CDU und FDP antrat. Die Grünen zogen erstmals 1982 mit zwei Mandaten in die Ratsversammlung ein und erzielten erstmals 1994 ein zweistelliges Ergebnis. In den nördlichen Stadtteilen kandidiert der SSW, der seit 2008 ein Ratsmitglied stellt. Die Stadt-Union-K. (SUK) konnte als freie Wählergemeinschaft 1994–2003 im Rat mitwirken. Rechtsextreme Parteien verzeichnen wenig Zulauf, eine „Liste für Ausländerbegrenzung" erreichte 1982 3,8%, die NPD kam 2008 gerade auf 1,7%, stellte damit aber aufgrund der Aufhebung der 5%-Hürde ein Ratsmitglied.

Lit.: Geschichte K., 229–236, 318–325, 416–418. Ro

Pasemann, Robert (geb. 14.12.1886 K., gest. 17.10.1968 Hannover), war über lange Zeit der beste dt. Leichtathlet in den Sprungdisziplinen. Sein 1911 aufgestellter Hochsprungrekord von 1,924m, bei dem er seine Körpergröße um 20cm übersprang, wurde erst 23 Jahre später übertroffen. Der gelernte Tiefbau-Ingenieur, der seine sportliche Karriere als Turner begann, konnte aufgrund einer Verletzung nicht an den Olympischen Sommerspielen in London (1908) teilnehmen. Vier Jahre später reiste er nach Stockholm, um sich im Wettstreit mit den Weltbesten als 8. im Weitsprung und 11. im Stabhochsprung zu behaupten. P., der später als Sportlehrer arbeitete, startete zunächst für die beiden Vereine →Kieler Männer-Turnverein und K.er FC 1900, bevor er nach Berlin und schließlich nach Hannover übersiedelte.

We

Paulsen, Adalbert Wilhelm Theodor (geb. 5.5.1889 Kropp, gest. 9.1.1974 Hmbg.). Nach dem Studium wurde P. Gemeindepfarrer in Krummendiek. Seit 1923 war er Pastor der Luthergemeinde in K. Früh schloss er sich den Dt. Christen an und trat 1932 in die NSDAP ein. Seine regimetreue Haltung führte dazu, dass er am 12.9.1933 auf der sog. Braunen Synode in Rendsburg anstelle der bisherigen Bischöfe Eduard Völkel und Adolf Hermann →Mordhorst zum alleinigen Landesbf. gewählt wurde. P. vertrat die Idee von der „Sendung" Hitlers und rechtfertigte die Novemberpogrome 1938 als gottgewollt. Zudem war er Mitarbeiter des „Eisenacher Instituts zur Erforschung und Beseitigung des jüd. Einflusses auf das kirchliche Leben". Nach seinem Rücktritt 1945 bekleidete er von 1948–59 eine Pastorenstelle in Hmbg.

Lit.: Sh. Kirchengesch., Bd. 6/1, Nms. 1998, 111–451.

Gn

St. **Pauluskirche** 1878–82 wurde die P. als Garnisonskirche für beide Konfessionen erbaut. Eine breite Treppe führt vom Niemannsweg hinauf zum Westportal der mit 60m hohem Turm als Landmarke weithin sichtbaren Simultankirche. Erst nach dem

Pauluskirche, ehemals Garnisonskirche, Postkarte, um 1900

Bau der jüngeren Garnisonskirchen ab 1907 (→Petruskirche, St. Heinrich) diente sie ausschließlich für ev. Gottesdienste und wurde 1925 von der Heiligengeistgemeinde erworben. Architekt von Gotzkow und Oberingenieur Gießel errichteten die dreischiffige Backsteinhalle mit Querschiff, Chorpolygon und Kapellenkranz im zeitgemäßen Stil der Neugotik. Nach nur leichten Bombenschäden im 2. →Weltkrieg wurde das einst ausgemalte Innere 1960 purifizierend umgestaltet. Von den Prinzipalstücken aus weißem, rotem und grünem Marmor sind noch die Taufe und der Kanzelkorb erhalten. Gedenktafeln erinnern an gefallene und verunglückte Marinesoldaten. Den Altar mit Kreuzgruppe schuf Holzbildhauer Helmuth Uhrig 1960, die Fenster im Chor gestaltete Dagmar Schultze-Rohs bereits 1957.

Lit.: A. Nitzschke, Die P., in: Aus der Gesch. der Heiligengeist-Gemeinde und der P., K. 1978, 11–23.

Jo

Georg Pauly

Pauly, Friedrich Wilhelm Georg (geb. 5.6.1865 Berlin, gest. 30.9.1951 Büsum). Nach dem Architekturstudium in Charlottenburg war P. in Stettin und Berlin tätig.

1899 wurde er Stadtbauinspektor und 1903 Stadtbaurat für den Hochbau in K. Er versuchte architektonisch wertvolle alte Bausubstanz in der Stadt zu erhalten und sie mit Neubauten harmonisch zu verbinden. Durch zahlreiche öffentliche Bauten, die unter seiner Leitung entstanden, hat er das Stadtbild entscheidend mitgeprägt, u.a. durch die →Fischhalle am →Seegarten, das Restaurant →Forstbaumschule, die Schiffs- und Marinebauschule, die Oberrealschule II am Königsweg, das Oberlyzeum in der Harmsstr. (heute Käthe-Kollwitz-Schule), Gebäude der Krankenanstalt, des →Schlachthofes und der Licht- und Wasserwerke. Nach Auseinandersetzungen mit dem Technischen Stadtrat Willy →Hahn ließ sich P. 1922 beurlauben, erhielt 1924 den Titel Stadtoberbaurat und ging 1925 in den Ruhestand. 1924 erschien sein Buch „Das Altk.er Bürger- und Adelshaus", eine Sammlung über die Entwicklung dieser Häuser, versehen mit Fotografien, heute eine wertvolle Quelle für die Denkmalpflege.

Lit.: Lebensläufe, 256, 389 f. Ge

Pavillonschulen, Goetheschule, 1950

Pavillonschulen Die weitgehende Zerstörung der K.er Schulen (→Schulbau) bot nach dem 2. →Weltkrieg die Möglichkeit neuer Schulbauten, angepasst an die modernsten pädagogischen Erkenntnisse der damaligen Zeit. Rudolf →Schroeder, Leiter des Hochbauamtes, griff als einer der ersten Architekten in der Bundesrepublik das bereits seit der Jh.wende diskutierte Modell der P. auf und entwickelte es konsequent weiter. Der von ihm entworfene Typ zeichnet sich durch ein System von ebenerdigen Pavillonzeilen aus, dem mehrgeschossige Gebäudeteile, die Räume für den Fachunterricht, vorgelagert sind. Jedem Klassenraum ist ein Garten, die „Freiluftklasse", zugeordnet. Die ersten Schulen des neuen Typs waren die 1950 fertig gestellte Kronsburger Schule und die Goetheschule. Noch heute prägt der von Rudolf Schroeder konzipierte Typ der P. das K.er Stadtbild. Über 20 Schulen wurden von 1949 bis Ende der 1960er Jahre nach diesem Muster errichtet.

Lit.: B. Martini, Rudolf Schroeder (1897–1965) ausgewählte K.er Schulbauten, K. 1998; U. Höhns, Rudolf Schroeder, Hmbg. 1998. SK

Permutationskontrakt Die als P. bekannte Urkunde von 1667 war ein Vertrag zwischen Hz. →Christian-Albrecht und der Stadt, der über das Schicksal der sog. →Stadtdörfer entschied. Die Stadtdörfer waren im MA von den städtischen Hospitälern erworben worden, deren Einkünfte der Rat willkürlich verwaltete. Die Bürger der Stadt wehrten sich dagegen und fanden im Gottorfer Hz. Unterstützung. 1572 musste die Stadt die 17 Stadtgüter dem Hz. auf Zeit gegen eine Pacht überlassen. 1667 gingen die Ländereien durch den P. endgültig an den Landesherren, der dafür 1.000 Taler Pacht „auf ewige Jahre" zu zahlen hatte. Häufig beglich der Hz. diese Summe unvollständig oder gar nicht. Erst als das Land pr. wurde, erfüllte es pünktlich seine Pflicht. Aufgrund des P. zahlt das Land bis heute 1.000,23 € an die Stadt zugunsten des →Stadtklosters.

Lit.: F. Volbehr, Zur Gesch. der ehemaligen K.er Stadtdörfer, in: MKStG 2 (1879), 3–26. Ge

Persianische Häuser Zur Förderung der Wirtschaft und zur Stärkung der Finanzkraft seines Landes suchte der sh. Hz. Friedrich III. (1597–1659) Anschluss an den europäi-

Persianische Häuser, um 1930

Der Marktplatz in Kiel mit den Persianischen Häusern, Wilhelm Heuer, vor 1845

Peter III.

schen Fernhandel zu gewinnen. So wollte er die Voraussetzungen schaffen, um qualitativ hochwertige Waren aus Persien über →Russland nach K. zu transportieren und sie dann von Friedrichstadt auf den westeuropäischen Markt bringen zu lassen. Eine Gesandtschaft des Hz. nach Moskau und Isfahan (1636) sollte dafür die Grundlagen schaffen. Noch bevor deren Erfolg feststand, ließ Friedrich bereits Lagerhäuser in K. errichten, die sog. P. am →Alten Markt. Friedrichs hochfliegenden Plänen blieb allerdings der Erfolg versagt, und so dienten die prachtvollen, das Bild des Alten Marktes über lange Zeit prägenden Häuser fortan zu Wohnzwecken. Die P. wurden 1944 durch Bombenangriffe zerstört.

Lit.: Geschichte K., 102. Hü

Pest Das erste Auftreten der P. in K. ist für das Jahr 1350 bezeugt. Im Zuge des damals ganz Europa heimsuchenden Schwarzen Todes gelangte die Krankheit möglicherweise auf dem Seewege über Visby in die Stadt. Der Bremer Erzbf. erlaubte den K.er Pfarrherren die Anlage eines neuen Friedhofes außerhalb der Stadt, um die große Anzahl der P.toten beerdigen zu können. Im Jahre 1968 wurde der Friedhof bei Ausschachtungsarbeiten in der →Dänischen Straße wiederentdeckt; er barg die Überreste von rund 100 überwiegend männlichen Verstorbenen. Spätere Ausbrüche der Seuche lassen sich für K. aufgrund der schlechten Quellenlage nicht belegen. Aufgrund der Wüstungen im Umland der Stadt und dem damit verbundenen Rückgang der Getreideproduktion sank durch die Pest die Bedeutung K.s als Handelsstadt.

Lit.: J.H. Ibs, Die P. in SH von 1350 bis 1547–48, Frankfurt/Main 1994. Gn

Peter III. (geb. 21.2.1728 K., gest. 17.7.1762 Ropša). Geboren als Karl Peter Ulrich von SH-Gottorf, aufgewachsen im K.er →Schloss, ausgestattet mit der Anwartschaft auf die schwedische wie die russische Krone, wurde P. nach wenig ersprießlicher Jugendzeit 1742 zum russischen Thronfolger ernannt. Eine ausgeprägte emotionale Bindung an sein kleines Hzt. Holstein-Gottorf trieb ihn immer stärker in einen Konflikt mit Dänemark. Dringend notwendige Reformen in Holstein-Gottorf hingegen blieben aus. Als russischer Zar (1762) begann er eine vorsichtige Modernisierung des Russischen Reiches, verstärkte aber gleichzeitig den – von einflussreichen Kräften in Russland abgelehnten – Konfrontationskurs gegen Dänemark. P. wurde Ende Juni 1762 in einer Palastrevolution – mit Wissen seiner Gattin und Nachfolgerin Katharina II. – vom Thron gestürzt und wenige Wochen später ermordet.

Lit.: E. Hübner, Ferne Nähe, Heide 2003, 59–68. Hü

„Peter von Danzig“

„Peter von Danzig“ Die 1936 nach Plänen des Flensburger Konstrukteurs Henry Gruber in der Art amerikanischer Ocean Racers gebaute Yawl „P.“ war zunächst Flaggschiff des Akademischen Seglervereins (ASV) Danzig und von 1951–90 des ASV in K. Fast 500 junge Menschen erfuhren auf diesem Stahlschiff ihre seglerische Ausbildung. Vierzehnmal segelte die Yacht über den Atlantik, um Kap Horn und um die Welt, bevor sie 1991 verkauft wurde. Der ASV K. ließ 1992 als Nachfolger gleichen Namens einen 55 Fuß Seekreuzer nach einem Entwurf von Georg Nissen bei den Thyssen Nordseewerken in Emden bauen, der heute die Hochseesegeltradition des K.er Vereins fortführt. Ti

Petersburg Ein vom fürstlichen Meierhof Vieburg Anf. des 18 Jh. abgelegter Hof im →Vieburger Gehölz. 1737 ließ Hz. →Karl Friedrich den Hof zu einem bescheidenen Jagdschloss ausbauen. Zwei Jahre nach seinem Tod wurde der Hof verpachtet. Der Name erinnert an die Herkunft seiner Frau, Hz.in →Anna Petrowna, Tochter von Zar Peter dem Großen. Zum Hof gehörte auch ein Teil des Schulensees. Das Gutshaus brannte 1827 ab. Bis heute hat sich, baulich stark verändert, die sog. Russenkate erhalten. Zur Anlage gehören heute das Hauptwohnhaus, ein Wohn- und Wirtschaftsbau, beide Ende des 19 Jh. erbaut, und das nach dem Brand wieder aufgebaute Fachhallenhaus.

Lit.: Denkmaltopografie, 432 f. Bri

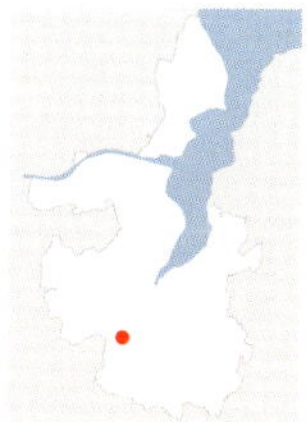

Petersburg

St. **Petruskirche** Nach der Fertigstellung der →Marinekasernen am Standort →Wik und zunehmendem Platzmangel in der älteren Garnisonskirche am Niemannsweg ließ Großadmiral Alfred v. Tirpitz 1904 das Karlsruher Architekturbüro Robert Curjel und Karl Moser mit dem Bau einer weiteren Garnisonskirche „in heimischen Formen“ beauftragen. Die beiden gebürtigen Schweizer stellten ihren außerordentlich modernen Kirchenbau städtebaulich wirksam zwischen Pastorat und Kommandantur, die einen Vorhof bilden. Die nach Süden zum →Marinelazarett ausgerichtete Eingangsfront mit gewölbter Vorhalle wird von

Petruskirche, ehemals Garnisonskirche

einem hohen querrechteckigen Backsteinturm überragt. In der Maßwerkverzierung des Glockengeschosses und der Verglasung der Kirchenfenster verschmelzen gotisierende Bauformen mit denen des anklingenden Jugendstils. Neuartig und „kieloben“ wirkt der stützenfreie backsteinsichtige Kirchensaal unter der dekorativ gestalteten und bemalten Bohlenkonstruktion des offenen Dachstuhls. Im ursprünglich dunkel abgesetzten Altarraum ersetzte 1939 die Figurengruppe des Holzbildhauers Otto Flath das backsteinerne Altarretabel. Die bereits 1949 wieder hergestellte und für ihre hervorragende Akustik bekannte P. wird für kirchliche und kulturelle Veranstaltungen genutzt.

Lit.: Denkmaltopografie, 534. Jo

Pfaff, Christoph Heinrich (geb. 2.3.1773 Stuttgart, gest. 24.4.1852 K.). P. besuchte seit 1782 die Hohe Carlsschule in Stuttgart, studierte dort seit 1788 Medizin, wurde 1793 promoviert und intensivierte bis 1795 seine klinische Ausbildung an den Universitäten Göttingen und Kopenhagen. 1795–97 begleitete er Fritz Gf. von Reventlow auf dessen Italienreise und nahm 1798 eine außerordentliche Professur für Medizin und Naturwissenschaften in K. an. 1801 auch zum Dr. phil. promoviert, las er über Physik und seit 1802 als ordentlicher Prof. auch über Chemie in der zum chemischen Laboratorium ausgebauten alten Schlossküche. P. verfasste zahlreiche Schriften, darunter die erste sh. Pharmakopöe (1831), und pflegte regen Kontakt zu den führenden Naturforschern seiner Zeit. 1808 wurde er Mitglied des sh. Sanitätskollegiums, 1828 dessen Direktor und förderte maßgeblich die Phar-

Christoph Heinrich Pfaff

mazie. Dreimal war P. Rektor der →Christian-Albrechts-Universität, 1843 wurde er →Ehrenbürger der Stadt K.

Lit.: SHBL 5 (1979), 206–210. Pe

Georg Wilhelm Pfingsten

Pfandherrschaft Um finanzielle Forderungen Lüb. abzusichern, die es aufgrund des Verlustes verschiedener Schiffe stellte, verpfändete Kg. Christian I. am 8.10.1469 Stadt und →Schloss K. an den Rat von Lüb. Die Pfandsumme betrug 26.685 Mark. Der K.er Rat huldigte dem Rat von Lüb.; die K.er waren nunmehr dem Lüb. Rat untertan. Für Lüb. ging es nicht nur um finanzielle Forderungen. Die P. über K. bedeutete auch eine weitere Kontrolle über die Land- und Seewege an der südlichen Ostsee. Lüb. ließ aber die Selbstverwaltung der Stadt unangetastet, nur in äußeren Angelegenheiten stimmte sich der K.er Rat mit Lüb. ab. Am 29.5.1496 brachte Hz. Friedrich die Pfandsumme auf und löste K. aus der P. Ro

Pferdebahn 1881 wurde die P. eingeweiht. Ihre erste Strecke führte vom P.depot am Rondeel nach Norden zum →Schlossgarten und von dort durch die →Dänische Straße und →Holstenstraße wieder zurück zum Rondeel. Bis 1892 entstanden weitere Linien. 7,2km umfasste nun das gesamte Schienennetz. Die Bahn fuhr mit 8 bis 10km/h, wurde von einem Pferd gezogen, bergauf von zwei. Endpunkte waren immer Ausflugslokale, z.B. die →Seebadeanstalt oder die →Waldwiese. Die Bahn spielte im Freizeitverkehr eine größere Rolle als im

Pferdebahn auf dem Alten Markt, um 1895

Berufsverkehr. Da die P. mit dem starken Bevölkerungswachstum K.s nicht standhalten konnte, wurde sie 1896 durch die elektrische →Straßenbahn ersetzt.

Lit.: B. Bock, Geliebte, ungeliebte K.er Straßenbahn, Herford 1985. Ge

Pfingsten, Georg Wilhelm (geb. 5.3.1746 K., gest. 26.11.1827 Schleswig), übte nach seiner Lehre als Perückenmacher in K. verschiedene Tätigkeiten aus, bevor er seine eigentliche Berufung in der Ausbildung von Gehörlosen fand. Er hatte schon früh Interesse für hörgeschädigte Kinder gezeigt und entwickelte eine Signal- und Gebärdensprache, die er seit 1788 in einer kleinen Privatschule in Lüb. und seit 1791 in Hamberge (Stormarn), wo er Küster und Organist geworden war, mit großem Erfolg anwandte. Benutzte er anfangs sowohl Laut- als auch Zeichensprache, wurde später die Schrift- und Gebärdensprache für ihn wichtiger. 1799 wurde auf sein beharrliches Drängen hin das Kg.liche Taubstummeninstitut in K. gegründet, als erstes seiner Art in SH, und der Schulaufsicht des dortigen →Lehrerseminars unterstellt. Seine Aufgabe: Bedürftige hörgeschädigte Jugendliche aus SH kostenlos aufzunehmen und zu unterrichten und dabei die Seminaristen mit einzubeziehen. Geeignete Räume fand P., der von Kg. Christian VI. als Leiter und Lehrer eingesetzt wurde und dem seine Frau und Kinder sowie Hilfskräfte assistierten, in der Fischerstr. Die Zahl der Schüler stieg rasch an, besonders nachdem 1805 in SH die Schulpflicht für alle Hörgeschädigten unter 15 Jahren eingeführt wurde. Dennoch blieb die wirtschaftliche Lage schlecht. 1810 verlegte P. die Anstalt wegen der günstigeren Grundstückspreise nach Schleswig (heute: Staatliche Internatsschule für Hörgeschädigte) und gliederte ihr verschiedene Werkstätten an, so 1818 die bekannte Druckerei, um die Schüler besser für das Berufsleben auszurüsten, aber auch, um Einnahmen aus den verkauften Erzeugnissen zu erzielen. 1825 schied P. aus dem Dienst aus.

Lit.: O. Pelc, Pfingsten, G. W., in: Neue Lüb. Lebensläufe, Nms. 2009, 491-495. Rt

Philharmonisches Orchester unter Paul Belker, 1947

Philharmonisches Orchester Gegründet wurde der Klangkörper 1907 durch den →Verein der Musikfreunde, der es bis 1919 in eigener Trägerschaft unterhielt. Das „Orchester des Vereins der Musikfreunde" versah seine Dienste sowohl als Konzertorchester als auch im 1907 neu entstandenen →Stadttheater. 1920 übernahm die Stadt K. das durch die wirtschaftlichen Nachwirkungen des 1. →Weltkriegs vor seiner Auflösung stehende Orchester als Städtisches Orchester. Am 24.5.1971 erhielt es den Ehrentitel P. Der damalige Generalmusikdirektor Klauspeter Seibel bemühte sich 1991 vergeblich um eine Aufwertung vom B- zum A-Status, die mit einem erweiterten Musikerstamm und attraktiven Stellenzuschnitten eine Verbesserung der Klangqualität hätte bewirken können. K.er Generalmusikdirektoren waren: Fritz →Stein (1919–33), Hans Gahlenbeck (1933–38), Paul Belker (1938–51), Georg C. Winkler (1951–59), Niklaus Aeschbacher (1959–63), Peter Ronnefeld (1963–65), Gerhard Mandel (1966–69), Hans Zender (1969–72), Klaus Tennstedt (1972–76), Walter Gillessen (1976–81), Klaus Weise (1981–85), Hans Zanotelli (1985–87), Klauspeter Seibel (1987–95), Walter E. Gugerbauer (1995–98), Ulrich Windfuhr (1998–2003), Georg Fritzsch (seit 2003). K.er Konzertmeister: Robert Reitz (1907–12), Ernst Träger (1912–36), Lothar Ritterhoff (1936–80), Gábor Csapó (1980–2009), Maximilian Lohse (seit 2009). HS

Philosophengang Ursprünglich ein Heckenweg zwischen dem →Damperhof und dem Spelunkengraben (jetzt →Bergstraße), zunächst im Volksmund P. genannt, weil Prof. ihn auf dem Weg zur Univ. benutzten. P. ist seit 1869 offizielle Straßenbezeichnung. Eb

Anneliese Pinn

Pinn, Anneliese (geb. 14.12.1900 K., gest. 20.6.1991 K.), wurde in K. zur Heilgymnastin ausgebildet und war anschließend in Berlin tätig, wo sie das Examen als Fürsorgerin ablegte. Seit 1926 arbeitete sie in K. in der Familienfürsorge, bis sie nach dem Tod Therese →Bluncks 1942 die Leitung des Fürsorgevereins K.er Mädchenheim übernahm. Als das Mädchenheim in der Gartenstr. 1944 zerstört wurde, zog sie mit den rund 120 Bewohnerinnen auf den Hof Vieburg in K.-→Hassee. Sie kümmerte sich um die Frauen und Kinder, die am Kriegsende in K. Hilfe suchten, und es gelang ihr, mit vielfältiger Unterstützung 1952 den „Waldhof" in →Kroog als neues Heim für Frauen und Mädchen zu gründen. Die Marie-Christian-Heime bilden heute das größte Frauenhilfszentrum in SH. Lange bevor die heute als Frauenhäuser bekannten Zufluchtsstätten als notwendige Einrichtungen anerkannt wurden, haben Frauen wie Anneliese P. durch ihre Arbeit den Grundstein für diese wichtigen Schutzräume gelegt.

Lit.: N. Schultheiß, Geht nicht gibt's nicht, K. 2007, 71–73. Sh

Max Planck

Planck, Max (geb. 23.4.1858 K., gest. 4.10.1947 Göttingen), zählt als Begründer der Quantentheorie zu den bedeutendsten Physikern des 19. und 20. Jh. Bereits mit 22 Jahren habilitiert, lebte P. zunächst als Privatdozent in München. 1885 kehrte er als außerordentlicher Prof. nach K. zurück und wurde 1889 auf den Lehrstuhl für Theoretische Physik an die Univ. Berlin berufen. P. erhielt zahlreiche Auszeichnungen für seine wissenschaftliche Arbeit, darunter 1918 den →Nobelpreis für Physik. Von 1930–37 wirkte er als Präsident der Kaiser-Wilhelm-Gesellschaft, die 1949 zu seinen Ehren in Max-P.-Gesellschaft umbenannt wurde. Seine politischen Ansichten entsprachen denen der bürgerlich-konservativen Eliten des Kaiserreichs. Während der Zeit des Nationalsozialismus verhielt sich P. eher abwartend, organisierte aber 1935 trotz offizieller Verbote eine Gedenkfeier für seinen im Exil verstorbenen jüd. Kollegen Fritz Haber. Im Zusammenhang mit dem Attentat vom 20.7.1944 wurde sein Sohn Erwin verhaftet und im Januar 1945 hingerichtet. P. verschlug es nach Ausbombung seines Berliner Hauses nach Göttingen. Mit der Verleihung der Ehrenbürgerwürde (1947) und einem Gedenkstein am ehemaligen Standort seines Geburtshauses in der Küterstr. 17 erinnert die Stadt K. an einen ihrer größten Söhne.

Lit.: E. P. Fischer, Der Physiker Max P. und das Zerfallen der Welt, Berlin 2007. We

Plath, Adolph Nicolaus Konrad (geb. 13.12.1910 Heide, gest. 1.6.1985 K.), war seit 1939 Pastor an der Vicelinkirche und organisierte nach dem 2. →Weltkrieg vielfältige Maßnahmen zur Linderung der kriegsbedingten Not in K. 1945 gründete er das K.er Diakonische Werk. 1946 übernahm er die Geschäftsführung der von Stadtmedizinalrat Franz Klose gegründeten Arbeitsgemeinschaft der freien Wohlfahrtspflege. Sein tatkräftiges Engagement für Kinder, Senioren, Einsame und Bedürftige in seinen zahlreichen Ehrenämtern machte ihn in ganz K. bekannt. So konnten mit der Aktion „K.er Weihnachtsbaum" durch Sammlung von Spendengeldern und später durch eine Lotterie viele Jahre lang Weihnachtsfeiern und Geschenke für Bedürftige finanziert werden. Erfolgreich koordinierte er die Hilfsmaßnahmen aus dem Ausland, v.a. die der Mennoniten, und für Kinder organisierte er die Strandfahrten und die Einrichtung des Jugendlagers am →Falckensteiner Strand. Bri

Plattdeutscher Verein Der K.er Verein „Quickborn von 1896", benannt in Anlehnung an den gleichnamigen Gedichtband von Klaus →Groth, war die erste plattdt. Vereinigung im norddt. Raum. Sie entstand zunächst als „Jungs holt fast", u.a. mit Unterstützung von Klaus Groth und Johann →Meyer. Zahlreiche Autoren, so Johann Hinrich Fehrs und Ottomar →Enking, seinerzeit erster sog. Schriever, wurden durch den Verein bekannt. Auch Sprachwissenschaftler wie Otto →Mensing, Hg. des SH-Wörterbuchs, waren im „Quickborn" aktiv. Auf Initiative des Vereins wurde 1924 eine Professur für Niederdeutsch an der →Christian-Albrechts-Universität bewilligt, die jedoch erst 1957 vollständig eingerichtet werden konnte. Seit 1914 gab der Verein die Reihe „Modersprak" heraus. 1989 löste sich der Verein nach über 90 Jahren auf. Oh

Epitaph der Anna Pogwisch in der Nikolaikirche, 1942

Pogwisch, Anna, geb. Rantzau (geb. 2.6.1634 K., gest. 27.12.1722 Weißenhaus), heiratete 1665 Bartram P., der 1672 vierzigjährig starb, ohne Kinder zu hinterlassen. Anna P. überlebte ihren Mann um 50 Jahre und setzte sich mit verschiedenen wohltätigen und repräsentativen Stiftungen ein bleibendes Denkmal. Von ihrem Kunstsinn und Mäzenatentum geben noch heute ein Epitaph und eine Herrschaftsempore in den üppigen Formen des Akanthusbarock in der Kirche von Hohenstein eine Vorstellung. Für die K.er →Nikolaikirche stiftete sie 1700 ihr eigenes Epitaph, das noch 1950 in nur leicht beschädigtem Zustand zu sehen war, danach jedoch leider beseitigt worden ist. In Marmor und Stuck gearbeitet, war es ein künstlerisches Hauptwerk seiner Art. Anna P. wurde am 25.1.1723 an der Seite ihres Mannes in K. beigesetzt. Im Zuge der Erneuerung der Nikolaikirche 1878–84 wurde auch die Weißenhäuser Grabkapelle abgetragen. Bei Straßenbauarbeiten stieß man 1972 auf den Kupfersarg des Bartram

P. und den in eine Steinkiste gestellten Holzsarg seiner Frau. Während die Gebeine auf den Friedhof →Eichhof überführt wurden, konnten die kunstvollen vergoldeten Kupferbeschläge auf dem Sarg der Anna P. der Nikolaikirche zurückgegeben werden. Auch die Inschrift des Steinkisten–Deckels, der bei der Bergung zerbrochen war, konnte wieder zusammengefügt und in der Kirche aufgestellt werden.

Lit.: U. Albrecht, Ein Adelsbegräbnis kommt ans Tageslicht, in: U. Albrecht, A. Feiler, Stadtarchäologie in K., Nms. 1996, 98–106. Al

Pohl, Oswald Ludwig (geb. 30.6.1892 Duisburg, gest. 7.6.1951 Landsberg/Lech), wurde nach dem Abitur 1912 in die →Marine aufgenommen, der er bis Ende 1933 angehörte. 1922 trat er der K.er NSDAP bei und kandidierte 1924 als Stadtverordneter, weshalb ihn die Marine nach Swinemünde versetzte. 1930 kehrte er nach K. zurück und wurde 1933 Stadtverordneter. In K. stieg er bis zum Führer der SA-Marinestandarte 2 auf (1934) und ging anschließend zur Reichsführung SS nach München. Es folgten die Übernahme in die SS und der Aufstieg zum SS-Obergruppenführer und General der Waffen-SS (1942). Als Chef des SS-Wirtschafts- und Verwaltungshauptamts war P. verantwortlich für die „Vernichtung durch Arbeit" in den Konzentrationslagern. Nach dem 2. →Weltkrieg wurde er 1947 im sog. Pohl-Prozess in Nürnberg wegen Kriegsverbrechen zum Tode verurteilt und hingerichtet.

Lit.: J. Lilla, Statisten in Uniform, Düsseldorf 2004, 471–473. Om

Polizei Als Geburtsstunde der heutigen Landesp. kann das „Gesetz zur Übernahme der P. durch das Land SH" vom 4.1.1947 gelten. Ursprünglich bezeichnete der Begriff P. jede Form der Verwaltung und engte sich erst im 18. Jh. auf die Ordnungsgewalt des Staates ein. In Städten wie K. nahm die Kommune die Aufrechterhaltung von Sicherheit und Ordnung wahr. Sie bezahlte die P.- und Gerichtsdiener, →Scharfrichter und →Nachtwächter und setzte im 18. Jh. den sog. bewehrten Ausschuss ein, der sich

Polizeibeamte des 3. Reviers am Kleinen Kuhberg, 1929

aus 35 ärmsten Stadtbewohnern zusammensetzte und landesherrliche oder ratsherrliche Befehle durchsetzte. Zu den Ordnungsaufgaben gehörte auch die Aufsicht über die Straßenreinigung und -instandhaltung, über das →Feuerlöschwesen, über die →Wasserversorgung, die Gewerbeaufsicht und die Baup. Schon 1885 stellte K. als erste sh. Stadt einen Kriminalkommissar ein. K. blieb die einzige Stadt SH, in der es vor dem 1. →Weltkrieg zu einer umfassenden Umbildung der P. kam. Gegen den Widerstand der städtischen Kollegien wurde 1898 eine kg. P.direktion am Martensdamm eingerichtet, die seit 1903 nach Berliner Vorbild die Bezeichnung Schutzmannschaft führte. Nur wenige P.aufgaben verblieben bei der städtischen P.behörde. 1899 übernahm die Direktion auch die Hafenp., Vorläufer der heutigen Wasserschutzp. Die 1906 zum →Polizeipräsidium erhobene Behörde bezog 1908 ihr neues Dienstgebäude in der Blumenstr. Ab 1919 wurde in Pr. zusätzlich eine kasernierte Sicherheitsp. aufgebaut. Die Sipo K. mit ihren bald 800 Mann wurde 1920 wieder aufgelöst und in eine neue Schutzp. überführt, in der auch die alte Schutzmannschaft aufging. Seit 1920 bestand in K. eine P.schule. Die Nationalsozialisten machten die P. zu einem willfährigen Werkzeug ihres Unrechtsstaats. So wurde 1933 eine kasernierte Landesp. gegründet, die ab 1935 in der Wehrmacht aufging. In großer Zahl wurden missliebige Beamte entlassen und durch linientreue Nationalsozialisten ersetzt. Ab

1934 wurde die P.verwaltung dem Reich übertragen, 1936 die Kriminalp. mit der Geheimen Staatsp. (→Gestapo) zusammengefasst. Nach dem 2. WK war die Entnazifizierung und Entmilitarisierung der kompromittierten P. eine Herausforderung. Der Wiederaufbau des P.wesens stand unter der Aufsicht der Public Safety Officers (PSO), denen es in kurzer Zeit gelang, Polizisten auf politische Belastung zu überprüfen und neue Kräfte zu rekrutieren. 1947 schließlich wurde die P. dem Innenminister unterstellt. Unter einem Generalinspekteur wurden P.gruppen in Flensburg, K., Lüb. und Itzehoe gegründet. 1953 wurde im Zuge der Reorganisation wieder eine P.direktion in K. gebildet, zugleich eine von vier Bezirkskriminalp.stellen. 2005 wurde ein Landesp.amt gebildet, das ebenso wie das Landeskriminalamt seinen Sitz in K. am Mühlenweg hat. Die heutige P.direktion ist zuständig für K. und den Kreis Plön; ihr unterstehen in K. vier P.reviere. Besondere Bekanntheit hat die Falckwache (2. Revier), die für die Innenstadt zuständig ist.

Lit.: G. Stolz, Gesch. der P. in SH, Heide 1978; P. Trautmann, K.s Ratsverfassung vom Beginn des 17. Jh. bis zum Beginn der Selbstverwaltung, K. 1909. Ro

Verkehrspolizist am Exerzierplatz, um 1950

Polizeipräsidium Der Gebäudekomplex des P. wurde 1904–08 nach Plänen von Bauinspektor Hermann Bucher und Regierungsbaurat Hermann Rasche errichtet. Es nimmt die gesamte Nordseite der Blumenstr. ein und wird im Volksmund als „Blume" bezeichnet. Der in romantisierender Burgenarchitektur gehaltene Backsteinbau wurde im April 1945 teilzerstört und verlor insbesondere den wuchtigen Eckturm an der Wilhelminenstr. Im angeschlossenen

Polizeipräsidium, Postkarte, um 1900

Polizeigefängnis wurden z.Zt. des →Nationalismus politische Gegner inhaftiert; am 1.4.1933 wurde hier der jüd. Rechtsanwalt Friedrich Schumm ermordet. Ro

Polnisches Theater Das P. wurde von Schauspielern gegründet, die aus Polen, wo 1981 das Kriegsrecht verhängt wurde, flüchteten, um wieder frei arbeiten zu können. Premiere feierte das P. 1983 mit dem Stück „Truthahn" von Slawomir Mrozek. Zunächst besaß das Ensemble weder eine feste Proben- und Spielstätte noch einen Finanzierungsplan. Seit November 1986 residiert das Theater in der Düppelstr. 61a; der Zuschauerraum zählt 46 Sitzplätze. Im Mai 1992 zerstörte ein Brand das Theater; bereits im Oktober 1992 konnte der Spielbetrieb wieder aufgenommen werden. Pro Spielzeit werden unter der Leitung von Tadeusz Gallia drei neue dt.sprachige Produktionen gespielt. Einen Schwerpunkt bilden dabei die in Dtld. wenig bekannten osteuropäischen Autoren. Getragen wird das P. vom Verein Initiative P. e.V.; 1994 wurde das P. mit dem →Kulturpreis der Stadt K. geehrt. Wm

Lothar Popp

Popp, Lothar (geb. 7.2.1887 Furth im Wald, gest. 27.4.1980 Hmbg.), gilt als einer der führenden Köpfe des Matrosenaufstands (→Revolution 1918). Nach einer Lehre als Handlungsgehilfe in Augsburg ging P. 1904 als Arbeiter und Kleinhändler nach Hmbg. Seit 1917 arbeitete er als Dienstverpflichteter im →Schiffbau, organisierte den Januarstreik 1918 mit, was ihm zwei Monate Haft einbrachte, und wurde Vorsitzender der K.er USPD. Seit dem 2.11.1918 führte

P. gemeinsam mit Karl →Artelt den K.er Matrosenaufstand, am 5.11. war er maßgeblich an der Gründung des ersten →Arbeiterrats beteiligt, dessen Vorsitz er am 7.11. übernahm. Frustriert durch den schnellen Bedeutungsverlust des Arbeiterrats ging P. im Januar 1919 nach Hmbg., wo er von 1924–31 Bürgerschaftsmitglied für die SPD war. 1941 nach New York ausgewandert, wo er ein Spielzeug- und Instrumentengeschäft betrieb, kehrte er nach dem Krieg nach Hmbg. zurück.

Lit.: D. Dähnhardt, Revolution in K., Nms. 1978. Ro

Poppenbrügge P. ist eine ehemalige Landstelle nördlich von →Moorsee nahe beim →Vieburger Gehölz, die sich zu einem kleinen Bauerndorf entwickelt hatte. Es gehörte zunächst zum Amt Moorsee und wurde 1970 nach K. eingemeindet, so dass es heute einen Ortsteil des Stadtteils Moorsee bildet. Die heutige Barkauer Str. entspricht im Wesentlichen der ehemaligen Dorfstr. Durch den Bau des K.er Verschiebebahnhofes um 1900 veränderte sich das Dorf, das bis dahin knapp 200 Einwohner zählte, allmählich und wurde zur Stadtrandsiedlung. Zwischen den Kriegen stieg die Bevölkerungszahl, und mit ihr dehnte sich die Bebauung bis nach →Kronsburg aus, mit dem es heute eine bauliche Einheit bildet. Eine letzte Erinnerung an das Dorf ist das ehemalige landwirtschaftliche Wohn- und Wirtschaftsgebäude der Bauernstelle Mordhorst in der Barkauer Str. Ein 1919 nach Plänen von Johann →Theede als zweiklassige Volksschule errichteter Bau wird heute als Schauspielschule genutzt. Ti

Portalkran Im Rahmen mehrerer Modernisierungsprogramme erhielten die K.er Howaldtswerke (→HDW) insgesamt drei Portalkräne. Dock 7 und 8 erhielten 1965 zwei Kräne mit je 300t Hebekraft (Lieferant C.H. Jucho, Dortmund). Als Vorbild diente offenbar ein Kran vom gleichen Hersteller bei Cockerill in Antwerpen. Der Kran über Dock 7 wurde 1974 auf 450t Hebekraft umgerüstet, der andere Kran (Dock 8) dagegen 1990 demontiert und an die Werft J. Sietas in Hmbg.-Neuenfelde ver-

Portalkräne der Howaldtswerke

kauft. Das Großdock 8a (1976 in Betrieb) erhielt 1975 einen Portalkran (900 t Hebekraft, 110m Höhe und 163m Breite) von einer Arbeitsgemeinschaft vierer Firmen (darunter Krupp und Salzgitter). Als weithin sichtbare Wahrzeichen von HDW sind die blau-orangenen Portalkräne mehrfach künstlerisch dargestellt worden.

Lit.: C. Ostersehlte, Von Howaldt zu HDW, Hmbg. 2004, 423, 536–538, 542. Os

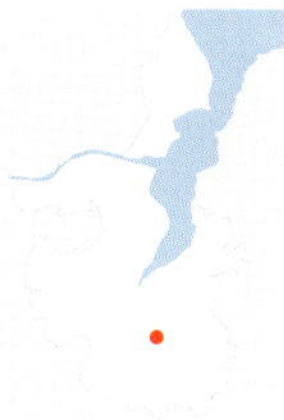

Poppenbrügge

Posner, Arthur Bernhard (geb. 16.11.1890 Samter bei Posen, gest. 6.5.1962 Jerusalem), war zwischen 1924 und 1933 Rabbiner der jüd. Gemeinde K. Er studierte alte Sprachen und alte Gesch. und besuchte das Rabbinerseminar. Im 1. →Weltkrieg Soldat, erlangte er 1919 die Rabbinerautorisation, erwarb den Dr. phil. und war Lehrer an Religionsschulen. In K. versuchte er zwischen den orthodoxen, aus Osteuropa zugewanderten und den assimilierten, dt. Juden zu vermitteln. P., selbst neoorthodox und religiöser Zionist, setzte seine Hoffnung u.a. auf die gemeinsame Erziehung der Kinder und Jugendlichen beider Gruppen in der reorganisierten Religionsschule auch mit reformpädagogischen Methoden. Mit seiner Frau aktivierte er das Vereinsleben. Durch Öffentlichkeitsarbeit hoffte P., das Verhältnis zur nicht-jüd. Bevölkerung zu verbessern. Im Juni 1933 verließ er K. und emigrierte über Antwerpen 1934 nach Jerusalem, wo er als Bibliothekar arbeitete.

Lit.: B. Goldberg, „...und vieles blieb ungesagt.“, in: Menora und Hakenkreuz, Nms. 1998, 49, 53–62; A. Blumenfeld, „Geistige Führer in ernster Zeit?“, in: ebd., 83–87. Do

Oberpost-direktion Jensenstraße, um 1890

Post Ein der Allgemeinheit dienendes P.wesen war in K. bis in die FNZ nicht vorhanden. Vielmehr übernahmen Boten im Auftrag der Stadt und der Kaufmannschaften unregelmäßige Beförderungsaufträge für Briefe. 1655 vereinbarte der dänische Generalpostmeister Paul Klingenberg mit der Stadt K., den K.er Boten nach Rendsburg zu schicken, wo er Briefe bei der regelmäßig verkehrenden P.verbindung Hmbg.-Kopenhagen austauschen konnte. Damit erhielt K. erstmals eine zuverlässige Anbindung an das dänische P.netz. Das P.wesen wurde nun bestimmt durch zwei staatliche P.verwaltungen, so 1655–1864 durch die dänische und 1681–1774 durch die hz.lich-gottorpische. Beide richteten in K. P.kontore als Vorläufer der P.ämter ein, die von P.meistern geleitet wurden. Sie stellten die Gebäude und fertigten die reitenden und fahrenden Posten ab. So ist um 1699 ein dänisches P.kontor in der →Dänischen Straße 11-13 und 1827 ein Kontor in der Küterstr. nachgewiesen. Für den mit der Eröffnung der Eisenbahnverbindung K.-Altona ansteigenden P.verkehr wurde ein größeres Gebäude am Markt 9 (später →Johannsen und Schmielau) gemietet. Nach dem Übergang des K.er P.wesens auf Pr. im Jahre 1867 zog die P. in einen Neubau in der Jensenstr./Ecke →Eisenbahndamm. Dieser nahm auch die neu errichtete Oberpostdirektion (OPD) auf. In der Folgezeit wurde das Gebäude erweitert, um u.a. 1875 das Telegrafenamt und 1883 die Handvermittlungsstelle für den Stadt-Fernprechverkehrunterzubringen. Einschneidende Veränderungen für das K.er P.wesen erbrachten die Bombenschäden im 2. →Weltkrieg. Das zentrale P.gebäude in der Jensenstr. wurde total zerstört. Das P.amt fand neue Räume am Knooper Weg. Ein behelfsmäßiger Schalter wurde auf dem Ruinensockel am Eisenbahndamm errichtet. Diese Notlösungen machten einen Neubau erforderlich, für den die Stadt das Grundstück am Stresemannplatz bereitstellte. 1958 konnte das P.amt umziehen. Bis 1989 folgten wesentliche Erweiterungen, die den Bereich Fabrikstr./Hafenstr./Kaistr. umschließen und vom P.amt und der OPD genutzt wurden. Die Privatisierung der Dt. Bundesp. ab 1989 erbrachte für den Brief-, Paket- und Schalterdienst wesentliche Einschnitte. Die P.bank wurde abgetrennt, die OPD aufgelöst, Schalter geschlossen und durch privat betriebene P.agenturen ersetzt sowie P.gebäude verkauft. Die langjährige P.tradition in K. setzt sich jetzt in einem Produktionsgebäude für die vollautomatische Briefverteilung im Gewerbegebiet →Wellsee fort, ein sichtbares Zeichen für den Wandel der P. von einer Behörde zu einem Unternehmen.

Thun

Hauptpostamt und Oberpost-direktion am Stresemannplatz, um 1960

Pranger →Kaak

Predöhl, Andreas →Institut für Weltwirtschaft

Presse Im Vergleich zu anderen sh. Orten erschien erst spät eine Zeitung in K. Die erste Ausgabe der „Commentarii Kiloniensis de rubus memorabilibus“ von Wilhelm Ernst →Christiani erschien im Mai 1768 zweimal wöchentlich und enthielt „Staats- und gelehrte Nachrichten“ hauptsächlich aus der Univ. Das Blatt musste nach zwanzig Ausgaben aufgeben, „weil ihm die literarischen Nachrichten fehlten“. Erst acht Jahre später erschienen 1776 die „Kielischen gemeinnützigen Nachrichten“ hg. von Johann Christian Kerstens, das erste Lokalblatt von K. in der Hoffnung, dass „für eine so bedeutende Stadt gemeinnützige Nachrichten unentbehrlich“ sein sollten. Allerdings waren die Resonanz und der Absatz sehr schwach, die Aufl. betrug gerade einmal 150 Stück. 1793 verkaufte Kerstens die Zeitung an die →Gesellschaft freiwilliger Armenfreunde, die sie 1794 mit dem Wochenblatt zum Besten der Armen in K. fusionierten. Absicht war es, die Gesch. der Gesellschaft für die Nachwelt niederzulegen. Das Wochenblatt hielt sich bis 1879, zeitweise wurde es mit dem →Kieler Correspondenzblatt vereinigt, ab 1841 wurde der Titel in „K.er Wochenblatt“ abgeändert. Erst 1830 gab es mit dem von Theodor →Olshausen hg. „K.er Correspondenzblatt“ eine neue Zeitung mit einer ausgesprochen politischen Ausrichtung. Sie unterlag damit in starkem Maße der Zensur der dänischen Zentralregierung. Auch das „sh. Wochenblatt“, das der Jurist Nicolaus →Falck 1848 herausgab, engagierte sich politisch im Streit mit Dänemark, es ging allerdings schon 1850 nach dem Tod von Falck ein. Die SH Blätter, 1864 als Organ der liberalen Partei in den Hztt. hg., standen ganz im Zeichen des Krieges zwischen Dänemark und Pr./Österreich um SH und begleiteten ihn mit einem politischen Leitartikel in jeder Ausgabe, meist von dem Hauptinitiator der Zeitung, Wilhelm →Ahlmann, verfasst. Dieser gründete 1864 die →Kieler Zeitung, in der die sh. Blätter aufgingen, sie erschien bereits täglich. Der Hg. nahm in seiner Zeitung vielfach scharf zur Tagespolitik Stellung, was teilweise Erscheinungsverbot und Lizenzentzug der pr. Provinzregierung zur Folge hatte. Immerhin konnte die Zeitung dann ungehindert bis 1936 weiter bestehen, um dann der ns P.politik zum Opfer zu fallen. 1942–45 wurde der Titel „K.er Zeitung“ für die amtliche Gauzeitung der NSDAP von den Nazis wieder belebt. 1874 wurde eine weitere neue Zeitung gegründet: Das „K.er Tageblatt“ mit dem Untertitel „Anzeiger für →Gaarden und →Ellerbeck“, das sich auch als „officielles Organ der betreffenden Ortsbehörden“ verstand. Bewusst wurde

Zeitungskiosk, 1952

um Anzeigen von Firmen aus den beiden Stadtteilen geworben. Hg. und verantwortlicher Redakteur war C. Böckel, die Redaktion und Druckerei befanden sich in der Faulstr. 9. Nach Böckels Tod führten seine Witwe und sein Sohn die Zeitung weiter, die bis zur letzten Ausgabe 1894 in Familienbesitz blieb. Die „Nord-Ostsee-Zeitung“ wurde als „Unabhängiges Tageblatt für Stadt und Land“ 1887 gegründet. Die Redaktion befand sich zunächst in der →Klinke 21, zum Schluss in der →Holstenstraße 56. Der Verleger Chr. Dachert musste jedoch 1907 aus finanziellen Gründen die Zeitung schließen. Die →Schleswig-Holsteinische Volkszeitung, populär „VZ“ genannt, wurde 1877 gegründet, verboten, um dann 1893 zum ersten Mal als sozialistische Zeitung regelmäßig zu erscheinen. 1933 wurde sie erneut verboten und 1946 mit neuer Lizenz als sozialdemokratische Zeitung wieder aufgelegt. Sie musste aber aus finanziellen Gründen Ende 1968 aufgeben. Auch das wöchentliche Nachfolgeblatt unter dem Titel „Nordwoche“ hielt sich nur bis 1974. Gründer des „General-Anzeigers für SH“ von 1894 mit dem Untertitel „Tageszeitung für Jedermann“ war Georg Lehmann-Hohenberg; 1895, inzwischen mit dem neuen Verleger Leonhardt, änderte sich der Titel in „K.er Neueste Nachrichten“, allerdings wurde der alte Titel bis 1910 im Untertitel beibehalten. 1940 musste sie ihr Erscheinen einstellen. Als Untertitel tauchte er später bei den →Kieler Nachrichten als Vorgängerzeitung auf. Kurz erwähnt sei auch die „K.er Tagespost", die 1909–10 nach nur 158 Nummern in den Konkurs ging. Der „Volkskampf" war seit 1931 die Parteizeitung der NSDAP, sie ging 1933 in der „Nordischen Rundschau" auf, die in den konfiszierten Räumen der „Volkszeitung" gedruckt wurde und deren Namen sie auch als Untertitel führte. 1942 hieß das NS-Blatt dann „K.er Zeitung", die einzige verbliebene und erlaubte Zeitung in K. bis zum Kriegsende. Nach der Kapitulation wurde von der →britischen Besatzung zunächst das „K.er Nachrichten-Blatt" herausgebracht, dem folgte der „K.er Kurier", beide wurden allerdings in Flensburg gedruckt. Im Frühjahr 1946 erfolgte die neue Lizenzvergabe: Lizenzen wurden in der britischen Zone nur für politische Parteien ausgegeben, so erhielten vom britischen General W. H. A. Bishop Willi →Koch die Lizenz für die „K.er Nachrichten" für die CDU, die SPD die „sh. Volkszeitung" und die KPD das „Norddt. Echo". Die ersten Ausgaben der neuen Zeitungen erschienen am 3.4.1946, zunächst nur zweimal wöchentlich, erst ab dem 1.12.1947 dreimal wöchentlich, ab 1.9.1949 dann täglich. Das „Norddt. Echo" musste sein Erscheinen nach dem Verbot der KPD 1956 einstellen. Nachdem die „VZ" aufgeben musste, gab es nur eine weitere Zeitungsneugründung in K.: die „K.er Rundschau". Vom Verein „Initiative für P.vielfalt" 1980 als „Unabhängige Wochenzeitung für SH" ins Leben gerufen, erschien die erste Nummer am 14.1.1981 im eigens gegründeten Verlag. Ihre Finanzlage war immer prekär und so musste der „Low-Budget-Journalismus" schon 1988 wieder aufgeben. Zur P. in K. gehören im weitesten Sinne auch die Anzeigenblätter. Entstanden in den 1970er Jahren und finanziert allein über Anzeigen, wurden und werden sie kostenlos verteilt. Das bekannteste dieser Blätter ist der „K.er Express", der auch heute noch zweimal in der Woche erscheint und am Mittwoch und Sonnabend den Haushalten zugestellt wird. In der Aufmachung einer Zeitung werden hier auch von Journalisten Artikel verfasst, um den Leser über K.er Ereignisse zu informieren. Hinzu kommen Stadtmagazine; unter ihnen ist das 1968 gegründete „Ultimo" das älteste, das immer noch von seinem Gründer Wolfgang Buhmann hg. wird. Sie informieren über die täglichen Termine und über das, was die meist jungen Redaktionen als neu und aufregend bewerten. Daneben hat es immer Schüler- und Studentenzeitungen gegeben, wie etwa die „res nostra" an der K.er Univ. in den 1960er Jahren; hier entschieden sich viele der jungen Mitarbeiter für eine journalistische Karriere. Gh

Preußen, Prinz Albert Wilhelm Heinrich von (geb. 14.8.1862 Potsdam, gest. 20.4.1929 Hemmelmark), war der jüngere Bruder Kaiser Wilhelms II. 1877 trat er in die Kaiserliche →Marine ein und wurde zum Seeoffizier ausgebildet. 1877–78 besuchte er die Marineschule in K., es folgten eine zweijährige Weltreise und 1880 die Rückkehr nach K., wo er das →Schloss als Residenz bezog und mit seiner Familie bis 1918 bewohnte. An den Besuch der →Marineakademie (1884–86) schlossen sich mehrere Kommandos über Kriegsschiffe und Schiffsverbände an. 1903 wurde er Chef der →Marinestation der Ostsee, 1906 Chef der Hochseeflotte. 1909 folgte die Beförderung zum Großadmiral und Generalinspekteur der Marine. Als Befehlshaber der

Prinz Heinrich von Preußen, Anton von Werner, 1887

dt. Ostseeflotte im 1. →Weltkrieg gelang es ihm trotz unterlegener Seestreitkräfte, die russische Ostseeflotte von den dt. Küsten fernzuhalten. Mit dem Ausscheiden des revolutionären Russlands aus dem Krieg zog sich Prinz Heinrich aus der Marineführung zurück, mit Kriegsende 1918 schied er aus der Marine aus. Am 5.11.1918 verließ er fluchtartig das K.er Schloss und zog sich auf sein Gut Hemmelmark bei Eckernförde zurück. 1911 wurde er zum →Ehrenbürger K.s ernannt.

Lit.: H. Eschenburg, Prinz Heinrich von Preußen, Heide 1989. Ra

Rudolf **Prey GmbH**. 1892 gründete Rudolf Prey in →Gaarden eine Produktionsstätte für Schmiede-, Eisen-, Rohrleitungs- und Maschinenbau. Die Firma entwickelte sich schnell zu einem Industriebetrieb, der u.a. Ammoniak-Kältemaschinen, Verteilerstationen für die →Gas- und →Wasserversorgung, Schwergutwaggons für die Dt. Reichsbahn und Geschütz-Transportwagen für die Kaiserliche Werft fertigte. Bereits 1904 stieg die P. in den Aufzugsbau ein, der sich seit den 1920er Jahren zum Hauptgeschäftszweig entwickelte. Das 1908 begonnene Schiffsreparaturgeschäft wurde mit dem Umzug des Unternehmens 1969 in die Rendsburger Landstr. wieder aufgegeben. Zwischen 1974 und 1980 eröffnete die Firma Niederlassungen in Hmbg., Lüb., Tinnum auf Sylt, Flensburg, Itzehoe und Hannover. 1975 gelang die Wiederaufnahme des Schiffbaus mit dem Erwerb der Schiffswerft Laboe, die 1761 von Ernst Heinrich Arp gegründete worden war. Der Bau von Spezialaufzügen ist bis heute das bekannteste Geschäftsfeld der Firma. Eb

Pries Der Ortsname P., wohl slawischen Ursprungs, erscheint erst um 1500 in der Form „Pryvisse“ in den Urkunden. Das Dorf wird aber wie die übrigen Dörfer des Dänischen Wohlds im 13. Jh. entstanden sein. Das alte Dorf P. zeigt bis heute ein geschlossenes Ortsbild; die Höfe wurden mit ihren Feldern ringförmig um den Dorfteich herum angelegt. Zunächst gehörte das Dorf zu den Gütern Knoop oder Bülk und

Pries, Friedrichsorter Str.

kam 1575 zum neu angelegten Gut →Seekamp, dem die P. Einwohner bis 1791 in Leibeigenschaft unterstanden. 1876 wurde der Gutsbezirk Seekamp aufgehoben und P. eine freie Landgemeinde von 471ha Land und 532 Einwohnern (1875). Die industrielle Entwicklung im benachbarten →Friedrichsort, insbesondere die Produktion der →Torpedowerkstatt, zog Industriearbeiter und Fachkräfte an. Weit ab vom alten Dorf entstand an der Friedrichsorter Str. ein neuer Siedlungsschwerpunkt. Im Bereich P. Strand wurden Wohnbauten für Angestellte und Marinebeamte erbaut, an der Friedrichsorter Str. errichteten →Baugenossenschaften Arbeitersiedlungen. Bis 1919 wuchs die Bevölkerung auf 3.798 Personen an. 1910 wurde die Fritz-Reuter-Schule fertig gestellt, 1911 das Gemeindeverwaltungsgebäude und die Kirche Zum guten Hirten. 1922 erfolgte die →Eingemeindung von P. nach K. Trotz der industriellen Ausrichtung des Stadtteils blieb P. von Kriegszerstörung weitgehend verschont. Die Aufnahme von →Flüchtlingen und Vertriebenen nach 1945 beschleunigte den Wohnungsbau, insbesondere der Reihen- und Mietshäuser am Buschblick (erbaut ab 1958) und der Hochhäuser an der Stromeyerallee (erbaut ab 1970). 1975 wurde als zweite Gesamtschule des Landes die für 1.400 Schüler geplante Integrierte Gesamtschule Friedrichsort eingeweiht. 1990–92 wurde im Rahmen eines umfangreichen Sanierungskonzepts die Friedrichsorter Str. zu einem fußgängerfreundlichen Geschäftszentrum ausgebaut.

Lit.: N. Detlefsen, Die K.er Stadtteile nördlich des Kanals., Nms. 1978. Ro

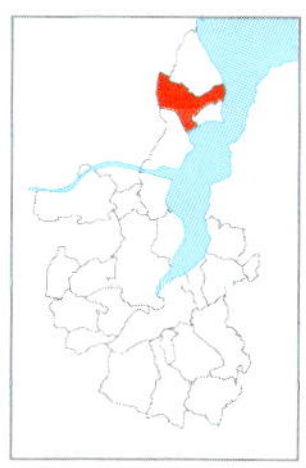

Pries

Priesterkaland Als Kalande wurden im MA bruderschaftliche Vereinigungen aller Priester eines Ortes bezeichnet. Der 1334 gegründete K.er P. wurde aus 24 Geistlichen gebildet, nahm aber auch 24 angesehene →Bürger und deren Frauen auf. Zweimal im Jahr traf man sich zu zweitägigen Feierlichkeiten: zum Gottesdienst in der →Nikolaikirche, zum gemeinsamen Mahl und zum Gebet für die verstorbenen Mitglieder. Erhalten ist das Statutenbuch des P., zusammengestellt um 1500, das auch eine Liste der verstorbenen Mitglieder enthält.

Lit.: C. Rodenberg, Aus dem K.er Leben im 14. und 15. Jh., in: MKStG 12 (1894), 32–35. Ro

Ernst Georg Prinz

Prinz, Ernst Georg (geb. 1.4.1878 Dieckendörn/Brux bei Westensee, gest. 27.11.1974 Haus Hochfeld/Westensee), absolvierte eine Zimmermannslehre, dann die Baugewerbeschule in Holzminden und danach die TH in Charlottenburg und Karlsruhe. Nach dem Examen zum Dipl.-Ing. wurde er Assistent von Hermann Billing, dem Erbauer des K.er →Rathauses. 1907 gründete P. in K. sein eigenes Architekturbüro. Beeinflusst wurde er in seinen Bauten durch die süddt. Monumentalarchitektur, die er auf den norddt. Backsteinbau übertrug. P. wurde zum Wegbereiter einer nordelbischen Architektur, die auf heimische Vorbilder des Barocks zurückgriff und sich der Heimatschutzarchitektur verpflichtet fühlte. Er entwarf Guts- und Torhäuser, aber auch Geschäfts- und Mehrfamilienhäuser und öffentliche Bauten in K., z.B. das ehemalige Postamt in →Hassee, den →Damperhof, das →Afrikaviertel, die Adolf-Reichwein-Schule in der Tiefen Allee. Aufgrund seiner Leistungen in K. und ganz SH zählte er zu den bekanntesten dt. Architekten.

Lit.: Lebensläufe, 265–268, 391 f. Ge

Prinzendampfer Zur Flottenerneuerung des 1880 eröffneten Reichspostdampferdienstes von K. nach Korsör ließ sich die →Reederei →Sartori & Berger bei den K.er Howaldtswerken (→HDW) drei untereinander ähnliche Dampfer für den Tagesdienst (jeweils 650 Fahrgäste) erbauen: „Prinz Waldemar" (1893), „Prinz Adalbert" (1895)

„Prinz Waldemar", um 1900

und „Prinz Sigismund" (1899). Die drei im Volksmund P. genannten Schiffe versahen den Dienst, gemeinsam mit Dampfern der dänischen Staatsbahn, bis 1914 und wurden im 1. →Weltkrieg als Minenleger und Stabsschiffe eingesetzt. Von Juni 1921 bis Januar 1924 verkehrten die drei Dampfer erneut nach Korsör im Nachtdienst, v.a. für eine dänische Einkaufskundschaft. Nach Stabilisierung der dt. Währung lohnte sich der Dienst nicht mehr, die drei Schiffe wurden verkauft.

Lit.: C. Ostersehlte, Reederei und Schifffahrtsagentur Sartori & Berger 1858–1918, in: MKStG 84 (2007), 209–264. Os

Prinz-Heinrich-Brücke Im Verlauf der heutigen Bundesstraße 503 die Stadtteile →Wik und →Holtenau verbindende Straßenbrücke über den →Nord-Ostsee-Kanal mit einer Länge von 445,20m und einer lichten Kanal-Durchfahrtshöhe von 42m über dem Wasserspiegel. Im Zuge der 1909–14 durchgeführten ersten Erweiterung des damaligen →Kaiser-Wilhelm-Kanals wurde im September 1909 mit den Gründungsarbeiten der Hochbrücke begonnen, ihre Einweihung und Namensgebung nach dem Bruder Kaiser Wilhelms II. (→Preußen,

Prinz-Heinrich-Hochbrücke, Postkarte, um 1912

Prinz Albert Wilhelm Heinrich von) erfolgte am 28.9.1912. Die von Friedrich →Voß entworfene filigrane Eisengitterfachwerk-Konstruktion stellte als technisches Kulturdenkmal fortschrittlicher Ingenieurbaukunst über Jahrzehnte ein Wahrzeichen der K.er Stadtsilhouette dar, bis sie 1992 wegen Überalterung abgebrochen und 1996 durch eine einfache Deckbrücke ersetzt wurde. In Konstruktion und Erscheinungsbild gleicht sie als Zwillingsbrücke der bereits 1969–72 in unmittelbarer Nähe errichteten „Olympiabrücke".

Lit.: J. Jensen, K.er Kanalbrücken, Heide 2010. Je

Projensdorf P. entstand im 13. Jh., wahrscheinlich während der dt. Landnahme; der Ortsname „Dorf des Prodan" leitet sich – ähnlich wie auch bei →Suchsdorf – von dem Namen eines slawischen Angehörigen der dörflichen Oberschicht ab. Den ersten urkundlichen Nachweis des Namens liefert das K.er Rentebuch, das für 1343 einen Nicolaus Prodenstorp nennt. Zu dieser Zeit war P. ein Lehngut. 1369 kauften es die K.er →Ratsherren und späteren →Bürgermeister Johann Visch und Tidemann Honendorp – wie andere vermögende K.er →Bürger, die Besitz außerhalb des Stadtfeldes erwarben – und statteten mit den Einkünften aus P. eine Vikarie in der Hl.-Kreuzkapelle in der →Nikolaikirche aus. Nachdem es zu Beginn des 15. Jh. über die Patronatsrechte und die Befugnisse des Vikars zu heftigem Streit und zu Prozessen gekommen war, wurde P. 1497 von Hz. Friedrich I. eingezogen, weil es als Lehngut 1369 nicht ohne landesherrliche Erlaubnis hätte veräußert werden dürfen, und dann 1518 an Joachim Wittorp, den Amtmann von Nms., verlehnt. Vom 17. Jh. bis 1838 war das Gut P. im Besitz verschiedener adliger Familien. 1887 wurde es an die Kanal-Kommission verkauft, weil der →Nord-Ostsee-Kanal quer durch die P. Ländereien verlaufen sollte. Die nördliche, kleinere Hälfte mit den Gutsgebäuden kauften die Erben des letzten Besitzers zurück; sie wurde nach der Auflösung der Gutsbezirke 1928 mit der Landgemeinde Klausdorf (seit 1933: Altenholz) vereinigt. Den südlichen, 225ha großen Teil erwarb 1896 die Stadt K. und gliederte ihn 1909 dem Stadtteil →Wik an. Er war fast unbewohnt, bestand aus Ackerland und ein wenig Wald, dem P. Holz im Osten und dem →Tannenberg, und verlor weiter an Fläche, als man nach 1907 den Kanal begradigte und den →Nordhafen erweiterte. Das gesamte Areal zusammen mit den Aufschüttungen aus dem Kanalaushub wurde planvoll zum „Stadtpark" aufgeforstet. In den 1920er und 1930er Jahren baute man Siedlungshäuser auf beiden Seiten der P. Str., der früheren Knooper Landstr., nördlich der 1903 eröffneten „Waldschänke", und am Kanalufer entstanden 1939 Rüstungsbetriebe und nach 1950 andere Gewerbefirmen. Heute gehört dieser Teil des ehemaligen Guts P. zum Ortsteil Steenbek-P. und bildet einen reizvollen Kontrast zum großstädtischen →Steenbek.

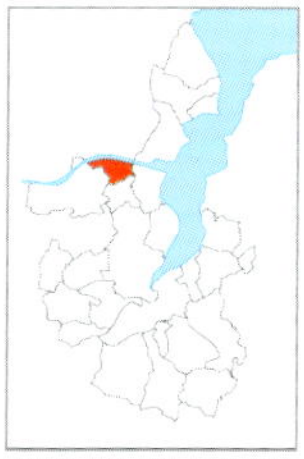

Projensdorf

Lit.: H. H. Hennings, Das holsteinische Adelsgeschlecht Wittorp u. sein Adliges Gut Nms., in: ZSHG 92 (1967), 78–82; H. P. Kaiser, P. Gehölz, K. 1989. Rt

Provinzialverwaltung Seit 1867 gehörten K. und weite Teile des heutigen SH zu Pr., womit die Normen und die Gliederung der pr. Verwaltung galten. Es wurde ein Regierungsbezirk gebildet, und der Provinz stand ein Oberpräsident vor. Ab 1868 tagte ein Provinziallandtag, der mit dem Provinzialausschuss und später dem Provinzialrat seine (Selbstverwaltungs-) Angelegenheiten regelte und dem ein geschäftsführender Beamter, zuletzt: der Landeshauptmann, bereitgestellt wurde. Der Provinzialverband war für Aufgaben zuständig, die Kreis übergreifend in SH zu regeln waren: Wegewesen, Siedlungs- und Landschaftswesen, Volksfürsorge (Gesundheitswesen), Erwerbslosenfürsorge (bis Mitte 1927), Schulwesen, Kultur und bis 1920–21 auch für das Steuerwesen. Der Sitz des Regierungspräsidenten war in Schleswig, während der Oberpräsident von 1867–79 sowie ab 1917 in K. saß. Der Provinziallandtag tagte seit 1905 zweimal jährlich in K., dazwischen regelten seine Gremien die Selbstverwaltungs- und Aufsichtsaufgaben. Im kaiserzeitlichen Pr. war der Provinziallandtag ein undemokratisch zusammengesetztes Gremium mit landständischem Charakter, das sich ab 1875 bis

1919 durch indirekte Wahlen der Stadtverordnetenversammlungen und Kreistage legitimierte. In der →Weimarer Republik fanden von 1921–33 freie, geheime und gleiche Wahlen statt, und in K. erlangten bis zu zehn Kandidaten Sitze im Provinziallandtag, der die gesamte Dauer über eine bürgerlich-konservative Mehrheit besaß. Alle Gremien prägte diese Mehrheit, so waren auch die sh. Mitglieder im pr. Staatsrat und im Reichsrat (hier: Anton →Schifferer, DVP), mehrheitlich Bürgerliche. Im →Nationalsozialismus verlor der Provinziallandtag seine Funktion, tagte zum letzten Mal im April 1933 und der Oberpräsident übernahm am 1.1.1934 die verbliebenen Aufgaben. Om

Mitglieder der Provisorischen Regierung, Wilhelm Heuer, um 1850

Provisorische Regierung Als Reaktion auf die revolutionären Ereignisse in Dtld. und auf einen radikalen politischen Kurswechsel in Kopenhagen bildete sich in der Nacht vom 23. auf den 24.3.1848 in K. die P. Ihr gehörten Vertreter verschiedener politischer Parteien an, die sich nur in ihrer Ablehnung gegenüber dänischen Machtansprüchen auf das Hzt. Schleswig einig waren. Gemäß der von ihr verfassten Proklamation verstand sich die P. als treuhänderische Regierung im Namen des „unfreien Landesherrn", den man als Opfer einer nationaldänischen Verschwörung sah. Tatsächlich kam die Regierungsbildung aber einem Aufstand gleich; sie leitete die →Schleswig-Holsteinische Erhebung und einen dreijährigen Krieg gegen Dänemark ein. Im Einzelnen gehörten ihr als konservativster Vertreter der Prinz Friedrich von Augustenburg (Noer) und als gemäßigter Konservativer der Preetzer Klosterpropst Friedrich Reventlou an. Liberale und demokratische Strömungen vertraten in der P. die Advokaten Theodor →Olshausen, Wilhelm Hartwig Beseler und Jürgen Bremer sowie der K.er Kaufmann Martin Thorsen Schmidt. Teile des Militärs in den Hztt. liefen zur P. über, die ihren Sitz nach Rendsburg verlegte. Dort war sie hauptsächlich mit dem seit April 1848 offen ausgebrochenen Krieg gegen Dänemark beschäftigt, so dass politische und v.a. soziale Reformpläne rasch in den Hintergrund gedrängt wurden. Trotzdem gelang es den liberalen und demokratischen Mitgliedern der P. eine verfassunggebende Landesversammlung einzuberufen, die bis zum 15.9.1848 ein demokratisches Staatsgrundgesetz für SH ausarbeitete. Am 21.10. löste sich die P. schließlich aufgrund der Bestimmungen des Malmöer Waffenstillstandes auf. An ihre Stelle trat zunächst die Gemeinsame Regierung, die wiederum am 27.3.1849 durch eine „Statthalterschaft" abgelöst wurde. Die P. war in ihrer Zusammensetzung ein Kompromiss und ihre Arbeit litt unter der uneinheitlichen Zielsetzungen ihrer Mitglieder und den Erschwernissen des Krieges.

Lit.: C. Bjørn, 1848. Borgerkrig og revolution, København 1998. Sl

Pumpe Nachdem das alte Pumpwerk in der Hassstr. 1974 durch einen Neubau funktionslos geworden war, beschloss die Stadt, das Gebäude von 1929 zu einem Kultur- und Kommunikationszentrum auszubauen. 1979 wurde die P. eingeweiht, ein Trägerverein stellte den Betrieb sicher. Mit einem großen Veranstaltungssaal, Tagungs-, Gruppen- und Arbeitsräumen, Werkstätten und Gastronomie bietet die P. freien Kulturträgern ein breitgefächertes Raumangebot. Seit

Kulturzentrum „Die Pumpe"

1979 ist hier auch das Kommunale →Kino ansässig, das ein nichtgewerbliches, alternatives Kinoprogramm bietet. Im Innern des denkmalgeschützten Gebäudes sind Teile der technischen Anlagen erhalten. Ro

Quartiere →Stadtgebietsgliederung

Quincke, Heinrich Irenäus (geb. 26.8.1842 Frankfurt/Oder, gest. 19.5.1922 Frankfurt/Main), studierte Medizin in Berlin, Würzburg und Heidelberg, wurde 1863 in Berlin promoviert, habilitierte sich dort 1870 für innere Medizin und war seit 1873 ordentlicher Prof. in Bern, bis er 1878 zum Direktor der Medizinischen Klinik in K. bestellt wurde. Hier setzte er seine Forschungen des Liquorsystems fort und entwickelte eine bahnbrechende Methode der Lumbalpunktion. Q. wies neue Wege in der Thoraxchirurgie, und mit seinem Namen sind das „Q.-Ödem", der „Q.sche Kapillarpuls" als Merkmal einer Aorteninsuffizienz sowie die „Q.sche Lagerung" zur Sekretlösung bei Bronchitis verbunden. Q. Leben wurde von jahrelangem, bitterem Streit mit dem Kollegen Friedrich von →Esmarch überschattet, was mit ein Grund dafür war, dass er sich 1908 entpflichten ließ und nach Frankfurt zog.

Lit.: Lebensläufe, 269–271, 392. Rt

Heinrich Quincke

Radbruch, Gustav (geb. 21.11.1878 Lüb., gest. 23.11.1949 Heidelberg), studierte nach dem Abitur in München, Leipzig und Berlin Rechtswissenschaften. Er wurde 1902 promoviert, habilitierte sich 1903 und lehrte zunächst in Heidelberg, dann in Königsberg. Nach der Teilnahme am 1. →Weltkrieg wurde er 1919 zum Prof. für Strafrecht, Strafprozessrecht und Rechtsphilosophie an der Univ. K. berufen. Während des →Kapp-Putsches 1920 betätigte er sich als Unterhändler zwischen den Putschisten und den Widerstand leistenden demokratischen Kräften. Schon 1919 war R. in die SPD eingetreten, von 1920–24 war er Mitglied des Reichstages und bekleidete zeitweilig das Amt des Reichsjustizministers. 1926 wechselte R. von K. an die Univ. Heidelberg und wurde dort 1933 von den Nationalsozialisten entlassen. Nach dem 2. WK nahm R. sogleich seine Heidelberger Lehrtätigkeit wieder auf. Wissenschaftlich betätigte sich R. v.a. mit den Fragen einer materialen Rechtsphilosophie. Recht musste nach seiner Auffassung bezogen sein auf eine Rechtsidee. Diese Rechtsidee war für R. demokratisch und sozial bestimmt. Als Strafrechtslehrer trat er nachdrücklich für den Resozialisierungsgedanken ein.

Lit.: H. Otte, Gustav R. K.er Jahre 1919–26, Frankfurt 1982. Wu

Räucherei 1978 baute die →Arbeiterwohlfahrt die ehemalige Fischr. Fritz Mahrt in →Gaarden zum sozio-kulturellen Zentrum um. Die R. bereichert seitdem den Stadtteil mit einem vielfältigen kulturellen Veranstaltungsangebot. Zugleich bietet sie ein umfangreiches kulturpädagogisches Programm, das sich an alle Altersstufen richtet, und als Stadtteiltreff Räumlichkeiten für Vereine, Verbände und Initiativen. Ro

Raiffeisenhaus Mit dem R. erhielt der im 2. →Weltkrieg zerstörte Bahnhofsvorplatz 1952–53 nach Norden wieder eine räumliche Fassung. Anstelle des 1908 von Ernst →Stoffers für W. Jacobsen gebauten repräsentativen „Hansa-Hotels" (→Conti-Hansa) entwarf die Architektenarbeitsgemeinschaft von Otto Christophersen, Karl Frehse und Kurt Klingemann ein modernes Gebäude, das sich mit der strengen Rastergliederung aus hellem Betonfachwerk und roter Ziegelfüllung, dem Staffelgeschoss und Flugdach als charakteristischer Bau seiner Zeit erweist. Ein über zwei Stockwerke reichendes, voll

Raiffeisenhaus, um 1955

verglastes Eingangsportal durchbricht die Fassadengliederung und setzt einen repräsentativen Akzent. Von der lichtdurchfluteten Eingangshalle erfolgt die weitere Erschließung des Gebäudes über eine elegant geschwungene Treppe. Mit dem R. erhielt der →Wiederaufbau des städtischen Entrées am →Bahnhof eine moderne, zeitgemäße Ausrichtung.

Lit.: U. Höhns, K. Seiler-Kroll, Das moderne K., Heide 2008, 86. SK

Rathaus und Stadttheater am Neumarkt, Postkarte, um 1915

Rantzaubau

Rantzaubau Der Name ist irrtümlich und beruht auf einer falschen Bezeichnung des alten, von Hz. Friedrich 1502–12 errichteten →Schlosses auf einer späteren Kopie des Braun-Hogenberg-Stiches von K. Das Haus Heinrich Rantzaus lag an der Kehdenstr. Der Friedrich-Bau des Schlosses stürzte 1685 ein und wurde durch den zweiflügeligen Neubau des damals in Rendsburg tätigen oberitalienischen Festungsbaumeisters Domenico Pelli von 1697 ersetzt. Auf diesen und auf den jetzt noch erhaltenen Westflügel ging der bis heute verwendete falsche Name über. Zusammen mit einem kleinen Verließ unter dem Schlossrestaurant und den Quadern des Granitsockels am Ostflügel ist der R. der letzte erhaltene Rest des hist. Schlosses. Der dreigeschossige Backsteinbau unter steilem Walmdach zeigt bis auf das Treppenhaus keine originale Ausstattung mehr.

Lit.: C.-H. Seebach, Das K.er Schloss, Nms. 1965. La

Rat →Magistrat, →Verfassung

Rathaus

Rathaus Nach zwei Wettbewerben und langer, mehrfach veränderter Planung des Architekten Hermann Billing, Karlsruhe, entstand 1907–11 auf dem Grundstück der früheren Gasanstalt an der →Fleethörn das jetzige R. als Ersatz für den längst zu klein gewordenen spätma. Vorgänger am →Alten Markt. Der vielgestaltige Ziegelbau in monumentalem Jugendstil, gelagert um drei Innenhöfe und überragt von einem 106m hohen stadtbildprägenden Turm, richtete sich mit seiner langen, asymmetrischen Front zum →Kleinen Kiel an dem kurz vorher errichteten →Stadttheater aus und beherrscht mit der Werksteinfassade des Repräsentationstraktes den →Neumarkt. Bis zu den schweren Zerstörungen im 2. →Weltkrieg trug dieser das charakteristische, grün-kupferne Kielbogendach, das mit dem noch erhaltenen Turmhelm korrespondierte. Nach dem Wiederaufbau 1947–53 präsentieren sich viele Räume in neuem Gewand, hervorzuheben sind Rats- und Magistratssaal. Unzerstört und imposant zeigen sich

Rathaus nach dem Wiederaufbau, um 1953

Eingangs- und Empfangshalle, darüber die zweigeschossige, über das Haupttreppenhaus zugängliche Rotunde, sowie von ihr abgehend die lange Wandelhalle vor den Sitzungssälen. Weitgehend im ursprünglichen Zustand ist auch das Ratsherrenzimmer erhalten.

Lit.: D. Lafrenz, Die Architektur des K.er R. von Hermann Billing (1867–1946), Diss., K. 1978. La

Rathaus am Alten Markt, Postkarte, um 1910

Rathaus am Alten Markt Das alte K.er R. hatte seinen Standort bis zu seiner Zerstörung am 13.12.1943 auf dem zentralen Markt, wo es neben der Einmündung der →Holstenstraße als freistehender Baukörper die Südwestseite des Platzes beherrschte. Hinter dem R. verlief die schmale Rosenstr., nach Westen schloss sich seit dem 16. Jh. die sog. →Feste, das Gebäude des Niedergerichts, an. Im Gegensatz zu jenem, das auch in Fachwerk errichtet war und bereits 1877 abgebrochen wurde, besaß das R. massive Ziegelmauern und entsprach einem in den Hansestädten des Ostseeraumes weit verbreiteten Typus. Ältester Kern ist der noch aus dem 14. Jh. stammende zweischiffige gewölbte Keller, der ein lang gestrecktes Rechteck von annähernd 32x13m umschließt und dessen Umfassungsmauern 1971 teilweise in die kommerziell genutzten Pavillonneubauten, die sich seitdem an gleicher Stelle befinden, einbezogen wurden. Als Ratsweinkeller war er Schauplatz gesellschaftlicher und hist. Ereignisse, wie etwa der Zusammenkunft der →Provisorischen Regierung SH in der Nacht des 24.3.1848. In den bis ins 19. Jh. offenen Lauben des Erdgeschosses hatten die Schlachter, Bäcker und Gewürzkrämer ihre „Schrangen" (Verkaufsstände). Das erste Obergeschoß beherbergte den Ratssaal sowie die Verwaltungslokale der städtischen Gremien. Der der Marktseite vorgelagerte rechteckige Treppenturm, der 1596 in Renaissanceformen erneuert worden war, wurde 1845 im Zuge des neugotischen Umbaues durch den damaligen Stadtbaumeister F. Scherneckau niedergelegt. Gotische Blenden zierten die beiden seitlichen Dachgiebel, deren Abschluss von Stufen oder Staffeln gebildet wurde, wie es die Stadtansichten des späten 16. Jh. zumindest zur Holstenstr. hin zeigen. Spitze Türmchen oder hohe Zwerchhäuser kennzeichneten denselben Bildquellen zufolge – wie heute noch in Lüb. oder Stralsund – die Dachzone des R. und signalisierten wahrzeichenhaft die kommunale Bestimmung dieses Bauwerks.

Lit.: F. Volbehr, Beiträge zur Topographie der Stadt K. in den letzten drei Jh., in: MKStG 3–4 (1881), 63–73. Al

Rathausplatz →Neumarkt

Rathausturm Der im 2. →Weltkrieg unzerstört gebliebene Turm des →Rathauses dokumentiert mit dem glockenförmigen Ansatz des Spitzdaches allein noch Formelemente,

Rathausturm

die ursprünglich den ganzen Bau dominierten. In entsprechender Weise war etwa das Dach des Querflügels an der Rathausstr. konturiert. Der ursprüngliche Wettbewerbsentwurf Hermann Billings von 1903 hatte noch zwei dieser mächtigen Türme mit vielfach geschweiften Hauben vorgesehen. Ausgeführt wurde nur einer in sehr viel strengerer Form, die an den Campanile der Markuskirche in Venedig erinnert, ohne Zweifel eine Manifestation der mit dem Kriegshafen K. beanspruchten Seegeltung des Kaiserreiches. Der Turm erreicht eine Höhe von 106m; auf 67m Höhe befindet sich eine Aussichtsplattform.

Lit.: D. Lafrenz, Die Architektur des K.er Rathauses von Hermann Billing (1867–1946), Diss., K. 1978.

La

Ratskeller im Erdgeschoss des Rathauses am Alten Markt, um 1925

Ratsdienergarten Auf einem Teil der heute als R. bezeichneten Grünanlage hatten früher Ratsdiener ihren Garten. Er lag in der Nähe des dänischen Tores und der dort befindlichen Ratsdienerwohnung. Der R. war ursprünglich über den Ratsdienergang erreichbar. Heute hat sich für den gesamten, ursprünglich als →„Möllingsruh" angelegten Park der Name R. durchgesetzt. Eb

Ratsherr/Ratsfrau Ursprünglich wurden die Mitglieder des Rates als Ratsmannen, Ratsverwandte oder R. bezeichnet (→Magistrat). Sie waren Obrigkeit für die →Bürger und zuständig für die Verwaltung, die Rechtsprechung und die Umsetzung staatlicher Maßnahmen. Heute hat der Begriff einen vollständigen Bedeutungswandel erfahren: Mit der Einführung der Bezeichnung →Ratsversammlung 1946 für die bürgerschaftliche Stadtvertretung wurden nun ihre auf fünf Jahre gewählten Mitglieder als R. bezeichnet. R. sind in ihrer Tätigkeit nicht an Weisungen gebunden. Ratsmitglieder, die derselben Partei angehören oder auf Vorschlag einer Wählergruppe gewählt wurden, können eine Fraktion bilden. Über die Fraktionen wirken die politischen →Parteien oder die im Rat vertretenen Wählergruppen an der Willensbildung der Ratsversammlung mit. Eb

Ratskeller Wie in vielen ma. Städten befand sich auch im K.er →Rathaus am →Alten Markt ein Ratsweinkeller. Die privilegierte Wirtschaft in den Kellergewölben, die sich bis heute erhalten haben, durfte als einzige in K. Wein ausschenken. Der Rat verfügte über ein besonderes Zimmer und ließ seine Gäste im R. bewirten. 1899 wurde der R. ins Erdgeschoss verlegt und als Weinrestaurant eingerichtet. Auch im Rathaus am →Neumarkt wurde bereits 1911 eine Wirtschaft R. eingerichtet. 1956 wurde sie nach umfassendem Umbau neu eröffnet. Pachtverhandlungen zwischen der Stadt und den →Brauereien Holsten und Bavaria gingen 1978 als „Bierkrieg von K." durch die Presse. 1979 baute die Bavaria-Brauerei den R. zum „Friesenhof" um, seit 2000 trägt die Wirtschaft unter neuem Pächter wieder die Bezeichnung R. Ro

Ratsversammlung Die R. ist das wichtigste Verfassungsorgan der Stadt. Der in der Praxis gelegentlich verwendete Begriff Stadtparlament ist irreführend, da die R. keine legislative Funktion ausführt, sondern Teil der Exekutive der mittelbaren Landesverwaltung ist. Vorläufer der R. ist die ab 1645 dauerhafte Interessenvertretung der →Bürger in Form der →Sechzehn Männer. Zwischen 1850 und 1854 wurde zum ersten Mal

Flotte der Reederei Christoph Ahrens, Heinrich Reimers, 1876

eine Stadtverordnetenversammlung von den wahlberechtigten Bürgern gewählt. Nach der Städteordnung für die pr. Provinz SH von 1869 durften alle Bürger, die über ein bestimmtes Mindesteinkommen verfügten, die Stadtverordnetenversammlung wählen. Freie und gleiche →Wahlen zur Stadtverordnetenversammlung gab es erstmals 1919. Während der Zeit des →Nationalsozialismus wurde die Stadtverordnetenversammlung aufgelöst und durch einen befugnislosen Gemeinderat ersetzt. Die britische Militärregierung berief nach dem Ende des 2. →Weltkrieg erstmals am 6.12.1945 eine R. ein. Die erste freie Wahl der Stadtvertretung fand am 13.10.1946 statt. Sie wurde ab diesem Zeitpunkt R. genannt, ihr Vorsitzender erhielt den Ehrentitel →Stadtpräsident. Die Mitglieder der R. werden durch allgemeine, unmittelbare, freie, gleiche und geheime Wahlen bestimmt. Die R. wurde alle vier Jahre gewählt, seit 1998 alle fünf Jahre. Die R. trifft alle Entscheidungen für die Stadt in Selbstverwaltungsangelegenheiten. Die wichtigste Aufgabe der R. ist es, über den Haushalt und damit alle städtischen Einnahmen und Ausgaben zu beschließen. Die R. tagt regelmäßig einmal im Monat. Angelegenheiten können von der R. an Hauptausschuss, Fachausschüsse, →Ortsbeiräte oder andere Beiräte zur Beratung oder endgültigen Beschlussfassung überwiesen werden. Bei Abstimmungen entscheidet die Mehrheit der abgegebenen Stimmen. Eb

Sitzung der Ratsversammlung

Reedereien Der R.platz und →Seehafen K. ist stets nachrangig gegenüber der Bedeutung der Stadt als Marinestützpunkt und Werftstandort zu sehen. Lüb. und Stettin (nach 1870) führten als größte dt. Ostseehäfen im 19. Jh. Die wichtigen K.er R. waren meist Mischfirmen mit mehreren Geschäftszweigen: Heinrich →Diederichsen (1813–99) gründete 1837 ein Handelshaus mit R. und Kohlenhandel. Sein Sohn Heinrich Diederichsen (1865–1942) legte um 1900 den Schwerpunkt auf die bis zum 1. →Weltkrieg betriebene R. und das Ostasiengeschäft. Heinrich Johann Lohmann (1824–1901) betrieb von etwa 1850 bis etwa 1883 eine Segelschiffsr. Christoph →Ahrens (1815–1900) unterhielt ab 1854 bis ca. 1870 eine eigene Flotte, konzentrierte sich danach auf den Holzhandel. Die von August →Sartori (1837–1903) 1858 gegründete Agentur Sartori & Berger besaß 1862–1975 eine eigene Flotte, nahm 1880

Reeder Karl Grammerstorf vor seinem Schiff „Karl Grammerstorf", um 1950

den Postdampferdienst K.-Korsör auf und bietet noch heute, mit Hauptsitz in K., vielfältige maritime Dienstleistungen an. Das Handelsgeschäft Gebrüder →Andersen (1871) erhielt 1877 den ersten Dampfer, zog sich aber 1906 aus dem R.geschäft zurück. Christian Ivers (1845–1925) gründete mit F. A. Paulsen 1876 Paulsen & Ivers. Die Firma (mit Schiffsmaklerei, Stauerei, Kohlenhandel) erhielt 1880 den ersten Dampfer, betrieb aber noch bis 1903 Segelschifffahrt und bediente v.a. Westindien und Südamerika. 1914 zählte die Flotte 10, 1923 18 Dampfer (30.000 BRT): Nach dem 2. WK konzentrierte sich das Unternehmen auf den Kohlen- und Ölhandel und das Agenturgeschäft. Karl →Grammerstorf (1888–1966) eröffnete in →Holtenau 1914 eine Maklerfirma, zog nach dem 1. WK einen Schuten- und Schleppbetrieb auf und erhielt 1926 den ersten Frachtdampfer. Die Flotte (1939: drei Dampfer) wurde nach dem 2. WK neu aufgebaut. In den 1970er Jahren erfolgte die Konzentration auf das Agenturgeschäft. Die aus vertriebenen ostdt. Reedern bestehende Nordische R. hielt bis 1966 einen R.betrieb aufrecht.

Lit.: F. Brustat-Naval, Zwischen Ostsee und Ostasien, Herford 1973. Os

Reepschlägerei Die handwerkliche Herstellung von Tauwerk oder sog. Reep erfolgte v.a. in der Zeit der großen Segelschiffe in R. Hier wurden die Garnstränge aus Sisal oder anderem Fasermaterial unter Spannung zu Trossen verdrillt bzw. geschlagen oder geflochten. In den meisten Hafenstädten gab es Reeperbahnen, also langgestreckte Werkstattgebäude oder offene Bahnen, wo die Taue auf einer Länge von über hundert Metern gespannt und bearbeitet werden konnten. Als man diese Flächen nicht mehr brauchte, wurden sie oftmals zu Straßen umgebaut. Die bekannteste Straße namens Reeperbahn befindet sich heute im Hmbg. Vergnügungsviertel St. Pauli. In K. gibt es den Straßenzug R. im Stadtteil →Gaarden, dem traditionellen Schiffbauquartier. Wenige Straßenecken weiter, in der Preetzer Chaussee, befand sich die letzte K.er R., die ehemals als Zulieferer der Werften und später als Großhandlung für Seile und Garne arbeitete. Ti

Reformation Landesherr Kg. Friedrich I. bekannte sich nie öffentlich zur lutherischen Lehre, förderte sie aber, weil sie auch seine Stellung gegenüber dem Klerus stärkte und die Säkularisierung des Kirchengutes legitimierte. V.a. in den sh. Städten verbreitete sich die R. früh. Der aus einer K.er Ratsfamilie stammende Kaplan Marquard Schuldorp predigte ab 1526 nach seiner Rückkehr vom Theologiestudium in Wittenberg die neue Lehre. Auch der Nikolaipfarrer, der Bordeshomer Augustinermönch Wilhelm Pravest, wünschte sich eine „universale R. der Kirche". Mit einem Schutzbrief des Kg. ausgestattet, kam 1527 der schwäbische Kürschner und Laienprediger Melchior Hoffmann, der der radikalen Richtung der R. angehörte, in die Stadt. Seine Predigten hatten zunächst großen Erfolg, bald begann der extreme Sozialkritiker aber Rat, Adlige und Geistlichkeit zu beschimpfen. Mehrmals wurde Luther von den Kontrahenten um Unterstützung gebeten. Hoffmann wurde nach der für ihn negativ verlaufenden Flensburger Disputation über die Abendmahlslehre 1529 des Landes verwiesen. Die R. wurde nun in der gemäßigten lutherischen Form durchgeführt. Mit Zustimmung des Kg. fielen Kirche und Kloster der Franziskaner 1530 an die Stadt, die darin zunächst die Lat.schule unterbrachte. Der

Rat, der sich alle Nutzungsrechte am Kirchengut reserviert hatte, bezahlte den Pfarrer an St. Nikolai, Johannes Heitmann, nun selbst. Der Bordesholmer Konvent verzichtete bis 1534 vollständig auf sein Patronatsrecht für die Nikolaipfarre; die Geistlichen, jetzt Hauptpastor, Archidiakon und Diakon genannt, wurden nun von →Bürgermeister., Rat und Bürgerausschuss gewählt. Erst unter dem Landesherrn Christian III. erhielten die Hztt. 1542 eine für alle verbindliche Kirchenordnung.

Lit.: H. J. Ramm, Wegbereiter der reformatorischen Predigt und ihre kath. Gegner, in: Sh. Kirchengesch., Bd. 3, Nms. 1982, 279–329. Do

Deutsche Reichshallen in Kiel, Postkarte, um 1910

Rehbenitz, Marcus Georg Theodor (geb. 2.9.1791 Gut Borstel, gest. 19.2.1861 K.), begann nach anfänglichem Jurastudium 1812 seine künstlerische Ausbildung in Heidelberg. Von Wien aus ging er 1816 nach Rom. Dort trat er in enge künstlerische Beziehung zu Friedrich Overbeck, dem Haupt der Nazarener. Seit 1819 bildete R. in Rom mit Julius Schnorr v. Carolsfeld und Friedrich Olivier die protestantische Künstlergemeinschaft der „Kapitoliner". 1832 kehrte R. nach Dtld. zurück, wo er in München und Lüb. künstlerisch tätig war. 1842 erhielt R. die Stelle eines Univ.zeichenlehrers an der →Christian-Albrechts-Universität in K. Hier förderte er das allgemeine Interesse für Kunst auch als Gründungsmitglied des →Schleswig-Holsteinischen Kunstvereins seit 1843. R. hat v.a. in der Porträtkunst Überdurchschnittliches geleistet. Bis zu seinem Tod hielt er an der Kunstauffassung der Nazarener fest.

Lit.: T. Wolf-Timm, Theodor R. 1791–1861, K. 1991. WT

Theodor Rehbenitz

Reichshallen Der Gebäudekomplex der R. am →Bootshafen war bis zu seiner Kriegszerstörung im April 1941 das bedeutendste Varieté- und Lichtspielhaus der Stadt. Keimzelle war ein Hotel und Bierlokal mit einem üppig ausgestatteten Gesellschaftssaal, das Georg Hopp 1889 als Pächter der →Brauerei zur Eiche eröffnete. Die R. standen bis in die 1920er Jahre für leichte Unterhaltung; Varieté, Operetten, Konzerte und auch Schaukämpfe wurden gegeben. Ab 1913 wurden Filme gezeigt, ab 1925 das Haus, inzwischen zum UFA-Konzern gehörig, endgültig zum →Kino umgebaut. Nach der Kriegszerstörung eröffnete die UFA im Januar 1942 einen Kinobetrieb unter gleichem Namen im ehemaligen →Gewerkschaftshaus, der noch bis 1969 weitergeführt wurde.

Lit.: H. Reimers, Von der Kaiserkrone zum CinemaxX, Husum 1999. Ro

Reichskriegshafen 1865 verlegte Pr. seine →Marinestation der Ostsee von Danzig nach K. Die Einverleibung SH (1867) ermöglichte dann den gezielten Aufbau einer militärischen Infrastruktur mit Werften, Hafenanlagen und →Kasernen. Trotz dieser gewaltigen Anlagen mussten die größeren Kriegsschiffe im Hafenbecken aber auf Reede liegen. Die →Marine nahm den größten Teil des →Hafens als R. in Anspruch und beschränkte den →Handelshafen auf die innere →Hörn. Zwischen 1918 und 1935 besaß K. aufgrund der Bestimmungen des Versailler Vertrages keine Bedeutung als R. Mit der vom NS-Regime eingeleiteten Aufrüstung wurde K. dann wieder zielge-

Geschwader im Kieler Hafen, 1910

Karl Leonhard Reinhold

richtet zum wichtigsten →U-Bootstützpunkt ausgebaut. Der R. und die Werften machten K. dann im 2. →Weltkrieg zu einem vorrangigen Ziel alliierter Bombenangriffe (→Luftkrieg). Sl

Reichspogromnacht Die R. wird auch Reichskristallnacht genannt als verharmlosender Propagandaausdruck der Nationalsozialisten für das gegen die jüd. Bevölkerung gerichtete Pogrom vom 9./10.11.1938. Vorwand war für Joseph Goebbels das Attentat auf den dt. Botschaftssekretär Ernst von Rath in Paris durch den polnischen Juden Herschel Grünspan am 7.11.1938. Goebbels forderte Vergeltungsmaßnahmen; spontane Aktionen durch die Bevölkerung sollten nicht behindert werden, gegebenenfalls Parteiorgane eingreifen, ohne dass dies erkennbar sei. Hohe Funktionäre der SA wiesen in der Nacht vom 9./10. November SA-Führer in den sh. Städten an, Geschäfte von →Juden und →Synagogen in Zivilkleidung zu überfallen und zu zerstören. Gegen 3 Uhr morgens versammelten sich SS-Männer und Parteimitglieder in K. auf dem „Adolf-Hitler-Platz" (Rathausplatz, →Neumarkt) und zogen in zivil zur Synagoge in der Goethestr. Wertvolle Einrichtungs- und Kultgegenstände wurden abtransportiert, Tische und Stühle zertrümmert, Glasscheiben zerschlagen, dann Feuer gelegt. Die Feuerwehr durfte nicht löschen, nur verhindern, dass das Feuer auf umliegende Häuser übergriff. Gleichzeitig wurden Wohnungen und Geschäfte jüd. Einwohner demoliert. Auf Gustav Lask und Paul Leven, beide prominente K.er Juden, wurden gezielte Mordanschläge verübt. Sie wurden am Morgen des 10. November verhaftet, misshandelt, angeschossen und dann sich selbst überlassen. Beide überlebten schwerverletzt. In der R. wurden in K. 58 Juden verhaftet, einige davon nach Tagen entlassen, andere in Gefängnisse und dann in KZ eingeliefert. Heute erinnern eine Gedenktafel und ein Mahnmal in der Goethestr./Ecke Humboldtstr. an die Zerstörung der Synagoge 1938.

Lit.: D. Hauschildt-Staff, Novemberpogrom, in: MKStG 74 (1988), 129–172; P. Wulf, Die Verfolgung der sh.Juden im November 1938, in: Die Juden in SH, K. 1988, 25–38. Ge

Reinhold, Karl Leonhard (geb. 26.10.1758 Wien, gest.10.4.1823 K.), wurde von der Univ. Jena 1794 als ordentlicher Prof. der Philosophie an die →Christian-Albrechts-Universität berufen. Er galt in der Auseinandersetzung mit der Philosophie Kants als ein viel beachteter Wortführer, dessen „Briefe über die Kantische Philosophie" u.a. Schiller den Zugang zur Transzendentalphilosophie öffneten. Im Ausgang von Kants Ansatz entwickelte R. Diskurs aufeinanderfolgend unterschiedliche Positionen, die sein Denken zunächst zwischen Johann Gottlieb Fichtes „Wissenschaftslehre" und Friedrich Ernst Jacobis Glaubenslehre stellte, dann aber entschieden zu Christoph Gottfried Bardilis „Logik" (1800) führte, um abschließend zu einer „Synonymik" (1812) zu gelangen.

Lit.: Lebensläufe, 276–278, 393 f. Aw

Religionsgemeinschaften ist die heute übliche Bezeichnung für „Religionsgesellschaften", wie sie das Grundgesetz in Art. 140 durch Verweis auf die Art. 136–140 Weimarer Reichsverfassung verwendet. Die genannten Artikel sind die institutionellen Garantien der Religionsfreiheit. Das Grundgesetz unterscheidet R. des Privatrechts (eingetragener Verein) und solche, die den Status der Körperschaft öffentlichen Rechts haben, wie z.B. die ev. und kath. Kirche. Eine Statistik über die Mitgliederzahl der R. in K. liegt nicht vor. Zahlen beruhen auf Schätzungen. Die vielen in K. lebenden christlichen R. haben sich unabhängig von ihrer Rechtsform, zur „Arbeitsgemeinschaft Christlicher Kirchen" zusammengeschlossen. Zum Kirchenkreis K. gehören 119.486 ev. (49,5%) und zum Dekanat K. 23.660 kath. (7,7%) Gemeindeglieder. Zu den Ev. Freikirchen gehören: Selbständige Ev.-Lutherische Kirche (SELK) (120), Ev.-Freikirchliche Gemeinde (Baptisten) (400), Ev.-methodistische Kirche (170); Freie Ev. Gemeinde (90); Heilsarmee (12); →Juden sind seit dem 17. Jh. in K. ansässig. Heute bestehen zwei jüd. Gemeinden in K. mit zusammen etwa 600 Mitgliedern, das Jüd. Gemeindezentrum K. (Wikingerstr.) und die Jüd. Gemeinde in K. e.V. (Jahnstr.). Im

Rahmen der Arbeitsmigration der 1960er und 70er Jahre sind v.a. türkische Moslems nach K. zugewandert (→Zuwanderung). Die Muslime, ca. 11.000 leben in K., sind in Moschee- und Kulturvereinen organisiert.Moscheen (Camii) gibt es folgende: Ulu Camii, Alte Lüb. Chaussee 19 (250); Yeni Camii, Fritz-Reuter-Str. 87–89 (87); Merkez Camii, Königsweg 23 (150); Faith Camii, An der Schanze 40 (60); Mevlana Camii, Karlstal 42 (Gebetsraum für 1.000 Menschen); Jessil Camii, Johannesstr. 22 (50); Baltik Camii, Helenenstr. 58/60 (42); Arabischer Kulturverein, Diedrichstr. 2 (200); Alevitisches Kulturzentrum K. und Umgebung e.V., Diedrichstr. 2 (250 Familien und Einzelne), Admadiyya Muslim Gemeinde, Bait-ul-Habeeb Moschee. Darüber hinaus existieren weitere kleinere Kirchen und R.: Amour de Dieu (Afrikaner), Christian Faith Mission (Ghana, Nigeria, Togo), Russisch Orthodoxe Kirche (50), Adventgemeinde K. (100), Neuapostolische Kirche, Christengemeinschaft Raphael-Kirche, Erste Kirche Christi Wissenschaftler K., Kirche Jesu Christ der Heiligen der Letzten Tage (Mormonen), Zen Kreis K. e.V., Baha'i Gemeinde.

Lit.: Religionen in K., Möglichkeiten der Begegnung, Interreligiöser Arbeitskreis K., K. 2004 Bl

Remane, Adolf →Meeresforschung

Renard (Familie), Gregor R. (1814–85) lebte seit Anf. der 1840er Jahre als Silhouetteur, Porträt- und Kunstmaler in Kopenhagen. Spätestens 1843 begann er auch mit dem neuen Verfahren der Daguerreotypie, einem Vorläufer der Fotografie mittels versilberter Kupferplatten, zu arbeiten. Im Januar 1847 eröffnete er in K. ein Daguerreotyp-Atelier. Er erkannte früh das Potential neuer technischer Verfahren und etablierte die Daguerreotypie als künstlerischen Ersatz für die Silhouetten- und Porträtmalerei in K. Als Wanderdaguerreotypist lichtete er auch wohlhabende Familien außerhalb K.s ab. Um 1855 stellte er auf das Negativverfahren der Fotografie um. Seine Nachfahren, v.a. Arthur R. (1858–1934), spezialisierten sich auf die Marinefotografie. Die Aufnahmen der verschiedenen Generationen R. prägen bis heute den Eindruck von K. in der 2. Hälfte des 19. und im 20. Jh. Das Fotoatelier existiert in fünfter Generation und verfügt über eine umfangreiche Fotosammlung zur Stadt K. und der dt. →Marine.

Lit.: H. Behling, K.er Stadt- und Marinebilder, Nms. 1993, 7–54. Ra

Gregor Renard

Rentekammer Teil der seit 1716–27 für die gottorfischen Anteile im Hzt. Holstein zuständigen Regierungsbehörden (→Geheimes Regierungsconseil zu Kiel) mit Sitz in K. Die R. war für die gesamte ökonomische Verwaltung des Hzt. Holstein-Gottorf zuständig, sie verwaltete die Staatsgüter und beaufsichtigte die →Münzprägung. Alle Staatseinkünfte und Zölle flossen in die Kammerkasse der R., von der nur die Kriegskasse einen eigenständigen Finanzbereich bildete. Auch für die Überwachung der Manufakturen und anderer Gewerbe war die R. zuständig. Die jährlichen R.rechnungen mussten dem Geheimen Regierungsconseil zu K. vorgelegt werden. Mit dem Ende der gottorfischen Herrschaft in Holstein 1773 wurde die R. aufgelöst und ihre Aufgaben von der dänischen R. in Kopenhagen übernommen. Sl

Reuter, Marcus August Rudolph (geb. 2.12.1834 Apenrade, gest. 25.9.1871 K.), lernte in Lüb. das Schiffszimmermannshandwerk, arbeitete in Übersee und Kopenhagen und gründete 1858 mit Christian Ihms (1826–76) am →Seegarten nahe der K.er →Altstadt die Holzschiffswerft Reuter & Ihms. Diese lieferte 1859 ihr erstes Frachtschiff, in den folgenden Jahren weitere

Schiffswerft Reuter & Ihms, 1870

Neubauten bis hin zu Dreimastschonern und Barken ab und bestand 1867 aus drei →Hellingen. R. bekleidete in K. mehrere Ehrenämter. Um sich auf den zukunftsträchtigen Eisenschiffbau einzustellen, wurde an der Schwentinemündung ein neues Areal erworben, doch alle Pläne wurden durch den Tod von R. bei einem Bootsunfall zunichte gemacht. Ihms führte bis zu seinem Tod 1876 die Werft am Seegarten weiter, hielt aber am Bau von Segelschiffen fest.

Lit.: Lebensläufe, 279 f., 394 f. Os

Revolution 1848 →Provisorische Regierung, →Schleswig-Holsteinische Erhebung

Revolution 1918 Für die Marine- und Industriestadt K. und mehr noch für die politischen Umwälzungen von 1918 im Dt. Reich spielten die hiesigen revolutionären Ereignisse Anf. November eine zentrale Rolle. Sie beschleunigten den Sturz der Monarchie und die Errichtung einer parlamentarischen Republik (→Weimarer Republik). Wenn K. damit auch einen bedeutenden Beitrag zur dt. Gesch. leistete, so ist der anfängliche Matrosenaufstand doch nicht frei von hist. Zufällen. Er entwickelte sich aus einer hier wie in ganz Dtld. weit verbreiteten Kriegsmüdigkeit, verbunden mit vorangehenden Streiks der Industriearbeiterschaft, die ihre Ursache zunächst in der allgemeinen schlechten Versorgungslage hatten. Der Friede im Reich war zudem durch die jahrzehntelange Verweigerung innerer Reformen belastet; in der →Marine hatten Auswüchse der wilhelminischen Klassengesellschaft enorme Spannungen zwischen Offizieren und Mannschaften ausgelöst. Aber nicht von K., sondern von Wilhelmshaven gingen Ende Oktober 1918 die ersten Matrosenmeutereien aus, die in der K.er R. mündeten. An der Nordseeküste widersetzten sich die Matrosen zuerst einer gerüchteweise bekannt gewordenen Absicht der Marineführung, die Flotte in einem eigenmächtigen Vorstoß in eine letzte „Todesfahrt" gegen England zu führen, die strategisch bedeutungslos und mit der Reichsregierung nicht abgestimmt war, eher sogar deren Friedensbemühungen störte. So

Matrosen beim Beerdigungszug zum Eichhof, 10. November 1918

wollten die Meuterer ihr Leben nicht mehr wie ihre Vorgesetzten aus dem Seeoffizierskorps für einen als sinnlos empfundenen Opfertod aufs Spiel setzen, der im letzten Augenblick die Ehre der Marine und der im Krieg bisher weithin untätigen Schlachtflotte retten sollte. Um die Unruhen in Wilhelmshaven unter Kontrolle zu bekommen, beschloss die Marineführung in einer sich für sie als verhängnisvoll erweisenden Fehleinschätzung, die dortigen unzuverlässigen Verbände der Hochseeflotte auseinander zu ziehen, und verlegte am 31.10.1918 die fünf Großkampfschiffe des in K. beheimateten III. Geschwaders in die Ostseestadt. Erst auf diese Weise erreichte die Revolte am 1. November K. und begann, ihre explosive Kraft zu entfalten, zumal sich unter der mehr als 5.000 Mann starken Besatzung auch die 47 Matrosen befanden, die vom Geschwaderchef inzwischen auf der Fahrt durch den →Nord-Ostsee-Kanal auf der „Markgraf" als Rädelsführer festgenommen worden waren und um ihr Leben bangen mussten. Sie wurden gleich bei Ankunft der Schiffe am 1. November in zwei hiesigen Arrestanstalten festgesetzt. Den ungehinderten Landurlaub nutzten die Matrosen sofort zu Kontakten zu dortigen Kameraden in den mit 50.000 Militärangehörigen besetzten K.er Garnisonen, ferner zu den →Gewerkschaften und Vertretern der beiden sozialdemokratischen →Parteien von SPD und USPD. Diese konnten sich auf eine mit 70.000 Angehörigen vergleichsweise überproportional stark vertretene sowie vielfach gewerkschaftlich organisierte und politisch geschulte Arbeiterschaft in der Stadt stützen. Aus dieser Konstellation entwickelten sich erste konkrete Vorstellungen für ein gemeinsames Vorgehen, das sich in wenigen Tagen von einer lokalen Meuterei und Revolte zu einer ins Reich ausstrahlenden R. ausweitete. Denn noch am Abend des Ankunftstages nahmen 250 Matrosen im →Gewerkschaftshaus an einer Versammlung teil und forderten, zunächst vergeblich, die Freilassung der inhaftierten Kameraden. Am Abend des 2. November, einem Sonnabend, versammelten sich bereits etwa 500 bis 600 Matrosen des III. Geschwaders, Angehörige verschiedener Landmarineeinheiten und der Sozialdemokratie auf dem großen Exerzierplatz im →Vieburger Gehölz. Alle Redner forderten erneut die Befreiung der festgesetzten Kameraden, Oberheizer Karl →Artelt (USPD) rief darüber hinaus zur Niederringung des Militarismus und Entmachtung der herrschenden Klasse auf und schloss auch Gewaltanwendung nicht aus. Diesen Forderungen sollte am nächsten Tag, dem 3. November und „schicksalhaften Sonntag", auf einer großen Versammlung mit anschließendem Demonstrationszug Nachdruck verliehen werden. Nachdem am Morgen noch weitere 57 Matrosen der „Markgraf" arrestiert worden waren, konnten sich – unter Befehlsverweigerungen im Patrouillendienst – dann am Nachmittag des 3. November etwa 5.000 bis 6.000 Teilnehmer, zumeist Matrosen und unter den Zivilisten auch Vertreter der örtlichen Gewerkschaften und der beiden sozialdemokratischen Parteien, auf dem Exerzierplatz versammeln. Artelt stellte sich an die Spitze der Matrosen, ferner sprach auch der K.er Gewerkschaftsvorsitzende Gustav Garbe, der zur Besonnenheit aufrief. Der Demonstrationszug über Rondeel, →Sophienblatt, →Holstenstraße, →Dänische Straße und Brunswiker Str. zur Arrestanstalt in der Feldstr. war nicht mehr zu stoppen. Auf Befehl des K.er Gouverneurs Admiral Wilhelm Souchon trat ein Ausbildungszug verunsicherter fahnentreuer Soldaten den Demonstranten an der Ecke Karlstr./Brunswiker Str. entgegen und machte von der Waffe Gebrauch. Diese „erste Salve" kostete sieben Demonstranten das Leben, 29 wurden verletzt. Nun vollzog sich der Schritt von der Revolte zur politischen Massenbewegung. Aufgrund des brutalen Schusswaffengebrauchs solidarisierten sich am nächsten Tag nicht nur die Landmarine, sondern auch die Arbeiterschaft in den großen Industriebetrieben der →Germaniawerft und Friedrichsorter →Torpedowerkstatt mit den revoltierenden Matrosen, die sich jetzt aus den Waffenkammern ihrer →Kasernen bewaffneten. Am 5. November hissten die Kriegsschiffe im →Hafen anstelle der kaiserlichen Kriegsflagge rote Fahnen. Die gesamte K.er Arbeiterschaft trat in den Generalstreik. Schießereien endeten am späten Abend mit zehn Toten und mindestens 21 Verletzten. Prinz Heinrich (→Preußen, Prinz Albert Wilhelm Heinrich von) floh unter dramatischen Umständen, bei denen ein Soldat an der →Levensauer Hochbrücke

Ansprache von Gustav Noske zu U-Boot-Besatzungen, 29. November 1918

ums Leben kam. Tags darauf entspannte sich die Lage in der Stadt, am 10. wurden die Opfer unter großer Anteilnahme der Bevölkerung beerdigt. In diesen dramatischen Tagen kam es zu wichtigen Absprachen zwischen führenden Matrosen sowie politischen und gewerkschaftlichen Vertretern mit den geschwächten Militärbehörden, um die Lage zu klären und möglichst Gewaltakte zu vermeiden. Ein bedeutsames Ergebnis einer nächtlichen Sitzung vom 4. November im Stationsgebäude war der Beschluss, in K. keine Heerestruppen einzusetzen. An dieser Besprechung, in der die Matrosenvertreter entschieden politische Forderungen vorbrachten, nahmen auch die von der Berliner Regierung am 4. November nach K. entsandten Reichstagsabgeordneten Gustav Noske (SPD) und Conrad Haußmann (FVP), der kurz zuvor als Staatssekretär (Minister) in das Kabinett des Prinzen Max von Baden eingetreten war, teil. Admiral

Souchon hatte Berlin darum gebeten, kurzfristig einen prominenten Sozialdemokraten nach K. zu entsenden, der im Sinne der alten Ordnung auf die Matrosen einwirken könne. Diese verbreiteten anderntags ein Flugblatt, in dem die neue Lage und das Verhandlungsergebnis pointiert zusammengefasst wurden: „Kameraden! Der gestrige Tag wird in der Gesch. Dtld. ewig denkwürdig sein. Zum ersten Male ist die politische Macht in die Hände der Soldaten gelangt. Ein Zurück gibt es nicht mehr!" Noske, Experte für Militär- und Marinefragen, war es hingegen bereits kurz nach seiner Ankunft gelungen, mit einer Rede das Vertrauen der auf dem →Wilhelmplatz demonstrierenden Soldaten zu gewinnen; er verfolgte die Absicht, mit seiner auf Ruhe und Ordnung, weniger auf eine Neugestaltung der Verhältnisse abzielenden Politik eine weitere Eskalation der Gewalt einzudämmen. Sodann nahm er nach der bereits erwähnten Besprechung im Stationsgebäude an einer Zusammenkunft von Matrosen und Arbeitervertretern im Gewerkschaftshaus teil, die die Bildung eines Soldatenrates (→Arbeiter- und Soldatenrat) für den militärischen Sektor und eines Arbeiterrates für den zivilen Aufgabenbereich beschlossen und ein 14-Punkte-Programm verabschiedeten. Dieses umfasste unterschiedlich gewichtete Forderungen von der Freilassung aller Inhaftierten und politischen Gefangenen über die Reform des militärischen Dienstbetriebes bis zur freien Meinungsäußerung und Aufhebung der Briefzensur. Vielen Soldatenräten in Norddtld. und dann im Reich dienten die 14 Punkte als Vorbild, obwohl hier die in K. bereits erhobenen politischen Ziele wie die Beseitigung der Monarchien, die freie Republik und ein gerechtes Wahlrecht sowie eine Beseitigung des Militarismus, ausgespart waren. Noske ließ sich am 5. November auf dem Wilhelmplatz per Akklamation zum Vorsitzenden des revolutionären Obersten Soldatenrates wählen. Zwei Tage später übernahm er als Gouverneur auch die zivile Gewalt und übte sie nach jeder Seite hin unangefochten als pragmatischer Ordnungspolitiker aus; der

Gustav Noske bei einer Truppenbesichtigung vor der Waldschänke, Dezember 1918

Vorsitz des an Bedeutung verlierenden Soldatenrates ging auf den USPD-Vorsitzenden Lothar →Popp über. Nicht mehr K., sondern Berlin stand fortan im Mittelpunkt des Interesses, wo am 9. November der Thronverzicht Wilhelms II. verkündet und die dt. Republik ausgerufen wurden. Matrosen und Arbeiterschaft hatten sich an der →Förde erfolgreich für die Freilassung ihrer Kameraden und eine schnelle Beendigung des Krieges eingesetzt; sie wollten den Militarismus überwinden und ein Signal setzen für ein freiheitliches, soziales und demokratisches Gemeinwesen. Doch schon bald rückten, wenn auch geschwächt, Militär und pr. Verwaltung wieder in die alten Positionen ein, und die überkommenen gesellschaftlichen Machtstrukturen blieben hier trotz Wechsels der Regierungsform im Wesentlichen unangetastet; die SPD erreichte es immerhin, ab 1.10.1919 im K.er →Magistrat einen hauptamtlichen Stadtratsposten unter einem bürgerlichen Oberbgm. zu besetzen.

Lit.: D. Dähnhard, Revolution in K., K. 1978; W. Wette, Die Revolution in K. 1918, in: Geschichte K., 287–294.

Je

Revolutionsdenkmal Kaum ein anderes K.er Denkmal hat eine so heftige politische Auseinandersetzung hervorgerufen wie das „künstlerische Zeichen zur Erinnerung an Ereignisse im November 1918 in K." von Hans-Jürgen Breuste. Die Initiative der sozialdemokratischen Fraktion der →Ratsversammlung 1978 legte die gegensätzliche Bewertung des revolutionären Vorgangs 1918 bloß. Politische, finanzielle und ästhetische Argumente bestimmten die Diskus-

Revolutionsdenkmal im Ratsdienergarten

sion bis zur Fertigstellung 1982. Befremdlich erschien den Gegnern die abstrakte Formensprache des Objekts, obwohl Assoziationen an Schiffskörper und Poller möglich sind. Das begehbare Objekt zeigt drei grob behauene Granitsäulen, die drei flache rostige Stahlkörper durchdringen, das Ringen zweier starker Elemente. Die Schräglage aller Teile demonstriert die Störung der Ordnung, die konventionell in einer rechtwinkligen Horizontalen und Vertikalen gesehen wird. Diese „Un-Ordnung" des Schwebens soll – nach Breuste – keine eindeutige Identifikation heraufbeschwören, sondern Reflexionsimpulse auslösen. Dem scheint jedoch die unauffällige Gravur einiger Zeilen Ernst Tollers ein wenig zu widersprechen: „Der die Pfade bereitet/stirbt an der Schwelle/doch neigt sich vor ihm/in Ehrfurcht der Tod ... (Feuer aus den Kesseln)".

Lit.: P. Thurmann, H.-J. Breuste: WIK - Feuer aus den Kesseln, in: R. Jaworski, W. Molik (Hg.), Denkmäler in K. und Posen, K. 2002, 197–205. Km

Reyher, Samuel (geb. 19.4.1635 Schleusingen/Thüringen, gest. 22.11.1714 K.), studierte in Leipzig und Leiden und erhielt 1665 an der gerade gegründeten Univ. K. die Professur für Mathematik, eine Wissenschaft, die er als Methode ansah, Naturvorgänge zu beschreiben und zu erklären, und in der er grundlegende Erkenntnisse veröffentlichte. R. zeigte Interesse für Architektur, Befestigungswesen, Geodäsie und Uhrenkunde und liebte experimentelles Arbeiten, was seinen physikalischen Forschungen sehr zugutekam. Schon früh hatte er astronomische Beobachtungen angestellt, die er intensivieren konnte, als 1702 für ihn ein Observatorium errichtet wurde. Als Jurist schließlich zeichnete er sich durch Arbeiten zur Rechtsgesch. einzelner Länder aus, mit denen er erstmals Bausteine zu einer Universalrechtsgesch. lieferte. R. war ein engagierter Forscher, neugierig und produktiv auf vielen Gebieten.

Lit.: Lebensläufe, 283–285, 395. Rt

Rheinmetall →MaK

Ricarda-Huch-Schule →Schule

Rickers, Karl Otto (geb. 20.2.1905 Neukirchen, gest. 28.9.1999 K.), gehört zu den bedeutendsten K.er Journalisten. Er schloss 1920 die Volksschule ab und trat der Arbeiterjugend bei. 1926 holte ihn der damalige Chefredakteur Andreas →Gayk zur →Schleswig-Holsteinischen Volkszeitung. Mit ihrem Verbot 1933 wurde R. arbeitslos, 1935 erhielt er Berufsverbot. Danach arbeitete er als freier Grafiker und als Kartograf im Reichsamt für Landesaufnahme und leistete von 1941–45 seinen Wehrdienst. 1946 begann er wieder bei der Volkszeitung und war von 1954–68 deren Chefredakteur. R. war liberal gesinnt und verabscheute das Funktionärsdt. Er wurde 1970 mit dem Verdienstkreuz 1. Klasse für journalistische Leistungen, 1975 mit der Andreas-Gayk-Medaille für Förderung eines demokratischen Pressewesens und 1985 mit dem →Kulturpreis ausgezeichnet.

Karl Rickers

Lit.: K. R., Erinnerungen eines K.er Journalisten 1920–70, Nms. 1992. Eb

Rickers, Hans (geb. 10.9.1899 Itzehoe, gest. 23.8.1979 K.), absolvierte nach einer Lehre in einem Anwaltsbüro und seinem Kriegsdienst bei der →Marine von 1924–27 in K. eine Ausbildung an der Handwerker- und Kunstgewerbeschule (→Muthesius-Kunsthochschule) in der Holzbildhauer-, Akt- und Bildhauerklasse sowie im Architekturbereich. Seit 1929 arbeitete er als freischaffender Künstler vorwiegend in der Landschaftsmalerei und gründete um 1936 eine Aquarellmalergruppe. 1939 folgten Studienreisen in die nordischen Länder, 1939–45 der Kriegsdienst. Seit 1948 malte

Hans Rickers

Hans Rickers, Stadt Kiel bei Tag, 1968

er in K. Trümmer- und Städtebilder, die den →Wiederaufbau der Stadt dokumentieren. 1954 erhielt er den Kunstpreis des Landes SH; er war Mitglied der „Gruppe 56 SH".

Lit.: Hans R., Hundert Monotypien, K. 1989, 8–16. Ti

Karl Peter Röhl

Röhl, Karl Peter (geb. 12.9.1890 K., gest. 25.11.1975 K.) verbrachte seine Kindheit und Jugendzeit in K. Nach dem Kriegsdienst schloss er sich der „Expressionistischen Arbeitsgemeinschaft K." an und schuf expressionistische Zeichnungen. Mit der Übersiedlung nach Weimar, wo er als früher Schüler am Aufbau des Bauhauses beteiligt war, wendete er sich ab 1919 zunehmend einer geometrisch-konstruktivistischen Formensprache zu und schloss sich der Weimarer De-Stijl-Gruppe um Theo van Doesburg an. Zur selben Zeit beschäftigte er sich mit dem Dadaismus. 1926 wurde R. an die Städelschule in Frankfurt/Main berufen, wo er bis Kriegsausbruch einer Lehrtätigkeit nachging. Nach Kriegsdienst und Gefangenschaft kehrte er nach K. zurück, wo er als freier Künstler und ab 1952 als Lehrer an der K.er Goethe-Schule tätig war. 1968 wurde sein Werk mit dem Kunstpreis des Landes SH geehrt.

Lit.: Stadtgalerie K. (Hg.), Kunstwende, Nms. 1992. Wd

Rönne

Rönne, dessen Name auf ndt. Rönn (= Rinne, kleiner Wasserlauf) zurückgeht, wurde im Gebiet der später sog. Walddörfer angelegt, das der Landesherr 1222 dem Kloster Preetz überließ. Es wird zum ersten Mal 1286 erwähnt, als es jährliche Abgaben von 20 Drömt Roggen je Pflug, 20 Mark und weitere 5 Mark für die Mast von Schweinen nach Preetz abführte. Der ausgedehnte Wald von R. eignete sich besonders gut zur Schweinemast, so dass das Kloster hier auch in den folgenden Jh. beträchtliche Gewinne erzielte, und erwirtschaftete außerdem Einnahmen aus dem Verkauf von Holz und Holzkohle. R. gehörte dabei zur sog. kleinen Propstei, d.h. zu den Walddörfern, die nicht der Priörin, sondern dem Propst abgabepflichtig waren. Neben der Grundherrschaft nahm das Kloster bis Ende des 19. Jh. auch die Polizeigewalt in R. wahr. Die Zahl der Hufen, die 1286 mit elf angegeben ist, betrug später sieben und seit dem 16. Jh. fünf, was auf teilweises Wüstwerden in der FNZ schließen lässt. Im 19. Jh. zählte man fünf Hufen, eine Halbhufe sowie sechs Katen und fünf Parzellen mit ungewöhnlich vielen Ausbauten. →Schlüsbek wurde 1869 selbstständig, und 1872 fiel Heidenstamm mit Rönnerholz an den Gutsbezirk Klosterhof Preetz. R. liegt abseits der Hauptstraße K.-Segeberg; seinen Kern bildet das Straßendreieck um den Dorfteich. 1871 hatte es 255 Einwohner, eine Zahl, die – anders als im benachbarten →Wellsee – im folgenden Jh. nicht wuchs und erst nach dem 2. →Weltkrieg auf 432 stieg und danach wieder fiel. Auch als im Norden neue Wohnviertel am Götenhof in den 1960er Jahren und am Haferkamp nach der →Eingemeindung in K. im Jahr 1970 entstanden, nahm die Zahl der Bewohner kaum zu, so dass R. unter allen K.er Stadtteilen mit 432 (2009) die wenigsten Einwohner zählt.

Lit.: Denkmaltopografie, 113 f., 174 f., 480 ff. Rt

Rotlichtviertel Unter dem Druck der städtischen Obrigkeit konzentrierten sich im 19. Jh. die Bordelle in den schmalen Gassen „Hinter der Mauer" und „Zum Kuhfelde", die heute in der Straße „Am Wall" aufgegangen sind. Trotz wiederkehrender Proteste von →Bürgern gegen das hafen- und zentrumsnahe Nachtleben, lehnte der →Magistrat die Auflösung oder die Verlegung der Bordelle ab, weil nur so die Prostitution zu kontrollieren war. 1898 waren 106 Prostituierte sittenpolizeilich registriert. Nach dem 2. →Weltkrieg lebte die Prostitution in den notdürftig hergerichteten Wirtschaften wieder auf. Auch nach dem Abriss der Gebäude und der Überplanung des Geländes in den 1960er Jahren blieb das unter dem Namen „Küste" bekannte R. vor Ort und bezog Neubauten in der Schuhmacherstr., der Flämischen Str. und Am Wall. Ro

Rudergesellschaft Germania, K.er Woche 1957

Rudersport Als Sportart in England entstanden, fasste der R. zuerst in Hmbg. Fuß, wo 1836 der erste Ruderverein Dtld. gegründet wurde. In K. entstand 1862 als viertältester in Dtld. der →Erste Kieler Ruder-Club (EKRC) und begründete damit die langjährige Tradition der K.er Rudervereine im Breiten- und Leistungssport. 1882 gründete sich als zweiter Traditionsverein die Rudergesellschaft Germania. Als Studentenverbindung entstand 1898 der Akademische Ruderverein (ARV). Für Schüler ins Leben gerufen wurden die Rudervereine Teifun von 1883 (→Gelehrtenschule), Aegir von 1903 (heute Humboldtschule), Neptun von 1898 (heute Hebbelschule) und Wiking 1908 (heute Max-Planck-Schule). Den größten sportlichen Erfolg konnte aber die Ruderabteilung der Verbindung Akademische Turnverbindung Ditmarsia verbuchen: 1960 gewannen Karl-Heinz Hopp, Klaus Bittner und die Brüder Frank und Kraft Schepke gemeinsam mit dem Ratzeburger RC olympisches Gold im Achter. Während der ARV das Gebäude der →Seeburg als Vereinsheim nutzte, erwarben der EKRC 1912 und die R.gesellschaft Germania 1921 Grundstücke am Düsternbrooker Weg und richteten dort Vereinsräume und Bootshäuser ein, die 1944 vollständig dem →Luftkrieg zum Opfer fielen. Heute prägen die Einrichtungen der Rudervereine die K.er Fördepromenade (→Kiellinie). Ro

Rundfunk Die erste R.station in K. wurde 1926 als Nebensender der Nordischen R. Aktien Gesellschaft (NORAG) eingerichtet, die zwei Jahre zuvor in Hmbg. ihren Betrieb aufgenommen hatte. Das in der Innenstadt gelegene „Studio" besaß einen Aufnahmeraum mit Vorverstärker, der eigentliche Sender stand auf dem Finkelberg im Süden der Stadt. Diese Einrichtung bestand bis 1934, ihre Aufgaben wurden dann vom Großsender Hmbg. übernommen. Nach dem 2. →Weltkrieg wurde der R.betrieb vom Nordwestdt. Rundfunk (NWDR) fortgeführt, dessen Empfang in K. und Umland zunächst aber noch schlecht blieb. Erst 1953 erhielten Radiosendungen und 1955 auch das Fernsehen durch den Sender im →Vieburger Gehölz eine bessere technische Qualität. 1956 ging aus dem NWDR der Norddt. Rundfunk (NDR) hervor, der, nach einer Zwischenstation im Eiderkrug in →Hassee, 1965 ein modernes Studio im →Schloss bezog und von hier aus seinen Standort an Wall und Eggerstedtstr. kontinuierlich ausbaute. Nach und nach hat sich K. seit den 1980er Jahren zu einem R.- und Fernsehzentrum für SH entwickelt. Heute befinden sich hier das Landesfunkhaus des NDR, das Landes- und das Auslandsstudio für Nordeuropa des Zweiten Dt. Fernsehens (ZDF) sowie die Regionalstudios von RTL und Sat 1. Ebenfalls in K. ansässig sind die privaten R.sender R.SH, Radio Nora und Delta Radio, durch einen Landeskorrespondenten ständig vertreten ist außerdem Dtld.radio. Ein Fernseh- und ein Hörfunkprogramm

NDR-Studio im Schloss, 1965

„von Bürgern für Bürger" bietet der Offene Kanal K. an. Ein Hörfunkprogramm sendet auch das von Studierenden der Univ. betriebene Campusradio K. Ha

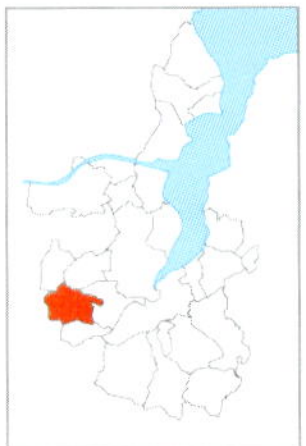

Russee

Russee R. entstand mitten in dem spannungsreichen Prozess der dt. Siedlung am Süd- und Westufer der K.er →Förde, als hier die expansive Politik des Klosters Preetz und der grundherrliche Anspruch Gf. →Adolfs IV. aufeinandertrafen. Unter Anleitung gräflicher Lehnsmannen hatten sich kurz nach 1230 vermehrt Siedler in diesem Gebiet niedergelassen, darunter in R., das 1233 als „Rutse" urkundlich genannt wird. Mit R. belehnt war die gleichnamige Adelsfamilie, die zuerst unter den Zeugen einer gräflichen Urkunde von 1248 vorkommt und seit 1267 häufig Rechtsgeschäfte in K. tätigte; sie verfügte auch über weiteren Grundbesitz in der Umgebung, so in Stampe. Später war R. in andere Hände übergegangen; denn 1452 vermachten die Brüder Klaus und Kai Rantzau es zusammen mit Demühlen und Ottendorf dem K.er Heiligengeisthospital (→Stadtkloster). Es gehörte damit zu den →Stadtdörfern, deren Einkünfte den K.er Armenstiftungen zugute kamen. Nachdem R. 1572 dem Landesherrn zur Pacht überlassen werden musste, gelangte es 1667 gänzlich in dessen Besitz und wurde mit anderen Dörfern dem Adligen Gut und später 1768 – mit Aufhebung der Leibeigenschaft – dem Amt Kronshagen eingegliedert. Es erstreckte sich beiderseits der Rendsburger Landstr. nördlich des heute verlandeten Hinteren R., der dem Ort den Namen gegeben hatte, und umfasste vier Hufen-, eine Halbhufen- und 15 Katenstellen mit zusammen 119 Einwohnern. Einer der Kätner war zugleich der Müller in dem entfernt gelegenen Demühlen, wo eine Wasser- und eine Windmühle standen und wohin alle Guts- bzw. Amtsangehörigen ihr Getreide zum Mahlen und Schroten bringen mussten; erst seit 1842 gab es eine zweite Mühle in →Suchsdorf. 1867 wurde Demühlen in →Hassee eingegliedert. Die Bindungen zu K. verstärkten sich allmählich, besonders als nach der Eröffnung der Eisenbahnstrecke Rendsburg-K. 1905 ein Bahnhof in R. gebaut wurde und es für in K. Beschäftigte leichter war, hier zu wohnen. 1928–30 scheiterten Verhandlungen über eine →Eingemeindung R. nach K., und auch neue Versuche nach dem 2. →Weltkrieg führten nicht zum Ziel. Erst 1970 wurde R. eingemeindet. Starke Veränderungen erfuhr R. danach durch den Bau der →Autobahn im Westen und die Erschließung eines großen Wohngebiets, des sog. Berliner Viertels, im Nordosten. Heute leben in R. über 7.300 Einwohner.

Lit.: J. Kühl, R., R. 1967; B. Schütt, Das alte R., K. 1999. Rt

Das Dorf Russee, Heinrich Petersen, um 1930

Russland Zum Reich im Osten Europas bestanden zwar von Lüb. dominierte ma. Handelsbeziehungen, doch für K. begann R. erst Anf. des 18. Jh. an Bedeutung zu gewinnen. 1725 heiratete der holsteinische Landesherr, Hz. →Karl Friedrich, die Zarentochter →Anna Petrowna, die 1728 in K. den Thronfolger Karl Peter Ulrich, den späteren Zaren Peter III., gebar. Bis 1773, als der dänische Kg. mit dem Vertrag von →Zarskoje Selo zum neuen Landesherrn wurde, verwaltete das →Geheime Regierungsconseil in K. gemeinsam mit der holsteinischen Kanzlei in St. Petersburg das Hzt. Holstein-Gottorf. Zu den trotz dieser dynastischen Verbindung nur wenigen Berührungspunkten zählten eine im K.er →Schloss eingerichtete russisch-orthodoxe Hofkapelle mit einem in holsteinischen Diensten stehenden russischen Priester sowie einige junge Russen, die an der K.er Univ. studierten. Noch heute sichtbare Spuren sind der von Karl Friedrich als Jagdschloss errichtete jetzige Hof →Petersburg sowie eine Inschrift über dem Eingang zur Schauenburger Halle des K.er

Carl Saltzmann, Segler im Sturm, 1876

Schlosses, auf der Zarin Katharina der Großen für ihre finanzielle Unterstützung bei der Renovierung gedankt wird. Waren die Kontakte in Richtung R. trotz der dynastischen Beziehungen schon zur großfürstlichen Zeit (1743–73) nicht sehr umfangreich gewesen, verringerten sie sich in dänischer Zeit (1773–1864) in zunehmendem Maße. Lediglich auf dem Wasserwege blieben die Verbindungen konstant. Bereits 1764 war eine Paketfahrt (→Fährlinien) zwischen K. und St. Petersburg eingerichtet worden, die nach Anf.schwierigkeiten 1783 wieder auflebte. 1857 trat an deren Stelle eine Dampfschifffahrtsverbindung. In jüngster Zeit wurde der Fährverkehr neu belebt, auch wenn derzeit nur Frachtlinien nach St. Petersburg und Kaliningrad (Königsberg) existieren. K.er Partnerstädte in R. sind Kaliningrad und Sowetsk (Tilsit).

Lit.: E. Hübner, Ferne Nähe, Heide 2003. Hü

Sailing City Der Begriff S. entstand 2001 im Rahmen der Bewerbung der Stadt K. als Standort der olympischen Segelwettbewerbe 2012. Das Wort- und Bildlogo S. sollte K. als Stadt des →Segelsports nach außen darstellen und zugleich die Akzeptanz der Olympiabewerbung in der Bevölkerung stärken. Parallel ergriff die Stadt Maßnahmen zur Stärkung des K.er Segelsports als Breitensport, insbesondere durch Segelkurse für Jugendliche. S. wurde in der Folge zu einer imagebildenden Marke weiterentwickelt, die heute nicht nur in der Vermarktung des Segelstandorts, sondern auch im Tourismusmarketing und in der Unternehmensansiedlung eingesetzt wird. Ro

Saltzmann, Carl (geb. 23.9.1847 Berlin, gest. 14.1.1923 Potsdam), studierte 1868–71 an der Berliner Akademie, bildete sich im Umfeld der Düsseldorfer Akademie als Landschaftsmaler weiter und richtete dort 1872 ein Atelier ein. Studienreisen führten ihn nach Italien, Holland, Dänemark, Schweden. 1876 erfolgte die Rückkehr nach Berlin, wo er das Kaiserhaus mit seinen Seestücken für die Marinemalerei begeisterte. 1878–80 begleitete er die Weltreise des Prinzen Heinrich von →Preußen auf der „Prinz Adalbert" und erteilte 1884–85 dem Prinzen und seinem älteren Bruder Wilhelm Mal- und Zeichenunterricht. Seit 1888 war er häufiger Begleiter Wilhelms II. auf dessen Auslands- und Nordlandreisen auf der →„Hohenzollern". Der Kaiser machte ihn zum Prof. an der neu eingerichteten Klasse

KIEL SAILING CITY

Logo Kiel Sailing City

für Marinemalerei an der Berliner Akademie. S. gilt als Vertreter der offiziellen, vom Kaiserhaus geförderten Kunst des Wilhelminismus und als Wegbereiter der dt. Marinemalerei. Sein Werk weist viele Darstellungen zur K.er Seefahrtsgesch. auf.

Lit.: M. Ottma, Carl S. (1847–1923), Berlin 2000. Ti

Sandkrug →Wilhelminenhöhe

Sanierungsgebiete →Stadtsanierung

Sanssouci 1811–12 als „herrschaftliches Wirtshaus" und „landesherrschaftliches Kaffeehaus" auf einer Anhöhe im →Düsternbrooker Gehölz auf Höhe der Dt.-Nordischen Burse auf Staatskosten erbautes Ausflugslokal. Ab 1854 unter dem Namen S. bekannt, setzte Theodor Storm der Gastwirtschaft in seiner 1862 veröffentlichten Novelle „Auf der Univ." ein literarisches Denkmal. Das S. hatte schnell wechselnde Pächter, verfiel zunehmend und ging mehrfach Bankrott, da es gegen die Konkurrenz der nahe gelegenen →Seebadeanstalt →Düsternbrook und die Wirtschaft auf dem Aussichtspunkt →Bellevue nicht bestehen konnte. Zeitweilig wurde es auch als privates Sommerhaus und 1849 als Wachtlokal vom Militär genutzt. 1865 brannte es vollständig ab und wurde nicht wieder aufgebaut. Das S. war v.a. bei Studenten zum Feiern von Kommersen beliebt. Heute erinnert ein 1927 enthüllter Gedenkstein mit der Inschrift „Theodor Storm. Auf der Univ." an den ehemaligen Standort der Gastwirtschaft. Ra

August Sartori

Sartori, August Anton Heinrich (geb. 16.6.1837 Lüb., gest. 15.10.1903 K.), ging 1855 als Schiffsmakler nach K. und gründete 1858 mit seinem Kompagnon Johann Albert Berger die Schiffsmaklerei und Reederei (seit 1863) S. & Berger (→Reedereien). Die anfangs nur aus Segelschiffen bestehende Flotte wurde ab 1871 nach und nach durch Dampfer ersetzt. Linien von K. nach Göteborg, Stettin, Danzig und Königsberg wurden bedient und daneben fremde Reedereien als Agentur vertreten. 1884 bestand die Flotte aus 21 Dampf- und zwei Segelschiffen, der letzte Segler wurde 1889 abgestoßen. 1880 wurde die Postdampferlinie K.-Korsør eingerichtet. Daneben ging S. zahlreichen Aktivitäten nach, so als Vorsitzender der K.er Handelskammer (ab 1880), seit 1872 als K.er Stadtverordneter und als einer der wichtigsten Befürworter des Kaiser-Wilhelm-Kanals (→Nord-Ostsee-Kanal).

Lit.: Neue Dt. Biographie 22 (2005), 438. Os

Sartorispeicher, um 1930

Sartori & Berger-Speicher 1925–26 von den K.er Architekten Ernst →Stoffers und Hermann Müller im Auftrag der Firma Hermann Langness und der Stadt K. als „Langness-Speicher" (→Bartels-Langness) auf dem traditionellen Hafenplatz für Handelsschiffe am östlichen Altstadtrand gebaut. Der fünfgeschossige Klinkerbau verbindet traditionelle Elemente der Speicherarchitektur mit Elementen der modernen Industriearchitektur und war Ausdruck der Umwandlung des K.er →Hafens von einem Kriegs- zu einem Handelshafen. Die Firma Langness nutzte den nördlichen Teil des Speichers als Lebensmittellager, Getreidesilo, Kaffeerösterei, Spirituosenfabrik und Kontorgebäude. Im südlichen Teil waren städtische Speicherböden sowie Büroräume der Hafenverwaltung und der Zollbehörde untergebracht. Nach dem 2. →Weltkrieg erwarb das Schifffahrtsunternehmen Sartori & Berger stückweise den Speicher und gab ihm seinen heutigen Namen. Neben deren Firmensitz beherbergt der denkmalgeschützte Speicher seit 2002 auch die →Landesbibliothek und das Landesamt für Denkmalpflege.

Lit.: G. Kaster, Der S. in K., in: DenkMal!, Jg. 9/2002, 7–18. Ra

J.P. **Sauer & Sohn**, seit 1929 in →Friedrichsort ansässig, stellt Kompressoren für Schiffsmotoren her. Die Firma geht zurück auf die Wilhelm Poppe GmbH, die 1884 als Gießerei in der Faulstr. gegründet wurde und ab 1930 mit der Produktion von Kompressoren begann. 1953 übernahm Walter Murmann das Unternehmen, weitere Gesellschaften wurden eingegliedert und erweiterten die wirtschaftlichen Tätigkeitsfelder. 1966 wurde die traditionsreiche Eckernförder Jagdwaffenfabrik S. erworben, die der Gesellschaft ab 1968 ihren Namen gab. 2008 errichtete das Unternehmen, das damals allein in K. 185 Mitarbeiter beschäftigte, eine neue Produktionshalle am Standort Friedrichsort. Ro

Ernst Sauermann

Sauermann, Ernst Eduard Friedrich (geb. 9.3.1880 Flensburg, gest. 28.2.1956 K.), studierte von 1899 an Kunstgesch. und Archäologie in Berlin, K. und Heidelberg, wo er 1903 promoviert wurde. In der Nachfolge seines Vaters wurde er 1904 Leiter und 1906 Direktor des Kunstgewerbemuseums Flensburg. Im Juli 1920 übernahm er als Direktor die Leitung des →Thaulow-Museums in K., das sich unter seiner Führung zum Landesmuseum entwickelte, und wurde im selben Jahr Vorsitzender des Landesvereins für Heimatschutz. 1924 zum Provinzialkonservator ernannt, widmete sich S. einer pragmatischen, dem jeweiligen Objekt angemessenen Denkmalpflege. 1933 wurde er Mitglied der NSDAP und konnte sich trotz mancher Widerstände, besonders von Seiten des Kampfbundes für Dt. Kultur unter Friedrich →Knolle, als kompetenter Fachmann behaupten. 1945 durch die britische Militärregierung in seinen Ämtern bestätigt, blieb S. bis 1947 tätig. Die →Christian-Albrechts-Universität ernannte ihn 1947 zum Prof.

Lit.: Lebensläufe, 289–293, 396 f. Oh

Scharfrichter Das Amt des S. entstand im MA durch eine allmähliche Herauslösung bestimmter Tätigkeiten aus dem Aufgabenbereich des Gerichtsboten. Der S. erhielt v.a. Funktionen innerhalb des Strafprozesses, nämlich die Durchführung der Folter sowie die Vollstreckung von Körper- und Todesstrafen. Weitere Tätigkeitsfelder lagen in der Abdeckerei und Müllentsorgung sowie im medizinischen Bereich. Auf Grund seines vielerorts ehrlosen Status sowie der für seine Arbeit notwendigen besonderen Expertise ist die Konzentration der Scharfrichterei auf vergleichsweise wenige Familien charakteristisch. In K. lag das Amt des S. seit dem 17. Jh. in den Händen der Familie Pickel. Nach dem Tod des letzten K.er Amtsträgers dieses Namens 1829 beschäftigte die Stadt keinen eigenen S. mehr, weil dessen Aufgabenbereich v.a. durch die Abschaffung von Folter und Körperstrafen sowie den starken Rückgang der Zahl der Hinrichtungen drastisch reduziert worden war.

Lit.: J. Glenzdorf, F. Treichel, Henker, Schinder und arme Sünder, 2 Bde., Bad Münder 1970. Kra

Schauenburger Grafen Die Herren von Schauenburg mit Stammbesitz an der Mittelweser und in der Altmark wurden 1110 oder 1111 nach dem Tod des Amtsinhabers Gottfried im Kampf gegen Slawen als Gff. von Hmbg. durch den sächsischen Hz. Lothar von Süpplingenburg berufen. Sie übten zunächst nur geringe Kontrolle über Stormarn und Holstein aus, gewannen dann aber durch die Eroberung Wagriens ab 1140 Machtgrundlagen und Einfluss, so dass sie insbesondere nach dem Sieg →Adolfs IV. bei Bornhöved 1227 ihre Position stetig festigen konnten (u.a. durch →Stadtgründungen wie K.). Schließlich griffen sie auch nach dem Hzt. Schleswig, das ihnen nach wechselvollen Kämpfen schließlich 1440 als Lehen zufiel. Bis auf die Ende des 14. Jh. abgeteilte Linie Holstein-Pinneberg (mit den Stammlanden an der Weser) starben die Schauenburger 1459 aus. Ihr Erbe trat der Neffe Adolfs VIII., der dänische Kg. Christian I., gleichzeitig Gf. von Oldenburg und Delmenhorst, 1460 an.

Lit.: D. Kraack, Die frühen Schauenburger als Gff. von Holstein und Stormarn (12.–14. Jh.), in: Die Fürsten des Landes, Nms. 2008. LS

Schauspielhaus 1890 eröffnete Adolf Dombrowski in der →Holtenauer Straße das →„Tivoli-Theater". In dem Etablissement mit Gartenwirtschaft wurden in der Som-

Schauspielhaus in der Holtenauer Str., um 1950

Carl Graf v. Scheel-Plessen

mersaison leichte Theaterstücke gegeben. 1895 übernahm Friedrich Wriedt die Einrichtung und benannte es 1899 um in „Schillertheater“. Der Name war Programm: Fortan gab es ganzjährig ein anspruchsvolles Programm, das in der Publikumsgunst nach Anf.schwierigkeiten dem städtischen →Theater den Rang ablief. 1906 schloss das Haus und eröffnete als städtisches „Kleines Theater“ neu. Zuvor wurde es vollständig umgebaut, die viergeschossige repräsentative Fassade zur Holtenauer Str. entstand, die sich in die umliegende Wohnbebauung einpasste. Nach schweren Kriegsschäden konnte das Gebäude, um das Dachgeschoss und die vierte Etage reduziert, hergerichtet und seit Oktober 1945 als „Neues Stadttheater“ wieder bespielt werden. Am 26.2.1946 tagte hier der erste ernannte Provinziallandtag. Nach →Wiederaufbau des →Opernhauses 1953 wurde das S. für fünf Jahre als →Kino verpachtet, doch seit September 1958 wieder als städtisches Theater bespielt. Zugleich wurde das Studio eingerichtet, eine kleine Bühne mit rund 100 Plätzen. Nachdem wiederholt bauliche Mängel aufgetreten waren, begann 1996 ein vollständiger Neubau, bei dem nur das Vorderhaus mit der Fassade zur Holtenauer Str. erhalten blieb. Das Kopenhagener Architektenbüro Weitling und Dissing schuf einen modernen Theaterbau mit 400 Plätzen im großen Saal und 100 Plätzen in der Studiobühne. Ro

Schauspielhaus, 2002

Scheel-Plessen, Carl Theodor August Graf von (geb. 18.3.1811 Gut Sierhagen bei Neustadt, gest. 7.7.1892 Varese/Italien), besuchte das Katharineum in Lüb. und studierte Rechtswissenschaften in Berlin, Göttingen, München und K. Anschließend trat er in den dänischen Staatsdienst ein. Von 1843–46 war er Amtmann in Sonderburg und Norburg auf Alsen und wurde 1846 Chef der dritten Sektion der Rentekammer in Kopenhagen. Als Anhänger der Gesamtstaatsidee diente S. während der →Schleswig-Holsteinischen Erhebung der dänischen Regierung in verschiedenen Funktionen, u.a. als Kommissar für Lauenburg, Vertreter in Berlin und Regierungsmitglied für Schleswig. 1852 wurde er zusammen mit Heinrich Gf. Reventlow-Criminil mit der vorläufigen Zivilverwaltung Holsteins betraut. Von 1853–56 war er Oberpräsident von Altona, 1855 wurde er Präsident der Holsteinischen Ständeversammlung und 1856 Mitglied des dänischen Reichsrates. Nach 1856 führte S. die holsteinische Opposition gegen die dänische Politik und setzte sich für eine Volksabstimmung ein. Nach der pr. Annexion SH amtierte er von 1866–79 als erster Oberpräsident der pr. Provinz SH und war Mitglied des pr. Herrenhauses.

Lit.: C. Boysen, Carl Baron von S., Nms. 1938. Ra

Schiffbau Im 18. Jh. führten in der weiteren Nachbarschaft K.s v.a. Eckernförde und Neustadt/Holstein im sh. Holzs. Um 1770 setzte eine Entwicklung ein, die K. in eine führende Position hob. Nicht nur Reeder aus K. selbst, sondern auch aus Flensburg und anderen Hafenstädten orderten an der →Förde. Zu den S.betrieben in K. und Umgebung zählten: Franz Willers (1701–98) an der Schiffsbrücke, Clemens Schröder (1796–1807) am Vorstrand, Claus Siemsen

(1797–1815) am Fischertor, Gottfried Frahm (1806–44) beim Schumachertor bzw. Kattentor, Hans Friedrich Herzog (1816–37) auf einem städtischen S.platz, Johann Joachim Gottlieb Thede (1841–57) an der Schiffsbrücke, Nikolay Wilhelm Lagoni (1844–56) am Vorstrand, Johann Jacob Gottlieb Hilbert (1844–56) am Kattentor, Heinrich Jacob Graeper (1826–42) am Vorstrand, Anton Friedrich Heinrich Conradi & Sohn (1844–78) beim Kattentor und Reuter & Ihms/Chr. Ihms (1858–76) am →Seegarten. Die Werften auf dem Ostufer: In →Ellerbek Claus und Hinrich Scheel (1780–1819), Hans Jacob Böttger (1780–90), Paul Joachim Schütt (1804–29), in Sandkrug bei Ellerbek Andreas Ludwig Diederichsen (1804–15), zwischen Heikendorf und Möltenort Johann Hinrich Prüss (1804–13), in →Gaarden Theodor Christian Bruhn (1864–67), in →Wellingdorf an der →Schwentine Chr. Lorenz Bock (1861–68) und in →Dietrichsdorf Chr. Scharstein (1876–77). Bei diesen vorindustriellen Betrieben handelte es sich ausschließlich um provisorisch hergerichtete S.plätze mit einer simplen technischen Ausstattung. 1878 wurde der letzte hölzerne Segler (Bark „Paul", Conradi & Sohn) in K. erbaut. Drei frühe Exemplare des industriellen Eisenschiffbaus wurden bei →Schweffel & Howaldt gefertigt: der →Brandtaucher (1850) sowie die Fördedampfer „Kiel" (1860) und „Schwentine" (1864). Doch systematische Bemühungen, nach englischem Vorbild industriellen S. in K. zu etablieren, gingen zuerst von Georg Ferdinand →Howaldt aus, der in Ellerbek 1865 eine kurzlebige Eisenschiffswerft gründete, die aber 1868 nach sieben Neubauten aufhören musste. 1865–67 wurde als Aktiengesellschaft die Norddt. Schiffbau AG gegründet, die eine moderne Werft in Gaarden anlegte. 1867 befahl der pr. Staat den Bau einer Marinewerft in Ellerbek, der späteren →Kaiserlichen Werft. Schließlich machte sich Georg Howaldt 1876 erneut selbstständig und gründete in →Dietrichsdorf eine Eisenschiffswerft. Die Norddt. Schiffbau AG fertigte zunächst kleine und mittlere Dampfschiffe, ging 1879 in Konkurs, wurde aber aufgefangen. Seit 1882 unter dem Namen

Schiffbauarbeiten auf der Germaniawerft Kiel, Heinrich Kley, 1912

→Germaniawerft und ab 1896 zum Krupp-Konzern gehörig, orientierte sich diese Werft immer mehr hin zum Kriegsschiffbau, und zwar nicht nur für die Kaiserliche →Marine, sondern auch für den Export. Howaldt engagierte sich in einem sehr breit gefächerten Typenspektrum kleinerer und mittlerer Dampfschiffe, v.a. für zivile Auftraggeber. 1889 fusionierte die Werft mit der benachbarten Maschinenfabrik Gebrüder Howaldt (früher: Schweffel & Howaldt) zu den Howaldtswerken (→HDW). Der mit Abstand größte K.er Werftbetrieb, die Kaiserliche Werft, befand sich in Staatsbesitz. Sie diente v.a. der Reparatur und Instandsetzung der besonders ab 1898 immer größer werdenden dt. Marine, aber es entstanden dort vereinzelt auch Neubauten. Eine weitere Werft, Stocks & Kolbe (später Kolbewerft) wurde 1893 von Christian Kolbe (1863–1930) in Wellingdorf gegründet und bestand bis zu dessen Tod. Diese Firma baute Eisen- und Holzbauten, darunter Inspektions- und Zollfahrzeuge, Tonnenleger, Yachten und Frachtschoner. 1913 bestand die Werft aus 16.000m² Grundfläche mit zwei Schwimmdocks (→Dock) und beschäf-

Beschäftigte der drei Kieler Großwerften 1877 – 2000

Jahr	Norddt. Schiffbau AG/ Germania	Georg Howaldt/ Howaldtswerke/HDW	Kaiserliche Werft/ Dt. Werke
1877	~ 650	~ 65	
1881	~ 1 300	>1 000	~ 3 500
1889	~ 900	934	~ 3 000
1899	~ 2 000	~ 2 400	~ 6 000
1905	3 700	2 500	~ 7 000
1927	1 820	749	6 669
1929	2 785	1 615	5 692
1931	2 169	400	3 813
1952		8 072	
1960		13 038	
1967		10 269	
1974		9 216	
1980		7 500	
1985		5 101	
1990		4 939	
1995		3 731	
2000		3 378	

Quellen: Jahresberichte der Handelskammer K. 1877-1905, StadtA Kiel 30277, Geschäftsberichte Howaldtswerke/HDW 1962-2000

tigte 400 Mitarbeiter. Eine Zweigwerft in Sonderburg wurde 1907 eingerichtet (1913: 60.000m², 300 Mitarbeiter) und existierte bis etwa 1920. Vor dem 1. →Weltkrieg befassten sich im Raum K. ferner einige kleinere Werften mit dem Bau von Motorbooten und Yachten: Chr. Scharstein, Dietrichsdorf (1865 in K. als Scharstein & Schütte gegründet), J. Jacobsen GmbH, Neumühlen (um 1906) sowie die Yachtwerft von C. Waap, Heikendorf sowie Arp in Laboe (seit etwa 1750). Um 1914 zählte die Region K. zu den bedeutenden Werftstandorten im Dt. Reich, neben Bremen und dem Unterweserraum, Hmbg., Flensburg, Lüb., Rostock, Stettin und Danzig. Der S.

Schweißer auf der Howaldtwerft während der Nachtschicht, 1952

in K. spielte eine wesentlich bedeutendere Rolle als der →Hafen und die →Reedereien. Nach dem 1. WK mussten sich die Werften neu ausrichten (→Friedenswirtschaft). Seit 1920 war die Kaiserliche Werft (nunmehr: →Deutsche Werke) in der Rechtsform privatisiert, verblieb aber im Reichsbesitz und engagierte sich nunmehr im Handelsschiffbau. Die Howaldtswerke gerieten 1926 in Existenznot, konnte allerdings aufgefangen werden und versuchten weiterhin, auf dem traditionellen Geschäftsfeld zu reüssieren, während sich die Germaniawerft in den 1920er Jahren durch den Bau von Luxusyachten hervortat. Die Weltwirtschaftskrise ab 1929 führte auch in K. zu einem drastischen Abbau von Kapazitäten. 1929 waren im Raum Hmbg. 20.200, Bremen 6.700 und K. 9.500 Werftarbeiter tätig, 1932 nur noch 4.900 (Hmbg.), 2.500 (Bremen) und 4.100 in K. Die Aufrüstung im →Nationalsozialismus (nach 1935) führte auch für die K.er Werftindustrie wieder zu mehr Beschäftigung. Die Howaldtswerke wurden 1937 an die Kriegsmarine verkauft. Im 2. WK waren die K.er Werften in die Marinerüstung eingebunden und waren massiven alliierten

Luftangriffen ausgesetzt (→Luftkrieg). Nach dem Krieg verfügte die →britische Besatzung die →Demontage der Dt. Werke und der Germaniawerft wegen ihrer traditionellen Funktion im dt. Kriegsschiffbau. Den Howaldtswerken war dagegen unter der Leitung von Adolf →Westphal ein Neuanfang vergönnt. Aus Memel kommend, hatte sich 1945 die Werft von →Lindenau in K.-→Friedrichsort neu angesiedelt, die sich erfolgreich auf den Bau kleiner und mittlerer Spezialschiffe ausrichtete. Seit etwa 1960 ist der dt. und europäische S. angesichts immer stärkerer ostasiatischer Konkurrenz (Japan, Südkorea und China) zunehmend in die Defensive geraten. Werftschließungen, Kapazitätsabbau, Fusionen und Konzentration auf hochwertigen Spezialschiffbau bestimmen seither das Bild, auch in K.

Lit.: C. Ostersehlte, Von Howaldt zu HDW, Hmbg., 2004. Os

Schifferer, Anton (geb. 12.9.1871 K., gest. 20.7.1943 Charlottenhof/Neuwittenbek), leitete nach Studium und Promotion 1895–1906 die väterliche →Brauerei in K. und war nach deren Aufgehen in einer Aktiengesellschaft Aufsichtsratsvorsitzender. Er war Mitglied in weiteren Aufsichtsräten und besaß gute Beziehungen zu sh. Wirtschaftskreisen. Von 1923 an trieb er als Erster Vorsitzender den Aufbau der →Schleswig-Holsteinischen Universitätsgesellschaft mit großem Erfolg voran, u.a. mit dem Anliegen, die wissenschaftliche Zusammenarbeit zwischen Dtld. und Skandinavien zu fördern. Auch auf sein Betreiben hin fand 1929 in K. die Dt.-Nordische Woche statt. Politisch gehörte S. zum rechten Flügel der Nationalliberalen SH, war im Kaiserreich Mitglied im pr. Landtag (1908–18) und im sh. Provinziallandtag (bis 1933). Nach dem 1. →Weltkrieg gehörte er der DVP an und saß von 1930–32 im Reichstag. 1921–33 war er Bevollmächtigter der Provinz im Reichsrat. Aus Protest gegen den →Nationalsozialismus legte S. alle Ämter nieder. Seit 1933 gehörte er dem pr. Staatsrat an.

Lit.: M. Jessen-Klingenberg, K. Jürgensen, Univ. und Land, Nms. 1995, 23–55; J. Lilla, Der Reichsrat, Düsseldorf 2006, 268. Om

Anton Schifferer

Schifffahrtsmuseum →Stadt- und Schifffahrtsmuseum

Reventlou-Brücke, Postkarte, um 1905

Schiffsbrücken Ab 1860 verbanden Dampfer das Ost- und das Westufer (→Fördeschifffahrt), die Schiffs- und Anlegebrücken am Ufer benötigten. 1875 entstand die erste regelmäßig verkehrende Dampfer-Linie zwischen dem Bereich des inneren →Hafens und der Außenförde. Im Zuge der Eröffnung des →Kaiser-Wilhelm-Kanals erhielten →Holtenau und →Bellevue S. Im inneren Hafenbereich wurden am →Bahnhof und am →Schlachthof Brücken gebaut. 1887 dehnte die Neue Dampfer Compagnie (NDC) ihre Fährlinie bis nach →Friedrichsort aus und kaufte dort eine eigene S. Ab 1906 befuhr die Hafenrundfahrt AG als zweite K.er Fördeschiffsreederei neben der NDC mit den „Weißen Dampfern" die →Förde. Die NDC reagierte auf die Konkurrenz mit dem Bau neuer Anlegebrücken bzw. richtete schon bestehende her. Noch Ende des 19. Jh. waren Reventlou- und Bellevue-Brücke einfache, oftmals baufällige Holzstege. Die „Weißen Dampfer" fuhren von der Bahnhofsbrücke ab und legten in →Gaarden an, so dass viele Passagiere aus dem Arbeitermilieu mitfuhren. Daher galten die „Weißen Dampfer" – und mit ihnen die S., an denen sie an- und ablegten – als weniger fein als die „Schwarzen Dampfer," die von der Seegartenbrücke fuhren. Ja

Schilksee

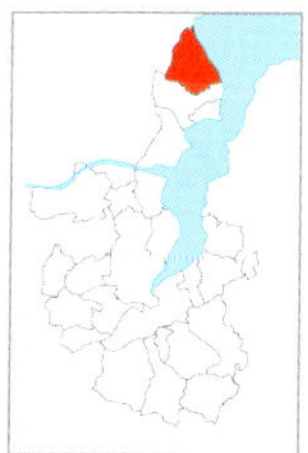

Schilksee Das im Lauf des 13. Jh. entstandene Dorf S. wird erstmals 1274 im K.er Stadtbuch in der Schreibung „Skildikesse" erwähnt. Das knapp einen km landeinwärts gelegene Dorf gehörte seit 1575 mit

Ostseebad Schilksee, Postkarte, 1912

damals zehn Hufnern und zwei Kätnern zum nahe gelegenen Gut →Seekamp. Die leibeigenen Bauern hatten Hofdienste nach Seekamp zu leisten, 1723 mussten sie dem Gutshof täglich zwei Personen und zwei Gespanne stellen, in der Pflug- und Erntezeit sogar drei Personen. 1791 wurden die Bauern aus der Leibeigenschaft entlassen und erhielten ihr Land gegen ein einmaliges Kaufgeld und eine regelmäßige Pacht zu Eigentum. Das 1803 gerade 76 Einwohner zählende S. änderte sein Siedlungsbild im 19. Jh. kaum, 1900 war die Einwohnerzahl auf 275 angewachsen. Mit der Errichtung des Strandhotels um 1900 und der Einrichtung einer kleinen →Torpedowerkstatt im Jahr 1901 begann die Besiedlung des S. Strandes. 1905 setzte die Erbauung einer kleinen Villenkolonie ein, Ausflügler und Badegäste zog es an den Strand mit seiner Promenade. 1929 erwarb die Stadt K. große Teile des Küstenstreifens. 1946 richtete die Bundespost in S. die Küstenfunkstelle „K. Radio" ein und errichtete einen 62m hohen Funkmasten. 1959 stimmte S. der →Eingemeindung nach K. zu., u.a. weil S. den Küstenschutz nicht mehr gewährleisten konnte. Durch den Bau der Hafenmolen in Strande und S. hatte sich der Abtrag am Steilufer derart verstärkt, dass seit 1965 uferparallel Steinwälle im Flachwasser aufgeschüttet werden mussten. In den 1960er Jahren wurde das Baugebiet S.-Mitte bis zum Funkstellenweg errichtet, ab 1975 wurde der südlich daran anschließende Bereich mit Bungalows und Einzelhäusern bebaut. 1962 begann der Ausbau des vorhandenen Hafens zu einem Sportboothafen für rund 300 Boote, doch erst mit der Freigabe des Ufergeländes durch die →Marine 1969 konnte die Infrastruktur für den →Segelsport ausgebaut werden. Anstoß dafür war der Zuschlag für die →olympischen Segelwettbewerbe 1972, in dessen Gefolge das →Olympiazentrum erbaut wurde. Seither machen das attraktive Segelrevier der Außenförde, die Regatten der →Kieler Woche und die ausgebaute Infrastruktur S. zu einem Inbegriff des dt. Segelsports.

Lit.: N. Detlefsen, Die K.er Stadtteile nördlich des Kanals, Nms. 1978. Ro

Schlachthof, um 1950

Olympiazentrum Schilksee, Luftaufnahme

Schlachthof Um den hygienischen Missständen in privaten Schlachtereien abzuhelfen, verfügte der →Magistrat 1886 nach dem Vorbild Lüb., dass Schlachtungen auf einem städtischen S. durchgeführt werden mussten. Der S. wurde auf einem kurz zuvor durch Aufschüttung der →Hörn gewonnen Areal errichtet und 1887 in Betrieb genommen. Auf dem Gelände entstanden Schlachthallen, Viehställe, Verwaltungs- und Wohngebäude, laufend modernisiert und ausgebaut u.a. um ein Kühlhaus mit Eisfabrik 1902. 1895 wurde eine Seequarantäneanstalt mit Brücke für Importvieh in

Betrieb genommen, ab 1929 ein Seegrenzs., in dem das Vieh nach Anlandung geschlachtet wurde. Von 1952–62 wurden nach schweren Kriegsschäden Neubauten errichtet. 1974 wurde der öffentliche S. privatisiert und nach →Wellsee verlegt, die Gebäude an der Hörn bis 1980 abgerissen. Teilweise von der →Arbeitsverwaltung bebaut, harrt das Gelände weiterhin städtebaulicher Planung.

Lit.: 1887–1987, 100 Jahre öffentlicher S. K., K. 1987.

Ro

Schlepper „Kiel“

Schleppschifffahrt Die S. auf der K.er →Förde wurde von verschiedenen Betreibern ausgeübt, etwa bis heute von der Dt. →Marine. Die →Howaldtswerke nutzten ab 1878 eigene Werftschlepper nicht nur für den Eigenbedarf, sondern auch für Nebenaufgaben, so beim Eisaufbruch. Ferner haben die Neue Dampfer Companie (NDC, ab 1887) und die →Kieler Verkehrs AG (KVAG, ab 1939) neben ihren Fördefähren (→Fördeschifffahrt) stets eine kleine Schlepperflotte betrieben. Einige Fördefahrgastschiffe dienten in Zweitfunktion als Schlepper. Auch die Bugsier (Hmbg.) war zeitweise mit eigenen Schleppern in K. präsent. Heutzutage betreibt die Schlepp- und Fährgesellschaft K. mbH (SFK, seit 1996) drei Schlepper, zwei kombinierte Schlepper/Fähren und zwei Pontons, darunter das 2008 von →Lindenau abgelieferte Flaggschiff „K.“ mit 68t Pfahlzug.

Lit.: B. Bock, Grüne, Blaue, Schwarze, Weiße Dampfer, Herford 1978, 41–44.

Os

„Schleswig-Holstein“ Die „S.“ lief am 17.12.1906 auf der K.er →Germaniawerft als letztes Schiff der „Dtld.“-Klasse vom Sta-

Linienschiff „Schleswig-Holstein“ vor der Kieler Stadtsilhouette, Robert Schmidt-Hamburg, um 1930

pel. Sie war über 127m lang und mehr als 22m breit und für eine Besatzung von 771 Mann vorgesehen. Ihren Haupteinsatz im 1. WK fand sie in der Skagerrak-Schlacht am 31.5.1916. Trotz mehrerer Modernisierungen war sie zu Beginn des 2. WK technisch völlig veraltet und nunmehr als Schulschiff im Einsatz. Am 1.9.1939 eröffnete sie allerdings den 2. WK, indem sie im Danziger Hafen bei einem vorgeblichen Freundschaftsbesuch – parallel zu den ersten Schüssen an Land – Granaten abfeuerte. Das Schul- und Sperrschiff ging Ende 1944 nach Bombentreffern in Gotenhafen (Gdingen) auf Grund. Bis 1947 dichtete man den Rumpf soweit, dass es nach Tallinn geschleppt werden konnte. Bis 1955 war es Zielschiff für Übungen der sowjetischen Flotte.

Lit.: W. Schultz, Linienschiff S., Herford 1992.

Ki

Linienschiff „Schleswig-Holstein“, 1910

Schleswig-Holsteinische Erhebung Bezeichnung für den durch die Proklamation der →Provisorischen Regierung am 24.3.1848 in K. eingeleiteten Aufstand sh. Politiker gegen nationale Bestrebungen in Dänemark. Die Zielsetzungen sowohl der sh. als auch der dänischen Akteure in der S. waren vielfältig und uneinheitlich. In dieser Hinsicht gehört die S. in den Kontext des europäischen Revolutionsjahres von

Fackelzug zu Ehren des Herzogs Friedrich in Kiel, Ernst Wolperding, 1864

1848–49 und beinhaltete neben nationalen auch liberale und soziale Forderungen. Die S. eskalierte rasch zu einem Krieg, der erst im Februar 1851 mit der Wiederherstellung des →Dänischen Gesamtstaates endete. Die moderne Forschung spricht meist von einem „Bürgerkrieg", um zu betonen, dass nationale Motive in der S. eine geringere Rolle spielten, als bisher angenommen.

Lit.: G. Stolz, Die S., Husum 1996. Sl

Schleswig-Holsteinische Patriotische Gesellschaft 1786 gründete August →Niemann in K. die S., um einem aufgeklärtem Publikum Kenntnisse über „die Bildung, die Sittlichkeit, die Bevölkerung und den Wohlstand" im Land zu vermitteln. Gemeint war die Unterstützung staatlicher Reformvorstellungen auf dem Gebiet der Agrarverfassung (Aufhebung der Leibeigenschaft und des Flurzwangs), des →Handels und Gewerbes (Fabrik- und Manufakturwesen), der Sozialfürsorge (Armenhilfe), der Volksgesundheit (ärztliche Versorgung und Krankenpflege) und Volksbildung (Schulwesen). Für die Mitgliedschaft in der S. sollten weder Rang noch Titel gelten. Publikationsorgan waren von 1787–1803 die sh. Provinzialberichte. Zum Direktor wurde der Apotheker Wilhelm Ernst →Christiani, zum Sekretär Niemann selbst bestimmt. K. war als Sitz der S. vorgesehen, weil sich hier die meisten Interessenten gefunden hatten. Obgleich jeder „werkthätige Mitbürger von höherem oder niederem Rang" willkommen war, rekrutierten sich die Mitglieder aber v.a. aus hohen Beamten. Über spätere Zusammenkünfte der S. ist nichts bekannt. Sie war offenbar als eine Art Bürgerinitiative gedacht, die sich wieder auflöste, als in den „Provinzialberichten" ein Forum für die öffentliche Diskussion anstehender wirtschaftlicher und sozialer Probleme geschaffen worden war. Die Zs. bestand von 1798 bis 1803 als sh. Blätter für Polizei und Kultur fort.

Lit.: K. D. Sievers, Patriotische Gesellschaften in SH zwischen 1786 und 1829, in: Dt. patriotische und gemeinnützige Gesellschaften (1980), 119–141. Si

Schleswig-Holsteinische Universitätsgesellschaft Im Juli 1918 auf Betreiben K.er Prof. zusammen mit weiteren Honoratioren gegründete Gesellschaft zur Förderung der →Christian-Albrechts-Universität. In ihren Anf.jahren suchte die S., die unter dem Vorsitz Anton →Schifferers einen raschen Aufschwung erlebte, den „Grenzkampf" um Nordschleswig von akademischer Seite zu unterstützen. Auf die Selbstgleichschaltung im August 1933 folgten ideologische Vereinnahmung durch den →Nationalsozialismus und äußerer Niedergang. Nach dem 2. →Weltkrieg unter →britischer Besatzung neu gegründet, widmete sie sich fortan unpolitischer Wissenschaftsförderung und -vermittlung. Wichtiges Betätigungsfeld der heute fast 5.000 Mitglieder zählenden S. ist dabei das Vortragswesen mit jährlich über 400 Veranstaltungen und fast 17.000 Zuhörern.

Lit.: M. Jessen-Klingenberg, K. Jürgensen, Univ. und Land, Nms. 1995. Mi

Schleswig-Holsteinische Volkszeitung (VZ) Die VZ wurde 1877 in K. als sozialdemokratisch orientiertes Blatt gegründet, das sich für Demokratie und die Interessen der Arbeiter einsetzte. Wegen der Sozialistengesetze war sie von 1878–90 verboten und erschien erst 1893 wieder. Während der Kaiserzeit waren Redakteure wegen ihrer politischen Einstellung häufig Geld- und Haftstrafen ausgesetzt. In der →Weimarer Republik hatte die VZ ihre Blütezeit mit täglich etwa 24.000 Exemplaren. Am Ende der Weimarer Republik bezog sie kritisch Stellung zum Untergang der Republik und polemisierte gegen den →Nationalsozialis-

Verkaufspavillon der Schleswig-Holsteinischen Volkszeitung, um 1950

mus. Am 16.2.1933 wurde sie für zehn Tage verboten, am 27.2. unbefristet. Am 3.4.1946 konnte sie nach Lizenzerteilung durch die britische Militärbehörde wieder erscheinen. Zum 31.12.1968 musste die VZ aus finanziellen Gründen ihre Arbeit einstellen.

Lit.: R. Bigga, U. Danker, Die VZ 1892 bis 1968, in: Demokratische Gesch. 3 (1988), 427 ff. Ge

Schleswig-Holsteinischer Kanal →Eiderkanal

Schleswig-Holsteinischer Kunstverein Ein Jahr nach Eröffnung des K.er Kunstmuseums 1842 beschlossen K.er Prof. und →Bürger, auch einen Kunstverein zu gründen. 1843 erfolgte die Vereinsgründung, zunächst finanziert durch die Zeichnung von Aktien. Der S. fühlte sich dem sh. Gedanken verpflichtet, und es sollten durch den Ankauf und die Ausstellung von Gemälden v.a. junge sh. Künstler gefördert werden. 1854 beschloss der Verein auf Initiative von Prof. P. W. →Forchhammer und dem Maler Charles Ross, eine dauerhafte Gemäldegalerie einzurichten, die seit 1855 fester Bestandteil der Kunstsammlungen der →Christian-Albrechts-Unversität ist. 1857 erwarb der Kunstverein ein altes Zollhaus, das unterhalb

Kunsthalle in der Dänischen Str., um 1870

des →Rantzaubaus wieder aufgebaut und als →Kunsthalle genutzt wurde. Nach dem Abbruch des Gebäudes Ende der 1880er Jahre beteiligte sich der S. am Bau der neuen →Kunsthalle am Düsternbrooker Weg, die 1909 eingeweiht wurde und bis heute Sitz des Vereins und seiner Sammlungen ist. Die Zahl der Mitglieder stieg von 114 (1843) auf 805 (1860) und ca. 1.250 (2010). Die Ausstellungen und Sammlungsschwerpunkte des S. veränderten sich den politischen Umständen der Zeit entsprechend, von sh. Kunst in der Mitte des 19. Jh. über Marinemalerei in der Wilhelminischen Ära, „dt. völkischer" und heimattümelnder Kunst in den 1920er Jahren bis hin zu expressionistischer Kunst aus dem frühen 20. Jh., die während des →Nationalsozialismus als sogenannte „entartete Kunst" von den Behörden beschlagnahmt wurde.

Lit.: H.-W. Schmidt (Hg.), Das Jubiläum S. 1843–1993, K. 1993. Ra

Schleusen Nördlich der beiden Holtenauer Doppels. des →Nord-Ostsee-Kanals sieht man ein Reststück des früheren →Eiderkanals, dessen östlichste S., die „S. No. 1", fast 2km weiter landeinwärts lag. Sie wurde 1778–82 gebaut, bestand – wie die ande-

Schleuse bei Knoop, um 1880

Der Kaiser-Wilhelm-Kanal mit den Holtenauer Schleusen, Fritz Stoltenberg, Schulwandbild, 1914

ren fünf S. auch – aus zwei Kammern, der Schiffss. (ca. 33m lang, ca. 8m breit, 3,50m tief) und der kleineren Freis. für den Abfluss des überschüssigen Wassers, und wurde von einer Klapp- und einer festen Brücke gequert, auf denen der Landverkehr von →Wik nach →Holtenau verlief. Wegen fortschreitenden Verfalls wurde 1824 eine neue S. unter Leitung des Ingenieuroffiziers Claus Hinrich Christensen ca. 50m weiter nördlich gebaut, und zwar als Einkammers., weil man zur Regulierung des Wasserstands die alte S. beibehielt, und versehen mit einer modernen „basculierenden" Drehbrücke. Kg. Friedrich VI. weihte sie 1825 ein; die sog. Friedrichss. war damals das bedeutendste technische Bauwerk dieser Art im →dänischen Gesamtstaat. Beide S. waren noch während des Baus des Nord-Ostsee-Kanals in Gebrauch. 1895 übernahm ihre Funktion die neue Kanals. Diese ist insgesamt 220m lang und 80m breit und besteht aus zwei Kammern, die nach beiden Seiten klappende Stemmtorpaare verschließen und Umlaufkanäle füllen und leeren. Ihre Aufgabe versah sie allerdings nur knapp zwei Jahrzehnte; denn schon 1907 war begonnen worden, den Kanal umfassend zu modernisieren, weil er für größere Kriegsschiffe nicht mehr ausreichte. Man nahm Abstand davon, die S. zu erweitern, sondern baute eine neue südlich daneben auf Wiker Gebiet, womit der Plan der Stadt K. scheiterte, hier einen Handelshafen anzulegen. Beide Kammern (je 45m breit) können in zwei Abschnitte von 220 und 100m Länge geteilt und von auf Schienen laufenden Schiebetoren geschlossen werden. Die „Neue S." wurde während der →Kieler Woche am 24.6.1914 eröffnet. Die „Alte S." dient seither für Notfälle und wird von Sportbooten und Küstenschiffen im Sommer genutzt. Auf der S.insel, wo sich neben einem Museum Einrichtungen für die Ausrüstung der Schiffe befinden, stehen das 1895 errichtete ehemalige Hafenamt, der alte Pegelturm und ein Rest der früheren zentralen Maschinenanlage. Seit 2008 kann man von einer Aussichtsplattform das Geschehen in den S. beobachten.

Lit.: W. Jensen, Der Nord-Ostsee-Kanal, Nms. 1970; J. Meiners, Claus Hinrich Christensen (1768–1841), Heide 1995, 156–160, 185–213, 222–230. Rt

Schloss Auf der höchsten Stelle (ca. 10m über NN) der nach Norden nicht gesicherten Stadthalbinsel entstand unter Gf. →Adolf IV. um die Mitte des 13. Jh. eine landesherrliche Burg. Von 1272 an regierte in K. Gf. →Johann II. von Schauenburg. Nach seinem Tode (um 1321) fiel die Burg zunächst an die Plöner Linie, mit deren Aussterben 1390 an die Rendsburger Linie der →Schauenburger Grafen. Mit dem Herrschaftswechsel an das Haus der Oldenburger 1460 besiegelten der dänische Kg. und die Ritterschaft des Landes im Anschluss an den Vertrag von Ripen hier die →Tapfere Verbesserung. Unter den Hzz. Friedrich I. und Adolf von SH-Gottorf erlebte die K.er Residenz ihre eigentliche Blütezeit. In zwei großen Bauabschnitten wandelte sich im 16. Jh. die ma. Burg zum zeitgemäßen

Schloss, Ansicht von Osten, Postkarte, um 1910

Renaissances., das v.a. von Adolf durchaus in Konkurrenz zu Gottorf gefördert wurde und daraufhin wiederholt als fürstlicher Witwensitz diente. Von der relativ bescheidenen schauenburgischen Burg aus der Gründungszeit der Stadt, deren Spuren im Rahmen von Ausgrabungen 1960–62 durch C.-H. Seebach nachgewiesen werden konnten, ist wenig bekannt. Um 1500, unter der Regierung Hz. Friedrich I. von SH, begann eine anspruchsvolle Umgestaltung. Damals entstand das sog. „Neue Haus", dessen Längsseiten zum oberen S.platz und zur Stadt hin zeigten. Das Vorhandensein einer Fürsten- und einer Jungfrauenstube, wie es im Übergabeprotokoll von 1512 festgehalten ist, sowie eines großen Treppenturms und eines →Tanzsaales im zweiten Obergeschoss lassen jetzt auf einen repräsentativen fnz. Wohnbau schließen, dem zwischen 1558 und 1569 unter Hz. Adolf von SH-Gottorf noch ein stattlicher Erweiterungsbau hinzugefügt wurde. Dieser aus vier parallelen Giebelhäusern bestehende mächtige Baukörper mit zwei polygonalen Treppentürmen auf der Hofseite und zwei hochsitzenden Erkertürmchen vor den Kanten der Wasserseite, bestimmte fortan die Silhouette der Residenzstadt entscheidend mit. Ähnlich dem nahezu zeitgleich unter Hz. Johann Albrecht I. von Mecklenburg erneuerten Schweriner S. war die Dachzone rings von Zwerchhäusern mit plastisch aufwändig gestalteten Renaissance-Schaugiebeln umgeben. Das Innere enthielt im Keller die S.küche, im Erdgeschoß die hz.liche Kanzlei, die Räume des Amtmannes sowie die Burg- oder Hofstube und darüber die fürstlichen Prunkgemächer einschließlich der zwei Geschosse einnehmenden S.kapelle. Sie erstreckte sich über die gesamte Tiefe des nördlichen Hauses und trat mit ihren nach Osten gerichteten hohen Spitzbogenfenstern auch an der seeseitigen Fassade in Erscheinung. Ihre Gewölbe ruhten auf drei schlanken kannelierten Steinsäulen, die zwei Schiffe voneinander schieden. Entlang der Wände verlief eine steinerne Empore, deren Brüstung mit 24 vergoldeten Alabasterreliefs biblischer Szenen geschmückt war. Im östlichen Bereich der Südwand war zu ebener

Schlossgarten bei Kiel, Georg Michael Kurz, 1818

Erde als abgeschlossener, beheizbarer Raum der mit silbergefassten Ledertapeten ausgeschlagene Fürstenstuhl eingebaut, der rückwärtig unmittelbar mit den anschließenden Wohngemächern kommunizierte. Diese nahmen die beiden mittleren Häuser ein, in denen seeseitig das Appartement des Hz. und hofseitig das der Hz.in untergebracht war. Das zweite Obergeschoss enthielt außer Gästezimmern und Wohnräumen für den Hofstaat v.a. das sog. Stammgemach der Hz.in Christine (gest. 1604 zu K.), das einen gegen Ende des 16. Jh. auf Leinwand gemalten genealogischen Abriss des Hessischen Landgrafenhauses, dem die Gemahlin Hz. Adolfs entstammte, als fortlaufenden Fries auf drei Wänden vor Augen führte. Das unter Friedrich I. entstandene „Neue Haus", das noch auf den beiden ältesten Stadtansichten von 1585 und 1588 im Städtebuch von Braun und Hogenberg ausgemacht werden kann, wich nach einem Teileinsturz 1685 zwei rechtwinklig aneinander stoßenden, äußerlich schlichten Flügeln, für die der seit 1691 in Rendsburg ansässige, aus dem Tessin zugewanderte Architekt Domenico Pelli vor 1695 die Entwürfe geliefert hatte (→Rantzaubau). Sie schlossen hermetisch den Hof nach Süden und Westen zur Stadt hin ab und vervollständigten die hz.liche Residenz zu einer respektablen Dreiflügelanlage von freilich weiterhin asymmetrischem Zuschnitt. Ein großes Treppenhaus an der Nahtstelle zum Was-

Modern wiederaufgebautes Schloss, Ansicht von Südwesten

serflügel erschloss seitdem in angemessener Weise das Innere, während ein monumentales Doppelsäulenportal in der Sichtachse der vom Markt auf die Residenz zuführenden S.str. als barocker Blickpunkt den bislang fehlenden repräsentativen urbanistischen Bezug zum Gemeinwesen herstellte. Von dieser barocken S.anlage hat sich nur der zur →Dänischen Straße hin gelegene sog. Rantzaubau in seiner äußeren Erscheinung stark überformt erhalten. Die Nordseite öffnete sich seit dem 17. Jh. auf einen entlang der Uferlinie angelegten geräumigen Schlossgarten, der bereits in seiner ältesten überlieferten Gestalt (1652) nach formellem Plan mit einem geometrischem Wegenetz rings um ein zentrales Lusthaus konzipiert worden war, bevor er um 1700 beträchtlich erweitert und mit Terrassen und Parterren, Statuen und Springbrunnen prachtvoll neu inszeniert wurde. 1839 in einen Landschaftsgarten englischer Prägung umgewandelt und nach 1876 teilweise von dem im 2. →Weltkrieg zerstörten neuen →Kollegiengebäude der Univ. überbaut, ist er inzwischen zu großen Teilen der modernen Verkehrsführung zum Opfer gefallen. Das S., dessen Wasserflügel 1763 durch Ernst Georg Sonnin unter Aufgabe der ursprünglichen Dachzone mit ihren Renaissance-Giebeln durchgreifend erneuert worden war, brannte 1838 und erneut 1938 in Teilen aus und wurde am 4.1.1944 bei einem Luftangriff so schwer getroffen, dass ein →Wiederaufbau nicht mehr in Frage kam, nur der Rantzaubau wurde erhalten. Die Wiederaufbauplanung sah vor, den S.bereich als Kulturviertel zu gestalten. Den 1957 ausgeschriebenen Wettbewerb entschieden die Hmbg. Architekten Herbert Sprotte und Peter Neve für sich, die eine moderne Auffassung des S.baus auf altem Grundriss skizzierten, der die stadtbildprägende Silhouette des S. nachzeichnete: der Hauptbau ein Kubus aus rotem Ziegel, mit Flachdach, zur Wasserseite vertikal durch die hohen Fensterreihen gegliedert, die Nordecke betont durch einen Turm auf sechseckigem Grundriss. Der Querflügel zum Rantzaubau, auf schmale Betonsäulen gestützt, lässt den Blick auf den S.hof offen. Nach Süden schließt sich ein Konzertsaal mit leichter Glasfassade an. Die Einweihung des nicht unumstrittenen Gebäudekomplexes 1965 kann als Abschluss des K.er Wiederaufbaus gelten. Waren hier zunächst Kultureinrichtungen des Landes untergebracht, werden heute nach dem Auszug der →Landesbibliothek und des Landesamts für Denkmalpflege nur noch die Veranstaltungsräume öffentlich genutzt.

Lit.: C.-H. Seebach, Das K.er S., Nms. 1965; D. Laffrenz, Das K.er S., Hmbg. 1987. Al

Schlossgarten →**Schloss**

Schlüsbek

Schlüsbek Der Bach S. entspringt im Kleinflintbeker Moor und verläuft bis zum →Wellsee. Im Bereich des „Alten Moorsees" und auf den anschließenden 2km ist die S. stark ausgebaut und vertieft sowie mit einem Schöpfwerk versehen worden, um den „Alten Moorsee" entwässern zu können. Die gleichnamige, an dem Bach gelegene, ehemals bäuerliche Gemeinde wurde 1938 dem Amt →Moorsee zugeschlagen und 1970 nach K. eingemeindet. Sie gehört heute zu Moorsee und dient v.a. als Vorstadtwohnsiedlung. Ti

Schmidt-Sohnemann, Käthe (geb. 6.5.1913 Hmbg., gest. 15.10.1997 K.). Die ausgebildete Turnlehrerin konnte zusammen mit Anita →Bärwirth-Hardekopf bei den Olympischen Sommerspielen 1936 in Berlin die Goldmedaille im Mannschaftsachtkampf der Turnerinnen erringen. 1937 verließ S. ihre Heimatstadt in Richtung K. und engagierte sich zunächst beim →Kieler Männerturnverein, bevor sie an verschiedenen städtischen Grundschulen als Lehrerin für Leibesübungen tätig war. Ihr ausgeprägtes Talent für Bewegung und Musik nutzte die dreifache Dt. Meisterin auch zur Komposition von Tänzen. We

Schneider, Erich (geb. 14.12.1900 Siegen, gest. 5.12.1970 K.), gilt als einer der bedeutendsten dt. Wirtschaftstheoretiker. Er studierte zunächst Mathematik und Physik, bevor er sich den Wirtschaftswissenschaften zuwandte. Er habilitierte sich 1932 in Bonn und übernahm von 1936–46 einen Lehrstuhl an der Univ. Århus. 1946 wechselte er nach K. und bekleidete bis zu seiner Emeritierung 1969 eine Professur für theoretische Volkswirtschaftslehre. Seit 1961 war er als Nachfolger von Fritz Baade zugleich Direktor des →Instituts für Weltwirtschaft. S. wissenschaftliches Vermächtnis ist seine vierbändige „Einführung in die Wirtschaftstheorie“ (1946–62). Dieses Standardwerk, das den Anschluss der dt. Nationalökonomie an das internationale Niveau wiederherstellte, galt zahlreichen Studentengenerationen als das maßgebliche Lehrbuch.
Lit.: Neue Dt. Biographie 23 (2007), 286 f. Dr

Schnittger Architekten (heute Schnittger Architekten+Partner) ist ein seit 1899 erfolgreiches K.er Architekturbüro, das entscheidend das Stadtbild geprägt hat und zu den größten in SH gehört. Viele ihrer Bauten werden heute als Kulturdenkmale geschätzt und zeugen von der architektonischen Entwicklung im Laufe des 20. Jh. So versuchte Hans S. (1873–1934) eine Wiederbelebung regional geprägter →Architektur im Sinne der →Heimatschutzbewegung. Otto S. (1905–83), wie sein Vater ev. Konsistorialbaumeister, gewann mit Erwin Belani den Ideenwettbewerb zur Neugestaltung der Innenstadt 1947. Die Brüder Hans-Joachim (geb. 1935), Dieter (geb. 1938) und Knud (geb. 1943) S. leiteten gemeinsam das Büro, das nach der Wende sehr expandierte. Seit 2005 besteht eine Partnerschaft Knud S. mit anderen Architekten. Bemerkenswerte Bauten sind u.a.: Haus der Landwirte, Gartenstadt Vieburg, →Walterwerke, Weiperthaus, Wohnbebauung →Holtenauer Straße, Landesbausparkasse, Erweiterung der →Ostseehalle und das Ferienzentrum Damp.
Lit.: Die Architekten S., Hmbg. 2000. Do

Weipert-Kaufhaus, Entwurf von Otto Schnittger, Erwin Belani und Roland Lukas (1950)

Erich Schneider

Schoss →Steuern und Abgaben

Schrevenpark, Postkarte, 1912

Schrevenpark Bereits 1897 sah der →Stübbenplan vor, auf dem Gelände des Schreventeichs, der über Jh. der →Wasserversorgung gedient hatte, einen Stadtpark anzulegen. Hier schuf Stadtgärtner Ferdinand →Hurtzig 1901–02 sein Hauptwerk, einen rund 12ha großen, bis 1947 als Hohenzollernpark bezeichneten Landschaftsgarten, der durch das Teichgewässer bestimmt wird. Die Bevölkerung war aufgerufen, durch Baumspenden zur Umsetzung beizutragen. Auf einer kleinen Insel wurde ein Pavillon errichtet, 1904 entstand am südwestlichen Ufer ein Restaurant mit Bootshaus in nordischem Drachenstil. Tennisanlagen und Kinderspielflächen boten Beschäftigung. Nach Kriegsverwüstungen wurde die Anlage vereinfacht wiederhergestellt, 1948 ein Spiel-

Schrevenpark

Schrevenpark

platz und 1953 ein Planschbecken angelegt. Der S. gilt als eine der bedeutendsten kaiserzeitlichen Parkanlagen in SH.

Lit.: Begleiter durch den S., K. 2002. Ro

Rudolf Schroeder

Schroeder, Rudolf (geb. 19.5.1897 Wilhelmshaven, gest. 27.12.1965 K.). Nach dem Architekturstudium an den TH in Hannover und Stuttgart trat S. 1927 als Abteilungsleiter im Hochbau- und Siedlungsamt in die Dienste der Stadt K. ein, für die er bis zu seinem Ruhestand 1962 tätig war. Er durchlief die klassische Beamtenlaufbahn und wurde 1959 zum städtischen Baudirektor ernannt. Mit seinen Bauten hat S. das Gesicht K.s, insbesondere in der Zeit des →Wiederaufbaus nach dem 2. →Weltkrieg, geprägt. Seine frühen Arbeiten, wie das →Arbeitsamt am →Wilhelmplatz, gemeinsam mit Stadtbaurat Willy →Hahn, und sein Wohnhaus in Heikendorf, sind herausragende Beispiele des Neuen Bauens in SH. Auch seine während des →Nationalsozialismus entstandenen Bauten, die →Lessinghalle und der →Olympiahafen, zeigen eine gemäßigte Modernität. Nach dem 2. WK machte er sich besonders um den Wiederaufbau der Schulen (→Schulbau) verdient. Nach dem von ihm entwickelten Typ der →Pavillonschule entstanden zahlreiche Schulen neu.

Lit.: U. Höhns (Hg.), Rudolf S., Hmbg. 1998. SK

Walther Schücking

Schücking, Walther Max Adrian (geb. 6.1.1875 Münster, gest. 25.8.1935 Den Haag), lehrte seit 1926 an der →Christian-Albrechts-Universität Staats- und Völkerrecht und war Direktor des Instituts für Internationales Recht, das heute seinen Namen trägt. Die internationale Friedenssicherung und Verständigung war wissenschaftlich wie politisch seit etwa 1907 sein Hauptthema. Als dt. Vertreter bei den Versailler Friedensverhandlungen ließ ihn das auch im Sinne der Völkerverständigung enttäuschende Ergebnis am Anf. zur Ablehnung raten, er vertrat aber weiter den Völkerbundgedanken. Als Politiker setzte sich S. für einen demokratisch und sozial eingestellten Liberalismus ein und saß für die DDP 1919–28 im Reichstag. S. beruflicher Höhepunkt war die Berufung als erster dt. Richter an den Ständigen Internationalen Gerichtshof in Den Haag 1930. Dieses Amt behielt er trotz des Protestes des ns. Staates nach 1933 bei, verlor aber seinen Lehrstuhl in K. und konnte bis zu seinem Tod Dtld. nicht mehr betreten.

Lit.: Lebensläufe, 298–301, 399. Do

Schützengilden →Gilden

Schulbau Der S. als öffentliche Bauaufgabe größeren Umfangs entstand verstärkt erst in der zweiten Hälfte des 19. Jh. Daher lassen sich in SH keine prägenden architektonischen Vorbilder für Schulbauten ausmachen. Erst die Inkorporation der Hzz. in den pr. Staat 1867 und ab 1871 die Zugehörigkeit zum Dt. Reich bewirkten eine Änderung. Erziehung und Bildung der Untertanen wurden als staatliche Aufgabe begriffen, infolgedessen sich eine eigene →Architektur und Formsprache für den S. entwickelte. Die Schulgebäude bildeten nicht mehr nur die Hülle für die Orte des Lernens, sondern die Architektur transportierte Ideale der staatlichen Bildungspolitik, zugleich verlieh sie einem repräsentativen Anspruch Ausdruck. Im Zuge des immensen Bevölkerungswachstums nach 1871 (→Bevölkerungsentwicklung) entstanden in K. in den neuen Stadtteilen wie auch in den Randgemeinden zahlreiche Schulen. Während der Wohnungsbau vielfach in der Hand privater Bauherren lag, war der S. eine öffentliche Angelegenheit. Die seit 1865 zu beobachtende pr. Einflussnahme zeigte sich in K. 1868 mit der nach Entwurf des →Stadtbaumeisters Gustav L. →Martens errichteten →Gelehrtenschule, dem Kg.lichen Gymnasium, an der Dammstr. Architektonisch war der lang gestreckte Bau der Neogotik verpflichtet, einem Stil, der um diese Zeit vorherrschend wurde und bis um 1900 den öffentlichen S. bestimmte. Die überwiegend aus Backstein errichteten Bauten wurden als lang gestreckte Trakte konzipiert, gegliedert durch gleichmäßig gereihte, als Rund- oder Stichbögen ausgebildete Fenster sowie Giebelrisalite in der Mitte des Baukörpers. Der repräsentative Anspruch wurde durch dekorative Form- und Glasurziegel betont. Die bis 1900 entstandenen, noch erhaltenen Schulgebäude weisen zahlreiche neogotische Gestaltungsmerkmale auf, wie das Reform-Realgymnasium am Knooper Weg (heute Humboldtschule, 1876–77) und die Knabenmittelschule an der Muhliusstr. (alte Muhliusschule 1876), beide nach Entwurf von Stadtbaumeister Schweitzer. Die Doppel-Volksschule für Knaben und Mädchen an der Gerhardstraße (ehemalige Gerhardschule, 1885–88) und die Knaben-Volksschule an der Stephan-Heinzel-Straße (ehemalige Sternschule, heute Musiculum, 1888/89) sind in Form und Dekor schlichter und reduzierter. Mit den seit den 1860er Jahren formulierten und in Bauzeitschriften publizierten Bauvorschriften wurden Anforderungen an den S. definiert. Die in den Vorschriften geforderte karge Ausstattung der Klassenzimmer entsprach dem pr. Ideal der Sparsamkeit und Ordnung. Nach außen sollte das Gebäude Würde und Anspruch vermitteln, was die Ausbildung äußerst repräsentativer Raumabschnitte bedingte, vor allem der öffentlich zugängigen, etwa des Eingangs oder der Aula. Die Errichtung der Schulen in landschaftlich oder städtebaulich exponierter Lage unterstützte diese Wirkung. Abweichend von der vorherrschenden neogotischen Formensprache zeigt die 1883–84 von J. A. Lauers für die →Gesellschaft freiwilliger Armenfreunde erbaute ehemalige Frauengewerbeschule an der Gartenstr./Legienstr. (heute Muhli usschule) mit ihrem kubischen Baukörper

Reform-Real-Gymnasium am Knooper Weg, heute Humboldtschule, Postkarte, um 1908

aus gelbem Backstein und gliedernden roten Ziegelbändern Anklänge an die italienische Renaissance. Bis zur Wende zum 20. Jh. war die Mehrzahl der neuen Schulgebäude von der Neogotik beeinflusst. Um 1900, als K. die Schwelle zur Großstadt überschritten hatte und sich dieser großstädtische Anspruch in öffentlichen Bauten wie dem neuen →Rathaus und →Theater am →Neumarkt manifestierte, zeigten sich im S. eine Tendenz zu barockisierenden Formen und eine Orientierung am Schlossbau. Statt der lang gestreckten Trakte wurden die Gebäude nun häufig als mehrflügelige Anlagen ausgebildet, die sich um einen offenen Hof gruppierten. Hohe Mansarddächer, verputzte Fassaden und aufwändig gestaltete Treppentürme sind charakteristisch für diesen Stil, der im Vergleich zur Neogotik eine größere Repräsentativität ausstrahlte. Beispiele sind das Lyzeum II an der Harmsstr. (heute Käthe-Kollwitz-Schule, 1905-07 von Eugen Michel, Carl Meyer und Georg →Pauly) und die Doppelmittelschule am →Westring (heute Berufliche Schulen am Ravensberg, 1906–07 nach Entwurf von J. Pregyn vom städtischen Hochbauamt unter Leitung Paulys). Die um einen offenen Hof gruppierte Dreiflügelanlage der Berufli-

Iltisschule, heute Gemeinschaftsschule am Brook, um 1910

Friedrich-Junge-Schule, um 1955

chen Schulen zeigt mit den verputzten Fassaden und den Mansarddächern Anklänge an den barocken Schlossbau. Die im 2. →Weltkrieg schwer beschädigte Käthe-Kollwitz-Schule wurde 1953 unter Beibehaltung der alten Gebäudestruktur vereinfacht wiederaufgebaut. Die Phase der neobarocken Schularchitektur war nur von kurzer Dauer, sie wurde nach wenigen Jahren vom Heimatschutzstil abgelöst, der bevorzugten Formensprache einer Reihe junger Architekten wie Ernst →Prinz oder Johann →Theede, die mit ihren Bauten in den kommenden Jahrzehnten das Gesicht K.s mitgestalten sollten. Die 5. Knabenmittelschule und 4. Mädchenmittelschule in der Iltisstr. (heute Gemeinschaftsschule am Brook, 1908–09 vom städtischen Hochbauamt unter Magistratsbaurat Meyer) zeigte mit ihrem schlossartigem Aussehen ebenso wie die Doppel-Volksschule für Knaben und Mädchen an der Großen Ziegelstr. (heute Gerhart-Hauptmann-Schule, 1903 nach Plänen des städtischen Hochbauamtes unter Pauly) noch eine barockisierende Formensprache, wenngleich reduzierter. Die 1909-11 am Winterbeker Weg errichtete Doppel-Mittelschule (heute Klaus-Groth-Schule) wurde ab 1907 vom städtischen Hochbauamt geplant und unter

Integrierte Gesamtschule Friedrichsort, 1974

dem Einfluss der Reform des Mittelschulwesens als Modellschule errichtet. Nach Plänen von Theede wurde 1907–08 die Volksschule für die Gemeinde →Gaarden an der Diedrichstr. erbaut. Die in den 1920er Jahren errichteten Schulen sind ihrer Erscheinung schlicht, während sich die nach 1933 entstandenen Gebäude mit ihrem wuchtigen und kompakten Erscheinungsbild und der Massenausbildung der offiziellen Formensprache der Zeit verpflichtet zeigen, wie die 1935 nach Entwurf von Rudolf →Schroeder gebaute Volksschule →Hammer (heute Uwe-Jens-Lornsen-Schule) und die 1940 im Zusammenhang mit der Gartenstadt →Elmschenhagen nach Plänen des Architekturbüros Paul A. R. Franck gebaute Volksschule Elmschenhagen (heute Hermann-Löns-Schule). Die moderne, kindgerechte Schule, wie sie in Frankfurt am Hallgarten nach Plänen von Ernst May und Albert Lochner 1928-30 als Musterschule realisiert wurde, konnte in K. erst nach dem Krieg mit dem maßgeblich von Rudolf Schroeder entwickelten Typ der →Pavillonschule verwirklicht werden. Die ersten Schulen dieser Art waren die 1950 fertig gestellte Schule in →Kronsburg und die Goetheschule an der Hansastr. Der Typ der K.er Pavillonschule sollte bis in die 1960er Jahre das prägende Modell bleiben. Erst in den 1970er Jahren, als die Schulen aufgrund des Babybooms der von 1955-65 Geborenen einen stark erhöhten Raumbedarf hatten, wurde das Schroedersche Modell zugunsten komplexer Massenstrukturen in Form von Schulzentren aufgegeben, wie das Bildungszentrum →Mettenhof, das Hans-Geiger-Gymnasium und die Integrierte Gesamtschule →Friedrichsort. Aufgrund ihrer Größe und Konzentration wie auch der Bauweise aus genormten Elementen wurden diese Schulen oft mit Maschinen verglichen.

Lit.: K. David, Neugotischer S. in SH, K. 1990; Denkmaltopografie, 120 f., 204, 224, 278, 310, 354, 370, 400, 416, 420, 425, 448, 501. SK

Schule Erste Hinweise auf das Bestehen einer öffentlichen S. in K. betreffen die 1320 durch ein Privileg des Gf. →Johann II. von dem Lüb. Kanoniker Hinrich von Kulmin gegründete Einrichtung in der Flämischen Straße, wo jüngere Kinder im Lesen, Schreiben und Rechnen unterrichtet wurden. Die älteren Schüler sollten vornehmlich zu guten Kirchsängern ausgebildet werden. 1350 errichtete die Stadt eine zweite S. Mit der Erweiterung des Lehrangebotes wurde der Hauptpastor von St. Nikolai zum Rektor und Lehrer der 1. Lat.klasse ernannt. Zum Unterrichtskanon dieser Stadt- bzw. Lat.s. (der heutigen K.er Gelehrtens.) gehörten Religion, Lesen, Schreiben, Rechnen, Lat. und Singen. Bis zur →Reformation übte das Bordesholmer Kloster das Patronat über die S. aus. 1534 übernahm das K.er →Stadtkonsistorium das Schulregiment, die S. zog (bis 1555) in das ehemalige →Franziskanerkloster. Die in den Hztt. seit 1542 erlassenen Kirchen- und Schulordnungen forderten einen geregelten Schulbesuch der Kinder und legten erstmals Schulvisitationen fest, die den Entwicklungsstand des Schulwesens beobachten und Mängel beheben sollten. Die K.er Lat.s. verzeichnete im Verlauf des 16. Jh. einen starken Aufschwung. Ihr Besuch sollte u.a. der Vorbereitung zu akademischen Studien dienen. Zum Ende des Jh. bestanden zwei weitere öffentliche Lehranstalten in K., eine für Jungen und eine für Mädchen, sog. dt. S. ohne Lat. unterricht. Außerdem hatten sich mehrere Nebenschulen, sog. Winkel- oder Klipps. als kleine private Schuleinrichtungen etabliert, die aufgrund des niedrigen Schulgeldes aber großen Zulauf fanden. 1647 versuchte der →Magistrat auf Betreiben der Stadtschullehrer den Unterricht in den Winkels. sowie die Tätigkeit privater Lehrer zu unterbinden, konnte ein entsprechendes Verbot jedoch nicht durchsetzen. Das Stadtkonsistorium duldete offiziell sechs Nebens., vier in der Stadt und zwei in der Vorstadt. Diese S. unterrichteten Jungen bis zum achten Lebensjahr nur im Lesen, dann sollten sie auf die dt. S. oder die Lat.s. wechseln. Mädchen konnten über einen längeren Zeitraum auch im Schreiben und Rechnen unterrichtet werden. Diese Anordnung des Stadtkonsistoriums wurde jedoch oft unterlaufen. Töchter aus den gehobeneren Ständen erhielten häufig Privatunterricht. Da es in K.

Handarbeitsunterricht an der Iltisschule, um 1900

keine Schulbezirkseinteilung gab, herrschte freier Wettbewerb um die Auslastung der S. und somit um die Einnahmen der Schulmeister. Die Höhe des sog. Schulschillings, den die Eltern an die Lehrer zahlten, richtete sich nach dem tatsächlich erteilten Unterricht. Die Einführung der Konfirmation als Abschluss der Schulzeit im ausgehenden 17. Jh. und die damit verbundene Prüfung in Christenlehre und im Lesen setzte einen längeren Schulbesuch voraus, so dass die tatsächliche Einhaltung der bereits 1542 festgelegten Schulpflicht an Bedeutung gewann. In diesem Zusammenhang setzte die Stadt 1689 zur Verbesserung des K.er Schulwesens den Schuldiener Christoph Plato in das Amt des Stadtkatecheten ein, der Kindern aus ärmeren Bevölkerungskreisen Katechismusunterricht erteilen sollte. Als dann 1793 die Armens., später Freis. genannt, gegründet wurde, ging diese Aufgabe an sie über. Die Schülerzahl der Stadt- bzw. Lat.s. sank bis 1726 auf 23 Schüler. Die Allgemeine Schulreform von 1814 legte in den Hztt. den Grundstein für die Einführung des dreigliedrigen Schulsystems und führte die acht- bzw. neunjährige Schulpflicht für Mädchen und Jungen ein. Im Zusammenhang mit dieser Reform kam es in K. 1797 zur Aufteilung der Stadts. in Bürger- und Lat.- bzw. Gelehrtens. Im Gegensatz zur Gelehrtens. erteilte die Bürgers. keinen Lat. unterricht. Der Begriff Bürgers. fasste Aufsichts-, Elementar- und Haupts. zusammen. Die Neuorganisation des K.er Schulwesens war 1831 abgeschlossen. Neben der Gelehrtens. und der Freis. gab es jetzt eine dreiklassige Hauptknabens. am Kütertor. Im →Buchwaldschen Hof in der →Dänischen

Unterricht an der Goetheschule, um 1955

Str. war erstmals eine städtische Hauptmädchens. mit zwei Klassen eingerichtet und eine einklassige Elementars. untergebracht worden. In der Vorstadt entstand am Walkerdamm ein gemeinsames neues Schulhaus für eine zweiklassige Hauptknaben- und eine Hauptmädchens. sowie eine einklassige Elementars. Die Schülerzahl der Freis. nahm stetig zu, so dass 1848 eine Knaben- und eine Mädchen-Freis. eingerichtet wurden. Träger dieser S. war die K.er →Gesellschaft Freiwilliger Armenfreunde. Dennoch besuchten 1848 noch über 20% der Schulpflichtigen private Schuleinrichtungen. Insofern wiesen die Mitglieder des 1836 gegründeten K.er Lehrervereins immer wieder auf Unzulänglichkeiten im Schulbereich hin. Nach langen Verhandlungen kam es 1861 zu einer grundlegenden Neuordnung des K.er Schulwesens. Die beiden Freis. wurden städtisch, die 1831 gegründeten Haupt- und Elementars. wurden zu einer Knaben- und einer Mädchen-Bürgers. umgestaltet. V.a. aber entstanden als Neugründungen eine Höhere Knaben- und eine Höhere Mädchen-Bürgers. Die Höhere Knaben-Bürgers. entwickelte sich als Real- und Oberreals. weiter zum Reform-Realgymnasium; seit 1947 trägt diese traditionsreiche Schule den Namen Humboldts. Aus ihr gingen 1897 die spätere Hebbels. und 1907 die spätere Max-Planck-S. hervor. Die Höhere Mädchen-Bürgers. in K. war zugleich die erste öffentliche höhere Mädchens. in SH. Die Konkurrenz der privaten Töchters. war jedoch so groß, dass sie 1878 aufgrund ihrer geringen Schülerzahl zur Mittels. zurückgestuft wurde, im Anschluss daran aber wieder mehr Zulauf fand und 1887 in eine Mittels. und in eine Höhere Mädchens. geteilt werden konnte. Nach den schwierigen Anfängen entwickelte sie sich zur gleichberechtigten städtischen höheren Mädchenschuleinrichtung; sie ist die Keimzelle der heutigen Ricarda-Huch-S.; aus ihr wurde 1907 die Höhere Mädchens. II ausgegliedert, die heutige Käthe-Kollwitz-S.. Die Mädchenschulreform von 1908 brachte die grundsätzliche Gleichstellung der höheren S. und eröffnete den Frauen den Zugang zur Univ. Zum K.er Schulwesen zählten auch Sonderformen, wie die Kath. Volkss. (1843–1938). 1902 wurde die erste Sonders. eingerichtet. Die seit 1920 eingeführten Förders. und -klassen nahmen eine Mittelstellung zwischen Sonder- und Volks. ein. Nach dem 1. →Weltkrieg führte die Einrichtung der allgemeinen vierjährigen Grunds. 1922 in K. zur Abschaffung der privaten und öffentlichen Vors. Als weiterführende S. gab es in der Weimarer Zeit in K. ein staatliches Gymnasium (Gelehrtens.) – das im Zuge der 1919 einsetzenden schulreformatorischen Neuerungen auch Mädchen aufnahm – ein Reformrealgymnasium, zwei Oberreals., zwei höhere Mädchens., elf Reals. und 36 Volkss. Das 1922 konzipierte dreigliedrige Schulsystem blieb nach der Machtübernahme 1933 in seiner Grundstruktur erhalten. 1938/39 führten Eingriffe in das höhere Schulwesen zu einer einheitlichen Obers., in der die bisherige Vielfalt der höheren Bildungsanstalten zusammengefasst wurde. Das altsprachliche Gymnasium (Gelehrtens.) blieb als gesonderte Schulform bestehen. Während des 2. →Weltkriegs sind von den 64 K.er S. 26 völlig zerstört und 23 schwer beschädigt worden. Der im Mai 1945 unterbrochene Unterricht wurde ab September unter schwierigen räumlichen Bedingungen wieder aufgenommen. Zunächst standen in der Stadt nur 100 Klassenräume zur Verfügung, die ersten Neubauten entstanden zu Beginn der 50er Jahre. Das dreigliedrige Schulsystem blieb erhalten. 1946/47 wurde ein gemeinsames Dezernat für S. und Kultur eingerichtet. Zum Schuljahrsbeginn 1948/49 wurde die sechsjährige Grundschulzeit eingeführt, diese Regelung hatte bis 1951 Bestand. Dagegen setzte sich der Gedanke der Ganztagss. mehr und mehr durch. Die erste Integrierte Gesamts.

wurde 1972 in K.-→Friedrichsort eröffnet. Aufgrund des 2007 verabschiedeten Schulgesetzes zur Reform des sh. Bildungswesens wurden als neue Schulformen Gemeinschafts- und Regionals. eingerichtet. Im Schuljahr 2007/08 gab es in K. 63 allgemein bildende S. in städtischer Trägerschaft. Dort wurden insgesamt 23.530 Schülerinnen und Schüler unterrichtet.

Lit.: H. Mohr, O. Konarske, Die Volkss. in K., Nms. 1992. Br

Schwantes, Gustav (geb. 18.9.1881 Bleckede, gest. 17.11.1960 Hmbg.), arbeitete von 1903 bis 1923 als Lehrer. Sein Studium der Völkerkunde, der Geologie und der Botanik in Hmbg. schloss er 1923 mit einer Dissertation über die steinzeitliche Lyngby-Zivilisation ab. 1926 wurde er Kustos am Museum für Völkerkunde und Vorgesch. in Hmbg. und habilitierte sich 1928. Im Jahr darauf wechselte er nach K. als Direktor des →Museums für Vaterländische Altertümer, wurde 1931 außerplanmäßiger Prof. an der →Christian-Albrechts-Universität und erhielt 1937 das angestrebte Ordinariat für Ur- und Frühgesch. Obwohl kein aktiver Nationalsozialist, bereitete er völkischen Ideen den Weg und trat 1933 der Fachgruppe für deutsche Vorgesch. im Kampfbund für deutsche Kultur bei. Sch. gehörte zu den Schöpfern der modernen Vorgesch. in Dtld., die er auch als praktische Wissenschaft ansah, und bezog Botanik und Anthropologie zur Rekonstruktion alter Lebenswelten mit ein. Er führte selbst die Grabungen des mesolithischen Fundplatzes im Duvenseer Moor durch, nach dem die Duvensee-Gruppe ihren Namen erhielt. Nach Sch. ist die Pflanzengattung Schwantesia benannt.

Lit.: Neue Deutsche Biographie 23 (2007), 790 f.; U. Müller, Die Ur- und Frühgesch. in K. zwischen 1929 und 1946, in: Wissenschaft an der Grenze, Essen 2009, 296-318. Ni

Schwartenbek Ehemaliges Dorf zwischen →Suchsdorf und Kronshagen, erstmals erwähnt 1337. 1352 verkaufte Wulf von dem Hagen vier Hufen des Dorfes an den K.er Rat zur Stiftung einer Vikarie in St. Gertrud. Nachdem die Stadt S. 1667 im

Schwartenbek, 1958

→Permutationskontrakt endgültig verloren hatte, ließ der neue Besitzer Gf. Johann Adolf Kielmann von Kielmannsegg (1612–76) das Dorf niederlegen und richtete auf dem Dorffeld einen zum Gut Kronshagen gehörigen Meierhof von 705 Tonnen ein. 1768 wurde das Gutsland parzelliert; drei Parzellen blieben beim Haupthof, der 1776 zum adeligen Gut erhoben wurde. Auf dem übrigen Land entstanden u.a. die drei neuen Höfe in Nienbrügge. Heute finden sich auf dem Gutsgelände neben dem 1923 erbauten barockisierenden Herrenhaus in Backstein weitere landwirtschaftliche Gebäude des 19. und 20. Jh.

Schwartenbek

Lit.: A. Gloy, Das alte Amt Kronshagen, K. 1914. Ro

Gustav Schwantes

Schwebefähre 1909 errichtete die Gutehoffnungshütte Oberhausen auf der expandierenden →Kaiserlichen Werft eine S. Sie schaffte eine Verbindung zwischen dem Gelände der neuen Nordwerft und dem alten, südlichen Teil und behob die Transportschwierigkeiten, die der 118m breite Einschnitt zweier Werft-Hafenbecken mit sich brachte. Ein zunächst eingesetztes Fähr-

Schwebefähre, Haupteinfahrt der Kaiserlichen Werft, Postkarte, um 1910

schiff hatte sich als ungeeignet erwiesen. Die S. war so groß, dass sie zwei Eisenbahnwaggons aufnehmen konnte. Sie hing unter einer auf zwei 57m hohen Pfeilern ruhenden Brücke. Die Höhe war erforderlich, damit große Kriegsschiffe ungehindert das Ausrüstungsbassin erreichen konnten. Die Verkleinerung der Kaiserlichen Werft seit 1919 machte die S. überflüssig. 1923 wurde sie abgebaut. Dr

Johann Schweffel

Schweffel (Familie). Der aus Meldorf gebürtige Gewürzkrämer und spätere Großkaufmann Johann S. (1720–92) eröffnete Februar 1747 in K. ein Handelsgeschäft. 1775 errichtete er ein repräsentatives Bürgerhaus (→Schweffelhaus). Sein Sohn Johann Hinrich S. (1751–1808) legte den Schwerpunkt auf das Eisengeschäft. Dessen Sohn Johann S. (1796–1865) übernahm die Firma 1819, betätigte sich auch als Reeder und besaß 1842 zwei Segelschiffe und den Raddampfer „Löven". 1838 gründete er, gemeinsam mit August Ferdinand Howaldt (1809–83) (→Howaldt, Familie), die Eisengießerei und Maschinenfabrik Schweffel & Howaldt, seit 1889 Howaldtswerke (→HDW). 1857 übertrug S. sein Handelshaus an seinen Sohn Hermann S. (1828–1903). Als dieser unverheiratet starb, erhielt die Firma neue Inhaber (Timm & Kühl), sie existierte bis 1938.

Lit.: Lebensläufe 302–304, 399. Os

Schweffelhaus Das zu den bedeutendsten Zeugnissen bürgerlicher Baukultur in K. zählende spätbarocke Stadthaus wurde 1775 für den Gewürzhändler Johann →Schweffel aus Meldorf erbaut, der in K. seit 1747 eingebürgert und zu Wohlstand gekommen war. Planung und Ausführung des palaisartigen Gebäudes mit repräsentativen Innenräumen lagen vermutlich in den Händen von Landbaumeister Johann Adam Richter. Der stattliche zweigeschossige Backsteinbau mit mächtigem Mansardwalmdach zeigte die typischen Stilmerkmale Richterscher Architektur, wie die gerundeten Gebäudekanten zwischen rustizierten Lisenen. Er stand bis 1907 am Beginn der heute verschwundenen →Klinke. Damals musste es der Verlängerung der →Holstenstr. nach Süden weichen.

Lit.: G. Pauly, Das Altk.er Bürger- und Adelshaus, K. 1924. La

Schweffelhaus, um 1890

Mündung der Schwentine in den Kieler Hafen, C.H. Rieper, um 1870

Schwentine Die 62km lange S. entspringt am Bungsberg und mündet zwischen →Wellingdorf und →Neumühlen in die K.er →Förde. Damit durchfließt sie auf rund 3 km das Stadtgebiet. Wirtschaftlich war der Unterlauf der S. v.a. als Mühlenstandort von Bedeutung, nicht nur der Kornmühlen, sondern auch der Rastorfer Papiermühle (→Mühlen). Die Wasserkraftwerke S. I (1904) und S. II (1908/09) waren kurzzeitig die wichtigste Elektrizitätsquelle der wachsenden Großstadt. Die um 1800 erbauten S.brücken aus Granitwerkstein und die Eisenbahnbrücke von 1896/97 sind bedeutende Baudenkmäler.

Lit.: G. Kaster (Hg.), Tradition und Aufbruch im Schwentinetal, Husum 2001. Ro

Schwertträger Seit 1972, dem Jahr der →olympischen Segelwettbewerbe und der Neugestaltung des Rathausplatzes, steht auf seiner östlichen Seite die nackte Figur eines Athleten aus Bronze auf einem ca. 0,65m hohen Sockel, das Gesicht zur Rathausfront gewendet. Der Schwertgurt mit der Gürtelschlaufe, die das Geschlechtsteil des durchtrainierten Mannes verdeckt, und das demonstrativ aufrecht präsentierte Schwert in seiner Rechten sind seine einzigen Attribute. Diese Figur von ca. 3m Höhe war ursprünglich der Mittelpunkt eines zwölfeckigen Brunnens für den damaligen →Neumarkt, der 1912 von Adolf →Brütt unter Beteiligung von Hermann Billing im Auftrag der Pr. Landeskunstkommission in Berlin für die Provinz SH entworfen und realisiert wurde. In diesem ursprünglichen Ensemble erschließt sich der Sinn des nackten Kriegers, an dessen Gestaltung Brütt mehrere Jahre arbeitete, als Rolandsfigur, die vor dem →Rathaus mit dem Blick zum →Kleinen Kiel über den Neumarkt wachte.

Lit.: C. Steckner, Der Bildhauer Adolf Brütt, Heide 1989. Km

Schwertträger, Plastik von Adolf Brütt, 1912

Schwimmbäder Bis 1966 blieb die →Lessinghalle das einzige K.er S., dann folgte die Schwimmhalle für das Ostufer in →Gaarden. Das Meerwasserbad →Schilksee wurde anlässlich der →olympischen Segelwettbewerbe 1972 errichtet. Der Eintritt betrug 1,70 DM. Bereits 1974 wurde es um ein Kinderspielbecken erweitert. Das Univ. sportforum erhielt 1975 eine Schwimmhalle, die auch Sportvereinen und dem

Universitäts-schwimmhalle, 1976

Freizeitsport zur Verfügung steht. In den 1970/80er Jahren bestanden Planungen für ein weiteres kombiniertes Frei- und Hallenbad auf dem Westufer, die nicht verwirklicht wurden. Der Bau eines neuen zentralen Freizeitbades wird weiterhin diskutiert. Bri

Sechzehn und Zweiunddreißig Männer Gegenüber der Machtgewalt des Rates (→Magistrat) konnte die Bürgerschaft in der FNZ durch die Einsetzung von Bürgerausschüssen, den XVI und den XXXII Männern, zunehmend Mitbestimmungsrechte durchsetzen. Erstmals 1645 sind 16 vom Rat berufene Bürgervertreter nachzuweisen, die seit 1648 als „XVI Männer" bezeichnet wurden. 1677 wurde die Bürgerschaft durch die Einsetzung eines weiteren Ausschusses gestärkt, der XXXII Männer, bestehend aus acht Vertretern je Quartier. Beide Ausschüsse wählten einen Worthalter aus ihren Reihen. Ihre zunächst auf Beratung beschränkten Aufgaben wurden schrittweise ausgeweitet. Seit 1753 konnten die Ausschüsse durch ein gemeinsames Votum Entscheidungen des Rates durchkreuzen. Mit dem Lokalstatut von 1850 gingen die Aufgaben der Bürgerausschüsse auf ein neues 16-köpfiges, dann 24-köpfiges Stadtverordnetenkollegium über.

Lit.: P. Trautmann, K.s Ratsverfassung und Ratswirtschaft vom Beginn des 17. Jh. bis zum Beginn der Selbstverwaltung, K. 1909, 107–125. Ro

Seebadeanstalt Düsternbrook, Johann Ludwig Christian Hansen, um 1830

Seebadeanstalten Ausgehend von Großbritannien wurde um die Wende vom 18. zum 19. Jh. auch in Dtld. die heilsame Wirkung des Badens in der See erkannt. Bereits 1803 regten K.er Medizinprof. die Gründung einer S. an der →Förde an. 1819 wurde zu deren Finanzierung eine Aktiengesellschaft gegründet, 1821 begannen die Bauarbeiten und ein Jahr später konnte die S. →Düsternbrook eingeweiht werden. Das vom dänischen Architekten Axel Bundsen errichtete Badehaus mit klassizistischer Fassade stand an der Stelle des heutigen →Landeshauses. Die S. Düsternbrook hatte vom dänischen Kg. nicht nur das Privileg bekommen, einzige S. an der Förde zu sein, sondern durfte in ihren Räumlichkeiten auch Konzerte, Bälle und andere Belustigungen ausrichten sowie ein Restaurant betreiben. Die S. Düsternbrook entwickelte sich rasch zu einem gesellschaftlichen Mittelpunkt der gehobenen K.er Bürger. Gebadet wurde streng nach Geschlecht getrennt im hinteren Teil des Gebäudes, wo Badezimmer mit Wannen aus Marmor und Kupfer für Bäder in erwärmtem Seewasser bereitstanden. Kalte Seebäder in der Förde konnten in geringer Entfernung genommen werden. Holzstege führten zu Badehäuschen, von wo - wiederum streng nach Männern und Frauen getrennt - in der Förde gebadet werden konnte. Nach dem Konkurs 1847 wurde die S. Düsternbrook zunächst vom K.er Physikus Wilhelm Heinrich Valentiner (1806–56) weiterbetrieben. 1865 erwarb die pr. →Marine das Gelände, nutzte es als Marinedepot und ließ die S. abreißen. Nach dem Abbruch des Düsternbrooker Seebades entstanden neue S. entlang der K.er Förde. 1867 wurde auf Höhe des heutigen Düsternbrooker Sporthafens eine neue S. mit Restaurant und Kaffeegarten errichtet, die 1898 vom Großindustriellen Friedrich Krupp gekauft und 1900–01 um ein luxuriöses Hotel (→Kruppsches Logierhaus) erweitert wurde. Mit dem zunehmenden Schiffsverkehr in der Förde verschwanden Anf. des 20. Jh. die Badeflöße, die seit 1867 auf Höhe des alten Bahnhofs und der →Seeburg in der Förde verankert waren und zu denen die Badegäste per Ruderboot gebracht wurden. Neue feste S. mit Umkleidekabinen auf Pfählen entstanden in der Wiker Bucht (Brägas'sche Badeanstalt, 1900), in Düsternbrook auf Höhe des Hotels →Bellevue (heute Maritim-Hotel), in →Holtenau (1907), →Friedrichsort, Falckenstein (1927), →Schilksee (1905), →Wellingdorf (um 1880), Möltenort (1904), Mönkeberg, Alt-Heikendorf und Laboe (1890er), wobei die Seebäder in Holtenau und Friedrichsort v.a. vom Militär zum Schwimmunterricht genutzt wurden. Viele dieser festen S. wurden im Laufe der Zeit durch Stürme oder Eisgang zerstört. Die 1936 am →Hindenburgufer neu errichtete S. Düsternbrook wird heute noch genutzt, die unter Denkmalschutz stehende S. Holtenau wurde 1992 geschlossen.

Lit.: R. Kremer, Badespaß an der K.er Förde, in: MKStG 82 (2005), 97–122. Ra

Seebadeanstalt Düsternbrook, 1959

Ostseebad Möltenort, Postkarte, um 1910

Seebäder In K. wurde 1822 die →Seebadeanstalt in →Düsternbrook, auf Höhe des →Landeshauses, eröffnet. Hier konnten privilegierte K.er Bäder mit erwärmtem Seewasser genießen oder von Badehäuschen aus im →Hafen baden. 1936 richtete die Stadt K. anlässlich der →olympischen Segelwettbewerbe das „Seebad Düsternbrook" ein. 1972 wurde ein Teil der maroden Anlage abgebrochen und die Badeanstalt in ihren Ausmaßen halbiert. In →Holtenau wurde 1950 eine Seebadeanstalt gebaut. Seit 1875 nennt sich Laboe „Ostseebad". Anf. der 1880er Jahre kamen die ersten Badekarren an den über 3km langen Strand, 1903 ersetzte die erste Badeanstalt die Karren. Mit Errichtung der ersten Badeanstalt in Möltenort im Jahr 1904 begann Heikendorfs Seebadgesch. Eine Strandpromenade entstand, sowie zwei Hotels. 1927 errichtete der Verschönerungsverein eine zweite Badeanstalt am Altheikendorfer Ufer, wo sie sich heute noch befindet. Die 1947 durch Sturm und Hochwasser zerstörte erste Badeanstalt wurde nicht wieder aufgebaut. Bad →Schilksee entstand aus einer Villenkolonie mit Sommerhäusern begüterter K.er Familien. Seit den 1890er Jahren entwickelte sich hier ein reger Fremdenverkehr mit Strandleben. 1905 wurde die Seebadeanstalt gegründet. Seit Anf. des 20. Jh. wird Strande im Sommer gern von den K.er Stadtbewohnern besucht. Die Infrastruktur bestehend aus einem Hotel, einem Restaurant und einem Dampferanleger, genügten den Besuchern vorerst. Mit dem Anschluss an die Linie der Fördedampfer zwischen den beiden Weltkriegen verstärkte sich der Ausflugs- und Fremdenverkehr beträchtlich.

Ja

Seeburg Die S. wurde 1909/10 am Düsternbrooker Weg nach Plänen des Münchner Architekten Theodor Fischer als Erholungsheim für Studenten und Prof. errichtet. Das Geld für Grundstück und Gebäude stammte aus Stiftungen. Den Namen übernahm das Studentenheim vom Vorgängergebäude (1782). Die S. hatte eine Mensa – die zweitälteste in Dtld. – Gesellschaftsräume, außerdem einen Festsaal und zum Wasser gelegene Bootsräume. 1913 wurde im westlichen Anschluss an das Hauptgebäude ein Anbau errichtet mit einer Doppelkegelbahn, darüber liegender offener Terrasse und abschließendem Pavillon, dem „Kaiserzimmer". Nach teilweiser Zerstörung im 2. WK wurde die S. vereinfacht wieder aufgebaut. Die Univ. übergab Mensa und Restaurationsbetrieb dem →Studentenwerk SH.

Lit.: R. Kienle, Das Studentenhaus S. der Univ. zu K. von Theodor Fischer, in: MKStG 77 (1991), 26–40.

Ge

Seeburg, um 1915

Seefischmarkt Der S. wurde als zentrales Projekt einer maritimen →Friedenswirtschaft nach dem 2. →Weltkrieg auf dem

Seefischmarkt

Seefischmarkt, 2000. Fischanlandung an der Schwentine, 26. April 1960

Seegarten, Postkarte, um 1900

Ostufer geplant. Ab Juli 1947 entstand am südlichen →Schwentineufer in →Wellingdorf auf dem ehemaligen Marinewerftgelände ein städtischer Fischereihafen mit Fischauktionshalle und fischverarbeitenden Betrieben. (→Fischindustrie) Es entwickelte sich ein fischwirtschaftliches Gewerbegebiet, das über 20 Jahre lang erfolgreich arbeitete und zuletzt ca. 1.700 Arbeitsplätze sicherte. Hier war die in der Landesgesch. einzige Hochseefischereiflotte SH stationiert, die jedoch wegen der langen Anfahrtswege in die Fanggründe der Nordsee nicht dauerhaft konkurrenzfähig war. Wegen rückläufiger Fischwirtschaft entwickelte sich die S. GmbH ab 1978 zu einer reinen Liegenschaftsverwaltung. Heute ist der Standort von Unternehmen der maritimen Technik und der modernen Meereswissenschaften (→Meeresforschung) geprägt.

Lit.: J. Briel, Der S. - Marine Wirtschaft im Wandel, in: G. Kaster (Hg.), Tradition und Aufbruch im Schwentinetal, Husum 2001.

Bri

Blick auf den Seefischmarkt, um 1950

Seegarten Von 1844 bis 1878 lagen in Höhe des →Schlosses die Schiffbauwerften Anton Conradi und Reuter & Ihms (→Schiffbau). Danach entstand dort ein Anlege- und Verkaufsplatz für Fischer und Fischhändler. 1889 wurde hier der städtische S. eröffnet, ein Garten mit Spazierwegen und Baumgruppen angelegt, dazu ein dreigeschossiges Gebäude nebst Turm als Restaurant mit Musikpavillon errichtet. Hinzu kam 1903 eine Wartehalle für die Schiffe der „Neuen Dampfer Compagnie" und die „Blaue Linie" (→Fördeschifffahrt). Während des 1. →WK lagerten Kriegsmaterialien auf dem S. 1929 richtete die Dt.-Amerikanische Petroleum-Gesellschaft dort eine Tankstelle ein. 1935 wurde ein Schießstand angelegt. Zur Segelolympiade 1936 ließ die Stadt die desolaten Gebäude auf dem S. abreißen und den freien Platz pflastern. 1962 wurden die Plastik „Segler" von Karlheinz Goedtke aufgestellt und ein Fähranleger für das norwegische Fährschiff „Kronprins Harald" gebaut (→Oslokai). Heute legen hier Kreuzfahrtschiffe an.

Si

Seehafen Kiel GmbH, Verwaltungsgebäude

Seehafen GmbH 1941 wurden die Hafen- und Verkehrsbetriebe aus dem Hafen- und Verkehrsamt gebildet, um mehr wirtschaftliche Beweglichkeit zu erlangen. Neben dem Aufgabenbereich Hafenbetrieb waren sie auch für die städtische →Eisenbahn und die →Ostseehalle zuständig. 1996 wandelte man den städtischen Eigenbetrieb Hafen- und Verkehrsbetriebe in die privatwirtschaftliche S. K. GmbH & Co. KG um. Sie ist ein Unternehmen der Landeshauptstadt K. Sie ist Eigentümerin der öffentlichen Anlagen

Paul Sartori
August Sartori
August Seibel
Paul Seydlitz
Heinrich Bruns
G. J. Sücht
R. Lehmann
C. D. Dethleffsen
Adolf Hegener
Georg Hansaldt
Paul Krause
Ernst Nehls
Heinrich Diederichsen
B. Ambrüß
Ernst Loeck

** nach vorheriger telefonischer Vereinbarung möglich. **
** Für eine Terminreservierung kontaktieren Sie bitte unsere **
** Beihilfe-Hotline unter der Telefonnummer 0431 / 988-9555. **
** **
** Besuchszeiten für allgemeine Beihilfeangelegenheiten: **
** - Dienstag 9:00 - 12:00 Uhr und 13:00 - 15:15 Uhr **
** - Donnerstag 13:00 - 15:15 Uhr **
** **
** Besuchszeiten für Pflegeangelegenheiten: **
** - Donnerstag 9:00 - 12:00 Uhr **
** - Freitag 9:00 - 12:00 Uhr **
** **
** Eine Abgabe Ihres Beihilfeantrages im Sophienblatt führt aus organisa- **
** torischen Gründen zu einer Verlängerung der Bearbeitungszeit. **
** **
****
** **
** Die Beihilfe-Hotline steht montags bis freitags (jeweils 9:00 - 11:30 **
** Uhr und 13:30 - 15:00 Uhr) unter 0431 / 988-9555 für allgemeine Fragen **
** und für Informationen zum Bearbeitungsstand Ihres Beihilfeantrages zur **
** Verfügung. **
** **
****
** **
** Informationen zu Ihren Rechten im Rahmen der Erhebung von **
** personenbezogenen Daten nach Artikel 13 und 14 der Datenschutz- **
** Grundverordnung erhalten Sie in Form von Merkblättern. Diese werden **
** Ihnen auf der Internetpräsenz des Dienstleistungszentrums Personal **
** des Landes Schleswig-Holstein unter der Internetadresse **

und der Infrastruktur des Handelshafens und verantwortlich für deren Entwicklung und Ausbau. Die Geschäftsführung übernahm bis 2006 Jörg Rüdel, seither Dirk Claus. 2005 entstanden die Tochterfirmen: Port-Event K. GmbH (Anteil 74,9%) für die Vermarktung der Terminals, KombiPort K. GmbH (50%) für die Verbindung an das Schienennetz und SK Stevedoring GmbH (100%) für das operative Umschlagsgeschäft. Bri

Seehunde Ein beliebter Treffpunkt an der →Kiellinie sind die S.becken vor dem →Aquarium des Leibniz-Instituts für Meereswissenschaften. Das erste Becken entstand 1972 zusammen mit dem Aquarium, das zweite wurde 1996 angebaut. Seitdem fassen die Becken insgesamt 250.000 Liter Ostseewasser. Infotafeln an den Becken informieren über Biologie, Verbreitung und Schutz der Säugetiere. Besucher können die S. sowohl von oben als auch durch Panzerglasscheiben unter Wasser beobachten. S. sind Raubtiere und die in Nord- und Ostsee häufigste Robbenart. Die K.er Tiere werden hauptsächlich mit Fischen, meist Hering, ernährt. Gru

Seehund Matje

Seekamp Um 1570 legte Christopher Rantzau auf Ländereien seiner Güter Knoop und Bülk den Hof Sehehorst an, der bei der Erbteilung zwischen seinen vier Söhnen 1575 als künftiges Gut S. an seinen Sohn Jeronimus kam. Zu dem neuen Gutsbezirk gehörten die Dörfer →Holtenau, →Pries und →Schilksee, ihre Einwohner waren leibeigen und dem

Gutsbezirk Seekamp, Kartenausschnitt, 1822

Gutshof dienstpflichtig. Jeronimus Rantzau ließ ein befestigtes Herrenhaus anlegen, ein bescheidenes zweistöckiges Gebäude, von einem Wassergraben umgeben. 1723 werden anstelle des Herrenhauses drei Wohngebäude in Fachwerkbauweise genannt, durch einen Graben getrennt vom Vorwerk mit Torhaus, Kornscheune und Kuhhaus für 80 Kühe. Um 1600 wurde in Holtenau ein Meierhof angelegt, der um 1680 aufgegeben und als Hof Stift neu erbaut wurde. 1631 erwarb Christian IV. die Güter S., Knoop und Bülk, um eine Seefestung anzulegen; sein Sohn Friedrich III. veräußerte sie wieder, erwarb S. aber bereits vor 1663 zurück, als er die →Festung Friedrichsort neu erbauen ließ. Per Schenkung ging das Gut 1679 unter Abtrennung des Festungsbezirks an die Familie von Hahn, 1722 erbte die Adelsfamilie Schack das Gut. Kein Besitzer nahm in S. seinen Wohnsitz, das Gut wurde durch Verwalter geführt. 1791 hob Otto Dietrich Schack die Leibeigenschaft auf; die zuvor dienstpflichtigen Hufner erhielten Land zu Eigentum gegen Entrichtung einer jährlichen Gebühr. Zeitgleich wurde das Gut parzelliert und die Ländereien verkauft. Der Hof S. bestand als größte Parzelle weiter. Zudem entstanden aus den Gutsländereien die Parzellenhöfe Heisch, Scheide-

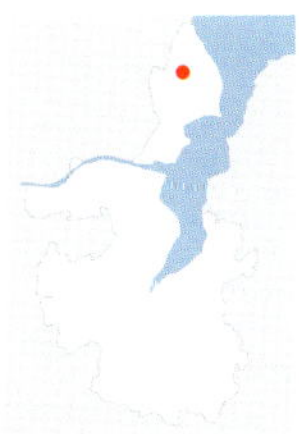

Seekamp

koppel, Kahlenberg, Dreikronen, Krabbenhöft und Friedrichsruh. Der Meierhof Stift wurde nunmehr Haupthof und blieb bis 1905 Familienbesitz der Schack. Der Hof S. befand sich seit 1914 im Besitz des Malers Hans →Olde des Älteren, der hier Kontakte mit namhaften Künstlern pflegte. 1925 erwarb die Stadt K. den Betrieb und ermöglichte 1927 das Kinderferienlager →Kinderrepublik S. auf dem Gutsgelände. 1972 stellte die Stadt den landwirtschaftlichen Betrieb ein. Auf dem ehemaligen Gut mit Wohn- und Wirtschaftsgebäuden des 19. Jh. ist heute die Hans-Kock-Stiftung ansässig, die seit 1993 Werke des Bildhauers Hans →Kock in einem Skulpturenpark zeigt.

Lit.: N. Detlefsen, Die K.er Stadtteile nördlich des Kanals, Nms. 1978. Ro

Seemannsheim Holtenau

Seemannsheime Für seelsorgerische und soziale Betreuung der Seeleute während ihres Aufenthalts im K.er →Hafen gründete sich 1898 ein Ortsausschuss für Mission, der Vorläufer der K.er Seemannsmission. Ab 1901 wurde ein Seemannsmissionar in →Holtenau angestellt. Darüber hinaus bestand Bedarf an einer Anlaufstelle für Freizeit und Übernachtung, die 1906 mit Eröffnung des S. am Wall 24 geschaffen werden konnte. Es bot ein Schreib- und Lesezimmer, einen Esssaal und 18 Betten. Für die Unteroffiziere und Mannschaften der →Marine bestand bereits seit elf Jahren ein Seemannshaus in der Flämischen Straße 21. 1915 konnte die Seemannsmission das neue S. am Wall 10 mit 28 Betten und angeschlossenem christlichen Hospiz eröffnen. 1935 entschloss man sich, das S. nach Holtenau in die Kanalstr. 64 zu verlagern, 1991 wurde es deutlich erweitert und seit 2002 gibt es einen Stützpunkt am →Ostuferhafen. Für die auf die Ankunft der Schiffe wartenden Ehefrauen wurde 1951 ein Seemannsfrauenheim auf der →Schleuse errichtet. Bri

Russee

Seen Das Stadtgebiet ist dem ostholsteinischen Hügelland zuzuordnen, geologisch ein Produkt der jüngsten Eiszeit, die eine s.reiche Landschaft entstehen ließ. Die Gletscherbewegung hatte in der Erde Hohlformen geschaffen, die noch mehrere Jahrtausende nach dem Rückzug der Eismassen mit Eis ausgefüllt waren, sog. Toteis. Erst beim langsamen Abschmelzen des Toteises traten die Hohlformen als S. in der Landschaft zutage. Manche Toteiss. erreichen große Tiefen, doch die S. des K.er Stadtgebiets sind flache Gewässer, nur der Drachensee erreicht noch 8,00m Tiefe. Sie zeigen starke Verlandungserscheinungen, die durch Entwässerungsmaßnahmen beschleunigt werden, besonders ausgeprägt am Wellsee oder am Tröndelsee. Einige S. sind gänzlich verlandet, wie der Hintere Russee oder der →Moorsee. Die breiten Röhricht-, Seggen- und Erlenbruchzonen bieten geschützte Lebensräume, so dass die S. vielfach als →Natur- oder Landschaftsschutzgebiete ausgewiesen sind. Auf K.er Stadtgebiet befinden sich u.a.: Drachensee, Langsee, Vorderer Russee, Schulensee, Tröndelsee und Wellsee. Im Stadtzentrum befand sich eine Vielzahl von kleineren Teichen (→Ziegelteich, →Galgenteich, Prüner Teich), von denen heute nur noch der Schreventeich erhalten ist. Ro

Drachensee

Seesoldaten-Ehrenmal Das größte derjenigen Denkmäler auf dem westlichem Fördeufer, die die Rolle K. als →Reichskriegshafen während der Kaiserzeit reflektieren, widmete der Verein ehemaliger Seesoldaten den Gefallenen ihres Truppenteils (Marine-Infanterie). Hermann Suhr und Alwin →Blaue schufen 1927–31 die schmale, ca. 12m hohe Stele aus Ostseegranit. Auf der Nordseite treten in flachem Relief 4 Soldaten (2,50 m hoch) aus dem Stein hervor, die unter einem Adler und einer Fahne stürmen, kämpfen und fallen. Die erhabene granitene Schrift: „6000 Seesoldaten gaben ihr Leben für Euch" deuten die stark abstrahierende Darstellung des geometrischen Heroismus als Opfer, das die Nachwelt als moralischen Imperativ verstehen soll. Demgegenüber fällt die 1954 hinzugefügte Gravur „1852–1914 starben auf See und in Übersee 300 Seesoldaten für Dtld." kaum auf. Eine angehängte Platte erinnert außerdem an die toten Seesoldaten des 2. WK.

Seesoldaten-ehrenmal

Lit.: G. Kaufmann, Historische Denkmäler in K. zwischen Akzeptanz und Widerspruch, in: Nordelbingen 66 (1997), 161–189. Km

Segelsport Segelboote waren als Frachtschiffe, als Fischer- und Fährboote seit den Anfängen der Stadt K. auf der →Förde unterwegs. Als sportliches Freizeitvergnügen verbreitete sich Segeln erst in der zweiten Hälfte des 19. Jh. S. ist erstmals 1875 in K. belegbar, als der Marine-Ingenieur Gustav Sonntag mit seiner Yacht „Argo" auf der Förde segelte. Eine erste kleine Regatta ist 1881 nachweisbar, die nachfolgende Regatta 1882 gilt als Geburtsstunde der →K.er Woche. Der kostspielige und zeitaufwendige S. blieb zunächst ein Elitesport: Der 1891 gegründete Kaiserliche Yachtclub (→K.er Yachtclub) versammelte Marineoffiziere, Adel und gehobenes Bürgertum und bot ihnen gesellschaftlichen Austausch. Doch war der S. stets auf Vereinsstrukturen angewiesen: Die in rascher Folge entstehenden S.vereine sorgten für die Einrichtung und Erhaltung von Liegeplätzen und Hafeninfrastruktur, die Ausrichtung von Wettfahrten und Regatten und die Ausbildung des Segelnachwuchses. Marinebaumeister Otto Berghoff (1873–1949) und der Reeder Christian Ivers (1845–1925) gründeten 1904 die K.er Seglervereinigung (KSV), die durch Anschaffung einer größeren Clubflotte breiteren Schichten den S. ermöglichen wollte. Sie löste sich 1937 zugunsten des Yacht-Club von Dtld. auf. Aus der →Freien Turnerschaft an der K.er Förde ging 1919 die Freie Turnerschaft Wassersport hervor, die den S. auch der Arbeiterschaft öffnete. Sie ist die Keim-

Regatta der Starboote zur Kieler Woche

zelle der Segler-Vereinigung K., heute nach dem KYC die zweitgrößte S.vereinigung in K. Als studentische Vereinigung gründete Prof. Theodor Niemeyer (1857–1939) 1910 den Akademischen Segler-Verein (ASV), der zunächst in der →Seeburg eine Heimat fand. Ergänzt durch Mitglieder des ASV Rostock von 1919 und des ASV Danzig von 1904, dessen Flaggschiff →„Peter von Danzig" 1945 an die Förde kam, wurde er nach dem 2. →Weltkrieg wiederbegründet. Auch der 1882 in Königsberg gegründete Segel-Club Baltic wurde nach dem 2. WK in K. weitergeführt. Die Danziger Segeltradition führt der

Hochsee-Rennyacht „Meteor III" unter vollen Segeln, Max Jensen, um 1905

Yacht-Club Godewind weiter, der 1897 als Danzig-Zoppoter Yacht-Club Godewind gegründet wurde. Insgesamt schaffen mehr als 30 Wassersportvereine günstige Rahmenbedingungen für das Freizeit- und Regattasegeln auf der Förde. Das attraktive Segelrevier, die Infrastruktur der →Sportboothäfen, Großereignisse wie das Volvo-Ocean-Race oder die →olympischen Segelwettbewerbe von 1936 und 1972 und die K.er Woche als größtes S.ereignis der Welt begründen K.s Ruf als Mekka des S. Ro

Segler-Vereinigung Kiel →Segelsport

Seibel, J. W., Margarinefabrik →Margarinefabrik J. W. Seibel

Sellmer, Beeke (geb.17.12.1798 Laboe, gest. 28.11.1861 Laboe). Die Laboer Fischersfrau gründete 1857 den ersten Linienverkehr auf der K.er →Förde (→Fördeschifffahrt). In einem offenen, 8m langen Wadenboot beförderte sie mittwochs und sonnabends Güter und Personen von Laboe nach K. und zurück. Der genaue Fahrplan hing von den Windverhältnissen und der Witterung ab. Der Fahrpreis betrug 2 Schillinge. Die männlichen Passagiere mussten, wenn es nicht genug Wind zum Segeln gab, mitrudern. Der Weg über das Wasser ersparte den langen Landweg um die Förde. S. war dreimal verheiratet. Eines ihrer zehn Kinder, Joachim Stuhr, fuhr mit einem kleinen Frachtsegler bis ins Baltikum. Ihr Haus, „De Delln", wurde vor Kurzem abgerissen. Im Jahr 2000 wurde ihr Wadenboot nachgebaut und trägt ihren Namen. Ja

Siegel →Stadtsiegel

Signalturm 1913 ließ die Kaiserliche Marine zur optischen Kommunikation mittels Flaggen- und Scheinwerfersignalen mit den im K.er →Hafen auf Reede liegenden Schiffen in der Nähe der Blücher-Brücke einen fünfgeschossigen S. errichten, der über eine rund 50m lange hölzerne Brücke mit dem Ufer verbunden war. Die Mastspitze des quadratischen, aus Beton gebauten S. erreichte eine Höhe von rund 40m, so dass die von dort

Signalturm, um 1955

abgegebenen Signale auch an Bord von weiter entfernt ankernden Schiffen gut erkennbar waren. Der S. war eines der maritimen Wahrzeichen K.s, bis er im Dezember 1958 wegen Baufälligkeit abgebrochen wurde.

Lit.: G. Stolz, Historische Stätten der Marine in SH, Heide 1990. Witt

Söhnker, Hans Albert Edmund (geb. 11.10.1903 K., gest. 20.4.1981 Berlin), wuchs in K. in einem sozialdemokratischen Elternhaus mit sechs Kindern auf. Nach dem Besuch der Mittel- und höheren Handelsschule wurde er Lehrling in einem Möbelgeschäft, entschied sich aber bald für die Theaterlaufbahn. Clemens Schubert und Gustaf Gründgens gaben ihm Unterricht, und 1922 bekam er sein erstes Engagement in K. (zusammen mit Ernst →Busch). Nach mehreren Bühnenstationen (u.a. Frankfurt/Oder, Danzig, Chemnitz, Bremen) wurde er von der Ufa als singender Bonvivant für den jungen Tonfilm entdeckt. Dem ersten Erfolg im „Zarewitsch" mit Marta Eggerth (1933) folgten jährlich mehrere Filme in Star-Besetzungen bis zur „Großen Freiheit Nr. 7" (1945) mit Hans Albers. Nach dem Krieg wirkte er als Charakterdarsteller bei Boleslav Barlog im Schlossparktheater am Aufbau des Berliner Theaterlebens mit. Er blieb beim Film, ging auf Theatertourneen und war im Fernsehen, u.a. in Serien präsent.

Lit.: Hans S., Und kein Tag zuviel, Frankfurt/Main, Berlin, Wien 1976. SR

Hans Söhnker

Ausbaggerung des Kleinen Kiels durch die Firma Steffen Sohst, um 1900

Steffen **Sohst** Aus einem Zimmereibetrieb ging die bedeutende Baufirma hervor, die S. (1845–1908) im Jahr 1872 in →Gaarden gründete. Dem Tiefbauunternehmen wurde, zunächst gemeinsam mit der Firma Gebrüder Ihms, Anf. der 1890er Jahre ein Baggerbetrieb angegliedert, so dass S. ein breites Spektrum an Wasserbauten anbieten konnte. Zahllose Molen, Kaimauern und Hellinge wurden für die Hafen- und Werftanlagen ausgeführt; die Schwimmbagger, Schlepper und Schuten der Firma waren bei Hafenvertiefungen und beim Kanalbau unerlässlich. Nach dem 2. →WK baute die Firma, die zwischenzeitlich bis zu 1.000 Mitarbeiter beschäftigte, u.a. den →Oslokai und die Fährhäfen in Rødby und Kristianssand und realisierte die Leuchtturminsel in der →K.er Bucht. 1966 überhob sich das hoch verschuldete Unternehmen an der Finanzierung des bundesweit größten Saugbaggers für den Ausbau der bremischen Häfen und musste spektakulär Konkurs anmelden. Ro

Solomit Das 1939 östlich des Langen Rehms im K.er Stadtteil →Neumühlen-→Dietrichsdorf errichtete Arbeitsgemeinschaftslager S. diente der Unterbringung von Dienstverpflichteten der Kriegsmarinewerft für die sog. U-Boot-Sonderprogramme. Die nach der vom Chemiker Willi Schacht erfundenen „S.bauweise" errichteten Gebäude bestanden aus mit Zement bestrichenen Strohmatten und gaben den Baracken ein „massives" Aussehen. Das Lager S. wurde im Laufe des 2. WKs mit →Zwangsarbeitern und Kriegsgefangenen belegt. In die stark zerstörten Baracken zogen nach 1945 →Flüchtlinge und Vertriebene. Ab 1955 wurden die S.baracken durch gemauerte Schlichtwohnungen ersetzt, die bis zur endgültigen Auflösung 1990 mit bis zu 700 K.er Obdachlosen belegt waren.

Lit.: U. Carstens, S., K. 1996. Ca

Somerset-Haus, ehemaliges Luftkreiskommando VI (1935)

Somerset-House Ehemaliges Luftkreiskommando VI, erbaut 1934/35 in herrschaftlich vom Fördeufer abgerückter Lage zwischen Niemannsweg und →Hindenburgufer. Sehr breit gelagerter dreigeschossiger Backstein-Werksteinbau unter niedrigem Walmdach, der sich zum Niemannsweg zur weit- und tiefräumigen Dreiflügelanlage öffnet. Dort vermitteln vorgelagerte eingeschossige Winkelbauten der pfeilerbewehrten Wachhäuser (aus Kalksandstein) den Zugang zum Haupteingang unter feierlichen Hochfenstern. Der starke Besatz von einfassenden Kalksandsteinformen an Baukanten, Fenstern, Portalen und Traufgesims gibt dem von gleichmäßigen Fensterreihen bestimmten „Staatsbau" trotz roten Backsteingrunds etwas frostige Züge machtstaatlich erstarrter Neoklassik. In dieser repräsentativen Militärarchitektur wollte das Reich respektive das Regime die wiedererlangte „Wehrhoheit" demonstrativ vorstellen. Im Innern, zumal in der breiten Empfangshalle, erkennt man wiederum das Nachleben gewisser Eleganz-Muster des Art-Deco, die in den NS-Repräsentationsstil einfließen. 1945 firmierte der Komplex als „Essex Barracks" der Royal Air Force, von 1946 bis 1955 war er als „S." Sitz des britischen Militärgouverneurs für SH. Heute ist er Dienststelle des Territorialkommandos SH, zugeordnet dem Bereich Allied Forces North-Europe. An

Sophienblatt Die Straße wurde 1658 zum ersten Mal erwähnt und ist auf der „Topographisch Militärischen Charte des Hzt. Holstein (1789 – 1796)" eingezeichnet. Bedeutung erlangte die Straße mit dem Bau der Hmbg. Chaussee 1832, auf der man in nur neun Stunden von Altona nach K. gelangte. Der Name S. entstand aus dem lat. „Salvia", eine zum Bierbrauen benutzte Hopfenart, die vor der Stadt angebaut wurde. Aus Salvienblatt, Sefienblatt entwickelte sich S. Seit 1954 verläuft das S. von der Andreas-Gayk-Straße zur Hmbg. Chaussee. Eb

Sophienhof An der Stelle des gleichnamigen Einkaufzentrums wurde 1906 im Zuge des Ausbaus der Bahnhofsumgebung der am →Sophienblatt liegende S. errichtet. Der an der Fassade reich verzierte Putzbau beherbergte moderne Geschäftsräume und großbürgerliche Wohnungen. Besonders auffällig am S. waren maskenhafte Sphinx-Figuren, die als Zitat am neuen S. wiederzufinden sind. Gemeinsam mit dem an der Ecke Sophienblatt/Herzog-Friedrich-Str. entstandenen Sophieneck und dem Sitz der sh.

Sophienhof, um 1975

Einkaufszentrum Sophienhof

Landgesellschaft bot das Gebäudeensemble ein Zeugnis der wilhelminischen Architektur des Jugendstils in K. Während des 2. WK wurden Teile des S. zerstört. Die ursprüngliche Fassade wurde durch Umbauten verändert und verlor ihre alte Symmetrie. 1969 kaufte die Neue Heimat Grundstücke im Sanierungsgebiet auf und beabsichtigte, die alten Gebäude abzureißen, um dort neue Wohn- und Geschäftshäuser zu errichten. Proteste gegen den Abriss des S. wurden von Hausbesetzern sowie von Kunsthistorikern und Denkmalpflegern artikuliert. Zwischen 1981 und Sommer 1983 wurden im Sophienblatt, z.T. unter großem Polizeiaufgebot, die Gebäude beseitigt. Zunächst war ein großer Neubaukomplex mit Geschäften, Büros, Sozialwohnungen, Freizeiteinrichtungen sowie einem Hotel geplant. Um die Bebauung des Geländes möglich zu machen, beteiligte sich die Stadt K., indem sie ein Kulturzentrum und die neue →Stadtgalerie in den Neubau integrierte. Am 3.3.1988 wurde der „neue“ S. feierlich eingeweiht. Der S. entwickelte sich zu einer sehr erfolgreichen Shoppingmall mit überregionaler Ausstrahlung. 2000–01 um eine Markthalle erweitert, bietet der S. auf 38.000m² Raum für ca. 100 Geschäfte, Dienstleister und Büros.

Lit.: A. Nuth, Die Kontroverse um den Abriss des alten S., in: MKStG 84 (2008), 153–208. Wm

Sozialdemokratische Partei Deutschlands (SPD) →Arbeiterbewegung, →Parteien, →Wahlen

Sparkassen-Arena →Ostseehalle

Wilhelm Spiegel

Spiegel, Wilhelm (geb. 22.6.1876 Gelsenkirchen, ermordet 12.3.1933 K.). Der aus einem groß-bürgerlich-jüdischen Elternhaus stammende Anwalt gehört zu den bedeutendsten Kommunalpolitikern K.s der Weimarer Zeit. Obwohl an Glaubenfragen nicht sehr interessiert, wurde S. 1909 zum stellvertretenden Vorsitzenden der Jüdischen Gemeinde gewählt. Freiwilliger im 1. WK, zeigte er beim →Kapp-Putsch 1919 großen Mut und verhinderte mit anderen eine weitere Eskalation. Von 1911 bis 1933 vertrat S. die SPD in der Stadtverordnetenversammlung, deren Vorsitzender er fünf Jahre war; 1919–1922 war S. Mitglied des pr. Staatsrates. Er suchte den Ausgleich mit bürgerlichen Positionen. S. verteidigte Sozialdemokraten und Kommunisten, die sich gegen den NS-Terror wandten, und zog sich den Hass der NSDAP zu, als er 1932 die →Schleswig-Holsteinische Volks-Zeitung im sog. Hitler-Wurbs-Prozess vertrat. In der Nacht vor der Kommunalwahl 1933 wurde S. in seinem Haus von Nationalsozialisten erschossen.

Lit.: V. Jakob, Wilhelm S., in: G. Paul / M. Gillis-Carlenbach (Hg.), Menora und Hakenkreuz, Nms. 1998, 205–213. Do

Spiegelblank Dem 1947 von Heinz Kuhnert gegründeten Reinigungsunternehmen S. mit Sitz in →Hassee eröffnete sich in den 1950er Jahren ein breites Geschäftsfeld: Für →Banken, Versicherungen und Wirtschaftsunternehmen, aber auch für die öffentliche Verwaltung rechnete sich die Inanspruchnahme eines externen Dienstleisters zur Reinigung ihrer oft neu erstandenen Bürogebäude. Mit rund 2.000 Mitarbeitern gehört S. bis heute zu den Marktführern und zu den größten Arbeitgebern in SH. Ro

Spiellinie Die „S. an der →Kiellinie“ wurde 1974 von Dieter Opper, dem damaligen Kulturreferenten der Stadt, entwickelt. Vorbild war die von dem dt. Architekten Werner Ruhnau zu den Olympischen Spielen 1972 konzipierte Spielstr. in München. Die S. trägt die Hs. der 1970er Jahre und der kultur- und gesellschaftspolitischen Diskussionen dieser Zeit, in deren Mittelpunkt

Spiellinie auf der Krusenkoppel, 2001

eine Demokratisierung der Kunst und ihre Öffnung für alle gesellschaftlichen Schichten standen. Statt passivem Kunstgenuss wurde eine aktive Teilnahme aller Bürger an der Kultur zum Ziel erklärt. „Mitmachen und Mitspielen" lautete das Motto. 1974 fand die S. erstmalig entlang der K.linie zwischen dem Institut für Meereskunde und der Reventloubrücke statt. Die ersten S. folgten keinem festgelegten Thema, sondern präsentierten sich als breite Palette verschiedener Workshops wie Holzwerkstatt, S.zeitung oder →Kindertheater. Ein Motto wurde abgelehnt, da dies als Vorgabe und somit als Einschränkung der freien Entfaltung der Kreativität gesehen wurde. In den 1980er Jahren wurde die S. von kommerziellen Angeboten, Ess- und Getränkeständen und den großen Musikbühnen der verschiedenen Radiosender immer weiter in den Hintergrund gedrängt und verschwand so aus der Wahrnehmung der Besucher. Seit 1996 findet die Veranstaltung auf der →Krusenkoppel statt. Während die S. in den 1970er Jahren noch stark improvisiert war und viele Aktionen auch den Charakter von Happenings besaßen, wird die S. heute professionell geplant und durchgeführt. Bereits ein Jahr vorher wird mit den Vorbereitungen für Europas größtes Kinder-Kultur-Festival begonnen, das im Gegensatz zu der ursprünglichen Konzeption nun unter einem bestimmten Thema steht, aber noch immer von jeder Kommerzialisierung und Sponsoring freigehalten wird. Die S. ist eine der erfolgreichsten und bekanntesten Veranstaltungen der →K.er Woche.

Lit.: K. Kroll, Die K.er Woche, Nms. 2005 SK

Sportboothäfen In K. bestehen derzeit neun S., die seit 1997 durch die Sportboothafen K. GmbH unterhalten und betrieben werden und an der 27 K.er Segel- und Motorbootvereine beteiligt sind (→Segelsport). Allein an →K.linie und →Hindenburgufer liegen innenstadtnah fünf S., →Seeburg, Reventlou, Blücherbrücke, →Düsternbrook und →Wik. Der S. Düsternbrook mit seinen 288 Liegeplätzen geht auf den →Olympiahafen von 1936 zurück. An der Schwentinemündung bestehen die S. →Dietrichsdorf und →Wellingdorf. Die Mole Stickenhörn am Prieser →Strand wurde erst 1982/83 zu einem S. mit 460 Liegeplätzen ausgebaut. Der bedeutendste und mit 860 Liegeplätzen größte K.er S. ist der →Hafen von →Schilksee, der 1972 zu den Olympischen Segelwettbewerben zu einem internationalen Segelsportzentrum ausgebaut wurde. Insgesamt bieten die K.er S. heute mehr als 2.200 Liegeplätze. Weitere S. an der K.er →Förde finden sich in Mönkeberg, Möltenort, Laboe und Strande. Ro

Sportboothafen Schilksee

Sprotten Der Sprott (lat. Sprattus sprattus), auch als Breitling oder Brisling bezeichnet, gehört zur Familie der Heringe und wird durchschnittlich 10 bis 15 cm lang. Das Verbreitungsgebiet des am Rücken blaugrau, ansonsten silbrig gefärbten Schwarmfisches erstreckt sich von der Biscaya über das Mittel- und Schwarze Meer bis in die Nord- und Ostsee hinein. An SH Ostseeküste

Kieler Sprotten, Friedrich Erdmann Sell, um 1900

wurde der fettreiche Speisefisch seit Mitte des 19. Jh. v.a. in →Ellerbek und Eckernförde massenhaft angelandet und verarbeitet (→Fischräucherei). Die Bezeichnung K.er S. tauchte 1786 auf und hat sich dann als Qualitätsbegriff für alle im westlichen Ostseeraum gefangenen und zu Räucherware veredelten Kontingente eingebürgert. Um 1900 arbeiteten in Ellerbek 34, in Eckernförde 30 Räuchereien. Als Qualitätsprodukt von der K.er →Förde fanden geräucherte S. massenhaften Absatz im In-und Ausland. Bis in die 1940er Jahre dauerte die große Zeit des kleinen Fisches, bevor nach dem 2. WK in beiden Fördestädten ein kontinuierlicher Niedergang einsetzte. Neben der rückläufigen Berufsfischerei schlugen im verarbeitenden Gewerbe v.a. die strengen Abgasnormen zu Buche, die die traditionell eingesetzten Altonaer Räucheröfen nicht mehr erfüllen konnten. Für Investitionen in moderne Technologien fehlte jedoch in fast allen Unternehmen das Geld. Deshalb wird die goldbraune Spezialität heute nicht mehr in K. hergestellt. Sie ist aber nach wie vor im Handel erhältlich und kann auch in der süßen Variante als Schokoladenfisch konsumiert werden.

Lit.: K. Szadkowski, K.er S., Norderstedt 1999. We

Staatsarchiv Das 1870 in Schleswig gegründete pr. S. wurde nach längerer Debatte mit Unterstützung des K.er →Magistrats 1923 in das ehemalige Marinesanitätsdepot in der Karlstr. 27 verlagert. Dieses Gebäude wurde im 2. →Weltkrieg 1945 zerstört. Die Bestände waren bereits ab 1941 in stillgelegte Bergwerke, Schlösser und Schulen ausgelagert worden und konnten fast unversehrt gerettet werden. Nach einem kurzen Aufenthalt in der Reventlouallee wurde das S. 1947 in Landesarchiv umbenannt und zurück nach Schleswig verlegt, wo es provisorisch im Schloss Gottorf und seit 1991 im Prinzenpalais untergebracht ist. Es verwahrt 35km Unterlagen, darunter die älteste Urkunde aus dem Jahr 1059.

Lit.: R. Hering: Vom Pergament zum PC, in: Schleswig-Holsteinische Topographie. Bd. 9, Flensburg 2007, XXIV-XXX. Her

„Stadt Kiel“ heißt das Motorschiff, das als technisches Kulturdenkmal und fahrbereites Traditionsschiff an der Seegartenbrücke beim K.er Schifffahrtsmuseum liegt. Es wurde 1934 auf der →Germaniawerft in K. zur Fahrgastbeförderung auf der K.er →Förde gebaut und, nach Versenkung durch Bombentreffer 1943 und Neuaufbau, bis in die 1970er Jahre hinein im Linien- und Charterdienst, für →Butter- und Ausflugsfahrten, 1972 auch als schwimmende Tribüne bei den →olympischen Segelregatten eingesetzt. Nachdem das Schiff 1976 außer Dienst gestellt worden war, wurde es 1983 von einem eigens dafür gegründeten Förderverein übernommen. Auf seine Initiative hin konnte es restauriert, bis heute erhalten und betrieben werden.

Lit.: T. Schwabedissen, MS Stadt K., Husum 2001. Ha

Traditionsschiff „Stadt Kiel“

Stadt- und Schifffahrtsmuseum Das S. ist eine kommunale Museumseinrichtung, die mit ihren Sammlungen die Stadtgesch. mit einem maritimen Schwerpunkt dokumentiert und präsentiert. Es verfügt über

Kieler Schifffahrtsmuseum am Wall

zwei Ausstellungshäuser, die gleichzeitig als besondere Baudenkmale auf die Stadt- und Schifffahrtsgesch. verweisen, den →Warleberger Hof, wo vorwiegend stadthist. und kulturgeschichtliche Sonderausstellungen gezeigt werden, und die hist. →Fischhalle am →Seegarten mit einer Dauerausstellung zur regionalen Seefahrtsgesch., speziell zur Marinegesch., den Werften, dem →Segelsport und der Fischerei. Das Museum entstand, weil die ehemals in K. angesiedelten Provinzialmuseen (→Thaulowmuseum, →Museum für Vaterländische Altertümer) nach dem 2. →Weltkrieg in Schleswig als neue Landesmuseen eingerichtet wurden. Damit hatte K. auch seine stadtgeschichtlichen Sammlungen verloren und begann Mitte der 1960er Jahre neue Bestände aufzubauen (→Museen). 1970 wurde der Warleberger Hof als neues Stadtmuseum eröffnet, 1978 folgte das Schifffahrtsmuseum. Beide Häuser werden als ein wissenschaftliches Institut mit gemeinsamem Sammlungsbestand geführt. Als verhältnismäßig junge Museumseinrichtungen konnte ein modernes Konzept entwickelt werden, das in seinen Ausstellungen und Publikationen die regionalen und die nationalen kultur- bzw. politisch-hist. Fragestellungen verbindet und sich inhaltlich Themenfeldern der →Industrialisierung, der Urbanisierung, der Modernisierung und der Demokratisierung widmet. Dabei werden die Seefahrt, die maritime Wirtschaft und die →Marine als ein wesentlicher Motor der städtischen Entwicklungen angesehen. Der Zeithorizont der Sammlung und der Ausstellungsthemen umfasst die letzen 150 Jahre. Sammlungsschwerpunkte liegen bei regionaler Grafik, Malerei und Kunstgewerbe, hist. Dokumenten, einer umfangreichen Plakatsammlung sowie Objekten der Alltagskultur und der K.er Wirtschaftsgesch. Der maritime Bestand umfasst überregional herausragende Sammlungen an Schiffsmodellen und der Marinemalerei sowie nautische Instrumente und Objekte der maritimen Technologie. Das Museum verfügt über ein modernes Depot mit professioneller Sammlungsverwaltung. Zum Museum gehört auch eine Anlegebrücke mit drei Museumsschiffen aus der ersten Hälfte des 20. Jh., die als authentische Originale das Leben an Bord vermitteln (→Bussard).

Lit.: D. Tillmann, Das Schifffahrtsmuseum in der K.er Fischhalle und seine Sammlungen zur maritimen Stadtgeschichte, Dößel 2007.

Ti

Ausgrabung der Stadtmauer am Warleberger Hof, 1991

Stadtarchäologie Das archäologische Interesse für die Vergangenheit der Stadt K. setzte bereits in der zweiten Hälfte des 19. Jh. ein, als das Stadtbild seine ersten einschneidenden Veränderungen erfuhr. Wiederholt wurden bei Bauvorhaben Reste der mittelalterlichen Stadtmauer freigelegt, so in der →Holstenstr., in der Faulstr. und in der Pfaffenstr. sowie 1928 in der Haßstr. beim Bau des Pumpwerkes. Der Wiederaufbau der zu 80% kriegszerstörten Innenstadt führte zunächst nicht zu systematischen Ausgrabungen, obwohl der Untergrund an vielen Stellen noch bis in die oberen Schichten eine ungestörte historische Stratigraphie besaß. Erst die Neubaumaßnahmen auf dem Schlossgelände gaben ab 1960 Anlass zu baugeschichtlich ausgerichteten Bodenuntersuchungen. Im Februar 1961 wurde im westlichen Teil des →Schlossgartens Spuren eines spätmittelalterlichen Pestfriedhofes mit mindestens 100 Bestattungen aufgdedeckt (→Pest). 1971 bis 1975 unternahm das Universitätsinstitut für Ur- und Frühgeschichte mehrere kleinere Grabungskampagnen, deren Ergebnisse K. als Stätte der S. in die überregionale Fachliteratur eingehen ließen. Auf dem Marktplatz, in der Holstenstr., am Wall und in der unteren Haßstr./Ecke Jensendamm konnten unter Termindruck erstmals Spuren der Stadtentwicklung aus MA und FNZ festgehalten werden. Die Freilegung der Fundamentreste der 1417 erstmals erwähnten Kapelle „Unserer lieben Frauen" neben dem ehemaligen Schuhmachertor geschah 1973/74 in enger Zusammenarbeit mit der „Arbeitsgemeinschaft für Vor- und Frühgeschichte", einem unter dem Dach der →„Gesellschaft für Kieler Stadtgeschichte" 1970 gegründeten Zusammenschluss archäologisch begeisterter Heimatforscher. Dieser engagierten und schnell wachsenden Laiengruppe, die bald unter dem Spitznamen „Maulwürfe" stadtbekannt wurde, gelang es eine Vielzahl von archäologischen Befunden nicht nur im Altstadtbereich zu erfassen, die den seit der Steinzeit besiedelten Kulturraum rings um die Förde als Vor- und Frühgeschichtslandschaft greifbar werden ließen. 1984/85 sicherten Mitglieder der Arbeitsgemeinschaft die von einem Bauvorhaben bedrohten Grundmauern des ehem. →Franziskanerklosters, die heute als archäologisches Denkmal in eine öffentliche Grünanlage integriert sind. 1989–91 ergab sich die Gelegenheit zu planmäßigen Ausgrabungen durch das Archäologische Landesamt, zunächst als Notgrabung auf dem Grundstück Flämische Str. 7–9, dann als systematische Grabung auf einer der letzten großen Brachflächen im Altstadtbereich zwischen Haßstr. und Klosterkirchhof und hinter dem →Warleberger Hof, die neue Ergebnisse zur Stadttopografie, zur Siedlungsentwicklung, zum Hausbau, zur Wirtschafts- und Sozialstruktur der Bewohner, aber erneut auch zum Verlauf und Aussehen der mittelalterlichen Stadtmauer erbrachten.

Lit.: U. Albrecht, A. Feiler, Stadtarchäologie in K., K. 1996; A. Feiler, Die Entwicklung K.s von der Frühen Stadt zur mittelalterlichen Stadt, Bonn 1996. Al

Stadtarchiv Seit der →Stadtgründung bewahrte der K.er Rat die wichtigsten Urkunden dauerhaft im →Rathaus auf. Zuständig für das Archiv waren ein →Bgm. oder der →Syndicus. Erstmals ordnete Bgm. Asmus →Bremer das Archiv, doch wurde es in der Folgezeit nicht sorgfältig gepflegt. In Folge des →Hafenprozesses mussten Akten in großer Zahl vorgelegt werden, ein geordnetes hist. Archiv wurde schmerzlich vermisst. Daher wurde 1907 mit Franz Gundlach erstmals ein wissenschaftlicher Archivar im S. angestellt. Gundlach baute die Magistratsregistratur zu einem öffentlichen Archiv um, das regelmäßig nicht

Stadtarchiv Kiel, Lesesaal

mehr laufend benötigte Unterlagen der Stadtverwaltung übernahm, sicherte und öffentlich zugänglich machte. Seit 1911 ist das Archiv im →Rathausturm angesiedelt. 1939 wurde Hedwig Sievert als Stadtarchivarin angestellt. Ihr Hauptverdienst ist die Auslagerung der wertvollen Bestände während des Bombenkriegs in ein Bergwerk bei Heilbronn, nach Dresden und nach Brandenburg. Im brandenburgischen Puttlitz ging bei Kriegsende ein großer Teil der wertvollsten Urkunden verloren; ein anderer Teil konnte nach mühsamen Verhandlungen zurückgeführt werden. Das wertvollste Stück der K.er Bestände, die Hs. des →Lübischen Rechts, kehrte erst 2003 aus der ehemaligen Sowjetunion zurück. Unter Jürgen Jensen professionalisierte sich seit 1972 die archivische Arbeit im S.; die Vermittlung von Stadtgesch. wurde in Zusammenarbeit mit dem →Stadt- und Schifffahrtsmuseum und der →Gesellschaft für K.er Stadtgesch. ausgeweitet. Seit 2004 leitet Doris Tillmann das S. Heute verwahrt das S. rund 2,5km Akten und Amtsbücher, 700 Urkunden, 8.000 Karten und Pläne, 7.000 Postkarten und 30.000 stadthist. Publikationen. In der umfangreichen Mediensammlung werden geschätzte 2 Mill. Abb. vorgehalten. Die Bestände können im Lesesaal von jedermann eingesehen werden. Ro

Stadtbaumeister Als S. wurden die innerhalb der Stadtverwaltung für alle Bau- und Planungsfragen zuständigen leitenden Beamten bezeichnet. Die Bezeichnung veränderte sich im Zusammenhang mit der Organisation in der Stadtverwaltung mehrfach: ab 1875 Stadtbaurat, später Dezernent. Erster K.er S. war Friedrich Nikolaus Rohlf Schernekau (1841–65), ihm folgten u.a. Gustav Ludolf →Martens (1865–71), Friedrich Wilhelm Schweitzer (1890–95), Georg →Pauly (1903–21) und Willy →Hahn (1922–30). Nach dem 2. WK amtierten Herbert →Jensen (1950–62), Klaus Müller-Ibold (1963–68), Eberhard Kulenkampff (1969–74), Hans Bartels (1975–87), Otto Flagge (1987–99), Ronald Klein-Knott (1999–2005), Peter Todeskino (seit 2005).

Lit.: Jensen Me

Stadtbücherei Vorläufereinrichtungen waren die literarischen Societäten der „Kielischen Gesellschaft der schönen Wissenschaften" von 1754 und der Gesellschaft →„Harmonie", die 1801 die Einrichtung einer Bibliothek beschloss. Die eigentliche Gründung der S. K. als „K.er Volksbibliothek" durch die →„Gesellschaft freiwilliger Armenfreunde" datiert vom 26. Dezember 1874. Ihr erstes Gebäude befand sich im Hinterhof des Hauses →Holstenstr. 32. 582 Bde. waren im Bestand. Bis 1901 kamen zwei weitere Einrichtungen (Schulgebäude Gerhardstr. 12 und in der →Wik, Schulgebäude Prinz-Heinrich-Str.) hinzu. Diese drei Bibliotheken wurden im Jahr 1912 zu einer Bücherei mit Lesehalle im Alten →Rathaus am Markt zusammengefasst. Der erste hauptamtlich eingestellte Bibliothekar war der dafür vom Schuldienst beurlaubte Lehrer Jungclaus. Am 1. April 1920 wurde die S. von der Stadt K. übernommen. Nach der „Gleichschaltung" durch die nationalsozialistischen Machthaber wurde die Volksbibliothek 1937 im 1933 enteigneten Logenhaus neueröff-

Stadtbücherei

net. Nach einem Bombenangriff im Jahr 1944, durch den das Gebäude stark zerstört wurde, erfolgte der Umzug in mehrere kurzfristige Provisorien. Nach dem 2. WK fand die S. nach diversen Umzügen erst 1954 in der Falckstr. 2 eine feste Heimat und konnte ihren Bestand erstmals in Freihandaufstellung präsentieren. In den 1950er Jahren begann der Aufbau des Zweigstellensystems, der 1972 mit der Eröffnung der Stadtteilbücherei →Mettenhof abgeschlossen wurde. 1981 wurde die neue Zentralbibliothek an der →Holstenbrücke 1 eingeweiht. Im Zuge der Neugestaltung des Neuen Rathauses zog die Zentralbibliothek erneut um und konnte dort im Januar 2001 eröffnet werden. Trotz finanziell schwieriger Jahre gelang es, durch Personaleinsparungen und aktives bürgerschaftliches Engagement das Bibliothekssystem in seiner Gesamtheit zu erhalten. Derzeit besteht die S. aus insgesamt 11 Einrichtungen, verfügt über einen Bestand von ca. 310.000 Print- und audiovisuellen Medien und erreichte damit im Jahr 2008 eine Ausleihe von 1,48 Mio. Die Zahl der aktiven Nutzerinnen und Nutzer beträgt ca. 24.900. Te

Stadtdörfer Im MA erwarben die städtischen Hospitäler eine Reihe benachbarter Dörfer. Da die Hospitäler durch →Ratsherren verwaltet wurden, gelangten die Dörfer unter die Kontrolle des Rats. Es handelte sich um →Kopperpahl (1297), →Wellingdorf und Kronshagen (1315), →Wik (1317), →Hassee (1348), Schönkirchen (1356), Teile von →Schwartenbek (1352), →Suchsdorf (vor 1373), das südliche →Gaarden (1402), Boksee und Kleinbarkau (1447) sowie Ottendorf und →Russee mit Demühlen (um 1452). →Dietrichsdorf und Mönkeberg wurden 1420 erworben, der Kauf wurde aber bereits 1465 rückgängig gemacht. Aufgrund von Misswirtschaft musste der Rat die Hospitalsgüter 1572 an Hz. Adolf verpachten und verlor die zum Amt Kronshagen gehörigen Dörfer dauerhaft an die Hzz. im →Permutationskontrakt von 1667.

Lit.: F. Volbehr, Zur Gesch. der ehemaligen K.er S., in: MKStG 2 (1879), 3–26. Ro

Stadtentwicklung Bereits vor der →Stadtgründung 1242 bestanden im heutigen Siedlungsgebiet auf dem Westufer der →Förde einige Dörfer wie Uppant (das spätere →Brunswik) und Martbernestorp. Die geografische Lage der neuen Stadt auf einer durch einen Nebenarm der Förde (→Kleiner Kiel) gebildeten halbinselartigen Landzunge bot gute Voraussetzungen für eine Stadtgründung und erleichterte die Verteidigung nach außen. Den nördlichen Landübergang sicherte eine Burg mit einem Förde und Kleinen Kiel verbindenden Graben. Der in seinen Grundzügen noch heute erhaltene →Stadtgrundriss entsprach dem im 13. Jh. planmäßig angelegter Kolonialstädte und ist dem zeitgleich entstandenen von Neustadt/H. ähnlich. Bis in die NZ vollzog sich die bauliche Entwicklung innerhalb des durch eine →Stadtmauer umschlossenen Areals mit ca. 1.200–1.500 Einwohnern. Außerhalb der Mauern befanden sich Hospitäler, vor dem Schuhmachertor die 1417 erstmals genannte Marienkapelle, vor dem Dänischen Tor der Pestfriedhof mit der Gertrudenkapelle sowie am →Ziegelteich die der →Nikolaikirche gehörende Ziegelei. Die fnz. Ausdehnung der Stadt begann 1572, als der Rat einem Bürger gestattete, sich vor den Mauern anzusiedeln. Bis Ende des 17. Jh.

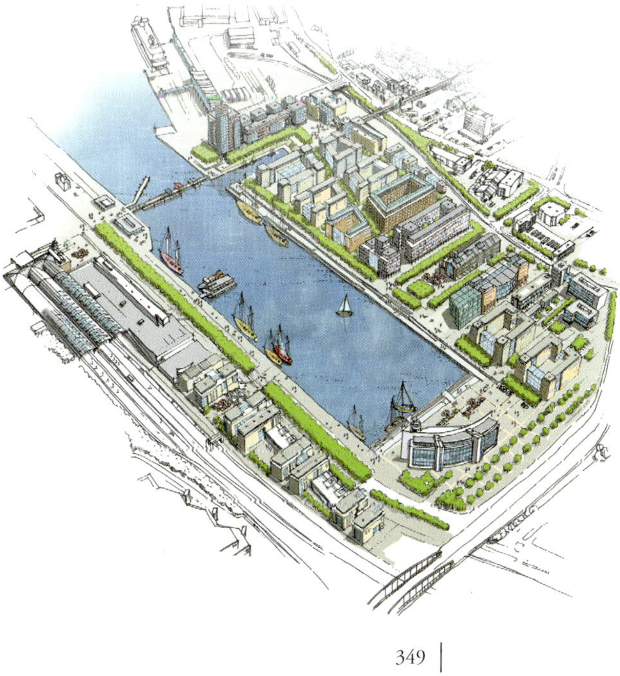

Kai-City Kiel, Stadtentwicklungsprojekt an der Hörn, Zeichnung Gisbert Jungermann

Stadtentwicklung, Plan der Stadt Kiel, 1867

entstand die →Vorstadt im Bereich der heutigen →Holstenstr., sowie bei der →Reeperbahn und an der Sandkuhle mit regelloser Bebauung entlang vorhandener Wege. Bis zum 18. Jh. vollzog sich eine stete, aber langsame Entwicklung v.a. im dicht bebauten, über die Schevenbrücke erreichbaren →Kuhbergviertel, wo sich vorwiegend Schlachter, Gerber und Fuhrleute ansiedelten. Nördlich davon entstand 1744 der →Exerzierplatz. Im 19. Jh. entwickelte sich in südlicher Richtung und parallel zur Förde eine lockere Bebauung bis zum St. Jürgen-Kloster. Nach Norden ermöglichte die Verbesserung der Wege die Entwicklung →Düsternbrooks zum gehobenen Wohnquartier mit Gartenhäusern und Villen und die Anlage von →Forstbaumschule 1788, Marienhain 1808 (→Marientempel), →Seebadeanstalt 1822/23 und Sommertheater →Tivoli 1845. Eine neue Entwicklung setzte ein mit dem Ausbau der →Chaussee 1832 nach Altona und der Anlage des →Bahnhofes 1844 als Ausgangspunkt einer funktionalen Schwerpunktverlagerung in Richtung Süden mit der Bebauung des →Sophienblattes bis zum Rondeel. Die erste planmäßige Stadterweiterung war die Besiedlung der →Damperhofländereien beidseits des Knooper Wegs. In Brunswik entstanden zahlreiche Militärbauten (→Marinekasernen, →Marinelazarette), die Univ. (→Zoologisches Museum 1879/81, →Universitätsbibliothek 1881–49) und die Akademischen Heilanstalten, die den Kern des heutigen Univ.klinikums bilden sollten. Mit der Eingliederung von SH in den pr. Staat 1867 und dem Ausbau K.s zum →Reichskriegshafen setzte eine enorme Entwicklung ein, die weniger auf endogener Dynamik beruhte, sondern sich bis in jüngste Zeit aus Wachstumsschüben der →Marine ergab. Die flächenmäßige Ausdehnung erfolgte zunächst nach jeweils nur teilweise umgesetzten Plänen (→Martensplan 1866, Schweitzerplan 1883 zur Bebauung nördlich der Beseler Allee). 1901 legte schließlich Josef Stübben einen umfassenden Stadterweiterungsplan vor (→Stübbenplan), der eine Ausrichtung der Stadt nach Norden vorsah, aber auch →Gaarden-Süd und →Hassee umfasste. Die vier- bis fünfgeschossige Bebauung gab K. rasch ein großstädtisches Aussehen, betont durch öffentliche Bauten wie →Rathaus und →Stadttheater am →Neumarkt, Schulen (→Schulbau) und Kirchen (→Kirchenbau), Marine- und Kasernenanlagen, den Neubau des →Hauptbahnhofs und das →Kollegiengebäude am →Schlossgarten. Gleichzeitig erfolgte die unkoordinierte Umwandlung der Altstadt zur modernen City durch Schaffung neuer Wohn- und Geschäftshäuser an Stelle der älteren Bauten und eine kontinuierliche Verbesserung der Infrastruktur. Die Einwohnerzahl stieg von ca. 24.200 (1867) auf 108.000 (1900) (→Bevölkerungsentwicklung). Auf dem Ostufer etablierte sich bereits ab 1867 die Werftindustrie (→Schiffbau), in deren Gefolge Gaarden-Ost, →Ellerbek und →Wellingdorf den Charakter von Industriestädten mit Arbeiterwohnquartieren annahmen (→Kruppsche Kolonie). Um 1890 erfolgte in Gaarden-Ost der planmäßige, nach 1901 beschleunigte großstädtische Ausbau (→Vinetaplatz). Dagegen ging das Fischerdorf →Alt-Ellerbek völlig in der →Kaiserlichen Werft auf. In deren Nähe entstanden ausgedehnte Quartiere mit Arbeiterwohnhäusern (→Wohnungsbaugenossenschaft K.-Ost). Mit den neuen Stadtteilen zählte K. 1914 243.000 Einwohner. Das Ende des 1. WK brachte einen starken Rückgang der Einwohnerzahlen mit sich (→Weimarer Republik). Willy →Hahn und

Leberecht Migge legten 1922 den reformierten →Grünflächen- und Siedlungsplan vor, wonach sich K. und die umgebenden Ortschaften als →Gartenstadt mit selbstständigen Siedlungseinheiten um die bestehende kompakte Bebauung entwickeln sollten: ein Konzept, dessen Grundsätze auch im heutigen Flächennutzungsplan nachklingen. Gleichzeitig entstanden umfangreiche Kleingartenanlagen (→Kleingärten) innerhalb eines ausgedehnten Grüngürtels, die K. zu einer der kleingartenreichsten Städte in Dtsld. machten. Auch neue Siedlungen wie Hof →Hammer wurden mit großen Gartengrundstücken zur Selbstversorgung angelegt. Die bereits in den 1920er Jahren begonnene →Stadtsanierung im Kuhbergviertel (Wohnbauten am Ziegelteich) belegt zusammen mit anderen Projekten wie →Marineviertel und Westringbebauung noch heute den hohen Stellenwert einer sozialen Wohnungspolitik in der →Weimarer Republik. Mit Beginn der Wiederaufrüstung (→Nationalsozialismus) ergab sich die Notwendigkeit neuer Wohnsiedlungen: Gartenstadt →Elmschenhagen und →Afrikaviertel, in denen sich das Ordnungsdenken des NS-Systems mit den Prinzipien von Gartenstadt und →Heimatschutzarchitektur mischten. Die verstärkte Präsenz des Militärs spiegeln auch Bauten an der Fördelinie (Marinefachschule und Luftkreiskommando 1934/35, Marineintendantur 1938/40, Marinearsenal 1939/40 u.a.). Unrealisiert blieb der Ausbau von K. zur Hauptstadt der Nordmark mit Gauforum und Festhalle sowie großen Straßendurchbrüchen, die der Stadt ein völlig neues Aussehen gegeben hätten. Der →Luftkrieg zerstörte die meisten öffentlichen Gebäude, nicht dagegen die technische Infrastruktur unterhalb der Straßen. Der in den 1950er und 1960er Jahren als vorbildlich geltende Wiederaufbau vollzog sich nach dem Leitbild der „gegliederten und aufgelockerten Stadt" unter Stadtbaurat Herbert →Jensen und suchte neben einer raschen Lösung der Wohnungsfrage die baulichen und verkehrlichen Mängel im Sinne einer modernen Großstadt zu lösen. Neue Akzente setzten die Bestimmung der Stadt zum Sitz der Landesregierung, der Ausbau der Univ. am Westring und des Univ.klinikums in Düsternbrook, der Ausbau von Altstadt und Vorstadt zum Geschäftszentrum (→Holstenstr., →Fußgängerzone), die Ausrichtung des Schiffsverkehrs nach Skandinavien (→Fährlinien, →Oslokai), die Realisierung eines umfangreichen Schulbauprogramms und die Neustrukturierung der Altstadt mit dem Wiederaufbau des →Schlosses als Kulturzentrum in vorbildlicher Architektur. Völlig beseitigt wurde das Kuhbergviertel zu Gunsten der →Ostseehalle (1950–52) und der Anlage des Europaplatzes. Eingemeindungen gaben der Stadtentwicklung neuen Raum. 1962 begann die Planung für die Großsiedlung →Mettenhof mit ca. 7.500 Wohnungen. In den 1960er Jahren stieg die Einwohnerzahl auf ca. 273.000, um infolge von Wanderungsverlusten und Überalterung bis 1987 auf 237.000 zu sinken. Die 1970er Jahre wurden gekennzeichnet durch Großprojekte zur Ausrichtung der →olympischen Segelwettbewerbe 1972: Bau des →Olympiazentrums, Straßenbau (→Autobahn, Barkauer Kreisel, Ausbau der B 76), Neugestaltung des Marktes, Bau des Mercator Hochhauses sowie Flächensanierung in der Prüne und in Gaarden. Die 1980er Jahre brachten eine stärkere Ausrichtung auf den Bestand und die Differenzierung der Sanierungsstrategie: funktionale Aufwertung einer Industriebrache an der →Hörn, Fertigstellung des →Sophienhofes und des Ortszentrums von →Friedrichsort, in Gaarden die Modernisierung von Altbauten. Die K.er Wohnungsbaugesellschaft investierte ab 1988 in Mettenhof in eine vorbildliche Aufwertung der Freiflächen und in die Gebäudemodernisierung. In äußeren Stadtteilen entstanden neue verdichtete Einfamilienhausgebiete unter Beachtung ökologischer Aspekte wie →Wellsee (ab 1978), Heidenberg (1983) oder Klausbrook mit mehrgeschossigem Wohnungsbau (ab 1979). In den 1990er Jahre konzentrierte sich weltweit die wirtschaftliche und demografische Entwicklung auf die führenden Metropolen, wie z.B. Hmbg., zum Nachteil peripherer Standorte. Die Stadt bemüht sich, ihre durch die Lage am Wasser gegebenen Potenziale als Hafen- und Wissenschaftsstadt sowie als Standort von →Schiffbau und Dienstleistungsbetrieben zu entwickeln und zu vernetzen sowie die Verkehrsanbindungen zu verbessern. Wesentliche Maßnahmen hierzu waren die Schaffung eines Campus der →FH K. (ab 1992), der Ausbau der Univ. (→Meeresforschung) und die Schaffung von Innovationszentren (KITZ 1996, Zentrum für maritime Technologie 2007, Wissenschaftspark 2008). Dem Ziel, auch weiterhin „Welthauptstadt des Segelns" zu bleiben, diente die Modernisierung des Olympiazentrums. Der Ausbau der Terminals für Kreuzfahrtschiffe machte K. zu einem der weltweit wichtigsten Häfen der →Kreuzschifffahrt. Mit der →Hörnbrücke ist es gelungen, Gaarden und Innenstadt fußläufig zu verbinden. Die Neugestaltung des Bootshafens, des Germaniahafens und des Bahnhofvorplatzes sowie die Umgestaltung der →Ostseehalle bewirkten eine Aufwertung des Stadtbildes. Die Konversion brach gefallener Flächen an der Hörn und in der →Wik für Wohnungen und Dienstleistungsbetriebe sowie die Ausweisung neuer Wohnbauflächen in →Meimersdorf und →Suchsdorf wirken der Abwanderung ins Umland entgegen.

Lit.: D. Beier, K. in der Weimarer Republik, K. 2004; Mehlhorn; V. Stoy, K. auf dem Weg zur Großstadt, K. 2003. Me

Stadterweiterung →Stadtentwicklung

Stadtgalerie

Stadtgalerie 1988 nahm die S. ihre Ausstellungstätigkeit zunächst in den von Diethelm Hoffmann gestalteten Räumlichkeiten im Gebäudekomplex des Einkaufszentrums →Sophienhof auf. 2000 bezog die Galerie neue Ausstellungsräume im Neuen Rathaus, in denen weiterhin überwiegend Wechselausstellungen zeitgenössischer Kunst auf ca. 1.200m² Ausstellungsfläche präsentiert wurden. Für das Ausstellungsprogramm der S. wurden vier spezifische Schwerpunkte entwickelt, die bis heute kontinuierlich verfolgt und weiterentwickelt werden: Kunst aus der Region, internationale Kunst mit Fokus auf den Ostseeraum, überregionale Kunst aus Dtld. und die Kunst des 20. Jh. mit Bezug auf K. und SH. Ein übergreifender Programmschwerpunkt ist es, junge, bisher wenig bekannte Künstlerinnen und Künstler vorzustellen. In diesem Sinne richtet die S. anlässlich des alle zwei Jahre von der Stadt K. vergebenen Gottfried-Brockmann-Preises, eine Auszeichnung für junge Künstlerinnen und Künstler aus der Region K., eine Ausstellung aus. Thematische Ausstellungen auch aus der internationalen Kunstszene ergänzen das Wechselausstellungsprogramm. Dazu gehören u.a. die von der S. veranstalteten Ars Baltica Foto Triennalen, die national und international Beachtung finden. Die Kunstsammlung der S. ging aus dem Kunstbesitz der Landeshauptstadt K. hervor, der nach dem 2. WK zusammengetragen wurde. Heute sind Werke vom K.er Nachkriegsexpressionismus bis in die Gegenwart enthalten, wobei Arbeiten von Absolventen der →Muthesius-Kunsthochschule einen Sammlungsschwerpunkt bilden.

Lit.: B. Hartel, B. Lichtnau (Hg.), Bildende Kunst der Gegenwart in Norddtld. und Nordpolen, Frankfurt/Main 2008. Wd

Stadtgebietsgliederung Erstmals 1411 ist eine Gliederung der Stadt in vier Quartiere belegt. Im 17. Jh. bildete sich eine Quartiersgliederung heraus, die bis in das 19. Jh. Bestand hatte: Das 1. Quartier war die →Vorstadt, während sich die →Altstadt in die Quartiere 2, 3 und 4 aufteilte. Das 2. Quartier lag zum →Kleinen Kiel hin zwischen →Holstenstr. und Hassstr., das 3. Quartier erstreckte sich auf den Schlossbezirk zu, zwischen Markt und Burgstr., während das 4. Quartier die Straßen zwischen Holstenstr. und Flämischer Str. zum →Hafen hin umfasste. 1869 kam die →Brunswik als 5. Quartier hinzu. Die Häuser waren innerhalb der Quartiere durchnummeriert. Die Quartiereinteilung diente zunächst als Grundlage für die →Steuererhebung, spä-

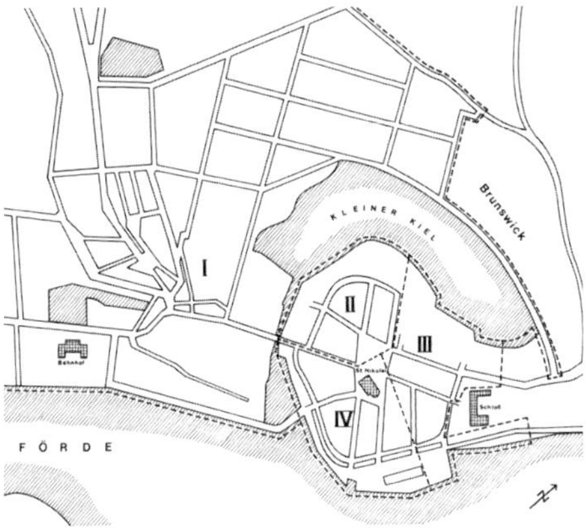

Quartierseinteilung, Plan, um 1852

ter u.a. auch für die Brandversicherungskataster, die Schuld- und Pfandprotokolle, Volkszählungen und die Wahl des XXXIIer Ausschusses. 1870 wurde entschieden, die Häuser straßenweise zu nummerieren, die Quartiergliederung wurde sukzessive aufgegeben. Erst mit der Einrichtung eines statistischen Amtes 1903 wurde eine Neugliederung des Stadtgebiets in statistische Bezirke durchgeführt, die heute als Stadtteile bezeichnet werden. Das ursprüngliche Stadtgebiet wurde in die Bezirke Altstadt, Vorstadt, →Exerzierplatz, →Damperhof, →Südfriedhof und Schreventeich aufgeteilt, die Brunswik in die Bezirke Brunswik, Blücherplatz und Ravensberg, der Hof →Hammer wurde zu →Hassee geordnet. Im Übrigen bildete jeder neu eingemeindete Ort einen Stadtteil. Heute bestehen 30 Stadtteile. Aufgrund der Hauptsatzung der Landeshauptstadt K. wurden 1981 die Stadtteile zu 18 Ortsteilen zusammengefasst; auf der Grundlage dieser Gliederung sind heute die →Ortsbeiräte tätig Ro

Stadtgründung Die S. K.s ist ein wichtiges Element der von →Adolf IV. von Holstein nach 1227 begonnenen S.politik, die darauf zielte, den Landesausbau durch Anlage eines Netzes Handel und Handwerk aufnehmender zentraler Orte zu vollenden sowie leistungsfähige Stützpunkte mit hohen fiskalischen Einnahmen zu schaffen. In K. waren mit der S. auch Hoffnungen verbunden, vom See- und Transithandel zu profitieren. Im Zuge der S. verlieh der nominelle Gründer, der 13 jährige Gf. Johann I. dem als „Holstenstadt" angesprochenen K. das Lüb. Recht, das Marktrecht, ein nicht exakt lokalisierbares, von Winterbek bis zum Steenbeker Moor reichendes Stadtfeld sowie die gesamte →Förde bis Bottsand. Die S. knüpfte an eine im Marktbereich auch archäologisch fassbare Vorgängersiedlung mit einer nach 1268 noch als „Alte Kirche" bezeichneten und vermutlich bereits dem Heiligen Nikolaus geweihten, am hafenseitigen Ende der Papenstr. gelegenen Kaufmannskirche an. Das vorstädtische K. ist als Handelsstützpunkt anzusprechen und wird Verbindungen in den dänischen Raum sowie von Flemhude bis nach Flandern besessen haben. Die S.teilnehmer rekrutierten sich größtenteils aus Holsteinern. Doch zog die S. auch Siedler aus Flandern, Dänemark und Kehdingen an. Initiator und eigentlicher Planer der K.er S. war der 1239 in den Franziskanerorden eingetretene Adolf IV. Die faktische Leitung der S. wird in den Händen des in der S.urkunde begegnenden Overboden von Holstein gelegen haben. Er besaß als eine Art Stellvertreter des Gf. die erforderliche technische, rechtliche und militärische Kompetenz zur Wahrnehmung und Koordination der vielfältigen bei der S. anfallenden Lokatorenaufgaben, bei denen auf die Bauern des Umlandes zurückgegriffen wurde. Dazu zählen neben der Werbung und Heranführung der Siedler, die Anlage von Straßennetz, Hafenanlagen und Brücke über den →Kleinen Kiel, die Vermessung und Vorbereitung von Stadtfeld, Siedlungsareal, Baublöcken und Grundstücken, deren Ausgabe und die Bereitstellung von Baumaterial.

Lit.: H. Willert, Anfänge und frühe Entwicklung der Städte K., Oldesloe und Plön, Nms. 1990. Wl

Stadtgrundriss Die Festlegung des S. erfolgte vermutlich durch von Gf. →Adolf IV. oder Johann I. beauftragte Lokatoren auf einer von →Förde und →Kleinem Kiel umspülten und bis zu 6m hohen Halbinsel. Am nördlichen Landzugang entstand die gräfliche Burg auf einer 9m hohen Erhebung. Die Lage des nördlichen Zugangs und die Überquerung des Kleinen Kiels durch die wichtige Fernstr. „Via regia" (Brückenstr., später →Holstenstr.) dürften Grund gewesen sein, das Straßenras-

Grundriss der Kieler Altstadt, Ausschnitt des Plans der Stadt Kiel, 1883

ter rhomboid zu verziehen, so dass dem S. die für Gründungsstädte des 13. Jh. charakteristische Orthogonalität fehlt. Mittelpunkt der Stadtanlage ist der Marktplatz, von dem die meisten Straßen ausgehen. Sakrale Bereiche waren die Pfarrkirche St. →Nikolai mit einem Kirchhof sowie das →Franziskanerkloster in für Mendikantenklöster üblicher Stadtrandlage. Am Holstentor befand sich das 1257 gegründete Heiliggeisthospital. Im 14./15. Jh. erfolgte eine geringfügige Erweiterung in Richtung Kleiner Kiel. Dieser S. hat sich bis ins 19. Jh. nahezu unverändert erhalten. Eine Modifizierung des nördlichen und nordwestlichen Altstadtrandes ergab sich aus der Regulierung des Kleinen Kiels nach einem Plan von Gustav Ludolf →Martens von 1862. Dabei entstand ein Uferdamm, der bis zu Kehden-, Küter- und Hassstr. sowie zum Klosterhof verlängert wurde (heute Martensdamm). Tiefgreifende Eingriffe in den hist. S. erfolgten schließlich nach dem 2. WK: Verbindung des Martensdammes mit der →Dänischen Str. (1949/50) und Überbauung der Haßstr. mit einem Geschäftshaus (1950) sowie Anlage der Eggerstedtstr. (begonnen 1966), die den geschlossenen Stadtkern zerteilte und Straßen unterbrach bzw. aufhob (Fischer- und Kattenstr.). Der Ausbau des Walls führte schließlich zum Verlust der Straßen Torstr., Hinter der Mauer und Zum Kuhfeld.

Lit.: Denkmaltopografie; Mehlhorn; V. Stoy, K. auf dem Weg zur Großstadt., K. 2003. Me

Stadtkloster Die Anfänge des S. gehen auf das MA zurück. Wenige Jahre nach der →Stadtgründung durch Gf. →Adolf IV. stifteten seine Söhne ein Hospital. Es war ein Armenhaus und Altenheim, das um 1260 den Namen Heiligengeisthospital erhielt. Das bruderschaftliche Leben des Hospitals ordneten die Regeln des Lüb. Heiligengeisthospitals. Frauen und Männer waren in einem gemeinschaftlichen geistlichen Leben vereint, ohne dass sie Nonnen oder Mönche waren. Das Hospital wurde mit reichen Schenkungen bedacht. Viele Dörfer in der Umgebung K.s, die sog. →Stadtdörfer, gehörten ihm. Leistete der Rat der Stadt ursprünglich nur Hilfestellung in der Verwaltung des Hospitals, brachte er es allmählich in seine Abhängigkeit. Als Folge der Reformation wurde das Hospital zu einem reinen Alters- und Krankenheim. Es hatte auch eine neue Unterkunft im ehemaligen →Franziskanerkloster erhalten. Die Verwaltung durch den Rat brachte Schwierigkeiten, da dieser das große Vermögen des Heiligengeistklosters willkürlich und in eigenem Interesse nutzte. 1667 gingen die Stadtdörfer durch den →Permutationsvertrag auf Dauer an den Gottorfer Hz. über. Schon im

Stadtkloster, Hauptgebäude an der Harmsstraße, um 1915

17. und 18. Jh. beabsichtigte der Rat, die vier Armenanstalten der Stadt zusammenzulegen. Dies Vorhaben scheiterte aber aus Kostengründen. Erst durch das Testament der Henriette Friederica von →Ellendsheim, die mit der Erbschaft die Zusammenlegung der Armenanstalten verknüpfte, entstand 1821/22 am Sophienblatt die fortschrittliche Anlage des S. Nach dem Neubau des Bahnhofs 1895 in direkter Nachbarschaft wurde entschieden, ein Haus in ruhiger Lage zu bauen, das 1908/09 in der Harmsstr. errichtet wurde. Nach teilweiser Zerstörung im Krieg und Wiederaufbau besteht das K.er S. heute aus 10 Häusern für alte und pflegebedürftige Menschen und betreibt auch einen ambulanten Pflegedienst.

Lit.: K.er S. (Hg.), 750 Jahre K.er S., K. 2007. Ge

Stadtkonsistorium Das Kirchenregiment der Stadt übte seit der →Reformation das S. aus. Diese Behörde, bestehend bis 1869, setzte sich aus dem →Bgm., dem →Syndikus und vier Senatoren seitens des Rats, dem Hauptpastor und dem Archidiakon von St. →Nikolai sowie dem Klosterprediger zusammen. Die Oberaufsicht führte der Landesherr. Das Kirchengut, das nach der Reformation eingezogen wurde, wurde als eigene Vermögensmasse der kirchlichen Institutionen geführt. Die Aufgaben beschränkten sich nicht nur auf die Vermögensverwaltung. Bgm. und Rat waren Kirchenpatrone, setzten die Pastoren von St. Nikolai ein und besoldeten sie. Neben der Aufsicht gehörte auch die Rechtsprechung in geistlichen Angelegenheiten, insbesondere ehe- und familienrechtliche Fragen, zu dem Aufgabenfeld des S. Der Schulaufsicht und der Aufsicht über die Anstalten für die Armen kam besondere Bedeutung in der neueren Zeit zu. Die laufende Verwaltung führten seit 1677 gemischte Fachausschüsse für St. Nikolai und das Kloster. Bl

Stadtmauer Die ma. Stadt in geschützter Lage, die auf drei Seiten von Wasser umgeben und nach Norden zwischen 1536 und 1687 zusätzlich durch einen etwa 10m breiten Graben abgegrenzt war, wurde seit jeher von einem Befestigungsring gesichert.

Stadtmauer in der Straße Zum Kuhfelde, um 1900

Während des 13. Jh. hatte man zunächst hölzerne Palisaden mit begleitenden Gräben angelegt („plankas"), fortifikatorisch ergänzt durch mindestens drei vorgeschobene Bollwerke („propugnacula"). Seit dem zweiten Viertel des 14. Jh. trat an die Stelle dieser ältesten Verteidigungswerke abschnittsweise eine steinerne S., die jedoch erst im 15. Jh. auf ganzer Länge die Palisaden abzulösen vermochte. Der Aufbau der S. wies über einem Pfahlrost aus dicht an dicht in den Boden gerammten Baumstämmen und einer Balken- und Bohlenlage zuunterst ein Fundament aus mehreren Lagen mörtellos verlegter Findlinge auf, darüber dann massives Backsteinmauerwerk, das zur Stabilität, aber auch aus Gründen der Materialersparnis, an der Innenseite im unteren Bereich von Blendbögen gegliedert wurde. Diese auch aus anderen Ostseestädten (z.B. Riga) bekannte Bauweise, die an einem längeren Teilstück hinter dem →Warleberger Hof nachgewiesen werden konnte (→Stadtarchäologie), ist jedoch nicht überall anzutreffen, was auf mehrere Planungs- und Ausbaukampagnen der S. hindeutet. Bis um 1900 hatte sich auf einer Länge von etwa 50m entlang der Straße „Zum Kuhfelde", südlich des Schlossareals, ein völlig ungegliederter 4m hoher Rest der ca. 70-80cm starken S. erhalten. Der Mauerbering war von Pforten und Toren durchbrochen und auf längeren Abschnitten zusätzlich von Türmen gesichert. An beiden Hauptzugängen der Stadt von Süden und Norden waren die Stadttore im 15. Jh. verdoppelt worden. Zwischen dem Vor- und dem Haupttor des Holstentores überquerte die ungefähr 50m lange hölzerne →Holstenbrücke den Wasserarm zwischen Hafen und

den wertvollen Siegelstempel wurden im →Stadtarchiv aufbewahrt, gingen aber bei der Auslagerung im 2. WK verloren. Seit dem 17. Jh. wurde zunehmend mit dem Signet auf Siegellack gesiegelt. Es zeigt als Siegelbild das Nesselblatt oberhalb eines Schiffsrumpfs mit der Umschrift SIGNETUM OPIDI KILONENSIS. Im 19. Jh. kam ein Stempel zum Einsatz, der das Vollwappen mit Helm und Helmzier trug. Seit 1901 zeigt das Siegel nur noch den Wappenschild, zunächst mit einer Mauerkrone, die 1921 abgeschafft wurde. Ro

Stadtteile →Stadtgebietsgliederung

Stadttheater, Postkarte, um 1915

Stadttheater Das S. bildet mit dem →Rathaus einen Teil des Ensembles öffentlicher Bauten am →Kleinen Kiel. Entstanden ist es 1905–1907 nach Plänen des Berliner Architekten Heinrich Seeling, dessen Grundriss dem des ehemaligen Schauspielhauses von Frankfurt a. M. gleicht. Die Bearbeitung des Wettbewerbsentwurfes bewirkte zunächst eine verstärkte nordische Färbung der Fassaden, später aber eine Wegwendung vom Historismus zu freien Formen des Jugendstils mit ornamentierten Werksteinteilen, Mansarddächern und geschweiften Dachaufbauten. Das Bühnenhaus wurde bekrönt durch einen markanten Dachreiter. Der Wiederaufbau erfolgte nach der Zerstörung im 2. WK unter Beibehaltung der Außenmauern, aber in vereinfachter Form durch Heinrich Hansen und Guido Widmann (1952–1953). Von der ursprünglichen Fassadengestaltung sind wesentliche Teile erhalten, insbesondere die im Mittelrisalit der Eingangsfront angeordneten drei Portale und Fenster mit einem reich dekorierten durchlaufenden Balkon. Die Silhouette hat sich durch das Aufsetzen eines Mezzaningeschosses und die Ausbildung flach geneigter Dächer und eines Zeltdaches über dem Bühnenhaus analog dem Wiederaufbau des →Rathauses vollständig verändert. Im Gegensatz zur dem Geist der 1930er Jahre verpflichteten Anmutung des Äußeren, vermittelt das von Werner Kallmorgen neu gestaltete Innere die Aufbruchsstimmung der 1950er Jahre. Kallmorgen behielt zwar das Rangprinzip bei, verzichtete aber auf die Seitenlogen und verband Bühne und Zuschauerraum zu einem einheitlichen Ovalraum. Die Schwerelosigkeit des Raumes wird durch die sorgfältige Detaillierung mit Schattenkanten und Fugen wie auch die elegante Kurvierung von Balkonen und Rängen unterstützt. 1970/71 wurde das Gebäude durch den gleichen Architekten um einen mit schwarzem Spiegelglas verkleideten Anbau ergänzt.

Lit.: J. Jacobus, 100 Jahre S. und Oper, in: „halte fest, was dir von allem übrig blieb“, K. 2007, 14–35. Me

Stadttheater, Zuschauersaal

Stadttore Die K.er Stadtbefestigung bestand im Spätma. aus einem Mauer- und Grabensystem, das die natürliche Schutzfunktion der Buchten der →Förde (heute →Kleiner Kiel) unterstützte. Die beiden Stadtein- und -ausgänge im Osten bei der landesherrlichen Burg (Dänisches Tor) und im Westen (Holstentor) wurden durch S. geschützt. Diese S. hatten nicht nur Verteidigungsfunktion an den schwächsten Stellen der →Stadtmauer, sondern hatten als herausragende Gebäude auch repräsentative Funktion. Beide Haupttore wurden im Spätma. durch äußere Tore verstärkt. Eine geringere Bedeutung hatten die Hafentore: Schuhmachertor, Flämisches

Holstentor, Ausschnitt einer Stadtansicht, um 1640

Tor und Fischertor jeweils am Ende der diese Namen tragenden Straßen. Neben den Toren gab es Mauerpforten nach Norden (Kütertor) und nach Südwesten bzw. Süden (Pfaffentor und Kattentor). Die S. und Pforten wurden, funktionslos geworden, zwischen 1687 und 1845 abgebrochen.

Lit.: W. Wendrich, Die alte K.er Stadtmauer, K. 1955 LS

Wappen der Stadt Kiel

Stadtwappen Zusammen mit dem →Stadtsiegel und der Stadtflagge bildet das S. die Hoheitszeichen der Landeshauptstadt K. Die Hauptsatzung § 1, Abs. 2 legt dazu fest. „Das Stadtw. zeigt ein silbernes Nesselblatt auf rotem Grunde und auf dem Nesselblatt ein schwarzes Boot.“ Die Elemente des Wappens gehen auf das MA zurück. Das Nesselblatt führen die →Schauenburger als Gff. von Holstein seit ca. 1240 in ihrem Wappen, das Schiff erscheint bereits auf den Stadtsiegeln. Die Kombination beider Zeichen steht für K.s Handelsverbindungen über die Ostsee (Boot) einerseits und für die Verbundenheit mit den Landesherren und Stadtgründern (Nesselblatt) andererseits. Seit 1921 führt K. auch eine amtliche Stadtflagge: Ein rotes Tuch mit weißem Nesselblatt und schwarzem Boot in der Tuchmitte.

Lit.: H. D. Schurdel, Die Hoheitszeichen der Landeshauptstadt K., in: SH 1985, Heft 1, 20–21. Sl

Stadtweide Bereits in der ältesten bekannten Urkunde für K. von 1242 überträgt der Gf. von Holstein der Stadt K. ein Landgebiet zur Nutzung als S. Nach mehrfachen Erweiterungen zog sich die S. von der →Brunswiker Feldmark, bis zum →Kopperpahler Teich und zur Hasseer Feldmark im Süden. Auf die S. durften die Bürger je nach ihrer Steuerkraft ihr zahlreich in der Stadt gehaltenes Vieh treiben, zu Beginn des 19. Jh. allein bis zu 550 Kühe und Pferde. Seit 1712 erhob die Stadtkasse Gebühren für die Nutzung der S. Teile der Stadtländereien wurden auch zum Ackerbau an Bürger verpachtet. 1830 wurden auf Teilen der S. Armengärten angelegt, die kleinen Handwerkern und Tagelöhnern ein Zubrot sichern sollten. Die S. blieb in städtischem Besitz, bis im späten 19. Jh. die Ländereien als Baulandreserve der wachsenden Stadt benötigt wurden. Ro

Stadtwerke Die Einrichtung der ersten Gasanstalt an der →Fleethörn im Jahr 1856 ist die Geburtsstunde der →S., die damals als „Städtische Gasbeleuchtungsanstalt“ firmierten. 1870 übernahmen die S. den Betrieb der →Wasserversorgung. Mit der Errichtung des Elektrizitätswerks (→Elektrizitätsversorgung) an der Humboldtstr. erschlossen die S. ab 1900 ein weiteres Geschäftsfeld. Der erst seit 1937 als S. bezeichnete Betrieb hatte wesentlichen Anteil am Aufbau einer großstädtischen Infrastruktur, den insbesondere die langjähri-

Stadtwerke, Portal am Knooper Weg, um 1930

gen Direktoren Heinrich Speck (1861–88) und Richard Pippig (1888–1915) vorantrieben. In der NS-Zeit wurden mehr als 300 Mitarbeiter der S. aus politischen Gründen aus dem Dienst entlassen, darunter Direktor Theodor Ploppa (1927–33, wieder eingesetzt 1945–48). Zum 1.1.1966 wurden die zuvor als Eigenbetrieb der Stadt geführten S. in eine Aktiengesellschaft unter dem Dach der Versorgung und Verkehr K. GmbH umgewandelt. 2001 verkaufte die Stadt 51% der Anteile an die TXU Europe, seit 2004 hält der Mannheimer Energieversorger MVV Energie AG den Mehrheitsanteil. Durch die Teilprivatisierung und die Schaffung von Tochtergesellschaften sollte der Liberalisierung des Strom- und Gasmarkts begegnet werden. Die S. sind zudem zu 50% an der 1996 gegründeten K. Net GmbH beteiligt, die als regionaler Telefonanbieter das Glasfasernetz der S. vermarktet.

Lit.: 50 Jahre Stromversorgung: Stadtwerke K., K. 1951. Ro

Unterzeichnung des Partnerschaftsvertrags mit Brest, Bürgermeister Müthling, Stadtpräsident Köster und Bürgermeister Lombard, 1964

Städtepartnerschaften S. entstanden nach dem 2. WK und sollten der Völkerverständigung dienen. K. schloss im Rahmen seiner kommunalen Außenpolitik acht S. In der ersten Phase (1946–66) entstanden die Partnerschaften mit →Coventry (Großbritannien) und Brest (Frankreich), die ganz unter dem Zeichen der Aussöhnung mit den ehemaligen Kriegsgegnern standen. Während die Verbindung zu Coventry auf einem zufälligen Kontakt mit dem britischen Bauoffizier G. Williams zurückging, entstand die Partnerschaft mit Brest nach der Unterzeichnung des Elysée-Vertrages und mit Unterstützung der Deutsch-Französischen Gesellschaft K. e.V. In der zweiten Phase (1967–92) ihrer kommunalen Außenpolitik unterstützte die Stadt K. die neue Ost- und Entspannungspolitik der Bundesregierung unter Willy Brandt. K. knüpfte einen ersten Kontakt mit Gdynia (Polen) bereits 1971 mit Hilfe der →IHK zu K. Die Stadt Tallinn (Estland) bat die K.er Stadtverwaltung um Beratung bei der Planung der olympischen Segelwettbewerbe 1980. Trotz des Boykotts der Moskauer olympischen Spiele durch die westlichen Staaten besuchte als einzige westliche Delegation eine Abordnung aus K. die Wettbewerbe in Tallinn, um die neu geknüpften Beziehungen zu stärken. Auch der Kontakt zu Vaasa war durch den Ost-West-Konflikt bestimmt: Nachdem die DDR Städtepartnerschaften in Finnland geschlossen hatte, wollten die westdeutschen Städte nicht nachstehen. Der Grundvertrag machte den Weg frei für Kontakte mit Städten in der DDR. Nach erfolglosen Bemühungen um Rostock gelang es der Stadt, mit Stralsund eine Partnerschaft zu begründen. Die Austauschmaßnahmen mit den Partnerstädten im Ostblock gestalteten sich während des Kalten Krieges schwierig. In der dritten Phase (ab 1992) nach dem Fall des Eisernen Vorhangs normalisierten sich die Beziehungen zu den Partnerstädten in Osteuropa. Die Verträge mit den Städten Gdynia, Stralsund und Tallinn wurden erneuert. Die S. mit Kaliningrad kam auf Anraten des Landes SH zustande, die S. mit Sovetsk entstand im Rahmen der Patenschaft zur Tilsiter Stadtgemeinschaft. Kennzeichnend für die S. sind ein Kultur-, Schüler- und Sportaustausch. Hinzu kommen Zusammenarbeit auf wirtschaftlichem Gebiet und Informations- sowie Mitarbeiteraustausch zwischen den Verwaltungen.

Lit.: T. Erlenbusch, S. als Beitrag zur europäischen Integration, K. 2005. Eb

Städtisches Krankenhaus 1866 richtete die →„Gesellschaft freiwilliger Armenfreunde" in ihrem gefängnisartigen Armen- und Zwangsarbeitshaus aus dem Jahre 1864 eine kleine Krankenstation für die Insassen

Städtisches Krankenhaus

sowie für Sieche und Geisteskranke ein. Nachdem 1871 die Verwaltung des Armenwesens auf die Stadt K. übergegangen war, entwickelte der →Magistrat in den Folgejahren aus dem Heim ein Armen- und Krankenhaus, das ab 1876 als Klinik bezeichnet werden kann und mit dem starken Bevölkerungswachstum kontinuierlich an Größe und Bedeutung gewann. Da die Anstalt zunehmend aus der Bürgerschicht frequentiert wurde und der Krankenanteil den Armenanteil bald überstieg, änderte die Stadt 1895 die Trägerschaft: Eine neu gegründete Krankenhaus-Kommission übernahm die Aufgabe der Städtischen Armenkommission. Die medizinische Versorgung der Patienten übernahm bis 1887 der Direktor der Univ.-Poliklinik, unterstützt von einem Kandidaten der Medizin, der dafür ein Jahresgehalt von 3000 Reichsmark sowie freie Station erhielt. Ab 1888 löste ein approbierter Hausarzt den Studenten ab. 1896 beendete die Stadt das Verhältnis mit der Univ. und übertrug Georg Hoppe-Seyler (1860–1940) die ärztliche Leitung des S. Über 30 Jahre prägte dieser hervorragende Arzt und Direktor die Geschicke der Klinik. In dieser Zeit entstand am Hasseldieksdammer Weg ein ausgedehnter Gebäudekomplex im Pavillonstil mit unterschiedlichen Fachbereichen für innere und Infektionskrankheiten. Erst im letzten Viertel des 20. Jahrhunderts erhielt das S. den Status eines Vollkrankenhauses: 1970 entstand die Kinderklinik, nach 1980 wurden die Gynäkologie und die Chirurgie eingerichtet, 2002 folgte schließlich die Geriatrie. Um die langjährige Konkurrenz der K.er Krankenhäuser zu beenden, beschloss die →Ratsversammlung 1961 die Öffnung des S. gegenüber der Univ.: Neben der I. Medizinischen Klinik in der Feldstr. firmiert das S. seitdem unter dem Namen „2. Medizinische Klinik und Poliklinik“ der CAU.

Lit.: B. Höroldt, Geschichte des Städtischen Krankenhauses K., in: MKStG 80 (1999), 1–48. Pe

Textilhaus Stahl & Stiller, Postkarte, um 1910

Stahl & Stiller Das Textilhaus S. prägte über 90 Jahre das Geschäftsleben am →Gaardener →Vinetaplatz. Gegründet 1906 durch die verschwägerten Geschäftsleute Christian Stahl und Gustav Stiller, hatte es zunächst nur Kurzwaren im Angebot, bot aber bald eine breite Auswahl an Bekleidung, Schuhen, Haushaltstextilien und Teppichen. Das im 2. →Weltkrieg schwer beschädigte Geschäftshaus wurde vereinfacht wieder hergestellt und mehrfach den Bedürfnissen des Einzelhandels angepasst. 1999 musste das Traditionshaus die Geschäfte einstellen. Ro

Stange, Hermann →Verein der Musikfreunde

Stapellauf S. bezeichnet das Zu-Wasser-Bringen eines Schiffsneubaus. Stapel nannte man im Mittelndt. die Bauunterkonstruktion, auch als Pallung bekannt, die für den S. gelöst wird, damit das Schiff von der →Helling ins Wasser gleitet. Vor dem S. erfolgt die Schiffstaufe. In der Taufrede wird traditionell der Name des Schiffes bekannt gegeben. Die Taufpatin - in Dtld. übernehmen zumeist Frauen diese Aufgabe - verliest den Taufspruch und schleudert eine Sektflasche gegen den Bug des Schiffes. Es gilt als Unglückszeichen, wenn diese nicht

Stapellauf auf der Germaniawerft, um 1930

zerschellt. Der S. ist die erste Bewährungsprobe für ein neues Schiff. Erst wenn das Schiff vollkommen im Wasser liegt und schwimmt, ist der S. gelungen.

Lit.: S. Breyer, Stapelläufe auf dt. Schiffswerften 1875–1939, Wölfersheim-Berstadt 1997. Ja

Starpalast V.a. der Auftritt von Jimi Hendrix am 27.5.1967 bleibt mit der Gesch. des Musikclubs S. verbunden: Manfred Woitalla hatte 1964 den Club in den ehemaligen Karlstal-Lichtspielen gegründet, nach dem Vorbild des Hmbg. Star-Clubs. Hier wurde einem jugendlichen Publikum unkonventionelle Live-Musik geboten, von der Beat-Musik zum Rock. U.a. traten Eric Clapton mit der Gruppe Cream, der als Gary Glitter bekannt gewordene Paul Raven, Bill Haley oder die Rattles auf. V.a. präsentierte der Club aber Nachwuchsbands, wie etwa die K.er Gruppe „Die Anderen“ mit Jürgen Drews. Nach ständigen Auseinandersetzungen mit den Anwohnern eröffnete der Club 1970 kurzzeitig als „Revolution“ neu, doch im Diskotheken-Zeitalter waren Live-Clubs kaum mehr zu halten. Heute befindet sich in den Räumlichkeiten die Mevlana Moschee.

Ro

Starpalast, Plakat von Karsten Exner, 1967

Steenbek, 1967

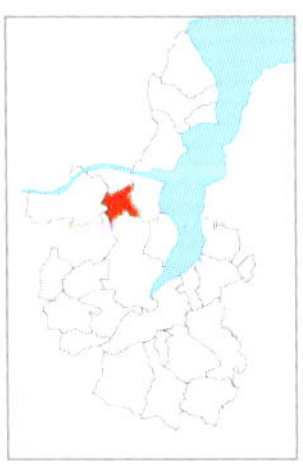

Steenbek

Steenbek S. gehörte zum Gutsbezirk Kronshagen und erstreckt sich beiderseits des S. Weges, eines früheren Landweges, der die Dörfer →Wik und →Suchsdorf verband. Im Norden grenzte es an das Gut →Projensdorf, im Südosten reichte das K.er Stadtfeld bis an das S. Moor (1286: Moor „Kokor“). Als 1768 die Leibeigenschaft aufgehoben und das Kronshagener Hofland parzelliert wurde, kam das S. Gebiet zu Wik, und acht Wiker Kätner siedelten sich hier als Erste an. In der Folgezeit erhöhte sich die Einwohnerzahl nur wenig, auch als S. 1893 nach K. eingemeindet wurde. Nach 1960 setzte in dem Bereich zwischen Projensdorfer Straße und S. Weg eine immense Bautätigkeit ein, die das Gesicht S. vollkommen veränderte. Nur im Kleingartengelände des S. Moors, das 1924 entwässert wurde, blieb etwas von dem ländlichen Charakter erhalten. Heute gehört S. zum Ortsteil S.-Projensdorf.

Lit.: J. Grönhoff, S., in: K.er Stadtteilgeschichte, K. 1985, III. Rt

Steffen, Bruno und Franz →Luftfahrt

Stein, Wasmer Jacob Lorenz von (seit 1868) (geb. 15.11.1815 Eckernförde, gest. 13.9.1890 Wien). Nach dem Jurastudium in K. und Jena (1835–39) und der Promotion in K. (1840) erhielt S. ein Reisestipendium des dänischen Königs, das ihm längere Aufenthalte in Berlin und Paris ermöglichte. Seine Reiseeindrücke verarbeitete er sowohl journalistisch als auch in mehreren wissenschaftlichen Schriften, die ihn bekannt machten und in denen er erstmals in Dtld. eine Gesellschaftslehre entwickelte. 1846 erhielt er ein Extraordinariat für Staatswissenschaften in K., wurde allerdings 1852 aus politischen Gründen entlassen, weil er die gegen Dänemark gerichteten sh. Bewegungen aktiv unterstützte. 1855 ging er als ordentlicher Prof. der Staatswissenschaft nach Wien. In seinen dort verfassten Hauptwerken begründete er u.a. die Verwaltungswissenschaft, die für ihn neben Soziologie, Volkswirtschaft und Finanzwissenschaft einen eigenen Teilbereich einer umfassenden Staatswissenschaft bildete. Dieser Tradition fühlen sich die seinen Namen tragende Gesellschaft in K. sowie das nach ihm benannte Institut an der CAU verpflichtet.

Lit.: G. Kleinheyer, J. Schröder (Hg.), Dt. und europäische Juristen aus neun Jh., 5. Aufl., Heidelberg 2008, 412–418. Kra

Stern, Moritz (geb. 6.7.1864 Steinbach/Taunus, gest. 13.2.1939 Berlin). Der Absolvent des orthodoxen Berliner Rabbinerseminars und promovierte Historiker wurde 1891 von der jüd. Gemeinde in K. zu ihrem ersten Rabbiner gewählt. Er wirkte hier bis 1898. Anschließend war er als Direktor an jüd. Schulen in Fürth und Berlin tätig. Von 1905 bis zu seiner Pensionierung 1932 leitete er die Bibliothek, zeitweise auch die Kunstsammlung der jüd. Gemeinde in Berlin. S. trat mit zahlreichen wissenschaftlichen Veröffentlichungen v.a. zur jüd. Gesch. im MA und in der ersten Hälfte des 19. Jh. hervor. Zu seinen allgemeingeschichtlichen Arbeiten gehören zwei Editionen: die Chronik des K.er Bgm. Asmus →Bremer (1901) und das zweite K.er Rentebuch (1904).

Lit.: J. Stern, Moritz S., Jerusalem 1939, Neudruck Tel Aviv 1990. Go

Lorenz von Stein

Sternwarte Bereits im Gründungsjahr der →Christian-Albrechts-Universität (1665) hielt der Mathematik-Prof. Samuel →Rehyer astronomische Vorlesungen. Ein gutes Jh. später (1769) wurde auf Betreiben von Johann Friedrich Ackermann im achteckigen Nordwestturm des K.er →Schlosses eine kleine S. eingerichtet. Ausrüstung und räumliche Beschaffenheit erlaubten jedoch keine ernsthaften Observationen. Die Wünsche nach professionellen Arbeitsbedingungen blieben ungehört; 1820 musste der Betrieb wegen Baufälligkeit des Turmes eingestellt werden. Erst 1874 konnte auf einer kleinen Anhöhe (Linsberg) im heutigen Stadtteil →Düsternbrook eine moderne S. mit zwei Beobachtungstürmen eröffnet werden. Nach seiner Berufung zum Direktor (1882) etablierte Christian N. A. Krueger die „Centralstelle für astronomische Telegramme". Noch vor Inbetriebnahme signalisierten 40 S. in ganz Europa ihre Teilnahmebereitschaft, später trafen Meldungen aus aller Welt ein. Auch die renommierten „Astronomischen Nachrichten" wurden seit Kruegers Zeiten in K. publiziert. 1902 konnte ein großer Meridiankreis aufgestellt werden. Der Arbeitsschwerpunkt lag damit auf der Positionsastronomie. Direktor Hans Oswald Rosenberg gab wieder der Astrophysik den Vorrang. Rosenberg, der bei seinem Amtsantritt 1926

Sternwarte, um 1890

wertvolle Instrumente aus Tübingen mitbrachte, wurde im März 1933 wegen seiner jüdischer Herkunft vom Dienst suspendiert. Die 1935 erstmals angedachte Auflösung der S. war 1938 beschlossene Sache. Bombentreffer des Jahres 1942 machten eine mögliche Wiederinbetriebnahme zunichte. Nur das Hauptgebäude überstand den Krieg und wird heute als Wohnhaus genutzt.
Lit.: F. Lühning, Gesch. der K. Univ.s., Nms. 2007. We

Steuern und Abgaben Mit der Verleihung der Gerichtsbarkeit an die Stadt ging 1317 auch eine Befreiung von landesherrlichen Abgaben von Grund und Boden einher. Dennoch hatte die Stadt an den Landesherrn eine jährliche Steuer zu zahlen, die zunächst als „Bede" später als „Kontribution" bezeichnet wurde und der Landesverteidigung dienen sollte. Die Haupteinnahmequelle der Stadtkasse war der sog. Schoss, der zunächst nur von den →Bürgern nach ihrem Vermögen eingezogen wurde. Im 17. Jh. erhob die Stadt den Schoss von den Hauseigentümern für das gesamte Grundstück und von den Mietern für ihre Wohnung. Dabei wurden drei Immobilieneinheiten zugrunde gelegt, als größte das Giebelhaus genannt Vollhaus, als mittlere die Bude und als kleinste die Mietwohnung, genannt Keller. Eine Bude zahlte wie zwei Keller, ein Vollhaus wie vier Keller. Nach diesem System wurden sowohl Schoss als auch Kontribution umgelegt. Ständige Streitigkeiten ergaben sich aber daraus, dass insbesondere Adelshäuser und Angehörige der Univ. von den städtischen S. befreit waren. Zu den S. kamen steuerartig erhobene Gebühren hinzu, wie das Wacht- und Postgeld für die Finanzierung von →Nachtwächtern und Wasserleitungen, das Straßenreinigungs- und Beleuchtungsgeld, die Einquartierungsgelder und die Schulsteuer. Erst 1867 wurde die Kontribution aufgehoben und das pr. staatliche Steuersystem mit Klassensteuer, klassifizierter Einkommenssteuer, Gebäude- und Gewerbesteuer eingeführt. Die Stadt erhob seit 1873 eine Haussteuer, später Grundsteuer, und ab 1874 eine Gemeinde-Einkommenssteuer als Zuschlag zur staatlichen Klassen- bzw. Einkommenssteuer, die mehr als die Hälfte der städtischen Steuereinnahmen ausmachte. In der →Weimarer Republik wurde die Steuerhoheit der Kommunen stark eingeschränkt; insbesondere sicherte sich das Reich zum 1.4.1920 die Einkommensbesteuerung, wodurch die städtische Gemeinde-Einkommenssteuer wegfiel und die Stadt nur noch anteilig am Aufkommen beteiligt wurde. Heute bildet die konjunkturabhängige Gewerbesteuer die wichtigste Steuereinnahme der Stadt. Ro

Stiftung Drachensee Die S. ist eine der größten Einrichtungen für Menschen mit Behinderungen in SH, ihr Hauptsitz liegt an der Hamburger Chaussee am Drachensee. 1969 als Verein zur Förderung geistig behinderter Kinder, Jugendlicher und Erwachsener gegründet, wurde die spätere Werkstatt Drachensee GmbH (seit 1994) im Jahr 2005 in eine Stiftung überführt. Die S. stellt Wohn- und Arbeitsangebote in K. und Umgebung mit dem Ziel, gesellschaftliche Teilhabe zu ermöglichen. Rund 500 Werkstattplätze werden in 16 Betrieben an vier Standorten unterhalten. Textilpflege, Hauswirtschaft, Metall- und Holzverarbeitung zählen ebenso zum Arbeitsangebot wie ein Gebäudeservice und eine Gärtnerei. In elf der Stiftung angegliederten Häusern leben etwa 200 Menschen zusammen, rund 220 Menschen werden ambulant betreut. Oh

Stinkviddel (ndt.), auch Stinkviertel, ist die im K.er Volksmund geläufige Bezeichnung für das südlich der Univ. gelegene kleine Viertel zwischen Kraus-, Schweffel-, Gutenberg- und Christian-Kruse-Straße. Die Bebauung stammt im Wesentlichen aus den Jahren kurz nach 1900 und hat ihr geschlos-

Stinkviddel

Stinkviddel, Gutenbergstraße, Postkarte, 1907

Fritz Stoltenberg, Howaldtswerke an der Schwentine, 1907

senes Bild bis heute weitgehend bewahrt. Bis in die 1970er Jahre hauptsächlich von Arbeiterfamilien bewohnt, bezogen in den folgenden Jahren viele Studierende die meist kleinen, preiswerten Wohnungen. Der despektierliche Name des Viertels geht darauf zurück, dass eine benachbarte Verarbeitungsanlage für Fäkalien, die hier von 1901 bis 1919 betrieben wurde, unangenehme Gerüche verbreitete.

Lit.: H. Blomberg, Opwussen in't Stinkviddel. 5. Aufl. K. 1988. Ha

Stoffers, Ernst Ludwig (geb. 14.10.1876 Schwerin, gest. 11.5. 1963 K.). Von Hause aus Zimmermann, besuchte S. 1895–98 die Baugewerkschule in Eckernförde und setzte sein Studium in Hannover, Stuttgart und Berlin fort. Seit 1902 freischaffend in K. tätig, erhielt er von Stadtbaurat Friedrich →Pauly den baupflegerisch motivierten Auftrag, alte K.er Häuser und Haustüren zeichnerisch zu dokumentieren. In Entwürfen flexibel, stieg S. schnell zu einem der führenden Privatarchitekten in K. auf, geschätzt in der örtlichen Kaufmannschaft (→Architektur). So erbaute er u.a. 1908/09 für Rudolf Karstadt ein Wohnhaus am Düsternbrooker Weg. Bedeutende frühe Erfolge waren das festliche Hotel Hansa (→Conti-Hansa) gegenüber dem Bahnhof (1907/08), das pfeilervertikale Kaufhaus →Karstadt (1907–10), das Kaufhaus →Jacobsen am Dreiecksplatz (1911/12), der Jacobsen-Speicher in der Haßstr. (1911/12). S. gehörte zur Gruppe reformbeseelter Architekten, welche die hiesige Architektur im Geist von →Heimatschutz und Baupflege erneuern wollten. Zu seinen Hauptwerken aus den 1920er Jahren zählen der →Eckmann-Speicher (1924/25) und der Langness-Speicher (→Sartorispeicher, 1925/26), in denen er das Profil K.er Backstein-/Klinkerarchitektur zwischen Expressionismus und Neuer Sachlichkeit schärfte. Kühle kantige Klassik zeichnet dagegen das natursteinumkleidete Geschäftshaus →Meislahn (1936/37) aus. An

Stoltenberg, Fritz (geb. 7.4.1855 K., gest. 13.11.1921 Schönberg), wurde an der Großherzoglichen Kunstschule in Weimar ausgebildet. Anschließend lebte er in München, von wo aus er zahlreiche Studienreisen u.a. nach Holland, Belgien und Algerien unternahm. 1882 gehörte er zu den Gründungsmitgliedern der Ekensunder Künstlerkolonie an der Flensburger Förde. Den Sommer 1884 verbrachte er zum Malen in Skagen und fand engen Anschluss an die dortige Künstlergemeinschaft um Peder Severin Krøyer und Michael Ancher. 1889 kehrte er in seine Heimatstadt zurück, wo er 1894 die sh. Kunstgenossenschaft mitbegründete und deren Vorsitzender wurde. Seit 1914 lebte er zurückgezogen in Schönberg.

Bekannt wurde S. v.a. durch seine Illustrationen zu maritimen Großereignissen und seine repräsentativen Marinebilder. Daneben schuf er lichterfüllte, vom Impressionismus inspirierte Landschaftsgemälde.

Lit.: D. Tillmann / T. Wolf-Timm, Fritz Stoltenberg (1855–1921), Heide 2008. Wo

Falckensteiner Strand

Strand Ein S. ist ein flacher Küsten- oder Uferstreifen. Meeres-S. bestehen in SH aus Sand und sind nacheiszeitlich gebildet. Sands. finden wir entlang fast der gesamten Ostseeküste und großer Teile der →Förden. Unsere S. sind einer fortwährenden Umbildung unterworfen. Beim Küstenausgleich werden Steilküsten als stärker exponierte Bereiche abgetragen (Sand wird immer neu „gebildet"), das Material - in Abhängigkeit von dominierenden Windverhältnissen - durch küstenparallelen Transport verlagert und in Buchten wieder abgelagert (z.B. bei Laboe). Auf diese Weise können Buchten durch Nehrungen (S.haken aus Sand) abgeschlossen werden, es entsteht eine morphologisch ausgeglichene Küstenlinie. Dabei wird Sand nicht nur durch das Meerwasser, sondern äolisch, d.h. durch den Wind, verlagert (Dünenbildungen).

Lit.: K. Duphorn, H. Kliewe u.a., Die dt. Ostseeküste, Berlin, Stuttgart 1995. Gb

Straßenbahn Auf der Linie der →Pferdebahn begann die elektrische S. am 12.5.1896 den Betrieb. Die ungewöhnliche Spurweite von 1100 mm, die sonst nur in Lüb. und Braunschweig vorhanden war, wurde beibehalten. Die S. wurde betrieben durch die Allgemeine Lokal- und Straßenbahngesellschaft Berlin (ALOKA), einer Tochtergesellschaft der AEG. Sie hatte sich zum Betrieb von drei Linien verpflichtet, doch war die S. ein derart wirtschaftlicher Erfolg, dass das Netz bald ausgebaut werden konnte. 1908 wurden Liniennummern eingeführt. 1915 hatte sich ein Netz von neun Linien etabliert, dessen Gleisbestand sich nur noch wenig ändern sollte: Linie 1 Schulensee bis →Wik, Linie 2 Belvedere - →Hauptbahnhof - Knooper Weg - Reventloubrücke, Linie 3 Eichhof - →Düsternbrook, Linie 4 →Neumarkt bis →Gaarden, Linie 5 Gaardener Fähre bis →Wellingdorf, Linie 6 Hohenzollernring - Seebadeanstalt, Linie 7 →Hasseldieksdamm bis Kleinbahnhof, Linie 8 Neumarkt bis Wellingdorf, Linie 9 Feldstr. bis →Hassee. Nach dem 1. →WK investierte die ALOKA kaum noch in das Schienennetz, schließlich lief der Betriebsvertrag 1931 ab, der der Stadt eine Übernahmeoption zugestand. Doch erst 1942 rang sich die Stadt dazu durch, die S. in die →KVAG zu integrieren. Der →Luftkrieg fügte der S. erheblichen Schaden zu, vom 4.4. bis zum 20.7.1945 ruhte der Verkehr vollständig. Bis 1949 konnten alle beschädigten Teilstrecken wieder in Betrieb genommen werden, doch nahm die Konkurrenz durch den Omnibus zu. Schon hatte man entschieden, die Linie 6 nicht wiederherzustellen. Als letzte größere Erweiterung wurde die Linie 2 bis zur neuen Univ. ausgebaut, wo eine großzügige Wendeschleife entstand. In den 1960er Jahren wurden aufgrund höherer Betriebskosten und geringerer Flexibilität schrittweise die Strecken eingestellt, die Linie 3 1965, Linie 1 1967 und Linie 2 1969. Durch Zusammen- und Stilllegungen bestand seit 1969

Elektrische Straßenbahn im Düsternbrooker Weg, um 1900

nur noch die Linie 4 von Wellingdorf bis zur Kanalfähre, die aufgrund des Generalverkehrsplans von 1977 am 4.5.1985 ihre letzte Fahrt absolvierte. Die Anlagen der S. prägten mehr als ein Jh. lang das Stadtbild und sind heute fast vollständig verschwunden. Die derzeit in Planung befindliche StadtRegionalBahn könnte zu einer Wiedereinführung des schienengebundenen Nahverkehrs in K. führen.

Lit.: Tiefbauamt der Landeshauptstadt K. (Hg.), 150 Jahre Mobilität, Stadtentwicklung und Nahverkehr, K. 2002. Ro

Kandelaber am Ziegelteich, 1959

Straßenbeleuchtung 1724 wurde in K. eine öffentliche S. eingeführt. Zuvor blieben die Straßen der Stadt dunkel, jeder →Bürger hatte selbst seinen Weg mit der Laterne zu suchen. Die neuen Öllampen wurden durch eine ständige Abgabe, das Laternengeld, finanziert, brachten aber nur wenig Abhilfe, da ihre Leuchtkraft zu gering war, sie nur in wenigen Straßen brannten und bei Mondschein aus blieben. Erst mit der Erbauung der Gasanstalt 1856 wurden 320 gusseiserne Gaslaternen in Betrieb genommen. Mit der Erbauung des städtischen Elektrizitätswerks 1901 wurden die ersten elektrischen Laternen und Bogenlampen installiert, doch blieb ihr Anteil zunächst sehr gering. 1919 wurde beschlossen, 500 elektrische Straßenlaternen aufzustellen. 1933 standen noch 423 Gaslaternen 4.200 elektrischen Lampen gegenüber. Nach dem 2. →Weltkrieg lag K. wieder im Dunkel: Nur noch 96 Lampen waren intakt. 1949 brannten erst 378 Stück, 1951 waren es bereits 3.400, heute sind es rund 19.200. Die Betriebsführung für die S. wurde 2007 für 20 Jahre an die swb Beleuchtung GmbH, eine Tochtergesellschaft der Stadtwerke Bremen, vergeben.

Lit.: 50 Jahre Stromversorgung: Stadtwerke K., K. 1951. Ro

Straßenreinigung →Abfallwirtschaft

Stromversorgung →Elektrizitätsversorgung

Studenten- und Turnerkorps Am 26.2.1848 schlossen sich die K.er Studenten zu einer bewaffneten Einheit zusammen und begannen mit militärischen Übungen. Verstärkt durch etwa 80 K.er Turner zogen sie über Rendsburg, wo sie mit neuen Gewehren ausgerüstet wurden, mit der sh. Armee gegen die Dänen ins Feld. Im Gefecht von Bau am 9.4.1848 geriet der größte Teil des etwa 200 Mann starken S. in dänische Gefangenschaft und wurde über Flensburg und Sonderburg auf Schiffen nach Kopenhagen gebracht. Dort wurden die Gefangenen auf dem abgetakelten dänischen Linienschiff „Dronning Maria" im Hafen festgesetzt. Nach dem Inkrafttreten des Waffenstillstands von Malmö wurden sie im September 1848 in ihre Heimat entlassen.

Lit.: K. Hansen, Das K.er S. 1848, in: Einst und Jetzt 20 (1975), 94–130. Ra

Studentenbewegung In der zweiten Hälfte der 1960er Jahre begannen auch die bis dahin eher unpolitischen K.er Studenten - zunächst zusammen mit den Prof.- friedlich gegen die übervollen Hörsäle, die unzureichenden Studienbedingungen an der →CAU und den „Bildungsnotstand" zu protestieren. Mit dem Tod des Berliner Studenten Benno Ohnesorg am 2.6.1967 griff die bisher auf West-Berlin beschränkte S. auch auf das übrige Bundesgebiet und K. über und formierte sich zur Außerparlamentarischen Opposition (APO). In deren Mittelpunkt stand der Kampf gegen den vorgeblich autoritären Polizeistaat, die im Mai 1968 von der Großen Koalition aus CDU/CSU und SPD verabschiedeten „Notstandsgesetze" und

Demonstration von Studenten, 1967

den Vietnamkrieg des Nato-Verbündeten USA. Die Friedens-, Umwelt- und Frauenbewegung hatten ebenfalls ihre Ursprünge in der S. und APO. In K. führte die von Kultusminister von Heydebreck (CDU) im Dezember 1967 neu erlassene Exmatrikulationsordnung, die erstmals auch die Zwangsexmatrikulation von Langzeitstudenten vorsah, zu massiven Protestmärschen der Studenten und Rücktrittsforderungen gegen den Minister und wurde daraufhin zurückgezogen. Das Studentenparlament wählte den konservativen Allgemeinen Studentenausschuss (ASTA) ab und linksgerichtete Gruppierungen übernahmen die Meinungsführerschaft. Die Forderungen nach einer Reform und Demokratisierung der Univ. und Veränderung der Gesellschaftsordnung der BRD wurden auch an der CAU und der Flensburger PH immer lauter, auch wenn der Sozialistische Dt. Studentenbund (SDS) nur eine Minderheit der Studierenden vertrat. Als K.er Schüler und Lehrlinge aus Protest gegen eine Fahrpreiserhöhung Ende Januar 1968 den KVAG-Nahverkehr lahm legten, schlossen sich die Studenten ihnen an und demonstrierten vor dem →Rathaus, um Druck auf die →Ratsversammlung auszuüben. Diese gab dem „Druck der Straße" aber nicht nach und bestätigte am 8.2.1968 die Tariferhöhung. Im Sommersemester 1968 wurden die Rektoratsübergabe und Immatrikulationsfeier an der CAU gestört, im Juni 1969 besetzten ca. 200 Studenten das Politologische Seminar und am 25.11.1969 stürmten mehrere Hundert Studenten eine Senatssitzung und schlugen den Rektor, Prof. Weisbecker, nieder, worauf die Univ. den Lehrbetrieb für einige Tage einstellte. Mit der Selbstauflösung des SDS 1970 zerfiel die APO, aber es kam weiterhin zu Protesten und Streiks linksgerichteter Studenten, die sich v.a. gegen die schlechten Studienbedingungen an einzelnen Instituten und die Macht der Ordinarien richteten. 1971 führte die Berufung von Prof. Kaltefleiter an das Politologische Seminar zu erneuten Protestaktionen auch fachfremder Studenten und 1972 kam es zu Tätlichkeiten zwischen Studenten und dem designierten Rektor Prof. Hattenhauer. Erst mit den gesellschaftlichen Reformen der sozialliberalen Regierung und dem Abflauen der Proteste Mitte der 1970er Jahre kehrte die CAU zu einem geregelten Lehrbetrieb zurück. Die S. hat zu mehr Mitbestimmung der Studierenden an den Univ. und einer Demokratisierung der Gesellschaft beigetragen.

Lit.: J. Hauberg, Die APO in K., K. 1992. Ra

Studentenehrenmal Der Einzug der Moderne in die K.er Denkmallandschaft erfolgte mit der Errichtung des Univ.s-Denkmals 1931 in unmittelbarer Nähe zum damaligen →Kollegiengebäude. Georg August Munzer, der Architekt des Laboer →Marineehrenmals, stellte auf einer halbrund abgemauerten Bastion fünf schlanke Stelen aus Porphyr mit jeweils einer Spitze aus Edelstahl (ca. 8m hoch) in engem Halbkreis zusammen. Lediglich die Jahreszahlen 1914–18 sind in die Bodenplatten eingraviert. Die „Bedeutungsoffenheit" und „Zeitlosigkeit" des Entwurfs bestimmte die Entscheidung der Univ. für Munzers Denkmal, weil in den Gremien der Univ. zuvor mehrere Jahre lang Wünsche für eine Antikriegsplastik den Erwartungen heldenhafter Darstellung des Opfertodes unversöhnlich gegenüberstanden. Die Namen der 541 gefallenen Studenten und 17 Dozenten waren auf zwei Bronzetafeln im Kollegiengebäude aufgeführt.

Lit.: T. Hill, Das Ehrenmal der CAU für die Toten des 1. WK, in: R. Jaworski, W. Molik (Hg.), Denkmäler in K. und Posen, K. 2002, 139–164. Km

Studentenschaft Mit der Gründung der →CAU 1665 wurden die Studenten ein fester Bestandteil des K.er Stadtlebens. Im 17. und 18. Jh. führten ihr wüstes Treiben, die Zechgelage, Duelle und Raufereien zu häufigen Beschwerden. Die Stadt hatte keine juristische Handhabe, da die Studenten allein der Univ.sgerichtsbarkeit unterstanden. Wegen der schlechten baulichen und personellen Ausstattung der CAU war die Studentenzahl bis in die zweite Hälfte des 18. Jh. gering. Mit der Einführung des Bienniums 1767 und dem Neubau des Univ.gebäudes in der Kattenstr. stieg die Zahl der Studenten an. Bis in das späte 19. Jh. stammte der weit überwiegende Teil der Studenten aus den Hztt. Schleswig und Holstein. Zuerst stellten die Theologiestudenten die größte Gruppe, im 19. Jh. wurden die Rechtswissenschaften und Medizin immer bedeutender. Gastwirte, Vermieter und Kaufleute verdankten den Studierenden einen erheblichen Teil ihres Umsatzes. Im 19. Jh. gehörten die meisten Studenten einer der zahlreichen akademischen Verbindungen (→Korporationen) an. 1848 schlossen sie sich mehrheitlich der sh. Erhebung an. Mit der Einverleibung von SH als pr. Provinz 1867 und der Abschaffung des Bienniums sank die Studentenzahl auf 160 im Sommersemester 1869. Im Kaiserreich stieg sie auf fast 1.100 (1900) und 2.642 (1914). Seit 1908 waren auch Frauen an der CAU zum Studium zugelassen. Ihre Zahl blieb zunächst aber gering. Die Ende 1918 aus dem 1. WK zurückgekehrten Studenten, viele von ihnen Offiziere, standen den revolutionären Ereignissen ablehnend gegenüber und beteiligten sich an gegenrevolutionären Aktivitäten. Auch danach dominierten in der S. die konservativen Kräfte. 1933 stand ihr überwiegender Teil der nationalsozialistischen Machtübernahme positiv gegenüber, unterstützte aktiv die von den neuen Machthabern angeordnete Entlassung politisch missliebiger oder jüd. Dozenten und organisierte am 10.5.1933 eine öffentliche →Bücherverbrennung auf dem →Wilhelmplatz. Nach dem 2. WK wurde der Studienbetrieb zunächst mit 2.500 Studenten, teilweise auf Schiffen im →Hafen, wieder aufgenommen. Bis in die späten 1960er Jahre blieb die S. weitgehend unpolitisch. Während der →Studentenbewegung ab 1968 griffen politisch linksgerichtete Studentengruppen auch in K. gewaltsam in den Lehrbetrieb der CAU ein, insbesondere am Politologischen Seminar. Durch den Ausbau der CAU zu einer Massenuniv. und die Gründung der →Fachhochschule 1969 studieren heute ca. 27.500 Studierende in K., die wesentlich zum wirtschaftlichen und kulturellen Leben der Stadt beitragen. Ra

Studenten des Corps Holsatia, 1861

Studentenverbindungen →Korporationen

Studentenwerk Wie im S.gesetz festgelegt, fördert das S. SH die wirtschaftlichen, sozialen und kulturellen Belange der Studierenden, um ein positives soziales Umfeld an den Hochschulen zu schaffen. Das S. SH existiert schon fast 90 Jahre. In der von der schlechten Versorgungslage gekennzeichneten Zeit nach dem 1. →Weltkrieg entwickelte sich aus unabhängigen Selbsthilfegruppen von Studenten und Prof. in den frühen zwanziger Jahren eine offizielle „Studentenhilfe“. Ende 1933 wurde sie vom NS-System aufgelöst und in „S. K. e.V.“ umbenannt. 1934 wurden die S. an den Hochschulorten zu Dienststellen des Reichss. in Berlin. Direkt nach dem 2. WK wurde noch während der britischen Besatzungszeit ein Neuanf. gemacht. Nach dem →Wiederaufbau erlangte der „K.er Studentenhausplan“ von 1961 eine Vorbildfunktion für die ganze Republik. Er sah den Bau von Studentenhäusern als Mittelpunkte des studentischen Gemeinschaftslebens vor. So entstanden Mitte der 1960er Jahre in K.

Studentenwerk und Sechseckbau der Christian-Albrechts-Universität

Studentenhaus, Hauptsitz des S. SH, und Sechseckbau, →Theater der Abteilung Kulturelle Betreuung. Das Studentenhaus ist im Jahr 2003 umgebaut worden und präsentiert die z.Zt. modernste Mensa in SH. Die S. sind nach dem Bundesausbildungsförderungsgesetz (BAföG) von 1971 auch für das sog. BAföG zuständig - das S. SH zudem für das Auslands-BAföG für ein Studium in Dänemark, Norwegen oder Island. Daneben bietet das S. aber auch „Beratung und Service für Internationale Studierende" (BaSIS). Außerdem vermietet das S. in 21 Wohnanlagen in SH Zimmer und Apartments. Studierende, die Rat suchen, können sich an die Abteilung „Soziale Betreuung" wenden, die außerdem auch die Kindertagesstätten des S. betreibt. Verwaltungsrat und Vorstand sind paritätisch mit Studierenden und Dozenten besetzt.

Lit.: H. Dahncke, K.-H. Schröder (Hg.), ...damit Studium gelingt, K. 1979. Bu

Stübbenplan Der 1901 von Josef Stübben, einem viel beschäftigten Praktiker und Verfasser eines Standardwerks über Städtebau (1890), vorgelegte Plan zur Stadterweiterung von K. einschließlich →Gaarden-Süd und →Hassee war bis zum Ende des 1. WK verbindlicher Rahmen für die Aufstellung von Fluchtlinienplänen. Gegenüber dem schematischen Schweitzerplan (1883) mit gleichförmiger Blockbildung zeichnet sich der S. durch eine stärkere Berücksichtigung topografischer und grundstücksrechtlicher Gegebenheiten sowie die Differenzierung der Straßenquerschnitte nach Bedeutung und Verkehrsfunktion aus: Hauptstraßen bis zu 24m, v.a. dem Wohnen dienenden, polygonal oder geschwungen geführten Nebenstraßen 10-14m, Diagonalstraßen 14-16m. Aufwändig gestaltete Ringstraßen verbanden die kompakt zu bebauenden Siedlungsbereiche, die perspektivisch auf eine Bevölkerungszahl von 1 Mill. angelegt waren. Die renditeorientierte Ausnutzung der höchstmöglichen Bebaubarkeit der Grundstücke ließ eine sehr homogene, vier- bis fünfgeschossige Bebauung entstehen. Besonders repräsentativ gestaltet und gut erhalten ist der Bereich Blücherplatz, der nördlich an die von Schweitzer geplante Stadterweiterung nahtlos anschließt. Der Blücherplatz war von Stübben als Standort eines nicht genauer bezeichneten Gebäudes konzipiert und dient heute u.a. dem Wochenmarkt. Auf den Platz zielt die durch den →Adolfplatz unterbrochene Achse Adolf- und Wilhelmshavener Str., gekreuzt durch die den Ravensburger →Wasserturm und die →Sternwarte verbindende Esmarchstr. mit breitem, begrüntem Mittelstreifen.

Stübbenplan, 1901

Die Gebäude sind hier sehr repräsentativ gestaltet und haben teilweise noch heute eingefriedete Vorgärten.

Lit.: Mehlhorn; V. Stoy, K. auf dem Weg zur Großstadt, K. 2003. Me

Sturmfluten S., genauer Sturmhochwasser, sind eine regelmäßige Bedrohung der Ostseeküste, auch wenn sie nur selten katastrophale Ausmaße erreichen. Zumeist im Winter bei starkem anhaltendem Nordostwind wird Ostseewasser in die schmale →Förde gedrückt. Bei der schwersten bekannten Sturmflut vom 13.11.1872 kam ein weiterer Effekt hinzu: In den Vortagen hatten Westwinde Wasser bis in die östliche Ostsee gedrückt, das nun nach Westen zurücklief. Dadurch stieg das Wasser im K.er →Hafen auf fast 3m über NN und auch der →Kleine K. trat weit über die Ufer. Insbesondere →Alt- und →Vorstadt aber auch die Werftgelände am Ostufer und der Ellerbeker →Strand waren betroffen. Mehr als 270 Menschen kamen an der westlichen Ostsee ums Leben. Weitere dokumentierte hohe S. (Auswahl): 6.12.1320, 10.2.1625, 10.2.1694, 8.1.1742, 31.12.1904, 4.1.1954, 14.1.1960, 3./4.11.1995. Ro

Hochwasser am Wall, 1904

Suchsdorf Den ersten Nachweis für S. liefert das „K.er Stadtbuch aus den Jahren 1264–1289", das für 1269 einen Marquard de Sukestorpe als Käufer eines Hauses und Grundstückes in der →Holstenstr. nennt. Schon seit Beginn an bestand also eine enge Beziehung S. zu K., die in der →Eingemeindung 1958 gipfelte. Der Ortsname „Dorf des Suk" ist eine dt.-slawische Mischform und deutet auf einen slawischen Angehörigen der Oberschicht im Dorf hin,

Suchsdorf, am Dorfteich, 1956

wahrscheinlich z.Zt. der dt. Landnahme im 13. Jh. Seit dem 14. Jh. gehörte S. zu den Dörfern im Umkreis K.s, welche die Stadt für die Unterhaltung des Heiligengeisthospitals (→Stadtkloster) und der anderen Stiftungen erwarb. Einige dieser →Stadtdörfer, die der Landesherr 1667 wieder in Besitz nahm, wurden zum Gutsbezirk Kronshagen zusammengelegt, der 1768 in ein Amt umgewandelt wurde. Zugleich mit der Aufhebung der Leibeigenschaft wurde das Hofland parzelliert, von dem ein Teil an S. kam. Bis dahin war die Schule in S. auch für die anderen Gutsdörfer zuständig gewesen. 1770 zählte S. acht Hufner und 23 Kätner. Neben der Landwirtschaft spielte auch das Landhandwerk eine Rolle - so war 1638 die Schmiede in S. eingerichtet worden. V.a. jedoch bestimmten die Verkehrslage und die Nähe zu K. die Entwicklung des Dorfes: Die alte Landstr., die K. mit dem Hzt. Schleswig verband und die →Levensau an der Stelle überquerte, wo von 1462 bis ins 16. Jh. die Landtage stattfanden, führte dicht an S. vorbei. Sie wurde 1844–46 zur Chaussee ausgebaut und verlief nach dem Bau des →Nord-Ostsee-Kanals über die →Levensauer Hochbrücke, auf der auch die Eisenbahnlinie nach Eckernförde (→Eisenbahn) ihren Platz fand. 1911 entstanden der S. Bahnhof und 1918 die Industriebahn zum →Nordhafen. Diese einschneidenden Neuerungen gingen einher mit der Eingliederung des Gutsbezirks →Schwartenbek 1928 und mit dem vermehrten Bau von Wohnhäusern und Betrieben als Folge des rasanten Bevölkerungswachstums

Suchsdorf

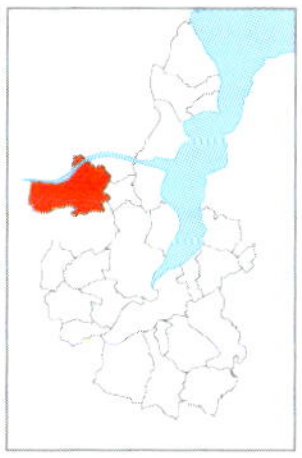

K.s und führten zu einer immer engeren Verknüpfung S. mit der Stadt. Die Entwicklung setzte sich auch nach dem 2. WK fort, als durch einen Bombenangriff über 80% der Gebäude in S. zerstört worden waren. Nach der Erschließung mehrerer größerer Wohngebiete gerade in den letzten 30 Jahren ist S. heute ein typischer vorstädtischer Stadtteil mit über 9.000 Einwohnern.

Lit.: Denkmaltopografie, 105–107. Rt

Südfriedhof, Kapellenberg

Südfriedhof Um neben dem St. Jürgenkirchhof einen weiteren Friedhof einzurichten, erwarb 1865 das →Stadtkonsistorium Land auf dem Stadtfeldkamp und beauftragte mit der Gestaltung den Bremer Landschaftsgärtner Wilhelm Benque (1814–95), der auch die Anlage eines Bürgerparks in seiner Heimatstadt übernommen hatte. Sein zunächst angefeindeter, dann aber genehmigter Entwurf sah einen parkartigen Friedhof mit unregelmäßigen Grabfeldern vor, der die topografischen Gegebenheiten aufnehmen und durch künstliche Hügel und einen Teich ergänzen sollte. 1869 wurde der S. als „Neuer Kirchhof" eingeweiht und 1888/89 erweitert. Bereits 1867 war ein Leichenhaus gebaut worden, das auch als Kapelle diente. Einzigartig ist auf dem Hügel rechts vom Haupteingang, dem sog. Kapellenberg, der doppelte Ring von Mausoleen und Grüften. Der S., der seinen heutigen Namen 1901 nach der Einweihung des →Eichhofs erhielt, legt mit seinen Grabmälern ein beredtes Zeugnis der Gründerzeit in K. ab.

Lit.: G. Stolz, Kleiner Führer über den S. in der Landeshauptstadt K., K. 1996. Rt

Süersen, Johann, Friedrich Hermann →Hofapotheke

Sunkel, Reinhard (geb. 9.2.1900 Mainz, gest. 8.5.1945 Libau/Lettland), kämpfte 1919/20 in verschiedenen Freikorps, begann nach dem Abitur 1920 ein Studium und stieß schon 1922 zum NS. Er nahm am Münchener Putschversuch 1923 teil und wurde führendes Mitglied des Nationalsozialistischen Deutschen Studentenbundes. In K. betrieb S. maßgeblich die Nazifizierung der →Studentenschaft und leitete seit 1931 die K.er NSDAP-Ortsgruppe, 1931/32 die NSDAP-Kreisleitungen in K., Eckernförde und Bordesholm. Er gehörte zu den führenden nationalsozialistischen Agitatoren in SH vor 1933. Danach begann S. eine steile Karriere im pr. Kultusministerium, bis er 1936 wegen Vorwürfen einer „nichtarischen Abstammung" ins Abseits geriet. Bei Kriegsende tötete er sich selbst.

Lit.: S. Lehmann, Kreisleiter und Parteiorganisation der NSDAP in K., in: MKStG 84 (2008), 115–152. Le

Synagogen Jüd. Gottesdienste sind in K. seit Mitte des 18. Jh. belegt, als nur wenige, mit hz.lichem Privileg ausgestattete „Schutzjuden" in der Stadt wohnen durften (→Juden). Da ihnen die öffentliche Ausübung ihrer Religion untersagt war, kamen sie in Privathäusern zusammen. Die Lage der ersten Betstube ist nicht überliefert; die zweite befand sich in der Kehdenstr. Nach der weitgehenden rechtlichen Gleichstellung der jüd. mit der nichtjüd. Bevölkerung im Hzt. Holstein 1863 wurde die de facto in K. bereits bestehende jüd. Gemeinde 1867 offiziell anerkannt. 1869 ließ sie sich nach Plänen des Hmbg. Architekten Sigmund Selig in der Hassstr. ihr eigenes Gotteshaus errichten, ein an ma. Profanbauten erinnerndes Backsteingebäude, das von außen als jüd. Sakralbau kaum zu erkennen war. Das schmale dreistöckige Haus, heute als Ruine nur z.T. erhalten, beherbergte einen Betsaal mit Frauenempore, Wohn- und Schulräume für den Kultusbeamten sowie ein Ritualbad. 1908 musste es wegen Baufälligkeit aufgegeben werden. 1910 wurde an der Ecke von Humboldt- und Goethestr. eine neue,

freistehende S. eingeweiht. Der von Johann Theede entworfene repräsentative Kuppelbau mit Davidstern und hebräischen Inschriften bezeugte die zunehmende Finanzkraft und das gewachsene Selbstbewusstsein der jüd. Gemeinde. Unter dem liberalen Rabbiner Dr. Emil Cohn errichtet, entsprach der Bau jedoch nicht in jeder Hinsicht den orthodoxen Vorschriften. Die streng gesetzestreu lebenden, aus Osteuropa zugewanderten Gemeindemitglieder schufen sich deshalb kleine Betstuben, eine am Knooper Weg, eine zweite im Feuergang. Nach dem Novemberpogrom 1938 (→Reichspogromnacht) sollte diese die einzige den Juden vorläufig noch verbliebene Betstätte sein. Das S.gebäude wurde während des Pogroms in seinem Inneren in Brand gesetzt, die Einrichtung teils zerstört, teils geplündert. Im Dezember 1938 ging es in den Besitz der Stadt über, die es 1940 abbrechen ließ. Das Grundstück diente bis 1967 als Lagerplatz. 1968 wurde es mit einem Wohnhaus neu bebaut und dort eine Gedenktafel angebracht. Ein Mahnmal wurde erst 1989 errichtet. Heute finden jüd. Gottesdienste in K. im orthodoxen jüd. Gemeindezentrum in der Wikingerstr. und im liberalen in der Jahnstr. statt. Einen jüd. Sakralbau gibt es in der Stadt nicht mehr.

Lit.: U. Dinse, Das vergessene Erbe, K. 1995. Go

Syndicus Der S., zunächst als Sekretarius bezeichnet, war bis ins 19. Jh. der wichtigste Beamte der Stadtverwaltung. Der studierte Jurist führte Protokoll bei den Ratssitzungen und bei den Sitzungen des Obergerichts und nahm großen Einfluss auf alle rechtlichen Entscheidungen des Rats. Seine Bedeutung zeigt sich auch daran, dass sich im Lokalstatut von 1856 der Kg. ein direktes Ernennungsrecht nicht nur für den Bgm. und die studierten →Ratsherren, sondern auch für den S. sicherte. Im 20. Jh. war der S. auf Rechts- und Prozesssachen beschränkt, seine Aufgaben gingen nach 1945 im Rechtsamt auf. Ro

Tanzsaal Am →Alten Markt, an der Ecke →Dänische Str. lag der städtische T., der 1605 aus der Hand der Landesherren an die Stadt überging. Der T. war ein Bau mit reicher Renaissancefassade, die späteren Umbauten weichen musste. Das zweigeschossige, längsseits des Marktes angelegte Gebäude beherbergte im Erdgeschoss die Weinwirtschaft „Jordan“ und Mietwohnungen. Im Obergeschoss befand sich der eigentliche T., wo bis ins 19. Jh. hinein Hochzeiten und Festlichkeiten abgehalten wurden und gelegentlich Gaukler und Schauspieltruppen auftraten. 1775 wurde die Hauptwache in das Gebäude verlegt, 1887 diente es der Polizeiwache, das Obergeschoss auch zu Schulzwecken. 1901 wurde der T. abgerissen.

Lit.: W. von Gersdorff, Gesch. des Theaters in K. unter den Hzz. zu Holstein-Gottorp, K. 1912. Ro

Synagoge in der Humboldtstraße, Postkarte, um 1915

Tanzsaal am Alten Markt/ Ecke Dänische Straße, um 1890

Tapfere Verbesserung Nach dem Tod des letzten Schauenburgers Adolf VIII. wählten die Räte der Hztt. in Ripen am 2.3.1460 mit Christian I. den dänischen Kg. aus dem Haus Oldenburg zum Landesherrn. Im berühmten Ripener Privileg vom 5.3.1460 sicherte der Kg. im Gegenzug die Eigenständigkeit der Hztt. und den Verzicht auf Landesteilungen zu. Weitere Bestimmungen zur Schuldenübernahme, zur Besteuerung und zur Wahl des Landesherrn kamen insbesondere der Ritterschaft zugute. Christian I. musste allerdings vor der feierlichen Huldigung der Ritterschaft am 4.4.1460 in K. eine weitere Urkunde aufsetzen, die als „K.er T." (tapper ndt. für gewichtig) bezeichnet wird. Die T. sicherte der Ritterschaft eine weitere Präzisierung und Ergänzung der Ripener Bestimmungen.

Lit.: G. E. Hoffmann, Das Ripener Privileg vom 5. März 1460 und die „T." vom 4. April 1460, in: H. von Rumohr (Hg.), Dat se bliven ewich tosamende ungedelt, Nms. 1960, 21–44. Ro

Tatort Der T. ist eine TV-Krimireihe, die seit 1970 von der ARD und dem ORF (von 1990 bis 2001 produzierte auch das Schweizer Fernsehen Folgen) ausgestrahlt wird. Besonderheit des T. ist es, dass jede Rundfunkanstalt für ihren T. zuständig ist; zum Konzept der Reihe gehört die bewusste Inszenierung von Lokalkolorit. In K. und Umgebung waren für den NDR von 1971 bis 1982 Hauptkommissar Finke (dargestellt von Klaus Schwarzkopf) in sieben Fällen und seit 2003 Kriminalhauptkommissar Klaus Borowski (Axel Milberg) mit Psychologin Frieda Jung (Maren Eggert) aktiv. Besonders großes Aufsehen erregte die unter der Regie von Wolfgang Petersen gedrehte Folge „Reifezeugnis", die am 27.3.1977 erstmals gesendet wurde und eine als skandalös empfundene Beziehung zwischen einem Lehrer und seiner Schülerin thematisierte. Wm

Tatort Kiel, Axel Milberg als Kommissar Borowski im Tatort „Väter", 2003

Taubstummeninstitut →Georg Wilhelm Pfingsten

Technische Marineschule

Technische Marineschule Im Rücken der ehemaligen Marinegarnisonkirche (→Petruskirche) gruppiert sich der 1911–13 von Baurat Hagen und Garnisonbauinspektor Fleinert erbaute und 1936/37 erweiterte Backstein-Baukomplex der einstigen Ingenieur- und Deckoffizierschule zwischen Arkona-, Hertha- und Meteorstr. und umschließt einen geräumigen Hof im unregelmäßigen Fünfeck, in dem nur das zerstörte Kasino fehlt. Die im damals aktuellen Ton des heimisch gestimmten Neubarock aufgeführte Bauanlage unter Mansard- und Walmdächern, plastisch belebt von backsteinerner Bauzier, bietet an der Hauptfront zur Arkonastr. mit der rhythmisch bewegten Abfolge von Haupthaus, Signalturm, Torflügel und Maschinenhalle ein besonders reizvolles Baubild. Der Militärbau trat dergestalt - anders als die Mürwiker Marineschule (1907–10) - gleichsam „zivil" auf, im Einklang mit dem reformzeitlichen K.er →Schulbau unter der Ägide von Georg →Pauly und Carl Meyer. Seit dem Umzug der T. nach Stralsund wartet das Baudenkmal auf eine angemessene erhaltende Nutzung.

Lit.: H. G. Andresen, Ein ziviler Militärbau, K. 1991. An

Telemannsches Haus Das T. befand sich bis zu seiner teilweisen Zerstörung durch einen Luftangriff 1941 in der Hasstr. 1. Seine Reste wurden abgetragen; aus dem Trümmerschutt geborgene Fassadenteile befinden sich ebenso wie eine Türumrahmung aus dem Hausinnern heute in der

Telemannsches Haus, 1904

Stiftung sh. Landesmuseen. Namengebende Erbauerin war die Witwe Anneke Telemann. Das 1576 entstandene, dreistöckige Fachwerkhaus besaß mit seiner ungewöhnlich reich verzierten, geschossweise vorkragenden Fassade überregionale kunsthist. Bedeutung. In den beiden von Fensterbändern durchlichteten Obergeschossen sind die geschnitzten Renaissance-Ornamente der Fächerpalmetten mit den durch Schrägstellung ausgezeichneten Backsteinfüllungen der Brüstungen und die an jedem Ständer sitzenden figürlich ausgebildeten Knaggen hervorzuheben, die Vertreter der kirchlichen und weltlichen Stände zeigten. Eine 1906 durchgeführte Instandsetzung erbrachte den Befund, dass das eichene Fachwerk einst farbig gefasst war. Vergleichbare Fachwerkhäuser des späten 16. Jh. existierten in K. v.a. in der →Holstenstr. Sie sind sämtlich restlos verschwunden und nur durch Fotografien und Beschreibungen überliefert. Al

Johann Nikolaus Tetens

Tetens, Johann Nicolaus (geb.16.9.1736 Tetenbüll/Eiderstedt, gest.15.8.1807 Kopenhagen), wurde 1776 als Prof. für Philosophie und Mathematik an die →CAU berufen, ging 1789 nach Kopenhagen ins Finanzkollegium und war dort später Deputierter im Finanzkollegium. Sein Hauptwerk, die „Philosophischen Versuche über die menschliche Natur und ihre Entwicklung" (1776/77), gab eine empirische Analyse der menschlichen Seele. T. definierte ihre Grundfunktionen, begrifflich nachhaltig, als Vorstellen, Wollen und Fühlen, womit er auf Kant Einfluß nahm wie auch darin, dass er die philosophische Problemfrage nach der erkenntnistheoretischen Bedeutung von Empirie und Ratio diskursiv bewegte.

Lit.: SHBL 4 (1976), 213–215. Aw

Gustav Thaulow

Thaulow, Gustav Ferdinand (geb. 6.7.1817 Schleswig, gest. 11.3.1883 K.). Nach dem Studium der Theologie und Philosophie in K. und Berlin war T. als Hauslehrer auf Gut Bothkamp tätig, bevor er sich 1843 in K. für Philosophie und Pädagogik habilitierte. 1846 wurde er außerordentlicher, 1854 ordentlicher Prof. Bahnbrechend neben zahlreichen Arbeiten zur Pädagogik und zu Hegel ist sein Werk „Hegels Ansicht über Erziehung und Unterricht" (3 Bde., 1853/54; Nachdruck 1974). Später war er auch Dozent an der →Marineakademie in K. Seine Mitarbeit im K.er Kunstverein und seine private Kunstssammlung, die er dem Land vermachte, führten 1876 zur Gründung des →Thaulow-Museums.

Lit.: Allgemeine Deutsche Biographie 37 (1894), 659 f.; Gesch. der CAU, Bd. 5/1, Nms. 1969, 127 f., 130–134. Aw

Thaulow-Museum Gustav →Thaulow sammelte in seinem Haus am Lorentzendamm wertvolle Kunstschätze, besonders Schnitzwerke des 15.–18. Jh., v.a. Möbel und kirchliche Plastik. Um die Kunstgegenstände der Öffentlichkeit zu erhalten, schenkte Thaulow sie 1875 der Provinz SH unter der Bedingung, dass eigens ein Museum in K. gebaut werde (→Museen). Die Stadt überließ den Bauplatz, die Provinz bewilligte Geld für das Gebäude, Heinrich →Moldenschardt gestaltete den Entwurf. 1878 wurde das T. eingeweiht. Es stand am →Sophienblatt auf dem Gelände des zugeschütteten →Ziegelteiches. Da die Sammlung ständig erweitert wurde, ergaben sich Raumprobleme, die durch einen Anbau 1911 gelöst wurden. Das Haus wandelte sich zu einem kunst- und kulturgeschichtlichen Museum, das Kunstgegenstände des Adels, des Bürger- und Bauerntums aus SH in wissenschaftli-

Thaulow-Museum, um 1900

cher Ordnung darstellte. Hier wurden auch voll ausgestattete Innenräume vorwiegend aus dem Barock und der Biedermeierzeit ausgestellt, v.a. auch aus K., dessen alte Bausubstanz z.T. dem Ausbau zur Großstadt weichen musste. Mitte der 1930er Jahre wurde das Museum in sh. Landesmuseum umbenannt. Während des 2. WK waren die Bestände ausgelagert, der Altbau des Museums wurde bei Luftangriffen zerstört. Aus politischen Gründen wurde nach dem Krieg das Landesmuseum aus der neuen →Landeshauptstadt K. nach Schleswig verlegt. Die Ruine des Altbaus in K. fiel 1948 dem Abriss zum Opfer. Auf dem Grundstück am Sophienblatt entstand ab 1969 nach Abriss des Anbaus von 1911 ein Kaufhaus.

Lit.: W. Passarge, Alt-K.er Erinnerungen im T., in: MKStG 38 (1935), 91–97. Ge

Theater Nach der Zeit der Wanderbühnen, die während des →Umschlags auftraten, wurde 1841 das erste „Stadt-T." an der Schumacherstraße eröffnet. Mit dem neuen Haus am →Kleinen K. (Oktober 1907) und dem „Kleinen T." an der →Holtenauer Str. etablierten sich die Spielstätten für Musikt., Ballett und Schauspiel. 1919 hatte die Stadt die Trägerschaft für das T. übernommen, seit 1949 beteiligt sich das Land an der Finanzierung, seit 2007 wird es als Anstalt öffentlichen Rechts geführt. In K. konnte sich keine Hochburg entwickeln, aber die Bühnen haben das dt. T.geschehen gespiegelt und bedeutenden Repräsentanten eine Wirkungsstätte geboten. Der jugendliche Carl →Zuckmeyer provozierte einen Skandal. Hans →Söhnker, Ernst →Busch, Gustaf Gründgens starteten hier ihre Karriere wie auch Bernhard →Minetti, der zusammen mit Dieter Borsche nach der Zerstörung das Schauspiel leitete. Gustav Rudolf Sellner begründete den Stil für sein kultisches T. Bei den „K.er Tagen für zeitgenössische Kunst" und der →„K.er Woche" prägten die Bühnen mit internationalen Gastspielen und Uraufführungen wesentlich das neue Image der Stadt. Joachim Klaiber (1963–76) entwickelte das Musikt. mit Ur- und Erstaufführungen renommierter Komponisten und dem ersten dt. Opernstudio zum international beachteten Markenzeichen. Peter Ronnefeld, Hans Zender und Klaus Tennstedt wirkten als Generalmusikdirektoren. In der Nachfolge wurden Akzente auf verfemte und zu Unrecht vergessene Komponisten und auf Wiederentdeckungen gesetzt. Im Schauspiel bestimmte nach 1945 zunächst der Nachholbedarf an in- und ausländischen Werken die Spielpläne. Mit der Mischung aus Klassik, klassischer Moderne und Gegenwart, ergänzt um populäre Unterhaltung wurde jeweils um ein breites Publikum geworben. Das jüngste Konzept „Stadtt." erschließt neue Spielstätten und Veranstaltungsformen. Das Kinder- und Jugendt., seit 1989 mit fester Spielstätte im „Haus im Werftpark", hat als eine der führenden Einrichtungen in Dtld. ständig wachsenden Erfolg (→Theater im Werftpark). Zunehmende Resonanz findet in jüngerer Zeit das Ballett.

Lit.: O. Hruschka (Hg.), Halte fest, was dir von allem übrigblieb, K. 2007. SR

Theater Kiel, Inszenierung „Götterdämmerung", Spielzeit 1999/2000

Theater im Werftpark Seit Mitte der 1960er Jahre bot das K.er →Theater zusätzlich zum Weihnachtsmärchen jährlich ein Stück für Kinder- und Jugendliche an. 1972

Theater im Werftpark, Inszenierung, „Lulalei", Spielzeit 1995/96

wurde der Grundstein zu einem eigenen Ensemble gelegt, das in Kindergärten und Schulen agierte und 1977 zum „jugendtheaterkiel" erweitert wurde. Trotz provisorischer Arbeitsräume und wechselnder Aufführungsstätten stiegen die Veranstaltungs- und Besucherzahlen. Auf Beschluss der →Ratsversammlung bekam das Theater mit dem Umbau des Veranstaltungshauses im Werftpark (→ Volkspark) 1989 eine eigene Spielstätte. Zwölf Stücke stehen jährlich auf dem Spielplan, zu den ca. 300 Vorstellungen kommen etwa 25.000 Besucher aller Altersklassen. Auszeichnungen für einzelne Produktionen, Einladungen zum dt. Kinder- und Jugendtheatertreffen und zu Gastspielen sind Ausweis der erfolgreichen Arbeit des Hauses, an dessen Spitze seit 1984 Norbert Aust als Leiter steht. SR

Theede, Johann (geb. 1.4.1876 Ellerbek, gest. 28.1.1934 K.), ist ein wichtiger Vertreter der sh. →Heimatschutzarchitektur. 1893–97 besuchte er als Zimmererlehrling die Baugewerkschule Eckernförde, 1899–1901 war er Gasthörer an der TH Stuttgart, seit 1902 arbeitete er als Architekt in K. Er prägte das K.er Stadtbild mit Bauten, die bis zum 1. WK dem Vorbild barocker sh. Herren- und Bauernhausarchitektur verpflichtet waren (→Stadtkloster 1908), danach herrschten klare Linien und Klinkerexpressionismus vor (→Margarinefabrik J. W. Seibel 1928). T. war landesweit bekannt als Bankenarchitekt (Sparkasse Wellingdorf 1927), doch auch die K.er →Synagoge (1910) in der Goethestraße geht auf ihn zurück. 1908–12 gehörte er dem Gründungsvorstand des sh. Landesverbandes für Heimatschutz an. 1933 wurde T. Ehrenkommodore in der von ihm mitbegründeten K.er Segler-Vereinigung.

Lit.: P. Genz, Bauen über die Region hinaus, Nms. 2006. Kar

Johann Theede

THW Kiel →Turnverein Hassee-Winterbek

Tierschutzverein Der T. für K. und Umgebung geht auf eine Initiative des Univ. buchhändlers Gustav von Maack zurück, der im Oktober 1872 zur Gründung eines T. aufrief. Schon zwei Monate danach hatte der Verein 150 Mitglieder, 1883 waren es schon 402. Die erste Initiative des Vereins prangerte die Behandlung von Arbeitspferden bei Bau- und Fuhrunternehmen und bei der →Pferdebahn an. Zudem widmete er sich den Verkaufsbedingungen auf Vieh- und Fischmärkten und der Kontrolle von Schlachtverfahren. Der Bau eines Tierheims zur Versorgung und Weitervermittlung herrenloser Tiere wurde erst seit den 1950er Jahren verfolgt. 1972 konnte das Tierheim Uhlenkrog eingeweiht werden, das seitdem mehrfach erweitert werden musste.

Lit.: M. Leisner, 100 Jahre Tierschutz in K., K. 1972. Ro

Tiessenkai Der T. in →Holtenau wurde 1895 beim Bau des Kanals angelegt und erhielt 1933 zunächst den Namen „Am Kai". 1977 wurde er nach der Firma Hermann Tiessen umbenannt. An dem Kai unmittelbar am Kanalausgang siedelten sich v.a. maritime Betriebe und Einrichtungen an. 1927 gründete dort Hermann Tiessen sein Schiffsausrüstungsgeschäft, das wegen seiner Angebotspalette und Kundenfreundlichkeit zur Institution wurde. 2005 wurde die Firma aufgelöst und in dem Gebäude

Tiessenkai, Hans Rickers, 1955

ein Café eingerichtet. Das Gebäude T. 8 ließ der Schiffsmakler Carl Loeck 1924 vom bekannten Architekten Ernst →Prinz als Kontorhaus errichten. Mit dem Leuchtturm und der 1950 neu erbauten →Seebadeanstalt zeigt der T. eine hohe Konzentration von Baudenkmalen. Bri

Tilly-Strumpffabrik Die von einem sächsischen Kaufmann 1951 gegründete Weidmüller Strumpffabrik GmbH gehörte zu den ersten Betrieben, die nach der Freigabe des Ostufers auf dem Gelände der bundeseigenen →Deutschen Werke AG angesiedelt wurden (→Friedenswirtschaft). Als Unternehmen der Textilindustrie stark von Markt und Mode abhängig, führte Kapitalmangel des schnell wachsenden Betriebes 1953 zur Übernahme aller Gesellschaftsanteile durch die Deutsche Werke AG. Die in T. GmbH umbenannte Firma wurde 1954 vom Großunternehmen Louis Bahner Elbeo-Werke GmbH, Augsburg-Mannheim, übernommen und als erster Betrieb mit staatlicher Beteiligung nach dem Krieg privatisiert. Bis zu 6,6 Mill. Paar Strümpfe und Strumpfhosen monatlich wurden hergestellt. V.a. die Konkurrenz durch Billigimporte führte 1977 zur Schließung des K.er Werkes.

Lit.: T. Erlenbusch, D. Tillmann, Arbeiten für's Wirtschaftswunder, Heide 2009, 53–55. Do

Tilly-Strumpffabrik, Qualitätskontrolle, 1959

Tirpitz, Alfred von →Flottenbauprogramm

Tivoli 1845 eröffnetes Freilufttheater mit angrenzendem Vergnügungspark unterhalb des Hohenbergs am Düsternbrooker Weg auf der Höhe zwischen dem Schwanenweg und der Reventlouallee (heute Nr. 41–49). Vorbild für das K.er T. war das zwei Jahre zuvor eröffnete Kopenhagener T. Zunächst spielten die Schauspieler des K.er →Stadttheaters in den Sommermonaten Juli bis September im T. Komödien, Schwänke und Lustspiele. Das T. war zugleich eine Gaststätte, es erfreute sich bei Studenten und K.er →Bürgern schnell wachsenden

Tivoli bei Kiel, Georg Michael Kurz, 1848

Zuspruchs und wurde mit der nahe gelegenen →Seebadeanstalt ein beliebtes Ausflugsziel in →Düsternbrook. Spätestens 1859 wurden die Zuschauerplätze überdacht und 1865 ein geschlossener Zuschauerraum errichtet. Am 28.9.1870 brannte das T. ab und wurde nicht wieder aufgebaut.

Lit.: H. Sievert, Das T. in Düsternbrook, in: Aus Reichsgeschichte und Nordischer Geschichte, hg. von Horst Fuhrmann u.a., Stuttgart 1972, 362–371. Ra

Tönnies, Ferdinand Julius (geb. 26.7.1855 Oldenswort, gest. 9.4.1936 K.), der vom ns. Regime gemaßregelte Begründer der Soziologie in Dtld. studierte anfangs Philologie, fühlte sich aber immer stärker zu den politischen und philosophischen Problemen seiner Zeit hingezogen. Nach seiner Promotion 1877 und der Habilitation 1881 wurde T. wegen seines sozialpolitischen Engagements erst 1913 ordentlicher Prof. in K. Sein 1887 verfasstes grüblerisches Buch „Gemeinschaft und Gesellschaft" hinterließ tiefe Spuren bei der Etablierung der Soziologie. Von den fast tausend Titeln, die T. im Laufe seines streitbaren Gelehrtenlebens veröffentlichte, gehen auch heute noch grenzüberschreitende Impulse aus.

Lit.: U. Carstens, Ferdinand T., Norderstedt 2005. Ca

Torpedowerkstatt Die Verlegung der pr. Flottenstation nach K. 1865 und die Erhebung der Stadt zum →Reichskriegshafen 1871 sollte auch für die Entwicklung →Friedrichsorts von entscheidender Bedeutung sein. V.a. die Errichtung der T. 1891 führte hier zu einem raschen Bevölkerungsanstieg und zu einer vermehrten Bautätigkeit. Zunächst lagerten Torpedos und Minen zusammen mit anderer Munition im 1866 gegründeten Artilleriedepot. Die Entwicklung der Torpedowaffe führte 1877 zur Errichtung einer besonderen Abteilung, des Torpedodepots, in dem später diese Waffe auch produziert wurde. Alfred v. →Tirpitz wollte die Fertigung von Torpedos in der Regie der →Marine sehen. So entstand 1891 die T. aus einer kleinen Werkstatt im Gebiet zwischen dem westlichen Wallgraben und der heutigen Falckensteiner Str.. Um 1900 bestand der Staatsbetrieb schon aus 14 verschiedenen Einzelwerkstätten. Die Zahl der beschäftigten zivilen Arbeiter, meist Metallfacharbeiter, lag 1885 bei 120, 1900 bereits bei 1.000 und 1913 bei 2.400. Im 1. Weltkrieg steigerte sich ihre Zahl auf mehr als 6.300. In der T. wurden lange Zeit sämtliche Torpedos der Kaiserlichen Marine hergestellt und erprobt. Als Ausweichstandort für die Erprobung stand ab 1913 die Torpedoversuchsanstalt in Eckernförde zur Verfügung. Für die Marineangehörigen und die zivilen Arbeiter entstanden in Friedrichsort und auch im angrenzenden →Pries Dienst- und Wohngebäude. Für die Werksangehörigen und ihre Familien wurde eine Volksbücherei eingerichtet und der Koloniepark angepflanzt. Die gut organisierten Arbeiter der T. beteiligten sich am Märzstreik 1917 gegen die schlechte Lebensmittelversorgung und unterstützten die meuternden Matrosen bei der →Revolution 1918. Auf dem Gelände der nach dem 1. WK aufgelösten T. wurden seit 1920 u.a. Glühkopfmotoren, Schiffshilfsmaschinen, Pumpen und Dieselmotoren hergestellt. Do

Transportgewerbe Bereits im MA lassen sich Fuhrleute nachweisen, die in unregelmäßigen Abständen auf der Straße von K. nach Lüb. verkehrten und die Stadt mit wichtigen Konsumgütern versorgten. Erst das Aufkommen eines Transithandels von Dänemark und →Russland aus über den K.er Hafen (→Handelshafen) nach Altona im 18. Jh. machte ein geregeltes Transportwesen auf dem Landweg erforderlich. Die Fuhrleute – Bauern der umliegenden Ämter – die als Nebenerwerb das Fuhrwesen betrieben, schlossen sich 1744 auf Betreiben von K.er Kaufleuten zusammen. In einer Fuhrrolle wurden Frachtsätze und tägliche Wagenkapazitäten fest vereinbart und zugleich den in die Fuhrrolle aufgenommenen Fuhrleuten ein Monopol auf den Transport zugesichert. Die Fuhrrolle wurde 1767 und 1780 erneuert. 1811 lassen sich bereits acht hauptberufliche Fuhrleute in K. nachweisen, die sich gegen die Konkurrenz der Landfuhrleute zur Wehr setzten. Hatte der Wagenverkehr durch den auflebenden Handel K.s zu Beginn des 19. Jh. und den Bau der →Chaussee K.-Altona 1830 ein ständiges Wachstum erlebt, übernahm die →Altona-K.er Eisenbahn-Gesellschaft ab 1844 einen Großteil des überregionalen Warenverkehrs. Erst das Anwachsen K.s zur Großstadt führte zu einer Professionalisierung des Fuhrwesens. Wichtige K.er Speditionen gehen in diese Zeit zurück, wie die Transportunternehmen von Julius

Ferdinand Tönnies

Spedition Oskar Gerdsen, 1936

Tischendorf von 1876, von Willy Bruhn von 1898 oder von Hans-Peter Gerdsen von 1901. Erst mit dem Aufkommen der Lastkraftwagen wurde das Fuhrwesen auch für den überregionalen Transport gegenüber der Bahn konkurrenzfähig. Die K.er Speditionen verloren durch den 2. WK Fuhrparks und Betriebsgebäude und standen vor einem Neuanfang. Heute ist K. mit den Firmen Oskar Gerdsen, J. Tischendorf, Max Jacobi von 1945 und Gaston Petersen von 1958 ein wichtiger Standort international agierender Speditionsunternehmen. Ro

Trümmerfrau, um 1946

Trümmerräumung K. war im 2. →Weltkrieg starken Bombenangriffen ausgesetzt (→Luftkrieg). Schon während des Krieges mussten →Zwangsarbeiter und Inhaftierte des →Arbeitserziehungslagers Nordmark Trümmer und Blindgänger beseitigen. Nach 1945 war es v.a. der Initiative von Andreas →Gayk zu verdanken, dass K. zur bestaufgeräumten Stadt Dtld. wurde. Von den 5 Mill. m³ Trümmern war bis Juni 1948 die Hälfte beseitigt. Für die Hauptarbeit setzte die Stadt Großräumgeräte ein. Dazu kam ein Notdiensteinsatz der Bevölkerung bis Dezember 1945 mit 3.100 Arbeitskräften, davon 2.600 Frauen. Im April 1946 rief Gayk zu einem freiwilligen Aufräumdienst an Wochenenden und Feiertagen auf, an dem sich bis 1950 140.000 Helfer beteiligten. Jeden Sonnabend und Sonntag meldeten sich jeweils 400-500 Personen. Der Aufräumdienst stand unter der Losung: „Bürger bauen eine neue Stadt". Wo die Bagger nicht eingesetzt werden konnten, arbeiteten die Menschen mit Spitzhacke und Schaufel. Trümmerfrauen bargen die erhalten gebliebenen Ziegel und säuberten sie von Mörtel und Zement. Große Teile des Schutts wurden für gezielte Geländeaufschüttungen genutzt: An der Wasseralleee und der Reventloubucht wurde die neue Uferstraße begründet (→Kiellinie); am Grasweg entstand ein Industriegelände; Parks und Sportanlagen wurden aufgeschüttet. Die →Trümmerverwertungsgesellschaft arbeitete Trümmerschutt als Baumaterial auf. Um die Trostlosigkeit in der Stadt zu mildern und Staub und Sand zu binden, rief Gayk die Bürger auf, die Trümmerflächen mit Bäumen und Gräsern zu begrünen (→Gayk-Wäldchen).

Lit.: Magistrat der Stadt K. (Hg.), K.er Bürger bauen eine neue Stadt, K. 1955. Ge

Trümmerräumung mit Großräumgerät in der Holtenauer Straße, 1946

Trümmerverwertungsgesellschaft Waren nach dem 2. →Weltkrieg große Trümmermengen zunächst für Geländeanschüttungen verwandt worden, setzte sich bereits 1946

Trümmerverwertungsgesellschaft, Produktion von Hohlsteinen, 1948

die Überzeugung durch, dass die Trümmer besser als Baustoff für den →Wiederaufbau eingesetzt werden könnten. Im Juli 1948 gründete die Stadt K. gemeinsam mit dem Unternehmen Hans Helmut Rathjens die T. Sie errichtete eine Trümmerverwertungsanlage im Grasweg. Hier wurde der Schutt sortiert, gesiebt und zu Schüttbeton und Ziegelsplittsteinen verarbeitet. Die Anlage wurde später in Hohlsteinwerk SH GmbH umbenannt und nach der vollständigen Privatisierung 1966 als Betonsteinwerk SH weitergeführt, bis es 1986 die Produktion einstellte. Ro

Tschadek, Otto (geb. 31.10.1904 Trautmannsdorf/Österreich, gest. 4.2.1969 Wien) studierte Jura und war Mitglied der sozialdemokratischen Partei. 1940 wurde er zur Kriegsmarine nach Stralsund eingezogen, erhielt dann den Posten eines Oberstabsrichters am Marinegericht in K. Hier war er sehr beliebt, weil er manches Todesurteil abwenden konnte. Nach Kriegsende berief ihn die britische Militärregierung ins K.er Rathaus, wo er das Entschädigungsamt übernahm. 1945 wurde er zum →Bürgermeister, 1946 zum Oberbgm. von K. ernannt. Er leistete erste dringende Wiederaufbauarbeiten in der Stadt. 1946 ging er in seine Heimat zurück, denn ohne sein Wissen war er in den österreichischen Nationalrat gewählt worden. Vorher hatte ihn die K.er Stadtvertretung zum →Ehrenbürger ernannt. In Österreich arbeitete T. als Rechtsanwalt und war von 1949–1952 und von 1956–1960 österreichischer Justizminister.

Lit.: O. T., Erlebtes und Erkanntes, Wiener Neustadt (1962). Ge

Otto Tschadek

Tsingtau 700km südöstlich von Peking liegt das Kiautschou-Gebiet mit der Stadt T. in der nordchinesischen Provinz Schandong. Nach Meinung Kaiser Wilhelms II. bei der Aufteilung Afrikas benachteiligt, sollte Dtld. wenigstens in Asien gleichberechtigt zum Zuge kommen und am lukrativen Handel teilnehmen. Bei der Prüfung der als Standort für eine dt. Kolonie und Marinestützpunkt in Frage kommenden ostasiatischen Häfen befand - wie schon der Chef des Ostasien-Geschwaders Alfred v. Tirpitz 1896 - auch der K.er Marine-Hafenbaudirektor Georg Franzius die Kiautschou-Bucht für geeignet. Die Ermordung zweier dt. Missionare diente als Vorwand für die Besetzung durch den Chef des Kreuzergeschwaders, den ehemaligen K.er Oberwerftdirektor → Diederichs, im November 1897. Dem innenpolitisch und militärisch schwachen China konnte das Dt. Reich im März 1898 einen Pachtvertrag über 99 Jahre für das 500qkm große Gebiet abpressen. Eine „Musterkolonie“ mit moderner Infrastruktur entstand. Durch den Bau eines großen Hafens, die Erschließung des Hinterlandes durch die Schantung-Eisenbahn oder die Anlage von Kohlebergwerken in dem bis dahin vorwiegend landwirtschaftlich genutzten Gebiet begann ein bemerkenswerter wirtschaftlicher Aufschwung. Bei der Anlage der Kolonialstadt T., die das Zentrum der 2,3 Mill.stadt Qingdao bis heute maßgeblich prägt, entstand eine dt. Musterstadt auf höchstem technischen Niveau. K.er Firmen errichteten Filialen. In T. lebten etwa 5.000 Dt. und Europäer und 50.000 Chinesen in streng getrennten Wohnquartieren. Die kulturell und zum großen Teil auch religiös unterschiedlichen Bevölkerungsgruppen blieben sich weitgehend fremd. Gegen

Straße in Tsingtau, um 1910

die Fremden richtete sich auch der Boxeraufstand, der von europäischen und japanischen Truppen, darunter das I. Seebataillon aus K., brutal niedergeschlagen wurde. Japanische Truppen besetzten 1914 das Gebiet, das Dtld. wie alle seine Kolonien nach dem 1. →Weltkrieg abtreten musste.

Lit.: H.-M. Hinz, Ch. Lind (Hg.), Tsingtau, Eurasburg 1998. Do

THW Kiel, Meisterschaft der Handball-Bundesligamannschaft, 2007

Turnverein Hassee-Winterbek (THW Kiel) Der THW wurde 1904 als Hassee-Winterbeker Turnverein gegründet, 1920 erhielt er seinen bis heute bestehenden Namen. 1924 wurde der Handballspielbetrieb, noch als Feldhandball, in den Verein aufgenommen. 1925 folgten eigene Leichtathletik- und Turnabteilungen, 1949 eine Tischtennis-, 1966 eine Badminton-, 1972 eine Tennissparte. Für die überregionale Bedeutung des Vereins sorgt die 1. Handballmannschaft der Männer, die bereits 1948 und 1950 die ersten dt. Meistertitel im Feldhandball erringen konnte. Bis 2010 wurde der THW im Hallenhandball 16 Mal dt. Meister und sechs Mal dt. Pokalsieger und ist somit der erfolgreichste dt. Handballverein. Neben den nationalen Erfolgen konnte der THW mit dem Gewinn der Champions League und dem dreimaligen Gewinn des EHF-Pokals auch auf europäischer Ebene Titel sammeln. Höhepunkt war das Jahr 2007, in dem der THW das „Triple" erreichte, d.h. den Gewinn der Champions League, der dt. Meisterschaft und des dt. Pokals. Die zunehmende Professionalisierung machte es in den 1990er Jahren erforderlich, die Vereinsstrukturen zu überdenken. Folge war die Herauslösung der 1. Männermannschaft aus dem Verein 1992 und die Gründung einer THW K. Handball-Bundesliga GmbH & Co. KG. Der Mutterverein ist als Gesellschafter weiterhin an den Aktivitäten beteiligt. Die Vereinsfarben sind seit der Gründung schwarz und weiß, so dass die Handballer auch als „Zebras" bezeichnet werden. Ihre Heimstätte ist die Sparkassen-Arena, ehemals →Ostseehalle, die 10.250 Plätze fasst und durch den tausendfachen Verkauf an Dauerkarten nahezu immer ausverkauft ist. Der THW nimmt durch seine Erfolge innerhalb K.s eine wichtige Position ein. Die Spiele sind ein relevantes gesellschaftliches Event. Auch die Stadtpolitik nutzt die überregionale Bedeutung, indem durch gemeinsame Auftritte, wie z.B. bei den Meisterfeiern auf dem Rathausplatz, der Erfolg und die Sympathien der Mannschaft imagewirksam auf die Stadt und ihre Repräsentanten übertragen werden.

Lit.: J. Erich, Olé, hier kommt der THW, in: Kieler Blätter zur Volkskunde 37 (2005), 119–152. Er

Turnvereine Die Turnbewegung unter „Turnvater" Friedrich Ludwig Jahn spielte in der ersten Hälfte des 19. Jh. eine bedeutende Rolle im Streben nach einem demokratischen dt. Nationalstaat. Bereits 1817 führte Ernst Eiselen, ein enger Mitarbeiter Jahns, das Turnen unter den K.er Studenten ein. Aber aufgrund der von 1819 bis 1842 im Dt. Bund verhängten sog. Turnsperre konnten erst nach deren Aufhebung T. gegründet werden. Am 18.9.1843 betonte der K.er Univ.prof. →Forchhammer in einer Festrede die fördernde Wirkung des Turnens auf die körperliche und moralische Entwicklung der Jugend und forderte die Errichtung einer Turnanstalt in K. Im Frühjahr 1844 wurde am →Kleinen K. die erste Turnanstalt errichtet. Das Turnen der Schuljugend steckte auch bald die Studenten an und unter Vermittlung des K.er Advokaten Friedrich Hedde schlossen sich am 27.6.1844 53 jüngere Männer (zumeist Studenten, junge Kaufleute, Handwerker) zu einem Turnverein, dem ersten in SH, zusammen, der seit 1890 unter dem Namen →K.er Männerturnverein von 1844 (KMTV) firmiert. Erster Turnwart wurde Hedde, auf ihn folgte

Abteilung des TuS Gaarden auf dem Deutschen Turnfest Leipzig, 1908

der junge Medizinstudent und spätere Prof. Friedrich von →Esmarch. Die enge Verknüpfung der Turnbewegung mit der sh. Bewegung zeigte sich schon 1848, als sich die K.er Turner mit den Studenten zum K.er →Studenten- und Turnerkorps vereinigten und an der Spitze der →Schleswig-Holsteinischen Erhebung im Gefecht von Bau am 9.4.1848 von den Dänen aufgerieben wurden und in Gefangenschaft gerieten. Von dem rasanten Bevölkerungsanstieg K.s nach 1867 konnte der KMTV zunächst nur wenig profitieren und es dauerte bis 1902, dass der Verein in der Jahnstr. seine eigene Turnhalle einweihen konnte. Seit 1894 war auch das Frauenturnen in die Vereinsaktivität aufgenommen. Im Kaiserreich wurden die T. insbesondere nach der Abschaffung des „Sozialistengesetzes" 1890 zunehmend zu einer Domäne der Mittel- und Arbeiterschicht, wobei die Vereinszugehörigkeit noch von der sozialen Stellung geprägt wurde. Die Arbeiter-Turn- und Sportvereine schlossen sich 1902 teilweise zur Freien Turnerschaft an der K.er Förde zusammen und bildeten 1913 das Arbeiter-Sportkartell von K. 1911 hatten sich bereits die bürgerlichen T. zum Verband K.er T. zusammengefunden. Während des →Nationalsozialismus wurden die T. durch Einsetzung regimefreundlicher Vorstände „gleichgeschaltet", zudem machte der in den ns. Jugendorganisationen betriebene Sport den alten Sportvereinen starke Konkurrenz, so dass ihnen der Nachwuchs ausblieb. Beschränkten sich die T. anfangs ausschließlich auf das Turnen, so kamen im Laufe des 20. Jh. weitere Sportarten hinzu und die T. entwickelten sich zu Sportvereinen mit einem heutzutage breiten Angebot von modernen Sportarten für Männer und Frauen gleichermaßen.

Lit.: K.er Männer-Turnverein (Hg.), Festschrift 150 Jahre 1844–1994, K. 1994. Ra

August Twesten

Twesten, August Detlev Christian (geb. 11.4.1789 Glückstadt, gest. 8.1.1876 Berlin), studierte zunächst in K. Philologie, dazu Philosophie bei Karl Leonhard →Reinhold. Beeindruckt von Schleiermachers Vorlesungen in Berlin nahm er dort das Theologiestudium auf. Über zwanzig Jahre wirkte T. dann als Prof. für Theologie und Philosophie in K. Er wurde zum Mitbegründer der Pädagogik an der CAU und engagierte sich seit 1815 öffentlich in den →Kieler Blättern, einem Dokument des Frühliberalismus und in Abwehr der Karlsbader Beschlüsse (1819). 1835 wurde er auf den Lehrstuhl Schleiermachers berufen. T.s vermittlungstheologischer Ansatz, in dem sich ein bildungsoffenes biblisch-kirchliches Christentum reflektierte, hat in K. und Berlin Generationen von Pastoren geprägt.

Lit.: Lebensläufe, 317–319, 401 f. Aw

U-Bootbau Nach dem Einzelbau des →Brandtauchers 1850 verlagerte sich die weitere Entwicklung des U. ins Ausland. So konstruierte 1887 der Spanier Isaac Peral das erste Elektro-U-Boot. 1897 bauten die Howaldtswerke (→HDW) ein elektrisch angetriebenes Tauchboot, das aber keinen Abnehmer fand. Um 1900 lehnte das Establishment der Kaiserlichen →Marine und des dt. Schiffbaus U-Boote noch ab. Dagegen

„U 31" in der Kieler Förde

U-Bootbau bei HDW

entwickelte sich die →Germaniawerft zum entscheidenden Schrittmacher und stellte 1903 ein Versuchsboot („Forelle“) fertig. Ein erster Exportauftrag wurde 1904 von Russland erteilt, 1906 erhielt die Kaiserliche Marine das erste U-Boot („U 1“). Die Kombination aus Verbrennungsmotor und Elektroantrieb erwies sich als wegweisend. Weitere Aufträge folgten, auch für den Export (Norwegen, Italien, Österreich-Ungarn). Im 1. WK fertigte die Germaniawerft 100 U-Boote. Nach den entsprechenden Verboten des Versailler Vertrags setzte ab 1935 der Wiederaufbau der deutschen U-Bootwaffe ein, nachdem dt. Ingenieure in der Zwischenzeit in den Niederlanden Weiterentwicklungen betrieben hatten. Auch jetzt besaß die Germaniawerft eine Schlüsselposition. Im 2. WK beteiligten sich die anderen K.er Werften (Howaldtswerke, →Deutsche Werke) als Nachbauwerften am U-Bootbau. Der wichtigste Standardtyp war die Klasse VII C (Museumsboot „U 995“ in Laboe), während der erheblich leistungsfähigere Typ XXI nicht mehr wesentlich zum Einsatz kam. Die Nachkriegsentwicklung wurde v.a. von Ulrich Gabler (1913–1994) und seiner Firma Ingenieurkontor Lüb. (IKL) vorangetrieben. Nach seinen Entwürfen bauten die Howaldtswerke/HDW ab 1959 die Typen 201 und 206 für die Bundesmarine sowie das erfolgreiche Exportmuster des Typs 209, der 1971–2007 in verschiedenen Versionen für Griechenland, Lateinamerika, die Türkei, Indonesien, Indien, Südkorea und Südafrika gebaut wurde. Neuland betrat HDW ab 1986 mit der Entwicklung eines außenluftabhängigen Antriebs. 2004 erfolgte die Indienststellung des ersten Brennstoffzellen-U-Bootes der Dt. Marine („U 31“).

Lit.: E. Rössler, Geschichte des deutschen U-Bootbaues (2 Bde.), Bonn 1996. Os

U-Bootbunker „Kilian“ Der U. wurde zwischen 1941 und 1943 an der Schwentine auf dem Gelände der damaligen Kriegsmarinewerft gebaut. Der als Ausrüstungsbunker für die bei den K.er Werften hergestellten U-Boote gedachte Bau bot in zwei Nasskammern Platz für zwölf U-Boote des Typs VIIc. Ab August 1944 wurden in einer Kammer Achterschiffsektionen für U-Boote des Typs XXI gebaut. Der Bunker wurde bei den Bombenangriffen auf K. nicht beschädigt, jedoch sank im April 1945 nach einem Luftangriff „U 4708“ im Bunker. Das U-Boot und Teile seiner Besatzung konnten nicht mehr geborgen werden und trugen nach der Sprengung des Bunkers nach Kriegsende zu einer Diskussion um den Erhalt der Ruine als Denkmal bei. 2001 wurden die Reste des U. für die Erweiterung des K.er Ostuferhafens abgerissen.

Lit.: R. Bohn, M. Oddey, U-Bootbunker „Kilian“, Bielefeld/Gütersloh 2003. He

Ruinen des U-Bootbunkers „Kilian“, 1985

U-Bootehrenmal Möltenort Nach dem 1. →Weltkrieg beanspruchte der Korpsgeist der einzelnen Waffengattungen zusätzlich zum Ehrenmal für die ganze Marine in Laboe jeweils eigene Erinnerungsstätten. U-Bootveteranen initiierten etwa zeitgleich mit den Planungen für Laboe ein Ehrenmal für die U-Bootwaffe in Möltenort (1926–1930). Das heutige Erscheinungsbild geht auf den

U-Boot-Ehrenmal Möltenort

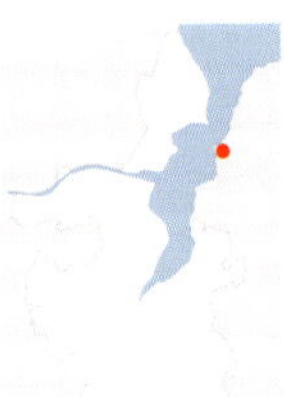

U-Bootehrenmal Möltenort

Neubau der Jahre 1936–38 nach dem Entwurf Robert Tischlers und auf eine Umgestaltung 1969–70 zurück. Seitdem erinnert das Ehrenmal auch an die toten U-Bootfahrer des 2. WK. Die im Friedensdienst der Bundesmarine gestorbenen U-Bootfahrer werden seit 2002 einbezogen. Ein 15,50m hoher gedrungener Turm aus roten Sandsteinquadern zwischen zwei niedrigen Ehrenhallen dominiert die vorspringende Landzunge und dient einem mächtigen Adler als Aufsitz. 1949 wurde das wuchtige Hakenkreuz unter dem Adler getilgt und durch ein U-Bootkriegsabzeichen ersetzt. Die beiden Ehrenhallen verbindet ein halbkreisförmiger Grabengang, an dessen Wänden seit 1983 alle in beiden Weltkriegen gestorbenen deutschen U-Bootfahrer (33.000) auf Bronzetafeln namentlich erfasst sind. So kann die Denkmalanlage für die Angehörigen zum Ort individuellen Gedenkens und individueller Trauer werden.

Lit.: J. Elwert, Die Marinedenkmäler am Ostufer der K.er Förde, in: R. Jaworski, W. Molik (Hg.), Denkmäler in K. und Posen, K. 2002, 218–249. Km

U-Bootstützpunkt Die Nutzung Kiels als U-Boothafen ist eng mit der Entwicklung des U-Bootbaus in Deutschland

U-Bootgeschwader mit Begleitschiff „Saar“ im Tirpitzhafen, um 1936

verbunden. Schon 1850 war bei der K.er Maschinenfabrik Schweffel & Howaldt (→HDW) das erste deutsche Tauchboot, der K.er →Brandtaucher, gebaut worden. Mit dem Stapellauf von „U 1“ als erstem U-Boot der Kaiserlichen →Marine auf der →Germaniawerft am 4.8.1906 begann die Geschichte K.s als U-Boothafen; die Germaniawerft des Essener Krupp-Konzerns entwickelte sich zur Wiege des deutschen U-Bootbaus. Nach dem 1. →Weltkrieg verboten, wurde der U-Bootbau im Zuge der Aufrüstung des Dritten Reiches 1935 wieder aufgenommen und K. wurde Stützpunkt der 1. U-Flottille, einer kleinen Flottille von zunächst sechs U-Booten des Typs II (250t), die den Grundstock der deutschen U-Bootwaffe des 2. WK bildete. Nach dem Wechsel der 1. U-Flottille an die französische Atlantikküste, wurde K. Stützpunkt der 5. U-Flottille, einer Schulflottille für die Ausbildung neuer Besatzungen der bei den K.er Werften gebauten U-Boote. K. war aber nicht nur Stützpunkt und wichtige Baustätte, hier wurden auch durch die Walterwerke (→Walter) neue Antriebsformen entwickelt und Sondertypen wie das Zwei-Mann-U-Boot „Seehund“ gebaut. Für die Ausrüstung der U-Boote standen die beiden U-Bootbunker „Kilian“ und „Konrad“ zur Verfügung. Die Nutzung K.s als U. durch die Kriegsmarine endete 1945. Mit der Wiederbewaffnung der Bundesrepublik und der Aufstellung des 1. U-Bootgeschwaders der Bundesmarine wurde K. im Oktober 1961 erneut U. Hauptaufgabe der in K. beheimateten U-Boote während der Zeit des Kalten Krieges war der Schutz der deutschen und dänischen Ostseeküste gegen den Warschauer Pakt. Die Geschichte K.s als U-Bootstützpunkt endete schließlich 1998, als das 1. U-Bootgeschwader nach Eckernförde verlegt wurde, wo es seit dem 30.6.2006 der Einsatzflottille 1 unterstellt ist. He

Umschlag Heute ein jährlich am letzten Februarwochenende abgehaltenes Volksfest, dessen Symbolfigur der →Bürgermeister Asmus →Bremer ist, war der U. im 16. und frühen 17. Jh. der bedeutendste Kapitalmarkt Nordwestdtld. und Dänemarks.

Neben dem Geldmarkt etablierte sich ein Krammarkt für alltägliche Produkte, aber auch Luxusartikel und ein Vergnügungsmarkt. Der mnd. Begriff „ummeslag" bedeutet Wechsel, Tausch, Handel und bezieht sich auf das geschäftliche Umschlagen, das Übergeben von Geld. Seit 1469 lässt sich der einwöchige U. als Hochzeits- und Geschäftstermin des Adels urkundlich eindeutig nachweisen, seine Anfänge liegen jedoch im Dunkeln. Er begann zunächst zu Martini, dem 11. November. Um die Wende zum 16. Jh. etablierte sich die Dreikönigsoktave (6.–13./14.01.) als neuer Termin. Während des U. zeigte die „Leyde", die am Turm der →Nikolaikirche befestigte Marktfahne, im Volksmund auch „den Börgermeister sin Büx", Marktfreiheit und -frieden sowie sicheres Geleit an. K. war für den Hauptgläubiger, den durch kommerzielle Gutswirtschaft und andere unternehmerische Tätigkeiten kapitalkräftigen Adel der Hztt., wegen seiner Lage zwischen den ostholsteinischen und südschleswigschen Güterdistrikten leicht zu erreichen. Die sh. Ritterschaft tagte bevorzugt in K., auch besaßen viele Adlige dort ein Stadthaus als Winterwohnsitz. Die wichtigsten Kreditnehmer waren der dänische Kg. und die Gottorfer Hzz. Der durch die Sanktion des Einlagers, des persönlichen Arrests des Schuldners, als besonders sicher geltende U. verlor bereits im 17. Jh. an Bedeutung, wozu die Eta-blierung eines dänischen Geldmarktes, aber auch die erste Hmbg. Bank (1619) beitrug. Die rückständige bis 1864 aufrechterhaltene Barzahlung in Silbergeld, aber auch das Ende einer Phase der Hochkonjunktur im Agrarbereich ließen den U. zu einem regionalen Geldmarkt schrumpfen. Die 1852 von Wilhelm →Ahlmann gegründete erste K.er Bank tat ihr Übriges. Durch die Entstehung des →Einzelhandels mit Ladengeschäft büßte im 19. Jh. auch der Warenmarkt an Bedeutung ein. 1911 schon tot gewähnt, wurde der U. 1975 auf Initiative von K.er Geschäftsleuten als winterliches Volksfest wiederbelebt.

Lit.: R. Hansen, Der K.er U., in: ZSHG 117 (1992), 101–133. Fi

Universität →Christian-Albrechts-Universität

Universitätsbibliothek

Universitätsbibliothek (UB) Die UB K. ist eine zentrale Einrichtung der →Christian-Albrechts-Universität (mit der Zentralbibliothek in drei Abteilungen und 48 Fachbibliotheken). Sie dient der Informations- und Literaturversorgung in Studium, Forschung und Lehre und stellt daher ihren Buch- und Zs.bestand in erster Linie den Univ.mitgliedern zur Verfügung. Sie steht jedoch auch allen sh. Bewohnern offen. Die Zentralbibliothek ist die Ausleih- und Archivbibliothek der CAU und dient zugleich als Koordinierungszentrale für die Teilbibliotheken sowie als Zentralstelle für Besorgungen im Fernleihverkehr. Die Fachbibliotheken haben demgegenüber Präsenzcharakter und dienen in erster Linie den zugeordneten Fakultätseinrichtungen. Die UB verfügt über rund 3.000 Handschriften (darunter die „Bordesholmer Marienklage"), 72 Nachlässe und ca. 4,6 Mio. Bde. aus allen Fachgebieten. Aufgrund der hist. Verbindung von SH und Dänemark sind größere skandinavische Buchbestände vorhanden; daher wurde der UB von der Deutschen Forschungsgemeinschaft 1948 das Sondersammelgebiet „Gesch., Sprachen und Literaturen der Nordischen Staaten" zugewiesen. Die UB wurde 1665 gleichzeitig mit der CAU eingerichtet. Als Gründungsbestand erhielt sie durch Hz. →Christian Albrecht die Handschriften und Drucke des um 1550 aufgelösten Augustinerchorherren-Stifts in Bordesholm. Mangels Mitteln wuchs die UB nur langsam (Anf. des 18. Jh.: ca. 6.000 Bde.; um 1800: rund 40.000 Bde.). 1884 wurde das erste Gebäude bezogen, das nur Bibliothekszwecken diente (Brunswiker Str. 2; heute: Medizinische Abteilung). 1907 durch einen Anbau erweitert, wurde es am

29.4.1942 durch Bombenangriff stark zerstört (Verlust von ca. 250.000 Bde., fast die Hälfte des Bestandes). Nach Verlegung eines Großteils der CAU auf das Gelände an der Olshausenstr. wurde dort 1966 ein Neubau errichtet, der sich bald als zu klein erwies. Nach Zwischenlösungen wurde erst im April 2001 das jetzige Hauptgebäude (Entwurf: Architekturbüro Dr. Werner und Wolf) in der Leibnizstr. 9 als Freihandbibliothek in Betrieb genommen. Wi

Universitätskirche →Kirchenbau

Universitätsklinikum Schleswig-Holstein
Die ersten Akademischen Heilanstalten entstanden 1802 aus dem Stadtkrankenhaus des Georg Heinrich →Weber in der Prüne. Er hatte 1791 den Witteschen Hof zu einem Hospital mit 30 Betten umbauen lassen und den Studentenunterricht am Krankenbett eingeführt. Mit der Übernahme durch die Univ. leiteten zunächst zwei Direktoren die neue Klinik: Der Mediziner Weber behandelte die internistischen Patienten, der Chirurg Johann Leonhard →Fischer operierte und betreute die Wöchnerinnen. 1805 trennte sich mit der Berufung Christian Rudolf Wiedemanns die Geburtshilfe von der Chirurgie. Anfangs in einem alten baufälligen Haus am Klosterkirchhof untergebracht, bezog die Gebäranstalt 1810 zusammen mit der Hebammenschule ein Gebäude in der Fleethörn, an der Stelle des heutigen Opernhauses. 1811 erhielt auch die Chirurgie ein eigenes Gebäude. Sie richtete sich im Friedrichs-Hospital in der Flämischen Str. 29 ein. Bedingt durch die rasanten Fortschritte in der Medizin und durch die Bevölkerungszunahme K.s zeichnete sich um die Mitte des Jahrhunderts ab, dass die alten Krankenhäuser veraltet und viel zu klein geworden waren. Die Univ.kliniken wurden deshalb zentral zusammengefasst und fanden ab 1862 auf dem großräumigen „Klinikberg" oberhalb des Schlossgartens ihren noch heutigen Standort. Das zweigeschossige Gebäude der Akademischen Heilanstalten (etwa an der Stelle der heutigen Radiologie) beherbergte im Erdgeschoß die Medizinische und im Obergeschoß die Chirurgische Klinik. Die Gebäranstalt entstand auf ihrem jetzigen Grundstück. Auch die Kapazitäten der neuen Häuser erschöpften sich schnell. Sie waren weder der K.er Bevölkerungsexplosion nach der Reichsgründung 1871 noch der modernen Aufsplitterung in die zahlreichen medizinischen Spezialfächer gewachsen: 1866 spaltete sich die Augen- und Ohrenheilkunde von der Chirurgie ab und erhielt 1888 ihr heutiges Gebäude. 1889 verselbständigte sich auch die Hals-Nasen-Ohren-Heilkunde. Die Chirurgische Klinik wechselte 1904 in ihren ersten adäquaten Zweckbau, die heutige „Alte Chirurgie". Damit standen der Medizinischen Klinik fortan die gesamten Akademischen Heilanstalten zur Verfügung. 1906 trennte sich die Kinderheilkunde von der Medizin und richtete sich im Lorentzendamm 10 ein. Erst 1928 fand die Innere Medizin ihre jetzige Heimat: Sie bezog den gelben Backsteinbau des 1869–72 errichteten →Marinelazaretts an der Feldstr. Nach Kriegszerstörungen und der Wiederaufbauphase befinden sich heute alle klinischen Zentren und Institute der CAU mit Ausnahme der Psychiatrie (im

Universitäts-Augenklinik an der Hegewischstraße, um 1900

Universitätsklinikum Schleswig-Holstein, Campus Kiel Luftaufnahme, 2007

Niemannsweg 147) in modernen Gebäuden auf einem Gelände. 2003 sind sie durch den Beschluss der in sh. →Landesregierung verwaltungstechnisch mit den Univ.kliniken in Lüb. zum Universitätsklinikum Schleswig-Holstein vereinigt worden, das seitdem zwei medizinischen Fakultäten angehört.

Lit.: C. Andree, U. Reker: 100 Jahre Hals-, Nasen- und Ohrenheilkunde an der CAU zu K., K. 2000; C. Andree, Die Univ.-Kinderklinik der CAU zu K. 1906–2006, K. 2006; W. Jonat u.a., Universitäts-Frauenklinik K. und Michaelis-Hebammenschule 1805–2005, Stuttgart 2005. Pe

Albrecht Unsöld

Unsöld, Albrecht Otto Johannes (geb. 20.4.1905 Bolheim bei Heidenheim, gest. 23.9.1995 K.). Nach dem Studium der Physik in Tübingen und München wurde U. 1927 mit der Arbeit „Beiträge zur Quantenmechanik der Atome" promoviert und habilitierte sich bereits zwei Jahre später in München. 1930 wurde er in Hmbg. tätig und 1932 als Ordinarius der theoretischen Physik und Astrophysik an die →Christian-Albrechts-Universität berufen. Hier war er zugleich auch Direktor der →Sternwarte. Die Schwerpunkte seiner wissenschaftlichen Publikationen lagen auf dem Gebiet der theoretischen Astrophysik, besonders der Theorie der Sternatmosphären und der kosmischen Radio- und Höhenstrahlung („Physik der Sternatmosphären", 1938; 2. Aufl. 1955). U. war Mitherausgeber der „Zeitschrift für Astrophysik" und wurde 1946 Mitglied der Braunschweiger Wissenschaftlichen Gesellschaft sowie korrespondierendes Mitglied der Bayerischen Akademie der Wissenschaften und gehörte seit 1962 der Leopoldina sowie der Associate Royal Astronomical Society in London an. 1958/59 wurde er zum Rektor der CAU gewählt.

Lit.: V. Weidemann, Albrecht U., in: Christiana Albertina 62 (2006), 46–49. Si

Ferdinand Urbahns

Urbahns, Ferdinand (geb. 7.8.1899 K., gest. 26.4.1978 Eutin), übernahm nach dem Abitur und Dienst in der Marine 1938 das Fotoatelier seines Vaters. Er war ein Pionier der Farbfilmfotografie und machte als einer der Ersten in den 1930er Jahren professionelle Farbaufnahmen von K. und Umgebung. Als führender Berufs- und Pressefotograf K.s prägte er mit seinen Bildern den Eindruck von der Stadt und der Förde in mehreren auflagestarken Heimat- und Werbepublikationen. Im Mittelpunkt dieser Serien stand K. als wiederaufstrebender Kriegshafen zur Zeit des NS. Ebenso setzte U. auch die olympischen Segelwettbewerbe von 1936 ganz im Sinne der vorgegebenen ns. Weltanschauung und Propaganda ins Bild. Nach Ausbombung seines Ateliers 1944 siedelte er im Herbst 1945 nach Eutin über. Seine künstlerisch anspruchsvollen privaten Stadt- und Landschaftsaufnahmen gehören zu den wichtigsten Bilddokumenten K.s aus der Zeit vor dem 2. WK.

Lit.: J. Jensen, K. in alter Schönheit, Nms. 2002, 5-12. Ra

Urgeschichte Die Erforschung der U. in K. ist mit dem 1910 eingemeindeten und wohl im 13. Jh. entstandenen Fischerdorf →Ellerbek eng verbunden. Beim Ausbau K.s zum Reichskriegshafen wurden hier bei Baggerarbeiten im Wasser, und zwar zwischen 1867 und 1903, mehrere 6.000 bis 7.000 Jahre alte steinzeitliche Funde geborgen. Es wird angenommen, dass diese von Fundplätzen auf einem Landrücken stammen, der sich ursprünglich in einem Süßwasserbecken befand und im Laufe der Jahrtausende durch einen langsamen Anstieg des Meeresspiegels von der Ostsee überflutet worden war. Das Fundmaterial bestand aus Feuersteingeräten wie Beilen und Bohrern sowie Werkzeugen aus Knochen und Geweih, v.a. Hacken, Pfrieme und Nadeln. Darüber hinaus wurde eine Scherbe eines dickwandigen Gefäßes geborgen, die im Zusammenhang mit den anderen Funden auf den beginnenden Wandel in der Lebensform vom mobilen Jäger und Sammler zum ortsgebundenen Bauern hinweist. Für weitere Funde aus dieser Epoche in SH wurde der Fundkomplex Ellerbek namengebend, wobei die Menschen der sog. Ellerbeker Gruppe der Ertebølle-Kultur zugerechnet werden, die im westlichen Ostseegebiet in der Nähe der Küste beheimatet war. Sie existierte vom sechsten bis fünften Jahrtausend v. Chr. in Dänemark und Norddtld. und ist ihrerseits nach dem Fundort

Ertebølle am Ostufer des Limfjordes in Jütland benannt. Die Bearbeitung der Funde des Komplexes Ellerbek erfolgte durch Johanna →Mestorf (1828–1909), die die archäologische Forschung in K. nachhaltig geprägt hat. Die von ihr zusammengestellten Fundstücke im →Museum für Vaterländische Altertümer, die in Folge des 2. →Weltkriegs nach Schleswig verlagert wurden, bilden bis heute die Grundlage für die Sammlung des Archäologischen Landesmuseums im Schloss Gottorf.

Lit.: J. Hoika, Aus Jägern werden Bauern, Schleswig 2001; J. K. Koch (Hg.), Eine Dame zwischen 500 Herren, Münster 2002. Bro

Verband der Heimatvertriebenen (VdH) Am Ende des 2. →Weltkriegs erlebte K. einen großen Zufluss an →Flüchtlingen aus den ehemaligen dt. Ostgebieten. Diese bildeten 1951 mit 56.810 Personen immerhin einen Anteil von 22% der K.er Gesamtbevölkerung. Zwar lag die Stadt mit dieser Quote unter dem Landesdurchschnitt, doch wurde die Lage der Flüchtlinge durch die Tatsache erschwert, dass jeder vierte von ihnen in einem Lager lebte. Die große Kluft zwischen den Flüchtlingen und der übrigen Bevölkerung sowie Spannungen innerhalb der Lager wurden bald zu einer Bedrohung des sozialen Friedens. Im Sozialamt gründete man daher 1946 einen Flüchtlingsausschuss zur Beratung der kommunalen Dienststellen in Flüchtlingsfragen. Parallel hierzu entstand in den Lagern der Wunsch nach Zusammenschlüssen zur Vertretung der eigenen Interessen. Die britische Militärregierung erteilte - nach anfänglichem Verbot - 1948 die Erlaubnis hierzu und so wurde der „VdH Kreis K. e.V." ins Leben gerufen. Dieser übernahm bereits 1949 die Beratertätigkeit des Flüchtlingsausschusses. In den 1950er Jahren konnte in Zusammenarbeit mit der Wohnungsbaugesellschaft SH ein Wohnungsbauprogramm realisiert werden, welches den meisten Flüchtlingen das Verlassen der Barackensiedlungen ermöglichte. Im Jahr 1955 wurde in der Wilhelminenstr. das „Haus der Heimat" eingeweiht, welches damals das erste seiner Art in der Bundesrepublik war. Bis heute ist hier die Beratungsstelle des VdH ansässig, wobei mittlerweile

Tag der Heimatvertriebenen, 1958

der Schwerpunkt der Tätigkeit auf der Betreuung von Aussiedlern, Zuwanderern und Immigranten dt. Abstammung liegt. Diese erhalten z.B. Hilfe im Umgang mit Behörden bei der Durchsetzung gesetzlicher Ansprüche. Darüber hinaus dient das Haus als Begegnungsstätte und beherbergt eine Bibliothek. Gegenwärtig umfasst der VdH ca. 700 Mitglieder.

Lit.: VdH - Vereinigte Landsmannschaften - Kreis K. e.V. (Hg.), 20 Jahre Haus der Heimat, K. 1974. Gn

Verband Kieler Umland Das Bevölkerungs- und Wirtschaftswachstum der Wiederaufbauphase machte Infrastrukturplanungen notwendig, die mit den zahlreichen K.er Umlandgemeinden abgestimmt werden mussten. 1963 gründete die Stadt K. gemeinsam mit den umliegenden Kreisen den Regionalen Landesplanungsverband K.er Umland, der die Regionalplanung und die Bauleit- und Fachplanungen koordinieren sollte. 1975 wurden auch die kreisangehörigen Gemeinden an der nunmehr als V. bezeichneten Einrichtung beteiligt. 1969 verabschiedete er einen bis zum Jahr 1985 angelegten Verbandsplan, u.a. für die Bereiche Siedlungsbau, Verkehr und Gewerbeansiedlung. Der V. wurde 1992 aufgrund abnehmender Handlungsspielräume und Unstimmigkeiten unter den beteiligten Kommunen aufgelöst. Gleichwohl prägen die Strukturanalysen und Leitlinien des V. bis heute die Regionalplanung im K.er Raum.

Lit.: G. Scheuer, Der K.er Umlandverband, in: Methoden und Praxis der Regionalplanung in großstädtischen Verdichtungsräumen, Hannover 1969. Ro

Verdieck, Willi (geb. 25.2.1883 K., gest. 3.5.1945 Lübecker Bucht). Der gelernte Schlosser V. gehörte zu den führenden sh. Sozialdemokraten der Weimarer Zeit. 1911–15 war er als Geschäftsführer des Metallarbeiterverbandes tätig und wurde dann Soldat. Nach 1918 zunächst SPD-Parteisekretär in K., saß er seit 1924 in der Stadtverordnetenversammlung und war 1927–33 ehrenamtlicher Stadtrat. Als Bezirksvorsitzender leitete V. 1921–33 die Geschicke der sh. SPD und war Mitglied des Provinziallandtages. Nach der Machtübernahme der Nationalsozialisten 1933 war er für neun Monate inhaftiert und beteiligte sich danach am Widerstand seiner Partei. Nach dem Attentat auf Hitler 1944 wurde er ins Konzentrationslager Neuengamme gebracht. Bei der Cap-Arkona-Katastrophe in der Lübecker Bucht kam er ums Leben. Do

Verein der Musikfreunde (VdM) Der VdM wurde 1901 als Bürgerbewegung von Organist und Dirigent Hermann Stange (1835–1914) mit der Absicht gegründet, in K. ein professionelles Orchester zu etablieren, was 1907 unter dem Vorsitz des Univ.rektors Theodor Niemeyer tatsächlich gelang. 1920 ging das Orchester in städtische Dienste (→Philharmonisches Orchester). Der Verein organisiert seit 1901 Konzertreihen für alle Bevölkerungsschichten, ab 1920 zusammen mit der Stadt K., deren wichtigster Partner er im Konzertwesen bis heute ist (Sinfoniekonzerte/Philharmonische Konzerte). Eigenständige Konzertreihen pflegt der Verein seit 1982: Mozart-Konzerte in der auf Anregung des VdM zur Konzertkirche ausgeweiteten →Petruskirche, Kammermusik-Matineen, Podium der Jungen. Seit 2008 nennt sich der gemeinnützige, ehrenamtlich geführte Verein nicht mehr VdM, sondern „Musikfreunde K." HS

Verfassung Ausgangspunkt für die K.er Stadtv. war das 1242 verliehene →Lübische Recht und die damit verbundene Schaffung eines Rates als Repräsentant der ganzen Bürgergemeinde. Die Zahl der Ratmannen, später →Ratsherren genannt, war schwankend, abhängig u.a. von der Anzahl der Honoratioren, die Anspruch an der Regierung der Stadt erhoben. Seit dem 17. Jh. finden sich sechs Ratsherren, die zusammen mit zwei →Bürgermeistern den →Magistrat bilden, der als Obrigkeit die Geschäfte der Stadt leitet. Zu den Aufgaben des Rates gehörte die Regelung der politischen Angelegenheiten. Er war zudem die einzige gesetzgebende Kraft in der Stadt. Seine Beschlüsse wurden mindestens zweimal jährlich bei Bürgerversammlungen auf dem Markt bekannt gegeben (→Burspraken). Zudem übte der Rat die Gerichtsbarkeit, insbesondere die Marktgerichtsbarkeit, aus. Anf. des 14. Jh. erkämpfte er sich sogar das Recht, Vögte ein- und abzusetzen, und die Blutgerichtsbarkeit auszuüben, was bis dahin dem gräflichen Stadtherrn zustand. Als weitere wichtige Aufgabe war der Rat verantwortlich für die Finanzen. Mit der Gründung des Gottorfer Staates 1544 setzte in K. ein grundlegender Wandel ein, der mehrere Verfassungskämpfe zur Folge hatte. Die Auseinandersetzungen zwischen Bgm. und Rat einerseits und Bürgerschaft andererseits führten zur Schaffung einer Interessensvertretung der →Bürger in Form der →Sechzehn Männer. Neben den Sechzehn Männern etablierten sich im 17. Jh. die →Zweiunddreißig Männer als weitere Bürgervertretung. Der Magistrat blieb aber die entscheidende politische Institution in K., auch wenn seine Beschlüsse nun zunehmend der Zustimmung dieser Bürgervertretungen bedurften. Erst im Laufe des 19. Jh. wurde die Frage nach der Legitimation des Magistrats gestellt. In dänischer Zeit war der Magistrat zwar Gemeindevertretung, aber v.a. Ortsobrigkeit und Organ der Regierung. Nach der Revolution von 1848 gab es durch die Städteordnung für die Hztt. Schleswig und Holstein einen grundlegenden Wandel, der zum Lokalstatut für K. von 1850 führte. Neben dem Magistrat wurde eine Bürgervertretung (Deputiertenkollegium) geschaffen; beide wurden von den wahlberechtigten Bürgern gewählt. Wahlberechtigt waren nun nicht nur Grundbesitzer, sondern alle in der Stadt ansässigen, geschäftsfähigen, sh. Staatsbürger. Die neu erworbene kommunale Freiheit wurde mit der Holsteinischen Allgemeinen Städteordnung von 1854 bereits wieder eingeschränkt. Sie galt bis 1869. Der Magistrat wurde jetzt von der Regierung ernannt; die Bürgerversammlung war dem Magistrat rechenschaftspflichtig und konnte von der Regierung aufgelöst werden. Bis zum Ende der dänischen Zeit war die Stadt auf die ehrenamtliche Mitarbeit ihrer Bürger angewiesen. So übernahm man mit dem Bürgerrecht auch Bürgerpflichten, wie beim Löschen eines Brandes zu helfen, die Gassen sauber zu halten oder für die Aufrechterhaltung von Sicherheit und Ordnung zu sorgen. Aber schon vor 1867 übernahm die Stadt schrittweise Aufgaben, die nicht mehr zu ihren ursprünglichen Hauptaufgaben gehören, sondern als Daseinsvorsorge für die Bürger bezeichnet werden können. Seit etwa 1800 kam das Schulwesen hinzu, dann die Pflasterung der Straßen und die →Gasversorgung. Seit 1871 wurde die Stadt zuständig für das Armenwesen und die Schwemmwasserkanalisation. Nach der Umwandlung SH in eine pr. Provinz 1867 wurde die Verwaltung von der Rechtsprechung getrennt. Dies kann als Beginn der städtischen Selbstverwaltung angesehen werden. Es entwickelte sich eine kommunale Fachverwaltung mit Fachbeamten. Für die Provinz SH wurde eine besondere Städteordnung ausgearbeitet, in die eine Reihe von Bestimmungen der alten Ordnung einfloss. Für den Übergang von der Bürgergemeinde zur Einwohnergemeinde war das Wahlrecht von großer Bedeutung. Das aktive und passive Wahlrecht war an ein Mindesteinkommen geknüpft. Im Gegensatz zu den übrigen pr. Städteordnungen wurde nicht nur die Stadtverordnetenversammlung, sondern auch der Magistrat von den Bürgern gewählt, nachdem eine Präsentationskommission aus der Vielzahl der Bewerber drei Kandidaten ausgewählt hatte. Der Einfluss des Bgm. auf den Magistrat hing wesentlich von seiner Persönlichkeit ab. Ab 1912 ist der ursprüngliche Ehrentitel Oberbgm. offizielle Amtsbezeichnung für den Vorsitzenden des Magistrates. Nach 1918 wurden die alten, den Besitz begünstigenden Wahlrechtsbestimmungen demokratisch umgestaltet. Seit 1928 wurde der Magistrat von der Stadtverordnetenversammlung gewählt. Nach der ns. Machtergreifung wurden alle staatlichen und kommunalen Organe gleichgeschaltet. Das Führerprinzip hielt Einzug ins K.er →Rathaus; der letzte demokratisch gewählte Oberbgm. Emil →Lueken wurde unter Missachtung des Verfassungsrechts abgesetzt und durch den NSDAP-Kreisleiter Walter →Behrens ersetzt. Nach dem Ende des 2. →Weltkriegs führten die britischen Besatzer die Magistratsverfassung nach englischem Vorbild ein. Von 1945 bis 1950 leitete der Oberstadtdirektor die Verwaltung, die politische Führung war der Stadtvertretung allein übertragen. Mit der Gemeindeordnung für SH vom 24.1.1950 wurde wieder die dt. Magistratsverfassung eingeführt. Der Magistrat war nun hauptsächlich ausführendes Organ und Verwaltungsspitze. Oberbgm. und hauptamtliche Stadträte wurden von der →Ratsversammlung auf neun Jahre gewählt, die ehrenamtlichen aus der Mitte der Ratsversammlung für vier Jahre. Diese wirkten also zugleich in der politischen Stadtvertretung, der Ratsversammlung, und in der Verwaltungsleitung mit. Die Reform der Kommunalverfassung mit dem Ziel des Ausbaus demokratischer Mitbestimmung und Professionalisierung der Verwaltung wurde bereits in den 1970er Jahren angestrebt. 1990 wurden plebiszitäre Elemente (Bürgerantrag, Bürgerbegehren und Bürgerentscheid) eingeführt. Die zweite Reformstufe sollte Verwaltung und Selbstverwaltung klar voneinander trennen. Dies führte mit der Kommunalverfassung vom 1.1.1997 zur Abschaffung des Magistrats. Der direkt gewählte Oberbgm. übernahm jetzt die Aufgaben des alten Magistrats. Die neue Kommunalverfassung stärkt somit die Stellung des Oberbgm. gegenüber den Stadträten und der Ratsversammlung.

Lit.: P. Trautmann, K.s Ratsverfassung und Ratswirtschaft vom Beginn des 17 Jh. bis zum Beginn der Selbstverwaltung, K. 1909. Eb

Vertrag von Zarskoje Selo Als am 2.6.1773 Vertreter des russischen Thronfolgers Paul (in seiner Eigenschaft als Hz. von Holstein-Gottorf) und des dänischen Kg. ihre Unterschrift unter den V. setzten, endete ein zwei Jh. währender Streit um die Hztt. Schleswig und Holstein. Diese hatten sich seit 1490 teils in kg.lich-dänischer, teils in hz.lich-holsteinischer Hand befunden. Beide Seiten waren in der Folgezeit bestrebt gewesen, sich die Territorien der jeweils anderen Partei anzueignen. Bereits 1721 hatte Dänemark die hz.lichen Besitzungen in Schleswig annektiert. Mit dem V. übergab der russische Thronfolger seinen Besitz in Holstein-Gottorf, zu dem auch K. gehörte, an Dänemark (→Dänischer Gesamtstaat), das im Gegenzug die Gftt. Oldenburg und Delmenhorst abtrat. Letztere überließ Paul dem Fürstbf. von Lüb. aus der jüngeren gottorfischen Linie.

Lit.: E. Hübner, Staatspolitik und Familieninteresse, Nms. 1984. Hü

Vierstädtegericht Da die holsteinischen Städte des MA mit →Lübischem Recht begabt waren, hatte sich im Spätmittelalter der Rechtszug an das Lüb. Obergericht (dem Lübischen Oberhof) herausgebildet, sofern es um Appellationen gegen obergerichtliche Entscheidungen der jeweiligen Stadträte ging. Um den Einfluss Lüb. auf die Rechtsprechung des Hzt. Holstein zu vermindern, richteten die Hzz. Johann und Friedrich 1496 das Holsteinische V. ein, das sich aus je zwei Ratsvertretern der Städte K., Rendsburg, Itzehoe und Oldesloe zusammensetzte und in K., später in K. und Rendsburg tagte. Es geriet nach Veränderungen des Rechtsganges 1568 durch die Zunahme der Konflikte zwischen Holstein und Holstein-Gottorf in Schwierigkeiten, so dass nach 1648 verschiedentlich die drei gottorfischen Städte (K., Tondern und Burg/Fehmarn) für sich tagten, während die verbliebenen holsteinischen in Itzehoe und Rendsburg Gericht hielten. Die neue Vereinbarung zwischen den Städten von 1669 schuf keine definitive Abhilfe, zumal es nun auch Appellationen an die Landgerichte gab. Nachdem es geraume Zeit nicht mehr getagt hatte, wurde das V. 1737 definitiv aufgehoben und seine Kompetenz der Glückstädter Kanzlei übertragen.

Lit.: F. Gundlach (Hg.), Das älteste Urteilbuch des Holsteinischen V. 1497–1574, K. 1925; F. D. C. von Cronhelm, Hist. Bericht von den alten u. neuern Rechten und Gerichten in Holstein, Altona 1750, 110, 117-125. LS

Vierzehn Punkte →Revolution 1918

Stadtteilfest auf dem Vinetaplatz, 1980

Vinetaplatz Der V. ist das Zentrum des Stadtteils →Gaarden. Ursprünglich ein Dorf, entwickelte sich Gaarden ab Ende des 19. Jh. durch die Ansiedlung von drei →Werften rasant. Der Handlungsdruck führte zur relativ ungesteuerten Anlage der nötigen Infrastruktur. Anf. des 20. Jh. entschied man sich, dass die einzigen, z.T. noch unbefestigten Straßen Schul-, Kaiser- und K.er Str. sowie „Carlsthal" den Mittelpunkt des neu entstehenden Stadtteils begrenzen sollten. Die den V. umschließende Bebauung entstand 1904–07. Im Rahmen der Stadterneuerung wurde die alte westliche Bebauung, die „Schiefen Häuser", 1982 abgebrochen. Dort entstanden Wohnungsneubauten. Benannt ist der V. nach dem in Gaarden gebauten Großen Kreuzer „Vineta". Dessen Name geht auf die - der Sage nach - in der Ostsee versunkene Handelsstadt Vineta zurück. Sch

Gertrud Völcker

Völcker, Gertrud, geb. Dürbrook (geb. 27.10.1896 Hmbg., gest. 26.4.1979 K.), wurde als ältestes von sechs Kindern geboren. Der Vater, Lokführer, ließ die Tochter eine einjährige private Handelsschule besuchen. 1915 nahm Gertrud V. eine Stelle im Arbeitersekretariat der freien →Gewerkschaften in K. an, 1918 trat sie in die SPD ein und wurde in der Arbeiterjugend aktiv. Sie besuchte einen Sonderlehrgang für soziale Berufe und wurde 1921 Familienfürsorgerin bei der Stadt K. Zusammen mit ihrem Mann Hans V. leitete sie 1924–33 das städtische Jugendheim im Werftpark (→Volkspark). 1944 wurde sie für einige Wochen inhaftiert. Nach dem Krieg beteiligte sich Gertrud V. am Wiederaufbau der →Arbeiterwohlfahrt in SH, die sie bis 1961 als Landesvorsitzende führte. 1928–33 war sie Stadtverordnete, nach 1945 gehörte sie dem ersten Kreisvorstand der K.er SPD an und war 1945–46 und 1950–51 Mitglied des Stadtparlaments. In verschiedenen Verbänden und Gremien übernahm Gertrud V. ehrenamtlich sozialpolitische Verantwortung. Nach ihr sind zahlreiche Einrichtungen in SH benannt.

Lit.: N. Schultheiß, Geht nicht gibt's nicht, K. 2007, 25–28. SR

Voith →Lokomotivenbau

Volkshochschule (VHS) Die K.er VHS wurde 1919 gegründet, doch blickt die Erwachsenenbildung bereits auf eine längere Tradition zurück. Schon der 1874 gegründete K.er Volksbildungsverein wandte sich an Erwachsene, allerdings mit öffentlichen wissenschaftlichen Vorträgen. VHS Kurse wurden seit etwa 1900 bereits von der Univ. angeboten, doch von 1909 bis 1914 beschränkte sich dieses Angebot auf Vortragsreihen für ein interessiertes Publikum. Die Gründung der VHS im November 1919 stand unter dem Eindruck des Aufbaus der →Weimarer Republik. Die Initiatoren, die der SPD oder den liberalen Parteien nahe standen, handelten aus der Überzeugung, dass ein demokratisches Gesellschaftssystem gebildeter und mündiger Bürger bedürfe. Zu ihnen gehörten Gustav →Radbruch, Alfred Menzel und Karl Radunz. Die VHS wurde auf der Basis eines Vereins betrieben, der 1919 bereits 1.200 Mitglieder hatte. Als langjähriger Geschäftsführer amtierte Ernst →Kantorowicz. Die VHS setzte drei Schwerpunkte, berufliche Bildung, insbesondere zur Eingliederung von Kriegsteilnehmern, politische Bildung und musische und kulturelle Bildung. 1933 wurde die VHS in eine nationalsozialistische Volksbildungsstätte umgewandelt und verlor ihre freiheitliche Organisation und Ausrichtung. Die VHS wurde 1946 neu gegründet und bot v.a. zahlreiche schulische Kurse an. Ihre Ziele knüpften jedoch an die Grundsätze von 1919 an: Erwachsenenbildung sollte dazu dienen, eine aktive Beteilung am politischen Geschehen hervorzubringen. Seit 1953 arbeitete die VHS in Vereinsform, ab 1962 wurde sie als städtische Einrichtung geführt und erhielt erstmals eigene Räumlichkeiten im →Rantzaubau. Ab 1969 nutzte sie die ehemalige Landwirtschaftsschule am Rondeel, seit 1988 die Muhliusschule („Gustav-Radbruch-Haus"). Als kommunales Zentrum für Weiterbildung bietet die VHS ein umfangreiches Angebot in den Bereichen Persönlichkeitsbildung, kulturelle und politische Bildung und schulische und berufliche Qualifizierung. Schwerpunkte der Bildungsarbeit liegen zur Zeit in der Vermittlung von Fremdsprachen, in Schulabschlusskursen und im Bereich Deutsch für Migranten. Herausragend ist das kunstpädagogische Angebot der VHS-Kunstschule. Die VHS führt jährlich etwa 50.000 Unterrichtsstunden durch und zählt etwa 16.000 Besucher.

Lit.: Gustav Radbruch und die K.er VHS, hg. von der VHS K., K. 1990. Ro

Volksküche Die V. wurde 1878 vom Verein der V. gegründet. Arme und Geringverdienende konnten in der Waisenhofstr. für wenig Geld täglich eine schmackhafte, warme Mahlzeit erhalten. 1884 übernahm

Volksküche in der Boninstraße, um 1960

Vollert & Merkel, Briefkopf, 1906

die →Gesellschaft freiwilliger Armenfreunde die V. und errichtete ein neues Gebäude am Klosterkirchhof, 1909 eine zweite V. in der Boninstr. In wirtschaftlich schwierigen Zeiten, z.B. im 1. →Weltkrieg, während der Weltwirtschaftskrise, im 2. WK und in den ersten Nachkriegsjahren, war für viele K.er die V. lebensnotwendig. 1920 schloss die V. am Klosterkirchhof, 1964 die in der Boninstr. Sie wurde im kleinen Stil im „Kaiser-Wilhelm-I.-Stift" in der Stiftstr. weitergeführt. 1996 wurde auch diese letzte V. geschlossen.

Lit.: K. D. Sievers, K. Stukenbrock, „Christliches Wohlwollen und braver Bürgersinn", Nms. 1993. Ge

Volkspark (Werft-Erholungspark), Brunnenanlage, um 1930

Volkspark

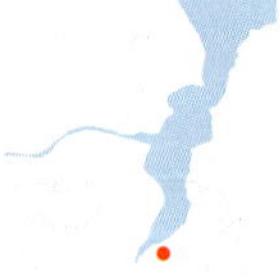

Volkspark 1893–99 legte der Arbeiterausschuss der Kaiserlichen Werft mit eigenen Mitteln den rund 14ha großen Werftpark als Landschaftspark an. Auf dem hügeligen Gelände, das sich der Werft direkt anschloss, wurden Freizeit- und Sozialeinrichtungen angesiedelt, insbesondere das →Werfterholungshaus, aber auch ein Spiel- und Sportplatz, eine Aussichtsterrasse (1911) und ein vor dem Abbruch bewahrtes Ellerbeker Fischerhaus, das als Museum eingerichtet war. Wasservögel, Füchse und als Hauptattraktion bis zu drei Bären wurden im Werftpark gehalten. 1921 erwarb die Stadt den Park und gestaltete ihn ebenso wie das Erholungshaus vollständig zum V. um, u.a. mit einem Kinderplanschbecken und einer großzügigen Brunnenanlage von Georg Mahr (1926). Große Teile der Anlage wurden im 2. →Weltkrieg verwüstet, konnten aber teilweise bei einer umfassenden Sanierung 2003 gesichert werden.

Lit.: D. Beier, K. in der Weimarer Republik, K. 2005, 207–223. Ro

Vollert & Merkel Der aus Rendsburg stammende August Vollert errichtete 1890 an der Preetzer Chaussee 30 eine Eisengießerei, die nach dem Eintritt seines Schwagers Julius Christian Merkel 1891 als Gaardener Eisengießerei V. bekannt wurde. 1909 wurde sie um eine Maschinenfabrik erweitert. Das mittelständische Industrieunternehmen bot neben dem Eisen- und Maschinenguss auch Bauartikel und Schiffsbeschläge an, ist im

Vollert & Merkel, Produktion von Zahnrädern, um 1900

Stadtbild aber besonders durch zahllose Kanalisationsdeckel präsent. Nach dem Tod Vollerts 1943 konnte sein Sohn Herbert A. Vollert ab 1946 das Familienunternehmen weiterführen, musste es aber 1973 auflösen.

Lit.: H. Vollert, Die Eisengießer Vollert 1870–1973, K. o.J. Ro

„Von der Tann“ →Kanonenboot „Von der Tann“

Vorstadt Mit dem Bevölkerungswachstum des 16. Jh. war die Stadt gezwungen, eine Bebauung auch außerhalb der Stadtmauern zuzulassen. Infrage kam nur eine Ausweitung nach Süden, da die Stadt im Westen und Osten von Wasser umgeben war und die Brunswiker Feldmark nicht zu K. gehörte. 1572 wurde erstmals einem Bürger gestattet, sich vor dem Holstentor anzusiedeln. Wurde zunächst nur die in Verlängerung der Holstenstr. nach Süden führende Straße als V. bezeichnet, bezog sich der Ausdruck bald auch auf den gesamten neuen Stadtteil. Die Bebauung dehnte sich langsam nach Süden zum St. Jürgenhospital, nach Westen zum →Kleinen Kiel (→Fleethörn) und nach Südwesten zum Hang des →Kuhbergs aus. Vom 17.–19. Jh. konzentrierte sich das Wachstum K.s fast ausschließlich auf die V.: Das →Sophienblatt wurde angelegt und der Königsweg in die städtische Bebauung einbezogen. Im gesamten Gebiet wohnten meist Kleinbürger, nur die Straße V. blieb dem Handel vorbehalten. Die V. war geprägt durch eine Anzahl bedeutender Einrichtungen: den St.-Jürgenfriedhof, die Fayencemanufaktur, das →Muhliussche Waisenhaus, das akademische Krankenhaus an der Herzog-Friedrich-Str., die Hebammenschule in der Fleethörn oder den →Bahnhof an der →Klinke, später am Sophienblatt. Erst 1901 wurde der Name Holstenstr. auf die Straße V. übertragen; die Holstenstr. verlief damit vom Alten Markt bis zum →Ziegelteich. Der Begriff V. ist heute nicht mehr geläufig und erscheint nur noch als amtliche Stadtteilbezeichnung.

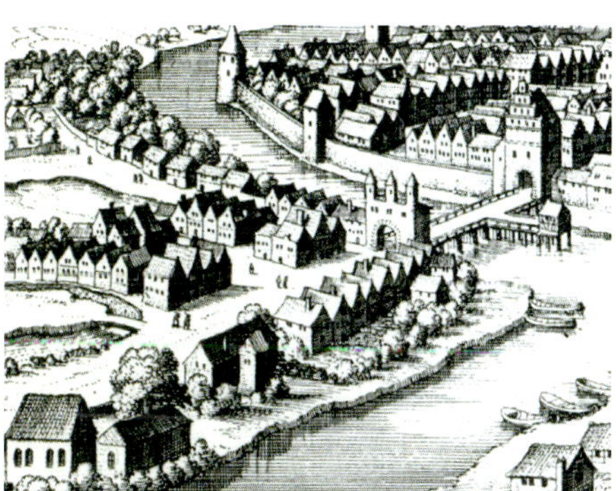

Vorstadt, Ausschnitt des Stiches von Matthäus Merian, 1641

Lit.: Denkmaltopografie, 12–16, 28–32, 162; E. Hädicke, K., Eine stadtgeografische Untersuchung, in: MKStG 36 (1931). Ge

„Vorwärts“, Roberto Luigi, 1887

„Vorwärts“ Der K.er Werftunternehmer Georg Ferdinand →Howaldt ließ 1865 als ersten von sieben Neubauten auf seiner kurzlebigen (1865–1868) Werft in →Ellerbek den eisernen Schraubendampfer „V.“ für den K.er Kaufmann, Reeder und Holzhändler Christoph →Ahrens (1815–1900) erbauen, der seit 1854 eine Flotte aus mehreren Seglern besaß. Die „V.“ war das erste und einzige Dampfschiff dieser Firma, wurde von der K.er Agentur Sartori & Berger bereedert, hatte einen Rauminhalt von 93 BRT, eine Länge von 33m und wurde von einer 90 PS-Dampfmaschine (Fabrikat Schweffel & Howaldt) angetrieben. 1884 wurde die „V.“ nach Föhr verkauft, gelangte über weitere Zwischenstationen in Italien sowie Österreich-Ungarn in das heute slowenische Koper und wurde 1927 als „Santorio“ abgewrackt.

Lit.: C. Ostersehlte, Die Werft von Georg Howaldt in Ellerbek - die Vorläuferin der HDW, in: MKStG 80 (2002), 193–215. Os

Friedrich Voß

Voß, Friedrich Wilhelm Heinrich August (geb. 7.7.1872 Calvörde bei Oebisfelde, gest. 3.3.1953 K.), leitete nach dem Stu-

fiel der Bau Brandbomben zum Opfer. 1948 eröffnete im erhaltenen Luftschutzkeller das Tanzlokal Fledermaus, 1950 in einem schlichten Neubau das Lichtspieltheater Scala. 1985 musste der Komplex einem Seniorenheim und einer Klinik weichen.

Lit.: H. Reimers, Von der Kaiserkrone zum CinemaxX, Husum 1999. Ro

Hellmuth Walter

Walter, Hellmuth (geb. 26.8.1900 Wedel, gest. 16.12.1980 Upper Montclair, New Jersey). Der Ingenieur und Rüstungsfabrikant arbeitete seit 1933 an einem neuartigen Antriebsverfahren, das in U-Booten, Torpedos und beim Raketenflugzeug „ME 163" zum Einsatz kam. Das nach ihm benannte W.-Verfahren basiert auf der Energiegewinnung aus hochkonzentriertem Wasserstoffperoxid und verlor erst mit Etablierung der Nukleartechnologie zu Beginn der 1950er Jahre an Bedeutung. Dem NSDAP-Mitglied (1931) und späteren Wehr-Wirtschaftsführer, der 1940 im Projensdorfer Gehölz die Walterwerke gründete, wurden für seine kriegswichtigen Verdienste hohe militärische Orden und der Prof.titel (1944) verliehen. Größere Zweigwerke des K.er Stammhauses entstanden in Ahrensburg, Eberswalde und Beerberg (Schlesien). Außerdem gab es Erprobungsstellen in Kappeln, Eckernförde, Plön und Bosau. Nach dem 2. WK konnte W. seine Forschungen nahtlos im Auftrag der britischen Royal Navy fortsetzen, bevor er 1949 in die USA übersiedelte und dort vornehmlich an zivilen Projekten arbeitete. Das 1956 von ihm wieder gegründete Walterwerk hat die Produktpalette ebenfalls überwiegend auf zivile Erzeugnisse umgestellt. Auch international erfolgreich sind v.a. die Waffelmaschinen und Verpackungssysteme. We

Walterwerk Prüfstände, 1943

Warleberger Hof in der Dänischen Straße, heute Stadtmuseum

Warleberger Hof Der W. in der →Dänischen Str. ist der älteste Profanbau und das einzige erhaltene adlige Stadthaus in K. und steht unter Denkmalschutz. In seinen Fundamenten geht es auf das MA zurück. 1616 überließ Hz. Friedrich III. von Gottorf seinem Amtsschreiber Christoph Martens das Grundstück als steuerfreies Geschenk. Martens errichtete ein stattliches Gebäude mit großem Garten und Wirtschaftsgebäuden, das den Vergleich mit den anderen Adelshöfen in K. - eine Liste von 1631 nennt insgesamt 77 - nicht zu scheuen brauchte. 1621 konnte er sein Haus an die privilegierte Wasserleitung des →Schlosses anschließen. Zu den mit dem Grundstück verbundenen Sonderrechten gehörte auch die Braugerechtsame. Der bis heute erhaltene große Braukeller mit Zisterne und Herdanlage zeugt von der Bedeutung dieses Vorrechts, am örtlichen Braugewerbe und am städtischen Bier- und Weinhandel vorbei neben dem selbstgebrauten Bier auch namhafte Importbiere und Weine lagern und konsumieren zu können. Um dieses Privilegienpaket stritten →Bürger und Rat der Stadt auch mit den nachfolgenden Eigentümern des W., mit Henning von Thienen auf Warleberg, der das Haus 1695 erwarb, erweiterte und ihm seinen Namen gab, mit denen von Buchwaldt, von Blome und von Rumohr. Henning Bendix von Rumohr verdankt der W. sein heutiges Aussehen. Seit 1765 ließ er das Haus aufwendig umbauen, fügte einen Anbau hinzu und verlegte die Hauptfront in die Dänische Straße. Er schuf den repräsentativen Eingang durch das rundbogige Sandsteinportal mit Rocaillenaufsatz, dessen Kartusche ein R (Rumohr) zeigt. Seit 1839

Barockdecke im Warleberger Hof

befand sich der W. im Besitz der Univ. und beherbergte verschiedene Institute, zunächst die Anatomie, seit 1881 das Museum für Völkerkunde, das Theater- und Hebbelmuseum und das Medizinhist. Institut. Im Zuge der Verbreiterung der Dänischen Str. wurde der W. 1909 um ca. 5m verkürzt und die Fassade mit industriell gefertigten Ziegeln neu gestaltet. Das Sandsteinportal blieb erhalten. 1967 erwarb die Stadt den W., um ein Stadtmuseum (→Stadt- und Schifffahrtsmuseum) einzurichten. Bei den Umbauten blieb das hist. Kellergewölbe unangetastet. Die Ausstellungsräume im Erdgeschoss wurden mit hölzernen Paneelen, Seidentapeten, Supraporten und prächtigen Stuckdecken aus dem Bestand des Thaulow-Museums versehen, die aus abgebrochenen K.er Häusern des 18. Jh. stammten. Das Stadtmuseum im W. wurde 1970 eröffnet und zeigt in drei Geschossen wechselnde Ausstellungen zur Stadt- und Kulturgesch. 2009–10 wurden das hist. Fachwerk der Rückseite und der Dachstuhl saniert sowie ein Fahrstuhl eingebaut.

Lit.: A. Ranft, Der W.: Adel in K., in: Begegnungen mit K. hg. von Werner Paravicini, Nms. 1992, 83–87. Dr

Wasser- und Schifffahrtsverwaltung Vorläufer der heutigen W. des Bundes ist die Kaiserliche Kanalkommission, die zum Bau des →Nord-Ostsee-Kanals am 17.7.1886 als Reichsbehörde mit Sitz in K. errichtet wurde. Der Nord-Ostsee-Kanal war somit die erste Reichswasserstraße, erbaut und unterhalten durch eine Reichsbehörde. Alle übrigen Wasserstraßen fielen in die Zuständigkeit der Einzelstaaten, in SH der pr. Regierung in Schleswig. Nach Fertigstellung des Kanals wurde die Kommission 1895 durch das Kaiserliche Kanalamt in K. ersetzt, das mit seiner Betriebsverwaltung die Schifffahrt auf dem Nord-Ostsee-Kanal sicherte. Ihm unterstanden jeweils Hafenkapitäne und Wasserbauinspektionen in Brunsbüttel und →Holtenau, sowie die Maschinenbauinspektion in Rendsburg mit der Staatswerft Saatsee. 1919 wurde das Amt in Reichskanalamt umbenannt. Seit 1921 war das untergeordnete Wasserstraßenverkehrsamt für die Betriebsabläufe im gesamten Kanal zuständig, während den Wasserbauämtern Brunsbüttel und Holtenau die Unterhaltung oblag. Mit dem 25.2.1939 gingen die Aufgaben des Reichskanalamts in der Wasserstraßendirektion K. auf, die nun als Mittelbehörde beim →Oberpräsidenten angesiedelt war und die Verwaltung sämtlicher Wasserstraßen und Seegebiete SH übernahm. Erst mit dem Grundgesetz 1949 wurde die W. endgültig Bundesaufgabe. 1976 wurden die Wasser- und Schifffahrtsdirektionen K. und Hmbg. zur Wasser- und Schifffahrtsdirektion K. zusammengelegt. Die Wasser- und Schifffahrtsdirektion Nord ist heute eine von sieben Direktionen. Ihr unterstehen die Wasser- und Schifffahrtsämter in Lüb., Tönning, Brunsbüttel, Holtenau, Stralsund, Hmbg. und Cuxhaven. Das Wasser- und Schifffahrtsamt (WSA) Holtenau ist für den Kanalbetrieb und die Kanalunterhaltung bis kurz hinter Rendsburg zuständig, während die Schifffahrt vor der sh. Küste vom WSA Lüb. verwaltet wird.

Lit.: R. Lagoni (hg.), Nord-Ostsee-Kanal 1895–1995, Nms 1995. Ro

Wasserallee Die W. wird erstmals 1901 im K.er Adressbuch aufgeführt. Aus dem Sand

Wasserallee, Postkarte, um 1895

einer großen Kiesgrube am Schwanenweg schuf man im 19. Jh. in Verlängerung der Damenstr., heute Wall, einen Damm am Fördeufer, um die höher liegende Ulmenallee zwischen →Schloss und →Seeburg zu schützen, und bepflanzte ihn mit Bäumen. Die ehemals malerische Promenade, die zwischenzeitlich Langemarckufer und Strandweg hieß, ist heute ein vielbefahrenes Teilstück des Düsternbrooker Wegs. Eb

Städtisches Wasserwerk, Pumpenstation, 1952

Wasserturm am Ravensberg

Wasserturm

Wasserturm Der 1898 auf dem Ravensberg im Stil des Historismus errichtete mächtige W. ist ein weithin sichtbares Merkmal der Stadtsilhouette. Er enthält einen eisernen Ringbehälter von 16m innerem und 26,78m äußerem Durchmesser bei 5,80m Höhe. Er fasste 1.500m³ Wasser, das durch eine Gasmotoren-Pumpanlage in den oberen Behälter gepumpt wurde. Dadurch konnten auch Miethäuser mit mehreren Stockwerken selbst in sommerlichen Hauptverbrauchszeiten versorgt werden. Zusammen mit dem 1879 an der Lübecker Chaussee gebauten Wasserwerk hätten damals, als K.s Einwohnerschaft 84.000 Zivil- und 9.000 Militärpersonen zählte, sogar 150.000 Menschen mit Wasser versorgt werden können. Seit 1990 ist der W. außer Betrieb.

Lit.: K. D. Sievers, Der W. auf dem Ravensberg, in: Begegnungen mit K. hg. von Werner Paravicini, Nms. 1992, 233 f. Si

Wasserversorgung Bereits in die ma. Stadt wurde Wasser durch ausgehöhlte Baumstämme, sog. Pfeifenbäume, geführt; eine solche Leitung ist schon 1284 belegt. Doch nur wohlhabende Haushalte konnten sich einen eigenen Anschluss an die Leitungen leisten, war für die Zapfstellen doch eine Gebühr, das Postgeld, zu entrichten. Daneben müssen zahlreiche Flachbrunnen in der →Altstadt bestanden haben, denen stets Verunreinigung durch Abfälle und Kloaken drohte. Noch 1874 wurde fast der Hälfte der in der Stadt bestehenden Brunnen schlechte Qualität bescheinigt. Durch die Pfeifenbäume wurde Wasser aus höhergelegenen Teichen geleitet, zunächst vom →Kuhberg, dann auch vom Schreventeich und vom →Galgenteich aus. Erst aus den Mitteln einer Stiftung des Advokaten Carl Friedrich Schmidt konnten ab 1821 in der →Holstenstr. Eisenrohre verlegt werden. 1862 nutzte die Stadt die Chance, eine zentrale städtische W. einzuführen, als sie den Schreventeich vom Landesherrn erwerben konnte. Er wurde nun vertieft, verkleinert und als Bassin befestigt und diente als wichtigstes Wasserreservoir der Stadt. Doch auch diese Neuanlage der städtischen W. konnte mit dem Bevölkerungswachstum nicht mithalten. Nach ersten Brunnenbohrungen 1875 im Bereich der →Fleethörn stieß man ab 1876 im Bereich des Volratsbachs und an der →Eisenbahn K.-Altona auf wasserführende Schichten. Durch den Bau des ersten Wasserwerks mit einem Wasserbehälter im →Vieburger Gehölz 1879 konnte der Schreventeich von der Versorgung getrennt werden. Ein weiterer Erdspeicher entstand 1886 auf dem Ravensberg (→Wasserturm). 1889 wurde das neue Wasserwerk am Schulensee in Betrieb genommen, das laufend ausgebaut wurde und bis heute die Hauptstütze der K.er W. stellt. 1910 kam das Wasserwerk im Schwentinetal hinzu. 1934 wurde bei einer Probebohrung am Wasserwerk Schulensee in einer Tiefe von 150m eine wasserführende Schicht von Braunkohlesanden aus dem Tertiär entdeckt, die zum sog. →Kieler Trog gehört. Aus dieser Erdschicht gewinnen heute die Wasserwerke Schulensee, →Pries und →Wik das K.er Trinkwasser. Es bedarf keines Chemikalienzusatzes und erreicht allein mit einer natürlichen Aufbereitung die gewünschte Qualität.

Lit.: Die Städtischen Gas- und Wasserwerke K., K. 1903. Ro

Wassily, Paul Johann Friedrich (geb. 16.3.1868 Husum, gest. 7.5.1951 K.), nach dem Studium der Medizin und einer einjährigen Tätigkeit als Schiffsarzt übernahm W. 1897 eine Praxis in der Kehdenstr. 6, einem ehemaligen Sitz der Rantzaus, der 1941 den Bomben zum Opfer fiel. Als homöopathischer Arzt, der weit über K. hinaus einen Namen hatte, brachte er es zu großem Ansehen und zu Erfolgen. Außerhalb seines Berufes galt seine Neigung der Musik und der Malerei. Er selbst malte, v.a. die sh. Landschaft, war aber auch ein Mäzen und engagierter Kunstsammler. Von dem Berliner Maler Hermann Hendrich erwarb er allein ca. 70 Bilder für seinen Musiksaal. Sein Haus war Treffpunkt zahlreicher Künstler, u.a. Otto Modersohn, Alexandra Povorina, Ernst Eitner und Arthur Illies. Schon zu Lebzeiten vermachte W. einen Teil seiner Sammlung der K.er →Kunsthalle, dem Städtischen Museum Flensburg, dem Nissenhaus in Husum und der Stadt K.

Lit.: U. Wolff-Thomsen, Ich muss ja ... sammeln, K. 2006 Ge

Paul Wassily

Weber, Georg Heinrich (geb. 27.7.1752 Göttingen, gest. 25.7.1828 K.). Nach seinem Studium in Göttingen erhielt W. 1777 eine außerordentliche Professur der Medizin und wurde Prosector in K. 1780 folgte die Ernennung zum ordentlichen Prof. der Medizin und Botanik, 1799 zum Leibarzt des Hz. 1787–91 richtete er an der Prüne ein Privatkrankenhaus ein, das unter seiner Leitung 1802 als akademisches Krankenhaus von der →Christian-Albrechts-Universität übernommen wurde. W. hatte an der Klinik auch ein umfangreiches Gelände für botanische Studien, akademischen Unterricht und zur Erholung der Kranken angelegt (→Botanischer Garten). 1806 erhielt er den Titel eines Etatsrathes, 1810 wurde er zum Direktor des sh. Sanitäts-Collegiums und zum Oberaufseher über die vereinigten Krankenanstalten und den Botanischen Garten ernannt. W. Veröffentlichungen spannen den weiten Bogen von der Botanik über die Entomologie bis zur inneren Medizin.

Lit.: Lebensläufe, 332–334, 404. Ni

Georg Heinrich Weber

Weigmann, Hermann →Bundesanstalt für Milchforschung

Weimarer Republik Die Niederlage Dtld. im 1. →Weltkrieg bewirkte einen grundlegenden Wandel aller politischen, wirtschaftlichen und militärischen Verhältnisse in K. Die Zukunft der Stadt musste praktisch neu geschaffen werden. Dieser Wandel zeigte sich zunächst in der Entwicklung der Einwohnerzahlen (→Bevölkerungsentwicklung). Hatte K. im Jahre 1918 noch etwas mehr als 243.000 Einwohner gehabt, so sank ihre Zahl 1919 auf 205.330; das war ein Rückgang um 15,6%. Bis 1925 nahm dann die Einwohnerzahl wieder auf 213.881 zu und erreichte 1933 die Zahl von 218.335 Einwohnern. Eine sehr starke Gruppe in der Einwohnerschaft hatten in K., seitdem es 1871 →Reichskriegshafen geworden war, die Militärangehörigen und ihre Familien gestellt. Hatte dieser Anteil am Ende des 1. WK noch etwa 20% betragen, so sank er, bedingt durch die Bestimmungen des Friedensvertrages, im Jahre 1925 auf weniger als 2% ab. Auch die vor dem 1. WK so ausgeprägten Wanderungsbewegungen nahmen ab. Die Bevölkerung der Stadt gewann eine gewisse Bodenständigkeit; Bindungen und Stabilität entwickelten sich. Zwar gab es weiterhin den Wegzug der Wohnbevölkerung aus den innerstädtischen stark beengten Wohnquartieren, aber in den Randbezirken

Nordische Hafen-, Schifffahrts- und Verkehrsausstellung, Plakat, 1931

der Stadt entstanden neue Stadtteile mit aufgelockerten Wohnsiedlungen und ausgedehnten Grünzonen (→Stadtentwicklung). Auch das äußere Bild der Stadt mit der Straßenführung und der Form der Bebauung änderte sich. Hatte die Stadt K. bis zum Jahre 1914 eine intensive Eingemeindungspolitik betrieben, um der wachsenden Bevölkerung Raum zu schaffen, so war dies nach 1918 nicht mehr notwendig. Im Westen, Süden und Südwesten der Stadt standen ausgedehnte städtische Flächen zur Verfügung, die für eine Bebauung geeignet waren. Wenn sich allerdings die Stadt auch nach 1918 intensiv darum bemühte, das Stadtgebiet durch →Eingemeindungen auszudehnen, dann aus einem anderen Grund: Bisher verfügte die Stadt nur über begrenzte Hafen- und Kaiflächen an der →Hörn und in der Umgebung des →Bootshafens. Wollte die Stadt im Rahmen ihrer neuen wirtschaftlichen Ausrichtung den Schwerpunkt auf Handel, Güterumschlag und Gewerbeansiedlung legen, dann mussten neue Flächen am Wasser erworben und erschlossen werden. So nahm die Stadt 1920–21 Verhandlungen mit der Landgemeinde →Holtenau auf, um sich die Flächen am Kanal (→Nord-Ostsee-Kanal) und in Voßbrook zu sichern. Der Kreis Eckernförde, auf dessen Gebiet Holtenau lag, war aber nur zur Abgabe Holtenaus bereit, wenn die Stadt auch die nördlich anschließenden Gebiete der Gemeinden →Pries und →Friedrichsort übernehmen würde. Da auch diese beiden Gemeinden über längere freie Uferflächen verfügten, wurden 1922 Holtenau, Pries und Friedrichsort als neue Stadtteile nach K. eingemeindet. Auch auf dem Ostufer wurde die Stadt mit Eingemeindungsplänen aktiv. Am Nordufer der →Schwentine lag die Landgemeinde →Neumühlen-→Dietrichsdorf, die zum Kreis Bordesholm gehörte. Hier war die Stadt an den Uferflächen der Schwentine sowie an der Einflussnahme auf die weitere Entwicklung der Howaldtswerke (→HDW) interessiert. Im Juni 1924 wurde nach Zustimmung aller Gremien die Eingemeindung Neumühlen-Dietrichsdorfs vollzogen. Schon im Dezember 1923 hatte sich die Siedlung →Kronsburg im Süden der Stadt an K. angeschlossen. Aber nicht nur die Außengrenzen änderten sich, auch im Inneren der Stadt vollzogen sich Wandlungen. Hatte bisher der aus dem Jahre 1901 stammende →Stübbenplan die innere Entwicklung der Stadt mit ihrer Grundplanung, ihrer Straßenführung und ihrer Bebauung bestimmt, änderten sich nach 1918 die Auffassungen über die Aufgaben und Prinzipien eines modernen Städtebaues. Ziel wurde es jetzt, eine „soziale" Stadt mit moderner offener Bebauung und vielen Grünflächen zu begründen. Verwirklicht wurde dieses neue städtebauliche Denken in K. durch Stadtbaurat Willy →Hahn und den Gartenarchitekten Leberecht Migge. Bereits 1922 legte Hahn einen neuen Stadtentwicklungsplan vor, der die Stadt in eine Hoch- und eine Flachbauzone und eine Grüngürtelzone einteilte (→Grünflächen- und Siedlungsplan).

Wesentliche Teile dieses Stadtentwicklungsplanes konnten bis Ende der zwanziger Jahre verwirklicht werden. Bis in die sechziger Jahre des 20. Jh. hat diese von Hahn vorgeschlagene Zoneneinteilung der K.er Stadtlandschaft in fast reiner Form bestanden. Damit einher ging der Versuch einer Neuregelung der Stadtfunktionen und des Verkehrs. Die Innenstadt wurde vom Verkehr entlastet und dieser auf die Ausfall- und Ringstraßen abgeleitet. Bis zum Jahre 1918 war K. in seiner wirtschaftlichen Ausrichtung einseitig auf die Bedürfnisse der →Marine ausgerichtet gewesen. Die Werften, die Zulieferindustrie, der Handel und das Gewerbe hatten überwiegend vom Marineschiffbau und von der Versorgung der Flotte gelebt. Das Kriegsende und die Bestimmungen des Versailler Friedensvertrages, die nur eine kleine Küstenmarine zuließen, bewirkten nun aber, dass die städtische Wirtschaft auf eine große Nachfrage und die Bedürfnisse der Marine in dem bisherigen Umfang nicht mehr rechnen konnte. Die Überlegungen in K. gingen daher in zwei Richtungen: Zum einen sollte die industrielle Basis erweitert werden, indem die Werften sich auf den Handelsschiffbau umstellten und zudem neue Wirtschaftszweige erschlossen. Zum anderen aber sollte der K.er →Hafen zu einem leistungsfähigen Handelshafen umgestaltet werden. Diesem Zweck sollte auch die Gewinnung der neuen Ufer- und Hafenflächen im Norden und Nordosten der Stadt dienen. K. sollte zu einem großen Handels- und Umschlagshafen im Ostsee-Verkehr ausgebaut werden. Außerdem war man bestrebt, durch Messen (→Nordische Messe) und Ausstellungen sich modernen Wirtschafts- und Kommunikationsformen zu öffnen. All diese übergreifenden Pläne aber waren nur zu verwirklichen, wenn dazu die gesamtwirtschaftliche Entwicklung die nötigen günstigen Voraussetzungen bot. Nach anfänglichen Umstellungsschwierigkeiten 1918/19 kam es zu einer gewissen Stabilisierung, die bis etwa 1925 andauerte. Dann erfolgte jedoch ein Einbruch in der wirtschaftlichen Entwicklung, der anschließend in die Weltwirtschaftskrise mündete. Diese Krise, die bis 1933/34 andauerte, lähmte die

Stellenvermittlung im Arbeitsamt Kiel, 1929

Wirtschaft der Stadt zutiefst. Auf dem Höhepunkt der Krise, im Winter 1932/33, waren 30% aller Erwerbspersonen der Stadt arbeitslos. Er-schwerend kam hinzu, dass der Aufbau der geplanten neuen Industrien nicht so erfolgt war, wie sich die Stadt das erhofft hatte. K. hatte am Ende der W. noch eine gleichermaßen einseitig auf die Metallverarbeitung, insbesondere die Werften ausgerichtete Industrie wie vor dem 1. WK. Strukturelle und konjunkturelle Bedingungen wirkten also seit 1929 zusammen, um die Stadt wirtschaftlich und sozial in eine schwere Krise zu versetzen. Die wirtschaftliche und soziale Entwicklung der Stadt K. in der W. war zugleich eingebunden in die politische Entwicklung von 1918 bis 1933. Am Anfang und am Ende der W. standen dabei Phasen politischer Unruhen und Instabilität. Das begann im November 1918, als in Folge der revolutionären Ereignisse des Monats in K. ein →Arbeiter- und – davon getrennt – ein Soldatenrat gebildet wurden. Die Räte übten für eine kurze Zeit politische Macht aus, doch fiel schon Anfang 1919 die Entscheidung für demokratisch-parlamentarische Verhältnisse. Gleichwohl wurde dieser demokratische Neuanfang sogleich von der linken und rechten Seite des politischen Spektrums gefährdet. Im Februar 1919 kam es zu militärischen Auseinandersetzungen zwischen linksradikalen Kräften und einer bürgerlichen Gegenbewegung, während im März 1920 im Rahmen des →Kapp-Putsches sich Teile des Militärs und rechtsbürgerliche Kreise auf der einen Seite, die Arbeiterschaft und linksbürgerliche Kreise als Verteidiger der Republik auf der anderen Seite gegenüberstanden. In beiden Auseinandersetzungen waren Tote zu beklagen.

die an sie gefallenen Hufen wieder dem Kloster, genauer der Kirche in →Elmschenhagen, zurück. 1460 wurde W. von Hans Pogwisch, der das Amt K. in Pfandbesitz hatte, für das →Schloss K. erworben. W. blieb fortan in landesherrlichem Besitz. W. umfasste 1682 acht Hufen, vier Halbhufen und zwei Katen und lag nahe am Ufer des früher größeren W. an der gewundenen Segeberger Landstr. („Dorfstr.") südlich der Abzweigung von Stechwiese und Kirchenberg. Die Zunahme der Einwohnerzahl von 275 im Jahr 1867 auf 477 (1919), 1.187 (1946), 2.221 (1970) auf über 5.000 (2009) spiegelt die einzelnen Phasen wieder, in denen sich die Siedlung ausdehnte: seit 1900 nach Norden entlang der Segeberger Landstr., in den 1950er und 1960er Jahren westlich und nördlich davon und seit den 1970er Jahren v.a. im westlichen Bereich, wo – erstmalig in K. – 1983 die Straßen Namen bekannter Personen des Widerstands gegen den →NS erhielten. Der nach 1960 begonnene Wellseedamm, der die B 76 und die B 404 (A 21) verbindet, hält den Durchgangsverkehr aus den Wohnvierteln heraus und erschließt zugleich besser das Industriegebiet im Südwesten. Der →Eingemeindung W. in K. im Jahr 1970 waren die Ausgliederung →Kronsburgs nach K. 1923 und seit 1928 die vergeblichen Bemühungen K.s um eine Eingemeindung von W. vorangegangen.

Lit.: Denkmaltopografie, 112 f., 172 f., 478 f. Rt

Weltkrieg, Erster Zu Beginn des W. war K. eine Großstadt, die im Jahr 1910 211.600 Einwohner hatte; bis 1918 stieg diese Zahl auf 243.000 an (→Bevölkerungsentwicklung). Die Stadt war geprägt durch das Militär und eine zahlenmäßig starke Arbeiterschaft. Die Zahl der Militärangehörigen nahm im Laufe des W. noch zu; im Jahre 1918 zählte man 50.000 Militärangehörige in der Stadt, die in den Stäben, bei den Landtruppen und bei der Flotte tätig waren. Die Arbeiterschaft hingegen, die 70% aller Erwerbstätigen in K. stellte, war v.a. in der Werft- und Schiffbauindustrie (→Schiffbau) beschäftigt. Mit Beginn des W. setzte eine durchgehende Militarisierung aller Lebensverhältnisse ein. Für die Stadt

Invaliden im Hilfslazarett Bellevue, 1915

und die umliegenden Landgebiete wurde am 31.7.1914 der Kriegszustand erklärt, in dessen Rahmen der militärische Gouverneur zahlreiche Sonderrechte erhielt. Die Stadt K. selbst war auf einen Krieg in keiner Weise vorbereitet. Mit Kriegsbeginn wurde daher eine strikte Kriegs- und Ernährungswirtschaft eingerichtet: Sämtliche Rohstoffe wurden der Bewirtschaftung unterworfen, die Lebensmittel wurden rationiert und mit strengen Preisvorschriften versehen, und der gesamte zivile Bereich wurde dem militärischen untergeordnet. Zu Anfang des Krieges fanden sich alle politischen Kräfte und sozialen Gruppen der Stadt zum sog. „Burgfrieden" zusammen. Alle inneren Gegensätze sollten im Krieg zurücktreten und so durch Geschlossenheit den Sieg über die

Aufruf zur U-Bootspende zur Weiterentwicklung der U-Bootwaffe, Plakat von Willy Stöwer, 1917

Feinde möglich machen. Schon im Winter 1914/15 wurde dieser so beschworene Zusammenhalt der K.er Bevölkerung allerdings brüchig. Ursache war die zunehmende Verschlechterung der Ernährungslage und die sich ausbreitende Mangelwirtschaft. Kritik gab es auch an den politischen Verhältnissen, da sich das Bürgertum, gestützt auf das ungleiche Wahlrecht in Pr. und in der Stadt, die politisch entscheidenden Positionen gesichert hatte und zu keiner Reform bereit schien. In den folgenden Wintern verschlechterte sich die Ernährungslage weiter; Höhepunkt war der „Kohlrübenwinter" 1916/17. Zudem forderte der Krieg immer mehr Opfer, ohne dass der Sieg erreichbar schien. Die Unzufriedenheit der Bevölkerung äußerte sich zunächst in Unruhen, dann in Streiks auf den Werften und in den Militärwerkstätten. Diese Streikbewegung nahm im weiteren Verlauf des Krieges ständig zu, doch dauerten diese Streiks nicht lange an, da die SPD und die Gewerkschaften diese ihrer Ansicht nach „wilden und politischen Streiks" nicht unterstützten. Zum Ende des Kriegs entstand dann aus diesen Streikbewegungen eine Massenbewegung der Arbeiterschaft, die sich dann im November 1918 mit den meuternden Matrosen zur →Revolution zusammenfand.

Lit.: Geschichte K., 268–271; D. Dähnhardt, Revolution in K., Nms. 1978, 36–47. Wu

Weltkrieg, Zweiter Der 2. WK war ein tiefgehender Einschnitt in der Gesch. der Stadt K. Das ns. Regime hatte planmäßig auf einen kontinentalen Krieg hingearbeitet; als Marine- und Rüstungsstandort hatte K. von der Aufrüstungspolitik profitiert. In K. wurden u.a. der schwere Kreuzer „Lützow", das Schlachtschiff „Gneisenau", der schwere Kreuzer „Prinz Eugen" und der nie fertig gestellte Flugzeugträger →„Graf Zeppelin" gebaut; zu den Stapelläufen wurde das ns. Regime gefeiert. Bei Kriegsbeginn war K. der wichtigste Kriegshafen im Reich, der insbesondere als Basis für den U-Bootkrieg (→U-Bootstützpunkt) diente. Auf den Alltag der Zivilbevölkerung wirkte sich zunächst die Zwangsbewirtschaftung von Lebensmitteln und Verbrauchsgütern aus. Die männliche Bevölkerung wurde sukzessive zum Kriegsdienst eingezogen. Rund 6.000 K.er verloren ihr Leben an den verschiedenen Fronten. Die letzten Kriegsgefangenen kehrten erst 1955 aus der Sowjetunion zurück. Die Arbeitsplätze in Gewerbe und Industrie übernahmen im 2. WK zunehmend Frauen, entgegen dem ns. Frauenbild. Zudem wurden Fremdarbeiter rekrutiert, zunächst auf freiwilliger Basis, dann in großem Maßstab als Zwangsarbeiter (→Zwangsarbeit). Auf den Werften wurde bis zum Kriegsende gearbeitet. Im Verlauf des Krieges verschärfte sich die Gewaltanwendung des ns. Regimes gegen Minder-

Brand der Nikolaikirche durch einen Luftangriff, 1943

Rückkehr von der Feindfahrt – Empfang von „U 47", Walter Hemming, 1943

heiten und politische Gegner. Besonders im kollektiven Gedächtnis verankert bleibt aber der →Luftkrieg, die systematische Bombardierung und Zerstörung der Stadt durch britische und amerikanische Luftstreitkräfte. Allein unter der Zivilbevölkerung forderte der Bombenkrieg mehr als 2.600 Opfer. Die Zerstörung der Stadt und ihrer wirtschaftlichen Grundlagen und die Zerrüttung des gesellschaftlichen und politischen Systems machten 1945 einen Neuanf. unumgänglich. 1951 errichtete die Stadt K. auf dem →Eichhof eine Gedenkstätte für die Kriegs- und Bombenopfer, die durch eine Gedenktafel für die Opfer der Gewaltherrschaft ergänzt wurde. Im →Rathaus richtete die Stadt 1955 eine Ehrenhalle ein für die Gefallenen des 1. und 2. WK, für die Bombenopfer und für die Opfer des →Nationalsozialismus.

Lit.: Geschichte K., 397–400. Ro

Werften →Schiffbau

Das Werfterholungshaus im Arbeiterpark der Kaiserlichen Werft zu Kiel, Fritz Stoltenberg, Zeitschriftenillustration, 1899

Werfterholungshaus Auf einer Anhöhe des Werfterholungsparks (→Volkspark) wurde 1899 ein repräsentatives dreigeschossiges Fest- und Versammlungshaus mit einem Aussichtsturm an der Südseite im dt. Landhausstil von dem K.er Baumeister J. C. Qualen entworfen und gebaut. Im Inneren gab es einen imposanten Festsaal, zwei Club- und Gesellschaftsräume, in denen patriotische Feste, Theatervorstellungen, Konzerte und allgemein verständliche wissenschaftliche Vorträge stattfanden. Vor der Ostwand lag eine windgeschützte Holzveranda mit Blick auf eine Terrasse, die als Freilichtbühne und für Gartenkonzerte oder als Gartenrestaurant genutzt werden konnte. Sich anschließende Terrassen bildeten den Übergang vom W. zum Park. Das W. sollte nicht nur optisch die „Krone" des Parks sein, sondern zugleich Wahrzeichen für ein gelungenes sozialpolitisches Konzept der Zusammengehörigkeit von Arbeitern und Beamten der →Kaiserlichen Werft sowie Wohlfahrtseinrichtungen, zu denen auch der Ellerbeker Arbeiterbauverein (→Baugenossenschaften) gehörte. Das Erholungsangebot im W. wurde jedoch von den Arbeitern nur wenig wahrgenommen.

Lit.: D. Beier, K. in der Weimarer Republik, 2004, 209 f. Si

Werftpark →Volkspark

Werner war eine besonders in den 1980er und 90er Jahren beliebte Comicfigur des Zeichners Rötger „Brösel" Feldmann. Frühe Episoden erschienen bereits 1978 im K.er Stadtmagazin „station" und in der „Pardon". 1981 folgte der erste Sammelband „Werner - oder was?", herausgebracht vom eigens gegründeten K.er „Semmel Verlach". Seither wurden elf weitere Bde. produziert, dazu Sonder- und Themenausgaben sowie vier Kinofilme. Die Erlebnisse der Comicfigur spielen häufig in real existierenden Örtlichkeiten K.s und SH, z.B. in der alteingesessenen K.er Kneipe „Galerie Club No 68". Tu

Adolf Werner

Werner, Adolf (Adsch) (geb. 19.10.1886 K., gest. 6.9.1975 K.), war die erste Berühmtheit der K.er Fußballgesch. und Dtld. erster berühmter Nationaltorhüter. Am 13.3.1909 bestritt er in Oxford gegen England sein erstes Länderspiel. Insgesamt stand W. bis 1912 13 Mal für den Deutschen Fußballbund zwischen den Pfosten und nahm 1912 sogar an den Olympischen Spielen in Stockholm teil. Er gehörte zur Gründergeneration des FV Holstein, eines Vorgängers der heutigen KSV →Holstein K., und stand beim ersten Spiel des Vereins am 4.1.1903 im Tor. Von 1909–12 spielte er beim SC Victoria Hmbg. Nach seiner Rückkehr wurde er mit der Mannschaft des FV Holstein dt. Fußballmeister. Sein letztes Ligaspiel bestritt er 1923. Von Beruf war W. Schornsteinfegermeister.

Lit.: A. W. Pöge, Dtld. erstes Torwart-Idol: Adolf W., in: Libero 5 (1990), 35 f.; J. Bitter, Dtld. Fußball-Nationalspieler, Berlin 1997, 535 f. Cas

Fritz Westheider

Westheider, Fritz (Fiete) (geb. 30.11.1909, gest. 10.8.1998), war bis 1958 als Handballtrainer im →Turnverein Hassee-Winterbek (THW) tätig und gilt als wichtiger Impulsgeber für die lang anhaltenden Erfolge der Handballsparte. 21-jährig übernahm er als Spielertrainer die Verantwortung für die 1. Mannschaft und führte sie zu drei nationalen Titeln. Seine größten Erfolge waren der Gewinn des ersten dt. Meistertitels des THW im Feldhandball 1948 und im Hallenhandball 1957. Als Trainer entwickelte er das Erfolgskonzept des „Hasseer Wirbels", ein in den 1940er Jahren überregional anerkanntes Lauf- und Kombinationsspiel. Als erster Spieler des THW wurde W. 1937 in die dt. Handballnationalmannschaft berufen. Nach seinem Abgang 1958 arbeitete er 30 Jahre ehrenamtlich in verschiedenen Vorstandsämtern des Vereins.

Lit.: 100 Jahre THW K., K. 2004. Er

Adolf Westphal

Westphal, Adolf Karl August (geb. 7.10.1910 K., gest. 9.3.1971 K.), trat 1936 bei den K.er Howaldtswerken (→HDW) ein, wurde 1938 in das Werk Hamburg versetzt und übernahm 1943 als Prokurist die kaufmännische Leitung des K.er Werks. Nach dem Krieg leitete W. den Wiederaufbau der Werft, führte und prägte sie maßgebend. Wichtige geschäftliche Erfolge, wie etwa mit norwegischen Reedern, aber auch eine konsequente Modernisierung der Anlagen am K.er Ostufer in den 1960er Jahren gehen auf ihn zurück. In K. kursierte über ihn die volkstümliche Bezeichnung „King Adolf". 1964 berief der Mutterkonzern der Werft, die bundeseigene Salzgitter AG, W. zusätzlich in ihren Vorstand. Den Übergang zur →HDW 1967 gestaltete er maßgeblich mit und führte den Verbund als Vorstandsvorsitzender von Hamburg aus bis 1970, ehe er in den Aufsichtsrat überwechselte.

Lit.: C. Ostersehlte, Von Howaldt zu HDW, Hamburg 2004, 331–452. Os

Westphalen, Ernst Joachim von (geb. 21.3.1700 Schwerin, gest. 21.3.1759 K.), studierte seit 1716 Rechte in Rostock, Halle und Jena. In Rostock lehrte er als erster Dozent dt. Recht, dessen verstärkte Anwendung er in mehreren Schriften forderte. 1730 wurde W., damals als Advokat in Hmbg. ansässig, zum K.er Bgm. gewählt. Gefördert durch Hz. →Karl Friedrich, stieg er in der Landesverwaltung auf, leitete seit 1736 als Hofkanzler das →Geheime Regierungsconseil und wurde 1737 geadelt. Als Universitätskurator gab er durch geschickte Personalpolitik besonders der Juristischen Fakultät neue Impulse. In K. erarbeitete er 1739–45 sein Hauptwerk: Die vierbändige „Monumenta inedita rerum Germanicarum praecipue Cimbricarum et Megapolensium", eine Quellenedition aus sh. und mecklenburgischen Archiven, war eine maßgeblicher Grundlage für eine wissenschaftliche Landesgeschichtsforschung.

Lit.: Lebensläufe, 337–339, 405. Ro

Westring, 1935

Westring Bereits unter Stadtbaurat Schweitzer wurde um 1890 der Ausbau des Cacabellenwegs zu einer Ringstraße konzipiert. Vor 1947 hießen die Abschnitte dieser Ringstraße zwischen Hasseldieksdammer Weg und Ravensberg Hohenstaufenring, Hohenzollernring und Habsburgerring, später Weddigenring. 1947 wurde analog zum →Ostring die Straßenbezeichnung W. festgelegt; 1967 wurde diese Bezeichnung auf die an den W. nach Süden anschließende neue Teilstrecke bis zur Saarbrückenstr. sowie auf die Verlängerung des W. nach Norden bis zur Projensdorfer Str. ausgedehnt. Eb

Ernst Joachim von Westphalen

Wiederaufbau Bei 90 Luftangriffen auf K. wurden im 2. →Weltkrieg 75% der Wohngebäude zerstört oder beschädigt. Kirchen, Schulen, Univ., kulturelle Einrichtungen

Bau der Andreas-Gayk-Straße, 1948-49

waren vielfach zerstört. Die Strom-, →Gas- und →Wasserversorgung war wie die Kanalisation (→Entwässerung) in weiten Teilen defekt, der öffentliche Verkehr zum Erliegen gekommen; viele Straßen waren zerstört und mit Schutt bedeckt. Bereits wenige Tag nach Kriegsende begann deshalb die britische Besatzungsmacht mit ersten W.arbeiten. Schon im Juli 1945 stellte sie Baumaterial aus eigenen Beständen zur Verfügung. Doch bevor die Stadt neu gestaltet und Wohnungen neu gebaut werden konnten, mussten über 5 Mill. cbm Trümmer weggeräumt und dabei auch wertvolle Baumaterialien geborgen werden (→Trümmerräumung). Schon 1950 waren die Ruinenflächen zumeist abgeräumt. Um der Staubentwicklung auf den großen geräumten Flächen zu begegnen, wurde eine provisorische Trümmerbegrünung (→Gayk-Wäldchen) als Gemeinschaftsaufgabe von städtischer Seite gefördert. Unter der Leitung von Oberbgm. Andreas →Gayk und Stadtbaudirektor Herbert →Jensen konnte frühzeitig eine großzügige Neu- und Wiederaufplanung entwickelt und durchgeführt werden. Stadtplanern galt das K. der Vorkriegszeit als eine der unansehnlichsten dt. Großstädte. Man entschied sich gegen einen rekonstruierenden W. und für eine moderne Neugestaltung. Die städtebaulichen Vorstellungen für das neue K. basierten z.T. auf Plänen des 1935 neu geschaffenen Stadtplanungsamtes unter Herbert Jensen aus den 1930er und 1940er Jahren, die auch unter dem Gesichtspunkt des Luftschutzes entstanden. Sie sahen u.a. eine weiträumigere Gestaltung der Stadt und die Trennung von Industrieanlagen und Wohnbebauung vor. Die Umgestaltung der Innenstadt und eine großzügigere Verkehrsführung waren fester Bestandteil dieser Planungen. Der Generalbebauungsplan von Mai 1946 legte K.s Rolle als Hauptstadt des neuen Landes SH, als Wissenschaftszentrum mit →Universität und Fachschulen, als Kulturzentrum mit →Theater und →Museen, als gewerblicher und geschäftlicher Mittelpunkt zugrunde. Zudem sollte die Stadt durch Grünflächen weitgehend aufgelockert werden. Jensens Konzept diente dann auch als Rahmen für einen 1947 ausgeschriebenen „Ideenwettbewerb zur Erlangung von Entwürfen für die städtebauliche Neugestaltung der K.er Innenstadt", den die K.er Architekten Otto

Holstenstraße, Projektskizze, um 1950

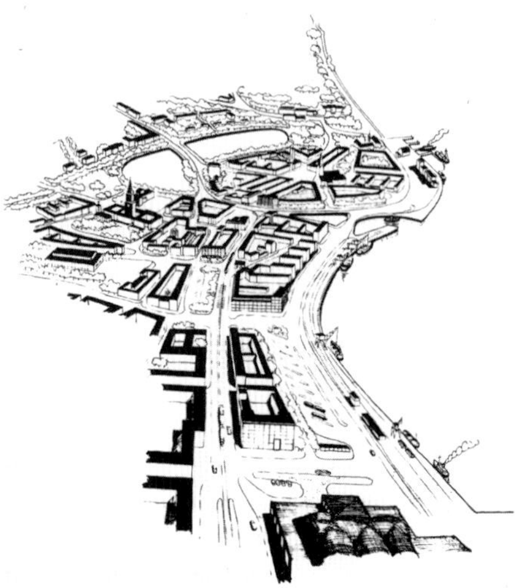

Neuplanung Innenstadt, um 1950

→Schnittger und Erwin Belani gewannen. Nach Auswertung der Wettbewerbsergebnisse erstellte die Stadtverwaltung 1948 einen Plan für die Innenstadt und 1949 einen Aufbauplan für das gesamte Stadtgebiet, wobei sich die Neubebauung auch an der Verbesserung der Verkehrsverhältnisse auszurichten hatte. Die fast völlig zerstörte →Altstadt wurde weitgehend auf dem hist. Straßennetz mit moderner →Architektur wieder aufgebaut und der Verkehr um das kleine Zentrum herumgeleitet. Die engen und verwinkelten Straßen, die den Durchgangsverkehr behinderten, sollten beseitigt werden. Als Fortführung des →Sophienblatts wurde 1950 die Neue Str. (seit 1954 Andreas-Gayk-Str.) angelegt, die bis zum neu gebauten Runden Platz (seit 1955 →Berliner Platz) führte. Die Umgestaltung der Innenstadt bedeutete auch die Verlagerung von Wohnraum aus dem Zentrum. So waren es vorwiegend Geschäftshäuser und Verwaltungsgebäude, die zu den ersten Neubauten gehörten (→Howe-Haus, →Landesbank, Weipert-Haus). Das →Rathaus konnte zwischen 1947 und 1953 wieder instand gesetzt und das →Stadttheater 1952–53 unter Beibehaltung der Jugendstilfassade vereinfacht wieder aufgebaut werden. Zum ersten Mal bekam eine dt. Großstadt mit der →Holstenstraße eine reine →Fußgängerzone, die bereits vor dem Krieg angedacht worden war. Das alte →Gängeviertel am →Kuhberg wurde abgeräumt, auf dem Gelände entstand 1952 die →Ostseehalle. Anstelle eines dicht bebauten Quartiers entstand der Holstenplatz, der zunächst als Parkplatz genutzt wurde. Die Neugestaltung verwandelte die Innenstadt in eine gegliederte Abfolge von offenen Platz- und geschlossenen Straßenräumen. Mit der Sanierung der Altstadt, v.a. der Neugestaltung des →Schlosses, ließ man sich dagegen Zeit. 1960 wurde die Ruine des Schlosses abgebrochen und die Reste in einen zwischen 1961 und 1965 aufgeführten Neubau einbezogen. Bis heute sind im Zentrum K.s Grundstücke unbebaut. Die Bomben des 2. WK hatten fast alle Kirchen der Innenstadt und auf dem Ostufer zerstört oder beschädigt. Die Vicelingemeinde

Medusahaus in Gaarden, 1951

erhielt 1948–49 für ihr total zerstörtes Gotteshaus eine der 48 Notkirchen, die Otto Bartning im Montagebau entwickelt hatte. Gerhard Langmaack baute in vereinfachter Form 1950–57 die →Nikolaikirche wieder auf. Die Jakobikirche erfuhr 1952–54 eine im Äußeren völlige Neugestaltung. Von den 34.000 total zerstörten Wohnungen konnten bis 1953 auch im Rahmen von ERP-Programmen (European Recovery Program) über 13.000 neu aufgebaut werden, so dass nun 62.000 der ehemals 82.000 Wohnungen zur Verfügung standen. Jeder vierte Flüchtling musste zusammen mit den Ausgebombten allerdings oft noch für viele Jahre unter schlechten Verhältnissen in Baracken, →Nissenhütten oder ehemaligen Marinekasernen leben. Die →Holtenauer Straße zwischen Jungmannstr. und Jägersberg gehörte zum Schwerpunktprogramm im Aufbauplan der Stadt (→Klagemauer). Auch auf dem Ostufer, auf dem der W. langsamer als auf dem Westufer voranging, kam ein umfangreiches Wohnungsbauprogramm in Gang (Gebiet zwischen K.er und Norddt. Straße, zwischen Elisabeth- und Kaiserstr.). Mit Hilfe von Marshallplangeldern förderte ein Flüchtlingssonderbauprogramm, betreut durch die →Kieler Wohnungsbaugesellschaft, ab 1950 in der Augustenstr. sieben Blocks mit Wohnungen des Architekten W. W. Zschimmer, und es entstand 1951–52 nach Plänen der Hmbg. Architektengruppe Grindelberg das erste K.er Hochhaus in der Medusastr. Bis Ende der 1950er Jahre sollte in manchen

Schulen der Schichtunterricht zum Schulalltag gehören. Zwar konnte im September 1945 die nur leicht beschädigte Humboldtschule ihren Betrieb wieder aufnehmen, aber 1949 stand erst wieder die Hälfte der vor dem 2. WK vorhandenen Klassenräume zur Verfügung (→Schulbau). Die ersten Neubauten, 1950 die Goetheschule und die Kronsburger Schule, griffen skandinavische und englische Vorbilder auf (→Pavillonschulen). Das Hauptgebäude der Univ. am →Schlossgarten sowie die meisten Institute und Kliniken lagen in Trümmern oder waren stark beschädigt. Die Ruine des →Kollegiengebäudes wurde 1954 abgerissen. Um den →Westring und die Olshausenstr. entstand ein neues Univ.viertel, beginnend 1945 mit der Umnutzung der Gebäude des Rüstungsunternehmens →Electroacustic. Das Wiederaufbaukonzept machte K. zu einem bundesweit beachteten Beispiel modernen Städtebaus. Es folgte zu großen Teilen städtebaulichen Prinzipien, die seit 1900 kontinuierlich weiterentwickelt wurden.

Lit.: U. Höhns, K. Seiler-Kroll, Das moderne K., Heide 2008. Do

Wiker Mühle, um 1900

Wik

Wik Die W. ist mit 773ha Fläche nach →Suchsdorf der zweitgrößte und mit 17.715 Einwohnern (2008) hinter →Mettenhof der bevölkerungsreichste Stadtteil. Erstmals im Jahre 1286 als Siedlung erwähnt, ist der Ortsname vermutlich altslawischen Ursprungs in der Bedeutung von „Wohnstätte, Dorf". Nach der Eingemeindung 1893 veränderte sich das Bauerndorf radikal. Sukzessive wurde die Wiker Bucht zu einem der größten deutschen Kriegshäfen ausgebaut. Landseitig entstanden zwischen →Hindenburgufer und Zeyestr. 16 →Marinekasernen mit einer Aufnahmekapazität für 4.800 Marinesoldaten. Es folgten Werkstätten, ein →Marinelazarett (später Anschar-Krankenhaus) und schließlich die Ingenieur- und Deckoffizierschule zwischen Hertha- und Arkonastr. (→Technische Marineschule). Komplettiert wurde die Bebauung des 25ha umfassenden Militärareals durch die 1907 als →Garnisonskirche geweihte →Petruskirche. In unmittelbarer Nachbarschaft der Kasernen legte man neue Straßen mit viergeschossigen Wohnhäusern an. Während der revolutionären Ereignisse im November 1918 rückte die W. in den Brennpunkt nationaler Aufmerksamkeit und blieb über alle politischen Umbrüche der Folgezeit hinweg noch lange vom Militärstandort geprägt. Erst seit dem Ende des Ost-West-Konflikts hat sich die Bundesmarine weitgehend zurückgezogen und die Flächen für neue Ansiedlungspläne freigemacht. Das Gebäudeensemble des Marinelazaretts, zuletzt vom Univ.klinikum genutzt, ist bereits zum Wohnquartier umfunktioniert. Auf dem 2ha großen Werksgelände der ehemaligen Gasanstalt werden schon seit längerer Zeit Gewerbeflächen ausgewiesen und neue Betriebe angesiedelt. Als markantestes Gebäude erhebt sich hier der sog. KiWi-Tower, der u.a. die kommunale Wirtschaftsförderung beherbergt. Noch höher ragt das 1969 gebaute Mercator-Haus auf, in

Wik, Schleusenstraße, um 1930

dem ein Landesministerium untergebracht ist. Als privat initiierte Kultureinrichtungen haben sich das Maschinenmuseum und der Flandernbunker am Hindenburgufer etabliert (→Museen). Der ungenutzte Hochbunker am Ende der Prinz-Heinrich-Str. musste unlängst den Filialen namhafter Supermarktketten weichen. Die eigentliche Lebensader mit den abwechslungsreichsten Geschäften und der größten Betriebsamkeit bildet die →Holtenauer Straße, die bei Belvedere in den südlichsten Punkt der W. einmündet und fast den gesamten Stadtteil durchquert.

Lit.: O. Clausen, Gesch. der W. und ihrer Bewohner, K. 1960. We

Wilhelm-I.-Denkmal Unmittelbar nach dem Tod Kaiser Wilhelms I., 1888, planten Honoratioren der Stadt K. und der pr. Provinz SH, ihm ein Denkmal von „dominierender Bedeutung" an prominentem Ort zu errichten. Den Wettbewerb für das Provinzialdenkmal entschied Adolf →Brütt 1892–93 für sich. Seine Ausführung als Reiterstatue von 1896 zeigt den greisen Kaiser überlebensgroß in Generalsuniform als abgeklärten Sieger, auf hohem Sockel aus poliertem Granit. Der ursprüngliche Gedanke, Elemente der sh. Landesgesch. mit dem neuen pr. Landesherrn zu verknüpfen, reduzierte sich nach und nach auf die beiden Reliefs auf dem Sockel (Die Seeschlacht vor

Wilhelm-I.-Denkmal im Schlossgarten

Eckernförde 1849, die Grundsteinlegung zum Kaiser-Wilhelm-Kanal 1887) und drei allegorische Figuren (der Seemann für die →Marine, zwei Mädchen für SH) - im 2. WK eingeschmolzen. Die prunkvolle Einweihungszeremonie 1896 gestaltete sich als dankbare Huldigung der Provinz an das pr. Herrscherhaus und entsprach damit der Inschrift: „Wilhelm dem Ersten - Das befreite SH". Der oktroyierten Inkorporation von 1867 folgte so das ergebene Einverständnis mit den politischen Verhältnissen.

Lit.: C. Steckner, Der Bildhauer Adolf Brütt, Heide 1989, 199–203. Km

Wilhelminenhöhe, Adolf Lohse, um 1860

Wilhelminenhöhe Ursprünglich unter dem Namen „Sandkrug" am →Gaardener Ufer an der Grenze zu →Alt-Ellerbek betriebene Gastwirtschaft auf Höhe des heutigen südlichen →HDW-Geländes. Sie nahm 1838 zu Ehren der dänischen Prinzessin Wilhelmine, Tochter Kg. Friedrich VI., den Namen W. an. Zwischen der W. und dem Schuhmachertor am Ufer der →Altstadt setzten Ruderboote die Passagiere über. Die W. war als Ausflugslokal bei den K.er Bürgern und Studenten sehr beliebt. Letztere besuchten dort gerne die Tanzveranstaltungen, feierten ihre Kommerse und fochten Mensuren. 1848 und 1863 hielten die Studenten auf der W. Schießübungen ab, bevor sie in den Kampf gegen Dänemark zogen. 1898–99 musste die Gaststätte dem Bau zweier großer Trockendocks der →Germaniawerft weichen und wurde abgerissen. Heute erinnert der Straßenname „Sandkrug" an die Umgebung der Gastwirtschaft.

Lit.: A. Gloy, Aus K.s Vergangenheit, K. 1925, 320. Ra

. Parade auf dem Wilhelmplatz, Postkarte, um 1910

Wilhelmplatz 1893 wurde der heutige W. auf dem Gartengelände zwischen Eckernförder Str. und Kronshagener Weg als „Neuer Marktplatz“ angelegt und 1896 nach Kaiser Wilhelm I. in W. umbenannt. Von 1897–1907 fanden hier die Paraden der K.er Garnison statt, seit 1903 der →Jahrmarkt. Die überwiegend vier- und fünfgeschossige Bebauung war erst um 1910 an allen Seiten vollendet. Seine trapezförmige Gestalt hat der Platz mit der Errichtung des →Arbeitsamtes 1928–29 erhalten. Während des K.er Matrosenaufstandes 1918 wurde der aus Berlin angereiste Reichstagsabgeordnete Gustav Noske auf dem W. zum Vorsitzenden des →Arbeiter- und Soldatenrates gewählt. Daraufhin beschloss der →Magistrat 1927, den W. in „Platz der Republik“ umzubenennen. Nach der Machtübernahme der Nationalsozialisten 1933 erhielt er erneut seinen bis heute gültigen Namen W. Am 10.5.1933 fand hier die →Bücherverbrennung statt.

Lit.: V. Stoy, K. auf dem Weg zur Großstadt, K. 2003.

Dr

Wille, Theodor (geb. 27.9.1818 K., gest. 9.1.1892 Hmbg.), ging nach einer Lehre in Hmbg. 1838 nach Brasilien, gründete 1844 in Santos eine Exportfirma, die v.a. Kaffee nach Hmbg., Altona, Bremen und in weitere europäische Städte lieferte, und kehrte 1847 nach Dtld. zurück. Er betrieb von Hmbg., Glückstadt und K. aus sein Handelsimperium mit weiteren Niederlassungen in Rio de Janeiro und Sao Paulo, stieg ins Reedereigeschäft ein und engagierte sich 1870 u.a. bei der Gründung der Commerz- und Discontobank. Ledig und ohne Nachkommen vermachte er aus seinem Vermögen 1,8 Millionen Mark an die Stadt K. „zur Belegung in sicheren Hypothekenposten, um davon die Zinsen für Schulzwecke ... und die Universität Kiel zu benutzen“. Mittel daraus wurden für das Schulmuseum, die Lehrerbibliothek, die Turnhalle in der Waisenhofstr., die Schiffs- und Maschinenbauschule, die Stadtbildstelle und die →Seeburg verwendet. W. erhielt ein Ehrengrab auf dem →Südfriedhof.

Lit.: S. Zimmermann, Theodor W. 1844–1969, Hmbg. 1969.

Si

Windjammerparade zur Kieler Woche, 2004

Windjammerparade Zu den olympischen Segelwettbewerben 1972 wurde erstmals eine W. auf der K.er →Förde durchgeführt. Angeführt von dem polnischen Segelschulschiff „Dar Pomorza" liefen die Großsegler am 3. September von Lüb. kommend vor rund 200.000 Zuschauern in die Förde ein. 1982 wurde zum 100. Geburtstag der →Kieler Woche eine W. organisiert. Seit 1998 bildet die W. am Samstag vor dem Abschluss einen traditionellen Höhepunkt der K.er Woche. Ro

Winterbek →Hassee

Witte 1888 gründete der Textilkaufmann Wilhelm W. in der Schuhmacher Str. am →Alten Markt ein Geschäft, das später an den →Schlossgarten 4 umzog. In der Kaiserzeit zählten u.a. auch Uniformen zu W. Sortiment. 1949 war es Erich W., der das Textilgeschäft in der →Holstenstraße 108 wiedereröffnete. In der Folgezeit entwickelte sich W. zum überregional bekannten Herrenausstatter. 1998 erweiterte man das Geschäft in der Holstenstr. um eine Abteilung für Damenmode. 1983 und 2007 entstanden Filialen in der →Holtenauer Straße Das Traditionsgeschäft ist seit vier Generationen in Familienbesitz. Oh

Witte →Münzprägung

Wochenmarkt In der ma. Stadt durften nur auf dem W. die Waren des täglichen Bedarfs gehandelt werden. Auf dem K.er Marktplatz waren die Stände genau zugewiesen, die Fleischer und Bäcker verkauften in ihren festen Ständen im Erdgeschoss der →Feste und des →Rathauses, den Fleisch- und Brotschrangen, während Kaufleute und Höker die Lauben unter dem Rathaus nutzten. Obst und Gemüse wurde auf Steinquadern auf dem Platz angeboten. Schon 1875 waren die Hauptmarkttage der Mittwoch und der Sonnabend. Noch fand der Markt auf dem Marktplatz statt, wurde aber auf den →Neumarkt und 1902 auf den →Exerzierplatz verlegt. Dort wird bis heute der größte und beliebteste W. gehalten. Auf dem Platz vor dem Fischerleger fand bis zur Errichtung der →Fischhalle der Fischmarkt statt. 1906 wurden die heute noch bestehenden Märkte auf dem Blücher- und dem →Vinetaplatz eingerichtet. Heute bestehen zwölf W., darunter der 2000 ins Leben gerufene Ökomarkt. Ro

Wochenmarkt, 1958

Wöhlk, Heinrich (geb. 9.4.1913 K., gest. 21. 12.1991 Schönberg), ist der Erfinder der Kontaktlinse. 1936 wurden W., der stark weitsichtig war, Skleralschalen aus Silikatglas eingesetzt, doch der Tragekomfort war schlecht, so dass W. eigene Experimente anstellte und im Jahr 1940 eine erste Schale aus Plexiglas fertigte. Nach dem 2. WK entwickelte W. Skleralschalen mit austauschbarer Optik, und 1947 setzte er sich im Selbstversuch einen Prototyp der Kontaktlinse ein. 1947–48 und 1949 folgten Firmengründung und Ladengeschäft, und seit 1951 belieferte W. Optiker in ganz Dtld. Die Entwicklung der Kunststofflinse „Parabolar" war 1958 abgeschlossen. Das Unternehmen wuchs und zog nach Schönkirchen um. 1971–72 wurden die ersten weichen, 1977 die ersten hart-flexiblen Linsen sowie Silikonlinsen entwickelt. Oh

Wohlersberg Der W. im Stadtteil →Rönne markiert mit 74,2m über NN den höchsten Punkt der →Landeshauptstadt. Ro

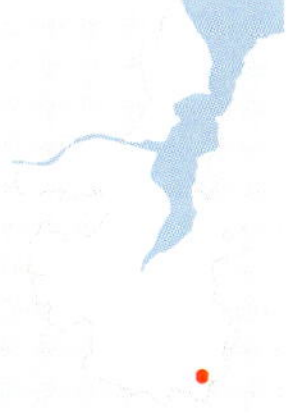

Wohlersberg

Wohnungsbaugenossenschaft Kiel-Ost eG (WBG) Die WBG ging aus dem „Arbeiterbauverein für →Gaarden, K. und Umgebung" (1889) hervor, der sich bereits 1892 auf →Ellerbek konzentrierte und sich ab 1901 „Arbeiterbauverein Ellerbek e.G" nannte. Südlich der ehemaligen →Kaiserlichen Werft entstanden bis zum 1. WK etwa

1.000 Einzel- und Doppelhäuser. Vor und nach 1945 orientierte sich die WGB an der →Heimatschutzarchitektur (Nissenstr. u.a.). 1942 erfolgte die Verschmelzung mit mehreren Baugenossenschaften zur Gemeinnützigen Heimstätten-Genossenschaft K.-Ost, nach der allgemeinen Aufhebung der Gemeinnützigkeit von Wohnungsbauunternehmen 1990 die Umwandlung in die WBG. Die Genossenschaft folgte unter Leitung von Klaus Exner dem ursprünglichen sozialen Auftrag und initiierte viel beachtete Projekte wie „Minivillen" in →Mettenhof-Heidenberg (1991) und „Jugendwohnen" unter Beteiligung von Jugendlichen (2001). Gegenwärtig konzentriert sich die WBG mit 3.500 Mitgliedern auf die Erhaltung und Modernisierung des Bestandes von ca. 1.460 eigenen Wohnungen sowie die Verwaltung weiterer 1.430 Wohnungen und gewerblicher Objekte, darunter das →Olympiazentrum in →Schilksee.

Lit.: Mehlhorn. Me

Wohnungsbaugesellschaften →Kieler Wohnungsbaugesellschaft, →Wohnungsbaugenossenschaft Kiel Ost eG

Wolperding, Friedrich Ernst (geb. 1.4.1815 K., gest. 17.8.1888 K.), war hauptsächlich Landschaftsmaler, aber auch Zeichner für Tageszeitungen und Zeitschriften sowie Gebrauchsgrafiker. Er lebte nach seiner Ausbildung an der Kopenhagener Kunstakademie (1831–36) 1839–45 in München. Anscheinend konnte er sich dort als freier Künstler keine abgesicherte Existenz aufbauen und kehrte deshalb nach K. zurück, wo er 1848–84 Zeichenlehrer an der →Gelehrtenschule war. In seinen Arbeiten, die von Freude am Detail und einem topografischen Blick gekennzeichnet sind, interessierte sich W. kaum für moderne Entwicklungen in Stadt und Land, sondern bildete v.a. Landschaften und Orte ab, die noch nicht von der Industrialisierung verändert worden waren, wie das Fischerdorf →Alt-Ellerbek an der K.er →Förde.

Lit.: Lebensläufe, 341–343, 406. Ha

Ernst Wolperding, Ellerbeker Strand, 1853

Wrack der „New York" im Kieler Hafen, 1948

Wrackbergung Am Ende des 2. →Weltkriegs wurden in der K.er →Förde etwa 240 Wracks gezählt. Sie behinderten die Hafenwirtschaft und die Schifffahrtswege, so beispielsweise die „Ingrid Horn" in gefährlicher Lage vor der Schwentinemündung. Besonders spektakulär lagen die Passagierdampfer „New York" vor →Bellevue und „Monte Olivia" im Scheerhafen. Der leichte Kreuzer „Emden" war gezielt im Mai 1945 in der Heikendorfer Bucht versenkt worden; dort wurden weitere Schiffe bis zur Verschrottung auf Grund gelegt, so der schwere Kreuzer „Admiral Hipper". Das Panzerschiff „Admiral Scheer" war am 9.4.1945 im Bauhafen der →Deutschen Werke gekentert, es wurde bei der Zuschüttung der Bassins vor Ort belassen. Die W. lag in der Verantwortung der britischen Besatzung; für die örtlichen Schrotthändler war die Ausschlachtung der Wracks ein lohnendes Geschäft. Bis Ende 1949 waren rund 200 Wracks beseitigt. Ro

Wriedt's Etablissement 1870–71 von C. H. Wriedt erbaute beliebte Gaststätte mit Kegelbahn, Billard, großem Saal, Garten und vielen Nebenräumen am →Sophienblatt

50, Ecke Harmsstr., seit 1890 mit wechselnden Besitzern. 1899 erfolgte ein Umbau für Konzert- und Theateraufführungen, der Saal erhielt ein großes Bühnenhaus. Es wurde das größte Konzert- und Ballett-Etablissement der Stadt, der Saal fasste 1.546 Personen. 1917 kauft Theaterdirektor Carl Alving das Gebäude und baute es zu einem Theater um; Restaurant und der große Gesellschafts- und Konzertsaal (Viktoriasaal) blieben bestehen. Seit 1918 hieß es „Theater am Sophienblatt". 1925 wurde es in das →Kino „Schauburg" umgewandelt. Im Saal entstanden 1927 ein moderner Tanzpalast und das Kabarett Valencia. Im 2. →Weltkrieg wurde es 1944 total zerstört.

Lit.: H. Reimers, Von der Kaiserkrone zum CinemaxX, Husum 1999. Bri

Zentralbibliothek für Wirtschaftswissenschaften

Zacharias, Ottilie (Otti) (geb. 17.07.1906 Vilstrup bei Hadersleben, gest. 26.8.1981 K.), absolvierte 1930–31 ihre Ausbildung in München an der Bayerischen Staatslehranstalt für Lichtbildwesen. Schon bald machte sie sich einen Namen als Porträtfotografin, sie lichtete Anfang der 1930er Jahre die Ensemblemitglieder des K.er →Stadttheaters ab und hatte Erfolg mit der Serie „Charakterköpfe aus der →Alt-Ellerbeker Bevölkerung". Nach kriegsbedingten Rückschlägen eröffnete sie 1950 ein neues Atelier am Alten Markt 3 und widmete sich wieder v.a. der Porträtfotografie; vor ihrer Kamera saßen Künstler aus Theater und Musik von internationalem Rang. 1969 entstand eine Fotoserie mit dem Pantomimen Marcel Marceau. 1958 erhielt Otti Z. den Bayerischen Staatspreis, 1967 wurde ihr eine Goldmedaille des Metropolitan Museum of Art in New York verliehen. Sie führte das Signum ABCV (Arbeitskreis Bild im Centralverband) auf ihren Aufnahmen. Otti Z. engagierte sich für den fotografischen Nachwuchs in SH. Ihr Nachlass mit mehreren tausend Aufnahmen befindet sich im →Stadtarchiv K. Ti

Otti Zacharias

Deutsche **Zentralbibliothek für Wirtschaftswissenschaften (ZBW)** Die ZBW ist mit über vier Mill. Publikationen die weltweit größte Spezialbibliothek ihrer Art, die auch für die Öffentlichkeit frei zugänglich ist. 1919 von Bernhard →Harms als Abteilung des →Instituts für Weltwirtschaft gegründet, konnte die Bibliothek ihre Bestände während des NS bewahren und weiterhin ausländische Literatur erwerben. Von den Zerstörungen des Bombenkrieges blieben die Bücher durch Auslagerung in den Ratzeburger Dom verschont. Seit 1966 ist die ZBW Mitglied der sog. Blauen Liste, der heutigen Leibniz-Gemeinschaft. Zum 1.1.2007 übernahm die ZBW die Bestände des aufgelösten Hmbg. Welt-Wirtschafts-Archivs, wobei der Standort an der Binnenalster bestehen blieb. Gleichzeitig überführte das Land SH die Bibliothek in die eigenständige Stiftung Deutsche Zentralbibliothek Wirtschaftswissenschaften - Leibniz Informationszentrum Wirtschaft. Gemeinschaftlich von Bund und Ländern finanziert, kann die Stiftung jährlich einen kleineren Mill.betrag in die Beschaffung aktueller Wirtschaftstitel investieren. We

Zentral-Omnibus-Bahnhof (ZOB) Mit den Streckenstilllegungen der →Straßenbahn nahm der Omnibusverkehr stark zu. Ein ZOB war daher bereits in den 1950er Jahren in Planung, doch erst am 29.7.1972 anläßlich der olympischen Segelwettbewerbe wurde die Anlage am Bahnhofsvorplatz eingeweiht. Ebenerdig standen 22 Omnibussteige zur Verfügung, darüber boten zwei langgestreckte Parkdecks 520 Stellplätze. Zugleich wurde ein System von

Zentral-Omnibus-Bahnhof, 1972

Fußgängerbrücken errichtet, das den ZOB mit dem →Hauptbahnhof und dem Kaufhaus Hertie verband. Nachdem 1987 das →Sophienblatt vor dem Bahnhof zur zentralen Umsteigestation ausgebaut worden war, verlor der ZOB verkehrstechnisch an Bedeutung und wurde zudem als städtebaulicher Schandfleck wahrgenommen. 2008 begannen die Abrissarbeiten zugunsten eines Hotelkomplexes. Ro

Zerssen Der Name Z. & Co. steht für ein traditionsreiches Handelshaus, dessen Erfolge besonders mit dem →Nord-Ostsee-Kanal verbunden sind. Gegründet wurde es als Spedition am 1.1.1839 durch Johann Christian von Z. in Rendsburg. Das Speditionsgeschäft und die Schiffsmaklerei am →Eiderkanal entwickelten sich günstig, so dass Z. ein weites Handelsnetz aufbaute und 1868 in Tönning und 1894 in Brunsbüttelkoog sowie in →Holtenau Zweigstellen einrichtete. In Holtenau stieg Z. zum führenden Makler und Schiffsausrüster auf und betrieb eine expandierende Bunkeranlage zur Versorgung der Schiffe mit Kohlen und seit den 1920er Jahren mit Gasöl. In K. wurden die Firmen „Kohlen-Kontor Glückauf" und „Vulkan Kohlenhandelsgesellschaft" übernommen und damit ein neues Geschäftsfeld im Kohlen- und Baustoffhandel aufgebaut. Seit 1884 machte sich Z. auch als →Reederei einen Namen. Z. betrieb seine vielfältigen Geschäftsfelder zunehmend durch Tochterunternehmen, so dass sich das Handelshaus nach dem 2. →Weltkrieg zur Beteiligungsholding wandelte. Durch die Zusammenarbeit mit der K.er CITTI-Gruppe, seit 2010 als Hanseatic Marine Services (HMS), konnte Z. seine Marktführung bei der Schiffsabfertigung im K.er →Hafen festigen. Ro

Zerssen, Niederlassung in der Wik, 1950

Ziegelei In Ermangelung von Natursteinen waren Ziegel in SH stets ein begehrter Baustoff. In K. verfügte allein die →Nikolaikirche über das Recht, Ziegel zu brennen und zu verkaufen. Das finanziell einträgliche kirchliche Z.monopol wurde 1832 einvernehmlich aufgehoben und die Z.gebäude am →Sophienblatt abgerissen. Als Ausgleich erhielt die Kirche das sog. Ziegelgeld, das alle Hausbesitzer zahlen mussten. Die Z. wird in der Folge ein wichtiger Wirtschaftszweig, 1848 sind fünf, 1904 zehn Z. in K. genannt. Die Stadt selbst erwarb 1903 die Rathmann'sche Z. in der →Wik, die künftig v.a. für städtische Bauvorhaben, besonders für den →Schulbau und die Kanalisation Baumaterial lieferte. Die städtische Z. wurde 1930 stillgelegt. Ro

Ziegelteich Der Z. und der benachbarte Pferdeborn prägten bis zu ihrer Zuschüttung 1866 mit einer Wasserfläche von rund 2ha das Bild der →Vorstadt. Der Z. am →Sophienblatt war als Lehmgrube für die benachbarte →Ziegelei entstanden und ist bereits im 16. Jh. als Gewässer nachweisbar. Das Gelände wurde nach der Zuschüttung u.a. mit dem →Thaulow-Museum überbaut; die Straße zwischen dem 1845 erbauten Bahnhof und der Langen Reihe wurde weiter als Z. bezeichnet. Ro

Ziegelteich, um 1870

Ziegenbein, Otto (geb. 27.7.1910 K., gest. 24.5.1989 Ahrensbök), stieß bereits als Jugendlicher zum NS, baute zusammen mit seinem Bruder Willi die ns. Jugendorganisationen in K. auf und gehörte als „rechte Hand" von Reinhard →Sunkel und Walter →Behrens zu K.s. führenden Nationalsozialisten, zunächst als NSDAP-Kreisgeschäftsführer, seit 1937 als NSDAP-Kreisleiter. Nach kurzem Wehrdienst gestaltete Z. seit 1941 als hoher Parteifunktionär und Verwaltungsbeamter die brutale Besatzungsherrschaft im besetzten Baltikum mit. Im Anschluss an Verhaftung und dreijährige Internierung wurde der gelernte Stahlformer und Notabiturient als Bakteriologe an der →Christian-Albrechts-Universität promoviert und lebte unbehelligt in Lüb.

Lit.: S. Lehmann, Kreisleiter und Parteiorganisation der NSDAP in K., in: MKStG 84 (2008), 115–152. Le

Zöllner Signal GmbH, Tyfon, um 1965

Zöllner Signal GmbH Gegründet 1946 vom Werfkonstukteur Herbert Zöllner in Gebäuden der ehemaligen Krupp-Germania-Werft, entwickelte sich das Unternehmen zum Marktführer für akustische Signalanlagen sowie für Prüfstände für den Fahrzeug- und Motorenbau. Seit 1991 gehörte Z. zur österreichischen AVL-Gruppe, 2001 wurde die Signaltechnik aus dem Konzern herausgelöst. Die Firma, die 2009 neue Betriebsgebäude in →Moorsee bezog, ist besonders bekannt für die Produktion von Schiffshörnern (Typhone), ihre Signalsysteme werden aber auch im Eisenbahnbau, in der Baustellensicherung und in Industrieanlagen eingesetzt. Ro

Zoologisches Museum Das Z. (→Museen) der →Christian-Albrechts-Universität wurde 1868 von Martin Gropius und Heino Schmiden erbaut. Es gilt heute als eines der wenigen, im Inneren wie Äußeren weitgehend original erhaltenen Gebäude von Martin Gropius. Herzstück des Z. ist die zentrale Ausstellungshalle, die ihr Licht durch große Glasflächen im Dach erhält. In der Halle befinden sich zwei umlaufende Galerien, deren Boden aus dicken Glasplatten gefertigt ist, um Licht zu den darunter liegenden Bereichen durchzulassen. Die Halle ist allein in ihrer Raumwirkung einzigartig. Um die Halle herum sowie im Erdgeschoß befinden sich weitere Räume mit themenspezifischen Ausstellungen. Ebenfalls bedeutend sind die Sammlungen des Z. Insgesamt beherbergt das Z. ca. 500.000 Serien an Organismen aus drei Jh. Die Sammlungen umfassen einen Zeitraum von knapp vier Jh. und sind

Zoologisches Museum, Pottwal-Skelett in der Ausstellungshalle

wegen ihres Typenreichtums und der Belege vieler Expeditionen des 19. Jh. von internationaler wissenschaftlicher Bedeutung. Hier entstanden die Grundlagen der Ökologie und der modernen →Meeresforschung. In diesem Haus wurden grundlegende Begriffe der modernen Zoologie geprägt, Biozönose, Biotop und Plankton. Mit zwölf Originalskeletten von sh. Walarten aus Nord- und Ostsee ist im Z. K. die derzeit artenreichste Walausstellung Dtld. zu sehen. Bra

Zuckmayer, Carl (geb. 27.12.1896 Nackenheim bei Mainz, gest. 18.1.1977 Visp/Schweiz), begann früh, Gedichte und Dramen zu schreiben. Er war 1922 Dramaturg am K.er Stadttheater, wurde jedoch schon im folgenden Jahr fristlos entlassen. 1925 hatte er seinen ersten Erfolg mit der Komödie „Der fröhliche Weinberg", ausgezeichnet mit dem Kleist-Preis, uraufgeführt in Berlin und der größte dt. Theatererfolg in den 1920er Jahren. Es folgten u.a. das Drehbuch für den Film „Der blaue Engel" (1929) und das Theaterstück „Der Hauptmann von Köpenick" (1931). 1933 verboten die Nationalsozialisten die Aufführung seiner Stücke, und Z. wanderte 1939 in die USA aus. Dort schrieb er Berichte über das Verhalten von Kollegen im NS („Geheimreport", 2002). 1946 kehrte Z. nach Europa zurück, wo die Uraufführung des Dramas „Des Teufels General" in Zürich im selben Jahr ein großer Erfolg wurde. 1957 ließ er sich in der Schweiz nieder und veröffentlichte 1966 seine Lebenserinnerungen „Als wär's ein Stück von mir". Z. erfuhr zahlreiche Ehrungen. Ja

Zuwanderung Die →Bevölkerungsentwicklung der Stadt K. wurde maßgeblich durch mehrere Wellen der Arbeitsmigration geprägt. Arbeitsplätze im →Schiffbau führten im Kaiserreich und in den 1930er Jahren zu einem massiven Zuzug von Arbeitnehmern, allerdings im Wesentlichen aus Provinzen des damaligen Reichs. Eine Z.welle aus dem Ausland setzte erst mit dem Wirtschaftsaufschwung der 1950er Jahre ein, als die Bundesrepublik Anwerbeverträge mit Entsendeländern schloss, zunächst 1955 mit Italien, 1960 mit Spanien und Griechenland und 1961 mit der Türkei. Auch K.er Unternehmen ließen sich die als „Gastarbeiter" bezeichneten Arbeitskräfte vermitteln, insbesondere →HDW und →MaK. In K. wurde die Z.welle jedoch erst verspätet spürbar: Fast 65% der 1977 in K. lebenden Ausländer war erst in den Jahren 1970–75 in die Bundesrepublik gezogen. Im bundesdt. Vergleich blieb SH 1976 mit 2,9% das Land mit dem geringsten Ausländeranteil; die Stadt K. verzeichnete 1976 mit Blick auf vergleichbare Städte mit 4,6% einen äußerst geringen Ausländeranteil. 1977 stammten mehr als die Hälfte der Ausländer in K. aus der Türkei (56,6%, entsprechend 6.555 Personen), mit weitem Abstand folgten Jugoslawen (5,5%), Spanier (3,1%) und Iraner (2,4%). Die Arbeitsmigranten zogen insbesondere in Viertel mit günstigen Mieten in der Nähe ihrer Arbeitsplätze, mit Schwerpunkten in →Gaarden-Ost, →Neumühlen-Dietrichsdorf, →Friedrichsort und zeitversetzt auch →Mettenhof. Da seit 1973 ein Anwerbestopp bestand, hing die weitere Entwicklung des Ausländeranteils in K. vom Zuzug von Familienangehörigen ab; 1977 machten Kinder mehr als ein Viertel der ausländischen Bevölkerung aus. 2008 lebten rund 20.000 Ausländer in K., entsprechend einem Bevölkerungsanteil von 8,3%. Den größten allerdings rückläufigen Anteil haben nach wie vor die Türken mit 30,8%, gefolgt von polnischen Staatsbürgern mit 9,1% und Irakern mit 4,7%. Die Integration von Zuwanderern bleibt eine dauerhafte gesellschaftliche Aufgabe. Ro

Zwangsarbeit Im 2. WK mussten ca. 30-40.000 ausländische Zwangsarbeiter in K. arbeiten. Haupteinsatzorte waren Werften, wie die Deutschen Werke K., die Firma →Electroacustic (zusammen im Mai 1943: 10.000 Zwangsarbeiter), Bahn, Bunkerbau (u.a. U-Boot-Bunker), aber auch städtische Betriebe. Schon ab April 1939 wurden Tschechen in Großbauprojekten (u.a. →Elmschenhagen) eingesetzt. Als vermeintliches Sicherheitsrisiko lief der Zwangsarbeiter-Einsatz im Militärstandort K. zögerlich an. Aufgrund zunehmender Einberufungen erhielt der Arbeitskräftebedarf aber ab 1941–42 Vorrang (Zwangsarbeiter in dem Arbeitsamtsbezirk K. einschließlich Umland: Januar 1941: 7.175; Juni 1943: 33.614). „Fremdarbeiter" kamen anfänglich aus der ehemaligen Tschechoslowakei, Dänemark, Frankreich, Benelux und dem verbündeten Italien, zunächst mit sozial-/wirtschaftspolitischen Druckmitteln „freiwillig" angeworben. Mit offener Gewalt – in Polen schon seit 1939 – wurden ab Ende 1941 sowjetische Bürger („Ostarbeiter") nach K. verschleppt, die 1944 ein Drittel der Zwangsarbeiter ausmachten. Der Anteil polnischer Zwangsarbeiter war in K. relativ gering (1944: ca. 9%). Gegen Kriegsende stellten Zwangsarbeiter ca. 10% der Einwohner K.s, ihr Belegschaftsanteil war erheblich höher. Die Zwangsarbeiter wurden in über 100 Lagern in K. und Umland untergebracht, meist in großen Barackenlagern (Ostufer, →Hassee, Raum →Elmschenhagen und Bordesholm, am →Nord-Ostsee-Kanal, →Pries). V.a. „Ostarbeiter" erlitten oft unmenschliche Arbeits- und Lebensbedingungen. Hunger wurde zur Grunderfahrung. Polnische und sowjetische Zwangsarbeiter, letztere meist streng isoliert, waren faktisch rechtlos und unterlagen dem Verfolgungsmonopol der K.er Gestapo, deren Arbeit sich zunehmend auf die Verfolgung von „Arbeitsbummelei" und Fluchtversuchen von Zwangsarbeitern konzentrierte (→Arbeitserziehungslager Nordmark). Ein regionales Widerstandsnetzwerk von Deutschen und Zwangsarbeitern in sh. Städten einschließlich K.s wurde 1944–45 zerschlagen. Die meisten Zwangsarbeiter kehrten 1945 in ihre Herkunftsländer zurück, aber v.a. polnische DP-Lager (→Displaced Persons) bestanden in K. bis 1949. Wohl über 700 Zwangsarbeiter starben in K., v.a. im Arbeitserziehungslager Nordmark und bei Bombenangriffen, und sind auf K.er Friedhöfen begraben.

Lit.: J. Klußmann, Zwangsarbeit in der Kriegsmarinestadt K. 1939–1945, Bielefeld 2004. Kl

Zweiunddreißig Männer →Sechzehn Männer

Zwölf-Uhr-Schuss Der Z. wurde im Kaiserreich durch den sog. Zeitball ausgelöst, der täglich exakt um 12 Uhr Mittags an einem Mast auf dem Artilleriemagazin der →Kaiserlichen Werft niederging. Seit 1913 wurde der Z. vom →Signalturm im K.er →Hafen aus gesteuert. Die beiden Signale ermöglichten eine sekundengenaue Justierung der Schiffschronometer, die damals für eine exakte Bestimmung der Position eines Schiffes auf See unerlässlich waren. Der Z. wurde im Volksmund auch „Klümpschuss" genannt, weil die K.er Hausfrauen angeblich beim Abfeuern des Schusses die Klöße, ndt. „Klümp", in die Kochtöpfe gaben, damit diese pünktlich zum Mittagessen gar waren.

Lit.: F. Lühning, „... eine ausnehmende Zierde und Vortheil", Nms. 2007, 426–431. Witt

Der Zeitball und der Mittagsschuß im Kieler Hafen, Ferdinand Lindner, Zeitschriftenillustration, 1890

ma.	mittelalterlich
Mehlhorn	Mehlhorn, Dieter-J., Architekturführer Kiel, Berlin 1997.
Mill.	Millionen
MKStG	Mitteilungen der Gesellschaft für Kieler Stadtgeschichte
mnd.	mittelniederdeutsch
ndt.	niederdeutsch
Nms.	Neumünster
NN	Normalnull
norddt.	norddeutsch
NS/ns.	Nationalsozialismus/nationalsozialistisch
NZ	Neuzeit
nz.	neuzeitlich
PH	Pädagogische Hochschule
Pr./pr.	Preußen/preußisch
Prof.	Professor
SH	Schleswig-Holstein
sh.	schleswig-holsteinisch/ Schleswig-Holsteinisch
SHBL	Biographisches Lexikon für Schleswig-Holstein und Lübeck, Bd.1-11, Neumünster 1970-2000.
sog.	sogenannt
St.	Sankt
Str./-str.	Straße/-straße
t	Tonnen
u.a.	unter anderem
Univ.	Universität
v.a.	vor allem
1. WK	Erster Weltkrieg
2. WK	Zweiter Weltkrieg
z.B.	zum Beispiel
z.T.	zum Teil
z.Zt.	zur Zeit
Zs.	Zeitschrift
ZSHG	Zeitschrift der Gesellschaft für Schleswig-Holsteinische Geschichte

Herausgeber und Verlag danken allen Fotografen und Leihgebern. Trotz sorgfältiger Recherchen konnten nicht alle Inhaber der Bildrechte ermittelte werden.
Wir bitten gegebenenfalls um Mitteilung.

Akademischer Segler-Verein
280 unten

Archiv für Architektur und Ingenieurbaukunst (AAI)
23 oben, 119 oben, 199 oben, 243, 265 oben, 292 Mitte

Archäologisches Landesamt Schleswig-Holstein
347 oben

Botanischer Garten der Christian-Albrechts-Universität
44 oben

Karsten Braune
244 oben

Corps Holsatia
196 oben, 369 oben

Fachhochschule Kiel, Hartmut Ohm
88 unten

Fachhochschule Kiel, Mediendom
234

Förde Sparkasse
178 oben

Hamburgisches Architekturarchiv
250 oben

HDW Archiv
67, 139, 153 oben rechts, 153 unten rechts, 287, 332 unten, 383 unten, 409 Mitte,

Heinrich-Ehmsen-Stiftung Kiel
73 oben

IFM-GEOMAR
17, 235, 236 oben, 337 links

Industrie- und Handelskammer zu Kiel
155 rechts

Institut für Weltwirtschaft
158 oben

Dr. Dirk Jonkanski
36 oben, 85 oben, 103 oben, 164, 187 oben, 224 oben, 281 oben

Eva-Maria Karpf
377 Mitte rechts

Dr. Holger Kaufhold
13 unten, 80 oben, 143 oben rechts, 217 oben

Günter Kaufmann
307 oben, 339 unten

Kieler Volksbank
179

Sascha Klahn
382

Jan Köhler-Kaeß
100 oben, 414 unten

Klaus Kuhl
26

Kunsthalle Kiel
168

Landesamt für Denkmalpflege
236 unten, 278 oben, 284

Landeshauptstadt Kiel
Burkhard Abromeit: 7 links; Carmen Kelbch: 299 unten; Michael Krohn: 89 oben, Peter Lühr: 198 oben; Sven Meier: 297 unten; Umweltschutzamt, Monika Möller: 338 rechts, 339 oben; Wolfgang Okon: 318 unten; Bodo Quante: 125 oben, 262 oben, 366 oben; Stadtplanungsamt: 349; Annemarie Teegen: 213

Landeshauptstadt Kiel, Stadtarchiv
Sammlungen: 8 oben, 9, 10 unten, 11 unten, 13 oben, 14, 16 oben links, 16 unten, 21,

22, 23 unten, 24, 32, 33, 34 unten, 35 unten, 36 unten, 40 oben, 43 unten, 46 oben, 47, 49, 56 unten, 57 unten, 58 links, 59, 60 unten, 61 unten, 63 oben, 65 unten, 68 oben, 68 Mitte, 69 unten, 71 unten, 72 oben, 72 unten, 74 unten, 80 unten, 81, 82 unten links, 84 unten links, 84 unten rechts, 85 unten, 85 Mitte, 86 unten, 87 oben links, 87 oben rechts, 90 oben links, 90 unten, 92 oben rechts, 92 unten, 94 unten rechts, 95 oben, 96 oben, 98, 99, 102 oben, 102 Mitte, 103 unten, 104, 105, 106 unten, 108 Mitte, 108 unten, 109 rechts, 110, 111, 112, 113, 114 unten, 115 oben, 117 unten, 118, 119 unten, 122 unten, 124 oben, 125 unten, 127 oben, 127 unten, 131 rechts, 132 unten, 136 unten, 137, 138 oben links, 138 unten, 142 unten, 143 unten, 144 oben links, 144 oben rechts, 146 unten, 148 rechts, 150, 151 oben, 152 oben rechts, 152 unten, 157 oben, 159 links, 159 unten rechts, 162, 163, 169 oben, 169 Mitte, 170 rechts, 172 oben, 173, 176, 177, 183 unten, 185 rechts, 186 unten, 187 unten, 189, 190, 191 oben, 192, 193 oben links, 194 oben, 197 oben, 200, 204, 207, 210 oben, 210 unten, 212 links, 213 unten, 214 unten, 216 oben rechts, 219, 220, 222 oben, 224 unten, 229, 230 unten, 231 unten, 232 oben, 232 unten, 237 unten rechts, 245 unten, 246 unten, 247 oben, 247 unten rechts, 252, 253, 255 unten, 257, 259, 260 rechts, 263 unten, 264, 266, 267 unten, 268 unten, 269 unten links, 269 unten rechts, 271 unten, 272 unten, 273 oben, 278, 279 rechts, 280 links, 282 unten, 283 oben rechts, 283 unten rechts, 285, 286 oben, 286 unten, 288, 292 oben, 292 unten, 294 oben, 295 unten, 296 oben, 296 unten, 297 oben, 298, 301 oben, 303, 304, 305, 306, 312, 314 oben rechts, 317 oben, 318 oben, 321 oben rechts, 321 unten, 322 unten, 325 oben links, 325 unten, 326 Mitte, 327, 328, 329, 330, 331 unten, 334 unten, 335 oben, 336 oben, 336 unten links, 341 oben rechts, 342 unten, 343 oben rechts, 344 oben, 350 oben, 353 oben, 354 oben, 355 oben, 358 oben, 359 oben, 359, 360, 361, 362 oben, 364, 366 unten, 371, 373, 375 oben links, 379 unten, 380 unten, 381 Mitte, 381 unten, 383 oben links, 384 unten, 385 unten, 393, 394, 395 unten links, 397, 398m, 398 unten, 399 unten, 403, 405 oben, 406 oben, 407 oben, 408, 409 Mitte links, 409 unten, 410 unten links, 410 unten rechts, 412, 414 oben, 418 unten, 419

Landeshauptstadt Kiel, Stadtarchiv
Bestand Lichtbildstelle: 20, 82 rechts, 94 oben, 106 oben, 132 oben, 165, 211 oben, 241 unten rechts, 247 unten links, 262 unten, 265 unten, 279 links, 307 oben rechts, 331 oben, 403 oben, 354 unten, 357 oben links, 362 unten rechts

Landeshauptstadt Kiel, Stadtarchiv
Fritz Brussat: 273 unten, 403 oben

Landeshauptstadt Kiel, Stadtarchiv
Helmut Beckmann: 181, 208, 277

Landeshauptstadt Kiel, Stadtarchiv
Peter Cornelius: 82 oben, 154 rechts, 274 oben, 341 oben links

Landeshauptstadt Kiel, Stadtarchiv
Ulrich Dagge: 25, 31 oben, 40 oben, 46 unten, 51 unten, 53, 56 oben, 74 oben, 87 unten, 92 oben links, 102 unten, 108 oben, 124 unten, 135 oben, 143 oben links, 147, 148 links, 154 oben, 160 oben, 167, 172 unten, 185 links, 212 rechts, 218, 228, 237 unten links, 241 oben, 250 unten, 261 unten, 267 oben, 274 unten, 324, 326 oben, 333 links, 338 links, 343 oben links, 346, 348 oben, 357 oben rechts, 357 unten, 384 oben, 392 oben, 398 oben, 400 links, 413 unten, 417 oben

Landeshauptstadt Kiel, Stadtarchiv
Erika Haendler-Krah: 258 oben, 283 oben links, 289 oben

Landeshauptstadt Kiel, Stadtarchiv
Manfred Hebekerl: 116 oben

Landeshauptstadt Kiel, Stadtarchiv
Friedrich Magnussen: 27, 28, 40 unten, 54 unten, 60 oben, 66, 79, 83 oben, 123 oben links, 126 links, 128, 144 unten, 145 unten, 152 oben links, 158 unten, 178 unten, 180

unten, 182, 184 unten, 186 oben, 193 oben rechts, 193 unten, 205 oben, 227 unten, 238 oben, 276 unten, 286 Mitte, 300, 309, 318 Mitte, 321 oben links, 333 rechts, 335 unten, 356, 367, 368, 380 oben, 389, 392 unten, 396, 400 rechts, 410 oben, 411, 415, 416 oben, 418 oben

Landeshauptstadt Kiel, Stadtarchiv
Hermann Nafzger: 48 Mitte, 65 oben, 95 unten, 131 links, 146 oben, 153 links, 157 rechts, 160 unten, 175 links, 184 oben, 209 oben, 222 unten rechts, 223, 238 unten, 261 oben, 275, 316, 341 unten, 378 links, 381 oben, 409 oben

Landeshauptstadt Kiel, Stadtarchiv
Dr. Johannes Rosenplänter: 191 unten, 230 oben, 267 Mitte, 291 oben, 294 unten, 344 rechts, 372 oben, 374 oben

Landeshauptstadt Kiel, Stadtarchiv
Wilhelm Schäfer: 58 rechts, 69 oben, 97 oben, 203, 225, 301 unten, 319 unten, 335 Mitte, 342 oben

Landeshauptstadt Kiel, Stadtarchiv
Joachim Thode: 314 unten links, 358 unten, 376 unten, 377 oben

Landeshauptstadt Kiel, Stadtarchiv
Ute Urbahns: 388 unten

Landeshauptstadt Kiel, Stadtarchiv
Otti Zacharias: 123 unten, 188, 245 oben, 260 links, 417 unten

Landeshauptstadt Kiel, Stadtbücherei
348 unten

Landeshauptstadt Kiel, Stadtgalerie
73 oben, 239 oben, 352

Landeshauptstadt Kiel, Stadt- und Schifffahrtsmuseum
11 oben, 12, 16 oben rechts, 19, 31 unten, 35 oben, 42 oben, 43 oben, 45, 51 oben, 55 oben, 57 oben, 64, 71 oben, 72 Mitte, 75, 77, 78, 84 oben, 89 unten, 90 oben rechts, 91, 93 oben, 96 unten, 100 unten, 107, 109 links, 116 oben, 122 oben, 126 rechts, 129, 133, 134, 138 oben rechts, 140, 142 oben, 149, 151 unten, 156 oben, 164, 166, 174, 175 rechts, 180 oben, 183 oben, 195, 197 unten, 201, 209 unten, 211 links, 214 oben, 221, 226, 227 oben, 231 oben, 233 oben, 241 unten links, 242 unten, 248 oben, 256, 258 Mitte, 263 oben, 265 Mitte, 269 oben, 270, 271 oben, 272 oben, 280 oben, 290, 299 oben, 308 oben, 310, 311, 315, 319 oben, 320 oben, 322 oben, 323 oben, 332 oben rechts, 334 oben, 340 unten, 345 oben, 362 unten, 365 oben, 370 unten, 377 unten links, 378 rechts, 395 oben, 399 oben, 402, 406 unten, 407 unten, 416 unten, 401 oben, 413 links, Wilhelm Dreesen: 363 unten, 387 oben, 376 oben

Museumsberg Flensburg
121 oben

Muthesius Kunsthochschule, Christina Kiefer
251

NDR/Manju Sawhney
374 unten

Klemens Ortmeyer
206

Dr. Christian Ostersehlte
50, 101 oben, 215, 319 Mitte, 345 unten

Uwe Paesler
340 oben

Dr. Sandra Scherreiks
296 Mitte

Schleswig-Holsteinische Landesbibliothek
8 unten, 10 oben, 15, 29 unten, 34 oben, 41 unten, 41 unten, 44 unten, 48 oben, 48 unten, 62 oben, 63 unten, 68 unten, 70, 86 oben, 88 oben, 94 links Mitte, 94 links unten, 97 unten, 101 unten, 114 oben, 123 oben rechts, 127 Mitte, 136 Mitte, 141 unten, 144 oben, 159 oben, 160 Mitte, 161, 169 unten, 170 links, 194 unten, 196 unten, 205 unten, 209 Mitte, 210 Mitte, 211 unten, 216 oben links, 216 unten,

217 unten, 222 unten links, 233 unten, 237 oben, 239 unten, 240, 242 oben, 242 Mitte, 244 unten, 246 oben, 248 links, 255 oben, 258 unten, 281 unten, 282 oben, 295 oben, 302, 307 unten rechts, 308 unten, 314 oben links, 317 unten, 325 oben rechts, 326 unten, 331 Mitte, 332 oben links, 363 oben, 375 oben rechts, 375 unten, 379 oben, 383 oben rechts, 388 oben, 401 unten

Dr. Rüdiger Schütt
62 unten

Seehafen Kiel
274 Mitte, 336 unten rechts

Studentenwerk Schleswig-Holstein
370 oben

Universitätsbibliothek Kiel
386

Universitätsklinikum Schleswig-Holstein
387 unten

Verband Deutscher U-Bootfahrer e.V., Klaus Mattes
385 oben

Verein Kieler Hansekogge
135 unten

Zoologisches Museum der Christian-Albrechts-Universität
420

Aus Veröffentlichungen:

Lebensläufe: 7 rechts, 29 oben, 61 oben, 136 oben, 141 unten, 301 Mitte, 313, 395 unten rechts;
100 Jahre Filiale Kiel der Vereinsbank in Hamburg, 1865/1965, Kiel 1965, 30 oben;
Kiel und die Kieler Förde. Deutschland Bildheft Nr. 134, Berlin 1933. 249 oben;
F. Lühning, „... eine ausnehmende Zierde und Vortheil", Geschichte der Kieler Universitätssternwarte und ihrer Vorgängerinnen 1770-1950, Neumünster 2007, 421 oben

Ah	Dr. Jens Ahlers
Al	Prof. Dr. Uwe Albrecht
An	Hans-Günther Andresen
Aw	Dr. Jendris Alwast
Bi	Dr. Malte Bischoff
Bl	Prof. Dr. Klaus Blaschke
Br	Dr. Annegret Bruhn
Bra	Dr. Dirk Brandis
Bri	Jutta Briel
Bro	Jan-Piet Brozio
Bu	Renko Buß
Bum	Dr. Karl Bumke
Ca	Dr. Uwe Carstens
Cas	Dr. Tim Cassel
Do	Renate Dopheide
Dr	Kerstin Dronske
Eb	Timo Erlenbusch
Er	Jördis Erich
Fi	Dr. Eva Fiebig
Gb	Dr. Alf Grube
Ge	Christa Geckeler
Gh	Torsten Gerhard
Gn	Jens Geinitz
Go	Dr. Bettina Goldberg
Gru	Michael Gruber
Ha	Dr. Nils Hansen
He	Dr. Lars Hellwinkel
Her	Prof. Dr. Rainer Hering
Hö	Ulrich Höhns
HS	Selke Harten-Strehk
Hü	Dr. Eckhard Hübner
HW	Dr. Gerd Hoffmann-Wieck
Ja	Dr. Stefanie Janssen
Je	Dr. Jürgen Jensen
Jo	Dr. Dirk Jonkanski
Ka	Dr. Holger Kaufhold
Kar	Eva-Maria Karpf
Ki	Dr. Sonja Kinzler
Kl	Dr. Jan Klußmann
Klö	Tristan Klöter
Km	Günter Kaufmann
Kra	Dr. Thomas Krause
Kü	Dr. Kornelia Küchmeister
La	Dr. Deert Lafrenz
Lag	Dr. Wilfried Lagler
Le	Dr. Sebastian Lehmann
LS	Dr. Klaus-Joachim Lorenzen-Schmidt
Ma	Prof. Dr. Andreas Macke
Me	Prof. Dr. Dieter-J. Mehlhorn
Mi	Carsten Mish
Ne	Kerstin Nees
Ni	Dr. Martin Nickol
Oh	Claudia Ohlsen
Om	Frank Omland
Os	Dr. Christian Ostersehlte
Pe	Klaus Peter
Ra	Dr. Martin Rackwitz
Ro	Dr. Johannes Rosenplänter
Rt	Dr. Hans-F. Rothert
Rw	Dr. Jürgen Rohweder
SB	Ulla Schmitz-Bünder
Sch	Dr. Sandra Scherreiks
Sf	Frauke Schäfer
Sh	Nicole Schultheiß
Si	Prof. Dr. Kai Detlev Sievers
SK	Katrin Seiler-Kroll
Sl	Dr. Jan Schlürmann
SR	Dr. Brigitte Schubert-Riese
St	Dr. Rüdiger Schütt
Ste	Jan Steffen
Sw	Dr. Ute Schwab
Te	Dr. Andreas Teichert
Th	Dr. Eduard Thomas
Thi	Dr. Rolf Thiele
Thun	Joachim Thun
Ti	Dr. Doris Tillmann
Tu	Guntram Turkowski
Vin	Petra Vintrova
Wb	Dr. Ulrich Weber
Wd	Lisa Wetendorf
We	Stefan Wendt
Wi	Dr. Else Wischermann
Witt	Dr. Jann Markus Witt
Wl	Dr. Helmut Willert
Wm	Dr. Thomas Winkelmann
Wolf	Prof. Dr. Jörn Henning Wolf
Wo	Mareike Wolf
WT	Dr. Telse Wolf-Timm
Wu	Prof. Dr. Peter Wulf